中国教育统计年鉴

EDUCATIONAL STATISTICS YEARBOOK OF CHINA

2005

中华人民共和国
教育部发展规划司

DEPARTMENT OF DEVELOPMENT & PLANNING
MINISTRY OF EDUCATION
THE PEOPLE'S REPUBLIC OF CHINA

图书在版编目（CIP）数据

中国教育统计年鉴．2005/中华人民共和国教育部发
展规划司主编．—北京：人民教育出版社，2006
ISBN 7－107－19914－5

Ⅰ．中...
Ⅱ．中...
Ⅲ．教育统计—统计资料—中国—2005—年鉴
Ⅳ．G526．6－54

中国版本图书馆 CIP 数据核字（2006）第 108322 号

人民教育出版社出版发行
（北京市海淀区中关村南大街 17 号院 1 号楼　邮编：100081）
网址：http://www.pep.com.cn
山东新华印刷厂德州厂印装　全国新华书店经销
2006 年 9 月第 1 版　2006 年 9 月第 1 次印刷
开本：787 毫米×1 092 毫米　1/16　印张：43.5
字数：918 千字　印数：001～1 200 册
定价：90.00 元

《中国教育统计年鉴》
编辑委员会名单

说 明

《中国教育统计年鉴》(2005)是一本全面反映中华人民共和国教育事业发展情况的资料性年鉴,是由教育部发展规划司根据全国各省、自治区、直辖市教育委员会、教育厅填报的学校基层报表数字整理汇编而成的。教育部教育管理信息中心承担了数据的计算机处理汇总工作。

本年鉴包括以下部分:综合部分、高等教育、中等教育、初等教育、幼儿教育、特殊教育、全国各级各类学校的分布情况、办学条件、科学研究等。

本年鉴是各有关部门研究教育改革和发展的必备资料工具书,是教育界各机关、学校指导部门制定教育计划、指导教育改革必不可少的依据。

本年鉴所列资料,暂缺台湾省、香港特别行政区和澳门特别行政区的数字;凡未注明年份的均为2005年的数字。

本年鉴暂缺"普通高等学校教学、科研仪器设备情况"数据。

Notes from the Compiler

The Educational Statistics Yearbook of China for 2005 is an informational yearbook comprehensively reflecting the development of the educational undertaking of the People's Republic of China, and it was compiled by the Department of Development and Planning of Ministry of Education, based on the synthetic statistical returns relating to schools of various types and levels completed by the Educational Commissions (or the Bureaus of Education) of the provincial governments and the goverments of various autonomous regions and municipalities directly under the State Council All data were processed and calculated using Computers by the Educational Management Information Center of Ministry of Education.

The yearbook is composed of the following parts: summary tables, higher education, secondary education, primary education, pre-primary education, special education, geographical distribution of schools by type and level, Physical Facilities, Scientific Research Activities.

The yearbook is a requisite reference for all departments concerned with the study of educational reform and development, and provides indispensable factual information to the educational community (circles), the state organs, and all supervisory bodies of education (schools) engaged in curricular development and the guidance of educational reform.

The yearbook lacks the data of Taiwan Province. Hong Kong Special Administrative Region and Macao Special Administrative Region. Data in tables are for 2005, unless otherwise notified.

The yearbook lacks the data of classification of instruments and equipment for instruction and scientific research in regular HEIs.

目　录

第一部分　教育事业发展

一、综合部分

二、高等教育

三、中等教育

(一)高中阶段教育

(二)初中阶段教育

四、初等教育

五、工读学校

六、特殊教育

七、幼儿教育

八、各级各类学校分布情况

第二部分　办学条件

一、教育经费

二、教育基本建设投资

第三部分　科学研究活动及其他

一、自然科学与技术

二、社会科学

附表：

CONTENTS

Part Ⅰ

THE DEVELOPMENT OF THE EDUCTIONAL UNDERTAKING

Summary Tables

Higher Education

Secondary Education

Senior Seconday

Junior Secondary Education

Primary Education (Primary Schools)

Correctional Work-Study Schools

Special Education

Pre－Primary Education

Ceographical Distribution of Schools by Tyre adn Level

Part Ⅱ

PHYSICAL FACILITIES

Public Expenditure on Education

Capital Construction Investment in the Educational Sector

Part Ⅲ

SCIENTIFIC RESEARCH ACTIVITES & OTHER

Natural Science and Technology

Social Science

Appendixes

第一部分

Part I

教育事业发展

THE DEVELOPMENT OF THE EDUCATIONAL UNDERTAKING

一、综合部分

Summary Tables

各级各类学校校数、教职工、专任教师情况

Numberof Schoolsof all Types and Levelsof Staff and Fulltime Teachers

	学校数(所) No. of Schools	教职工数(人) Staff & Workers	专任教师(人) Fulltime Teachers
一、高等教育 Higher Education			
(一)研究生培养机构(不计校数) Institutions Providing Postgraduate Programs	(766)		
1. 普通高校 Regular HEIs	(450)		
2. 科研机构 Research Institutes	(316)		
(二)普通高等学校 Regular HEIs	1792	1742073	965839
1. 本科院校 University	701	1197846	630010
2. 专科院校 Non-university Tertiary	1091	439967	267855
其中:职业技术学院 of Which: Tertiary Vocational-technical Colleges	921	362066	220994
3. 其他机构(点)(不计校数) Other Institutions	(428)	104260	67974
其中:独立学院	295	80986	55476
(三)成人高等学校 Adult HEIs	481	148901	84325
(四)民办的其他高等教育机构 Non-state/Private HEIs	1077	48121	22528
二、中等教育 Secondary Education	96082	6857699	5553569
(一)高中阶段教育 Senior Secondary Edycatuib	31532	6824770	2056377
1. 高中 Senior Secondary Schools	17066	5731590	1306589
普通高中 Regular Schools	16092	5720244	1299460
成人高中 Adult Schools	974	11346	7129
2. 中等职业教育 Secondary Vocational Schools	14466	1093180	749788
普通中专 Regular Specialized Sec. Schools	3207	334800	202994
成人中专 Adult SSSs	2582	121312	74952
职业高中 Vocational High Schools	5822	389250	282499
技工学校 Skilled Workers Schools	2855	204009	161094
其他机构(教学点)(不计校数) Other Institutions	(2386)	43809	28249
(二)初中阶段教育 Junior Secondary Education	64550	32929	3497192
1. 普通初中 Regular Junior Secondary Schools	61885		3471839
2. 职业初中 Vocational JSSs	601	24009	20240
3. 成人初中 Adult JSSs	2064	8920	5113
三、初等教育 Primary Education	427697	6248248	5637144
(一)普通小学 Regular Primary Schools	366213	6132155	5592453
(二)成人小学 Adult Primary Schools	61484	116093	44691
其中:扫盲班 of Which: Eliminate Illiteracy Classes	43572	89361	31685
四、工读学校 Correctional Work-Study Schools	77	2584	1658
五、特殊教育 Special Education Schools	1593	42256	31937
六、学前教育 Pre-school Education Institutions	124402	1152046	721609

注:普通高中的教职工数中包含普通初中的教职工数。

Note:Data on Staff and workers in regular junior secondary schools are included in the data of regular senior secondary schools.

各级各类学历教育学生情况

Numberof Graduates, Entrants, Enrolmentof Schoolsof All Types and Level Providing Formal Programs

	毕业生数(人) Groduates	招生数(人) New Entrants	在校生数(人) Total Enrolment
一、高等教育 Higher Education			
(一)研究生 Postgraduates	189728	364831	978610
博　士 Doctor's Degrees	27677	54794	191317
硕　士 Master's Degrees	162051	310037	787293
(二)普通本专科 Undergraduates in Regular HEIs	3067956	5044581	15617767
本　科 Normal Courses	1465786	2363647	8488188
专　科 Short-cycle Courses	1602170	2680934	7129579
(三)成人本专科 Undergraduates in Adult HEIs	1667889	1930250	4360705
本　科 Normal Courses	555799	747196	1611140
专　科 Short-cycle Courses	1112090	1183054	2749565
(四)其他各类高等学历教育 Students Enrolled in Other Formal Programs			
1. 在职人员攻读博士、硕士学位 Employed People Enrolled in Doctoral and Master's Degree Programs		101653	254672
2. 网络本专科生 Web-based Undergraduates	759627	891046	2652679
本　科 Normal Courses	392310	408606	1272292
专　科 Short-cycle Courses	367317	482440	1380387
3. 学历文凭考试 Students Preparing for Exams Awarding Formal Qualifications	94202		203545
4. 自学考试	19466		45698
二、中等教育 Secondary Education	32931917	35209758	102971534
(一)高中阶段教育 Senior Secondary Edycatuib	10921702	15333932	40309409
1. 高中 Senior Secondary Schools	6739805	8777317	24309014
普通高中 Regular Schools	6615713	8777317	24090901
成人高中 Adult Schools	124092		218113
2. 中等职业教育 Secondary Vocational Schools	4181897	6556615	16000395
普通中专 Regular Specialized Sec. Schools	1567135	2411340	6297671
成人中专 Adult SSSs	393926	479465	1125457
职业高中 Vocational High Schools	1530860	2482117	5824293
技工学校 Skilled Workers Schools	689976	1183693	2752974
(二)初中阶段教育 Junior Secondary Education	22010215	19875826	62662125
1. 普通初中 Regular Junior Secondary Schools	21065150	19765246	61718079
2. 职业初中 Vocational JSSs	169132	110580	431363
3. 成人初中 Adult JSSs	775933		512683
三、初等教育 Primary Education	23171154	16717440	111718265
(一)普通小学 Regular Primary Schools	20194768	16717440	108640655
(二)成人小学 Adult Primary Schools	2976386		3077610
其中:扫盲班 of Which: Eliminate Illiteracy Classes	1690506		1924380
四、工读学校 Correctional Work-Study Schools	3514	3543	8372
五、特殊教育 Special Education Schools	43214	49288	364409
六、学前教育 Pre-school Education Institutions	10253729	13562405	21790290

注:特殊教育学生数中包括普通中小学随班就读的学生。

Note: Numberof The Students Followed in The Regular Primary and Middle Sohool in the Special Education.

各级各类非学历教育学生情况

Date on Students Enrollment in Non-formal Programmes of All Types and Levels

	结业生数(人) Corupleters	注册生数(人) Enrolment
总　计 Total	71172617	55236951
一、高等教育 Higher Education	3733949	2399387
(一)研究生课程进修班 Postgraduate Courses	69978	88243
(二)自考助学班 Classes runby Non-state/Private HEIs for Students Preparingfor State-administered Examinatims for Self-directed Learners	199531	737918
(三)普通预科生 College-preparatory Classes		23663
(四)进修及培训 In-service Training	3464440	1549563
其中:资格证书培训 For Certificatesof Vocational Qualifications	917431	346701
岗位证书培训 For Certificatesof Job-related Qualifications	902614	420109
二、中等职业教育 Secondary Vocational Education	67438668	52837564
其中:资格证书培训 For Certificatesof Vocational Qualifications	5490047	4144345
岗位证书培训 For Certificatesof Job-related Qualifications	6985646	4743639
(一)中等职业学校 Secondary Vocational Schools	8096788	4010417
其中:资格证书培训 For Certificatesof Vocational Qualifications	1748317	1002729
岗位证书培训 For Certificatesof Job-related Qualifications	1548427	753218
(二)职业技术培训机构 Other Vocational-technical Training Institutions	59341880	48827147
其中:资格证书培训 For Certificatesof Vocational Qualifications	3741730	3141616
岗位证书培训 For Certificatesof Job-related Qualifications	5437219	3990421

各级民办教育基本情况

Data on Non-state/Private Schools

	学校数(所) Schools	毕业生数(人) Graduates	招生数(人) Entrants	在校生数(人) Enrollment	教职工数(人) Staff & Worker	专任教师(人) Fulltime Teacher	另有其他学生数(人) Other
一、高等教育 Higher Education							
(一)民办高校 Regular HEIs	252	147503	436101	1051663	103712	62303	191847
本科学生 Normal Courses		7397	37410	104110			
专科学生 Short-cycle Courses		140106	398691	947553			
(二)独立学院(不计校数)	(295)	75887	443413	1074618	80986	55476	3257
本科学生 Normal Courses		54121	379798	900938			
专科学生 Short-cycle Courses		21766	63615	173680			
(三)民办其他高等教育机构 Non-state/Private HEIs	1077				48121	22528	1091528
二、民办中等教育 Secondary Education							
(一)高中阶段教育 Senior Secondary Edycatuib	5192	812091	1645884	3809191	503279	349651	
1. 民办普通高中 Regular Schools	3175	475227	914794	2267777	404212	289714	
2. 民办中等职业教育 Secondary Vocational Schools	2017	336864	731090	1541414	99067	59937	149077
(二)初中阶段教育 Junior Secondary Education	4633	959396	1297486	3739046	728	553	
1. 民办普通初中 Regular Junior Secondary Schools	4608	955603	1292501	3724158			
2. 民办职业初中 Vocational JSSs	25	3793	4985	14888	728	553	
三、民办普通小学 Regular Primary Schools	6242	553533	650598	3889404	225715	164465	
四、民办幼儿园 Pre-school Education	68835	2229511	3544045	6680925	535984	317154	
另有:民办培训机构(不计校数) Other Vocational-technical Training Institutions	(29048)				222431	119119	8895006

注:1."另有其他学生数"包括:学历文凭考试学生、自考助学班学生、预科生、进修及培训学生数。

2."()"内数据为不计校数。

各级各类学校女学生数

Numberof Female Students of Schools of All Levels & Types

单位:万人

Unit:in 10 thousand

	总计 Total	男 Male	女学生 Female Students 人数 Number	女学生 Female Students 占学生总数的比重(%) Percentage
一、高等教育 Higher Education				
(一)研究生 Postgraduates	97.86	55.40	42.46	43.39
博　士 Doctor's Degrees	19.13	12.90	6.23	32.57
硕　士 Master's Degrees	78.73	42.50	36.23	46.02
(二)普通本专科 Undergraduates in Regular HEIs	1561.78	826.46	735.32	47.08
本　科 Normal Courses	848.82	464.27	384.55	45.30
专　科 Short-cycle Courses	712.96	362.19	350.77	49.20
(三)成人本专科 Undergraduates in Adult HEIs	435.33	212.77	222.55	51.12
本　科 Normal Courses	160.46	78.80	81.66	50.89
专　科 Short-cycle Courses	274.86	133.97	140.89	51.26
(四)其他各类高等学历教育 Students Enrolled in Other Formal Programs				
1. 在职人员攻读博士、硕士学位 Employed People Enrolled in Doctoral and Master's Degree Programs	25.47	18.52	6.95	27.29
2. 网络本专科生 Web-based Undergraduates	265.27	136.92	128.35	48.38
本　科 Normal Courses	127.23	65.68	61.55	48.38
专　科 Short-cycle Courses	138.04	71.24	66.80	48.39
3. 学历文凭考试 Students Preparing for Exams Awarding Formal Qualifications	20.35	10.49	9.86	48.46
4. 其他 Others	4.57	2.13	2.44	53.32
二、中等教育 Secondary Education				
(一)高中阶段教育 Senior Secondary Education				
1. 高中 Senior Secondary Schools				
普通高中 Regular Schools	2409.09	1290.65	1118.44	46.43
成人高中 Adult Schools	21.81	10.88	10.93	50.11
2. 中等职业教育 Secondary Vocational Schools				
普通中专 Regular Specialized Sec. Schools	629.77	289.74	340.02	53.99
成人中专 Adult SSSs	112.55	58.19	54.36	48.30
职业高中 Vocational High Schools	582.43	301.16	281.27	48.29
技工学校 Skilled Workers Schools				
(二)初中阶段教育 Junior Secondary Education				
1. 普通初中 Regular Junior Secondary Schools	6171.81	3251.00	2920.81	47.33
2. 职业初中 Vocational JSSs	43.14	23.33	19.81	45.92
3. 成人初中 Adult JSSs	51.27	28.99	22.28	43.46
三、初等教育 Primary Education				
(一)普通小学 Regular Primary Schools	10864.07	5777.69	5086.37	46.82
(二)成人小学 Adult Primary Schools	307.76	139.36	168.40	54.72
其中:扫盲班 of Which: Eliminate Illiteracy Classes	192.44	82.79	109.65	56.98
四、工读学校 Correctional Work-Study Schools	0.84	0.74	0.10	12.06
五、特殊教育 Special Education Schools	36.44	23.49	12.95	35.53
六、学前教育 Pre-school Education Institutions	2179.03	1196.48	982.55	45.09

各级各类学校女教师、教职工数

Numberof Female Teachers, Staff & Workers of Schoolsof All Levels & Types

单位:万人

Unit:in 10 thousand

	教职工计 Teachers, Staff & Workers	其中:女教职工 Female Teachers, Staff & Workers		专任教师计 Full-time Teachers	其中:女专任教师 Female Full-time Teachers	
		人数 Number	占教职工总数的比重(%) Percentage		人数 Number	占专任教师总数的比重(%) Percentage
一、高等教育 Higher Education						
(一)研究生培养机构(不计校数) Institutions Providing Postgraduate Programs						
1. 普通高校 Regular HEIs						
2. 科研机构 Research Institutes						
(二)普通高等学校 Regular HEIs	174.21	75.42	43.29	96.58	41.77	43.25
1. 本科院校 University	119.78	51.10	42.66	63.00	26.37	41.86
2. 专科院校 Non-university Tertiary	44.00	19.69	44.75	26.79	12.39	46.26
其中:职业技术学院 of Which: Tertiary Vocational-technical Colleges	36.21	16.15	44.61	22.10	10.23	46.29
3. 其他机构(点)(不计校数) Other Institutions	10.43	4.63	44.41	6.80	3.01	44.28
其中:独立学院	8.10	3.64	44.95	5.55	2.46	44.34
(三)成人高等学校 Adult HEIs	14.89	6.73	45.22	8.43	3.98	47.20
(四)民办的其他高等教育机构 Non-state/Private HEIs	4.81	2.14	44.44	2.25	0.99	43.83
二、中等教育 Secondary Education						
(一)高中阶段教育 Senior Secondary Education						
1. 高中 Senior Secondary Schools						
普通高中 Regular Schools	572.02	247.91	43.34	129.95	55.86	42.99
成人高中 Adult Schools						
2. 中等职业教育 Secondary Vocational Schools						
普通中专 Regular Specialized Sec. Schools	33.48	15.12	45.15	20.30	9.67	47.62
成人中专 Adult SSSs	12.13	5.17	42.62	7.50	3.37	44.96
职业高中 Vocational High Schools	38.93	17.25	44.31	28.25	13.33	47.17
技工学校 Skilled Workers Schools						
其他机构(教学点)(不计校数) Other Institutions	4.38	1.93	44.00	2.82	1.31	46.51
(二)初中阶段教育 Junior Secondary Education						
1. 普通初中 Regular Junior Secondary Schools				347.18	161.25	46.45
2. 职业初中 Vocational JSSs	2.40	0.83	34.72	2.02	0.76	37.68
3. 成人初中 Adult JSSs						
三、初等教育 Primary Education						
(一)普通小学 Regular Primary Schools	613.22	324.80	52.97	559.25	306.40	54.79
(二)成人小学 Adult Primary Schools						
其中:扫盲班 of Which: Eliminate Illiteracy Classes						
四、工读学校 Correctional Work-Study Schools	0.26	0.08	29.30	0.17	0.05	30.40
五、特殊教育 Special Education Schools	4.23	2.83	67.03	3.19	2.31	72.25
六、学前教育 Pre-school Education Institutions	115.20	107.19	93.04	72.16	70.91	98.27

注:普通高中的教职工数中包含普通初中的教职工数。

Note:Data on staff and workers in Junior Secondary schools are included in the dalaof Fenior Secondary Schools.

各级各类学校少数民族学生数

Numberof Minority Students of Schoolsof All Levels & Types

单位:万人

Unit:in 10 thousand

	总计 Total	少数民族学生 Minority Students	
		人数 Number	占学生总数的比重(%) Percentage
一、高等教育 Higher Education			
(一)研究生 Postgraduates	97.86	4.20	4.29
博　士 Doctor's Degrees	19.13	0.72	3.78
硕　士 Master's Degrees	78.73	3.47	4.41
(二)普通本专科 Undergraduates in Regular HEIs	1561.78	95.32	6.10
本　科 Normal Courses	848.82	57.21	6.74
专　科 Short-cycle Courses	712.96	38.11	5.35
(三)成人本专科 Undergraduates in Adult HEIs	436.07	29.24	6.71
本　科 Normal Courses	161.11	10.65	6.61
专　科 Short-cycle Courses	274.96	18.60	6.76
(四)其他各类高等学历教育 Students Enrolled in Other Formal Programs			
1. 在职人员攻读博士、硕士学位 Employed People Enrolled in Doctoral and Master's Degree Programs	25.47		
2. 网络本专科生 Web-based Undergraduates	265.27	10.14	3.82
本　科 Normal Courses	127.23	4.70	3.70
专　科 Short-cycle Courses	138.04	5.44	3.94
3. 学历文凭考试 Students Preparing for Exams Awarding Formal Qualifications	20.35	0.66	3.26
4. 自学考试 Students Preparirg for State-administered Eraminations For self-directed learners.	73.79	2.74	3.71
5. 其他 Others	4.57	0.22	4.82
二、中等教育 Secondary Education			
(一)高中阶段教育 Senior Secondary Education			
1. 高中 Senior Secondary Schools			
普通高中 Regular Schools	2409.09	159.47	6.62
成人高中 Adult Schools			
2. 中等职业教育 Secondary Vocational Schools			
普通中专 Regular Specialized Sec Schools	629.77	35.31	5.61
成人中专 Adult SSSs	112.55	5.14	4.56
职业高中 Vocational High Schools	582.43	21.25	3.65
技工学校 Skilled Workers Schools			
(二)初中阶段教育 Junior Secondary Education			
1. 普通初中 Regular Junior Secondary Schools	6171.81	525.28	8.51
2. 职业初中 Vocational JSSs	43.14	8.55	19.82
3. 成人初中 Adult JSSs			
三、初等教育 Primary Education			
(一)普通小学 Regular Primary Schools	10864.07	1078.07	9.92
(二)成人小学 Adult Primary Schools	59.70	31.51	52.78
其中:扫盲班 of Which: Eliminate Illiteracy Classes			
四、工读学校 Correctional Work-Study Schools			
五、特殊教育 Special Education Schools	36.44	2.79	7.66
六、学前教育 Pre-school Education Institutions	2179.03	134.16	6.16

各级各类学校少数民族教职工数

Numberof Minority Teachers, Staff & Workers of Schoolsof All Levels & Types

单位：万人

Unit：in 10 thousand

	教职工计 Teachers, Staff & Workers	少数民族教职工 Minority Teachers, Staff & Workers		专任教师计 Full-time Teachers	少数民族专任教师 Minority Full-time Teachers	
		人数 Number	占教职工总数的比重(%) Percentage		人数 Number	占专任教师总数的比重(%) Percentage
一、高等教育 Higher Education						
(一)研究生培养机构(不计校数) Institutions Providing Postgraduate Programs						
1．普通高校 Regular HEIs						
2．科研机构 Research Institutes						
(二)普通高等学校 Regular HEIs	174.21	8.30	4.76	96.58	4.65	4.81
1．本科院校 University	119.78	5.90	4.93	63.00	3.20	5.08
2．专科院校 Non-university Tertiary	44.00	2.10	4.77	26.79	1.25	4.67
其中：职业技术学院 of Which：Tertiary Vocational-technical Colleges	36.21	1.39	3.84	22.10	0.84	3.80
3．其他机构(点)(不计校数) Other Institutions	10.43	0.30	2.88	6.80	0.19	2.80
其中：独立学院	8.10	0.25	3.09	5.55	0.16	2.88
(三)成人高等学校 Adult HEIs	14.89	0.75	5.03	8.43	0.42	4.93
(四)民办的其他高等教育机构 Non-state/Private HEIs	4.81	0.07	1.36	2.25	0.03	1.11
二、中等教育 Secondary Education						
(一)高中阶段教育 Senior Secondary Education						
1．高中 Senior Secondary Schools						
普通高中 Regular Schools	572.02	42.61	7.45	129.95	8.18	6.29
成人高中 Adult Schools						
2．中等职业教育 Secondary Vocational Schools						
普通中专 Regular Specialized Sec. Schools	33.48	1.95	5.83	20.30	1.24	6.09
成人中专 Adult SSSs	12.13	0.63	5.22	7.50	0.42	5.65
职业高中 Vocational High Schools	38.93	1.39	3.56	28.25	0.96	3.39
技工学校 Skilled Workers Schools						
其他机构(教学点)(不计校数) Other Institutions	4.38	0.18	4.00	2.82	0.11	3.90
(二)初中阶段教育 Junior Secondary Education						
1．普通初中 Regular Junior Secondary Schools				347.18	28.00	
2．职业初中 Vocational JSSs	2.40	0.24	9.84	2.02	0.21	10.32
3．成人初中 Adult JSSs						
三、初等教育 Primary Education						
(一)普通小学 Regular Primary Schools	613.22	62.15	10.13	559.25	56.93	10.18
(二)成人小学 Adult Primary Schools	11.61	4.41	37.96	4.47	0.30	6.60
其中：扫盲班 of Which：Eliminate Illiteracy Classes						
四、工读学校 Correctional Work-Study Schools						
五、特殊教育 Special Education Schools	4.23	0.22	5.30	3.19	0.17	5.33
六、学前教育 Pre-school Education Institutions	115.20	4.68	4.06	72.16	3.12	4.32

注：普通高中少数民族教职工数包括普通初中少数民族教职工数。

Note：The numberof minority teachers, staff and workers employed by Junior Secondary Schools is included in that employ by Seniro Secondary Schools。

各级各类学校校数

Number of Schools of All Levels & Types

单位:所

Unit : Number of Schools

	1949	1965	1978	1980	1985	2000	2003	2004	2005
一、高等教育 Higher Education									
(一)研究生培养机构(不计校数) Institutions Providing Postgraduate Programs						738	720	769	766
1. 普通高校 Regular HEIs						415	407	454	450
2. 科研机构 Research Institutes						323	313	315	316
(二)普通高等学校 Regular HEIs	205	434	598	675	1016	1041	1552	1731	1792
1. 本科院校 University						599	644	684	701
2. 专科院校 Non-university Tertiary						442	908	1047	1091
其中:职业技术学院 of Which: Tertiary Vocational-technical Colleges							711	872	921
3. 分校、大专班(点)(不计校数) Branch Schools & SCHE Classes							284	364	428
(三)成人高等学校 Adult HEIs	1	964	10395	2775	1216	772	558	505	481
(四)民办的其他高等教育机构 Non-state/Private HEIs							1104	1187	1077
1. 学历文凭考试机构 Institutions Adm. Exams for Formal							384		
2. 非学历文凭考试机构 Institutions Adm. Exams for Non-formal							720		
二、中等教育 Secondary Education								97230	96082
(一)高中阶段教育 Senior Secondary Education							31883	31407	31532
1. 高中 Senior Secondary Schools							17096	16953	17066
普通高中 Regular Schools	1597	4112	49215	31300	17318	14564	15779	15998	16092
成人高中 Adult Schools						1939	1317	955	974
2. 中等职业教育 Secondary Vocational Schools							14787	14454	14466
普通中专 Regular Specialized Sec. Schools	1171	1265	2760	3069	3557	3646	3065	3047	3207
成人中专 Adult SSSs						4634	2823	2742	2582
职业高中 Vocational High Schools						7655	5824	5781	5822
技工学校 Skilled Workers Schools	3	281	2013	3305	3548	3792	3075	2884	2855
其他机构(教学点)(不计校数) Other Institutions							2275	2295	2386
(二)初中阶段教育 Junior Secondary Education								65737	64550
1. 普通初中 Regular Junior Secondary Schools	2448	13990	113130	87077	75903	62704	63711	63060	61885
2. 职业初中 Vocational JSSs						1194	1019	697	601
3. 成人初中 Adult JSSs						2001	1920	1980	2064
三、初等教育 Primary Education								463635	427697
(一)普通小学 Regular Primary Schools	346769	1681939	949323	917316	832309	553622	425846	394183	366213
(二)成人小学 Adult Primary Schools					100337	156839	82713	69452	61484
其中:扫盲班 of Which: Eliminate Illiteracy Classes					176076	104863	55901	47239	43572
四、工读学校 Correctional Work-Study Schools	–	–	–	...	98	74	82	76	77
五、特殊教育 Special Education Schools	...	266	292	292	375	1539	1551	1560	1593
六、学前教育 Pre-school Education Institutions	...	19226	163952	170419	172262	175836	116390	117899	124402

各级各类学历教育学生数

Number of Enrolment of Schools of All Types and Level Providing Formal Programs

单位:万人

Unit:in 10 Thousand

	1949	1965	1978	1980	1985	2000	2003	2004	2005
一、高等教育 Higher Education									
(一)研究生 Postgraduates	629	4546	10934	21604	87331	301239	651260	819896	978610
(二)普通本专科 Undergraduates in Regular HEIs	11.65	67.44	85.63	114.37	170.31	556.09	1108.56	1333.5	1561.78
(三)成人本专科 Undergraduates in Adult HEIs	0.01	41.30	140.8	155.4	172.50	353.64	559.16	419.8	436.07
(四)其他各类高等学历教育 Students Enrolled in Other Formal Programs									
1. 在职人员攻读博士、硕士学位 Employed People Enrolled in Doctoral and Master's Degree Programs							14.97	20.14	25.47
2. 网络本专科生 Web-based Undergraduates							50.07	236.59	265.27
3. 学历文凭考试 Students Preparing for Exams Awarding Formal Qualifications							39.38	35.35	20.35
二、中等教育 Secondary Education								10183.92	10297.15
(一)高中阶段教育 Senior Secondary Education							3241.35	3648.99	4030.94
1. 高中 Senior Secondary Schools								2239.74	2430.90
普通高中 Regular Schools	20.72	130.82	1553.08	969.79	741.13	1201.26	1964.83	2220.37	2409.09
成人高中 Adult Schools				75.12	138.98	32.40	21.85	19.37	21.81
2. 中等职业教育 Secondary Vocational Schools							1254.68	1409.25	1600.04
普通中专 Regular Specialized Sec. Schools	22.88	54.74	88.92	124.34	157.11	489.52	502.37	554.47	629.77
成人中专 Adult SSSs	0.01	351.8	123.9	449.4		169.26	105.45	103.35	112.55
职业高中 Vocational High Schools	–	77.50	...	31.92	184.34	414.56	455.76	516.92	582.43
技工学校 Skilled Workers Schools	0.27	10.10	38.20	70.04	74.17	140.1	191.1	234.50	275.30
(二)初中阶段教育 Junior Secondary Education								6576.29	6266.21
1. 普通初中 Regular Junior Secondary Schools	83.18	802.97	4995.17	4538.29	3964.83	6167.65	6618.42	6475.00	6171.81
2. 职业初中 Vocational JSSs	–	365.84	...	13.45	45.23	88.64	72.41	52.51	43.14
3. 成人初中 Adult JSSs				302.57	273.30	18.77	52.82	48.78	51.27
三、初等教育 Primary Education								11630.42	11171.83
(一)普通小学 Regular Primary Schools	2439.10	11620.90	14624.00	14627.00	13370.20	13013.25	11689.74	11246.23	10864.07
(二)成人小学 Adult Primary Schools	1326.8	823.7	6467.2	1646.1	303.23	480.88	381.49	384.19	307.76
其中:扫盲班 of Which: Eliminate Illiteracy Classes	1326.8		1806.7	1220.9	518.98	249.32	195.22	242.54	192.44
四、工读学校 Correctional Work-Study Schools	–	–	–	...	0.65	0.77	0.75	0.80	0.84
五、特殊教育 Special Education Schools	...	2.29	3.09	3.31	4.17	37.76	36.47	37.18	36.44
六、学前教育 Pre-school Education Institutions	...	171.30	787.70	1150.80	1479.70	2244.18	2003.91	2089.40	2179.03

各级各类学历教育招生数

Number of New Entrants of Schools of All Types and Level Providing Formal Programs

单位:万人

Unit:in 10 Thousand

	1949	1965	1978	1980	1985	2000	2003	2004	2005
一、高等教育 Higher Education									
(一)研究生 Postgraduates	242	1456	10708	3616	46871	128484	268925	326286	364831
(二)普通本专科 Undergraduates in Regular HEIs	3.06	16.42	40.15	28.12	61.92	220.61	382.17	447.34	504.46
(三)成人本专科 Undergraduates in Adult HEIs					78.78	156.15		221.16	193.03
(四)其他各类高等学历教育 Students Enrolled in Other Formal Programs									
1. 在职人员攻读博士、硕士学位 Employed People Enrolled in Doctoral and Master's Degree Programs							5.97	7.82	10.1653
2. 网络本专科生 Web-based Undergraduates							22.39	83.93	89.1046
3. 学历文凭考试 Students Preparing for Exams Awarding Formal Qualifications							15.80	12.98	
二、中等教育 Secondary Education								3464.29	3520.98
(一)高中阶段教育 Senior Secondary Education							1261.66	1387.71	1533.39
1. 高中 Senior Secondary Schools								821.51	877.73
普通高中 Regular Schools	7.11	45.89	692.91	383.40	257.51	472.69	752.13	821.51	877.73
成人高中 Adult Schools				50.05	107.61	30.47			
2. 中等职业教育 Secondary Vocational Schools							509.53	566.20	655.66
普通中专 Regular Specialized Sec. Schools	9.74	20.85	44.70	46.76	66.83	132.59	183.88	203.84	241.13
成人中专 Adult SSSs				152.22		53.39	42.98	40.00	47.95
职业高中 Vocational High Schools	–	55.67	...	24.06	98.49	150.39	197.26	212.66	248.21
技工学校 Skilled Workers Schools	...	...	25.70	33.13	35.54	50.38	85.41	109.70	118.37
(二)初中阶段教育 Junior Secondary Education								2094.64	1987.58
1. 普通初中 Regular Junior Secondary Schools	34.12	299.89	2005.98	1550.91	1349.40	2263.3	2195.31	2078.23	1976.52
2. 职业初中 Vocational JSSs	–	250.81	...	6.66	17.61	32.27	24.82	16.42	11.06
3. 成人初中 Adult JSSs				194.81	237.02	14.67			0.00
三、初等教育 Primary Education								1747.01	1671.74
(一)普通小学 Regular Primary Schools	680.00	3296.02	3315.36	2942.34	2298.17	1946.47	1829.39	1747.01	1671.74
(二)成人小学 Adult Primary Schools				248.29	194.95	452.52			
其中:扫盲班 of Which: Eliminate Illiteracy Classes				720.48	326.14	210.61			
四、工读学校 Correctional Work-Study Schools	–	–	–	...	0.32	0.44	0.34	0.31	0.35
五、特殊教育 Special Education Schools	...	...	0.59	0.59	0.92	5.29	4.88	5.08	4.93
六、学前教育 Pre-school Education Institutions	...					1531.11	1316.79	1350.30	1356.24

各级各类学校教职工数

Number of Staff and Workers of Schools of All Levels & Types

单位：万人

Unit : in 10 thousand

	1949	1965	1978	1980	1985	2000	2003	2004	2005
一、高等教育 Higher Education									
(一)研究生培养机构(不计校数) Institutions Providing Postgraduate Programs									
1. 普通高校 Regular HEIs									
2. 科研机构 Research Institutes									
(二)普通高等学校 Regular HEIs	4.60	33.30	51.80	63.20	87.06	111.28	145.26	161.07	174.21
1. 本科院校 HEIs Offering Degree Programs						92.69	106.06	113.7	119.78
2. 专科院校 Short-cycle HEIs						17.50	35.06	40.36	44.00
其中：职业技术学院 of Which: Tertiary Vocational-technical Colleges							26.82	32.75	36.21
3. 分校、大专班(点)(不计校数) Branch Schools & SCHE Classes						1.08	4.14	7.01	10.43
(三)成人高等学校 Adult HEIs				6.45	14.34	18.70	16.81	15.5	14.89
(四)民办的其他高等教育机构 Non-state/Private HEIs							5.25	5.49	4.81
1. 学历文凭考试机构 Institutions Adm. Exams for Formal							2.97		
2. 非学历文凭考试机构 Institutions Adm. Exams for Non-formal							2.28		
二、中等教育 Secondary Education									685.77
(一)高中阶段教育 Senior Secondary Education							658.95	667.32	682.48
1. 高中 Senior Secondary Schools							550.54	563.29	573.16
普通高中 Regular Schools	10.40	67.70	391.70	389.70	355.69	491.1	549.65	562.4	572.02
成人高中 Adult Schools					5.65	2.17	0.88	0.9	1.13
2. 中等职业教育 Secondary Vocational Schools							108.42	104.03	109.32
普通中专 Regular Specialized Sec. Schools	2.40	12.20	23.70	29.80	40.32	48.81	34.7	33.28	33.48
成人中专 Adult SSSs				3.19		20.84	12.61	12.53	12.13
职业高中 Vocational High Schools	–	30.60		4.10	21.59	44.69	36.33	37.72	38.93
技工学校 Skilled Workers Schools	...	...	6.66	13.61	21.53	23.96	20.34	20.5	20.40
其他机构(教学点)(不计校数) Other Institutions							4.43	4.34	4.38
(二)初中阶段教育 Junior Secondary Education									3.29
1. 普通初中 Regular Junior Secondary Schools									
2. 职业初中 Vocational JSSs							3.63	2.8	2.40
3. 成人初中 Adult JSSs					7.29	0.79	0.82	0.88	0.89
三、初等教育 Primary Education								631.16	624.82
(一)普通小学 Regular Primary Schools	84.90	407.50	562.00	605.40	602.10	645.49	625.62	617.13	613.22
(二)成人小学 Adult Primary Schools				2.02		16.24	12.41	14.03	11.61
其中：扫盲班 of Which: Eliminate Illiteracy Classes				7.40		11.01	8.63	10.84	8.94
四、工读学校 Correctional Work-Study Schools	–	–	–	...	0.32	0.27	0.26	0.25	0.26
五、特殊教育 Special Education Schools	...	0.37	0.69	0.80	1.15	4.37	4.09	4.14	4.23
六、学前教育 Pre-school Education Institutions	...	16.20	46.90	61.00	79.80	114.43	97.32	104.73	115.20

各级各类学校专任教师数

Number of Fulltime Teachers of Schools of All Levels & Types

单位:万人

Unit : in 10 thousand

	1949	1965	1978	1980	1985	2000	2003	2004	2005
一、高等教育 Higher Education									
(一)研究生培养机构(不计校数) Institutions Providing Postgraduate Programs									
1. 普通高校 Regular HEIs									
2. 科研机构 Research Institutes									
(二)普通高等学校 Regular HEIs	1.61	13.81	20.63	24.69	34.43	46.28	72.47	85.84	96.58
1. 本科院校 HEIs Offering Degree Programs						37.08	50.25	57.53	63.00
2. 专科院校 Short-cycle HEIs						8.66	19.69	23.77	26.79
其中:职业技术学院 of Which: Tertiary Vocational-technical Colleges							14.95	19.34	22.10
3. 分校、大专班(点)(不计校数) Branch Schools & SCHE Classes						0.53	2.53	4.54	6.80
(三)成人高等学校 Adult HEIs				3.32	6.93	9.34	8.89	8.61	8.43
(四)民办的其他高等教育机构 Non-state/Private HEIs							2.45	2.60	2.25
1. 学历文凭考试机构 Institutions Adm. Exams for Formal							1.37		
2. 非学历文凭考试机构 Institutions Adm. Exams for Non-formal							1.08		
二、中等教育 Secondary Education								542.64	555.36
(一)高中阶段教育 Senior Secondary Education							176.26	190.54	205.64
1. 高中 Senior Secondary Schools							107.66	119.69	130.66
普通高中 Regular Schools	1.40	7.79	74.13	57.07	49.17	75.69	107.06	119.07	129.95
成人高中 Adult Schools					3.23	1.35	0.61	0.62	0.71
2. 中等职业教育 Secondary Vocational Schools							68.60	70.85	74.98
普通中专 Regular Specialized Sec. Schools	1.56	5.51	9.96	12.87	17.40	25.64	19.86	19.71	20.30
成人中专 Adult SSSs				1.78		11.83	7.53	7.58	7.50
职业高中 Vocational High Schools	–	5.29	...	1.65	11.58	28.18	25.79	27.06	28.25
技工学校 Skilled Workers Schools	...	...	2.80	6.14	8.89	14	12.60	16.50	16.11
其他机构(教学点)(不计校数) Other Institutions							2.81	2.76	2.82
(二)初中阶段教育 Junior Secondary Education								350.55	349.72
1. 普通初中 Regular Junior Secondary Schools	5.26	37.92	244.07	244.90	215.99	324.86	346.67	347.68	347.18
2. 职业初中 Vocational JSSs	–	14.42	...	0.67	2.49	3.83	3.08	2.37	2.02
3. 成人初中 Adult JSSs					5.00	0.43	0.48	0.50	0.51
三、初等教育 Primary Education								567.22	563.71
(一)普通小学 Regular Primary Schools	83.60	385.71	522.55	549.94	537.68	586.03	570.28	562.89	559.25
(二)成人小学 Adult Primary Schools				1.65	2.87	4.76	4.76	4.33	4.47
其中:扫盲班 of Which: Eliminate Illiteracy Classes				4.83	4.26	2.93	2.87	2.89	3.17
四、工读学校 Correctional Work-Study Schools	–	–	–	...	0.13	0.15	0.16	0.15	0.17
五、特殊教育 Special Education Schools	...	0.26	0.42	0.48	0.73	3.2	3.03	3.11	3.19
六、学前教育 Pre-school Education Institutions	...	6.18	27.75	41.07	54.99	85.65	61.29	65.61	72.16

高中阶段教育学生数的构成

Composition of Students in Senior Sec. Schools

	合计 Total	普通高中 Senior General Secondary Schools	成人高中 Adult Secondary Schools	中等职业教育 Secondary Vocational Schools				
				小计 Subtotal	中等专业学校 Specialized Sec. Schools	成人中专 Adult SSSs	职业高中 Vocational High Schools	技工学校 Skilled Worker Schools
学生数(万人) No. of Students (in 10 thousand)								
1965	622.9	130.8		492.1	52.7	351.8	77.5	10.1
1980	1720.5	969.8	75.1	675.6	124.3	449.4	31.9	70.0
1985	1295.7	741.1	139.0	415.6	157.1		184.3	74.2
1990	1528.6	717.3	47.8	763.5	224.4	158.8	247.1	133.2
2000	2463.2	1201.3	32.4	1229.5	489.5	169.3	414.6	156.1
2001	2606.3	1405.0	31.0	1170.3	457.9	189.2	383.1	140.1
2002	2889.8	1683.8	33.5	1172.5	456.4	153.3	428.1	134.7
2003	3240.9	1964.8	21.5	1254.6	502.4	105.5	455.7	191.1
2004	3649.0	2220.4	19.4	1409.2	554.5	103.3	516.9	234.5
2005	4030.9	2409.1	21.8	1600.0	629.8	112.5	582.4	275.3
比重(%)Percentage								
1965	100	21.0		79.0	8.5	56.5	12.4	1.6
1980	100	56.4	4.4	39.3	7.2	26.1	1.9	4.1
1985	100	57.2	10.7	32.1	12.1		14.2	5.7
1990	100	46.9	3.1	49.9	14.7	10.4	16.2	8.7
2000	100	48.8	1.3	49.9	19.9	6.9	16.8	6.3
2001	100	53.9	1.2	44.9	17.6	7.3	14.7	5.4
2002	100	58.3	1.2	40.6	15.8	5.3	14.8	4.7
2003	100	60.6	0.7	38.7	15.5	3.3	14.1	5.9
2004	100	60.9	0.7	38.7	15.5	3.3	14.1	5.9
2005	100	59.8	0.5	39.7	15.6	2.8	14.5	6.8

教育规模

Size of Education

单位:万人

Unit : in 10 thousand person

年　份 Year	学校数(万所) Schools (in 10 Thousand)	学生数 Enrolment	教职工数 Teachers Staff & Workers	教育人口 Educational Population	教育人口比重(%) Propotion of Education Population
1985	144	21753	1261	23014	22.0
1990	136	23654	1432	25086	22.2
1996	155	30401	1549	31950	26.2
1997	157	31076	1577	32653	26.7
1998	155	31809	1580	33389	27.0
1999	159	32672	1596	34268	27.5
2000	149	32093	1592	33685	26.8
2001	135	32135	1574	33709	26.6
2002	117	31873	1579	33452	26.2
2003	96	31989	1610	33599	26.2
2004	68	32558	1597	34155	26.4
2005	65	36904	1624	38528	29.6

小学学龄儿童入学率

Net Enrolment Ratio of School-age Children in Primary Schools

单位:万人

Unit:in 10 Thousand

年 份 Year	学龄儿童入学率 Net Enrolment Ratio of School-age Children in various regions.		
	全国学龄儿童数 Total No. of School-age Children	已入学学龄儿童数 No. of School-age Childen Enrolled	入学率(%) Net Enrolment Ratio
1965	11603.2	9829.1	84.7
1980	12219.6	11478.2	93.0
1985	10362.3	9942.8	95.9
1990	9740.7	9529.7	97.8
1999	12991.4	12872.8	99.1
2000	12445.3	12333.9	99.1
2001	11766.4	11561.2	99.1
2002	11310.4	11150.0	98.6
2003	10908.3	10761.6	98.7
2004	10548.1	10437.1	98.9
2005	10207.0	10120.3	99.2

* 1991 年以前的入学率是按 7－11 周岁统一计算的。从 1991 年起入学率是按各地不同入学年龄和学制分别计算的。

Enrolment Ratio of school-age children before 1991 was calculated on the basis of primary school pupils aged 7－11 enroled. From 1991 onwards its calculation has taken account of the age of entry and the lenth of schooling prevailing

各级教育毛入学率

Gross Enrolment Rate of Schools by Level

单位:%

Unit: %

年 份 Year	小学 Primary 按各地相应学龄计算 According to provincial primary entrant age	初中阶段 Junior 12－14 周岁 the age of 12－14	高中阶段 Senior 15－17 周岁 the age of 15－17		高等教育 IHEs 18－22 周岁 the age of 18－22
			职前	全口径	
1990	111.0	66.7	21.9		3.4
1991	109.5	69.7	23.9		3.5
1992	109.4	71.8	22.6	26.0	3.9
1993	107.3	73.1	24.1	28.4	5.0
1994	108.7	73.8	26.2	30.7	6.0
1995	106.6	78.4	28.8	33.6	7.2
1996	105.7	82.4	31.4	38.0	8.3
1997	104.9	87.1	33.8	40.6	9.1
1998	104.3	87.3	34.4	40.7	9.8
1999	104.3	88.6	35.8	41.0	10.5
2000	104.6	88.6	38.2	42.8	12.5
2001	104.5	88.7	38.6	42.8	13.3
2002	107.5	90.0	38.4	42.8	15.0
2003	107.2	92.7	42.1	43.8	17.0
2004	106.6	94.1	46.5	48.1	19.0
2005	106.4	95.0	50.9	52.7	21.0

各级普通学校毕业生升学率

Promotion Rate of Graduates of Regular School of All Levels & Types

年份 Year	小学升初中(%) Promotion Rate of Primary School Graduates	初中升高级中学(%) Promotion Rate of Junior Sec. School Graduates	高中升高等教育(%) Promotion Rate of Senior School Graduates
1990	74.6	40.6	27.3
1991	77.7	42.6	28.7
1992	79.7	43.6	34.9
1993	81.8	44.1	43.3
1994	86.6	47.8	46.7
1995	90.8	50.3	49.9
1996	92.6	49.8	51.0
1997	93.7	51.5	48.6
1998	94.3	50.7	46.1
1999	94.4	50.0	63.8
2000	94.9	51.2	73.2
2001	95.5	52.9	78.8
2002	97.0	58.3	83.5
2003	97.9	59.6	83.4
2004	98.1	63.8	82.5
2005	98.4	69.7	76.3

注:高中升学率为普通高校招生数与普通高中毕业生数之比。

Note: Promotion rate of senior secondary school graduates is the ratio of total number of new entrants admitted to HEIs to the total number of graduates of regular senior secondary schools of the current year.

每十万人口各级学校平均在校生数

Number of Students of Per 100,000 Inhabitants of All Levels

单位:人

Unit: Person

年份 Year	高等学校 Higher Education	高中阶段 Senior	初中阶段 Junior	小学 Primary	幼儿园 Kindergarten
1990	326	1337	3426	10707	1725
1991	304	1355	3465	10502	1907
1992	313	1365	3518	10413	2072
1993	376	1448	3599	10656	2190
1994	433	1293	3681	10819	2219
1995	457	1610	3945	11010	2262
1996	470	1780	4180	11273	2208
1997	482	1905	4289	11435	2058
1998	519	1978	4408	11287	1944
1999	594	2032	4656	10855	1864
2000	723	2000	4969	10335	1782
2001	931	2021	5161	9937	1602
2002	1146	2283	5240	9525	1595
2003	1298	2523	5209	9100	1560
2004	1420	2824	5058	8725	1617
2005	1613	3070	4781	8358	1676

各级普通学校生师比

Pupil-Teacher Ratio of Regular Schools of All levels

单位：%

Unit：%

年份 Year	小学 Primary	初中 Junior	普通高中 Senior	职业高中 Vacational Secondary Schools	普通中专 Regular Secondary Schools	普通高校 Regular Inst. of Higher Educations		
						全国 Total	本科院校 University	专科院校 non-university Tertiary
1992	20.07	15.85	12.24	13.82	14.60	6.83	6.63	7.30
1993	22.37	15.65	14.96	13.86	14.55	8.00	7.82	8.61
1994	22.85	16.07	12.16	14.66	15.07	9.25	9.00	10.10
1995	23.30	16.73	12.95	15.35	15.95	9.83	9.71	10.16
1996	23.73	17.18	13.45	15.38	16.43	10.36	10.32	10.20
1997	24.16	17.33	14.05	15.88	16.71	10.87	10.80	10.85
1998	23.98	17.56	14.60	16.13	17.82	11.62	11.63	11.09
1999	23.12	18.17	15.16	15.91	17.88	13.37	13.67	12.23
2000	22.21	19.03	15.87	14.71	19.09	16.30	16.04	17.65
2001	21.64	19.24	16.73	14.26	19.91	18.22	18.47	17.15
2002	21.04	19.25	17.80	16.50	21.96	19.00	20.60	14.20
2003	20.50	19.13	18.35	17.67	25.30	17.00	21.07	14.75
2004	19.98	18.65	18.65	19.10	28.13	16.22	17.44	13.15
2005	19.43	17.80	18.54	20.62	31.02	16.85	17.75	14.78

普通高等学校校均规模

Average Size of Regular Inst. of Higher Education

单位：人

Unit: Person

	1992	1993	1994	1995	1996	1997	1998	1999	2000	2001	2002	2003	2004	2005
全国 Total	2074	2381	2591	2758	2927	3112	3335	3815	5289	5870	6471	7143	7704	8715
本科院校 University	2676	3094	3418	3632	3857	4062	4418	5275	6916	8730	10454	11662	13561	13514
专科院校 Non-university Tertiary	1051	1235	1338	1405	1466	1594	1701	1975	2282	2337	2523	2893	3209	3909

全国各级自学考试基本情况

Basic Statistics of Applicants for State-administered Examination for Self-learners by Level

	83-2000 年 合计 Total	2001		2002		2003		2004		2005	
		上半年 First half year	下半年 Second half year	上半年 First half year	下半年 Second half year	上半年 First half year	下半年 Second half year	上半年 First half year	下半年 Second half year	上半年 First half year	下半年 Second half year
毕业生人数 Gradutes											
本科 Nonmal course	336434	73130	88506	232591	121670	184789	153719	185866	183357	209776	216714
专科 Short-Cycle course	2739875	213555	265847	661563	278341	172815	193211	187525	211363	185951	1930144
中专 Specialized Secondary	403467	870	774	949	84	10	8			6	0
单科合格科次数 Passed Main-courses											
本科 Nonmal course	14040591	2545065	2357131	2744221	2609694	3119915	2658986	3290832	3198150	2937035	2659670
专科 Short-Cycle course	82006621	3573156	3248698	3394816	2497491	2016762	1967873	2098582	1968238	1757200	1678367
中专 Specialized Secondary	4939318	23877	1197	247	153	41	26	7	5	221	0
报考人数 Applicants											
计 Total											
本科 Nonmal course	14770330	2347089	2441547	2693547	2877525	3011183	2690625	3546716	3283556	3138275	2945107
专科 Short-Cycle course	118627085	4367392	4148303	3753833	3525605	3103200	2754066	2898349	2616704	2321427	2175559
中专 Specialized Secondary	5499782	10313	1444	351	230	1815	842	503	318	72	0
首次报考人数 First Time											
本科 Nonmal course	5020891	731805	606143	828202	704459	630324	491321	637205	428911	593057	446711
专科 Short-Cycle course	31712703	980880	893524	896314	715840	466105	461862	426724	372746	357479	356310
中专 Specialized Secondary	1436507	744	96	41	35		1	2		71	0
报考科次 Main-courses to be Examined											
本科 Nonmal course	44401517	6048851	5765261	6294005	6759658	7348088	6622991	8254351	7830663	7143224	6676374
专科 Short-Cycle course	239564642	10250842	9378904	8894268	8296085	7415830	6571647	6662470	5968804	5307267	4874460
中专 Specialized Secondary	9909387	33890	2558	523	325	5667	2120	1009	574	283	0
实考人数 Actural Examined											
本科 Nonmal course	10939344	1938347	1906783	2127149	2230816	2384484	2080732	2456142	2282478	2486592	2282892
专科 Short-Cycle course	81827187	3528505	3249569	2954655	2647007	2022183	1850164	1850393	1733472	1770809	1624519
中专 Specialized Secondary	3486356	8713	1205	284	181	52	39	10	2	71	0
实考科次 Actural Main-courses Examined											
本科 Nonmal course	25086964	4585818	4281323	4745404	5083830	5496026	4793017	5922728	5755427	5276079	4842548
专科 Short-Cycle course	176118877	7913893	7001861	6680018	6074949	4509259	4127024	4424619	4120770	3723745	3359148
中专 Specialized Secondary	7977887	29937	2191	411	247	72	49	19	7	279	0
在档考生人数 Exmainees on File											
累计数 Sum。											
本科 Nonmal course	16241391	4037236	4643379	5471581	6176040	6806364	7297685	7934890	8363801	8747082	8977079
专科 Short-Cycle course	160319158	13353898	14247422	15143736	15859576	16325681	16787543	17214267	17587013	17758541	17921837
中专 Specialized Secondary	10943852	137889	137985	138026	138061	138061	138062	138064	138064	138129	138129
其中：新生数 of Which：Curent session											
本科 Nonmal course	2299796	731805	606143	828202	704459	630324	491321	637205	428911	593057	446711
专科 Short-Cycle course	14062838	980880	893524	896314	715840	466105	461862	426724	372746	357479	356310
中专 Specialized Secondary	958261	744	96	41	35		1	2		71	0

二、高等教育
Higher Education

高等教育学校(机构)数

Numberof Higher Education Institutions

单位:所

Unit: Institutions

	计 Total	中央部委 HEIs under Central Ministries & Agencies			地方部门 HEIs under Local Auth.			民 办 Non-state/ Private
		计 Total	教育部 HEIs under MOE	其他部委 HEIs under Other Central Agencies	计 Total	教育部门 HEIs under MOE	非教育部门 Run by Non-ed. Dept.	
1.研究生培养机构(不计校数) Instiutions providing postgraduate programs	766	370	73	297	396	330	66	
普通高校 Regular HEIs	450	97	73	24	353	330	23	
科研机构 Research Institutes	316	273		273	43		43	
2.普通高校 Regular HEIs	1792	111	73	38	1431	834	597	250
本科院校 University	701	104	73	31	570	505	65	27
专科院校 Non-umiversity Tertiary	1091	7		7	861	329	532	223
其中:高等职业学校 of which: Tertiary Vocational-teachnical Colleges	921	2		2	702	245	457	217
3.成人高等学校 HEIs for Adults	481	17	1	16	462	191	271	2
4.民办的其他高等教育机构 Non-state/prrivate HEIs	1077							1077

普通高等学校校数

Numberof Regular Higher Educational Institutions

单位:所

Unit: Institutions

	合　计 Total	大学、专门学院 Universities & Colleges	专科学校 Short-Cycle Colleges	其中:职业技术学院 of Which: Tertiary Vocational-technical Colleges
总计 Total	**1792**	**701**	**1091**	**921**
综合大学 Comprehensive University	380	146	234	228
理工院校 Natural Sciences & Technology	648	188	460	430
农业院校 Agriculture	74	32	42	40
林业院校 Forestry	18	6	12	11
医药院校 Medicine & Pharmacy	115	76	39	7
师范院校 Teacher Training	182	117	65	5
语文院校 Language & Literature	34	14	20	18
财经院校 Finance & Economics	169	50	119	100
政法院校 Political Science & Law	64	17	47	30
体育院校 Physical Culture	26	14	12	11
艺术院校 Art	66	29	37	37
民族院校 Ethnic Nationality	16	12	4	4
合计中民办学院 of which: Non-state/prrivate Colleges	250	27	223	217

普通高等学校规模

Breakdown of Regular Higher Educational Institutions by Size of Enrolments

单位:所

Unit: Institutions

	学校数 Institutions	300人及以下 300 and under	301－500人 301 to 500	501－1000人 501 to 1000	1001－1500人 1001 to 1500	1501－2000人 1501 to 2000	2001－3000人 2001 to 3000	3001－4000人 3001 to 4000	4001－5000人 4001 to 5000	5001－10000人 5001 to 10000	10001－20000人 10001 to 20000	20001－30000人 20001 to 30000	30001人及以上 30001 and over
总计 Total	**1792**	**48**	**37**	**82**	**101**	**87**	**158**	**163**	**138**	**482**	**387**	**84**	**25**
综合大学 Comprehensive University	380	8	9	26	21	19	28	31	29	74	88	30	17
理工院校 Natural Sciences & Technology	648	19	10	26	28	31	59	72	42	187	141	29	4
农业院校 Agriculture	74	2	2	4	3	2	6	8	2	16	20	8	1
林业院校 Forestry	18	1	0	1	1	4	2	2	1	2	4	0	0
医药院校 Medicine & Pharmacy	115	1	1	1	7	4	6	6	12	59	17	1	0
师范院校 Teacher Training	182	2	1	1	2	4	8	12	14	49	71	15	3
语文院校 Language & Literature	34	1	1	3	2	2	6	1	5	10	3	0	0
财经院校 Finance & Economics	169	4	4	4	10	11	18	15	19	49	34	1	0
政法院校 Political Science & Law	64	0	1	1	12	4	15	6	7	16	2	0	0
体育院校 Physical Culture	26	2	4	4	1	1	2	2	3	7	0	0	0
艺术院校 Art	66	8	2	10	14	5	8	8	3	7	1	0	0
民族院校 Ethnic Nationality	16	0	2	1	0	0	0	0	1	6	6	0	0

普通高等学校设置专业数

Number of Specialities and Number of Educational Programmes Established by Field of Study in Regular Higher Educational Institutions

	合计 Total	哲学 Philosophy	经济 Economics	法学 Law	教育 Education	文学 Literature	历史 History	理学 Science	工学 Engineering	农学 Agriculture	医学 Medicine	管理学 Administration	其他 other
研究生													
种数 No. of Sp.	515	10	20	35	22	36	10	69	175	38	68	25	7
点数 No. of Ed. Prog.	15560	356	852	994	592	1279	369	2263	5095	714	1869	1166	11
普通高等教育													
种数 No. of Sp.	586	4	17	36	43	89	8	80	181	34	47	47	0
点数 No. of Ed. Prog.	50554	63	2663	2072	2233	8176	261	4287	16863	1454	2312	10170	0
成人高等教育													
种数 No. of Sp.	448	3	14	25	51	50	6	51	135	31	39	43	0
点数 No. of Ed. Prog.	17860	4	1120	908	1411	2651	136	1295	4633	487	1059	4156	0

高等教育(机构)学生数

Data on Students in Higher Education

单位:人

Unit: in Persons

	毕(结)业生数 Graduates	授予学位数 Degree Awarded	招生数 Entrants			在校学生数 Enrolment	预计毕业生数 Anticipated Graduates for Next Year
			计 Total	其中 of which 应届生 Autumn Session	其中 of which 春季招生 Spring Session		
研究生 Postgraduates	189728	185250	364831	199415		978610	294424
博　士 Doctor's Degrees	27677	26506	54794	21165		191317	71719
硕　士 Master's Degrees	162051	158744	310037	178250		787293	222705
普通本科、专科生 Students Enrolled in Normal and Short-cycle Courses	3067956	1309692	5044581	4656305	17963	15617767	388131
本　科 Normal Courses	1465786	1309692	2363647	2112424	2370	8488188	1785706
专　科 Short-cycle Courses	1602170		2680934	2543881	15593	7129579	2095325
成人本科、专科生 Students Enrolled in Normal and Short-cycle Courses Provided by Adult HEIs	1667889	71170	1930250	292178		4360705	844316
本　科 Normal Courses	555799	71170	747196	93567		1611140	237413
专　科 Short-cycle Courses	1112090		1183054	198611		2749565	696903
网络本科、专科生 Students Enrolled in Normal and Short-cycle Courses Provided by Web-based Programs	759627	23032	891046	114176	394204	2652679	
本　科 Normal Courses	392310	23032	408606	43161	187692	1272292	
专　科 Short-cycle Courses	367317		482440	71015	206512	1380387	
研究生课程进修班 Postgraduates Courses	69978					88243	
在职人员攻读博士硕士学位 Advanced degree Programs for persons in Employment		43964	101653			254672	
学历文凭考试 Students Enrolled in State Recognized Credit Programs Provided by Non-state/Private HEIs	94202					203545	
电大注册视听生 Registeyed Viewers/auditors of Programs Provided by RTVUs	19466					45698	
自考助学班 Classes run by Non-state/Private HEIs for Students Preparing for State-administered Examinations for Self-directed Learners	199531		317243			737918	
普通预科生 College-preparatory Classes						23663	
进修及培训 In-service Training	3464440					1549563	
留学生 Foreign Students	44337	3791	60904		16403	78323	

分部门、分计划

Numberof Postgraduate Students

	学校(机构)数(所) No. of Inst.	毕业生数 Graduates			招生数 Entrants		
		计 Total	博士 Doctor's Degree	硕士 Master's Degree	计 Total	博士 Doctor's Degree	硕士 Master's Degree
总　计 Total	**766**	**189728**	**27677**	**162051**	**364831**	**54794**	**310037**
国家任务 State-planned Programs		111991	19393	92598	204970	37119	167851
委托培养 Contractual Programs		20345	5532	14813	26480	11564	14916
自筹经费 Self-financed Programs		57392	2752	54640	133381	6111	127270
一、中央部委所属 Under Central Ministries & Agencies	**370**	**129148**	**23364**	**105784**	**222358**	**45320**	**177038**
1. 教育部 Under MOE	73	103647	17059	86588	177508	33872	143636
2. 其他部委 Under Other Central Agencies	297	25501	6305	19196	44850	11448	33402
二、地方所属 Under Local Auth.	**396**	**60580**	**4313**	**56267**	**142473**	**9474**	**132999**
1. 教育部门 Edu. Dept.	330	57952	4111	53841	136168	9111	127057
2. 其他部门 Run by Non-ed. Dept.	66	2628	202	2426	6305	363	5942

分部门、分计划

Numberof Postgraduate Students

	学校(机构)数(所) No. of Inst.	毕业生数 Graduates			招生数 Entrants		
		计 Total	博士 Doctor's Degree	硕士 Master's Degree	计 Total	博士 Doctor's Degree	硕士 Master's Degree
总　计 Total	**450**	**181072**	**24035**	**157037**	**348407**	**48824**	**299583**
国家任务 State-planned Programs		103676	15895	87781	189042	31298	157744
委托培养 Contractual Programs		20101	5402	14699	26126	11419	14707
自筹经费 Self-financed Programs		57295	2738	54557	133239	6107	127132
一、中央部委所属 Under Central Ministries & Agencies	**97**	**120986**	**19768**	**101218**	**206853**	**39404**	**167449**
1. 教育部 Under MOE	73	103647	17059	86588	177508	33872	143636
2. 其他部委 Under Other Central Agencies	24	17339	2709	14630	29345	5532	23813
二、地方所属 Under Local Auth.	**353**	**60086**	**4267**	**55819**	**141554**	**9420**	**132134**
1. 教育部门 Edu. Dept.	330	57952	4111	53841	136168	9111	127057
2. 其他部门 Run by Non-ed. Dept.	23	2134	156	1978	5386	309	5077

研究生数(总计)
by Sector and Program (Total)

单位:人
Unit: in Persons

在校学生数 Enrolment			预计毕业生数 Graduates for Next Year		
计 Total	博士 Doctor's Degree	硕士 Master's Degree	计 Total	博士 Doctor's Degree	硕士 Master's Degree
978610	**191317**	**787293**	**294424**	**71719**	**222705**
549844	124148	425696	164466	43947	120519
93889	44542	49347	37358	18519	18839
334877	22627	312250	92600	9253	83347
630696	**161941**	**468755**	**205304**	**61133**	**144171**
504465	122669	381796	165660	45562	120098
126231	39272	86959	39644	15571	24073
347914	**29376**	**318538**	**89120**	**10586**	**78534**
332722	28252	304470	85277	10222	75055
15192	1124	14068	3843	364	3479

研究生数(普通高校)
by Sector and by Program (Regular HEIs)

单位:人
Unit: in Persons

在校学生数 Enrolment			预计毕业生数 Graduates for Next Year		
计 Total	博士 Doctor's Degree	硕士 Master's Degree	计 Total	博士 Doctor's Degree	硕士 Master's Degree
932711	**172052**	**760659**	**281134**	**64758**	**216376**
505550	105492	400058	151720	37225	114495
92795	43986	48809	36996	18312	18684
334366	22574	311792	92418	9221	83197
587230	**142862**	**444368**	**192744**	**54247**	**138497**
504465	122669	381796	165660	45562	120098
82765	20193	62572	27084	8685	18399
345481	**29190**	**316291**	**88390**	**10511**	**77879**
332722	28252	304470	85277	10222	75055
12759	938	11821	3113	289	2824

分部门、分计划

Numberof Postgraduate Students

	学校(机构)数(所) No. of Inst.	毕业生数 Graduates			招生数 Entrants		
		计 Total	博士 Doctor's Degree	硕士 Master's Degree	计 Total	博士 Doctor's Degree	硕士 Master's Degree
总　计 Total	**316**	**8656**	**3642**	**5014**	**16424**	**5970**	**10454**
国家任务 State-planned Programs		8315	3498	4817	15928	5821	10107
委托培养 Contractual Programs		244	130	114	354	145	209
自筹经费 Self-financed Programs		97	14	83	142	4	138
一、中央部委所属 Under Central Ministries & Agencies	**273**	**8162**	**3596**	**4566**	**15505**	**5916**	**9589**
1. 教育部 Under MOE							
2. 其他部委 Under Other Central Agencies	273	8162	3596	4566	15505	5916	9589
二、地方所属 Under Local Auth.	**43**	**494**	**46**	**448**	**919**	**54**	**865**
1. 教育部门 Edu. Dept.							
2. 其他部门 Run by Non-ed. Dept.	43	494	46	448	919	54	865

分学科研

Numberof Postgraduate

	毕业生数 Graduates			招生数 Entrants		
	计 Total	博士 Doctor's Degree	硕士 Master's Degree	计 Total	博士 Doctor's Degree	硕士 Master's Degree
总计 Total	**189728**	**27677**	**162051**	**364831**	**54794**	**310037**
其中：女 of Which: Female	73820	8896	64924	164524	19725	144799
哲学 Philosophy	2249	436	1813	4414	731	3683
经济学 Economics	10930	1617	9313	18612	2662	15950
法学 Law	14103	1191	12912	24770	2305	22465
教育学 Education	5101	455	4646	12357	1005	11352
文学 Literature	13314	1216	12098	28962	2334	26628
历史学 History	2657	547	2110	5249	946	4303
理学 Science	22028	5458	16570	45193	10214	34979
工学 Engineering	72941	9427	63514	131345	20983	110362
农学 Agriculture	6038	1093	4945	13864	2253	11611
医学 Medicine	19405	4291	15114	38340	6738	31602
军事学 Military Science	114	22	92	219	34	185
管理学 Administrators	20848	1924	18924	41506	4589	36917

研究生数(科研机构)

by Sector and Program (Research Institutes)

单位:人

Unit: in Persons

在校学生数 Enrolment			预计毕业生数 Graduates for Next Year		
计 Total	博 士 Doctor's Degree	硕 士 Master's Degree	计 Total	博 士 Doctor's Degree	硕 士 Master's Degree
45899	**19265**	**26634**	**13290**	**6961**	**6329**
44294	18656	25638	12746	6722	6024
1094	556	538	362	207	155
511	53	458	182	32	150
43466	19079	24387	12560	6886	5674
43466	19079	24387	12560	6886	5674
2433	**186**	**2247**	**730**	**75**	**655**
2433	186	2247	730	75	655

究生数(总计)

Students by Academic Field (Total)

单位:人

Unit: in Persons

在校学生数 Enrolment			预计毕业生数 Graduates for Next Year		
计 Total	博 士 Doctor's Degree	硕 士 Master's Degree	计 Total	博 士 Doctor's Degree	硕 士 Master's Degree
978610	**191317**	**787293**	**294424**	**71719**	**222705**
424647	62310	362337	116371	20915	95456
11632	2395	9237	3516	931	2585
49752	9695	40057	15918	3805	12113
65272	7520	57752	20383	2821	17562
29855	3029	26826	7917	1043	6874
73000	7543	65457	20419	2721	17698
13790	3180	10610	4170	1269	2901
120510	33059	87451	35129	11725	23404
369738	79714	290024	114850	31114	83736
36061	7386	28675	10115	2692	7423
100343	20236	80107	28480	6557	21923
546	122	424	134	38	96
108111	17438	90673	33393	7003	26390

分学科研

Numberof Postgraduate Students

	毕业生数 Graduates			招生数 Entrants		
	计 Total	博士 Doctor's Degree	硕士 Master's Degree	计 Total	博士 Doctor's Degree	硕士 Master's Degree
总计 Total	**181072**	**24035**	**157037**	**348407**	**48824**	**299583**
其中:女 of Which: Female	71157	7835	63322	158766	17759	141007
哲学 Philosophy	2158	397	1761	4244	680	3564
经济学 Economics	10506	1433	9073	18106	2464	15642
法学 Law	13778	1078	12700	24314	2185	22129
教育学 Education	5065	437	4628	12293	975	11318
文学 Literature	13207	1183	12024	28742	2270	26472
历史学 History	2609	540	2069	5173	929	4244
理学 Science	18748	3532	15216	38531	7159	31372
工学 Engineering	69473	8377	61096	125052	19102	105950
农学 Agriculture	5832	994	4838	13268	2040	11228
医学 Medicine	18922	4169	14753	37507	6533	30974
军事学 Military Science	111	22	89	216	34	182
管理学 Administrators	20663	1873	18790	40961	4453	36508

分学科研

Numberof Postgraduate Students

	毕业生数 Graduates			招生数 Entrants		
	计 Total	博士 Doctor's Degree	硕士 Master's Degree	计 Total	博士 Doctor's Degree	硕士 Master's Degree
总计 Total	**8656**	**3642**	**5014**	**16424**	**5970**	**10454**
其中:女 of Which: Female	2663	1061	1602	5758	1966	3792
哲学 Philosophy	91	39	52	170	51	119
经济学 Economics	424	184	240	506	198	308
法学 Law	325	113	212	456	120	336
教育学 Education	36	18	18	64	30	34
文学 Literature	107	33	74	220	64	156
历史学 History	48	7	41	76	17	59
理学 Science	3280	1926	1354	6662	3055	3607
工学 Engineering	3468	1050	2418	6293	1881	4412
农学 Agriculture	206	99	107	596	213	383
医学 Medicine	483	122	361	833	205	628
军事学 Military Science	3		3	3		3
管理学 Administrators	185	51	134	545	136	409

究生数(普通高校)
by Academic Field (Regular HEIs)

单位:人
Unit:in Persons

在校学生数 Enrolment			预计毕业生数 Graduates for Next Year		
计 Total	博士 Doctor's Degree	硕士 Master's Degree	计 Total	博士 Doctor's Degree	硕士 Master's Degree
932711	**172052**	**760659**	**281134**	**64758**	**216376**
409400	56426	352974	112286	18981	93305
11216	2274	8942	3396	896	2500
48229	9033	39196	15384	3553	11831
63882	7169	56713	19990	2697	17293
29694	2940	26754	7874	1012	6862
72409	7361	65048	20246	2665	17581
13559	3109	10450	4097	1234	2863
101855	23158	78697	29703	8098	21605
351921	73377	278544	109664	28801	80863
34548	6777	27771	9730	2492	7238
98096	19671	78425	27839	6380	21459
540	122	418	132	38	94
106762	17061	89701	33079	6892	26187

究生数(科研机构)
by Academic Field (Research Institutes)

单位:人
Unit:in Persons

在校学生数 Enrolment			预计毕业生数 Graduates for Next Year		
计 Total	博士 Doctor's Degree	硕士 Master's Degree	计 Total	博士 Doctor's Degree	硕士 Master's Degree
45899	**19265**	**26634**	**13290**	**6961**	**6329**
15247	5884	9363	4085	1934	2151
416	121	295	120	35	85
1523	662	861	534	252	282
1390	351	1039	393	124	269
161	89	72	43	31	12
591	182	409	173	56	117
231	71	160	73	35	38
18655	9901	8754	5426	3627	1799
17817	6337	11480	5186	2313	2873
1513	609	904	385	200	185
2247	565	1682	641	177	464
6		6	2		2
1349	377	972	314	111	203

在职人员攻读博士、硕士学位分学科学生数

Numberof Postgraduate Students Studying for Advanced Degrees Without Leaving Their Jobs

单位:人

Unit: in Person

	授予学位数 Degree			招生数 Entrants			在校学生数 Enrolment		
	计 Total	博士 Doctor's Degree	硕士 Master's Degree	计 Total	博士 Doctor's Degree	硕士 Master's Degree	计 Total	博士 Doctor's Degree	硕士 Master's Degree
总计 Total	**43964**	**951**	**43013**	**101653**	**1953**	**99700**	**254672**	**5561**	**249111**
其中:女 of Which: Female	11767	206	11561	29572	460	29112	69494	1614	67880
哲学 Philosophy	78	11	67	444	24	420	813	27	786
经济学 Economics	639	15	624	2842	105	2737	4594	113	4481
法学 Law	3862	19	3843	6517	65	6452	16730	235	16495
教育学 Education	4749	37	4712	12092	46	12046	25663	113	25550
文学 Literature	770	44	726	2706	81	2625	5718	174	5544
历史学 History	48	13	35	897	12	885	1103	19	1084
理学 Science	887	113	774	2799	175	2624	6075	497	5578
工学 Engineering	17316	231	17085	44429	550	43879	119656	1801	117855
农学 Agriculture	2100	79	2021	4095	158	3937	12314	364	11950
医学 Medicine	2428	310	2118	4626	471	4155	14254	1734	12520
军事学 Military Science							391		391
管理学 Administrators	11087	79	11008	20206	266	19940	47361	484	46877

普通高等教育工科分大类学生数

Breakdownof Engineering Students by Subfieldof Study in Regular Higher Education

单位：人

Unit: in person

	毕业生数 Graduates	招 生 数 Entrants	在校学生数 Enrolment
总计 Total	**1054190**	**1796622**	**5329980**
地矿类 Applied Geology	9382	24692	66219
材料类 Materials Science	24431	43300	134829
机械类 Mechanical Engineering	124825	314864	833220
仪器仪表类 Instrument & Meter	9729	15596	52974
能源动力类 Thermal & Nuclear Energy	13116	19769	66144
电气信息类 Electronics & Information	584151	850177	2627444
土建类 Civil Engineering & Architcture	100105	177881	533089
水利类 Hydraulics	11633	18482	56268
测绘类 Sruvey & Measure	5194	10742	29776
环境与安全类 Environ ment and Safety	28413	37093	127101
化工与制药类 Chemical Engineering & Pharmaceutics	32323	67184	183827
交通运输类 Transportation	39991	91134	238865
海洋工程类 Oceanic	1168	1962	6621
轻工纺织食品类 Light Industry, Textile and Food	38955	73127	210375
航空航天类 Aeronautics & Astronautics	2160	3593	12376
武器类 Weaponry	1565	2913	9452
工程力学类 Engineering Mechanics	1872	3284	11405
生物工程类 Biotechnology	17637	31544	96019
农业工程类 Agriculture Engineering	4903	4758	18928
林业工程类 Forestry Engineering	1682	2133	7466
公安技术类 Public Security Technology	955	2394	7582

普通、成人本、专科

Number of Undergraduate Students

	毕业生数 Graduates			招生数 Entrants	
	合计 Total	本科 Normal Courses	专科 Short-cycle Courses	合计 Total	本科 Normal Courses
普通本、专科总计 Total	**3067956**	**1465786**	**1602170**	**5044581**	**2363647**
中央部委所属院校 Inst. Under SEDC	372924	329116	43808	421732	391949
其中:教育部所属院校 of Which: Inst. Under MOE	295030	270822	24208	324760	312888
地方所属学校 Inst. Under Local Auth.	2480405	1075557	1404848	3756093	1555844
民办 Non-State/Private	214627	61113	153514	866756	415854
成人本、专科总计 Total	**1667889**	**555799**	**1112090**	**1930250**	**747196**
中央部委所属院校 Inst. Under SEDC	259142	131835	127307	286823	163959
其中:教育部所属院校 of Which: Inst. Under MOE	212574	108828	103746	231635	135659
地方所属学校 Inst. Under Local Auth.	1399984	423559	976425	1630669	581883
民办 Non-State/Private	8763	405	8358	12758	1354

普通本、专科分

Numberof Undergraduate Students

	毕业生数 Graduates			招生数 Entrants	
	合计 Total	本科 Normal Courses	专科 Short-cycle Courses	合计 Total	本科 Normal Courses
总计 Total	**3067956**	**1465786**	**1602170**	**5044581**	**2363647**
其中:女 of Which:Female	1385772	631361	754411	2429219	1101109
一、普通高等学校 Reg. Inst.of High Education	**2940119**	**1462874**	**1477245**	**4837445**	**2357891**
本科院校 University	2063288	1396671	666617	2583392	1957589
专科院校	760588	211	760377	1737757	2034
其中:高等职业学校 Non-university Tertiry	578338		578338	1443982	497
其他 Other	116243	65992	50251	516296	398268
其中:独立学院	75223	54024	21199	441471	379226
综合大学 Comprehensive Universities	759910	398466	361444	1215956	625624
理工院校 Natural Sciences & Tech.	1028963	478231	550732	1795100	761228
农业院校 Agriculture	139278	81860	57418	218479	125007
林业院校 Forestry	21282	16469	4813	36342	23146
医药院校 Medicine & Pharmacy	135654	70578	65076	254018	129376
师范院校 Teacher Training	459563	239798	219765	600094	366053
语文院校 Language & Literature	32719	14038	18681	66945	32041
财经院校 Finance & Economics	239373	99576	139797	431970	174308
政法院校 Political Science & Law	57694	13792	43902	82809	27324
体育院校 Physical Culture	14715	12481	2234	24706	19872
艺术院校 Art	25749	15994	9755	68814	39347
民族院校 Ethnic Minorities	25219	21591	3628	42212	34565
二、成人高等学校 Higher Educational Institutions for Adults	**127837**	**2912**	**124925**	**207136**	**5756**

分举办者学生数

by Type of Courses in Higher Education

单位：人

Unit: in Person

	在校学生数 Enrolment			毕业班学生数 Graduates for Next Year		
专科 Short-cycle Courses	合计 Total	本科 Normal Courses	专科 Short-cycle Courses	合计 Total	本科 Normal Courses	专科 Short-cycle Courses
2680934	**15617767**	**8488188**	**7129579**	**3881031**	**1785706**	**2095325**
29783	1632874	1528611	104263	405316	361188	44128
11872	1276463	1228348	48115	315258	291997	23261
2200249	11886384	5956808	5929576	3080010	1294031	1785979
450902	2098509	1002769	1095740	395705	130487	265218
1183054	**4360705**	**1611140**	**2749565**	**844316**	**237413**	**606903**
122864	655835	366445	289390	132978	65689	67289
95976	524535	299604	224931	106684	54081	52603
1048786	3677098	1242416	2434682	706677	171355	535322
11404	27772	2279	25493	4661	369	4292

性质类别学生数

by Typeof Courses in Regular Higher Education

单位：人

Unit: in Person

	在校学生数 Enrolment			毕业班学生数 Graduates for Next Year		
专科 Short-cycle Courses	合计 Total	本科 Normal Courses	专科 Short-cycle Courses	合计 Total	本科 Normal Courses	专科 Short-cycle Courses
2680934	**15617767**	**8488188**	**7129579**	**3881031**	**1785706**	**2095325**
1328110	7353202	3845508	3507694	1686169	733584	952585
2479554	**15060351**	**8467136**	**6593215**	**3715926**	**1781340**	**1934586**
625803	9473001	7466076	2006925	2358122	1644794	713328
1735723	4265233	4479	4260754	1129789	547	1129242
1443485	3489701	669	3489032	901768		901768
118028	1322117	996581	325536	228015	135999	92016
62245	1071809	900148	171661	165044	116788	48256
590332	3829876	2253378	1576498	945630	483090	462540
1033872	5417144	2716382	2700762	1358086	586136	771950
93472	711164	464190	246974	174363	101221	73142
13196	114981	85076	29905	25281	18097	7184
124642	843236	521349	321887	177556	87383	90173
234041	2041975	1331347	710628	532114	288213	243901
34904	182811	100020	82791	39548	17128	22420
257662	1266729	589862	676867	311250	119896	191354
55485	243191	87838	155353	67624	17276	50348
4834	82340	71995	10345	18573	15048	3525
29467	185519	122065	63454	35443	21873	13570
7647	141385	123634	17751	30458	25979	4479
201380	**557416**	**21052**	**536364**	**165105**	**4366**	**160739**

成人本、专科分

Numberof Students by typeof Schools in

	毕业生数 Graduates			招生数 Entrants	
	合计 Total	本科 Normal Courses	专科 Short-cycle Courses	合计 Total	本科 Normal Courses
总计 Total	**1667889**	**555799**	**1112090**	**1930250**	**747196**
其中:女 of Which:Female	833809	279477	554332	981073	378084
一、成人高等学校 Adult Higher Educational Institutions	**275587**	**45586**	**230001**	**295336**	**52679**
其中:全脱产 of Which:Full-time	78074	3045	75029	153240	14348
职工高等学校 Workers' Colleges	74043	181	73862	96876	2676
农民高等学校 Peasants' Colleges	26		26	978	
管理干部学院 Institutes for Administration	31177	4770	26407	31954	5315
教育学院 Educational Colleges	77739	39919	37820	80028	44291
独立函授学院 Independent Correspondence Colleges				2228	
广播电视大学 Radio/TV Universities	91962	716	91246	81299	397
其他机构 Other Institutions	640		640	1973	
二、普通高等学校办 Run by Regular HEIs	**1392302**	**510213**	**882089**	**1634914**	**694517**
函授 Divisionsof Correspondence	893499	365397	528102	876409	420118
业余 Sparetime Schools	319020	93965	225055	402780	147925
脱产 Shrot-cycle Courses for Adults	179783	50851	128932	355725	126474

普通本、专科分

Numberof Students in Regular

	毕业生数 Graduates			招生数 Entrants	
	合计 Total	本科 Normal Courses	专科 Short-cycle Courses	合计 Total	本科 Normal Courses
总计 Total	**3067956**	**1465786**	**1602170**	**5044581**	**2363647**
其中:女 of Which:Female	1385772	631361	754411	2429219	1101109
哲学 Philosophy	1275	1275		1797	1797
经济学 Economics	162977	80710	82267	264219	145512
法学 Law	163529	76140	87389	199521	108779
教育学 Education	280134	50342	229792	315638	86080
文学 Literature	415206	226903	188303	760475	435484
其中:外语 of which:Foreign Language	178090	83874	94216	302174	147644
其中:艺术 of Which:Art	122757	68726	54031	295497	171548
历史学 History	10694	10694		13379	13379
理学 Science	164867	163076	1791	270147	268061
工学 Engineering	1090986	517225	573761	1809426	739668
农学 Agriculture	69531	35419	34112	97188	45674
医学 Medicine	202577	96011	106566	338563	147726
管理学 Administrators	506180	207991	298189	974228	371487
总计中:师范生 of Total:Students Enrolled in Teacher Training Institutions	449734	223715	226019	494944	258015

性质类别学生数

all Adult Higher Education

单位：人

Unit: in Person

专科 Short-cycle Courses	在校学生数 Enrolment 合计 Total	本科 Normal Courses	专科 Short-cycle Courses	毕业班学生数 Anticipated Graduatstes for Next Year 合计 Total	本科 Normal Courses	专科 Short-cycle Courses
1183054	**4360705**	**1611140**	**2749565**	**844316**	**237413**	**606903**
602989	2229310	819891	1409419	386863	103870	282993
242657	**695637**	**113423**	**582214**	**204508**	**23536**	**180972**
138892	357489	32396	325093	160674	17925	142749
94200	222599	5336	217263	65040	2392	62648
978	3086		3086	2072		2072
26639	78332	10643	67689	18957	2558	16399
35737	187948	96205	91743	46068	17888	28180
2228	5894		5894	3666		3666
80902	192837	1239	191598	65254	698	64556
1973	4941		4941	3451		3451
940397	**3665068**	**1497717**	**2167351**	**639808**	**213877**	**425931**
456291	1975413	897842	1077571	193072	60712	132360
254855	882633	298273	584360	114882	20674	94208
229251	807022	301602	505420	331854	132491	199363

学科学生数

HEIs by Fieldof Study

单位：人

Unit: in Person

专科 Short-cycle Courses	在校学生数 Enrolment 合计 Total	本科 Normal Courses	专科 Short-cycle Courses	预计毕业生数 Anticipated Graduates for Next Year 合计 Total	本科 Normal Courses	专科 Short-cycle Courses
2680934	**15617767**	**8488188**	**7129579**	**3881031**	**1785706**	**2095325**
1328110	7353202	3845508	3507694	1686169	733584	952585
	6323	6323		1528	1528	
118707	857757	518989	338768	212387	107865	104522
90742	697174	414309	282865	191024	93951	97073
229558	1022708	307402	715306	321493	63600	257893
324991	2318665	1455454	863211	540470	290897	249573
154530	944397	523211	421186	233850	109582	124268
123949	814935	521918	293017	169139	93457	75682
	49390	49390		10843	10843	
2086	967908	959757	8151	204925	201819	3106
1069758	5477207	2699776	2777431	1390676	601698	788978
51514	308107	174783	133324	79733	38430	41303
190837	1132165	627249	504916	254317	109576	144741
602741	2780363	1274756	1505607	673635	265499	408136
236929	1791585	1055506	736079	510810	249624	261186

成人本、专科

Numberof Students by Fieldof

	毕业生数 Graduates			招生数 Entrants	
	合计 Total	本科 Normal Courses	专科 Short-cycle Courses	合计 Total	本科 Normal Courses
总计 Total	**1667889**	**555799**	**1112090**	**1930250**	**747196**
其中:女 of which: Female	833809	279477	554332	981073	378084
成人高等学校 Adult Higher Educations	**275587**	**45586**	**230001**	**295336**	**52679**
哲学 Philosophy	22		22	8	
经济学 Economics	14893	521	14372	17934	547
法学 Law	18946	4642	14304	17858	3469
教育学 Education	26994	7066	19928	24894	8871
文学 Literature	53577	19173	34404	63288	23131
其中:外语 of which:Foreign Language	12551	6904	5647	16564	8885
其中:艺术 of Which:Art	8049	2141	5908	9759	2284
历史学 History	1029	900	129	866	746
理学 Science	12514	9665	2849	10939	8564
工学 Engineering	44770	1232	43538	49586	2090
农学 Agriculture	353		353	1416	26
医学 Medicine	41872	78	41794	22957	2159
管理学 Administrators	60617	2309	58308	85590	3076
总计中:师范 of the Total: Teacher Training	67672	36089	31583	67555	39712
普通高等学校办 Run by Regular HEIs	**1392302**	**510213**	**882089**	**1634914**	**694517**
哲学 Philosophy	64		64	59	26
经济学 Economics	81689	24582	57107	88861	27459
法学 Law	91107	56030	35077	95830	62824
教育学 Education	100034	26835	73199	98579	42356
文学 Literature	256823	120141	136682	273117	158657
其中:外语 of which:Foreign Language	61819	38754	23065	88683	55130
其中:艺术 of Which:Art	49119	22052	27067	54560	30401
历史学 History	6118	4823	1295	4311	3725
理学 Science	68348	51221	17127	65269	52267
工学 Engineering	275681	94428	181253	336956	124432
农学 Agriculture	23788	5149	18639	27290	10700
医学 Medicine	190473	41629	148844	219792	77226
管理学 Administrators	298177	85375	212802	424850	134845
总计中:师范 of the Total: Teacher Training	325761	162980	162781	288933	186024

分学科学生数

Study in Adult Higher Education

单位：人

Unit: in Person

专　科 Short-cycle Courses	在校学生数 Enrolment			预计毕业生数 Anticipated Graduates for Next Year		
	合　计 Total	本　科 Normal Courses	专　科 Short-cycle Courses	合　计 Total	本　科 Normal Courses	专　科 Short-cycle Courses
1183054	**4360705**	**1611140**	**2749565**	**844316**	**237413**	**606903**
602989	2229310	819891	1409419	386863	103870	282993
242657	**695637**	**113423**	**582214**	**204508**	**23536**	**180972**
8	10		10	2		2
17387	41677	1172	40505	16004	310	15694
14389	44702	7950	36752	18742	2605	16137
16023	60005	17542	42463	13027	1344	11683
40157	146045	50265	95780	42202	10002	32200
7679	41581	20485	21096	12918	4410	8508
7475	23007	5683	17324	6840	980	5860
120	2428	1710	718	643	321	322
2375	26206	19373	6833	7127	4242	2885
47496	115957	4554	111403	28143	1165	26978
1390	3081	68	3013	1443		1443
20798	62715	4369	58346	11285	2105	9180
82514	192811	6420	186391	65890	1442	64448
27843	160710	87047	73663	36736	13915	22821
940397	**3665068**	**1497717**	**2167351**	**639808**	**213877**	**425931**
33	127	38	89	35		35
61402	200404	66387	134017	33288	11776	21512
33006	223902	139072	84830	40523	18973	21550
56223	218247	84191	134056	31627	6007	25620
114460	613278	338992	274286	104910	48716	56194
33553	199918	120689	79229	39889	20496	19393
24159	127665	69063	58602	29487	13768	15719
586	12355	9240	3115	904	766	138
13002	147240	114442	32798	16156	8536	7620
212524	780487	280959	499528	146649	45944	100705
16590	66442	22429	44013	7949	2071	5878
142566	518596	160229	358367	117830	32925	84905
290005	883990	281738	602252	139937	38163	101774
102909	668256	401351	266905	89590	41522	48068

网络本、专科

Numberof Students in Web-based

	毕业生数 Graduates		
	合　计 Total	本　科 Normal Courses	专　科 Short-cycle Courses
总计 Total	**759627**	**392310**	**367317**
其中：女 of Which: Female	349030	175657	173373
哲学 Philosophy	9	9	
经济学 Economics	79213	43301	35912
法学 Law	168704	105057	63647
教育学 Education	48723	3268	45455
文学 Literature	83640	61935	21705
其中：外语 of which: Foreign Language	24277	17056	7221
历史学 History			
理学 Science	9213	9106	107
工学 Engineering	79145	41726	37419
农学 Agriculture	11107	1207	9900
医学 Medicine	26800	9985	16815
管理学 Administrators	253073	116716	136357
总计中：师范生 of Total: Students Enrolled in Teacher Training Institutions	34059	31797	2262

高等教育学生

Changes in Enrolmentof

	上学年初报表在校学生数 Total enrolment at beginning of previous academic year	增加学生数 Factorsof Increase					
		计 Total	招　生 No. of Students Admitted	复　学 Students Resuming Studies	转　入 Transfers from Other Inst.	其　他 Others	计 Total
博士生 Doctor's Degrees	167418	57195	54794	280	77	2044	33296
硕士生 Master's Degrees	656864	314717	310037	622	1376	2682	184288
研究生班学生 Postgraduate Courses	465						465
普通本科生 Students Enrolled in Normal Courses	7393503	2675275	2363647	12501	30107	269020	1580590
普通专科生 Students Enrolled in Short-cycle Courses	5937445	3010651	2680934	7439	149668	172610	1818517
成人本科生 Students Enrolled in Normal Courses Provided by Adult HEIs	1426006	803442	747196	5833	7309	43104	618308
成人专科生 Students Enrolled in Short-cycle Courses Provided by Adult HEIs	2776763	1270626	1183054	6589	16111	64872	1297824
网络本科生 Students Enrolled in Normal Courses Provided by Web-based Programs	1262903	482589	408606	3910	27436	42637	473200
网络专科生 Students Enrolled in Short-cycle Courses Provided by Web-based Programs	1163290	681279	482440	6179	107497	85163	464182

分学科学生数

Programs HEIs by Fieldof Study

单位:人

Unit: in Person

招生数 Entrants			在校学生数 Enrolment		
合　计 Total	本　科 Normal Courses	专　科 Short-cycle Courses	合　计 Total	本　科 Normal Courses	专　科 Short-cycle Courses
891046	**408606**	**482440**	**2652679**	**1272292**	**1380387**
425230	195294	229936	1283477	615479	667998
36037	23121	12916	154925	94517	60408
139167	69999	69168	434069	228510	205559
41797	11214	30583	149586	33414	116172
105202	80478	24724	304196	233215	70981
28864	17190	11674	98656	61291	37365
238	238		530	530	
10353	10058	295	27329	26966	363
83129	42859	40270	277825	152291	125534
11110	1527	9583	32626	2682	29944
32992	11620	21372	86390	24664	61726
431021	157492	273529	1185203	475503	709700
36673	33240	3433	99094	90296	8798

数变动情况

Higher Education

单位:人

Unit: in Person

减少学生数 Factorsof Decrease								本学年初报表在校学生数 Total enrolment at beginningof current academic year
毕　业 Graduates	结　业 Completers of Courses without formal awards	休　学 Suspended	退　学 Quitting	开　除 Expelled	死　亡 Death	转　出 Transfers to Other Inst.	其　他 Others	
27677	71	389	702	11	35	1537	2874	191317
162051	449	940	1381	44	51	4190	15182	787293
	140						325	
1465786	20131	14848	20852	1388	658	15763	41164	8488188
1602170	11213	11919	26351	2260	380	41374	122850	7129579
555799	5767	4063	14827	317	59	6444	31032	1611140
1112090	20002	12130	46647	732	67	18531	87625	2749565
392310	10026	10138	17536	88	29	7949	35124	1272292
367317	7511	16307	19564	19	26	8441	44997	1380387

高等教育非学历教育学生情况

Data on Students Enrolled in Non-formal Programmesof HEIS

单位：人

Unit: in Person

	结业生数 Completers		注册学生数 Total Enrolment	
	计 Total	其中：女 of Which: Female	计 Total	其中：女 of Which: Female
研究生课程进修班 Postgraduate Courses	69978	30020	88243	36835
自考助学班 Classes run by Non-state/Private HEIs for Students Preparing for State-administered Examinations for Self-directed Learners	199531	103338	737918	363412
普通预科生 College-preparatory Classes			23663	11876
进修及培训：总计 In-service Training	3464440	1535062	1549563	762719
一周至一个月以内 one week to a months under	2003214	847154	635178	294019
一个月至半年以内 one months to half year under	1074556	502392	578112	317169
半年至一年以内 half year to one year under	275989	129146	232626	102066
一年及以上 one year and over	110681	56370	103647	49465
总计中：资格证书培训 Total: For Certificates of Vocational Qualifications	917431	357887	346701	155493
岗位证书培训 For Gertilicates of Job-related Qualifications	902614	369519	420109	202636
总计中：外语 Total: Foreign langwage	300899	163044	188452	115177
会计 Accountant	230129	156159	108046	78998
计算机 Computer	403729	151866	158116	77015

高等教育学生中其他学生情况

Data on Other Students Enrolled of HEIs

单位：人

Unit: in Person

	共产党员 Memberof C.P.A	共青团员 Memberof C.Y.L	民主党派 Non-Communist Part	华侨 Overseas Chinese	港澳台 From H.K., Macao and Taiwan	少数民族 Minorities
总计	**1735076**	**16331928**	**18650**	**3779**	**19123**	**1388996**
博士生 Doctor's Degrees	75334	40805	1850	18	1654	7230
硕士生 Master's Degrees	266034	385256	981	49	2117	34720
研究生班学生 Postgraduate Courses						
普通本科生 Students Enrolled in Normal Courses	549447	7346970	527	2261	12624	572103
普通专科生 Students Enrolled in Short-cycle Courses	127328	5993283	489	302	128	381112
成人本科生 Students Enrolled in Normal Courses Provided by Adult HEIs	179653	614199	4158	261	1493	106450
成人专科生 Student Enrolled in Short-cycle Courses Provided by Adult HEIs	197533	1217800	3836	474	638	185977
网络本科生 Students Earolled in Normal and Short-cycle Courses Provided by Web-based Programs	180917	324407	3516	289	109	47026
网络专科生 Students Enrolled in Short-cycle Course Provided by Web-based Programs	158830	409208	3293	125	360	54378

	毕(结)业生数 Graduates	授予学位数 Degree Awarded	招生数 Entrants 计 Total	其中:春季招生 of Which: Spring term
总计 Total	**44337**	**3791**	**60904**	**16403**
其中:女 Of Which: Female	23288	1624	29187	8641
分层次 By level of training				
博士 Doctor's Degrees	355	323	655	54
硕士 Master's Degrees	943	887	1596	137
本科 Normal Courses	3327	2581	12001	1015
专科 Short-cycle Courese	319		640	229
培训 In-service Training	39393		46012	14968
分大洲 By continent				
亚洲 Asia	32412	3207	46121	13454
非洲 Africa	1055	318	1171	189
欧洲 Europe	6020	145	7820	1505
北美洲 North America	3963	84	4716	963
南美洲 South America	317	24	401	88
澳洲 Australia	570	13	675	204
分经费来源 By Sources of Support				
国际组织资助 Aided by IGOs	44	37	34	1
中国政府资助 Aided by Chinese government	2679	618	3106	164
本国政府资助 Aided by home government	343	114	516	85
学校间交换 Aided by inter-institutional exchanges	2484	35	2950	999
自费 Self-supporting	38787	2987	54298	15154

生 情 况

International Students

单位:人

Unit: in Person

在校学生数 Enrolment					
计 Total	第一年 1st year	第二年 2nd year	第三年 3rd year	第四年 4th year	第五年 5th year
78323	**52133**	**12842**	**7601**	**4384**	**1363**
35882	24773	5444	3265	1937	463
1997	643	605	461	144	144
3938	1583	1259	866	151	79
29584	11601	7434	5621	3853	1075
867	585	178	99	2	3
41937	37721	3366	554	234	62
63125	40071	11192	6751	3942	1169
2016	1080	414	306	147	69
7784	6645	664	278	145	52
4285	3512	427	188	105	53
511	375	57	46	25	8
602	450	88	32	20	12
67	36	18	6	5	2
5585	2920	1227	819	453	166
872	554	162	104	18	34
3639	2935	363	204	132	5
68160	45688	11072	6468	3776	1156

高等教育学校(机构)
Aggregate Data on Staff

	计 Total	校本部 Teacher, staff & Workers			
		计 Total	专任教师		
			计 Total	正高级 Senior	副高级 Sub-senior
总　计 Total	**1939095**	**1764341**	**1072692**	**101789**	**306486**
其中:女 of Which: Female	842916	771732	467416	21411	120459
普通高校 Regular HEIs	1742073	1572420	965839	96552	278200
成人高校 Adult HEIs	148901	145359	84325	2158	22536
民办的其他高等教育机构 Non-state/Private HEIs	48121	46562	22528	3079	5750

高等教育学校(机构)
Aggregate Data on Staff

	计 Total	校本部 Teacher, staff & Workers			
		计 Total	专任教师		
			计 Total	正高级 Senior	副高级 Sub-senior
总　计 Total	**1742073**	**1572420**	**965839**	**96552**	**278200**
其中:女 of Which: Female	754193	685147	417745	19873	108594
分类型:本科院校 By Typeof HEIs: HEIs offening Degree Level Programs	1197846	1049517	630010	81247	187705
专科院校 Short-cycle HEIs	439967	422165	267855	7949	70303
其中:高等职业学校	362066	348708	220994	6237	56942
其他机构 Other Institutions	104260	100738	67974	7356	20192
其中:独立学院	80986	79978	55476	6363	16586
分举办者:1.中央部委所属 By Providers: Central Ministries & Agencies	350378	276210	150058	31157	49512
教育部 MOE	279172	221693	120949	26102	39942
其他部委 Other Coutral Agencies	71206	54517	29109	5055	9570
2.地方所属 Local Authorities	1207234	1115323	698124	53071	198076
教育部门 Ed. Dept.	918671	840687	524267	47723	149382
其他部门 Non-Ed. Dept.	288563	274636	173857	5348	48694
3.民办 Non-state/Private	184461	180887	117657	12324	30612

教职工情况(总计)

and Workers in HEIs

单位:人

Unit: in Person

教职工数 Teacher, staff & Workers								
教职工 in College or Uni. Proper						科研机构人员 Personnel in Affiliated Research Org.	校办企业职工 Employees in School-run Factories & Farms	其他附设机构人员 Personnel in Others Subsidiary Units
Full-time Teachers			行政人员 Adm. Personnel	教辅人员 Supporting Staff	工勤人员 Workers			
中级 Middle	初级 Junior	无职称 No Rank						
354102	**238339**	**71976**	**295505**	**201958**	**194186**	**39512**	**57295**	**77947**
164710	124035	36801	129493	106347	68476	13792	18487	38905
311958	214714	64415	254885	178514	173182	38779	55122	75752
35112	19699	4820	28885	17325	14824	454	1530	1558
7032	3926	2741	11735	6119	6180	279	643	637

教职工情况(普通高校)

and Workers in Regular HEIs

单位:人

Unit: in Person

教职工数 Teacher, staff & Workers								
教职工 in College or Uni. Proper						科研机构人员 Personnel in Affiliated Research Org.	校办企业职工 Employees in School-run Factories & Farms	其他附设机构人员 Personnel in Others Subsidiary Units
Full-time Teachers			行政人员 Adm. Personnel	教辅人员 Supporting Staff	工勤人员 Workers			
中级 Middle	初级 Junior	无职称 No Rank						
311958	**214714**	**64415**	**254885**	**178514**	**173182**	**38779**	**55122**	**75752**
144523	111816	32939	111926	94460	61016	13544	17598	37904
199031	127219	34808	173719	130746	115042	36435	44772	67122
92628	72316	24659	66566	39614	48130	1818	8339	7645
76577	59814	21424	54843	32783	40088	1581	7213	4564
20299	15179	4948	14600	8154	10010	526	2011	985
16117	12342	4068	10939	5794	7769	185	369	454
46212	18269	4908	48019	42377	35756	27148	18897	28123
37162	13678	4065	38210	33222	29312	17402	16521	23556
9050	4591	843	9809	9155	6444	9746	2376	4567
232421	167449	47107	177995	120426	118778	10943	34555	46413
171390	122971	32801	134066	93291	89063	9530	28950	39504
61031	44478	14306	43929	27135	29715	1413	5605	6909
33325	28996	12400	28871	15711	18648	688	1670	1216

高等教育学校(机构)
Data on Staff and

	合计 Total	校本部 Teachers, staff & Workers			
		计 Subtotal	专任教师		
			小计 Subtotal	正高级 Senior	副高级 Sub-senior
总计 Total	**148901**	**145359**	**84325**	**2158**	**22536**
其中:女 of which: Female	67339	65909	39798	594	9660
分类型:By type:职工高等学校 Workers' Colleges	36710	35337	20804	557	5989
农民高等学校 Peasants' College	191	191	130		19
管理干部学院 Institutes for Administration	19459	18845	10728	574	3175
教育学院 Educational College	21052	20565	13097	446	4060
独立函授学院 Independent Correspondence Colleges	522	522	394	15	63
广播电视大学 Radio/Tv Universities	69721	68678	38599	555	9057
其他机构 Other Institutions	1246	1221	573	11	173
分举办者: By Provider: 1. 中央部委所属 Under Central Ministries & Agencies	2529	2460	1023	36	312
教育部 MOE	439	432	128	10	66
其他部委 Other Central Agencies	2090	2028	895	26	246
2. 地方所属 Local Auth.	146135	142662	83180	2114	22177
教育部门 Ed. Dept.	97825	96035	55448	1156	14142
其他部门 Non-ed. Dept.	48310	46627	27732	958	8035
3. 民办 Non-state/Private	237	237	122	8	47

教职工情况(成人高校)
Workers in Adult HEIs

单位:人
Unit:in Person

教职工数 Teachers, Staff & Workers								
教职工 in College or Uni. Proper						科研机构人员 Personnel in Affiliated Research Org.	校办企业职工 Employees in School-run	其他附设机构人员 Personnel in Others Subsidiary Units
Full-time Teachers			行政人员 Adm. Personnel	教辅人员 Supporting Staff	工勤人员、Workers			
中级 Middle	初级 Junior	无职称 No Rank						
35112	**19699**	**4820**	**28885**	**17325**	**14824**	**454**	**1530**	**1558**
16942	10100	2502	12364	8794	4953	169	553	708
9471	3975	812	6732	3665	4136	67	694	612
57	49	5	31	16	14			
3628	2468	883	3864	1921	2332	102	302	210
4592	3072	927	3319	2084	2065	118	99	270
204	98	14	104		24			
16903	9924	2160	14431	9498	6150	167	416	460
257	113	19	404	141	103		19	6
473	188	14	772	309	356	14	26	29
40	12		144	104	56	7		
433	176	14	628	205	300	7	26	29
34588	19497	4804	28050	16988	14444	440	1504	1529
23070	13788	3292	19355	12206	9026	295	613	882
11518	5709	1512	8695	4782	5418	145	891	647
51	14	2	63	28	24			

研究生指导

Aggregate Data on Supervisors

	计 Total	30 岁及以下 30 and under	31—35 岁 31 to 35	36—40 岁 36 to 40	41—45 岁 41 to 45
总　计 Total	**162743**	**794**	**9860**	**32114**	**45951**
其中:女 of Which: Female	35382	180	2603	8211	10400
分职称:By Rank:					
正高级 Senior	85738	144	1420	9680	22056
副高级 Sub-senior	77005	650	8440	22434	23895
分指导关系:By Levelof Programs Supervised:					
博士导师 Supervisorsof doctoral Programs	11906	5	101	892	2293
其中:女 of Which: Female	1253		8	82	205
硕士导师 Supervisorsof Master's Degree Programs	124416	772	9353	28004	36633
其中:女 of Which: Female	31287	178	2542	7792	9540
博士、硕士导师 Supervisorsof Doc. & Mas. Degree Programs	26421	17	406	3218	7025
其中:女 of Which: Female	2842	2	53	337	655

研究生指导教

Data on Supervisorsof Postgraduate

	计 Total	30 岁及以下 30 and under	31—35 岁 31 to 35	36—40 岁 36 to 40
总　计 Total	**147301**	**713**	**8685**	**28590**
其中:女 of Which: Female	33321	163	2415	7725
分职称:By Rank:				
正高级 By Rank: Senior	75062	136	1124	7859
副高级 Sub-senior	72239	577	7561	20731
分指导关系:By Levelof Programs Supervised:				
博士导师 Supervisorsof doctoral Programs	9317	5	66	660
其中:女 of Which: Female	997		6	66
硕士导师 Supervisorsof Master's Degree Programs	114847	694	8341	25358
其中:女 of Which: Female	29783	163	2376	7369
博士、硕士导师 Supervisorsof Doc. & Mas. Degree Programs	23137	14	278	2572
其中:女 of Which: Female	2541		33	290

教师情况(总计)
of Postgraduate Programs

单位:人

Unit: in Person

46—50 岁 46 to 50	51—55 岁 51 to 55	56—60 岁 56 to 60	61—65 岁 61 to 65	66 岁及以上 66 and over
29304	**17545**	**13561**	**7805**	**5809**
6370	3719	2264	1082	553
18265	**11573**	**10114**	**6985**	**5501**
11039	5972	3447	820	308
1905	1307	1364	1790	2249
226	165	182	216	169
22162	13069	9129	3726	1568
5534	3171	1712	607	211
5237	3169	3068	2289	1992
610	383	370	259	173

师情况(普通高校)
Programs (Regular HEIs)

单位:人

Unit: in Person

41—45 岁 41 to 45	46—50 岁 46 to 50	51—55 岁 51 to 55	56—60 岁 56 to 60	61—65 岁 61 to 65	66 岁及以上 66 and over
41829	**27012**	**16255**	**12472**	**6736**	**5009**
9872	6021	3481	2140	1002	502
19041	16474	10555	9200	5971	4702
22788	10538	5700	3272	765	307
1815	1522	1069	1091	1347	1742
150	178	131	143	185	138
33881	20787	12305	8613	3380	1488
9138	5286	3009	1650	582	210
6133	4703	2881	2768	2009	1779
584	557	341	347	235	154

分学科专任教师数(总计)

Numberof Full-time Teachers by Fieldof Study (Total)

单位:人

Unit: in Person

	计 Total	正高级 Senior	副高级 Sub-Senior	中级 Middle	初级 Junior	无职称 No Rank
总 计 Total	**1072692**	**101789**	**306486**	**354102**	**238339**	**71976**
其中:女 of Which: Female	467416	21411	120459	164710	124035	36801
哲学 Philosophy	35940	3664	12093	12664	5744	1775
经济学 Economics	69962	6111	19967	25346	14113	4425
法学 Law	47366	3937	12924	16846	10271	3388
教育学 Education	92122	4818	25532	32345	22640	6787
其中:体育 of which:Sport	48739	2100	13689	17514	12079	3357
文学 Literature	228682	14328	54593	76238	64274	19249
其中:外语 of which:Foreign Language	107021	4608	23439	36543	32839	9592
其中:艺术 of which:Art	58989	3770	11716	18998	19017	5488
历史学 History	13711	2005	4324	4611	2087	684
理学 Science	135187	16394	45393	41301	24752	7347
工学 Engineering	283982	29587	82382	91860	62106	18047
其中:计算机 of which:Computer	79026	4388	17710	26389	23927	6612
农学 Agriculture	28531	3877	9082	9109	4919	1544
其中:林学 of Which:Forestry	5171	598	1593	1743	990	247
医学 Medicine	72837	11186	22631	21924	13547	3549
管理学 Administrators	64372	5882	17565	21858	13886	5181

分学科专任教师数(普通高校)

Number of Full-time Teachers by Field of Study in Regular Higher Educational Institutions

单位:人
Unit: in Person

	计 Total	正高级 Senior	副高级 Sub-Senior	中　级 Middle	初　级 Junior	无职称 No Rank
总　计 Total	**965839**	**96552**	**278200**	**311958**	**214714**	**64415**
其中:女 of Which: Female	417745	19873	108594	144523	111816	32939
哲学 Philosophy	31011	3307	10478	10612	5026	1588
经济学 Economics	58607	5511	16897	20591	11783	3825
法学 Law	40383	3551	11174	13924	8833	2901
教育学 Education	82917	4489	23193	28619	20428	6188
其中:体育 of which:Sport	45407	2031	13000	16162	11105	3109
文学 Literature	205155	13277	48862	67389	58393	17234
其中:外语 of which:Foreign Language	97020	4259	21289	32568	30242	8662
其中:艺术 of which:Art	54678	3519	10925	17454	17703	5077
历史学 History	11850	1916	3762	3775	1803	594
理学 Science	122985	15937	41456	36399	22482	6711
工学 Engineering	260059	28734	76731	82368	56153	16073
其中:计算机 of which:Computer	67807	3981	15472	22145	20638	5571
农学 Agriculture	27815	3845	8914	8786	4755	1515
其中:林学 of Which:Forestry	5062	596	1562	1694	966	244
医学 Medicine	68164	10565	21063	20491	12683	3362
管理学 Administrators	56893	5420	15670	19004	12375	4424

分学科专任教师数(成人高校)

Number of Full-time Teachers by Field of Study in Adult Higher Educational Institutions

单位:人

Unit: in Person

	计 Total	正高级 Senior	副高级 Sub-Senior	中 级 Middle	初 级 Junior	无职称 No Rank
总 计 Total	**84325**	**2158**	**22536**	**35112**	**19699**	**4820**
其中:女 of Which: Female	39798	594	9660	16942	10100	2502
哲学 Philosophy	3963	168	1300	1757	605	133
经济学 Economics	9130	259	2417	4007	1983	464
法学 Law	5892	193	1452	2568	1292	387
教育学 Education	7732	206	2013	3232	1885	396
其中:体育 of which: Sport	2785	47	619	1192	785	142
文学 Literature	17795	410	4373	7059	4769	1184
其中:外语 of which: Foreign Language	7021	82	1471	2934	2006	528
其中:艺术 of which: Art	2943	51	497	1132	1038	225
历史学 History	1688	59	517	783	254	75
理学 Science	10449	230	3473	4305	1993	448
工学 Engineering	18659	221	4450	7862	4941	1185
其中:计算机 of which: Computer	8235	77	1514	3330	2700	614
农学 Agriculture	619	25	134	279	158	23
其中:林学 of Which: Forestry	95	1	26	42	23	3
医学 Medicine	3079	223	1070	1048	626	112
管理学 Administrators	5319	164	1337	2212	1193	413

分学科专任教师数(民办的其他高等教育机构)

Number of Full-time Teachers by Field of Study in Non-state/Private HEIs

单位:人

Unit: in Person

	计 Total	正高级 Senior	副高级 Sub-Senior	中级 Middle	初级 Junior	无职称 No Rank
总计 Total	**22528**	**3079**	**5750**	**7032**	**3926**	**2741**
其中:女 of Which: Female	9873	944	2205	3245	2119	1360
哲学 Philosophy	966	189	315	295	113	54
经济学 Economics	2225	341	653	748	347	136
法学 Law	1091	193	298	354	146	100
教育学 Education	1473	123	326	494	327	203
其中:体育 of which: Sport	547	22	70	160	189	106
文学 Literature	5732	641	1358	1790	1112	831
其中:外语 of which: Foreign Language	2980	267	679	1041	591	402
其中:艺术 of which: Art	1368	200	294	412	276	186
历史学 History	173	30	45	53	30	15
理学 Science	1753	227	464	597	277	188
工学 Engineering	5264	632	1201	1630	1012	789
其中:计算机 of which: Computer	2984	330	724	914	589	427
农学 Agriculture	97	7	34	44	6	6
其中:林学 of Which: Forestry	14	1	5	7	1	
医学 Medicine	1594	398	498	385	238	75
管理学 Administrators	2160	298	558	642	318	344

专任教师、聘请校外教师学历情况(总计)

Aggregate Data on Academic Qualifications of Full-time and Part-time Teachers in HEIs

单位:人

Unit: in Person

	计 Total	博士 Doctor's Degree	硕士 Master's Degree	本科 Normal Courses	专科及以下 Short-cycle Courses and Under
1.专任教师 Full-time Teachers	1072692	89693	280122	662060	40817
其中:女 of Which: Female	467416	21656	123229	306357	16174
正高级 Senior	101789	31762	26110	41807	2110
副高级 Sub-senior	306486	34076	73528	189597	9285
中　级 Middle	354102	19997	100918	217465	15722
初　级 Junior	238339	1069	59783	168010	9477
无职称 No Rank	71976	2789	19783	45181	4223
2.聘请校外教师 Part-time Teachers	306414	26276	81919	185589	12630
其中:女 of Which: Female	109566	5012	29995	70255	4304
正高级 Senior	58715	14767	17537	25544	867
副高级 Sub-senior	107003	7840	29349	67219	2595
中　级 Middle	97801	2624	23838	65039	6300
初　级 Junior	27041	235	5973	19168	1665
无职称 No Rank	15054	810	5222	8619	1203
聘请校外教师中:外教 Foreign Teachers Among Part-time Teachers	6228	1037	1770	3330	91

专任教师、聘请校外教师学历情况(普通高校)

Data on Academic Qualifications of Full-time and Part-time Teachers in Regular HEIs

单位:人

Unit: in Person

	计 Total	博士 Doctor's Degree	硕士 Master's Degree	本科 Normal Courses	专科及以下 Short-cycle Courses and Under
1.专任教师 Full-time Teachers	965839	88450	269003	578366	30020
其中:女 of Which: Female	417745	21282	118336	266611	11516
正高级 Senior	96552	31320	24754	38579	1899
副高级 Sub-senior	278200	33565	69677	166982	7976
中　级 Middle	311958	19748	97172	183758	11280
初　级 Junior	214714	1054	58316	149181	6163
无职称 No Rank	64415	2763	19084	39866	2702
2.聘请校外教师 Part-time Teachers	221190	23102	64380	127185	6523
其中:女 of Which: Female	77526	4204	23276	47597	2449
正高级 Senior	49593	13375	14609	20936	673
副高级 Sub-senior	78576	6802	22064	47749	1961
中　级 Middle	61010	2129	18179	38461	2241
初　级 Junior	19231	177	5164	13069	821
无职称 No Rank	12780	619	4364	6970	827
聘请校外教师中:外教 Foreign Teachers Among Part-time Teachers	5985	1026	1714	3162	83

专任教师、聘请校外教师学历情况(成人高校)

Data on Academic Qualifications of Full-time and Part-time Teachers in Higher Educational Institutions for Adults

单位:人

Unit:in Person

	计 Total	博士 Doctor's Degree	硕士 Master's Degree	本科 Normal Courses	专科及以下 Short-cycle Courses and Under
1.专任教师 Full-time Teachers	84325	519	8093	68890	6823
其中:女 of Which:Female	39798	153	3683	33171	2791
正高级 Senior	2158	146	520	1438	54
副高级 Sub-senior	22536	247	2709	18689	891
中级 Middle	35112	119	2955	28798	3240
初级 Junior	19699	1	1354	16206	2138
无职称 No Rank	4820	6	555	3759	500
2.聘请校外教师 Part-time Teachers	45687	1018	8722	34280	1667
其中:女 of Which:Female	17326	224	3264	13251	587
正高级 Senior	3448	373	1166	1880	29
副高级 Sub-senior	16040	363	3449	11898	330
中级 Middle	20632	200	3199	16427	806
初级 Junior	4168	33	558	3261	316
无职称 No Rank	1399	49	350	814	186
聘请校外教师中外教 Foreign Teachers Among Part-time Teachers ones	126	9	28	89	

专任教师、聘请校外教师学历情况(民办的其他高等教育机构)

Data on Academic Qualifications of Full-time and Part-time Teachers in Non-state/Private HEIs

单位:人

Unit:in Person

	计 Total	博士 Doctor's Degree	硕士 Master's Degree	本科 Normal Courses	专科及以下 Short-cycle Courses and Under
1.专任教师 Full-time Teachers	22528	724	3026	14804	3974
其中:女 of Which: Female	9873	221	1210	6575	1867
正高级 Senior	3079	296	836	1790	157
副高级 Sub-senior	5750	264	1142	3926	418
中级 Middle	7032	130	791	4909	1202
初级 Junior	3926	14	113	2623	1176
无职称 No Rank	2741	20	144	1556	1021
2.聘请校外教师 Part-time Teachers	39537	2156	8817	24124	4440
其中:女 of Which: Female	14714	584	3455	9407	1268
正高级 Senior	5674	1019	1762	2728	165
副高级 Sub-senior	12387	675	3836	7572	304
中级 Middle	16159	295	2460	10151	3253
初级 Junior	3642	25	251	2838	528
无职称 No Rank	1675	142	508	835	190
聘请校外教师中:外教 Foreign Teachers Among Part-time Teachers	117	2	28	79	8

专任教师年龄情况(总计)

Breakdown of Full-time Teachers by Age (Total)

单位:人

Unit: in Person

	计 Total	30岁及以下 30 and under	31—35岁 31 to 35	36—40岁 36 to 40	41—45岁 41 to 45	46—50岁 46 to 50	51—55岁 51 to 55	56—60岁 56 to 60	61—65岁 61 to 65	66岁及以上 66 and over
总　计 Total	**1072692**	**310532**	**200109**	**185255**	**165344**	**92494**	**57438**	**41254**	**14592**	**5674**
其中:女 of Which: Female	467416	168749	94619	79585	61934	32291	18651	8278	2662	647
正高级 Senior	101789	204	1061	9204	25268	22921	15709	14333	8938	4151
副高级 Sub-senior	306486	1923	22525	81773	92599	49412	30612	21450	4840	1352
中级 Middle	354102	59338	134921	83322	42907	18063	9845	4951	649	106
初级 Junior	238339	186971	35629	9076	3753	1646	884	315	49	16
无职称 No Rank	71976	62096	5973	1880	817	432	388	205	116	49

专任教师年龄情况(普通高校)

Breakdown of Full-time Teachers by Age (Regular HEIs)

单位:人

Unit: in Person

	计 Total	30岁及以下 30 and under	31—35岁 31 to 35	36—40岁 36 to 40	41—45岁 41 to 45	46—50岁 46 to 50	51—55岁 51 to 55	56—60岁 56 to 60	61—65岁 61 to 65	66岁及以上 66 and over
总　计 Total	**965839**	**283264**	**180642**	**166075**	**149314**	**81975**	**50240**	**36230**	**12884**	**5215**
其中:女 of Which: Female	417745	153647	84829	70195	54784	28030	16169	7276	2239	576
正高级 Senior	96552	128	937	8877	24512	21904	14688	13355	8250	3901
副高级 Sub-senior	278200	1683	21174	75762	84929	43918	26795	18718	4044	1177
中级 Middle	311958	54451	122340	72280	36148	14557	7811	3791	491	89
初级 Junior	214714	171177	30825	7466	3030	1287	666	212	39	12
无职称 No Rank	64415	55825	5366	1690	695	309	280	154	60	36

专任教师年龄情况(成人高校)

Breakdown of Full-time Teachers by Age (Adult HEIs)

单位:人

Unit: in Person

	计 Total	30 岁及以下 30 and under	31—35 岁 31 to 35	36—40 岁 36 to 40	41—45 岁 41 to 45	46—50 岁 46 to 50	51—55 岁 51 to 55	56—60 岁 56 to 60	61—65 岁 61 to 65	66 岁及以上 66 and over
总 计 Total	**84325**	**21162**	**16121**	**16178**	**13344**	**8354**	**5292**	**3480**	**346**	**48**
其中:女 of Which: Female	39798	11759	8186	8043	6064	3438	1771	490	45	2
正高级 Senior	2158		14	132	419	567	469	405	128	24
副高级 Sub-senior	22536	63	978	5081	6633	4565	2972	2047	174	23
中级 Middle	35112	3577	10789	9539	5687	2905	1638	935	41	1
初级 Junior	19699	13243	4043	1342	556	274	165	76		
无职称 No Rank	4820	4279	297	84	49	43	48	17	3	

专任教师年龄情况(民办的其他高等教育机构)

Breakdown of Full-time Teachers by Age (Non-state/Private HEIs)

单位:人

Unit: in Person

	计 Total	30 岁及以下 30 and under	31—35 岁 31 to 35	36—40 岁 36 to 40	41—45 岁 41 to 45	46—50 岁 46 to 50	51—55 岁 51 to 55	56—60 岁 56 to 60	61—65 岁 61 to 65	66 岁及以上 66 and over
总 计 Total	**22528**	**6106**	**3346**	**3002**	**2686**	**2165**	**1906**	**1544**	**1362**	**411**
其中:女 of Which: Female	9873	3343	1604	1347	1086	823	711	512	378	69
正高级 Senior	3079	76	110	195	337	450	552	573	560	226
副高级 Sub-senior	5750	177	373	930	1037	929	845	685	622	152
中级 Middle	7032	1310	1792	1503	1072	601	396	225	117	16
初级 Junior	3926	2551	761	268	167	85	53	27	10	4
无职称 No Rank	2741	1992	310	106	73	100	60	34	53	13

专任教师、聘请校外教

Data on Academic Qualification of Full-time and Invited from Other Institutions

	专任教师中按授课内容分 Full-time Teachers classified by Teaching Content			
	计 Total	公共课 基础课 Common Required Course	专业课 Special Subjects	
			计 Total	其中：双师型 Double-teacher Type
总　计 Total	**1036881**	**301864**	**735017**	**89247**
其中:女 of Which: Female	452794	147635	305159	34738
正高级 Senior	99221	18474	80747	6464
副高级 Sub-senior	298100	82803	215297	37506
中级 Middle	340189	102074	238115	45277
初级 Junior	229422	75590	153832	
无职称 No Rank	69949	22923	47026	
普通高校 Regular HEIs	931464	266235	665229	79168
其中:女 of Which: Female	403726	130300	273426	30643
正高级 Senior	94040	16965	77075	5613
副高级 Sub-senior	270156	73524	196632	33515
中级 Middle	298614	87816	210798	40040
初级 Junior	206161	67493	138668	
无职称 No Rank	62493	20437	42056	
成人高校 Adult HEIs	83107	27692	55415	7844
其中:女 of Which: Female	39270	13672	25598	3271
正高级 Senior	2134	488	1646	405
副高级 Sub-senior	22248	7083	15165	3238
中级 Middle	34598	11823	22775	4201
初级 Junior	19362	6706	12656	
无职称 No Rank	4765	1592	3173	
民办的其他高等教育机构 Non-state/Private HEIs	22310	7937	14373	2235
其中:女 of Which: Female	9798	3663	6135	824
正高级 Senior	3047	1021	2026	446
副高级 Sub-senior	5696	2196	3500	753
中级 Middle	6977	2435	4542	1036
初级 Junior	3899	1391	2508	
无职称 No Rank	2691	894	1797	

注:成人高校为2002年数据。

Note:Data of adult HEIs are th statistics of 2002。

师岗位分类情况

Invited Teachers Classified by Teaching Content

单位：人
Unit: in Person

聘请校外教师按授课内容分 Invited Teachers Classified by Teaching Content				专任教师中不任课人数 Full-time Teacher by Nonteaching				
计 Total	公共课 基础课 Common Required Course	专业课 Special Subjects		计 Total	进修 In-service training	科研 Research	病休 Sick Leave	其他 Others
		计 Total	其中：双师型 Double-teacher Type					
306414	**79591**	**226823**	**32652**	**35811**	**21975**	**3877**	**865**	**9094**
109566	32824	76742	10532	14622	9298	1088	405	3831
58715	10255	48460	5630	2568	1074	832	44	618
107003	27611	79392	15279	8386	4891	1363	219	1913
97801	27007	70794	11743	13913	9059	1215	384	3255
27041	9190	17851		8917	6293	350	185	2089
15854	5528	10326		2027	658	117	33	1219
221190	58296	162894	26594	34375	21617	3532	779	8447
77526	24155	53371	8416	14019	9145	928	370	3576
49593	7788	41805	4637	2512	1064	806	41	601
78576	20274	58302	12475	8044	4840	1228	188	1788
61010	18647	42363	9482	13344	8911	1095	348	2990
19231	6914	12317		8553	6158	287	173	1935
12780	4673	8107		1922	644	116	29	1133
45687	11591	34096	3774	1218	319	313	79	507
17326	4851	12475	1222	528	144	144	28	212
3448	766	2682	454	24	2	14	3	5
16040	3940	12100	1678	288	41	123	30	94
20632	5118	15514	1642	514	134	113	33	234
4168	1342	2826		337	131	62	12	132
1399	425	974		55	11	1	1	42
39537	9704	29833	2284	218	39	32	7	140
14714	3818	10896	894	75	9	16	7	43
5674	1701	3973	539	32	8	12		12
12387	3397	8990	1126	54	10	12	1	31
16159	3242	12917	619	55	14	7	3	31
3642	934	2708		27	4	1		22
1675	430	1245		50	3		3	44

高等学校专任

Changes of Full-time Teachers in

	上学年初报表专任教师数 Total number of full-time teachers at beginning of previous academic year	合计 Total	增加专任 Factors of		
			录用毕业生 New recruits from current year graduates		
			计 Total	其中:of which:	
				研究生 completing doc. & mas. deg. Prog.	本 科 completing 1st degree courses
总计 Total	**964749**	**163202**	**83913**	**45619**	**36095**
其中:女 of Which: Female	413534	75334	42010	21972	17927
普通高校 Regular HEIs	860780	149495	78286	44335	32431
其中:女 of Which: Female	366007	68795	39066	21307	16056
成人高校 Adult HEIs	82556	9251	3956	1076	2572
其中:女 of Which: Female	38346	4535	2127	567	1350
民办的其他高等教育机构 Non-state/Private HEIs	21413	4456	1671	208	1092
其中:女 of Which: Female	9181	2004	817	98	521

资产

Condition of Fixed Assets

	学校占地面积(平方米) Area of School sites (m^2)			图书音像 Audio-visual	
				一般图书(万册) Books & Magazines in Libraries(10,000 Volume)	
	计 Total	其中:绿化用地面积 of Which: Green Areas	其中:运动场地面积 of Which: Sports Areas	计 Total	当年新增 New Floor Space Added in Current Year
总计 Total					
学校产权 Owned by HEIs	1404570462	338124447	104992280	127462.94	15511.39
非学校产权中独立使用 Not Owned by HEIs	87090064	19883832	8242513	39118.50	6415.76
普通高校 Regular HEIs					
学校产权 Owned by HEIs	1316815318	321884613	95977174	116544.96	14516.69
非学校产权中独立使用 Not Owned by HEIs	70597512	16681656	6263917	3522.90	503.93
成人高校 Adult HEIs					
学校产权 Owned by HEIs	69004009	12555862	6957648	8947.26	713.03
非学校产权中独立使用 Not Owned by HEIs	4177963	624760	655196	220.45	58.42
民办的其他高等教育机构 Non-state/private HEIs					
学校产权 Owned by HEIs	18751135	3683972	2057458	1970.72	281.67
非学校产权中独立使用 Not Owned by HEIs	12314589	2577416	1323400	35375.15	5853.41

教师变动情况

Regular Higher Educational Institutions

单位：人

Unit: in Person

教师数 Increase				减少专任教师数 Factors of Decrease				本学年初报表专任教师数 Total number of full-time teachers at beginning of current academic year
外单位教师调入 Teachers recruited from other units		校内、外非教师调入 Non-teaching personnel changed into teachers						
计 Total	其中：高校调入 of Which: from reg. HEIs	计 Total	其中：本校调整 of Which: with change of status in their own institutions	合　计 Total	自然减员 Retired from their posts during previcus academic year	调离教师岗位 Transferred from teaching to non-teaching posts	其　他 Others	
48813	**27831**	**30476**	**17174**	**55259**	**13895**	**12013**	**29351**	**1072692**
21084	11514	12240	6704	21452	4906	4765	11781	467416
43888	26180	27321	15209	44436	11775	10180	22481	965839
18842	10842	10887	5888	17057	4064	4018	8975	417745
2966	914	2329	1618	7482	1236	1207	5039	84325
1395	382	1013	674	3083	496	474	2113	39798
1959	737	826	347	3341	884	626	1831	22528
847	290	340	142	1312	346	273	693	9873

情况

and Teaching Resources

资料情况 ed. Resources						固定资产值（万元） Fixed Assets (in 10,000 yuan)		
电子图书（片） Electronic Books & Magazines in Libraries(Disk)		拥有教学用计算机（台） No. of Computers used for Instruction	语音实验室座位数（个） No. of Seats in Audio-Labs	多媒体教室座位数（个） No. of Seats in Multi-media Class rooms	网上教学课程数（种） No. of Web-Based Courses	合　计 Total	其中：教学、科研仪器设备资产 of Which: Teaching Equipment & Instruments	
计 Total	当年新增 New Floor Space Added in Current Year						计 Total	当年新增 New Floor Space Added in Current Year
48971.87	9671.58	3762995	1221619	9082440	75757	61682575.32	13040902.00	2076618.15
1942.30	295.88	128946	54962	286885	0	2224667.23	484313.30	77768.52
39871.40	8425.92	3313032	1070342	8374900	34805	57830276.06	12168359.06	1968544.03
1636.04	272.30	106940	45641	250757	0	2021112.80	370416.39	75399.53
6458.91	841.21	339350	106088	582833	38718	3125338.17	705846.82	87446.64
58.16	11.37	9123	3543	12599	0	53529.51	16866.54	867.52
2641.56	404.45	110613	45189	124707	2234	726961.09	166696.12	20627.48
248.10	12.21	12883	5778	23529	0	150024.92	97030.37	1501.47

校舍情况(总计)

Conditions of School Buildings (Regional Aggregates)

单位:平方米

Unit: m^2

	学校产权建筑面积 Floor Area of School Building Owned by HEIs				正在施工面积 Floor Area Under Construction	独立使用非学校产权建筑面积 Floor Area of School Building Not Owned by HEIs
	计 Subtotal	其中:危房 of Which: Dilapidated Buildings	其中:当年新增 of Which: Newly Added in Current Year	其中:被外单位借用 of Which: Floor Space Hired by Other Schools or Units		
总计 Total	**554908507**	**1462102**	**53499492**	**730163**	**48655412**	**47016990**
一、教学及辅助用房 Buildings for Instraction and Ancillary Uses	**228766658**	**469663**	**25201780**	**158974**	**25642436**	**18509999**
教室 Classroom	104099406	170544	11263084	81178	9603398	10524850
图书馆 Library	26753241	12772	3091319	14322	5055750	1398192
实验室、实习场所 Lab. And Practice Facilities	79885480	253355	8829185	41283	8060572	5146916
体育馆 Gymnasium	12056432	9742	1327798	20652	2368775	954125
会堂 Hall	5972099	23250	690394	1539	553941	485916
二、行政办公用房 Administritive	**29480216**	**106645**	**2676449**	**63196**	**2037794**	**1950886**
三、生活用房 Residential Buildings	**205469947**	**448328**	**22416063**	**309094**	**14533195**	**26556105**
学生宿舍(公寓) Students' Dormitories	142988190	149301	17407695	141648	10770140	21804707
学生食堂 Students' Dining Halls	23149543	28326	2557983	12432	1816450	2233981
教工单身宿舍 Apartments for Single	7614713	81118	651063	8300	503616	590367
教工食堂 Dining Halls for Staff and Workers	1824594	4330	116037	8058	77602	119346
生活福利及其他用房 Residential, Welfare and Anxiliary Buildings	29892907	185253	1683285	138656	1365387	1807704
四、教工住宅 Residential Quarters for Staff and Workers	**91191686**	**437466**	**3205200**	**198899**	**6441987**	

校舍情况(普通高校)

Conditions of School Buidings (Regular HEIs)

单位:平方米

Unit: m^2

	学校产权建筑面积 Floor Area of School Building Owned by HEIs				正在施工面积 Floor Area Under Construction	独立使用非学校产权建筑面积 Floor Area of School Building Not Owned by HEIs
	计 Subtotal	其中:危房 of Which: Dilapidated Buildings	其中:当年新增 of Which: Newly Added in Current Year	其中:被外单位借用 of Which: Floor Space Hired by Other Schools or Units		
总计 Total	**512872732**	**1422875**	**51236024**	**651549**	**45956934**	**39829397**
一、教学及辅助用房 Buildings for Instraction and Ancillary Uses	**209987428**	**461372**	**24271458**	**124958**	**24227616**	**14961573**
教室 Classroom	93614286	168422	10779634	61754	8845252	8061798
图书馆 Library	25058838	12337	2962916	13651	4848826	1179304
实验室、实习场所 Lab. And Practice Facilities	75835491	249373	8603453	31662	7765563	4657985
体育馆 Gymnasium	10250300	8302	1260517	17152	2265996	738908
会堂 Hall	5228513	22938	664938	739	501979	323578
二、行政办公用房 Administritive	**26062976**	**105301**	**2583036**	**52985**	**1888298**	**1405839**
三、生活用房 Residential Buildings	**190991842**	**423646**	**21270146**	**279626**	**13604133**	**23461985**
学生宿舍(公寓) Students' Dormitories	133547932	140729	16580576	126318	10102028	19387643
学生食堂 Students' Dining Halls	21237008	27611	2430226	8578	1682797	1929159
教工单身宿舍 Apartments for Single	6996319	78070	610703	8198	455215	429135
教工食堂 Dining Halls for Staff and Workers	1508337	4156	103439	7608	70172	67234
生活福利及其他用房 Residential, Welfare and Anxiliary Buildings	27702246	173080	1545202	128924	1293921	1648814
四、教工住宅 Residential Quarters for Staff and Workers	**85830486**	**432556**	**3111384**	**193980**	**6236887**	

校舍情况(成人高校)

Conditions of School Buildings in Adult Higher Educational Institutions

单位:平方米

Unit:m^2

	学校产权建筑面积 Floor Area of School Building Owned by HEIs				正在施工面积 Floor Area Under Construction	独立使用非学校产权建筑面积 Floor Area of School Building Not Owned by HEIs
	计 Subtotal	其中:危房 of Which: Dilapidated Buildings	其中:当年新增 of Which: Newly Added in Current Year	其中:被外单位借用 of Which: Floor Space Hired by Other Schools or Units		
总计 Total	**34391639**	**39227**	**1727670**	**64466**	**1329367**	**2524910**
一、教学及辅助用房 Buildings for Instraction and Ancillary Uses	**14973585**	**8291**	**726330**	**26453**	**704417**	**1306006**
教室 Classroom	8651740	2122	370131	12761	357783	888037
图书馆 Library	1450766	435	110704	671	89607	89887
实验室、实习场所 Lab. And Practice Facilities	3480632	3982	177250	8721	181700	205625
体育馆 Gymnasium	805163	1440	47602	3500	41365	78097
会堂 Hall	585284	312	20643	800	33962	44360
二、行政办公用房 Administritive	**2980018**	**1344**	**74231**	**9525**	**85914**	**184708**
三、生活用房 Residential Buildings	**11447750**	**24682**	**866649**	**23569**	**418274**	**1034196**
学生宿舍(公寓) Students' Dormitories	7352780	8572	611709	13130	289516	861415
学生食堂 Students' Dining Halls	1482966	715	100623	3354	65813	97400
教工单身宿舍 Apartments for Single	433569	3048	27874	102	19639	24104
教工食堂 Dining Halls for Staff and Workers	269940	174	8721	450	200	11601
生活福利及其他用房 Residential, Welfare and Anxiliary Buildings	1908495	12173	117722	6533	43106	39676
四、教工住宅 Residential Quarters for Staff and Workers	**4990286**	**4910**	**60460**	**4919**	**120762**	

校舍情况(民办的其他高等教育机构)
Conditions of School Buildings in Non-State/Private HEIs

单位:平方米
Unit:m^2

	学校产权建筑面积 Floor Area of School Building Owned by HEIs				正在施工面积 Floor Area Under Construction	独立使用非学校产权建筑面积 Floor Area of School Building Not Owned by HEIs
	计 Subtotal	其中:危房 of Which: Dilapidated Buildings	其中:当年新增 of Which: Newly Added in Current Year	其中:被外单位借用 of Which: Floor Space Hired by Other Schools or Units		
总计 Total	**7644136**		**535798**	**14148**	**1369111**	**4662683**
一、教学及辅助用房 Buildings for Instraction and Ancillary Uses	**3805645**		**203992**	**7563**	**710403**	**2242420**
教室 Classroom	1833380		113319	6663	400363	1575015
图书馆 Library	243637		17699		117317	129001
实验室、实习场所 Lab. And Practice Facilities	569357		48482	900	113309	283306
体育馆 Gymnasium	1000969		19679		61414	137120
会堂 Hall	158302		4813		18000	117978
二、行政办公用房 Administritive	**437222**		**19182**	**686**	**63582**	**360339**
三、生活用房 Residential Buildings	**3030355**		**279268**	**5899**	**510788**	**2059924**
学生宿舍(公寓) Students' Dormitories	2087478		215410	2200	378596	1555649
学生食堂 Students' Dining Halls	429569		27134	500	67840	207422
教工单身宿舍 Apartments for Single	184825		12486		28762	137128
教工食堂 Dining Halls for Staff and Workers	46317		3877		7230	40511
生活福利及其他用房 Residential, Welfare and Anxiliary Buildings	282166		20361	3199	28360	119214
四、教工住宅 Residential Quarters for Staff and Workers	**370914**		**33356**		**84338**	

三、中等教育
Secondary Education

(一)高中阶段教育
Senior Secondary

普通高中校数、班数

Number of Senior Secondary Schools and Classes

	学校数(所) Schools			班数(个) Classes
	合计 Total	高级中学 Senior Sec. Schools	完全中学 Complete Sec. Schools	
总计 Total	**16092**	**6453**	**9639**	**410822**
教育部门和集体办 Run by Ed. Dept. & Communities	12016	5210	6806	354907
民办 Non-state/private	3175	1064	2111	42921
其他部门办 Run by Non-ed. Dept.	901	179	722	12994
城市 Urban	6251	2299	3952	152649
教育部门和集体办 Run by Ed. Dept. & Communities	4057	1600	2457	123230
民办 Non-state/private	1676	605	1071	20968
其他部门办 Run by Non-ed. Dept.	518	94	424	8451
县镇 Counties & Towns	7661	3428	4233	218629
教育部门和集体办 Run by Ed. Dept. & Communities	6306	2993	3313	197964
民办 Non-state/private	1162	384	778	18159
其他部门办 Run by Non-ed. Dept.	193	51	142	2506
农村 Rural	2180	726	1454	39544
教育部门和集体办 Run by Ed. Dept. & Communities	1653	617	1036	33713
民办 Non-state/private	337	75	262	3794
其他部门办 Run by Non-ed. Dept.	190	34	156	2037
总计中:其他学校附设初中班 Junior Sec. Classes Attached to Others Schools				6247
独立设置少数民族学校 Inde. Sec. Schools for Minorities	2274			8260

普通高中学生数

Number of Students in Senior Secondary Schools

单位:人

Unit:in Person

	毕业生数 Graduates	招生数 Students Admitted	在校学生数 Enrolment				
			合 计 Total	其中女 of Which: Female	一年级 Grade 1	二年级 Grade 2	三年级 Grade 3
总 计 Total	**6615713**	**8777317**	**24090901**	**11184400**	**8785676**	**7899888**	**7405337**
其中女 of Which: Female	2994616	4099776	11184400		4102172	3675915	3406313
教育部门和集体办 Run by Ed. Dept. & Communities	5947983	7626522	21154117	9852926	7633339	6951936	6568842
民办 Non-state/Private	475227	914794	2267777	998742	916199	727128	624450
其他部门办 Run by Non-ed. Dept.	192503	236001	669007	332732	236138	220824	212045
城市 Urban	2321628	3014263	8434123	4065747	3017030	2787117	2629976
教育部门和集体办 Run by Ed. Dept. & Communities	1964507	2461714	6961415	3381833	2463458	2304290	2193667
民办 Non-state/Private	232482	398686	1032796	464843	399608	337525	295663
其他部门办 Run by Non-ed. Dept.	124639	153863	439912	219071	153964	145302	140646
县镇 Counties & Towns	3636709	4883443	13320026	6058440	4888082	4351512	4080432
教育部门和集体办 Run by Ed. Dept. & Communities	3397360	4404255	12149038	5541162	4408449	3979976	3760613
民办 Non-state/Private	200615	431078	1038641	451965	431490	327896	279255
其他部门办 Run by Non-ed. Dept.	38734	48110	132347	65313	48143	43640	40564
农村 Rural	657376	879611	2336752	1060213	880564	761259	694929
教育部门和集体办 Run by Ed. Dept. & Communities	586116	760553	2043664	929931	761432	667670	614562
民办 Non-state/Private	42130	85030	196340	81934	85101	61707	49532
其他部门办 Run by Non-ed. Dept.	29130	34028	96748	48348	34031	31882	30835
总计中:其他学校附设初中班 Classes Attached to Others Schools	93809	123789	328116	159258	123836	108185	96095
重读生 Repeaters			187962	73761	8359	7799	171804
重读中女 of Which: Female			73761		2396	2709	68656
少数民族学生 Minority Students	421914	597837	1594651	670018	599219	517712	477720
独立设置少数民族学校 Inde. Sec. Schools for Minorities	117086	159938	427939	218796	160028	135869	132042

普通中学教职工数

Number of Teachers, Staff & Workers in General Secondary Schools

单位:人

Unit: in Person

	教职工数 Teachers, Staff & Workers						代课教师 Substitute Teachers	兼任教师 Part-time Teachers
	合计 Total	专任教师 Full-time Teachers	行政人员 Adm. Personnel	教辅人员 Supporting Staff	工勤人员 Workers	校办工厂、农(林)场职工 Employees in School-run Factories & Farms		
总计 Total	**5720244**	**4771299**	**338983**	**251353**	**348140**	**10469**	**116950**	**32585**
其中女 of Which: Female	2479138	2171126	72604	112552	119307	3549	56796	11309
少数民族 Minority	426081	361776	23515	14669	25789	332	7218	1947
教育部门和集体办 Run by Ed. Dept. & Communities	5150934	4354233	294149	223413	270256	8883	92688	16572
民办 Non-state/Private	404212	289714	30583	19731	63185	999	19944	14818
其他部门办 Run by Non-ed. Dept.	165098	127352	14251	8209	14699	587	4318	1195
城市 Urban	1436427	1132945	119341	83898	95350	4893	36189	16872
教育部门和集体办 Run by Ed. Dept. & Communities	1170809	937452	95279	69511	64445	4122	25916	7004
民办 Non-state/Private	177766	126426	16001	9666	25218	455	7660	9033
其他部门办 Run by Non-ed. Dept.	87852	69067	8061	4721	5687	316	2613	835
县镇 Counties & Towns	2381918	1980323	122312	116220	159060	4003	39289	10293
教育部门和集体办 Run by Ed. Dept. & Communities	2184472	1835387	109457	107088	128887	3653	30648	5616
民办 Non-state/Private	165615	120592	10369	7631	26748	275	8002	4491
其他部门办 Run by Non-ed. Dept.	31831	24344	2486	1501	3425	75	639	186
农村 Rural	1901899	1658031	97330	51235	93730	1573	41472	5420
教育部门和集体办 Run by Ed. Dept. & Communities	1795653	1581394	89413	46814	76924	1108	36124	3952
民办 Non-state/Private	60831	42696	4213	2434	11219	269	4282	1294
其他部门办 Run by Non-ed. Dept.	45415	33941	3704	1987	5587	196	1066	174

普通高中分课程专

Number of Full-time Senior Secondary School Teachers

	总 计 Total	其中女 of Which: Female	政 治 Politics	语 文 Chinese	数 学 Mathematics	物 理 Physics	化 学 Chemistry	生 物 Biology
合 计 Total	**1299460**	**558625**	**84360**	**211661**	**206403**	**124034**	**118336**	**61901**
研究生毕业 Graduate	15345	6715	1219	2974	2504	1406	1598	929
本科毕业 Under-graduate	1069145	473050	71584	182333	175389	103915	100047	51703
专科毕业 Associate Bachelor	210907	77942	11382	26071	28230	18493	16509	9194
高中阶段毕业 High School Graduate	3940	896	173	281	279	219	181	75
高中阶段毕业以下 Below High School Graduate	123	22	2	2	1	1	1	
合计中:女 of Total: Female	558625		36996	103930	71703	34563	47629	27914
少数民族 Minorities	81757	34740	5860	13773	12524	7665	7409	3716
城市 Urban	474855	236567	29759	75784	74515	45287	43437	22447
县镇 County & Towns	700277	277364	46186	114848	111751	67188	63843	33509
农村 Rural	124328	44694	8415	21029	20137	11559	11056	5945

普通高中专任教师专业技术

Full-time Teachers in Senior Secondary

	合 计 Total	其中女 of the Total: Female	25岁及以下 25 Years and Under	26－30	31－35
总 计 Total	**1299460**	**558625**	**218177**	**296840**	**265509**
中学高级 Senior	250697	77642	107	432	9784
中学一级 1st Grade	443010	178545	1690	41756	159003
中学二级 2nd Grade	425534	206864	84105	214632	91970
中学三级 3rd Grade	37611	17554	18357	15763	2374
未评职称 Rank Undecided	142608	78020	113918	24257	2378
总计中:女 of Which: Female	558625		123623	149629	117838
少数民族 Minorities	81757	34740	10185	18555	18778
城市 Urban	474855	236567	71955	100541	91986
县镇 County & Towns	700277	277364	123398	163489	146990
农村 Rural	124328	44694	22824	32810	26533

任教师学历情况
by Subject Taught & Educational Attainment

单位：人

Unit: in Person

地 理 Geography	历 史 History	外 语 Foreign Languages	信息技术 Infor. Technique	体 育 Physical Culture	音 乐 Music	美 术 Fine Arts	劳动技术 Skills Teaching	其 他 Others	当年不任课 No Teaching Load in Current year
59705	**71499**	**196754**	**34344**	**65253**	**17959**	**19678**	**3692**	**8257**	**15624**
611	986	2107	265	292	71	108	26	126	123
47623	60068	158314	25237	49175	11953	13939	2116	5322	10427
11351	10348	36051	8716	14957	5725	5487	1382	2492	4519
113	94	274	124	806	201	140	156	297	527
7	3	8	2	23	9	4	12	20	28
23808	31281	127474	12878	11318	11212	7519	880	3854	5666
3795	4792	10268	2002	4190	1205	1018	188	2044	1308
21613	25739	72694	12852	25014	7242	7849	1431	3110	6082
32239	38607	105791	18158	34304	9357	10182	1892	4475	7947
5853	7153	18269	3334	5935	1360	1647	369	672	1595

职称、年龄结构情况
Schools Broken Down by Rank and Age

单位：人

Unit: in Person

36－40	41－45	46－50	51－55	56－60	61岁及以上 61 Years and Over
248837	**137235**	**59303**	**37327**	**31236**	**4996**
69292	75782	38662	26898	25249	4491
152647	54964	18184	9066	5324	376
25282	5814	2084	1074	488	85
613	230	122	111	35	6
1003	445	251	178	140	38
95566	42931	16611	9221	2622	584
18022	9541	3584	1838	1096	158
92720	58055	25432	16683	14406	3077
135194	69182	29128	17361	13958	1577
20923	9998	4743	3283	2872	342

普通高中专任
Changes of Full-time Teachers in

	上学年初报表专任教师数 Total Number of Full-time Teachers at Beginning of Previous Academic Year	增加教师 Factors of Increase				
		计 Total	录用毕业生 New Recruits from Current Year Graduates	调入 Teachers Recruited from Other Units	校内调整 of which With Change of Status in Their Own Institutions	其他 Others
合　计 Total	**1190560**	**218561**	**87467**	**74333**	**35139**	**21622**
其中女 of Which: Female	496604	102390	48698	30161	15350	8181
城市 Urban	438755	74155	27104	25494	13694	7863
其中女 of Which: Female	213442	38610	16458	11553	7190	3409
县镇 Counties & Towns	626235	123297	51972	40984	18227	12114
其中女 of Which: Female	239624	55004	27891	15860	7018	4235
农村 Rural	125570	21116	8391	7862	3218	1645
其中女 of Which: Female	43537	8778	4349	2750	1142	537

普通高中学生、教职工
Supplementary Information on Students and Full-time

	在校学生中 of Total Students		
	共产党员 Member of C.P.C.	共青团员 Member of C.Y.L.	华侨 Overseas Chinese
合　计 Total	**88992**	**16051402**	**3574**
其中女 of Which: Female	40728	7670574	1695
城市 Urban	22424	5674133	986
其中女 of Which: Female	10076	2841677	484
县镇 Counties & Towns	57065	8853048	1953
其中女 of Which: Female	26354	4117392	859
农村 Rural	9503	1524221	635
其中女 of Which: Female	4298	711505	352

教师变动情况

General Secondary Schools

单位:人

Unit: in Person

减少教师 Factors of Decrease					本学年初报表专任教师数 Total Number of Full-time Teachers at Beginning of Current Academic Year
计 Total	自然减员 Retired from their posts during previous academic Year	调出 Transferred from Teaching to Non-Teaching Posts	校内调整 of Which with Change of Status in their own Institutions	其他 Others	
109661	**10379**	**52433**	**22892**	**23957**	**1299460**
40369	3257	20101	8244	8767	558625
38055	5393	15784	8530	8348	474855
15485	1939	6699	3520	3327	236567
49255	4171	25803	11724	7557	700277
17264	1131	9585	3982	2566	277364
22358	815	10853	2635	8055	124328
7621	187	3819	742	2873	44694

政治面貌及其他

Teachers of Senior Secondary Schools

单位:人

Unit: in Person

专任教师中 of Total Full-time Teachers			
共产党员 Member of C.P.C.	共青团员 Member of C.Y.L.	民主党派 Member of Non-Communist Part	华侨 Overseas Chinese
345511	**242264**	**21210**	**122**
111524	127928	8140	43
141654	84640	14922	78
58734	50085	6372	25
175510	131255	5665	38
46649	65445	1587	17
28347	26369	623	6
6141	12398	181	1

普通高中

Condition of School Buildings in

	学校占地面积 Areas Occupied	校舍建筑面积 Floor Space	教学及辅 Teaching & Assistant			
			计 Total	其中		
				普通教室 classroom	实验室 Laboratory	图书室 Library
合　计 Total	**859135959**	**331337081**	**131119267**	**81449367**	**20676808**	**9394712**
城市 Urban	301716332	136455450	56571375	32350920	9354245	4685517
县镇 County Seats & Towns	450186392	163184424	62929079	40931707	9810203	4156718
农村 Rural	107233235	31697207	11618813	8166740	1512360	552477

普通高中

Condition of School Buildings in

	体育运动场(馆)面积(平方米) Sports Areas (m^2)	计算机(台) PC (set)	图书藏量(册) Books & Magazines in Libraries (Volume)	电子图书藏量(片) Electronic Books & Magazines in Libraries (disk)
合　计 Total	**199164133**	**2419038**	**526657527**	**47794085**
城市 Urban	74252654	1173551	228100813	24851579
县镇 County Seats & Towns	101126157	1046230	249719559	19839974
农村 Rural	23785322	199257	48837155	3102532

办学条件(一)

Senior Secondary Schools (1)

单位:平方米

Unit: m^2

助用房 Buildings		行政办公用房 Administritive		生活用房 Residential and Welfare	其他用房 Rooms for Other Purposes	校舍面积中 of the Floor Space	
of Which		计 Total	其中教师办公室 of Which: for Teachers			危房面积 Floor Space of Dilapidated Buildings	当年新增 New Floor Space Added in Current Year
微机室 PC-room	语音室 Linguistic						
5019032	**2540432**	**32264541**	**18817848**	**129668928**	**38284345**	**3606434**	**17080421**
2302049	1148027	14376928	8085896	46185941	19321206	723977	6416377
2327703	1195876	14948484	8873339	69716692	15590169	2171298	9243187
389280	196529	2939129	1858613	13766295	3372970	711159	1420857

办学条件(二)

Senior Secondary Schools (2)

固定资产总值(万元) Total Value of Fixed Asset (in 10 thousand yuan)			
计 Total	其中:仪器设备总值(万元) of Which: Total Value of Equip & Instru. (in 10,000 yuan)		
	计 Subtotal	专业实验设备 For Profession	专业实习设备 For Practice
28739072.30	**3179196.58**	**1907455.67**	**351042.66**
13297975.64	1626470.50	994219.48	139535.64
13267311.33	1336748.56	794821.62	175795.12
2173785.33	215977.52	118414.57	35711.90

普通高中办学条件(三)

Condition of School Buildings in Senior Secondary Schools (3)

单位:所

Unit: School

	体育运动场(馆)面积达标校数 Schools No: Sports Areas Reached Standard	体育器械配备达标校数 Schools No: Sports Equip. Reached Standard	音乐器械配备达标校数 Schools No: Musical Instru. Reached Standard	美术器械配备达标校数 Schools No: Fine Arts Instru. Reached Standard	理科实验仪器达标校数 Schools No: Equip. of Natural Sci. Reached Standard	建立校园网校数 Schools No: Campus Networks Set
合　计 Total	**12291**	**12355**	**11272**	**11299**	**13080**	**9621**
城市 Urban	4795	5087	4843	4826	5343	4452
县镇 County Seats & Towns	5912	5803	5181	5220	6165	4261
农村 Rural	1584	1465	1248	1253	1572	908

成人高中

Basic Statistics of

	学校数(所) Schools	教学班(点)(个) External Teaching Sites	毕(结)业生数 Graduates	
			计 Total	其中:女 of which: Female
合计 Total	**974**	**3487**	**124092**	**62833**
职工高中 Senior Sec. Schools for Staff & workers	313	1798	59572	32894
农民高中 Senior Sec. Shools for Peasants	661	1689	64520	29939

中等职业学校(机构)数

Number of Secondary Vocational Schools

单位:人

Unit:in Person

	计 Total	中央部门 HEIs under Central Ministries & Agencies	地方部门 HEIs under Local Auth. 计 Total	教育部门 Run by Ed. Dept.	非教育部门 Run by Non-ed. Dept.	民办 Non-state/ prrivate
中等职业学校 Secondary Vocational Schools	11611	92	9502	6672	2830	2017
其中:普通中等专业学校 of which: Reg. Specialized Sec. Schools	3207	39	2700	1303	1397	468
成人中等专业学校 Specialized Sec. Schools for Adults	2582	35	2381	1659	722	166
职业高中学校 Vocational High Schools	5822	18	4421	3710	711	1383
其他机构(教学点)(不计校数) Other Institutions	2386	19	2127	1406	721	240

注:未含技工学校数据(以后中等职业学校有关表均同)。

Note:Data on Skilled Workers are not included. (same as the Fallowings).

基本情况

Adult Schools

单位:人(人次)

Unit:in Person

注册学生数 enrolment 计 Total	其中:女 of which:Female	教职工数 Teachers, Staff & Workers 计 Total	其中:专任教师 of which:Full-time Teacher	聘请校外教师 Part-time Teachers
218113	**109294**	**11346**	**7129**	**6718**
113958	59902	5425	3503	2380
104155	49392	5921	3626	4338

中等职业学校分办学类型及

Data on Students and Staff and Workers

	计 Total			中职全日制学生 Fulltime Students of SVSs		
	毕业生数 Graduates	招生数 Entrants	在校学生数 Enrolment	毕业生数 Graduates	招生数 Entrants	在校学生数 Enrolment
总　计 Total	**3491921**	**5372922**	**13247421**	**3350736**	**5220095**	**12917418**
其中:女 of Which: Female	1805393	2682551	6756474	1738655	2613841	6604785
分办学类型:By Types						
普通中专学校 Reg. Specialized Sec. Schools	1120166	1817012	4665862	1109675	1802281	4624383
成人中专学校 Specialized Sec. Schools for Adults	328606	418407	996569	216092	326895	779465
职业高中学校 Vocational High Schools	1424515	2352360	5497335	1422807	2350140	5490004
其他机构 Other Institutions	618634	785143	2087655	602162	740779	2023566
分举办者 By Providers:						
1. 中央部门 Under Central Ministries & Agencies	24807	31855	81917	22147	29134	74035
2. 地方部门 Under Local Authorities	3130250	4609977	11624090	2995472	4465868	11311945
教育部门 Under Ed. Dept	2131890	3137586	7807190	2057208	3072641	7649404
非教育部门 Run by Non-ed. Dept	998360	1472391	3816900	938264	1393227	3662541
3. 民办 Non-state/Private	336864	731090	1541414	333117	725093	1531438

注:SVSs＝中等职业学校。下同。

Note: SVSs＝Secondary Vocational School. (Same as the Following.)

举办者的中职学生及教职工情况

of Secondary Vocational Schools by Types and Providers of Schools

单位：人

Unit: in Person

中职非全日制学生 Parttime Students of SVSs			教职工数 Teachers, Staff & Workers							聘请校外教师 Part-time Teachers
				其中：专任教师 of which: Full-time Teachers						
毕业生数 Graduates	招生数 Entrants	在校学生数 Enrolment	计 Total	计 Total	正高级 Senior	副高级 Sub-senior	中级 Middle	初级 Junior	无职称 No Rank	
141185	**152827**	**330003**	**889171**	**588694**	**4424**	**100960**	**240201**	**191704**	**51405**	**82306**
66738	68710	151689	394605	276752	1406	40771	112060	96073	26442	32699
10491	14731	41479	334800	202994	1314	45588	83118	57380	15594	31852
112514	91512	217104	121312	74952	760	14497	35864	19352	4479	23450
1708	2220	7331	389250	282499	1988	35032	109872	106717	28890	21964
16472	44364	64089	43809	28249	362	5843	11347	8255	2442	5040
2660	2721	7882	10074	4826	36	1080	2392	1085	233	1472
134778	144109	312145	780030	523931	1648	91213	216759	176630	37681	67661
74682	64945	157786	531268	380344	960	59611	154936	137344	27493	30170
60096	79164	154359	248762	143587	688	31602	61823	39286	10188	37491
3747	5997	9976	99067	59937	2740	8667	21050	13989	13491	13173

中等职业学校
Number of students in Secondary

	毕业生数 Graduates		招生数 Entrants		
	计 Total	其中:获得职业资格证书 of which: Recipients of Vocational qualifications	计 Total	其中:初中毕业 of which: Junior Sec. School Graduates	
				计 Total	应届毕业生 Autumn Session
合　计 Total	**3491921**	**1864778**	**5372922**	**5090379**	**4922138**
其中:中职全日制学生 of which: fulltime students	3350736	1812330	5220095	5036879	4906227
中职非全日制学生 parttime students	141185	52448	152827	53500	15911
1.普通中专学生 Students of Regular SSSs	1567135	711988	2411340	2313720	2246228
2.成人中专学生 Students of Adult SSSs	393926	183309	479465	340659	279642
3.职业高中学生 Students of High Vocational Schools	1530860	969481	2482117	2436000	2396268
二.培训学生 Traning students	8096788				
三.外国留学生 Foreign Students	1408				

注:SSSs＝中等专业学校

Note: SSSs＝Specialized Secondary Schools

中等职业学校
Number of Female students in Secondary

	毕业生数 Graduates		招生数 Entrants		
	计 Total	其中:获得职业资格证书 of which: Recipients of Vocational qualifications	计 Total	其中:初中毕业 of which: Junior Sec. School Graduates	
				计 Total	应届毕业生 Autumn Session
一.中职学生计 Students of SVSs	1805393	933991	2682551	2554939	2476786
其中:中职全日制学生 of which: fulltime students	1738655	906118	2613841	2531008	2468978
中职非全日制学生 parttime students	66738	27873	68710	23931	7808
1.普通中专学生 Students of Regular SSSs	869379	375184	1267689	1224607	1191057
2.成人中专学生 Students of Adult SSSs	192633	91189	227877	165632	139042
3.职业高中学生 Students of High Vocational Schools	743381	467618	1186985	1164700	1146687
二.培训学生 Traning students	3057259				
三.外国留学生 Foreign Students	566				

注:SSSs＝中等专业学校

Note: SSSs＝Specialized Secondary Schools

(机构)各类学生数

Vocational Schools (Institutions)

单位:人

Unit:in Person

在校学生数 Enrolment					
计 Total	一年级 Grade 1	二年级 Grade 2	三年级 Grade 3	四年级及以上 Over Grade 4	预计毕业生数 Graduates for Next Year
13247421	**5403919**	**4285258**	**3414015**	**144229**	**3919519**
12917418	5234142	4179118	3360988	143170	3771833
330003	169777	106140	53027	1059	147686
6297671	2422942	2016578	1724407	133744	1790731
1125457	496835	387124	240199	1299	409791
5824293	2484142	1881556	1449409	9186	1718997
4010417					
1299					

(机构)各类女学生数

Vocational Schools (Institutions)

单位:人

Unit:in Person

在校学生数 Enrolment					
计 Total	一年级 Grade 1	二年级 Grade 2	三年级 Grade 3	四年级及以上 Over Grade 4	预计毕业生数 Graduates for Next Year
6756474	2702704	2185337	1778255	90178	1971775
6604785	2625742	2136469	1753019	89555	1901762
151689	76962	48868	25236	623	70013
3400228	1275740	1085321	955260	83907	948703
543583	236466	187260	119060	797	200536
2812663	1190498	912756	703935	5474	822536
1777234					
597					

中等职业学校(机构)学生分科类情况(总计)

Data on Secondary Vocational Schools by Field of Study (Total)

单位:人

Unit: in Person

	毕业生数 Graduates		招生数 Entrants			在校学生数 Enrolment	预计毕业生数 Graduates for Next Year
	计 Total	其中:获得职业资格证书 of which: Recipients of Vocational Qualifications	计 Total	其中:初中毕业 of which: Junior Sec. School Graduates			
				计 Total	应届毕业生 Autumn Session		
总 计 Total	**3491921**	**1864778**	**5372922**	**5090379**	**4922138**	**13247421**	**3919519**
其中:女 of Which: Female	1805393	933991	2682551	2554939	2476786	6756474	1971775
农林类 Aqri. & Forestry	173862	89301	210063	189905	175762	530306	179109
资源与环境类 Resources & Environment	16693	9432	43299	30844	28417	84139	19544
能源类 Energy	23436	8296	42498	34956	33300	104139	28254
土木水利工程类 Civil & Hydraulic Engineering	78605	39443	128068	118547	114780	322231	92388
加工制造类 Manufacturing	470164	302292	1118390	1075010	1046487	2504163	642922
交通运输类 Commu. & Transpor.	90465	53302	169303	155506	148692	393742	103935
信息技术类 Infor. Technologies	908377	554442	1329689	1289911	1255027	3277913	1007632
医药卫生类 Medicine & Health	331183	90810	468960	434093	410106	1226777	356596
商贸与旅游类 Trade & Tourism	342107	195774	453781	439131	430048	1192210	366897
财经类 Finance & Economics	249361	138483	325191	307410	298054	850219	260907
文化艺术与体育类 Culture, Arts & Physical Edu.	214143	103861	282869	268320	261453	778374	237524
社会公共事物类 Public Affairs	138409	66616	162229	145131	137306	396417	132473
师范类 Teacher Training	232081	108198	249313	228484	223667	698535	223722
其他 Other	223035	104528	389269	373131	359039	888256	267616

中等职业学校(机构)学生分科类情况(全日制学生)

Data on Secondary Vocational Schools by Field of Study (full-time students)

单位:人

Unit:in Person

	毕业生数 Graduates		招生数 Entrants			在校学生数 Enrolment	预计毕业生数 Graduates for Next Year
				其中:初中毕业 of which:Junior Sec. School Graduates			
	计 Total	其中:获得职业资格证书 of which: Recipients of Vocational Qualifications	计 Total	计 Total	应届毕业生 Autumn Session		
总　计 Total	**3350736**	**1812330**	**5220095**	**5036879**	**4906227**	**12917418**	**3771833**
其中:女 of Which: Female	1738655	906118	2613841	2531008	2468978	6604785	1901762
农林类 Aqri. & Forestry	158273	86268	186860	180902	173145	485224	162518
资源与环境类 Resources & Environment	16693	9432	36453	30814	28417	77276	19544
能源类 Energy	19005	7628	37398	34669	33268	94519	24817
土木水利工程类 Civil & Hydraulic Engineering	76346	38739	125086	117218	113994	314351	89251
加工制造类 Manufacturing	467087	301143	1105609	1071005	1044367	2485542	639096
交通运输类 Commu. & Transpor.	85258	53071	161425	152689	148346	375343	97265
信息技术类 Infor. Technologies	896917	550529	1307691	1277058	1251759	3245220	990185
医药卫生类 Medicine & Health	318077	88054	460708	431765	409747	1193489	339788
商贸与旅游类 Trade & Tourism	339724	195371	448011	437465	429277	1183462	364904
财经类 Finance & Economics	220212	126202	308370	301839	296663	805736	237549
文化艺术与体育类 Culture, Arts & Physical Edu.	213448	103392	281261	267846	260979	775855	236744
社会公共事物类 Public Affairs	129223	64461	155209	142055	136716	379824	126213
师范类 Teacher Training	208733	97718	231336	226358	222303	656726	204793
其他 Other	201740	90322	374678	365196	357246	844851	239166

中等职业学校(机构)学生分科类情况(普通中专)

Data on Secondary Vocational Schools by Field of Study (Specialized Secondary Schools)

单位:人

Unit: in Person

	毕业生数 Graduates		招生数 Entrants			在校学生数 Enrolment	预计毕业生数 Graduates for Next Year
	计 Total	其中:获得职业资格证书 of which: Recipents of Vocational Qualifications	计 Total	其中:初中毕业 of which: Junior Sec. School Graduates			
				计 Total	应届毕业生 Autumn Session		
总　计 Total	**1567135**	**711988**	**2411340**	**2313720**	**2246228**	**6297671**	**1790731**
其中:女 of Which: Female	869379	375184	1267689	1224607	1191057	3400228	948703
农林类 Aqri. & Forestry	52991	29534	49628	47823	45383	148747	51091
资源与环境类 Resources & Environment	11014	5663	24849	21504	20074	54335	13475
能源类 Energy	14082	5618	29138	26680	25583	73598	19873
土木水利工程类 Civil & Hydraulic Engineering	50860	23930	82854	78341	76171	215967	59605
加工制造类 Manufacturing	189287	110555	505814	489445	476928	1172172	283083
交通运输类 Commu. & Transpor.	38277	19265	77066	71602	69535	182779	42894
信息技术类 Infor. Technologies	347191	185127	452712	441020	431279	1225772	371612
医药卫生类 Medicine & Health	246692	61181	384702	361213	342524	1003622	279605
商贸与旅游类 Trade & Tourism	160814	76559	220351	214755	210522	599055	179058
财经类 Finance & Economics	107711	54345	157053	153579	150652	420316	120078
文化艺术与体育类 Culture, Arts & Physical Edu.	96766	36221	122542	113993	110255	367974	106118
社会公共事物类 Public Affairs	56310	22213	61635	55838	53933	165083	57289
师范类 Teacher Training	147310	62553	150824	149416	147861	458214	141663
其他 Other	47830	19224	92172	88511	85528	210037	65287

中等职业学校(机构)学生分科类情况(成人中专)

Data on Secondary Vocational Schools by Field of Study (Adult Specialized Secondary Schools)

单位:人

Unit: in Person

	毕业生数 Graduates		招生数 Entrants			在校学生数 Enrolment	预计毕业生数 Graduates for Next Year
	计 Total	其中:获得职业资格证书 of which: Reciptents of Vocational Qualifications	计 Total	其中:初中毕业 of which: Junior Sec. School Graduates			
				计 Total	应届毕业生 Autumn Session		
总 计 Total	**393926**	**183309**	**479465**	**340659**	**279642**	**1125457**	**409791**
其中:女 of Which: Female	192633	91189	227877	165632	139042	543583	200536
农林类 Aqri. & Forestry	21323	5841	32502	17615	8464	67024	24718
资源与环境类 Resources & Environment	1650	979	9089	1303	853	11594	1697
能源类 Energy	5801	790	6474	1480	1093	13870	4542
土木水利工程类 Civil & Hydraulic Engineering	7978	3850	10833	6826	5815	26589	9671
加工制造类 Manufacturing	49051	33217	95795	79857	73034	210184	60420
交通运输类 Commu. & Transpor.	12872	4887	17426	10077	7128	44367	14452
信息技术类 Infor. Technologies	85533	42534	116779	100716	85186	271601	97144
医药卫生类 Medicine & Health	40808	12127	28955	19247	15457	85557	35568
商贸与旅游类 Trade & Tourism	21034	10227	28827	22571	20605	69122	22731
财经类 Finance & Economics	46891	21818	36075	22936	17816	92734	38642
文化艺术与体育类 Culture, Arts & Physical Edu.	7105	4428	9972	7644	7237	23420	8794
社会公共事物类 Public Affairs	22524	8376	26379	16330	11818	55572	19159
师范类 Teacher Training	37819	17646	32243	14393	12752	79193	32031
其他 Other	33537	16589	28116	19664	12384	74630	40222

中等职业学校(机构)学生分科类情况(职业高中)

Data on Secondary Vocational Schools by Field of Study (Vocational High Schools)

单位:人
Unit: in Person

	毕业生数 Graduates		招生数 Entrants			在校学生数 Enrolment	预计毕业生数 Graduates for Next Year
	计 Total	其中:获得职业资格证书 of which: Reciptents of Vocational Qualifications	计 Total	其中:初中毕业 of which: Junior Sec. School Graduates			
				计 Total	应届毕业生 Autumn Session		
总　计 Total	**1530860**	**969481**	**2482117**	**2436000**	**2396268**	**5824293**	**1718997**
其中:女 of Which: Female	743381	467618	1186985	1164700	1146687	2812663	822536
农林类 Aqri. & Forestry	99548	53926	127933	124467	121915	314535	103300
资源与环境类 Resources & Environment	4029	2790	9361	8037	7490	18210	4372
能源类 Energy	3553	1888	6886	6796	6624	16671	3839
土木水利工程类 Civil & Hydraulic Engineering	19767	11663	34381	33380	32794	79675	23112
加工制造类 Manufacturing	231826	158520	516781	505708	496525	1121807	299419
交通运输类 Commu. & Transpor.	39316	29150	74811	73827	72029	166596	46589
信息技术类 Infor. Technologies	475653	326781	760198	748175	738562	1780540	538876
医药卫生类 Medicine & Health	43683	17502	55303	53633	52125	137598	41423
商贸与旅游类 Trade & Tourism	160259	108988	204603	201805	198921	524033	165108
财经类 Finance & Economics	94759	62320	132063	130895	129586	337169	102187
文化艺术与体育类 Culture, Arts & Physical Edu.	110272	63212	150355	146683	143961	386980	122612
社会公共事物类 Public Affairs	59575	36027	74215	72963	71555	175762	56025
师范类 Teacher Training	46952	27999	66246	64675	63054	161128	50028
其他 Other	141668	68715	268981	264956	261127	603589	162107

中等职业学校(机构)分年龄学生数

Number of Students by age in Secondary Vocational Schools (Institutions)

单位:人

Unit:in Person

	计 Total	14岁及以下 14 years and under	15岁 15 years	16岁 16 years	17岁 17 years	18岁 18 years	19岁 19 years	20岁 20 years	21岁 21 years	22岁及以上 22 years and over
合　计 Total	**13247421**	**182765**	**1706417**	**3633471**	**3619553**	**2464351**	**937989**	**264993**	**99202**	**338680**
其中:中职全日制学生 of which: full-time students	12917418	177601	1699296	3614968	3605907	2443535	922267	249863	79697	124284
中职非全日制学生 part-time students	330003	5164	7121	18503	13646	20816	15722	15130	19505	214396
1.普通中专学生 Students of Regular SSSs	6297671	95398	773552	1678142	1722431	1229325	525072	157336	50834	65581
2.成人中专学生 Students of Adult SSSs	1125457	12177	94480	222444	225445	173057	76697	38016	30006	253135
3.职业高中学生 Students of Vocational High Schools	5824293	75190	838385	1732885	1671677	1061969	336220	69641	18362	19964

中等职业学校(机构)分年龄女学生数

Number of Female Students by age in Secondary Vocational Schools (Institutions)

单位:人

Unit:in Person

	计 Total	14岁及以下 14 years and under	15岁 15 years	16岁 16 years	17岁 17 years	18岁 18 years	19岁 19 years	20岁 20 years	21岁 21 years	22岁及以上 22 years and over
合　计 Total	**6756474**	**100716**	**891403**	**1871466**	**1864040**	**1253916**	**458485**	**122864**	**45980**	**147604**
其中:中职全日制学生 of which: full-time students	6604785	98358	887997	1863962	1858365	1244991	451539	115720	36065	47788
中职非全日制学生 part-time students	151689	2358	3406	7504	5675	8925	6946	7144	9915	99816
1.普通中专学生 Students of Regular SSSs	3400228	57875	433623	912917	939729	662030	269124	75541	23323	26066
2.成人中专学生 Students of Adult SSSs	543583	5768	48943	112359	112268	83116	35345	17834	14708	113242
3.职业高中学生 Students of Vocational High Schools	2812663	37073	408837	846190	812043	508770	154016	29489	7949	8296

中等职业学校(机构)

Changes in Enrolment of Secondary

	上学年初报表在校学生数 Total Enrolment at Beginning of Previous Academic year	增加学生数 Factors of Increase				
		计 Total	招生 No. of Students Admitted	复学 Students Resuming Studies	转入 Transfers from Other Inst.	其他 Others
合 计 Total	**11700275**	**6109744**	**5372922**	**7579**	**382426**	**346817**
其中:中职全日制学生 of which: Full-time Students	11389173	5913244	5220095	7453	359859	325837
中职非全日制学生 Part-time students	311102	196500	152827	126	22567	20980
1.普通中专学生 Students of Regular SSSs	5605499	2710253	2411340	3269	127608	168036
2.成人中专学生 Students of Adult SSSs	988825	649596	479465	832	84876	84423
3.职业高中学生 Students of Vocational High Schools	5105951	2749895	2482117	3478	169942	94358

中等职业学校(机构)

Changes in Female Enrolment of

	上学年初报表在校学生数 Total Enrolment at Beginning of Previous Academic year	增加学生数 Factors of Increase				
		计 Total	招生 No. of Students Admitted	复学 Students Resuming Studies	转入 Transfers from Other Inst.	其他 Others
合 计 Total	**6015473**	**3029144**	**2682551**	**3596**	**181513**	**161484**
其中:中职全日制学生 of which: Full-time Students	5873194	2940005	2613841	3542	171174	151448
中职非全日制学生 Part-time students	142279	89139	68710	54	10339	10036
1.普通中专学生 Students of Regular SSSs	3074869	1410958	1267689	1597	62382	79290
2.成人中专学生 Students of Adult SSSs	479272	306502	227877	587	40790	37248
3.职业高中学生 Students of Vocationals High Schools	2461332	1311684	1186985	1412	78341	44946

学生变动情况

Vocational Schools (Institutions)

单位:人

Unit: in Person

减少学生数 Factors of Decrease									本学年初报表在校学生数 Total enrolment at beginning of current academic year
计 Total	毕业 Graduates	结业 Completers of Courses without formal awards	休学 Suspended	退学 Quitting	开除 Expelled	死亡 Death	转出 Transfers to Other Inst.	其他 Others	
4562598	**3491921**	**104058**	**23585**	**228455**	**10011**	**379**	**345129**	**359060**	**13247421**
4384999	3350736	99147	23257	224642	10011	376	340422	336408	12917418
177599	141185	4911	328	3813		3	4707	22652	330003
2018081	1567135	14266	11615	100127	6573	190	157146	161029	6297671
512964	393926	12979	1425	19890	484	13	28884	55363	1125457
2031553	1530860	76813	10545	108438	2954	176	159099	142668	5824293

女学生变动情况

Secondary Vocational Schools (Institutions)

单位:人

Unit: in Person

减少学生数 Factors of Decrease									本学年初报表在校学生数 Total enrolment at beginning of current academic year
计 Total	毕业 Graduates	结业 Completers of Courses without formal awards	休学 Suspended	退学 Quitting	开除 Expelled	死亡 Death	转出 Transfers to Other Inst.	其他 Others	
2288143	**1805393**	**46199**	**9492**	**95135**	**2087**	**125**	**166531**	**163181**	**6756474**
2208414	1738655	44164	9388	93160	2087	124	164625	156211	6604785
79729	66738	2035	104	1975		1	1906	6970	151689
1085599	869379	5756	4745	41628	1486	74	84257	78274	3400228
242191	192633	5334	562	8773	86	4	13292	21507	543583
960353	743381	35109	4185	44734	515	47	68982	63400	2812663

中等职业学校(机构)其他学生情况

Other Students in Secondary Vocational Schools (Institutions)

单位:人

Unit: in persons

	共产党员 Member of C.P.A	共青团员 Member of C.Y.L	华侨 Overseas Chinese	港澳台 From H.K., Macao and Taiwan	少数民族 Minorities	残疾人 Disabled
合 计 Total	**54029**	**7587056**	**5251**	**347**	**616980**	**9691**
其中:女 of Which: Female	16681	3985229	2722	150	307575	3515
中职全日制学生 full-time students	23394	7508497	5251	347	595485	9649
中职非全日制学生 part-time students	30635	78559			21495	42
1.普通中专学生 Students of Regular SSSs	11447	3814922	3281	168	353060	4226
2.成人中专学生 Students of Adult SSSs	37480	526711	259	26	51371	1054
3.职业高中学生 Students of Vocational High Schools	5102	3245423	1711	153	212549	4411

中等职业学校(机构)培训学生情况

Training Students in Secondary Vocational Schools (Institutions)

单位:人次

Unit: in persons

	结业生数 Graduates		注册学生数 Enrolment	
	计 Total	其中:女 of Which: Female	计 Total	其中:女 of Which: Female
总 计 Total	**8096788**	**3057259**	**4010417**	**1777234**
其中:少数民族 of Which: Minority	472781	187986	358628	140067
一周至一个月以下 a week to one month under	5555486	1932725	2244532	944455
一个月至半年以下 one month to half year under	1797568	781058	954364	458294
半年以上 half year and over	743734	343476	811521	374485
总计中: of Which: 资格证书培训 For Certificates of Vocational Qualifications	1748317	773414	1002729	456475
岗位证书培训 For Certificates of Job-related Qualifications	1548427	686691	753218	355988
总计中: of Which: 外语 Foreign language	159142	95544	102615	60634
会计 Accountant	594228	431029	281679	205462
计算机 Computer	1017960	501870	548905	277507
农业技术 Agriculture Technology	1395883	468816	1064738	367766

中等职业学校(机构)外国留学生情况

Information on International Students in Secondary Vocational Schools (Institutions)

单位:人

Unit: in persons

	结业生数 Graduates		注册学生数 Enrolment	
	计 Total	其中:女 of Which: Female	计 Total	其中:女 of Which: Female
总　计 Total	**1408**	**566**	**1299**	**597**
分时间:By time:				
一周至一个月以下 from one week to a month under	554	178	289	146
一个月至半年以下 a month to half a year under	432	169	60	28
半年以上 Over half a year	422	219	950	423
分地区:By continent:				
亚洲 Asia	987	409	1099	500
非洲 Africa	69	29	47	25
欧洲 Europe	145	58	79	42
北美洲 North America	145	46	26	8
南美洲 South America	43	18	43	18
澳洲 Australia	19	6	5	4

中等职业学校

Number of Teachers, Staff & Workers in

	计 Total	教职工数 Teachers, 校本部 Teacher, staff & Workers in 计 Total	专任教师 Full-time Teachers
总 计 Total	**889171**	**867655**	**588694**
其中:女 of Which: Female	394605	385065	276752
正高级 Senior	6220	6136	4424
副高级 Sub-senior	132245	131242	100960
中 级 Middle	312106	307584	240201
初 级 Junior	257059	252383	191704
无职称 No Rank	181541	170310	51405
其中聘任制:of Which:Part-time	206063	201350	141395
其中:女 of Which: Female	90002	87925	64955
正高级 Senior	1955	1942	1451
副高级 Sub-senior	27517	27375	21612
中 级 Middle	68693	68022	54684
初 级 Junior	60260	59445	46873
无职称 No Rank	47638	44566	16775

中等职业学校(机构)

Number of Teachers, Staff & Workers in

	计 Total	教职工数 Teachers, 校本部 Teacher, staff & Workers in 计 Total	专任教师 Full-time Teachers
总 计 Total	**334800**	**324033**	**202994**
其中:女 of Which: Female	151159	145920	96659
正高级 Senior	1816	1766	1314
副高级 Sub-senior	57092	56545	45588
中 级 Middle	111736	109081	83118
初 级 Junior	84665	82265	57380
无职称 No Rank	79491	74376	15594
其中聘任制: of Which:Part-time	70251	68120	44268
其中:女 of Which: Female	31487	30387	20787
正高级 Senior	541	533	422
副高级 Sub-senior	10329	10270	8453
中 级 Middle	22070	21731	17159
初 级 Junior	18194	17855	13164
无职称 No Rank	19117	17731	5070

(机构)教职工数(总计)

Secondary Vocational Schools (Total)

单位:人

Unit: in person

Staff & Workers 教职工 College or Uni. Proper			校办企业职工 Employees in School-run Factories & Farms	其他附设机构人员 Personnel in Others Subsidiary Units	聘请校外教师 Part-time Teachers
行政人员 Adm. Personnel	教辅人员 Supporting Staff	工勤人员 Workers			
112848	**66297**	**99816**	**10868**	**10648**	**82306**
39112	34068	35133	4283	5257	32699
1398	161	153	24	60	3640
23580	3943	2759	244	759	21776
37745	20775	8863	1485	3037	33675
22852	24243	13584	1860	2816	11919
27273	17175	74457	7255	3976	11296
23247	14698	22010	2699	2014	
7863	7137	7970	1144	933	
417	39	35	5	8	
4702	691	370	41	101	
7573	4041	1724	261	410	
4684	5188	2700	376	439	
5871	4739	17181	2016	1056	

教职工数(普通中专)

Secondary Vocational Schools (Institutions)(SSSs)

单位:人

Unit: in person

Staff & Workers 教职工 College or Uni. Proper			校办企业职工 Employees in School-run Factories & Farms	其他附设机构人员 Personnel in Others Subsidiary Units	聘请校外教师 Part-time Teachers
行政人员 Adm. Personnel	教辅人员 Supporting Staff	工勤人员 Workers			
51117	**26423**	**43499**	**4430**	**6337**	**31852**
20006	14536	14719	1814	3425	13471
370	41	41	18	32	1369
8537	1305	1115	105	442	8730
15088	8133	2742	646	2009	12265
11213	9646	4026	651	1749	5066
15909	7298	35575	3010	2105	4422
9654	5558	8640	1258	873	
3663	2862	3075	636	464	
99	8	4	3	5	
1528	174	115	16	43	
2742	1444	386	138	201	
2122	1947	622	123	216	
3163	1985	7513	978	408	

中等职业学校(机构)

Number of Teachers, Staff & Workers in

	教职工数 Teachers,		
		校本部 Teacher, staff & Workers in	
	计 Total	计 Total	专任教师 Full-time Teachers
总计 Total	**121312**	**118929**	**74952**
其中:女 of Which: Female	51704	50629	33697
正高级 Senior	1033	1027	760
副高级 Sub-senior	19315	19250	14497
中　级 Middle	48090	47757	35864
初　级 Junior	30213	29771	19352
无职称 No Rank	22661	21124	4479
其中聘任制: of Which: Part-time teachers	29771	29133	19932
其中:女 of Which: Female	11893	11580	8222
正高级 Senior	251	250	188
副高级 Sub-senior	4645	4633	3611
中　级 Middle	11466	11383	8977
初　级 Junior	7535	7369	5397
无职称 No Rank	5874	5498	1759

中等职业学校(机构)

Number of Teachers, Staff & Workers in

	教职工数 Teachers,		
		校本部 Teacher, staff & Workers in	
	计 Total	计 Total	专任教师 Full-time Teachers
总　计 Total	**389250**	**382148**	**282499**
其中:女 of Which: Female	172464	169751	133257
正高级 Senior	2884	2859	1988
副高级 Sub-senior	48193	47853	35032
中　级 Middle	136808	135579	109872
初　级 Junior	130826	129155	106717
无职称 No Rank	70539	66702	28890
其中聘任制: of Which: Part-time teachers	93496	91991	68843
其中:女 of Which: Female	41271	40749	32217
正高级 Senior	935	931	668
副高级 Sub-senior	10353	10295	7864
中　级 Middle	30821	30630	25337
初　级 Junior	31264	31009	25956
无职称 No Rank	20123	19126	9018

教职工数(成人中专)

Secondary Vocational Schools (Institutions)(Adult SSSs)

单位:人

Unit:in person

Staff & Workers					
教 职 工 College or Uni. Proper			校办企业职工 Employees in School-run Factories & Farms	其他附设机构人员 Personnel in Others Subsidiary Units	聘请校外教师 Part-time Teachers
行政人员 Adm. Personnel	教辅人员 Supporting Staff	工勤人员 Workers			
17772	**12308**	**13897**	**1559**	**824**	**23450**
5620	6184	5128	705	370	8123
216	27	24		6	758
3694	762	297	25	40	7074
6090	4271	1532	118	215	12102
3889	4378	2152	217	225	2584
3883	2870	9892	1199	338	932
3449	2662	3090	349	289	
1056	1213	1089	183	130	
51	6	5		1	
779	173	70		12	
1185	833	388	12	71	
684	846	442	73	93	
750	804	2185	264	112	

教职工数(职业高中)

Secondary Vocational Schools (Institutions)(Vocational High Schools)

单位:人

Unit:in person

Staff & Workers					
教 职 工 College or Uni. Proper			校办企业职工 Employees in School-run Factories & Farms	其他附设机构人员 Personnel in Others Subsidiary Units	聘请校外教师 Part-time Teachers
行政人员 Adm. Personnel	教辅人员 Supporting Staff	工勤人员 Workers			
38161	**23812**	**37676**	**4244**	**2858**	**21964**
11528	11346	13620	1565	1148	9006
703	80	88	6	19	1217
10085	1500	1236	99	241	4552
14452	6985	4270	538	691	7323
6646	9043	6749	914	757	3531
6275	6204	25333	2687	1150	5341
8585	5408	9155	888	617	
2642	2478	3412	280	242	
221	16	26	2	2	
2014	240	177	16	42	
3081	1372	840	84	107	
1564	2062	1427	155	100	
1705	1718	6685	631	366	

中等职业学校(机构)

Number of Teachers, Staff & Workers in Secondary

	教职工数 Teachers,		
		校本部 Teacher, staff & Workers in	
	计 Total	计 Total	专任教师 Full-time Teachers
总　计 Total	**43809**	**42545**	**28249**
其中:女 of Which: Female	19278	18765	13139
正高级 Senior	487	484	362
副高级 Sub-senior	7645	7594	5843
中 级 Middle	15472	15167	11347
初 级 Junior	11355	11192	8255
无职称 No Rank	8850	8108	2442
其中聘任制:of Which: Part-time teachers	12545	12106	8352
其中:女 of Which: Female	5351	5209	3729
正高级 Senior	228	228	173
副高级 Sub-senior	2190	2177	1684
中 级 Middle	4336	4278	3211
初 级 Junior	3267	3212	2356
无职称 No Rank	2524	2211	928

教职工数(其他机构)

Vocational Schools (Institutions)(Other Institutions)

单位:人

Unit: in person

Staff & Workers 教 职 工 College or Uni. Proper			校办企业职工 Employees in School-run Factories & Farms	其他附设机构人员 Personnel in Others Subsidiary Units	聘请校外教师 Part-time Teachers
行政人员 Adm. Personnel	教辅人员 Supporting Staff	工勤人员 Workers			
5798	**3754**	**4744**	**635**	**629**	**5040**
1958	2002	1666	199	314	2099
109	13			3	296
1264	376	111	15	36	1420
2115	1386	319	183	122	1985
1104	1176	657	78	85	738
1206	803	3657	359	383	601
1559	1070	1125	204	235	
502	584	394	45	97	
46	9				
381	104	8	9	4	
565	392	110	27	31	
314	333	209	25	30	
253	232	798	143	170	

中等职业学校(机构)分科专任教师数(总计)

Number of Full-time Teachers by Field of Study in Secondary Vocational Schools (Institutions) (Total)

单位:人
Unit: in Person

	计 Total	其中:女 of Which: Female	正高级 Senior	副高级 Sub-Senior	中级 Middle	初级 Junior	无职称 No Rank
总计 Total	**588694**	**276752**	**4424**	**100960**	**240201**	**191704**	**51405**
其中:女 of Which: Female	276752		1406	40771	112060	96073	26442
文化基础课 Common Required Subject	282240	139784	1569	51370	116073	90507	22721
专业课:小计 Specialized Subject	289237	131590	2784	48083	116862	94970	26538
农林类 Aqri. & Forestry	17610	7026	75	3319	8116	5514	586
资源与环境类 Resources & Environment	1872	761	9	432	843	515	73
能源类 Energy	2509	951	27	658	1074	591	159
土木水利工程类 Civil & Hydraulic Engineering	6927	2707	36	1454	3163	1952	322
加工制造类 Manufacturing	31160	10800	292	5695	13291	9176	2706
交通运输类 Commu. & Transpor.	6952	2036	58	1221	3007	2080	586
信息技术类 Infor. Technologies	58459	24964	505	6467	22170	22324	6993
医药卫生类 Medicine & Health	24565	13450	566	6684	9946	5948	1421
商贸与旅游类 Trade & Tourism	17133	10368	140	2278	6691	6039	1985
财经类 Finance & Economics	26913	14686	121	4630	12151	8183	1828
文化艺术与体育类 Culture, Arts & Physical Edu.	38558	17717	473	5333	13914	14378	4460
社会公共事物类 Public Affairs	6439	2788	43	1030	2531	2076	759
师范类 Teacher Training	27539	13585	159	5496	11536	8567	1781
其他 Other	22601	9751	280	3386	8429	7627	2879
实习指导课 Practice Course	17217	5378	71	1507	7266	6227	2146

中等职业学校(机构)分科专任教师数(普通中专)

Number of Full-time Teachers by Field of Study in Secondary Vocational Schools (SSSs)

单位:人

Unit: in Person

	计 Total	其中:女 of Which: Female	正高级 Senior	副高级 Sub-Senior	中 级 Middle	初 级 Junior	无职称 No Rank
总 计 Total	**202994**	**96659**	**1314**	**45588**	**83118**	**57380**	**15594**
其中:女 of Which: Female	96659		429	19771	39503	28894	8062
文化基础课 Common Required Subject	82513	41908	342	19673	33644	23005	5849
专业课:小 计 Specialized Subject	112670	52257	947	25213	46120	31622	8768
农林类 Aqri. & Forestry	5269	2001	14	1593	2325	1192	145
资源与环境类 Resources & Environment	1079	453	6	299	502	231	41
能源类 Energy	1217	512	6	401	516	236	58
土木水利工程类 Civil & Hydraulic Engineering	3710	1556	9	975	1666	886	174
加工制造类 Manufacturing	11345	4201	64	2914	4947	2611	809
交通运输类 Commu. & Transpor.	2382	711	17	561	1064	572	168
信息技术类 Infor. Technologies	17553	7388	121	2692	6948	5918	1874
医药卫生类 Medicine & Health	16458	9274	275	5113	6518	3589	963
商贸与旅游类 Trade & Tourism	5855	3507	30	989	2360	1865	611
财经类 Finance & Economics	10971	6038	35	2586	5070	2754	526
文化艺术与体育类 Culture, Arts & Physical Edu.	18459	7972	248	3219	6973	6154	1865
社会公共事物类 Public Affairs	2440	1091	10	490	994	705	241
师范类 Teacher Training	9943	4879	16	2229	3853	3142	703
其他 Other	5989	2674	96	1152	2384	1767	590
实习指导课 Practice Course	7811	2494	25	702	3354	2753	977

中等职业学校(机构)分科专任教师数(成人中专)

Number of Full-time Teachers by Field of Study in Secondary Vocational Schools (Adult SSSs)

单位:人
Unit: in Person

	计 Total	其中:女 of Which: Female	正高级 Senior	副高级 Sub-Senior	中级 Middle	初级 Junior	无职称 No Rank
总计 Total	**74952**	**33697**	**760**	**14497**	**35864**	**19352**	**4479**
其中:女 of Which: Female	33697		220	5230	16857	9414	1976
文化基础课 Common Required Subject	35685	16755	272	7883	17291	8616	1623
专业课:小计 Specialized Subject	36921	16234	473	6316	17465	9980	2687
农林类 Aqri. & Forestry	4592	2242	41	816	2382	1264	89
资源与环境类 Resources & Environment	271	107	1	60	135	67	8
能源类 Energy	502	174	16	85	250	100	51
土木水利工程类 Civil & Hydraulic Engineering	753	323	8	176	380	164	25
加工制造类 Manufacturing	2762	849	27	516	1357	594	268
交通运输类 Commu. & Transpor.	735	213	4	135	354	214	28
信息技术类 Infor. Technologies	4976	1941	94	624	2092	1525	641
医药卫生类 Medicine & Health	2512	1268	155	523	1097	657	80
商贸与旅游类 Trade & Tourism	980	573	11	141	432	269	127
财经类 Finance & Economics	4323	2073	27	607	2222	1037	430
文化艺术与体育类 Culture, Arts & Physical Edu.	1794	787	22	169	608	600	395
社会公共事物类 Public Affairs	734	317	6	143	338	173	74
师范类 Teacher Training	9406	4316	49	1844	4693	2559	261
其他 Other	2581	1051	12	477	1125	757	210
实习指导课 Practice Course	2346	708	15	298	1108	756	169

中等职业学校(机构)分科专任教师数(职业高中)

Number of Full-time Teachers by Field of Study in Secondary Vocational Schools (Vocational High Schools)

单位:人

Unit: in Person

	计 Total	其中:女 of Which: Female	正高级 Senior	副高级 Sub-Senior	中 级 Middle	初 级 Junior	无职称 No Rank
总 计 Total	**282499**	**133257**	**1988**	**35032**	**109872**	**106717**	**28890**
其中:女 of Which: Female	133257		651	13334	50551	53575	15146
文化基础课 Common Required Subject	151240	74829	872	21287	60001	55006	14074
专业课:小 计 Specialized Subject	124925	56432	1094	13308	47422	49206	13895
农林类 Aqri. & Forestry	7190	2568	11	739	3164	2941	335
资源与环境类 Resources & Environment	377	149	1	53	153	147	23
能源类 Energy	731	249	5	160	277	241	48
土木水利工程类 Civil & Hydraulic Engineering	2299	771	14	250	1040	877	118
加工制造类 Manufacturing	15881	5308	173	1990	6499	5658	1561
交通运输类 Commu. & Transpor.	3405	967	25	428	1387	1197	368
信息技术类 Infor. Technologies	33298	14499	248	2769	12070	13993	4218
医药卫生类 Medicine & Health	4339	2249	44	606	1886	1467	336
商贸与旅游类 Trade & Tourism	9680	5969	98	1033	3661	3701	1187
财经类 Finance & Economics	10369	5912	50	1175	4306	4052	786
文化艺术与体育类 Culture, Arts & Physical Edu.	16452	8095	181	1654	5594	7029	1994
社会公共事物类 Public Affairs	3012	1268	23	345	1116	1121	407
师范类 Teacher Training	5074	2893	60	622	1786	2041	565
其他 Other	12818	5535	161	1484	4483	4741	1949
实习指导课 Practice Course	6334	1996	22	437	2449	2505	921

中等职业学校(机构)分科专任教师数(其他机构)

Number of Full-time Teachers by Field of Study in Secondary Vocational Schools (Other Institutions)

单位:人

Unit: in Person

	计 Total	其中:女 of Which: Female	正高级 Senior	副高级 Sub-Senior	中 级 Middle	初 级 Junior	无职称 No Rank
总　计 Total	**28249**	**13139**	**362**	**5843**	**11347**	**8255**	**2442**
其中:女 of Which: Female	13139		106	2436	5149	4190	1258
文化基础课 Common Required Subject	12802	6292	83	2527	5137	3880	1175
专业课:小　计 Speicialiged Subject	14721	6667	270	3246	5855	4162	1188
农林类 Aqri. & Forestry	559	215	9	171	245	117	17
资源与环境类 Resources & Environment	145	52	1	20	53	70	1
能源类 Energy	59	16		12	31	14	2
土木水利工程类 Civil & Hydraulic Engineering	165	57	5	53	77	25	5
加工制造类 Manufacturing	1172	442	28	275	488	313	68
交通运输类 Commu. & Transpor.	430	145	12	97	202	97	22
信息技术类 Infor. Technologies	2632	1136	42	382	1060	888	260
医药卫生类 Medicine & Health	1256	659	92	442	445	235	42
商贸与旅游类 Trade & Tourism	618	319	1	115	238	204	60
财经类 Finance & Economics	1250	663	9	262	553	340	86
文化艺术与体育类 Culture, Arts & Physical Edu.	1853	863	22	291	739	595	206
社会公共事物类 Public Affairs	253	112	4	52	83	77	37
师范类 Teacher Training	3116	1497	34	801	1204	825	252
其他 Other	1213	491	11	273	437	362	130
实习指导课 Practice Course	726	180	9	70	355	213	79

中等职业学校(机构)专任教师、聘请校外教师学历情况(总计)

Data on Academic Qualifications of Full-time and Part-time Teachers in Secondary Vocational Schools (Total)

单位:人

Unit: in Person

	计 Total	博士 Doctor's Degree	硕士 Master's Degree	本科 Normal Courses	专科 Short-cycle Courses	高中阶段及以下 Below High School Graduate
1. 专任教师 Full-time Teacher	588694	222	9030	413692	151044	14706
其中:女 of Which: Female	276752	61	4191	201536	65907	5057
正高级 Senior	4424	98	469	3254	538	65
副高级 Sub-senior	100960	68	3156	83156	13764	816
中 级 Middle	240201	35	3789	175150	56372	4855
初 级 Junior	191704	12	1041	123382	61537	5732
无职称 No Rank	51405	9	575	28750	18833	3238
其中:实习指导课教师 of Which: Practice Course Teacher	17217	6	120	7896	7245	1950
2. 聘请校外教师 Part-time Teacher	82306	309	4029	56662	19223	2083
其中:女 of Which: Female	32699	61	1294	22737	8040	567
正高级 Senior	3640	169	636	2493	310	32
副高级 Sub-senior	21776	89	1668	17347	2372	300
中 级 Middle	33675	23	1021	24546	7629	456
初 级 Junior	11919		269	7084	4226	340
无职称 No Rank	11296	28	435	5192	4686	955
其中:实习指导课教师 of Which: Practice Course Teacher	4319	7	114	2327	1366	505
聘请校外教师中:外教 Foreign Teachers Among Part-time Teachers	225	1	34	178	11	1

中等职业学校(机构)专任教师、聘请校外教师学历情况(普通中专学校)

Data on Academic Qualifications of Full-time and Part-time Teachers in Secondary Vocational Schools (SSSs)

单位:人
Unit: in Person

	计 Total	博士 Doctor's Degree	硕士 Master's Degree	本科 Normal Courses	专科 Short-cycle Courses	高中阶段及以下 Below High School Graduate
1. 专任教师 Full-time Teacher	202994	73	4838	154780	38074	5229
其中:女 of Which: Female	96659	25	2402	76123	16340	1769
正高级 Senior	1314	13	134	953	164	50
副高级 Sub-senior	45588	33	1750	38624	4667	514
中　级 Middle	83118	17	2097	64473	14592	1939
初　级 Junior	57380	3	561	40816	14310	1690
无职称 No Rank	15594	7	296	9914	4341	1036
其中:实习指导课教师 of Which: Practice Course Teacher	7811		39	3514	3205	1053
2. 聘请校外教师 Part-time Teacher	31852	170	1779	23494	5714	695
其中:女 of Which: Female	13471	31	694	10074	2491	181
正高级 Senior	1369	94	187	943	124	21
副高级 Sub-senior	8730	40	602	7161	790	137
中　级 Middle	12265	11	527	9283	2248	196
初　级 Junior	5066		149	3477	1311	129
无职称 No Rank	4422	25	314	2630	1241	212
其中:实习指导课教师 of Which: Practice Course Teacher	1634	5	40	885	532	172
聘请校外教师中:外教 Foreign Teachers Among Part-time Teachers	131	1	20	103	7	

中等职业学校(机构)专任教师、聘请校外教师学历情况(成人中专学校)

Data on Academic Qualifications of Full-time and Part-time Teachers in Secondary Vocational Schools (Adult SSSs)

单位:人

Unit:in Person

	计 Total	博士 Doctor's Degree	硕士 Master's Degree	本科 Normal Courses	专科 Short-cycle Courses	高中阶段及以下 Below High School Graduate
1.专任教师 Full-time Teacher	74952	73	1015	48265	23037	2562
其中:女 of Which: Female	33697	22	371	21630	10606	1068
正高级 Senior	760	44	120	539	55	2
副高级 Sub-senior	14497	10	381	11755	2248	103
中　级 Middle	35864	9	314	23710	10918	913
初　级 Junior	19352	8	93	10293	7818	1140
无职称 No Rank	4479	2	107	1968	1998	404
其中:实习指导课教师 of Which:Practice Course Teacher	2346	3	45	1240	825	233
2.聘请校外教师 Part-time Teacher	23450	54	1211	16540	5285	360
其中:女 of Which: Female	8123	9	278	5722	2034	80
正高级 Senior	758	26	203	475	51	3
副高级 Sub-senior	7074	25	669	5410	872	98
中　级 Middle	12102	2	278	8831	2913	78
初　级 Junior	2584		25	1479	1048	32
无职称 No Rank	932	1	36	345	401	149
其中:实习指导课教师 of Which:Practice Course Teacher	1146	1	42	708	315	80
聘请校外教师中:外教 Foreign Teachers Among Part-time Teachers		15		5	10	

中等职业学校(机构)专任教师、聘请校外教师学历情况(职业高中)

Data on Academic Qualifications of Full-time and Part-time Teachers in Secondary Vocational Schools (Vocational High Schools)

单位:人

Unit: in Person

	计 Total	博士 Doctor's Degree	硕士 Master's Degree	本科 Normal Courses	专科 Short-cycle Courses	高中阶段及以下 Below High School Graduate
1.专任教师 Full-time Teacher	282499	52	2045	189273	84707	6422
其中:女 of Which: Female	133257	9	919	93413	36865	2051
正高级 Senior	1988	28	164	1510	275	11
副高级 Sub-senior	35032	17	630	27810	6395	180
中级 Middle	109872	6	887	78457	28690	1832
初级 Junior	106717	1	258	66172	37579	2707
无职称 No Rank	28890		106	15324	11768	1692
其中:实习指导课教师 of Which: Practice Course Teacher	6334	2	31	2825	2871	605
2.聘请校外教师 Part-time Teacher	21964	43	601	13171	7204	945
其中:女 of Which: Female	9006	9	186	5418	3108	285
正高级 Senior	1217	25	161	898	125	8
副高级 Sub-senior	4552	14	220	3614	641	63
中级 Middle	7323	2	100	4913	2147	161
初级 Junior	3531		51	1762	1554	164
无职称 No Rank	5341	2	69	1984	2737	549
其中:实习指导课教师 of Which: Practice Course Teacher	1394	1	32	688	455	218
聘请校外教师中:外教 Foreign Teachers Among Part-time Teachers	67		6	57	4	

中等职业学校(机构)专任教师、聘请校外教师学历情况(其他机构)

Data on Academic Qualifications of Full-time and Part-time Teachers in Secondary Vocational Schools (Other Institutions)

单位:人

Unit: in Person

	计 Total	博士 Doctor's Degree	硕士 Master's Degree	本科 Normal Courses	专科 Short-cycle Courses	高中阶段及以下 Below High School Graduate
1. 专任教师 Full-time Teacher	28249	24	1132	21374	5226	493
其中:女 of Which: Female	13139	5	499	10370	2096	169
正高级 Senior	362	13	51	252	44	2
副高级 Sub-senior	5843	8	395	4967	454	19
中　级 Middle	11347	3	491	8510	2172	171
初　级 Junior	8255		129	6101	1830	195
无职称 No Rank	2442		66	1544	726	106
其中:实习指导课教师 of Which: Practice Course Teacher	726	1	5	317	344	59
2. 聘请校外教师 Part-time Teacher	5040	42	438	3457	1020	83
其中:女 of Which: Female	2099	12	136	1523	407	21
正高级 Senior	296	24	85	177	10	
副高级 Sub-senior	1420	10	177	1162	69	2
中　级 Middle	1985	8	116	1519	321	21
初　级 Junior	738		44	366	313	15
无职称 No Rank	601		16	233	307	45
其中:实习指导课教师 of Which: Practice Course Teacher	145			46	64	35
聘请校外教师中:外教 Foreign Teachers Among Part-time Teachers	12		3	8		1

中等职业学校(机构)

Breakdown of Full-time Teachers by Age in Secondary

	计 Total	30岁及 以下 30 and under	31—35岁 31 to 35	36—40岁 36 to 40
总 计 Total	**588694**	**169769**	**129408**	**116280**
其中:女 of Which: Female	276752	95777	65183	53845
正高级 Senior	4424	78	128	333
副高级 Sub-senior	100960	457	3518	22231
中 级 Middle	240201	18510	70530	72686
初 级 Junior	191704	107615	51019	19376
无职称 No Rank	51405	43109	4213	1654
普通中专学校 SSSs	202994	54148	42439	41666
其中:女 of Which: Female	96659	30684	21188	19951
正高级 Senior	1314	16	26	75
副高级 Sub-senior	45588	152	1524	11002
中 级 Middle	83118	6551	25692	24866
初 级 Junior	57380	34199	13976	5288
无职称 No Rank	15594	13230	1221	435
成人中专学校 Adult SSSs	74952	13703	14604	15872
其中:女 of Which: Female	33697	7529	7667	7658
正高级 Senior	760	2	9	49
副高级 Sub-senior	14497	46	428	2413
中 级 Middle	35864	1901	8044	10494
初 级 Junior	19352	8637	5579	2623
无职称 No Rank	4479	3117	544	293
职业高中学校 High Vocational Schools	282499	93058	66515	53524
其中:女 of Which: Female	133257	52668	33435	23892
正高级 Senior	1988	47	82	190
副高级 Sub-senior	35032	203	1355	7356
中 级 Middle	109872	8905	33086	34219
初 级 Junior	106717	59230	29708	10923
无职称 No Rank	28890	24673	2284	836
其他机构 Other Institutions	28249	8860	5850	5218
其中:女 of Which: Female	13139	4896	2893	2344
正高级 Senior	362	13	11	19
副高级 Sub-senior	5843	56	211	1460
中 级 Middle	11347	1153	3708	3107
初 级 Junior	8255	5549	1756	542
无职称 No Rank	2442	2089	164	90

专任教师分年龄情况

Vocational Schools (Institutions)

单位:人

Unit: in Person

41—45岁 41 to 45	46—50岁 46 to 50	51—55岁 51 to 55	56—60岁 56 to 60	61岁及以上 66 and over
75066	**46344**	**30954**	**18293**	**2580**
31218	17854	10602	1791	482
699	904	916	731	635
27218	20508	15622	10140	1266
38893	20734	11995	6278	575
7321	3529	1920	858	66
935	669	501	286	38
28876	17301	11391	6213	960
12665	7135	4159	682	195
172	281	251	226	267
13191	8971	6411	3798	539
13046	6871	4083	1873	136
2201	974	494	240	8
266	204	152	76	10
12920	8607	5514	3405	327
5510	3304	1726	251	52
154	186	167	129	64
3713	3343	2557	1831	166
7587	4234	2276	1248	80
1292	694	390	126	11
174	150	124	71	6
29762	18189	12543	7737	1171
11558	6565	4196	733	210
315	373	413	307	261
8777	7038	5843	3963	497
16614	8723	5106	2873	346
3612	1764	972	461	47
444	291	209	133	20
3508	2247	1506	938	122
1485	850	521	125	25
58	64	85	69	43
1537	1156	811	548	64
1646	906	530	284	13
216	97	64	31	2
51	24	16	6	2

中等职业学校(机构)专任教师、

Data on the Numbers by Teaching Conrse of Full-time and

	专任教师中按授课内容分 Full-time Teacher by Teaching Content			
	计 Total	文化基础课 Common Required Subject	专业课、实习指导课 Specialized Subject, Practice Course	
			计 Total	其中:双师型 Double-teacher Type
总　计 Total	**583159**	**279824**	**303335**	**72632**
其中:女 of Which: Female	274515	138861	135654	28945
正高级 Senior	4394	1562	2832	752
副高级 Sub-senior	99939	50825	49114	15302
中　级 Middle	237931	115067	122864	36170
初　级 Junior	189810	89740	100070	17515
无职称 No Rank	51085	22630	28455	2893
普通中专学校 SSSs	201564	81973	119591	30859
其中:女 of Which: Female	96040	41683	54357	12857
正高级 Senior	1302	341	961	274
副高级 Sub-senior	45288	19545	25743	8591
中　级 Middle	82509	33421	49088	15949
初　级 Junior	56961	22843	34118	5351
无职称 No Rank	15504	5823	9681	694
成人中专学校 Adult SSSs	73767	35407	38360	7944
其中:女 of Which: Female	33215	16661	16554	3079
正高级 Senior	758	272	486	104
副高级 Sub-senior	14314	7819	6495	1634
中　级 Middle	35289	17138	18151	4098
初　级 Junior	18972	8561	10411	1768
无职称 No Rank	4434	1617	2817	340
职业高中学校 High Vocational Schools	279746	149697	130049	30897
其中:女 of Which: Female	132190	74252	57938	11930
正高级 Senior	1972	866	1106	314
副高级 Sub-senior	34523	20945	13578	4224
中　级 Middle	108858	59396	49462	14703
初　级 Junior	105679	54473	51206	9893
无职称 No Rank	28714	14017	14697	1763
其他机构 Other Institutions	28082	12747	15335	2932
其中:女 of Which: Female	13070	6265	6805	1079
正高级 Senior	362	83	279	60
副高级 Sub-senior	5814	2516	3298	853
中　级 Middle	11275	5112	6163	1420
初　级 Junior	8198	3863	4335	503
无职称 No Rank	2433	1173	1260	96

聘请校外教师岗位分类情况

Part-time Teachers in Secondary Vocational Schools

单位：人

Unit: in Person

聘请校外教师按授课内容分 Part-time Teacher by Teaching Content				专任教师中不任课人数 Full-time Teacher by Non-teaching			
计 Total	文化基础课 Common Required Subject	专业课、实习指导课 Specialized Subject, Practice Course 计 Total	专业课、实习指导课 Specialized Subject, Practice Course 其中：双师型 Double-teacher Type	计 Total	进修 In-service	病休 Sick Leave	其他 Others
82306	**28832**	**53474**	**10665**	**5535**	**844**	**641**	**4050**
32699	13382	19317	3315	2237	426	289	1522
3640	849	2791	741	30	4	4	22
21776	7334	14442	3574	1021	74	94	853
33675	11377	22298	4626	2270	307	297	1666
11919	4858	7061	1043	1894	371	216	1307
11296	4414	6882	681	320	88	30	202
31852	12347	19505	3897	1430	379	167	884
13471	5906	7565	1182	619	203	82	334
1369	311	1058	284	12		1	11
8730	3470	5260	1422	300	33	30	237
12265	4761	7504	1700	609	142	86	381
5066	2104	2962	338	419	162	44	213
4422	1701	2721	153	90	42	6	42
23450	6207	17243	3221	1185	105	46	1034
8123	2470	5653	1089	482	51	18	413
758	143	615	173	2			2
7074	1673	5401	1121	183	16	12	155
12102	3319	8783	1476	575	48	19	508
2584	822	1762	331	380	35	13	332
932	250	682	120	45	6	2	37
21964	8528	13436	2850	2753	278	417	2058
9006	4151	4855	803	1067	132	186	749
1217	362	855	247	16	4	3	9
4552	1712	2840	830	509	9	51	449
7323	2641	4682	1065	1014	80	187	747
3531	1593	1938	318	1038	149	156	733
5341	2220	3121	390	176	36	20	120
5040	1750	3290	697	167	82	11	74
2099	855	1244	241	69	40	3	26
296	33	263	37				
1420	479	941	201	29	16	1	12
1985	656	1329	385	72	37	5	30
738	339	399	56	57	25	3	29
601	243	358	18	9	4	2	3

中等职业学校(机构)

Changes of Full-time Teachers in Secondary

	上学年初报表专任教师数 Total number of full-time teachers at beginning of previous academic year	合计 Total	录用毕业生 New recruits from current year graduates			增加专任 Factors of 外单位 Teachers from other
			计 Total	研究生 completing doc, & mas. deg. Prog.	本科生 completing 1st degree courses	计 Total
总　计 Total	**567749**	**88591**	**27009**	**671**	**21026**	**27348**
其中:女 of Which: Female	263547	41828	14929	379	11410	12299
普通中专学校 SSSs	193811	25417	9010	326	7479	6841
其中:女 of Which: Female	90608	12211	5159	218	4133	3084
成人中专学校 Adult SSSs	70740	11570	2290	68	1528	3579
其中:女 of Which: Female	31230	5674	1152	24	766	1744
职业高中学校 High Vocational Schools	264443	44618	13957	184	10655	15442
其中:女 of Which: Female	123624	20807	7696	87	5826	6797
其他机构 Other Institutions	38755	6986	1752	93	1364	1486
其中:女 of Which: Female	18085	3136	922	50	685	674

专任教师变动情况

Vocational Schools (Institutions)

单位:人

Unit: in Person

教师数 Increase				减少专任教师数 Factors of Decrease				本学年初报表专任教师数 Total number of full-time teachers at beginning of current academic year
教师调入 recruited units	非教师调入 Non-teaching personnel changed into teachers							
其中:中职学校调入 of Which: from other SVSs	计 Total	其中:本校调整 of Which: with change of status in their own institutions	其他 Others	合计 Total	自然减员 Retired from their posts during previous academic year	调离教师岗位人员 Transferred from teaching to non-teaching posts	其他 Others	
9276	**12383**	**9599**	**21851**	**67646**	**8694**	**10846**	**48106**	**588694**
3971	5203	3987	9397	28623	3554	4643	20426	276752
2490	3433	2566	6133	16234	2659	2973	10602	202994
1121	1487	1088	2481	6160	1016	1284	3860	96659
1043	1083	725	4618	7358	1095	1350	4913	74952
489	461	307	2317	3207	430	523	2254	33697
5332	6741	5313	8478	26562	4524	5540	16498	282499
2199	2805	2219	3509	11174	1953	2422	6799	133257
411	1126	995	2622	17492	416	983	16093	28249
162	450	373	1090	8082	155	414	7513	13139

中等职业学校

Condition of Fixed Assets and Teaching Resources in

	学校占地面积(平方米) Area of School sites (m^2)			图书音像 Audio-visual	
				一般图书(万册) Books & Magazines in Libraries(10,000 Volume)	
	计 Total	其中:绿化用地面积 of Which: Green Areas	其中:运动场地面积 of Which: Sports Areas	计 Total	当年新增 New Floor Space Added in Current Year
总　计 Total					
学校产权 Owned by HEIs	496244827	96483667	74391593	298617519.00	20444393.00
非学校产权中独立使用 Not Owned by HEIs	33058188	6593455	6458114	6627127.00	647810.00
普通中专学校 SSSs					
学校产权 Owned by HEIs	193270072	39561964	27327186	144476676.00	9354427.00
非学校产权中独立使用 Not Owned by HEIs	10273342	2409606	2363770	2089962.00	162407.00
成人中专学校 Adult SSSs					
学校产权 Owned by HEIs	47839746	8334199	8010233	34638118.00	2011079.00
非学校产权中独立使用 Not Owned by HEIs	3875244	610870	706037	980001.00	97284.00
职业高中学校 Vocational High Schools					
学校产权 Owned by HEIs	222845040	43559064	35527990	103060533.00	7490388.00
非学校产权中独立使用 Not Owned by HEIs	16919547	2816536	3101466	2811716.00	307919.00
其他机构 Other Institutions					
学校产权 Owned by HEIs	32289969	5028440	3526184	16442192.00	1588499.00
非学校产权中独立使用 Not Owned by HEIs	1990055	756443	286841	745448.00	80200.00

(机构)资产情况

Secondary Vocational Schools (Institutions)

资料情况 ed. Resources		拥有教学用计算机(台) No. of Computers used for Instruction	语音实验室座位数(个) No. of Seats in Audio-Labs	多媒体教室座位数(个) No. of Seats in Multi-media Class rooms	网上教学课程数(种) No. of Web-Based Courses	固定资产值(万元) Fixed Assets (in 10,000 yuan)		
电子图书(片) Electronic Books & Magazines in Libraries(Disk)						合 计 Total	其中:教学、科研仪器设备资产 of which: Teaching Equipment & Instruments	
计 Total	当年新增 New Floor Space Added in Current Year						计 Total	当年新增 New Floor Space Added in Current Year
28120545	6078944	1660494	440687	1666427	57568	12750581.47	2600653.35	375267.15
1400482	381331	54836	16310	36324	1255	366573.29	88181.06	18641.94
13168399	2973246	662219	176659	756210	29216	6251927.52	1251357.64	169728.59
767911	280322	16658	5731	13547	483	121198.15	29575.87	6862.77
2955991	697899	187392	54384	224960	8955	1188487.37	266499.68	27885.40
23845	2356	7446	1988	4882	153	43344.23	8918.87	919.85
8468346	2152571	732054	179600	588178	17533	4533749.48	940831.73	161780.13
486926	57853	28740	7851	15561	489	170145.41	39789.82	9610.32
3527809	255228	78829	30044	97079	1864	776417.10	141964.30	15873.03
121800	40800	1992	740	2334	130	31885.50	9896.50	1249.00

中等职业学校(机构)教职工中其他情况

Other Teachers, Staff & Workers in Secondary Vocational Schools (Institutions)

单位:人

Unit: in persons

	共产党员 Member of C.P.A	共青团员 Member of C.Y.L	民主党派 Non-Communist Parties	华侨 Overseas Chinese	港澳台 From H.K., Macao and Taiwan	少数民族 Minorities
总计 Total						
教职工 Teachers, Staff & Workers	281004	109365	11726	297	107	41464
其中:女 of Which: Female	94284	58012	5216	122	49	17937
专任教师 Full-time Teachers	174094	87924	9063	172	45	27276
其中:女 of Which: Female	63103	47419	4190	87	18	12113
普通中专学校 SSSs						
教职工 Teachers, Staff & Workers	117614	36101	6226	176	73	19520
其中:女 of Which: Female	42344	19426	2820	61	31	8665
专任教师 Full-time Teachers	66431	27376	4820	100	33	12364
其中:女 of Which: Female	26202	14993	2293	40	11	5707
成人中专学校 Adult SSSs						
教职工 Teachers, Staff & Workers	42211	10046	1027	18	8	6328
其中:女 of Which: Female	13392	4821	406	11	2	2231
专任教师 Full-time Teachers	26890	6939	758	13	1	4232
其中:女 of Which: Female	9182	3369	331	9		1412
职业高中学校 High Vocational Schools						
教职工 Teachers, Staff & Workers	106414	56928	3632	86	11	13862
其中:女 of Which: Female	33533	30538	1632	44	5	6212
专任教师 Full-time Teachers	72042	48577	2835	51	4	9577
其中:女 of Which: Female	24498	26427	1312	32	2	4459
其他机构 Other Institutions						
教职工 Teachers, Staff & Workers	14765	6290	841	17	15	1754
其中:女 of Which: Female	5015	3227	358	6	11	829
专任教师 Full-time Teachers	8731	5032	650	8	7	1103
其中:女 of Which: Female	3221	2630	254	6	5	535

中等职业学校(机构)校舍情况(总计)

Conditions of School Buidings in Secondary Vocational Schools (Institations)(Total)

单位:平方米

Unit:m^2

	学校产权建筑面积 Floor Area of School Building Owned by HEIs				正在施工面积 Floor Area Under Construction	独立使用非学校产权建筑面积 Floor Area of School Building Not Owned by HEIs
	计 Subtotal	其中:危房 of Which: Dilapidated Buildings	其中:当年新增 of Which: Newly Added in Current Year	其中:被外单位借用 of Which: Floor Space Hired by Other Schools or Units		
总　计 Total	**166198337**	**1186684**	**6566717**	**605286**	**4724867**	**12496473**
一、教学及辅助用房 Buildings for Instraction and Ancillary Uses	68793613	353276	2998947	281757	2362379	5784630
教室 Classroom	38424890	258534	1809804	122954	1302223	3507282
图书馆 Library	5085737	10618	199845	3080	214668	309719
实验室、实习场所 Lab. And Practice Facilities	18705474	63584	786822	147010	590181	1234281
体育馆 Gymnasium	3869956	1313	125292	3231	220071	429263
会堂 Hall	2707556	19227	77184	5482	35236	304085
二、行政办公用房 Administritive	12667044	87368	400419	41529	305198	902151
三、生活用房 Residential Buildings	63257178	633747	2730241	266292	1586563	5793026
学生宿舍(公寓) Students' Dormitories	37833875	261656	1972622	104285	1189824	3857762
学生食堂 Students' Dining Halls	8618013	54576	426649	13364	239469	685932
教工单身宿舍 Apartments for Single	3522943	99528	111565	13511	50722	420954
教工食堂 Dining Halls for Staff and Workers	1281442	8176	30785	6167	21986	102601
生活福利及其他用房 Residential, Welfare and Anxiliary Buildings	12000905	209811	188620	128965	84562	725777
四、教工住宅 Residential Quarters for Staff and Workers	21480502	112293	437110	15708	470727	16666

中等职业学校(机构)校舍情况(普通中专学校)

Conditions of School Buildings in Secondary Vocational Schools (SSSs)

单位:平方米

Unit:m²

	学校产权建筑面积 Floor Area of School Building Owned by HEIs				正在施工面积 Floor Area Under Construction	独立使用非学校产权建筑面积 Floor Area of School Building Not Owned by HEIs
	计 Subtotal	其中:危房 of Which: Dilapidated Buildings	其中:当年新增 of Which: Newly Added in Current Year	其中:被外单位借用 of Which: Floor Space Hired by Other Schools or Units		
总 计 Total	**75775239**	**383466**	**2863653**	**284337**	**2733607**	**4361219**
一、教学及辅助用房 Buildings for Instraction and Anxiliary Uses	30609120	126907	1367733	167783	1378102	1986448
教室 Classroom	15440447	83723	847965	40917	723139	1093314
图书馆 Library	2592862	3444	103628	1461	130087	102533
实验室、实习场所 Lab. And Practice Facilities	8871131	27742	338378	120996	344956	481714
体育馆 Gymnasium	2338202	306	47681	3231	156956	209336
会堂 Hall	1366478	11692	30081	1178	22964	99551
二、行政办公用房 Administritive	4898758	21459	176438	9198	173158	261753
三、生活用房 Residential Buildings	28719088	195262	1162032	99332	955740	2107357
学生宿舍(公寓) Students' Dormitories	18029728	90502	877798	33756	733418	1444449
学生食堂 Students' Dining Halls	3810012	16925	151134	4257	139232	229834
教工单身宿舍 Apartments for Single	1274637	20386	53139	4965	30985	133859
教工食堂 Dining Halls for Staff and Workers	687313	2727	11532	4972	11774	43795
生活福利及其他用房 Residential, Welfare and Anxiliary Buildings	4917398	64722	68429	51382	40331	255420
四、教工住宅 Residential Quarters for Staff and Workers	11548273	39838	157450	8024	226607	5661

中等职业学校(机构)校舍情况(成人中专学校)

Conditions of School Buidings in Secondary Vocational Schools (Adult SSSs)

单位:平方米

Unit: m^2

	学校产权建筑面积 Floor Area of School Building Owned by HEIs				正在施工面积 Floor Area Under Construction	独立使用非学校产权建筑面积 Floor Area of School Building Not Owned by HEIs
	计 Subtotal	其中:危房 of Which: Dilapidated Buildings	其中:当年新增 of Which: Newly Added in Current Year	其中:被外单位借用 of Which: Floor Space Hired by Other Schools or Units		
总 计 Total	**17543273**	**96515**	**676627**	**90954**	**266678**	**1784164**
一、教学及辅助用房 Buildings for Instraction and Ancillary Uses	7095074	23844	252751	46699	107223	895632
教室 Classroom	4523404	19141	166128	29682	47761	620252
图书馆 Library	489583	1154	14669	729	15482	45914
实验室、实习场所 Lab. And Practice Facilities	1568490	1320	54517	15278	29538	155015
体育馆 Gymnasium	221700	143	4388		11212	36341
会堂 Hall	291897	2086	13049	1010	3230	38110
二、行政办公用房 Administritive	1869776	11405	36520	12291	15019	157396
三、生活用房 Residential Buildings	6253968	48432	339670	29961	90659	726656
学生宿舍(公寓) Students' Dormitories	3571651	20773	253315	15220	65796	517546
学生食堂 Students' Dining Halls	753379	8287	41236	3678	7973	78670
教工单身宿舍 Apartments for Single	385279	6692	17378	434	8254	46990
教工食堂 Dining Halls for Staff and Workers	111864	756	2823	807	3418	12148
生活福利及其他用房 Residential, Welfare and Anxiliary Buildings	1431795	11924	24918	9822	5218	71302
四、教工住宅 Residential Quarters for Staff and Workers	2324455	12834	47686	2003	53777	4480

中等职业学校(机构)校舍情况(职业高中学校)

Conditions of School Buidings in Secondary Vocational Schools (Vocational High Schools)

单位:平方米

Unit: m^2

	学校产权建筑面积 Floor Area of School Building Owned by HEIs				正在施工面积 Floor Area Under Construction	独立使用非学校产权建筑面积 Floor Area of School Building Not Owned by HEIs
	计 Subtotal	其中:危房 of Which: Dilapidated Buildings	其中:当年新增 of Which: Newly Added in Current Year	其中:被外单位借用 of Which: Floor Space Hired by Other Schools or Units		
总 计 Total	**63486209**	**692701**	**2596397**	**173391**	**1400262**	**5509471**
一、教学及辅助用房 Buildings for Instraction and Ancillary Uses	27246077	199392	1168950	50994	724059	2542937
教室 Classroom	16481905	154067	691920	39308	443302	1605158
图书馆 Library	1653236	6020	55748	734	64911	138887
实验室、实习场所 Lab. And Practice Facilities	7298117	32992	340535	9736	184768	536948
体育馆 Gymnasium	913689	864	47493		23793	110537
会堂 Hall	899130	5449	33254	1216	7285	151407
二、行政办公用房 Administritive	5255021	52340	160601	14110	97977	422154
三、生活用房 Residential Buildings	24668330	384845	1096305	103106	479953	2537855
学生宿舍(公寓) Students' Dormitories	13966887	148402	732630	29989	337688	1676287
学生食堂 Students' Dining Halls	3517628	29242	220077	3823	86064	340697
教工单身宿舍 Apartments for Single	1731364	71181	40273	8072	10663	221037
教工食堂 Dining Halls for Staff and Workers	408060	4693	15673	366	6597	41838
生活福利及其他用房 Residential, Welfare and Anxiliary Buildings	5044391	131327	87652	60856	38941	257996
四、教工住宅 Residential Quarters for Staff and Workers	6316781	56124	170541	5181	98273	6525

中等职业学校(机构)校舍情况(其他机构)

Conditions of School Buidings in Secondary Vocational Schools (Other Institutions)

单位:平方米

Unit: m^2

	学校产权建筑面积 Floor Area of School Building Owned by HEIs				正在施工面积 Floor Area Under Construction	独立使用非学校产权建筑面积 Floor Area of School Building Not Owned by HEIs
	计 Subtotal	其中:危房 of Which: Dilapidated Buildings	其中:当年新增 of Which: Newly Added in Current Year	其中:被外单位借用 of Which: Floor Space Hired by Other Schools or Units		
总　计 Total	**9393616**	**14002**	**430040**	**56604**	**324320**	**841619**
一、教学及辅助用房 Buildings for Instraction and Ancillary Uses	3843342	3133	209513	16281	152995	359613
教室 Classroom	1979134	1603	103791	13047	88021	188558
图书馆 Library	350056		25800	156	4188	22385
实验室、实习场所 Lab. And Practice Facilities	967736	1530	53392	1000	30919	60604
体育馆 Gymnasium	396365		25730		28110	73049
会堂 Hall	150051		800	2078	1757	15017
二、行政办公用房 Administritive	643489	2164	26860	5930	19044	60848
三、生活用房 Residential Buildings	3615792	5208	132234	33893	60211	421158
学生宿舍(公寓) Students' Dormitories	2265609	1979	108879	25320	52922	219480
学生食堂 Students' Dining Halls	536994	122	14202	1606	6200	36731
教工单身宿舍 Apartments for Single	131663	1269	775	40	820	19068
教工食堂 Dining Halls for Staff and Workers	74205		757	22	197	4820
生活福利及其他用房 Residential, Welfare and Anxiliary Buildings	607321	1838	7621	6905	72	141059
四、教工住宅 Residential Quarters for Staff and Workers	1290993	3497	61433	500	92070	

职业技术培训

Basic Statistics of Vocational-Technical

	学校数（所）Schools	教学班(点)（个）External Teaching Sites (classes)	结业生数 计 Total
总　计 Total	**198566**	**627640**	**59341880**
职工技术培训学校(机构) Vocational-Technical Training Schools	4230	24747	1933667
教育部门和集体办 Run by Ed. Dept. & Collectives	1321	12238	1053748
其他部门办 Run by Non-Ed. Dept.	1014	7427	612280
民办 Non-state/Private	1895	5082	267639
农村成人文化技术培训学校(机构) Technical Training Schools for Peasants	166601	428771	47931805
教育部门和集体办 Run by Ed. Dept. & Collectives	160924	412362	46870460
其中:县办 of which:County-run	1071	13471	1246986
乡办 of which:Township-run	23799	142068	20053644
村办 of which:Village-run	136054	256823	25569830
其他部门办 Run by Non-Ed. Dept.	3756	11329	726818
民办 Non-state/Private	1921	5080	334527
其他培训机构(含社会培训机构) Others	27735	174122	9476408
教育部门和集体办 Run by Ed. Dept. & Collectives	959	14640	999029
其他部门办 Run by Non-Ed. Dept.	1544	10980	880572
民办 Non-state/Private	25232	148502	7596807
总计中:少数民族 Total of: Minority	3859	9739	4236589
培训时间:Length of training:			
一周至一个月以下 1 week to less than 1 month			41602339
一个月至半年以下 1 month to less than 6 months			13343234
半年以上 More than 6 months			4396307
培训形式:Mode of training:			
资格证书培训 For Certificates of Vocational qualifications			3741730
岗位证书培训 For Certificates of Job-related qualifications			5437219
培训科目:Subjects of training:			
外语 Foreign language			1853665
会计 Accounting			799563
计算机 Computer			1809805
农业技术 Agricultural techniques			30379918

机构基本情况

Training Institutions

单位:人次
Unit:in Person

Graduates	注册学生数 Enrolment		教职工数 Teachers, Staff & Workers		聘请校外教师 Part-time Teachers
其中:女 of which: Female	计 total	其中:女 of which: Female	计 Total	其中:专任教师 of which: Full-time Teacher	
27003791	**48827147**	**22455470**	**526240**	**256004**	**418800**
872603	1723388	793970	50589	28541	18485
486609	950537	444883	28377	13587	7626
259320	502024	216106	9644	5970	6037
126674	270827	132981	12568	8984	4822
21609288	37293423	16896381	250694	108821	280392
21109137	35968830	16280794	232963	101516	261793
598362	966532	489617	10699	6204	6620
8774585	15383126	6760856	76068	37730	89022
11736190	19619172	9030321	146196	57582	166151
331588	747538	318114	6397	2636	13498
168563	577055	297473	11334	4669	5101
4521900	9810336	4765119	224957	118642	119923
533985	1028734	550921	14910	7200	6479
398646	734478	368467	11518	5976	6542
3589269	8047124	3845731	198529	105466	106902
1892254	3576182	1646475	17750	4265	16512
18660918	32227970	14522184			
6216867	11620340	5498378			
2126006	4978837	2434908			
1646955	3141616	1446657			
2298997	3990421	1737219			
839454	1796347	745447			
496562	695367	416836			
857315	1568970	771953			
12961428	22730794	10246741			

职业技术培训机构资产情况

Condition of Fixed Assets and Teaching Resources in Vocational-Technical Training Institutions

	总计 Total	职工技术培训学校(机构) Vocational-Technical Training Institutions	农村成人文化技术培训学校(机构) Technical Training Schools for Peasants	其他培训机构(含社会培训机构) Others
占地面积(平方米) Area of School sites (m^2)	132989673	20996095	80016298	31977280
教学行政用房建筑面积(平方米) Administritive (m^2)	37570643	4111284	19696077	13763282
图书藏量(册) Books (Volume)	102489235	8624519	37275545	56589171
教学用计算机(台) No. of computers used for Instruction	1861636	89724	140707	1631205
语音实验室座位数(个) No. of Seats in Audio-Labs	175134	19624	31424	124086
多媒体教室座位数(个) No. of Seats in Multimedia Class rooms	1749752	56100	114749	1578903
固定资产总值(万元) Fixed Assets (in 10,000 yuan)	249953701	757307	2341356	246855038
其中:教学、实习仪器设备资产值 of which: Teaching Equipment & Instruments	119281700	179934	999862	118101905

(二)初中阶段教育
Junior Secondary Education

初中阶段校数、班数

Number of Schools, Classes Admitted in Junior Schools

	学校数(所) Schools	班数(个) Classes				
		计 Total	一年级 Grade 1	二年级 Grade 2	三年级 Grade 3	四年级 Grade 4
总 计 Total	**62486**	**1111434**	**358911**	**365028**	**366719**	**20776**
教育部门和集体办 Run by Ed. Dept. &Communities	55866	1011925	324783	332438	336410	18294
民办 Non-state/private	4633	73309	25770	24369	22044	1126
其他部门办 Run by Non-ed. Dept.	1987	26200	8358	8221	8265	1356
城市 Urban	8183	204436	66383	64614	65328	8111
教育部门和集体办 Run by Ed. Dept. &Communities	5740	161845	51728	51044	52344	6729
民办 Non-state/private	1561	29469	10408	9507	8678	876
其他部门办 Run by Non-ed. Dept.	882	13122	4247	4063	4306	506
县镇 Counties & Towns	17467	406520	132195	133874	134206	6245
教育部门和集体办 Run by Ed. Dept. &Communities	15589	372562	120344	122486	123951	5781
民办 Non-state/private	1536	29483	10429	9946	8933	175
其他部门办 Run by Non-ed. Dept.	342	4475	1422	1442	1322	289
农村 Rural	36836	500478	160333	166540	167185	6420
教育部门和集体办 Run by Ed. Dept. &Communities	34537	477518	152711	158908	160115	5784
民办 Non-state/private	1536	14357	4933	4916	4433	75
其他部门办 Run by Non-ed. Dept.	763	8603	2689	2716	2637	561
总计中:四年制初中 Of the Total:4-Year Junior Sec. School		66181	14024	14458	16944	20755
其他学校附设初中班 Junior Sec. Classes Attached to Others Schools		21234	6455	7053	7389	337
其他单位(学校)办班 Classes run by Other Unit(Schools)		820	236	280	299	5
独立设置少数民族学校 Inde. Sec. Schools for Minorities	22	28554	9558	9499	9200	297

普通初中校数、班数
Number of Junior Schools and Classes

	学校数(所) Schools			班数(个) Classes				
	合计 Total	初级中学 Junior Sec. Schools	九年一贯制学校 9-Year Sec. Schools	计 Total	一年级 Grade 1	二年级 Grade 2	三年级 Grade 3	四年级 Grade 4
总计 Total	**61885**	**51991**	**9894**	**1103556**	**356852**	**362347**	**363813**	**20544**
教育部门和集体办 Run by Ed. Dept. & Communities	55291	48320	6971	1004315	322817	329851	333582	18065
民办 Non-state/Private	4608	2701	1907	73060	25684	24281	21972	1123
其他部门办 Run by Non-ed. Dept.	1986	970	1016	26181	8351	8215	8259	1356
城市 Urban	8157	5946	2211	204174	66311	64532	65222	8109
教育部门和集体办 Run by Ed. Dept. & Communities	5722	4792	930	161634	51673	50980	52254	6727
民办 Non-state/Private	1554	764	790	29437	10398	9495	8668	876
其他部门办 Run by Non-ed. Dept.	881	390	491	13103	4240	4057	4300	506
县镇 Counties & Towns	17323	15521	1802	404457	131622	133179	133432	6224
教育部门和集体办 Run by Ed. Dept. & Communities	15453	14359	1094	370605	119810	121830	123204	5761
民办 Non-state/private	1528	976	552	29377	10390	9907	8906	174
其他部门办 Run by Non-ed. Dept.	342	186	156	4475	1422	1442	1322	289
农村 Rural	36405	30524	5881	494925	158919	164636	165159	6211
教育部门和集体办 Run by Ed. Dept. & Communities	34116	29169	4947	472076	151334	157041	158124	5577
民办 Non-state/Private	1526	961	565	14246	4896	4879	4398	73
其他部门办 Run by Non-ed. Dept.	763	394	369	8603	2689	2716	2637	561
总计中:四年制初中 of the Total:4-Year Junior Sec. School				65536	13919	14321	16767	20529
其他学校附设初中班 Junior Sec. Classes Attached to Others Schools				19952	6278	6612	6784	278
独立设置少数民族学校 Inde. Sec. Schools for Minorities				28391	9519	9447	9135	290

职业初中校数、班数

Number of Schools, Classes Admitted in Vocational Junior Secondary Schools

	学校数(所) Schools	班数(个) Classes				
		计 Total	一年级 Grade 1	二年级 Grade 2	三年级 Grade 3	四年级 Grade 4
总　计 Total	**601**	**7878**	**2059**	**2681**	**2906**	**232**
教育部门和集体办 Run by Ed. Dept. & Communities	575	7610	1966	2587	2828	229
民办 Non-state/private	25	249	86	88	72	3
其他部门办 Run by Non-ed. Dept.	1	19	7	6	6	
城市 Urban	26	262	72	82	106	2
教育部门和集体办 Run by Ed. Dept. & Communities	18	211	55	64	90	2
民办 Non-state/private	7	32	10	12	10	
其他部门办 Run by Non-ed. Dept.	1	19	7	6	6	
县镇 Counties & Towns	144	2063	573	695	774	21
教育部门和集体办 Run by Ed. Dept. & Communities	136	1957	534	656	747	20
民办 Non-state/private	8	106	39	39	27	1
其他部门办 Run by Non-ed. Dept.						
农村 Rural	431	5553	1414	1904	2026	209
教育部门和集体办 Run by Ed. Dept. & Communities	421	5442	1377	1867	1991	207
民办 Non-state/private	10	111	37	37	35	2
其他部门办 Run by Non-ed. Dept.						
总计中:四年制 Of the Total:4-Year		645	105	137	177	226
普通中学附设班 Classes Attached to General Sec.School		1282	177	441	605	59
其他单位(学校)办班 Classes run by Other Unit(Schools)		820	236	280	299	5
独立设置少数民族学校 Inde. Sec. Schools for Minorities	22	163	39	52	65	7

普通初中班额情况
Size of Junior Secondary Schools Classes

单位：个
Unit：Class

	计 Total	一年级 Grade 1	二年级 Grade 2	三年级 Grade 3	四年级 Grade 4
合　计 Total	**1103556**	**356852**	**362347**	**363813**	**20544**
城市：Urban：					
25 人及以下	5445	1945	1607	1583	310
26－35 人	17614	5611	5239	5575	1189
36－45 人	44278	13859	13870	14193	2356
46－55 人	66793	21415	21145	22006	2227
56－65 人	45966	15450	14845	14275	1396
66 人及以上	24078	8031	7826	7590	631
县镇：Counties & Towns：					
25 人及以下	3161	1125	965	915	156
26－35 人	11849	3948	3563	3777	561
36－45 人	48166	15566	15027	15933	1640
46－55 人	122595	38876	40011	41575	2133
56－65 人	114690	37211	38658	37708	1113
66 人及以上	103996	34896	34955	33524	621
农村：Rural：					
25 人及以下	6278	2220	1852	2040	166
26－35 人	21377	7343	6644	6877	513
36－45 人	74153	23718	23840	25097	1498
46－55 人	151289	47819	50359	50998	2113
56－65 人	130907	41048	44205	44388	1266
66 人及以上	110921	36771	37736	35759	655

职业初中班额情况
Size of Vocational Junior Secondary Schools Classes

单位：个
Unit：Class

	计 Total	一年级 Grade 1	二年级 Grade 2	三年级 Grade 3	四年级 Grade 4
合　计 Total	**7878**	**2059**	**2681**	**2906**	**232**
城市：Urban：					
25 人及以下	43	15	16	11	1
26－35 人	33	4	10	18	1
36－45 人	50	24	15	11	
46－55 人	48	9	13	26	
56－65 人	41	8	11	22	
66 人及以上	47	12	17	18	
县镇：Counties & Towns：					
25 人及以下	34	7	12	12	3
26－35 人	195	47	79	60	9
36－45 人	324	85	105	130	4
46－55 人	633	163	200	269	1
56－65 人	441	126	138	177	
66 人及以上	436	145	161	126	4
农村：Rural：					
25 人及以下	199	47	61	70	21
26－35 人	489	121	159	167	42
36－45 人	940	203	320	353	64
46－55 人	1500	363	527	561	49
56－65 人	1137	325	398	402	12
66 人及以上	1288	355	439	473	21

初中阶段

Number of Students in

	毕业生数 Graduates	招生数 Students Admitted	合 计 Total	其中女 of Which: Female
总 计 Total	**21234282**	**19875826**	**62149442**	**29406199**
其中女 of Which: Female	10137442	9371014	29406199	0
教育部门和集体办 Run by Ed. Dept. & Communities	19865010	18194966	57218749	27291322
社会力量办 Non-state/private	959396	1297486	3739046	1548004
其他部门办 Run by Non-ed. Dept.	409876	383374	1191647	566873
城市 Urban	3466776	3367009	10370873	4907675
教育部门和集体办 Run by Ed. Dept. & Communities	2887798	2677693	8389346	4024368
社会力量办 Non-state/private	364568	487637	1371316	592793
其他部门办 Run by Non-ed. Dept.	214410	201679	610211	290514
县镇 Counties & Towns	7900174	7606804	23626076	11106102
教育部门和集体办 Run by Ed. Dept. & Communities	7429604	6984849	21809556	10360659
社会力量办 Non-state/private	399326	557774	1612947	648220
其他部门办 Run by Non-ed. Dept.	71244	64181	203573	97223
农村 Rural	9867332	8902013	28152493	13392422
教育部门和集体办 Run by Ed. Dept. & Communities	9547608	8532424	27019847	12906295
社会力量办 Non-state/private	195502	252075	754783	306991
其他部门办 Run by Non-ed. Dept.	124222	117514	377863	179136
总计中:四年制 of the Total:4-Year			3140474	1462946
九年一贯制学校 9-Year Sec. Schools	1161984	1237492	3725969	1713520
其他学校附设初中班 Junior Sec. Classes Attached to Others Schools	459891	352856	1141006	529246
其他单位(学校)办班 Classes Run by Other Unit(or Schools)	20247	13181	45543	19693
重读生 Repeaters			90944	33984
重读中女 of Which: Female			33984	
少数民族学生 Minority Students	1663251	1787196	5338290	2270121
独立设置少数民族学校 Inde. Sec. Schools for Minorities	425922	452300	1358792	659949

学生数

Junior Schools

单位：人

Unit：in Person

在校学生数 Enrolment				毕业班学生数 Graduates for Next Year
一年级 Grade 1	二年级 Grade 2	三年级 Grade 3	四年级 Grade 4	
19926332	**20554390**	**20630755**	**1037965**	**20863049**
9388788	9699959	9810760	506692	9849703
18238517	18916809	19133251	930172	19348067
1302564	1258725	1127638	50119	1132944
385251	378856	369866	57674	382038
3370286	3302838	3313725	384024	3354435
2679726	2667263	2719183	323174	2754076
488718	444042	399399	39157	403891
201842	191533	195143	21693	196468
7629969	7846271	7832671	317165	7914070
7003495	7227976	7280338	297747	7353812
561219	551789	492664	7275	493483
65255	66506	59669	12143	66775
8926077	9405281	9484359	336776	9594544
8555296	9021570	9133730	309251	9240179
252627	262894	235575	3687	235570
118154	120817	115054	23838	118795
636850	668754	805571	1029299	1024099
1241191	1231441	1175835	77502	1188673
354166	378589	393476	14775	397711
13201	15775	16426	141	16405
50506	15012	24749	677	
17774	5654	10271	285	
1797491	1779774	1724311	36714	1711986
453487	454621	438889	11795	439491

普通初中

Number of Students in

	毕业生数 Graduates	招生数 Students Admitted	合　计 Total	其中女 of Which: Female
总　　计 Total	**21065150**	**19765246**	**61718079**	**29208123**
其中女 Of Which: Female	10057523	9319992	29208123	
教育部门和集体办 Run by Ed. Dept. & Communities	19699833	18089582	56802804	27098600
民办 Non-state/private	955603	1292501	3724158	1542874
其他部门办 Run by Non-ed. Dept.	409714	383163	1191117	566649
城市 Urban	3461482	3363494	10358204	4902244
教育部门和集体办 Run by Ed. Dept. & Communities	2883002	2674757	8378387	4019304
民办 Non-state/private	364232	487269	1370136	592650
其他部门办 Run by Non-ed. Dept.	214248	201468	609681	290290
县镇 Counties & Towns	7852565	7576314	23513281	11054481
教育部门和集体办 Run by Ed. Dept. & Communities	7383458	6956312	21702627	10310775
民办 Non-state/private	397863	555821	1607081	646483
其他部门办 Run by Non-ed. Dept.	71244	64181	203573	97223
农村 Rural	9751103	8825438	27846594	13251398
教育部门和集体办 Run by Ed. Dept. & Communities	9433373	8458513	26721790	12768521
民办 Non-state/private	193508	249411	746941	303741
其他部门办 Run by Non-ed. Dept.	124222	117514	377863	179136
总计中:四年制 Of the Total:4-Year			3112269	1449819
九年一贯制学校 9-Year Sec. Schools	1161984	1237492	3725969	1713520
其他学校附设初中班 Junior Sec. Classes Attached to Others Schools	427761	345248	1079696	502620
重读生 Repeaters			88154	32731
重读中女 Of Which: Female			32731	
少数民族学生 Minority Students	1635467	1769270	5252778	2234163
独立设置少数民族学校 Inde. Sec. Schools for Minorities	424007	450635	1352607	657158

学生数

Junior Secondary Schools

单位：人

Unit: in Person

在校学生数 Enrolment 一年级 Grade 1	二年级 Grade 2	三年级 Grade 3	四年级 Grade 4	毕业班学生数 Graduates for Next Year
19813020	**20406418**	**20470735**	**1027906**	**20700854**
9336538	9632340	9737561	501684	9775935
18130401	18774469	18977684	920250	19190332
1297579	1253244	1123353	49982	1128652
385040	378705	369698	57674	381870
3366771	3298807	3308657	383969	3349452
2676790	2663809	2714669	323119	2749647
488350	443616	399013	39157	403505
201631	191382	194975	21693	196300
7598541	7808060	7790447	316233	7871978
6974020	7192085	7239681	296841	7313313
559266	549469	491097	7249	491890
65255	66506	59669	12143	66775
8847708	9299551	9371631	327704	9479424
8479591	8918575	9023334	300290	9127372
249963	260159	233243	3576	233257
118154	120817	115054	23838	118795
632603	662446	797687	1019533	1015262
1241191	1231441	1175835	77502	1188673
345928	358305	363454	12009	365738
47774	14986	24717	677	
16546	5641	10259	285	
1778967	1748712	1689096	36003	1676964
451822	452807	436406	11572	436811

职业初中

Number of Students in Vocational

	毕业生数 Graduates	招生数 Students Admitted	合 计 Total	其中女 of Which: Female
总 计 Total	**169132**	**110580**	**431363**	**198076**
其中女 Of Which: Female	79919	51022	198076	
教育部门和集体办 Run by Ed. Dept. & Communities	165177	105384	415945	192722
民办 Non-state/private	3793	4985	14888	5130
其他部门办 Run by Non-ed. Dept.	162	211	530	224
城市 Urban	5294	3515	12669	5431
教育部门和集体办 Run by Ed. Dept. & Communities	4796	2936	10959	5064
民办 Non-state/private	336	368	1180	143
其他部门办 Run by Non-ed. Dept.	162	211	530	224
县镇 Counties & Towns	47609	30490	112795	51621
教育部门和集体办 Run by Ed. Dept. & Communities	46146	28537	106929	49884
民办 Non-state/private	1463	1953	5866	1737
其他部门办 Run by Non-ed. Dept.				
农村 Rural	116229	76575	305899	141024
教育部门和集体办 Run by Ed. Dept. & Communities	114235	73911	298057	137774
民办 Non-state/private	1994	2664	7842	3250
其他部门办 Run by Non-ed. Dept.				
总计中:四年制 Of the Total:4-Year			28205	13127
普通中学附设班 Classes Attached to General Sec. Schools	32130	7608	61310	26626
其他单位(学校)办班 Classes Run by Other Unit(or Schools)	20247	13181	45543	19693
重读生 Repeaters			2790	1253
重读中女 Of Which: Female			1253	
少数民族学生 Minority Students	27784	17926	85512	35958
独立设置少数民族学校 Inde. Sec. Schools for Minorities	1915	1665	6185	2791

学生数

Junior Secondary Schools

单位:人

Unit: in Person

在校学生数 Enrolment				毕业班学生数 Graduates for Next Year
一年级 Grade 1	二年级 Grade 2	三年级 Grade 3	四年级 Grade 4	
113312	**147972**	**160020**	**10059**	**162195**
52250	67619	73199	5008	73768
108116	142340	155567	9922	157735
4985	5481	4285	137	4292
211	151	168		168
3515	4031	5068	55	4983
2936	3454	4514	55	4429
368	426	386		386
211	151	168		168
31428	38211	42224	932	42092
29475	35891	40657	906	40499
1953	2320	1567	26	1593
78369	105730	112728	9072	115120
75705	102995	110396	8961	112807
2664	2735	2332	111	2313
4247	6308	7884	9766	8837
8238	20284	30022	2766	31973
13201	15775	16426	141	16405
2732	26	32		
1228	13	12		
18524	31062	35215	711	35022
1665	1814	2483	223	2680

初中阶段学龄人口及在校学生情况

Number of School-age Population and Enrolment of Junior Schools

单位：人

Unit: in Person

	在校学龄人口数 School-age Population		在校学生数 Enrolment					
	计 Total	其中：女 of Which: Female	计 Total	其中：女 of Which: Female	一年级 Grade 1	二年级 Grade 2	三年级 Grade 3	四年级 Grade 4
合　计 Total	**53530961**	**25467731**	**62149442**	**29406199**	**19926332**	**20554390**	**20630755**	**1037965**
10 岁及以下 Under 10 years			23447	11417	22942	487	18	
11 岁	234403	115962	844872	410141	809215	34546	1100	11
12 岁	7661861	3681254	9060251	4361403	8041129	961630	57212	280
13 岁	18224222	8679768	18229278	8682422	8928381	8205489	1079826	15582
14 岁	19416355	9222461	19455937	9241905	1673614	9118740	8321752	341831
15 岁	7990787	3766676	12003542	5620996	365720	1859090	9226418	552314
16 岁	3332	1610	2119452	917153	64825	310513	1633803	110311
17 岁	1		345131	135456	14773	50450	263325	16583
18 岁及以上 Over 18 years			67532	25306	5733	13445	47301	1053
城市 Urban	8656190	4120425	10370873	4907675	3370286	3302838	3313725	384024
10 岁及以下 Under 10 years			6262	3316	6151	109	2	-
11 岁	138075	68103	265162	131889	257034	7829	293	6
12 岁	1591455	767746	1815726	879175	1527793	275014	12727	192
13 岁	3045072	1450197	3045816	1450494	1297713	1452008	288124	7971
14 岁	3084286	1462563	3094101	1467585	240113	1265943	1426214	161831
15 岁	796886	371637	1796319	830037	36276	267093	1321852	171098
16 岁	416	179	311714	132494	4598	31167	238032	37917
17 岁			33002	11788	531	3291	24297	4883
18 岁及以上 Over 18 years			2771	897	77	384	2184	126

初中阶段学龄人口及在校学生情况(续)

Number of School-age Population and Enrolment of Junior Schools

单位:人

Unit: in Person

	在校学龄人口数 School-age Population		在校学生数 Enrolment					
	计 Total	其中:女 of Which: Female	计 Total	其中:女 of Which: Female	一年级 Grade 1	二年级 Grade 2	三年级 Grade 3	四年级 Grade 4
县镇 Counties & Towns	20520638	9699145	23626076	11106102	7629969	7846271	7832671	317165
10岁及以下 Under 10 years			9516	4509	9300	211	5	
11岁	68928	34422	304226	146827	288206	15583	436	1
12岁	2657808	1264540	3227812	1541967	2853753	348307	25689	63
13岁	7004387	3315800	7006875	3317016	3682734	2912392	405836	5913
14岁	7422477	3502659	7434792	3508569	636591	3733885	2954439	109877
15岁	3366270	1581289	4727278	2201467	130495	702507	3727274	167002
16岁	768	435	770977	330480	22644	111636	606382	30315
17岁			122737	47078	4534	17654	96769	3780
18岁及以上 Over 18 years			21863	8189	1712	4096	15841	214
农村 Rural	24354133	11648161	28152493	13392422	8926077	9405281	9484359	336776
10岁及以下 Under 10 years			7671	3593	7493	167	11	
11岁	27400	13437	275481	131423	263972	11134	371	4
12岁	3412598	1648968	4016622	1940242	3659584	338217	18796	25
13岁	8174763	3913771	8176587	3914912	3947934	3841089	385866	1698
14岁	8909592	4257239	8927044	4265751	796910	4119205	3940806	70123
15岁	3827631	1813750	5479945	2589492	198949	889490	4177292	214214
16岁	2148	996	1036853	454199	37583	167507	789684	42079
17岁	1		189392	76590	9708	29507	142257	7920
18岁及以上 Over 18 years			42898	16220	3944	8965	29276	713

Number of Teachers, Staff & Workers

	教职工数 Teachers, Staff & Workers			
	合计 Total	专任教师 Full-time Teachers	行政人员 Adm. Personnel	教辅人员 Supporting Staff
总计 Total	**24009**	**20240**	**1303**	**955**
其中女 Of Which: Female	8337	7627	98	306
少数民族 Minority	2362	2089	101	51
教育部门和集体办 Run by Ed. Dept. & Communities	23211	19641	1220	927
民办 Non-state/private	728	553	67	27
其他部门办 Run by Non-ed. Dept.	70	46	16	1
城市 Urban	948	711	91	44
教育部门和集体办 Run by Ed. Dept. & Communities	721	583	51	37
民办 Non-state/private	157	82	24	6
其他部门办 Run by Non-ed. Dept.	70	46	16	1
县镇 Counties & Towns	7013	5946	421	255
教育部门和集体办 Run by Ed. Dept. & Communities	6729	5714	400	246
民办 Non-state/private	284	232	21	9
其他部门办 Run by Non-ed. Dept.				
农村 Rural	16048	13583	791	656
教育部门和集体办 Run by Ed. Dept. & Communities	15761	13344	769	644
民办 Non-state/private	287	239	22	12
其他部门办 Run by Non－ed. Dept.				

教职工数
in Vocational Junior Secondary Schools

单位:人
Unit:in Person

工勤人员 Workers	校办工厂、农(林)场职工 Employees in School-run Factories & Farms	代课教师 Substitute Teachers	兼任教师 Part-time Teachers
1469	**42**	**804**	**440**
303	3	382	143
117	4	120	131
1383	40	730	420
79	2	74	12
7			8
100	2	27	45
48	2	26	33
45		1	4
7			8
375	16	147	102
355	14	109	94
20	2	38	8
994	24	630	293
980	24	595	293
14		35	

普通初中分课程专

Number of Full-time Junior Secondary School Teachers

	总 计 Total	其中女 of Which: Female	政 治 Politics	语 文 Chinese	数 学 Mathematics	物 理 Physics	化 学 Chemistry	生 物 Biology
合 计 Total	**3471839**	**1612501**	**239319**	**675365**	**637793**	**253849**	**156793**	**132523**
研究生毕业 Graduate	7222	3970	597	1598	1167	497	373	347
本科毕业 Under-graduate	1218577	651111	91355	281842	224726	89779	60327	41571
专科毕业 Associate Bachelor	2080897	906635	136708	372164	388541	155755	92021	81523
高中阶段毕业 High School Graduate	161493	50178	10425	19475	23119	7731	4031	8917
高中阶段毕业以下 Below High School Graduate	3650	607	234	286	240	87	41	165
合计中:女 of Total:Female	1612501		100960	353771	268078	74178	58624	62413
少数民族 Minorities	280019	120751	21275	55728	48984	19949	12883	10837
城市 Urban	658090	412140	41830	116890	114427	47610	30103	25170
县镇 County & Towns	1280046	595414	89532	245282	233171	93493	57261	49859
农村 Rural	1533703	604947	107957	313193	290195	112746	69429	57494

职业初中分课程专任

Number of Full-time Vocational Schools Teachers

	总 计 Total	其中女 of Which: Female	文化课 Cultural Subject	专 业 课				
				农林类 Aqri. & Forestry	资源与环境类 Resources & Environment	能源类 Energy	土木水利工程类 Civil & Water Engineering	加 工 制造类 Manufactruing
合 计 Total	**20240**	**7627**	**18132**	**587**	**41**	**12**	**36**	**40**
研究生毕业 Graduate	18	8	16					
本科毕业 Under-graduate	5364	2246	4899	149	13	1	17	14
专科毕业 Associate Bachelor	13096	4908	11730	390	24	9	17	19
高中阶段毕业 High School Graduate	1720	463	1461	45	4	1	2	7
高中阶段毕业以下 Below High School Graduate	42	2	26	3		1		
合计中:女 of Total:Female	7627		6966	184	16	4	13	9
少数民族 Minorities	2089	821	1730	98	8	2	7	11

任教师学历情况

by Subject Taught & Educational Attainment

单位:人

Unit: in Person

地　理 Geography	历史 History	外　语 Foreign Languages	信息技术 Infor. Technique	体　育 Physical Culture	音　乐 Music	美　术 Fine Arts	劳动技术 Skills Teaching	其　他 Others	当年不任课 No Teaching Load in Currentyear
126849	**165851**	**534899**	**83228**	**163501**	**78857**	**74138**	**40162**	**35746**	**72966**
270	450	1023	174	237	98	79	33	90	189
34924	56301	189012	25896	51578	19511	19846	6113	9691	16105
81731	99127	328207	53566	98653	52125	47973	26708	20920	45175
9723	9771	16455	3556	12606	6988	6112	6990	4744	10850
201	202	202	36	427	135	128	318	301	647
53343	72968	372569	30121	26977	52808	31895	11593	15451	26752
10229	12947	33833	6067	14385	6843	5794	2975	10270	7020
22663	31680	108986	17830	36103	17356	16082	6602	6789	17969
47724	62063	199776	31171	61218	29655	27923	14692	12429	24797
56462	72108	226137	34227	66180	31846	30133	18868	16528	30200

教师学历情况

by Subject Taught Educational Attainment

单位:人

Unit:in Person

Subjects									
交通运输类 Commu. & Trancpor.	信息技术类 Infor. Technique	医药卫生类 Medicine & Health	商贸与旅游类 Trade & Travel	财经类 Finance & Economics	文化艺术与体育类 Cultural. Arts & Physical Edu.	社会公共事业类 Public Affairs	其　他 Others	实习指导 Practical Guiding	当年不任课 No Teaching Load in Current Year
18	**208**	**53**	**10**	**33**	**668**	**24**	**108**	**32**	**238**
					1				1
4	55	14	1	5	129	2	14	2	45
7	141	35	8	25	432	20	80	18	141
5	12	4	1	3	102	2	12	12	47
2					4		2		4
8	57	27	1	15	215	8	34	7	63
4	24	8	1	8	77	6	49	8	48

普通初中专任教师专业技术

Full-time Teachers in Junior Secondary

	合 计 Total	其中女 Of the Total: Female	25岁及以下 25 Years and Under	26－30	31－35
总　计 Total	**3471839**	**1612501**	**479134**	**850839**	**753618**
中学高级 Senior	227860	99427	40	351	6215
中学一级 1st Grade	1266994	526723	3211	65884	322312
中学二级 2nd Grade	1417441	686471	136082	620059	393547
中学三级 3rd Grade	274842	139728	139792	103348	19442
未评职称 Rank Undecided	284702	160152	200009	61197	12102
总计中:女 of Which: Female	1612501		282619	448483	365891
少数民族 Minorities	280019	120751	37257	77892	65660
城市 Urban	658090	412140	70693	135533	144923
县镇 County & Towns	1280046	595414	163286	313607	290311
农村 Rural	1533703	604947	245155	401699	318384

职业初中专任教师专业技术

Full-time Teachers in Vocational Secondary

	合 计 Total	其中女 Of the Total: Female	25岁及以下 25 Years and Under	26－30	31－35
总　计 Total 总　计 Total	**20240**	**7627**	**2982**	**5302**	**4315**
中学高级 Senior	636	128		2	12
中学一级 1st Grade	6507	1822	7	263	1383
中学二级 2nd Grade	8864	3696	657	3620	2620
中学三级 3rd Grade	2260	970	1047	917	196
未评职称 Rank Undecided	1973	1011	1271	500	104
总计中:女 of Which: Female	7627		1572	2418	1757
少数民族 Minorities	2089	821	376	639	420

职称、年龄结构情况

Schools Broken Down by Rank and Age

单位:人

Unit:in Person

36-40	41-45	46-50	51-55	56-60	61岁及以上 61 Years and Over
584672	**332659**	**224875**	**157671**	**85979**	**2392**
44001	56498	50996	44084	24439	1236
375825	213271	140709	93540	51340	902
152666	57570	30235	18070	9096	116
6333	2707	1589	1072	536	23
5847	2613	1346	905	568	115
262951	126221	75267	46491	4205	373
48375	24125	14042	8742	3790	136
125456	73073	50093	40167	17165	987
230601	122255	78242	51247	29772	725
228615	137331	96540	66257	39042	680

职称、年龄结构情况

Schools Broken Down by Rank and Age

单位:人

Unit:in Person

36-40	41-45	46-50	51-55	56-60	61岁及以上 61 Years and Over
3141	**2035**	**1248**	**755**	**454**	**8**
99	185	157	122	57	2
1856	1323	861	496	315	3
1081	475	208	126	76	1
56	25	11	5	3	
49	27	11	6	3	2
1036	517	212	99	16	
302	199	88	47	17	1

普通初中专任

Changes of Full-time Teachers in

	上学年初报表专任教师数 Total Number of Full-time Teachers at Beginning of Previous Academic Year	增加教师 Factors of Increase				
		计 Total	录用毕业生 New from Current Year Graduates	调 入 Teachers Recruited from Other Units	校内调整 of which with change of status in their own institutions	其 他 Others
合 计 Total	**3476599**	**401293**	**98055**	**198183**	**52345**	**52710**
其中女 of Which: Female	1594893	189626	56141	91716	19605	22164
城市 Urban	665479	75138	18822	35525	11584	9207
其中女 of Which: Female	411739	44604	12442	21111	5798	5253
县镇 Counties & Towns	1226236	176879	35074	90648	20283	30874
其中女 of Which: Female	566148	80659	19920	41013	7344	12382
农村 Rural	1584884	149269	44159	72003	20478	12629
其中女 of Which: Female	617007	64361	23779	29590	6463	4529

职业初中专任

Changes of Full-time Teachers in

	上学年初报表专任教师数 Total Number of Full-time Teachers at Beginning of Previous Academic Year	增加教师 Factors of Increase				
		计 Total	录用毕业生 New Recruits from Current Year Graduates	调 入 Teachers Recruited from Other Units	校内调整 of which with change of status in their own institutions	其 他 Others
合 计 Total	**23188**	**2203**	**549**	**916**	**463**	**275**
其中女 of Which: Female	8898	937	273	344	196	124
城市 Urban	1006	170	17	44	60	49
其中女 of Which: Female	502	84	7	25	26	26
县镇 Counties & Towns	6832	815	120	396	140	159
其中女 of Which: Female	3161	347	66	148	61	72
农村 Rural	15350	1218	412	476	263	67
其中女 of Which: Female	5235	506	200	171	109	26

教师变动情况
Junior Secondary Schools

单位:人
Unit: in Person

减少教师 Factors of Decrease					本学年初报表专任教师数 Total Number of Full-time Teachers at Beginning of Current Academic Year
计 Total	自然减员 Retired from their posts during previcus academic year	调出 Transferred from teaching to Non-Teaching posts	校内调整 of which with change of status in their own institutions	其 他 Others	
406053	**34741**	**225118**	**81429**	**64765**	**3471839**
172018	13562	100045	32176	26235	1612501
82527	10726	31419	19796	20586	658090
44203	6429	17790	10603	9381	412140
123069	11209	68122	31679	12059	1280046
51393	3982	30743	11688	4980	595414
200450	12806	125570	29957	32117	1533703
76421	3151	51510	9885	11875	604947

教师变动情况
Vocational Junior Secondary Schools

单位:人
Unit: in Person

减少教师 Factors of Decrease					本学年初报表专任教师数 Total Number of Full-time Teachers at Beginning of Current Academic Year
计 Total	自然减员 Retired from their posts during previcus academic year	调出 Transterred from teaching to Non-Teaching Posts	校内调整 of which with change of status in their own institutions	其 他 Others	
5151	**97**	**3304**	**1326**	**424**	**20240**
2208	25	1410	568	205	7627
465	7	163	173	122	711
230	4	45	96	85	356
1701	27	970	553	151	5946
857	8	506	273	70	2651
2985	63	2171	600	151	13583
1121	13	859	199	50	4620

普通初中学生、教职工政治面貌及其他

Supplementary Information on Students and Full-time Teachers of Junior Secondary Schools

单位：人

Unit: in Person

	在校学生中 of Total Students			专任教师中 of Total Full-time Teachers			
	共产党员 Member of C.P.C.	共青团员 Member of C.Y.L.	华侨 Overseas Chinese	共产党员 Member of C.P.C.	共青团员 Member of C.Y.L.	民主党派 Non-Communist Parties	华侨 Overseas Chinese
合　计 Total	**113**	**14450598**	**6517**	**782385**	**621115**	**18290**	**313**
其中女 Of Which: Female	63	7339002	3075	229713	334742	9528	158
城市 Urban		1874377	1671	164611	110516	12193	155
其中女 Of Which: Female		1012783	813	84517	73315	7079	90
县镇 Counties & Towns	48	5785387	2091	288456	223098	3596	79
其中女 Of Which: Female	35	2924674	926	79191	118480	1486	33
农村 Rural	65	6790834	2755	329318	287501	2501	79
其中女 Of Which: Female	28	3401545	1336	66005	142947	963	35

职业初中学生、教职工政治面貌及其他

Supplementary Information on Students and Full-time Teachers of Vocational Junior Secondary Schools

单位:人

Unit: in Person

	在校学生中 of Total Students			专任教师中 of Total Full-time Teachers			
	共产党员 Member of C.P.C.	共青团员 Member of C.Y.L.	华侨 Overseas Chinese	共产党员 Member of C.P.C.	共青团员 Member of C.Y.L.	民主党派 Non-Communist Parties	华侨 Overseas Chinese
合计 Total		**96677**		**4842**	**3190**	**64**	
其中女 Of Which: Female		46702		759	1337	23	
城市 Urban		1668		110	124	5	
其中女 Of Which: Female		826		36	82	4	
县镇 Counties & Towns		26827		1280	793	59	
其中女 Of Which: Female		13233		278	369	19	
农村 Rural		68182		3452	2273		
其中女 Of Which: Female		32643		445	886		

普通初中

Condition of School Buildings in

	学校占地面积 Areas Occupied	校舍建筑面积 Floor Space	教学及辅助用房 Teaching & Assistant Buildings				
			计 Total	其中 of Which			
				普通教室 classroom	实验室 Laboratory	图书室 Library	微机室 PC-room
合　计 Total	**1458397306**	**363000880**	**163684093**	**116213435**	**20738565**	**7061900**	**5818684**
城市 Urban	167646796	63531922	31358485	19619750	4323101	1595333	1240199
县镇 County City & Towns	506613328	132475725	57733915	41156214	7363558	2392418	2007536
农村 Rural	784137182	166993233	74591693	55437471	9051906	3074149	2570949

普通初中

Condition of School Buildings in

	体育运动场(馆)面积(平方米) Sports Areas (m^2)	计算机(台) PC (set)	图书藏量(册) Books & Magazines in Libraries (Volume)
合计 Total	**404723566**	**2823402**	**877797806**
城市 Urban	55385112	719486	144898776
县镇 County City & Towns	135208627	968539	313985828
农村 Rural	214129827	1135377	418913202

普通初中

Condition of School Buildings

	体育运动场(馆)面积达标校数 Schools No:Sprots Areas Reached Standard	体育器械配备达标校数 Schools No:Sports Equip. Reached Standard
合计 Total	**41840**	**40212**
城市 Urban	5466	5794
县镇 County City & Towns	12562	12348
农村 Rural	23812	22070

办学条件(一)

Junior Secondary Schools (1)

单位:平方米

Unit: m^2

语言室 Linguistic	行政办公用房 Administritive 计 Total	其中教师办公室 of Which: for Teachers	生活用房 Residential and Welfare	其他用房 Rooms for Other Purposes	校舍面积中 of the Floor Space 危房面积 Floor Space of Dilapidated Buildings	当年新增 New Floor Space Added in Current Year
2367984	**39526702**	**26951110**	**120566108**	**39223977**	**10435509**	**12160566**
603235	8414449	5066537	13361466	10397522	560949	1912059
890032	13100153	8774642	48291946	13349711	3216504	5031246
874717	18012100	13109931	58912696	15476744	6658056	5217261

办学条件(二)

Junior Secondary Schools (2)

电子图书藏量(片) Electronic Books & Magazines in Libraries (disk)	固定资产总值(万元) Total Value of Fixed Asset (in 10,000 thousand yuan) 计 Total	其中:仪器设备总值(万元) of Which: Total Value of Equip & Instru. (in 10,000 thousand yuan) 计 Subtotal	专业实验设备 For Prefession	专业实习设备 For Practice
35090119	**22719934.30**	**2491492.71**	**1502145.50**	**304482.15**
13318307	5458777.28	775356.10	449951.05	65940.61
14157193	8642398.00	791524.82	496920.83	110381.53
7614619	8618759.02	924611.79	555273.62	128160.01

办学条件(三)

in Junior Secondary Schools(3)

单位:所

Unit: School

音乐器械配备达标校数 Schools No: Musical Instru. Reached Standard	美术器械配备达标校数 Schools No: Fine Arts Instru. Reached Standard	理科实验仪器达标校数 Schools No: Equip. of Natural Sci. Reached Standard	建立校园网校数 Schools No: Campus Networks Set
35016	**34161**	**44458**	**16620**
5558	5430	6165	4242
10837	10606	13442	5716
18621	18125	24851	6662

职业初中

Condition of School Buildings in

	学校占地面积 Areas Occupied	校舍建筑面积 Floor Space	教学及辅助用房 Teaching & Assistant Buildings				
			计 Total	其中 of Which			
				普通教室 classroom	实验室 Laboratory	图书室 Library	微机室 PC-room
合计 Total	**15406073**	**2221038**	**966941**	**723042**	**109511**	**48557**	**35811**
城市 Urban	415832	129378	59390	37080	10455	3152	2736
县镇 County City & Towns	3645252	647629	283549	206044	29506	12767	11680
农村 Rural	11344989	1444031	624002	479918	69550	32638	21395

职业初中

Condition of School Buildings in

	体育运动场(馆)面积(平方米) Sports Areas (m^2)	计算机(台) PC (set)	图书藏量(册) Books & Magazines in Libraries (Volume)	电子图书藏量(片) Electronic Books & Magazines in Libraries (disk)
合计 Total	**3827227**	**13009**	**5049442**	**123243**
城市 Urban	127175	797	214114	23152
县镇 County Seats & Towns	991122	4596	1288628	64716
农村 Rural	2708930	7616	3546700	35375

办学条件(一)
Vocational Junior Secondary Schools (1)

单位:平方米
Unit: m^2

语音室 Linguistic	行政办公用房 Administritive 计 Total	其中教师办公室 of Which: for Teachers	生活用房 Residential and Welfare	其他用房 Rooms for Other Purposes	校舍面积中 of the Floor Space 危房面积 Floor Space of Dilapidated Buildings	当年新增 New Floor Space Added in Current Year	实习工厂(农场)面积
11086	**229731**	**167074**	**812911**	**211455**	**145568**	**86738**	**24183**
1125	12222	8887	51848	5918	1240	760	8118
4081	66554	48382	229143	68383	44238	20579	5352
5880	150955	109805	531920	137154	100090	65399	10713

办学条件(二)
Vocational Junior Secondary Schools (2)

固定资产总值(万元) Total Value of Fixed Asset (in 10,000 thousand yuan) 计 Total	其中:仪器设备总值(万元) of Which: Total Value of Equip & Instru. (in 10,000 thousand yuan) 计 Subtotal	专业实验设备 For Prefession	专业实习设备 For Practice
98527.64	**14071.38**	**5872.06**	**2717.15**
8363.71	2102.14	563.54	1040.76
26805.53	2874.79	1664.85	812.85
63358.40	9094.45	3643.67	863.54

职业初中办学条件(三)

Condition of School Buildings in Vocational Junior Secondary Schools (3)

单位:所

Unit: School

	体育运动场(馆)面积达标校数 Schools No: Sprots Areas Reached Standard	体育器械配备达标校数 Schools No: Sports Equip. Reached Standard	音乐器械配备达标校数 Schools No: Musical Instru. Reached Standard	美术器械配备达标校数 Schools No: Fine Arts Instru. Reached Standard	教学实验仪器达标校数 Schools No: Equip. of Natural Sci. Reached Standard	建立校园网校数 Schools No: Campus Networks Set
合计 Total	**386**	**320**	**271**	**255**	**350**	**51**
城市 Urban	15	15	9	7	13	6
县镇 County Seats & Towns	91	75	64	62	80	21
农村 Rural	280	230	198	186	257	24

成人初中基本情况

Basic Statistics of Adult Schools by Province

单位:人(人次)

Unit:in Person

	学校数(所) Schools	教学班(点)(个) External Teaching Sites	毕(结)业生数 Graduates		注册学生数 enrolment		教职工数 Teachers, Staff & Workers		聘请校外教师 Part-time Teachers
			计 Total	其中:女 of which: Female	计 Total	其中:女 of which: Female	计 Total	其中:专任教师 of which: Full-time Teacher	
合　计 Total	**2064**	**5720**	**775933**	**338331**	**512683**	**222794**	**8920**	**5113**	**6330**
职工初中 Junior Sec. Schools for Staff & workers	143	503	89298	29878	80049	23667	989	681	823
农民初中 Junior Sec. Shools for Peasants	1921	5217	686635	308453	432634	199127	7931	4432	5507

四、初等教育（小学）

Primary Education

（Primary Schools）

小学校数、教学点数及班数

Number of Schools, Exter nal Teaching Sites & Classes in Primary Schools

	学校数(所) Schools	教学点数(个) External Teaching sites	班数(个) Classes
总　　计 Total	**366213**	**94500**	**3062314**
教育部门和集体办 Run by Ed. Dept. & Communities	356528	92539	2907780
民办 Non-state/private	6242	1607	97528
其他部门办 Run by Non-ed. Dept.	3443	354	57006
城市 Urban	20372	416	373821
教育部门和集体办 Run by Ed. Dept. & Communities	17334	381	309529
民办 Non-state/private	1806	24	38717
其他部门办 Run by Non-ed. Dept.	1232	11	25575
县镇 Counties & Towns	29050	1190	462226
教育部门和集体办 Run by Ed. Dept. & Communities	27299	1146	429600
民办 Non-state/private	1211	31	23993
其他部门办 Run by Non-ed. Dept.	540	13	8633
农村 Rural	316791	92894	2226267
教育部门和集体办 Run by Ed. Dept. & Communities	311895	91012	2168651
民办 Non-state/private	3225	1552	34818
其他部门办 Run by Non-ed. Dept.	1671	330	22798
总计中:六年制 Of the Total:6-Year			2946471
一贯制学校小学部 Primary Schools for 6-Year			118119
其他学校附设 Other Primary Schools Attached			11177
独立设置的少数民族学校 Inde. Sec. Schools for Minorities	12338		78001

小学班额情况

Size of Primary Classes

单位：个

Unit：Calss

	合　计 Total	一年级 Grade 1	二年级 Grade 2	三年级 Grade 3	四年级 Grade 4	五年级 Grade 5	六年级 Grade 6	复式班 Multiple-grade Classes
合　计 Total	**3062314**	**526761**	**517427**	**509699**	**513610**	**497662**	**417263**	**79892**
城市：Urban：								
25 人及以下	27603	6193	5532	4693	4332	3777	2942	134
26－35 人	54674	10692	10208	9364	9150	8589	6659	12
36－45 人	92377	16668	16424	15921	15384	15264	12712	4
46－55 人	101143	16084	16759	17275	18111	17479	15434	1
56－65 人	63691	9143	9592	10752	11446	12052	10706	
66 人及以上	34333	4298	4678	5363	6681	7308	6005	
县镇：Counties & Town：								
25 人及以下	39001	9371	8186	6586	5529	4652	3832	845
26－35 人	62003	11820	11139	10283	9959	10002	8697	103
36－45 人	105499	17782	17500	17427	17727	18398	16634	31
46－55 人	118282	16829	18238	19088	21046	22171	20902	8
56－65 人	77848	10691	11389	12747	14423	15224	13369	5
66 人及以上	59593	7817	7882	9712	11631	12020	10528	3
农村：Rural								
25 人及以下	889853	198465	181829	149273	122560	98902	71006	67818
26－35 人	516780	84110	85266	88553	90934	87928	72124	7865
36－45 人	410051	56833	59839	67575	76465	78541	68613	2185
46－55 人	251394	30986	33437	40266	47775	51991	46352	587
56－65 人	108735	12780	13685	17193	20854	22994	21037	192
66 人及以上	49454	6199	5844	7628	9603	10370	9711	99

小 学
Number of Students

	毕业生数 Graduates	招生数 Entrants		在校学生数	
		计 Total	其中受过学前教育 of which: never received the pre-school education	合计 Total	其中女 Of Which: Female
总 计 Total	**20194768**	**16717440**	**13941245**	**108640655**	**50863735**
其中女 Of Which: Female	9534415	7770522	6425672	50863735	
教育部门和集体办 Run by Ed. Dept. & Communities	19239852	15711304	13090311	102519069	48210489
民办 Non-state/private	553533	650598	530922	3889404	1601795
其他部门办 Run by Non-ed. Dept.	401383	355538	320012	2232182	1051451
城市 Urban	2919645	2773731	2579513	17303773	8030947
教育部门和集体办 Run by Ed. Dept. & Communities	2509202	2304756	2165674	14605376	6836367
民办 Non-state/private	208710	284988	243167	1570562	662074
其他部门办 Run by Non-ed. Dept.	201733	183987	170672	1127835	532506
县镇 Counties & Towns	3964944	3265166	2997791	21858606	10078172
教育部门和集体办 Run by Ed. Dept. & Communities	3762480	3068823	2825755	20563520	9548911
民办 Non-state/private	142733	146944	125860	968713	373760
其他部门办 Run by Non-ed. Dept.	59731	49399	46176	326373	155501
农村 Rural	13310179	10678543	8363941	69478276	32754616
教育部门和集体办 Run by Ed. Dept. & Communities	12968170	10337725	8098882	67350173	31825211
民办 Non-state/private	202090	218666	161895	1350129	565961
其他部门办 Run by Non-ed. Dept.	139919	122152	103164	777974	363444
总计中:六年制 Of the Total: 6-Year		496459	454268	5656373	2593321
一贯制学校小学部 Primary Schools for 6-Year	914140	723288	614092	4921088	2222165
其他学校附设 Other Primary Schools Attached	146951	61461	54250	464029	201763
少数民族 Minorities	1794099	1798973	977262	10780687	4888084
重读生 Repeaters				292869	120946
重读中女 Of Which: Female				120946	
小学教学点 Teaching Places for Publs	418284	1026350	677966	4125119	1951124
复式班 Morning & Afternoon Shift Classes		268899	139878	1248842	572992

学 生 数
in Primary Schools

单位:人
Unit:in Person

在校学生数 Enrolment						毕业班学生数 Graduates for Next Year
一年级 Grade 1	二年级 Grade 2	三年级 Grade 3	四年级 Grade 4	五年级 Grade 5	六年级 Grade 6	
16945201	**17419827**	**18322521**	**19545943**	**19513802**	**16893361**	**19247048**
7866686	8121867	8568127	9168868	9190986	7947201	9031603
15936851	16428325	17289281	18460924	18439586	15964102	18186448
651953	628061	657336	688513	680223	583318	663766
356397	363441	375904	396506	393993	345941	396834
2775151	2831903	2916201	3066301	3081347	2632870	3023430
2306011	2382246	2461993	2599326	2622938	2232862	2580215
285106	265260	265900	270184	259658	224454	243794
184034	184397	188308	196791	198751	175554	199421
3287081	3384524	3591354	3920505	4030501	3644641	4049067
3090379	3187937	3375970	3688734	3792016	3428484	3802143
147215	144321	160388	173267	179432	164090	188257
49487	52266	54996	58504	59053	52067	58667
10882969	11203400	11814966	12559137	12401954	10615850	12174551
10540461	10858142	11451318	12172864	12024632	10302756	11804090
219632	218480	231048	245062	241133	194774	231715
122876	126778	132600	141211	136189	118320	138746
534424	586679	761838	1419729	2353703		
728065	741263	796814	879612	930464	844870	951816
61492	61911	67113	74117	87898	111498	121163
1855257	1836482	1833850	1843054	1787168	1624876	1666330
227761	24625	18680	12507	7760	1536	
96164	9497	6994	4780	2960	551	
1051242	1016147	791896	588773	398737	278324	306374
338787	376937	258298	173721	69542	31557	353011

小学学龄人口入学

Number on School-age Population

	在校学龄人口数 School-age Population		招生数 Entrants		
	计 Total	其中女 of Which: Female	计 Total	其中受过学前教育 of which never received the pre-school education	计 Total
合　计 Total	**101202970**	**47445675**	**16717440**	**13941245**	**108640655**
Under 5 years 5岁及以下			472561	377338	489062
6岁	7354342	3432330	8870632	7827357	9387236
7岁	16121432	7516654	6881578	5465381	16123203
8岁	16813030	7873673	386915	232895	16813490
9岁	17637784	8275862	66674	28288	17637784
10岁	18490400	8696257	20691	5913	18490400
11岁	17687324	8318423	9124	1818	17798405
12岁	7096688	3331611	5086	853	10026228
13岁	1900	838	2378	904	1390727
14岁	70	27	1147	275	347244
15岁及以上 Over 15 years			654	223	136876
城市 Urban	16151215	7510474	2773731	2579513	17303773
5岁及以下 Under 5 years			67246	61685	67647
6岁	1759924	824209	1988537	1856141	2066837
7岁	2692331	1248082	674347	625598	2692530
8岁	2745986	1278102	38353	32345	2746183
9岁	2830381	1317898	3882	2908	2830381
10岁	2946416	1372021	892	569	2946416
11岁	2634195	1220816	340	173	2686732
12岁	541982	249346	91	60	1107528
13岁			27	22	134321
14岁			10	7	21176
15岁及以上 Over 15 years			6	5	4022

及在校生情况

of Primary Schools

单位：人

Unit: in Person

在校学生数 Enrolment						
其中女 of Which: Female	一年级 Grade 1	二年级 Grade 2	三年级 Grade 3	四年级 Grade 4	五年级 Grade 5	六年级 Grade 6
50863735	**16945201**	**17419827**	**18322521**	**19545943**	**19513802**	**16893361**
235666	481908	6929	200	19	6	
4393846	8914342	463498	9145	231	15	5
7517479	6981001	8648781	481980	10406	574	461
7873891	442166	7449042	8435071	475048	11463	700
8275862	78775	647519	8212723	8226780	459787	12200
8696257	24969	133249	888845	9395984	7622797	424556
8369653	10845	40048	196666	1072872	9803623	6674351
4680001	6199	17831	61375	256827	1231759	8452237
608628	2906	7986	21955	70754	275332	1011794
150767	1300	2867	9049	23929	75398	234701
61685	790	2077	5512	13093	33048	82356
8030947	2775151	2831903	2916201	3066301	3081347	2632870
35376	67135	502	10			
972434	1987171	78831	820	15		
1248157	676597	1927962	86832	1093	45	1
1278180	38816	754031	1863732	88289	1279	36
1317898	4030	60913	857167	1823407	83557	1307
1372021	923	7673	90952	1016166	1752396	78306
1244689	342	1403	13478	115342	1087818	1468349
499166	93	432	2533	18102	131558	954810
53906	28	114	505	3015	20627	110032
7763	10	31	117	687	3355	16976
1357	6	11	55	185	712	3053

小学学龄人口入学

Number on School-age Population

	在校学龄人口数 School-age Population		招生数 Entrants		
	计 Total	其中女 of Which: Female	计 Total	其中受过学前教育 of which never received the pre -school education	计 Total
县镇 Counties & Towns	**20364973**	**9397291**	**3265166**	**2997791**	**21858606**
5岁及以下 Under 5 years			104473	94570	106588
6岁	1460536	672364	1843899	1726747	1967016
7岁	3178965	1459574	1246545	1124300	3179224
8岁	3314246	1527842	56998	44714	3314246
9岁	3530518	1628140	8030	5284	3530518
10岁	3768953	1746290	2225	1008	3768953
11岁	3628417	1678856	1148	237	3652183
12岁	1483078	684108	625	113	2035027
13岁	260	117	697	518	241842
14岁			299	127	49395
15岁及以上 Over 15 years			227	173	13614
农村 Rural	64686782	30537910	10678543	8363941	69478276
Under 5 years 5岁及以下			300769	221015	314827
6岁	4133882	1935757	5038160	4244320	5353383
7岁	10250136	4808998	4960777	3715615	10251449
8岁	10752798	5067729	291584	155921	10753061
9岁	11276885	5329824	54761	20096	11276885
10岁	11775031	5577946	17574	4336	11775031
11岁	11424712	5418921	7635	1408	11459490
12岁	5071628	2397987	4370	680	6883673
13岁	1640	721	1654	364	1014564
14岁	70	27	838	141	276673
15岁及以上 Over 15 years			421	45	119240

及在校生情况(续)

of Primary Schools

单位:人

Unit: in Person

在校学生数 Enrolment						
其中女 of Which: Female	一年级 Grade 1	二年级 Grade 2	三年级 Grade 3	四年级 Grade 4	五年级 Grade 5	六年级 Grade 6
10078172	**3287081**	**3384524**	**3591354**	**3920505**	**4030501**	**3644641**
52810	105417	1148	22	1		
914410	1849073	115572	2323	46	2	
1459683	1256926	1796315	123585	2253	77	68
1527842	61222	1354153	1771665	124593	2482	131
1628140	8607	96214	1522050	1778718	122485	2444
1746290	2469	14655	138292	1786533	1710988	116016
1689572	1332	3637	23702	181416	1923681	1518415
931635	702	1477	6035	34902	217599	1774312
102215	763	964	2131	8428	41118	188438
20035	341	285	1183	2740	9080	35766
5540	229	104	366	875	2989	9051
32754616	10882969	11203400	11814966	12559137	12401954	10615850
147480	309356	5279	168	18	6	
2507002	5078098	269094	6003	170	13	5
4809639	5047478	4924504	271563	7060	452	392
5067869	342128	5340859	4799673	262166	7702	533
5329824	66138	490392	5833506	4624655	253745	8449
5577946	21577	110921	659601	6593285	4159413	230234
5435562	9171	35008	159486	776114	6792274	3687437
3249030	5404	15922	52807	203823	882452	5723265
452507	2115	6908	19319	59311	213587	713324
122969	949	2551	7749	20502	62963	181959
54788	555	1962	5091	12033	29347	70252

小学教

Number of Teachers, Staff &

	教职 Teachers,			
	合计 Total	专任教师 Full-time Teachers	行政人员 Adm. Personnel	教辅人员 Teaching Auxiliary
总计 Total	**6132155**	**5592453**	**296172**	**89655**
其中女 Of Which: Female	3247987	3064024	74895	42659
少数民族 Minorities	621474	569310	28353	5967
教育部门和集体办 Run by Ed. Dept. & Communities	5750602	5295191	272849	75829
民办 Non-state/private	225715	164465	13806	9941
其他部门办 Run by Non-ed. Dept.	155838	132797	9517	3885
城市 Urban	1029366	898381	66262	23333
教育部门和集体办 Run by Ed. Dept. & Communities	858390	763930	55347	17121
民办 Non-state/private	101514	73632	6558	4569
其他部门办 Run by Non-ed. Dept.	69462	60819	4357	1643
县镇 Counties & Towns	1269673	1125488	69575	30044
教育部门和集体办 Run by Ed. Dept. & Communities	1180250	1058797	64024	26133
民办 Non-state/private	61822	43893	3678	3144
其他部门办 Run by Non-ed. Dept.	27601	22798	1873	767
农村 Rural	3833116	3568584	160335	36278
教育部门和集体办 Run by Ed. Dept. & Communities	3711962	3472464	153478	32575
民办 Non-state/private	62379	46940	3570	2228
其他部门办 Run by Non-ed. Dept.	58775	49180	3287	1475

职工数

Workers in Primary Schools

单位:人

Unit: in Person

工　数 Staff & Workers		代课教师 Substitute Teachers	兼任教师 Part-time Teachers
工勤人员 Workers	校办工厂、农场职工 Employees in School-run Factories & Farms		
150493	**3382**	**330658**	**18931**
65113	1296	200741	9419
17539	305	45846	1664
104102	2631	311192	14645
37055	448	14597	3259
9336	303	4869	1027
40114	1276	29581	4947
21142	850	23166	2417
16436	319	3741	1949
2536	107	2674	581
43573	993	25715	2951
30398	898	21555	2196
11047	60	3643	648
2128	35	517	107
66806	1113	275362	11033
52562	883	266471	10032
9572	69	7213	662
4672	161	1678	339

小学分课程专任教师

Breakdown of Full-time Primary School

	总 计 Total	其中女 of Which: Female	思想品德 Moral Edu.	语 文 Chinese	数 学 Mathematics	外 语 Foreign Languages	自 然 Natural Science
合 计 Total	**5592453**	**3064024**	**130413**	**2415805**	**1797194**	**219944**	**143226**
研究生毕业 Graduate	1649	1016	119	605	302	157	52
本科毕业 Under-graduate	374464	266469	9098	159862	94062	32310	7775
专科毕业 Associate Bachelor	2775393	1754673	55632	1237687	870926	144279	60187
高中阶段毕业 High School Graduate	2363529	1024911	63010	985964	806894	42688	72944
高中阶段毕业以下 Below High School Graduate	77418	16955	2554	31687	25010	510	2268
合计中：女 Of Total: Female	3064024		56971	1469654	890179	168813	56564
少数民族 Minorities	569310	264135	14672	250263	176781	13458	15002

小学专任教师专业

Full-time Teachers in Primary Schools

	合 计 Total	其中女 of Which Female	25岁及以下 25 Years and Under	26-30 26 to 30	31-35 31 to 35
合 计 Total	**5592453**	**3064024**	**731494**	**1003664**	**827291**
中学高级 Senior Secondary	23312	11084	28	159	1062
小学高级 Senior Primary	2356538	1183419	2552	71096	317805
小学一级 1st Grade Primary	2371031	1331393	236429	742873	443357
小学二级 2nd Grade Primary	493783	307427	271552	127162	37744
小学三级 3rd Grade Primary	29328	16127	13187	6013	2776
未评职称 Rank Undecided	318461	214574	207746	56361	24547
总计中：女 Of the Total: Female	3064024		520524	679904	543580
少数民族 Minorities	569310	264135	81185	112494	94445

学历情况

Teachers by Educational Attainment

单位:人

Unit: in Person

社 会 Social Science	信息技术 Information Technique	体 育 Physical Culture	音 乐 Music	美 术 Arts	劳 动 Skills Teaching	其 他 Others	当年不任课 No Teaching Load in Current Year
86758	**80365**	**180947**	**131629**	**112434**	**39137**	**112648**	**141953**
36	67	57	59	54	12	64	65
4133	10798	16413	13914	12221	1586	6695	5597
34987	51451	90935	70909	57503	14453	47076	39368
46092	17858	71311	45659	41351	21993	56076	91689
1510	191	2231	1088	1305	1093	2737	5234
35604	31503	38540	98599	61788	18175	71590	66044
8994	5699	17501	12609	9682	3887	24907	15855

技术职称、年龄结构情况

BrokenDown by Rank and Age

单位:人

Unit:in Person

36－40 36 to 40	41－45 41 to 45	46－50 46 to 50	51－55 51 to 55	56－60 56 to 60	61 岁及以上 61 Years And Over
691056	**716069**	**762434**	**619059**	**238469**	**2917**
3621	5017	5502	5262	2489	172
368830	438354	531417	454004	170711	1769
282996	249111	209436	147187	58907	735
19906	14062	10467	8475	4318	97
1826	1828	1445	1464	766	23
13877	7697	4167	2667	1278	121
419440	368553	318452	203888	9223	460
77544	72279	66053	48571	16365	374

小学专任教

Changes of Full-time

	上学年初报表专任教师数 Total Number of Full-time Teachers at Beginning of Previous Academic Year	增加教师 Factors of Increase				
		计 Total	录用毕业生 New Recruits from Current Year Graduates	调入 Teachers Recruited from Other Units	校内调整 of Which With Change of Status in Their Own Institutions	其他 Others
合　计 Total	**5628860**	**725270**	**90971**	**411122**	**151862**	**71315**
其中女 Of Which: Female	3051616	374572	59953	212607	61987	40025
城市 Urban	900610	98126	17133	56049	12402	12542
其中女 Of Which: Female	699039	70987	13069	41415	7620	8883
县镇 Counties & Towns	1071801	159749	16327	90121	26863	26438
其中女 Of Which: Female	741092	98138	11865	57210	13288	15775
农村 Rural	3656449	467395	57511	264952	112597	32335
其中女 Of Which: Female	1611485	205447	35019	113982	41079	15367

小学学生、教职工

Supplementary Information on Students and

	在校学生中 of Total Students		教职 of Total Staff	
	共青团员 Member of C.Y.L.	华侨 Overseas Chinese	共产党员 Member of C.P.C.	共青团员 Member of C.Y.L.
合　计 Total	**52143**	**7948**	**1352598**	**810068**
其中女 Of Which: Female	26064	3315	487357	566434
城市 Urban	9796	2329	244677	205194
其中女 Of Which: Female	5157	908	161228	164389
县镇 Counties & Towns	13707	2398	302126	185434
其中女 Of Which: Female	6995	1044	137512	141058
农村 Rural	28640	3221	805795	419440
其中女 Of Which: Female	13912	1363	188617	260987

师变动情况

Teachers in Primary Schools

单位:人

Unit: in Person

减少教师 Factors of Decrease					本学年初报表专任教师数 Total Number of Full-time Teachers at Beginning of Current Academic Year
计 Total	自然减员 Retired from their posts during previous academic year	调出 Transferred from teaching to Non-Teaching Posts	校内调整 of Which With Change of Status in Their Own Institutions	其他 Others	
761677	**104993**	**405959**	**158682**	**92043**	**5592453**
362164	48637	201508	65119	46900	3064024
100355	17728	43266	12326	27035	898381
68064	13518	31043	7643	15860	701962
106062	18809	55336	21490	10427	1125488
61532	11455	33750	10839	5488	777698
555260	68456	307357	124866	54581	3568584
232568	23664	136715	46637	25552	1584364

政治面貌及其他

Staff & Workers of Primary Schools

单位:人

Unit: in Person

工中 & Workers		专任教师中 of Total Full-time Teachers			
民主党派 Non-Communist Parties	华侨 Overseas Chinese	共产党员 Member of C.P.C.	共青团员 Member of C.Y.L.	民主党派 Non-Communist Parties	华侨 Overseas Chinese
15059	**1245**	**1121074**	**777094**	**12440**	**625**
9584	623	423399	544655	7934	335
7095	364	191562	195791	5735	159
5219	230	131564	157097	4287	106
3207	271	242484	177839	2520	143
2305	150	120614	135468	1866	82
4757	610	687028	403464	4185	323
2060	243	171221	252090	1781	147

小学办学

Condition of School Buildings

	学校占地面积 Areas Occupied	校舍建筑面积 Floor Space	教学及辅 Teaching & Assistant				
			计 Total	其中			
				普通教室 classroom	实验室 Laboratory	图书室 Library	微机室 PC-room
合　计 Total	**2643950388**	**580551335**	**352961264**	**293363914**	**15550838**	**13474613**	**7592875**
城市 Urban	220161091	90300139	51903818	37907886	2522022	1987515	1878122
县镇 County City & Towns	362479300	105475243	60138513	48402181	2608733	2099401	1820471
农村 Rural	2061309997	384775953	240918933	207053847	10420083	9387697	3894282

小 学 办

Condition of School Buildings

	体育运动场(馆)面积(平方米) Sports Areas (m^2)	计算机(台) PC (set)	图书藏量(册) Books & Magazines in Libraries (Volume)
合　计 Total	**855877342**	**3668667**	**1479450009**
城市 Urban	78545188	1180164	280419856
县镇 County City & Towns	119821754	955371	309150779
农村 Rural	657510400	1533132	889879374

条件(一)

in Primary Schools (1)

单位:平方米
Unit: m^2

助用房 Buildings of Which 语音室 Linguistic	行政办公用房 Administritive 计 Total	行政办公用房 Administritive 其中教师办公室 of Which: for Teachers	生活用房 Residential and Welfare	其他用房 Rooms for Other Purposes	校舍面积中 of the Floor Space 危房面积 Floor Space of Dilapidated Buildings	校舍面积中 of the Floor Space 当年新增 New Floor Space Added in Current Year
2304578	**62984273**	**48573869**	**100992306**	**63613492**	**25864439**	**14393994**
763458	10484731	6756230	12884382	15027208	887340	2263813
709492	11157191	7859036	21207979	12971560	2684938	3165411
831628	41342351	33958603	66899945	35614724	22292161	8964770

学条件(二)

in Primary Schools (2)

电子图书藏量(片) Electronic Books & Magazines in Libraries (disk)	固定资产总值(万元) Total Value of Fixed Asset (10,000) 计 Total	其中:仪器设备总值(万元) of Which: Total Value of Equip & Instru. (10,000) 计 Subtotal	专业实验设备 For Prefession	专业实习设备 For Practice
54213642	**33757532.11**	**3489877.45**	**1924933.70**	**368721.55**
26392095	8274910.58	1185458.91	578537.55	106899.28
12683572	7729163.32	976950.18	618185.62	117141.23
15137975	17753458.21	1327468.36	728210.53	144681.04

小学办学条件(三)

Condition of School Buildings in Primary Schools (3)

单位:所

Unit: School

	体育运动场(馆)面积达标校数 Schools No: Sprots Areas Reached Standard	体育器械配备达标校数 Schools No: Sports Equip. Reached Standard	音乐器械配备达标校数 Schools No: Musical Instru. Reached Standard	美术器械配备达标校数 Schools No: Fine Arts Instru. Reached Standard	教学自然实验仪器达标校数 Schools No: Equip. of Natural Sci. Reached Standard	建立校园网校数 Schools No: Campus Networks Set
合　计 Total	**194227**	**172592**	**153069**	**146156**	**191497**	**29022**
城市 Urban	12899	14483	14166	13490	14833	8669
县镇 County City & Towns	18861	19182	17794	16825	20701	6507
农村 Rural	162467	138927	121109	115841	155963	13846

成人小学基本情况

Basic Statistics of Adult Primary Schools

单位:人(人次)

Unit: in Person

	学校数(所) Schools	教学班(点)(个) External Teaching Sites	毕(结)业生数 Graduates		注册学生数 enrolment		教职工数 Teachers, Staff & Workers		聘请校外教师 Part-time Teachers
			计 Total	其中:女 of which: Female	计 Total	其中:女 of which: Female	计 Total	其中:专任教师 of which: Full-time Teacher	
合计 Total	**61484**	**135004**	**2976386**	**1577253**	**3077610**	**1684018**	**116093**	**44691**	**103685**
其中:少数民族 of which: Minority	1594	11716	511150	284021	597011	315104	44065	2950	17255
职工小学 General Primary Schools for Staff & workers	657	1420	40725	21731	46514	23875	1401	815	989
农民小学 General Primary Shools for Peasants	60827	133584	2935661	1555522	3031096	1660143	114692	43876	102696
小学班 Primary Classes	17255	32891	1245155	607434	1106716	563629	25331	12191	28278
扫盲班 Elimnate Iliteracy Classes	43572	100693	1690506	948088	1924380	1096514	89361	31685	74418

五、工读学校
Correctional Work-Study Schools

工读学校基本情况

Basic Statistics of Correctional Work-study Schools

单位：人

Unit：in Person

	学校数（所）Schools	班数（个）Classes	离校人数 School leavers	入校人数 No. of persons Entered	在校生数 Enrolment	教职工数 Teachers, Staff & Workers	
						计 Total	其中专任教师 of Which: Full-time Teachers
合　计 Total	**77**	**420**	**3514**	**3543**	**8372**	**2584**	**1658**
其中女 Of Which：Female			525	443	1010	757	504

六、特殊教育

Special Education

特殊教育

Basic Statistics of

	学校数（所）Schools	班 数（个）Classes	毕业生数 Graduates	招生数 Entrants	合 计 Total	一年级 Grade 1	二年级 Grade 2
总 计 Total	**1593**	**13821**	**43214**	**49288**	**364409**	**46462**	**47965**
其中女 Of Which Female			15144	17173	129475	16459	16855
盲人学校 Schools for the Blind	35	864			42350	4340	4936
聋人学校 Schools for the Deaf-mute	644	8420			115182	15609	15005
弱智学校 Schools for Retarded	391	4537			206877	26513	28024
其他学校 Other Schools	523						
特殊教育学校 Schools For Special Edu.		13103	11682	19054	134362	20371	18244
盲人学校 Schools for the Blind		841			7856	1001	936
聋人学校 Schools for the Deaf-mute		8350			86911	12038	11054
弱智学校 Schools for Retarded		3912			39595	7332	6254
小学附设特教班 Classes Attached to Primary Schools		707	593	714	4457	840	748
盲人学校 Schools for the Blind		23			183	52	44
聋人学校 Schools for the Deaf-mute		70			490	100	132
弱智学校 Schools for Retarded		614			3784	688	572
小学随班就读 Followers in Primary Schools			19396	18099	182072	25251	28973
盲人学校 Schools for the Blind					23118	3287	3956
聋人学校 Schools for the Deaf-mute					21733	3471	3819
弱智学校 Schools for Retarded					137221	18493	21198
普通(职业)初中附设特教 Special Classes Attached to Junior High(Vacational) Schools		11	64	24	100		
盲人学校 Schools for the Blind							
聋人学校 Schools for the Deaf-mute							
弱智学校 Schools for Retarded		11			100		
普通(职业)初中随班就读 Followers in Junior High(Vacational) Schools			11479	11397	43418		
盲人学校 Schools for the Blind					11193		
聋人学校 Schools for the Deaf-mute					6048		
弱智学校 Schools for Retarded					26177		
合计中：Of the Total：							
城市 Urban	730	7666	13086	14122	107818	12510	12178
县镇 County City & Towns	788	5574	12356	14726	99651	13143	13132
农村 Rural	75	581	17772	20440	156940	20809	22655

基本情况
Special Education

单位:人
Unit:in Person

在校学生数 Enrolment							
三年级 Grade 3	四年级 Grade 4	五年级 Grade 5	六年级 Grade 6	七年级 Grade 7	八年级 Grade 8	九年级 Grade 9	十年级 Grade 10
48647	**49193**	**49701**	**42604**	**24598**	**24449**	**23591**	**7199**
17157	16887	17387	15018	9059	9061	8755	2837
4977	5147	5084	3962	4074	4306	4229	1295
14146	14023	13843	11708	9776	9068	8172	3832
29524	30023	30774	26934	10748	11075	11190	2072
16258	15425	14777	12992	11160	9945	9021	6169
940	937	712	619	557	528	348	1278
10102	10034	10043	8840	7927	6894	6169	3810
5216	4454	4022	3533	2676	2523	2504	1081
781	768	689	607	5	17	2	
20	22	28	17				
92	58	82	26				
669	688	579	564	5	17	2	
31608	33000	34235	29005				
4017	4188	4344	3326				
3952	3931	3718	2842				
23639	24881	26173	22837				
				35	54	11	
				35	54	11	
				13398	14433	14557	1030
				3517	3778	3881	17
				1849	2174	2003	22
				8032	8481	8673	991
12208	12366	12740	11928	9390	9069	8946	6483
12420	12451	12687	11258	8240	8216	7519	585
24019	24376	24274	19418	6968	7164	7126	131

特殊教育在校学生中职业技术

Condition of Minorities and Vocational &

	合 计 Total	其中:女 of Which Female	一年级 Grade 1	二年级 Grade 2	三年级 Grade 3
职业技术班 Voca. & Skill Class	4948	1426	53	52	100
少数民族 Minorities	27910	83	4119	4502	4087

特殊教育学

Number of Teachers, Staff and Workers

	教 职 Teachers, Staff		
	合 计 Total	专任教师 Full-time Teachers	行政人员 Adm. Personnel
合 计 Total	**42256**	**31937**	**3768**
其中:女 Of Which: Female	28323	23076	1787
少数民族 Minorities	2239	1701	198

班学生及少数民族学生情况
Skill Students in special Edu. Schools

单位:人
Unit:in Person

四年级 Grade 4	五年级 Grade 5	六年级 Grade 6	七年级 Grade 7	八年级 Grade 8	九年级 Grade 9	十年级 Grade 10
129	227	371	574	692	759	1991
3967	3781	3041	1488	1386	1377	162

校教职工数
in Special Education Schools

单位:人
Unit:in Person

工 数 & Workers		代课教师 Substitute Teachers	兼任教师 Part-time Teachers
教辅人员 Teaching Auxiliary	工勤人员 Workers		
2285	**4266**	**816**	**370**
1448	2012	542	189
112	228	30	77

特殊教育学校专任

Full-time Teachers in Special Education

	合 计 Total	按学历分 Broken down by Educational Attainment				
		研究生毕业 Graduate	本科毕业 Under-graduate	专科毕业 Associate Bachelor	高中阶段毕业 High School Graduate	高中阶段毕业以下 Below High School Graduate
合 计 Total	**31937**	**60**	**6621**	**17041**	**7985**	**230**
其中:女 Of Which:Female	23076	40	4706	12473	5722	135
受过特教专业培训	16313	36	3479	9182	3543	73

特殊教育专任

Changes of Full-time Teachers in

	上学年初报表专任教师数 Total Number of Full-time Teachers at Beginning of Previous Academic Year	增加教师 Factors of Increase				
		计 Total	录用毕业生 New Recruits from Current Year Graduates	调入 Teachers Recruited from Other Units	校内调整 of Which With Change of Status in Their Own Institutions	其他 Others
合 计 Total	**31067**	**2842**	**666**	**1251**	**589**	**336**
其中女 Of Which: Female	22573	1834	474	843	306	211

特殊教育学

Condition of School Buildings

	学校占地面积 Areas Occupied	校舍建筑面积 Floor Space	教学及辅助用房 Teaching & Assistant Buildings					
			计 Total	其中 of Which				
				普通教室 classroom	实验室 Laboratory	图书室 Library	微机室 PC-room	专用教室 Classroom Only
合计 Total	**10512666**	**3997217**	**1729395**	**1067484**	**70015**	**64223**	**50184**	**283938**

教师学历、职称情况

Schools Broken Down by Rank and Age

单位:人

Unit:in Person

按职称分 Brokendown by Rank					
中学高级 Senior Secondary	小学高级 Senior Primary	小学一级 1st Grade Primary	小学二级 2nd Grade Primary	小学三级 3rd Grade Primary	未评职称 Rank Undecided
972	**14749**	**11819**	**2411**	**119**	**1867**
492	10827	8560	1746	91	1360
426	6834	6662	1425	66	900

教师变动情况

Special Education Schools

单位:人

Unit: in Person

减 少 教 师 Factors of Decrease					本学年初报表专任教师数 Total Number of Full-time Teachers at Beginning of Current Academic Year
计 Total	自然减员 Retired from their posts during previous academic year	调出 Transterred from Teaching to Non-Teaching Posts	校内调整 of Which With Change of Status in Their Own Institutions	其 他 Others	
1972	**588**	**554**	**472**	**358**	**31937**
1331	453	355	280	243	23076

校办学条件

in Special Education Schools

单位:平方米

Unit:m^2

行政办公用房 Administritive		生活用房 Residential and Welfare	其他用房 Rooms for Other Purposes	校舍面积中 of the Floor Space		图书(册) Books & Magazines in Libraries (Volume)	教学用录像录音带(盘) Video and Tape (disc) for Teaching
计 Total	其中教师办公室 of Which: for Teachers			危房面积 Floor Space of Dilapidated Buildings	当年新增 New Floor Space Added in Current Year		
470266	**281822**	**1161965**	**635591**	**92212**	**95087**	**6078318**	**74335**

七、幼儿教育
Pre-Primary Education

幼儿园园数、班数

Number of Kindergartens, Classes in Pre-Primary Education

	园数(所) Kindergartens		班数(个) Classes	
	计 Total	其中少数民族幼儿园 of Which: Minorities	计 Total	其中学前班 of Which: Pre-School
总　计 Total	**124402**	**571**	**774859**	**303243**
教育部门 Run by Ed. Dept.	25688	252	395038	248811
集体办 Communities	24054	115	84163	10510
民办 Non-state/private	68835	200	253003	37836
其他部门办 Run by Non-ed. Dept.	5825	4	42655	6086
城市 Urban	33299	109	197797	28728
教育部门 Run by Ed. Dept.	4400	53	47464	12282
集体办 Communities	4571	12	23793	2164
民办 Non-state/private	20154	41	94853	11339
其他部门办 Run by Non-ed. Dept.	4174	3	31687	2943
县镇 Counties & Towns	30882	263	182472	45990
教育部门 Run by Ed. Dept.	7142	145	80422	31531
集体办 Communities	3344	12	17477	1916
民办 Non-state/private	19412	106	78283	11502
其他部门办 Run by Non-ed. Dept.	984		6290	1041
农村 Rural	60221	199	394590	228525
教育部门 Run by Ed. Dept.	14146	54	267152	204998
集体办 Communities	16139	91	42893	6430
民办 Non-state/private	29269	53	79867	14995
其他部门办 Run by Non-ed. Dept.	667	1	4678	2102
合计中:独立设置幼儿园、小学附设幼儿园、独立设置学前班 Of Total: Inde. Kinder., Kinder. Attached to Primary School and Inde. Pre-school Classes			500480	70469
小学附设幼儿班、学前 Kinder. And Pre-school Classes Attached to Primary School			274379	232774

幼儿教育分年龄学生数

Number of Pre-school Education by Ages

单位：人

Unit：in Person

	入园(班)人数 Enrollment		在园(班)人数 Retained		离园(班)人数 Leavers	
	计 Total	其中学前班 of Which: Pre-School	计 Total	其中学前班 of Which: Pre-School	计 Total	其中学前班 of Which: Pre-School
总　计 Total	**13562405**	**7136572**	**21790290**	**8554212**	**10253729**	**6535740**
其中：女 Of Which：Female	6064550	3195657	9825476	3835378	4610292	2936586
少数民族 Minorities	1059199	782268	1341640	854099	661175	546099
教育部门 Run by Ed. Dept.	8453498	6098082	11475425	6910847	6606165	5229406
3 岁以下 3 and under	256900	34219	306450	38126	12201	4610
3－5 岁 3－5 years	3822827	2073628	5761088	2424366	604788	423758
5 岁以上 5 and over	4373771	3990235	5407887	4448355	5989176	4801038
集体办 Communities	1026328	161051	2343912	311377	933942	279399
3 岁以下 3 and under	107665	2350	150884	3045	6115	285
3－5 岁 3－5 years	711616	61807	1561894	113921	89705	23857
5 岁以上 5 and over	207047	96894	631134	194411	838122	255257
民办 Non-state/private	3544045	749828	6680925	1126699	2229511	837287
3 岁以下 3 and under	512173	13094	730139	16273	41068	1952
3－5 岁 3－5 years	2131304	206222	4196920	295887	322119	62055
5 岁以上 5 and over	900568	530512	1753866	814539	1866324	773280
其他部门办 Run by Non-ed. Dept.	538534	127611	1290028	205289	484111	189648
3 岁以下 3 and under	98851	589	130542	770	6524	133
3－5 岁 3－5 years	298564	26610	769654	38664	54599	11120
5 岁以上 5 and over	141119	100412	389832	165855	422988	178395
城市 Urban	**2617720**	**704959**	**5691834**	**1012656**	**2059832**	**810428**
其中：女 Of Which：Female	1167719	311708	2573466	446430	913513	353352
少数民族 Minorities	105304	47870	180559	55163	65527	36000
教育部门 Run by Ed. Dept.	900286	424199	1665148	503371	738240	389940
3 岁以下 3 and under	77807	1616	93816	1956	3504	320
3－5 岁 3－5 years	444130	111823	944637	133750	77357	36028
5 岁以上 5 and over	378349	310760	626695	367665	657379	353592
集体办 Communities	280101	29944	690632	72523	234150	70622
3 岁以下 3 and under	48993	448	68474	551	4067	166
3－5 岁 3－5 years	172770	6675	424011	16732	24491	4841
5 岁以上 5 and over	58338	22821	198147	55240	205592	65615
民办 Non-state/private	1078378	193453	2377702	328354	752951	250604
3 岁以下 3 and under	202688	3122	305949	4273	19361	713
3－5 岁 3－5 years	612442	38538	1440516	59866	114205	17200
5 岁以上 5 and over	263248	151793	631237	264215	619385	232691
其他部门办 Run by Non-ed. Dept.	358955	57363	958352	108408	334491	99262
3 岁以下 3 and under	76593	294	101385	440	5806	100
3－5 岁 3－5 years	209536	13131	585967	19843	39220	5800
5 岁以上 5 and over	72826	43938	271000	88125	289465	93362

幼儿教育分年龄学生数(续)

Number of Pre-school Education by Ages

单位:人

Unit: in Person

	入园(班)人数 Enrollment		在园(班)人数 Retained		离园(班)人数 Leavers	
	计 Total	其中学前班 of Which: Pre-School	计 Total	其中学前班 of Which: Pre-School	计 Total	其中学前班 of Which: Pre-School
县镇 Counties & Towns	**3432106**	**1343120**	**5929221**	**1733026**	**2508707**	**1360067**
其中:女 Of Which: Female	1515825	593002	2650284	767526	1112990	602150
少数民族 Minorities	275657	149159	406335	170538	172227	117007
教育部门 Run by Ed. Dept.	1892911	1046107	3004708	1271742	1511240	990573
3岁以下 3 and under	104445	6675	125562	7915	3959	885
3-5岁 3-5 years	922600	304764	1658587	393070	158706	80183
5岁以上 5 and over	865866	734668	1220559	870757	1348575	909505
集体办 Communities	242722	39437	551710	68032	218346	61909
3岁以下 3 and under	24893	626	34726	761	1095	38
3-5岁 3-5 years	171406	14385	384331	24481	25427	7739
5岁以上 5 and over	46423	24426	132653	42790	191824	54132
民办 Non-state/private	1204255	237232	2175112	359332	698885	271592
3岁以下 3 and under	179852	4267	244217	5475	12371	657
3-5岁 3-5 years	723212	58028	1370034	86927	96992	18133
5岁以上 5 and over	301191	174937	560861	266930	589522	252802
其他部门办 Run by Non-ed. Dept.	92218	20344	197691	33920	80236	35993
3岁以下 3 and under	16394	47	20697	61	548	13
3-5岁 3-5 years	52773	4574	121409	7527	10541	2643
5岁以上 5 and over	23051	15723	55585	26332	69147	33337
农村 Rural	**7512579**	**5088493**	**10169235**	**5808530**	**5685190**	**4365245**
其中:女 Of Which: Female	3380986	2290947	4601726	2621422	2583789	1981084
少数民族 Minorities	678238	585239	754746	628398	423421	393092
教育部门 Run by Ed. Dept.	5660301	4627776	6805569	5135734	4356685	3848893
3岁以下 3 and under	74648	25928	87072	28255	4738	3405
3-5岁 3-5 years	2456097	1657041	3157864	1897626	368725	307547
5岁以上 5 and over	3129556	2944807	3560633	3209853	3983222	3537941
集体办 Communities	503505	91670	1101570	170822	481446	146868
3岁以下 3 and under	33779	1276	47684	1733	953	81
3-5岁 3-5 years	367440	40747	753552	72708	39787	11277
5岁以上 5 and over	102286	49647	300334	96381	440706	135510
民办 Non-state/private	1261412	319143	2128111	439013	777675	315091
3岁以下 3 and under	129633	5705	179973	6525	9336	582
3-5岁 3-5 years	795650	109656	1386370	149094	110922	26722
5岁以上 5 and over	336129	203782	561768	283394	657417	287787
其他部门办 Run by Non-ed. Dept.	87361	49904	133985	62961	69384	54393
3岁以下 3 and under	5864	248	8460	269	170	20
3-5岁 3-5 years	36255	8905	62278	11294	4838	2677
5岁以上 5 and over	45242	40751	63247	51398	64376	51696

	教职 Teachers, Staff	
	合计 Total	园长 Kindergarten heads
总计 Total	**1152046**	**114511**
教育部门 Run by Ed. Dept.	297706	22306
集体办 Communities	169503	16903
民办 Non-state/private	535984	64885
其他部门办 Run by Non-ed. Dept.	148853	10417
城市 Urban	556975	45331
教育部门 Run by Ed. Dept.	122821	7196
集体办 Communities	68799	5805
民办 Non-state/private	250529	25133
其他部门办 Run by Non-ed. Dept.	114826	7197
县镇 Counties & Towns	345254	33457
教育部门 Run by Ed. Dept.	121788	8466
集体办 Communities	41101	3485
民办 Non-state/private	156093	19013
其他部门办 Run by Non-ed. Dept.	26272	2493
农村 Rural	249817	35723
教育部门 Run by Ed. Dept.	53097	6644
集体办 Communities	59603	7613
民办 Non-state/private	129362	20739
其他部门办 Run by Non-ed. Dept.	7755	727
其中:女 Of Which: Female	1071883	106137
幼教专业毕业 Graduates of Pre-school Education Programmes	623041	66622
少数民族 Minorities	46790	4721

职工数

& Workers in Kindergarten

单位：人
Unit: in Person

工 数 & Workers			代课教师 Substitute Teachers	兼任教师 Part-time Teachers
专任教师 Full-time Teachers	保健员 Health Nurses	其 他 Other		
721609	**81396**	**234530**	**74222**	**13221**
210236	14235	50929	32497	3842
112308	9072	31220	13739	1334
317154	48410	105535	20943	6580
81911	9679	46846	7043	1465
322052	40046	149546	20759	5765
77929	6251	31445	7686	1047
40156	4742	18096	2203	455
142215	22186	60995	5768	3194
61752	6867	39010	5102	1069
230074	25748	55975	24314	4131
90547	6063	16712	11587	1673
28745	2355	6516	4221	311
95141	15202	26737	6892	1824
15641	2128	6010	1614	323
169483	15602	29009	29149	3325
41760	1921	2772	13224	1122
43407	1975	6608	7315	568
79798	11022	17803	8283	1562
4518	684	1826	327	73
709131	76361	180254	67922	10015
526937	10871	18611	34672	3991
31191	3098	7780	2446	377

幼儿园园长、专任教师
Breakdown of Kindergarten Heads and Teachers

	合　计 Total	按学历分 Brokendown by Educational Attainment				
		研究生毕业 Graduate	本科毕业 Under-graduate	专科毕业 Associate Bachelor	高中阶段毕业 High School Graduate	高中阶段以下毕业 Below High School Graduate
合　计 Total	**836120**	**1175**	**50044**	**359773**	**389308**	**35820**
园长 Kinder-garten Heads	114511	713	13116	51185	45703	3794
专任教师 Teachers	721609	462	36928	308588	343605	32026
城市 Urban	367383	896	32011	187712	138504	8260
园长 Kinder-garten Heads	45331	564	8177	23354	12406	830
专任教师 Teachers	322052	332	23834	164358	126098	7430
县镇 Counties & Towns	263538	210	13916	116413	123395	9604
园长 Kinder-garten Heads	33458	119	3520	15295	13556	968
专任教师 Teachers	230080	91	10396	101118	109839	8636
农村 Rural	205199	69	4117	55648	127409	17956
园长 Kinder-garten Heads	35722	30	1419	12536	19741	1996
专任教师 Teachers	169477	39	2698	43112	107668	15960

幼儿园教职工
Supplementary Information

	教职工中 of Total Staff & Workers		
	共产党员 Member of C.P.C.	共青团员 Member of C.Y.L.	民主党派 Member of Non-Communist.Parties
合　计 Total	**113483**	**346844**	**2777**
其中女 Of Which：Female	100394	335878	2531
城市 Urban	59117	171908	1542
其中女 Of Which：Female	53032	166277	1397
县镇 Counties & Towns	37501	105530	852
其中女 Of Which：Female	33503	102591	793
农村 Rural	16865	69406	383
其中女 Of Which：Female	13859	67010	341

学历、职称情况

by Educational Attainment and Rank

单位:人

Unit: in Person

按职称分 Brokendown by Rank					
中学高级 Senior Secondary	小学高级 Senior Primary	小学一级 1st Grade Primary	小学二级 2nd Grade Primary	小学三级 3rd Grade Primary	未评职称 Rank Undecided
5345	**129515**	**168361**	**66299**	**11607**	**454993**
2950	29514	16339	4496	921	60291
2395	100001	152022	61803	10686	394702
3330	68026	79645	35235	6418	174729
2027	14854	7148	1979	365	18958
1303	53172	72497	33256	6053	155771
1555	47291	59950	19005	3103	132634
719	9471	4312	1084	240	17632
836	37820	55638	17921	2863	115002
460	14198	28766	12059	2086	147630
204	5189	4879	1433	316	23701
256	9009	23887	10626	1770	123929

政治面貌及其他

on Staff & Workers of kindergarten

单位:人

Unit: in Person

	专任教师中 of Total Full-time Teachers			
华　侨 Overseas Chinese	共产党员 Member of C.P.C.	共青团员 Member of C.Y.L.	民主党派 Member of Non-Communist Party	华　侨 Overseas Chinese
344	**62003**	**294690**	**1306**	**122**
310	58805	287792	1266	115
183	29411	147029	714	62
167	28294	143166	697	59
94	23053	90183	415	35
85	21894	88396	402	33
67	9539	57478	177	25
58	8617	56230	167	23

幼儿园校舍

Statistics of Kindergarten

	学校占地面积 Areas Occupied	校舍建筑面积 Floor Space	教学及辅助用房 Teaching & Assistant Buildings				
			计 Total	其中 of Which			
				活动室 Recreational	睡眠室 Bedroom	保健室 Health Care	图书室 Picture Books
合计 Total	**171877623**	**86193209**	**56834363**	**33113710**	**14931889**	**1925658**	**2007483**
城市 Urban	61927904	38780595	24940942	14104406	7563766	702461	762759
县镇 County City & Towns	50005848	26056566	17467155	10097256	4528174	601742	600385
农村 Rural	59943871	21356048	14426266	8912048	2839949	621455	644339

及其他情况
Buildings and Others

单位:平方米
Unit:m^2

行政办公用房 Administritive		生活用房 Residential and Welfare	其他用房 For Other Purposes	校舍面积中 of Hoor Space:		幼儿园中户外活动场 Areas for Out Door Activities	图书(册) Picture Books	教学用录像录音带(盒) Video & Tapes for Teaching
计 Total	其中教师办公室 of Which: Office			危房面积 Floor Space of Dilapidated Buildings	当年新增 New Floor Space Added in Current Year			
7195543	**4385145**	**9509042**	**12654261**	**253647**	**1793874**	**72844580**	**72257845**	**8939432**
3032334	1517452	4329458	6477861	68359	699919	26584843	30950925	4497626
2109454	1324141	2974052	3505905	117531	679180	20075018	20695473	2386261
2053755	1543552	2205532	2670495	67757	414775	26184719	20611447	2055545

八、各级各类学校分布情况

Geographical Distribution of Schools by Type and Level

高等教育学校(机构)数

Number of Higher Education Institutions

单位：所

Unit: Institutions

地区 Region	普通高校 Regular HEIs					成人高等学校 HEIs for Adults		民办的其他高等教育机构 Non-state/Private HEIs
	计 Total	其中：中央部委 of which: HEIs under Central Ministries & Agencies	本科院校 HEIs Providing Degree-level	专科院校 Short-cycle HEIs	其中：高等职业学校 of which: Teitiary Voc. Colleges	计 Total	其中：中央部委 of which: HEIs under Central Ministries & Agencies	
总　计 Total	**1792**	**111**	**701**	**1091**	**921**	**481**	**17**	**1077**
北　京 Beijing	77	34	57	20	19	33	9	50
天　津 Tianjin	42	3	18	24	23	20		
河　北 Hebei	86	4	29	57	48	14		45
山　西 Shanxi	59		16	43	38	16		36
内蒙古 Inner Mongolia	33		10	23	20	4		34
辽　宁 Liaoning	76	5	40	36	28	27	2	184
吉　林 Jilin	44	2	24	20	12	21	1	25
黑龙江 Heilongjiang	62	3	25	37	34	33	2	30
上　海 Shanghai	58	9	29	29	24	22	1	232
江　苏 Jiangsu	114	10	43	71	66	26	1	11
浙　江 Zhejiang	68	2	27	41	36	16		32
安　徽 Anhui	81	2	27	54	48	11		11
福　建 Fujian	53	2	17	36	31	14		9
江　西 Jiangxi	67		20	47	41	11		31
山　东 Shandong	99	2	39	60	52	24		92
河　南 Henan	83	1	28	55	38	23		47
湖　北 Hubei	85	8	33	52	48	17		8
湖　南 Hunan	93	3	26	67	57	20		42
广　东 Guangdong	102	4	37	65	61	20		58
广　西 Guangxi	51		15	36	25	7		4
海　南 Hainan	15		4	11	9	1		1
重　庆 Chongqing	35	2	15	20	19	10		10
四　川 Sichuan	68	6	28	40	32	31	1	27
贵　州 Guizhou	34		11	23	16	6		3
云　南 Yunnan	44		16	28	21	5		
西　藏 Tibet	4		3	1				
陕　西 Shaanxi	72	6	34	38	33	21		26
甘　肃 Gansu	33	2	12	21	14	11		29
青　海 Qinghai	11		3	8	6	2		
宁　夏 Ningxia	13	1	4	9	8	1		
新　疆 Xinjiang	30		11	19	14	14		

高等学校(机

Data on Postgraduates in

地区 Region	毕(结)业生数 Graduates				授予学位数 Degree Awarded	招生数	
	计 Total	其中:女 of which: Female	博士 Doctor's Degree	硕士 Master's Degree		计 Total	其中:女 of which: Female
总　计 Total	**189728**	**73820**	**27677**	**162051**	**185250**	**364831**	**164524**
北　京 Beijing	35453	14497	7790	27663	34223	60695	27012
天　津 Tianjin	6142	2521	944	5198	5704	10169	4790
河　北 Hebei	2836	1460	180	2656	2795	6600	3668
山　西 Shanxi	2069	1140	140	1929	1997	4929	2567
内蒙古 Inner Mongolia	1133	435	58	1075	1123	2965	1624
辽　宁 Liaoning	9734	3991	1228	8506	9808	19594	9980
吉　林 Jilin	6798	3559	904	5894	6799	13158	6832
黑龙江 Heilongjiang	6608	2794	913	5695	6299	13653	6110
上　海 Shanghai	16741	6291	3230	13511	16364	27692	12092
江　苏 Jiangsu	14883	4720	2170	12713	14506	28685	12402
浙　江 Zhejiang	5558	1924	1058	4500	5517	9577	4085
安　徽 Anhui	4148	1196	668	3480	3880	8198	2791
福　建 Fujian	3222	1372	322	2900	3150	7442	3553
江　西 Jiangxi	1772	493	55	1717	1508	4173	1738
山　东 Shandong	6644	3092	777	5867	6574	14186	7244
河　南 Henan	2587	1092	69	2518	2602	6561	3156
湖　北 Hubei	14736	4925	1914	12822	14756	26288	11469
湖　南 Hunan	5243	1367	589	4654	5367	11702	5069
广　东 Guangdong	9489	4047	1342	8147	9345	17054	7609
广　西 Guangxi	1652	731	29	1623	1619	4561	2141
海　南 Hainan	143	60	15	128	143	513	223
重　庆 Chongqing	4193	1704	331	3862	4280	9436	4213
四　川 Sichuan	9736	3470	1136	8600	9305	17923	7832
贵　州 Guizhou	834	358	29	805	834	2584	1064
云　南 Yunnan	2204	905	151	2053	2069	5483	2498
西　藏 Tibet	18	3		18	8	128	26
陕　西 Shaanxi	11303	3927	1214	10089	10996	20769	8210
甘　肃 Gansu	2484	979	378	2106	2386	6146	2545
青　海 Qinghai	117	46	8	109	112	403	184
宁　夏 Ningxia	182	102		182	170	662	358
新　疆 Xinjiang	1066	619	35	1031	1011	2902	1439

构)研究生数(总计)

Higher Education Institutions (Total)

单位:人

Unit: in Person

Entrants		在校学生数 Enrolment				预计毕业生数 Anticipated Graduates for Next Year			
博士 Doctor's Degree	硕士 Master's Degree	计 Total	其中:女 of which: Female	博士 Doctor's Degree	硕士 Master's Degree	计 Total	其中:女 of which: Female	博士 Doctor's Degree	硕士 Master's Degree
54794	**310037**	**978610**	**424647**	**191317**	**787293**	**294424**	**116371**	**71719**	**222705**
13383	47312	166473	71273	46228	120245	51465	20335	17238	34227
1787	8382	28470	12979	5766	22704	8899	3758	1980	6919
409	6191	15786	8701	1323	14463	4042	2229	511	3531
341	4588	12059	6182	1150	10909	3163	1585	496	2667
174	2791	7110	3945	486	6624	1770	1019	158	1612
2439	17155	51937	25694	9512	42425	14352	6839	3369	10983
2204	10954	36091	18165	7013	29078	10010	4714	2610	7400
1966	11687	37075	15877	7421	29654	11343	4481	3521	7822
5635	22057	78728	33284	19593	59135	26246	10247	8622	17624
4473	24212	77884	31917	15897	61987	21755	8219	5056	16699
1687	7890	25637	10250	6357	19280	10518	3957	1621	8897
1071	7127	21505	6940	3189	18316	6046	1832	1086	4960
914	6528	19500	8924	2893	16607	5672	2500	1101	4571
134	4039	9860	3949	405	9455	2520	867	145	2375
1666	12520	36818	17934	5236	31582	10501	4686	1983	8518
230	6331	15830	7513	641	15189	3868	1772	204	3664
4297	21991	73251	30147	14945	58306	28227	7424	6446	21781
1663	10039	32676	14166	5837	26839	7786	3423	1900	5886
2802	14252	43942	18667	9049	34893	15240	6154	3495	11745
97	4464	10711	4990	296	10415	2632	1208	109	2523
23	490	1123	490	70	1053	206	95	25	181
900	8536	24363	10287	3213	21150	6787	2631	1442	5345
2340	15583	49406	20361	8997	40409	14935	5802	3884	11051
72	2512	6168	2493	193	5975	1410	578	49	1361
384	5099	13370	6081	1147	12223	3384	1511	401	2983
	128	230	74	2	228	12			12
2815	17954	58437	22375	11640	46797	15805	5728	3202	12603
717	5429	14895	6190	2320	12575	3673	1527	925	2748
27	376	894	384	74	820	170	67	20	150
4	658	1443	772	9	1434	304	148		304
140	2762	6938	3643	415	6523	1683	1035	120	1563

普通高校

Data on Postgraduates in

地区 Region	毕(结)业生数 Graduates				授予学位数 Degrees Awarded	招生数	
	计 Total	其中:女 of which: Female	博士 Doctor's Degree	硕士 Master's Degree		计 Total	其中:女 of which: Female
总计 Total	**181072**	**71157**	**24035**	**157037**	**177043**	**348407**	**158766**
北京 Beijing	31091	13141	5768	25323	30136	52282	23931
天津 Tianjin	6142	2521	944	5198	5704	10169	4790
河北 Hebei	2812	1455	180	2632	2771	6578	3660
山西 Shanxi	1999	1111	108	1891	1931	4785	2526
内蒙古 Inner Mongolia	1130	434	58	1072	1120	2958	1623
辽宁 Liaoning	9342	3858	1027	8315	9418	18901	9746
吉林 Jilin	6541	3467	718	5823	6545	12548	6624
黑龙江 Heilongjiang	6536	2763	905	5631	6227	13504	6058
上海 Shanghai	15857	6038	2788	13069	15499	25845	11477
江苏 Jiangsu	14699	4671	2116	12583	14335	28306	12281
浙江 Zhejiang	5526	1915	1058	4468	5485	9501	4062
安徽 Anhui	3842	1127	542	3300	3574	7914	2710
福建 Fujian	3172	1357	300	2872	3101	7314	3509
江西 Jiangxi	1772	493	55	1717	1508	4173	1738
山东 Shandong	6472	3037	718	5754	6402	13882	7118
河南 Henan	2545	1081	69	2476	2560	6486	3139
湖北 Hubei	14441	4832	1838	12603	14471	25554	11205
湖南 Hunan	5204	1356	589	4615	5327	11636	5048
广东 Guangdong	9182	3948	1241	7941	9071	16552	7428
广西 Guangxi	1652	731	29	1623	1619	4561	2141
海南 Hainan	143	60	15	128	143	513	223
重庆 Chongqing	4192	1704	331	3861	4279	9418	4208
四川 Sichuan	9440	3373	1067	8373	9018	17417	7667
贵州 Guizhou	804	346	2	802	804	2495	1037
云南 Yunnan	2053	842	94	1959	1946	5209	2377
西藏 Tibet	18	3		18	8	128	26
陕西 Shaanxi	10985	3848	1173	9812	10673	20245	8074
甘肃 Gansu	2223	917	266	1957	2182	5776	2444
青海 Qinghai	72	33	1	71	67	321	154
宁夏 Ningxia	182	102		182	170	662	358
新疆 Xinjiang	1003	593	35	968	949	2774	1384

研究生数

Higher Education Institutions

单位:人
Unit:in Person

Entrants		在校学生数 Enrolment				预计毕业生数 Anticipated Graduates for Next Year			
博士 Doctor's Degree	硕士 Master's Degree	计 Total	其中:女 of which: Female	博士 Doctor's Degree	硕士 Master's Degree	计 Total	其中:女 of which: Female	博士 Doctor's Degree	硕士 Master's Degree
48824	**299583**	**932711**	**409400**	**172052**	**760659**	**281134**	**112286**	**64758**	**216376**
10047	42235	143108	63269	35652	107456	44996	18325	13576	31420
1787	8382	28470	12979	5766	22704	8899	3758	1980	6919
409	6169	15719	8671	1323	14396	4016	2216	511	3505
294	4491	11647	6040	985	10662	3025	1539	418	2607
174	2784	7094	3943	486	6608	1765	1018	158	1607
2154	16747	49772	24983	8432	41340	13736	6659	2975	10761
1959	10589	34519	17623	6215	28304	9588	4566	2292	7296
1952	11552	36693	15751	7364	29329	11228	4443	3489	7739
4905	20940	73557	31593	17301	56256	24669	9729	7700	16969
4371	23935	76783	31608	15545	61238	21415	8136	4935	16480
1686	7815	25439	10195	6352	19087	10463	3938	1621	8842
959	6955	20588	6711	2828	17760	5695	1754	951	4744
872	6442	19178	8811	2769	16409	5601	2471	1060	4541
134	4039	9860	3949	405	9455	2520	867	145	2375
1586	12296	35996	17603	4997	30999	10225	4581	1889	8336
228	6258	15650	7471	637	15013	3815	1757	203	3612
4105	21449	71303	29498	14315	56988	27676	7274	6193	21483
1651	9985	32504	14112	5815	26689	7738	3418	1900	5838
2599	13953	42472	18187	8406	34066	14770	6003	3279	11491
97	4464	10711	4990	296	10415	2632	1208	109	2523
23	490	1123	490	70	1053	206	95	25	181
900	8518	24328	10279	3213	21115	6784	2631	1442	5342
2203	15214	47976	19908	8537	39439	14489	5668	3722	10767
32	2463	5935	2429	77	5858	1353	563	10	1343
294	4915	12625	5786	870	11755	3159	1428	303	2856
	128	230	74	2	228	12			12
2723	17522	56917	21968	11279	45638	15346	5611	3079	12267
551	5225	13811	5880	1759	12052	3297	1418	684	2613
	321	675	316		675	109	49		109
4	658	1443	772	9	1434	304	148		304
125	2649	6585	3511	347	6238	1603	1015	109	1494

科研机构

Data on Postgraduates in

地区 Region	毕(结)业生数 Graduates				授予学位数 Degrees Awarded	招生数	
	计 Total	其中:女 of which: Female	博士 Doctor's Degree	硕士 Master's Degree		计 Total	其中:女 of which: Female
总计 Total	**8656**	**2663**	**3642**	**5014**	**8207**	**16424**	**5758**
北京 Beijing	4362	1356	2022	2340	4087	8413	3081
天津 Tianjin							
河北 Hebei	24	5		24	24	22	8
山西 Shanxi	70	29	32	38	66	144	41
内蒙古 Inner Mongolia	3	1		3	3	7	1
辽宁 Liaoning	392	133	201	191	390	693	234
吉林 Jilin	257	92	186	71	254	610	208
黑龙江 Heilongjiang	72	31	8	64	72	149	52
上海 Shanghai	884	253	442	442	865	1847	615
江苏 Jiangsu	184	49	54	130	171	379	121
浙江 Zhejiang	32	9		32	32	76	23
安徽 Anhui	306	69	126	180	306	284	81
福建 Fujian	50	15	22	28	49	128	44
江西 Jiangxi							
山东 Shandong	172	55	59	113	172	304	126
河南 Henan	42	11		42	42	75	17
湖北 Hubei	295	93	76	219	285	734	264
湖南 Hunan	39	11		39	40	66	21
广东 Guangdong	307	99	101	206	274	502	181
广西 Guangxi							
海南 Hainan							
重庆 Chongqing	1			1	1	18	5
四川 Sichuan	296	97	69	227	287	506	165
贵州 Guizhou	30	12	27	3	30	89	27
云南 Yunnan	151	63	57	94	123	274	121
西藏 Tibet							
陕西 Shaanxi	318	79	41	277	323	524	136
甘肃 Gansu	261	62	112	149	204	370	101
青海 Qinghai	45	13	7	38	45	82	30
宁夏 Ningxia							
新疆 Xinjiang	63	26		63	62	128	55

研究生数
Research Institutions

单位:人
Unit: in Person

Entrants		在校学生数 Enrolment				预计毕业生数 Anticipated Graduates for Next Year			
博士 Doctor's Degree	硕士 Master's Degree	计 Total	其中:女 of which: Female	博士 Doctor's Degree	硕士 Master's Degree	计 Total	其中:女 of which: Female	博士 Doctor's Degree	硕士 Master's Degree
5970	**10454**	**45899**	**15247**	**19265**	**26634**	**13290**	**4085**	**6961**	**6329**
3336	5077	23365	8004	10576	12789	6469	2010	3662	2807
	22	67	30		67	26	13		26
47	97	412	142	165	247	138	46	78	60
	7	16	2		16	5	1		5
285	408	2165	711	1080	1085	616	180	394	222
245	365	1572	542	798	774	422	148	318	104
14	135	382	126	57	325	115	38	32	83
730	1117	5171	1691	2292	2879	1577	518	922	655
102	277	1101	309	352	749	340	83	121	219
1	75	198	55	5	193	55	19		55
112	172	917	229	361	556	351	78	135	216
42	86	322	113	124	198	71	29	41	30
80	224	822	331	239	583	276	105	94	182
2	73	180	42	4	176	53	15	1	52
192	542	1948	649	630	1318	551	150	253	298
12	54	172	54	22	150	48	5		48
203	299	1470	480	643	827	470	151	216	254
	18	35	8		35	3			3
137	369	1430	453	460	970	446	134	162	284
40	49	233	64	116	117	57	15	39	18
90	184	745	295	277	468	225	83	98	127
92	432	1520	407	361	1159	459	117	123	336
166	204	1084	310	561	523	376	109	241	135
27	55	219	68	74	145	61	18	20	41
15	113	353	132	68	285	80	20	11	69

Data on Students Enrolled in Normal and

地区 Region	毕(结)业生数 Graduates				授予学位数 Degrees Awarded	招生数	
	计 Total	其中:女 of which: Female	本科 Normal Courses	专科 Short-cycle Courses		计 Total	其中:女 of which: Female
总计 Total	**4735845**	**2219581**	**2021585**	**2714260**	**1380862**	**6974831**	**3410292**
北京 Beijing	218169	104281	129634	88535	92692	275177	139086
天津 Tianjin	98049	50367	44152	53897	29522	138790	69333
河北 Hebei	268513	133367	83873	184640	65052	338280	173383
山西 Shanxi	137857	65453	45583	92274	33332	176859	93737
内蒙古 Inner Mongolia	66330	36251	29173	37157	15756	102916	50993
辽宁 Liaoning	194408	95662	103130	91278	76892	287900	145458
吉林 Jilin	129034	60562	76045	52989	48620	188651	93434
黑龙江 Heilongjiang	149276	72528	78327	70949	60899	220509	108579
上海 Shanghai	159817	80630	74357	85460	52351	196818	103817
江苏 Jiangsu	321927	151575	157599	164328	109509	476815	226568
浙江 Zhejiang	213956	114356	86005	127951	52587	304723	170379
安徽 Anhui	167370	67479	58408	108962	43756	244590	101731
福建 Fujian	93054	43341	39222	53832	25752	182352	91180
江西 Jiangxi	137697	55090	57513	80184	40161	251386	113489
山东 Shandong	342990	161081	149286	193704	96445	509280	253693
河南 Henan	242539	109798	78470	164069	57973	381496	186635
湖北 Hubei	303982	129576	144222	159760	97624	419611	184630
湖南 Hunan	227398	101981	81116	146282	55798	335723	157416
广东 Guangdong	254629	116760	87116	167513	56637	451115	227212
广西 Guangxi	124870	63128	33059	91811	21090	175016	92468
海南 Hainan	18863	8335	6945	11918	3644	33901	16577
重庆 Chongqing	94929	44187	46569	48360	27774	158368	76562
四川 Sichuan	213150	99301	98985	114165	71700	370135	173274
贵州 Guizhou	63861	28261	24333	39528	16590	106754	47272
云南 Yunnan	99820	49037	37982	61838	22363	144246	75792
西藏 Tibet	6197	2733	4036	2161	1060	9950	4963
陕西 Shaanxi	197122	83522	86721	110401	62644	261989	119926
甘肃 Gansu	78097	33452	31449	46648	20794	102868	45397
青海 Qinghai	15659	8169	5482	10177	3162	17744	8912
宁夏 Ningxia	20494	8418	7541	12953	5353	26989	12724
新疆 Xinjiang	75788	40900	35252	40536	13330	83880	45672

本科、专科学生数

Short-cycle Courses in Higher Education

单位:人
Unit:in Person

Entrants		在校学生数 Enrolment				预计毕业生数 Anticipated Graduates for Next Year			
本 科 Normal Courses	专 科 Short-cycle Courses	计 Total	其中:女 of which: Female	本 科 Normal Courses	专 科 Short-cycle Courses	计 Total	其中:女 of which: Female	本 科 Normal Courses	专 科 Short-cycle Courses
3110843	**3863988**	**19978472**	**9582512**	**10099328**	**9879144**	**4725347**	**2073032**	**2023119**	**2702228**
166827	108350	815911	402658	543929	271982	196356	88137	120779	75577
65991	72799	415973	213437	221098	194875	110511	56238	48430	62081
116959	221321	967007	488310	402872	564135	257708	117593	90228	167480
70830	106029	525174	269785	228007	297167	135760	60478	45634	90126
46009	56907	303463	154458	156740	146723	74336	33202	30379	43957
159987	127913	850802	421734	525726	325076	206373	101610	112275	94098
119071	69580	544811	269299	372036	172775	144095	63930	77852	66243
118676	101833	683207	324417	410883	272324	161389	75817	84034	77355
103838	92980	589814	304928	336568	253246	131508	63331	62811	68697
233750	243065	1419689	675933	749703	669986	310352	138466	140602	169750
147128	157595	864453	462011	434423	430030	191308	92504	73592	117716
97193	147397	695386	300739	321956	373430	161749	64781	64898	96851
82636	99716	481468	230314	240895	240573	108906	48812	38586	70320
97626	153760	747340	317841	302036	445304	160881	59596	54037	106844
184972	324308	1429805	687322	693790	736015	322191	132992	139757	182434
136507	244989	1071137	502937	453195	617942	245307	98259	86203	159104
186831	232780	1236096	541199	623896	612200	322957	130842	146016	176941
129336	206387	940165	436123	415687	524478	245331	102146	88281	157050
185617	265498	1170304	573638	525102	645202	241510	104187	80159	161351
62005	113011	474840	239993	181126	293714	104077	48866	36824	67253
13890	20011	91565	43519	41052	50513	26869	13120	9800	17069
76844	81524	435771	207588	247659	188112	100277	44517	46698	53579
156875	213260	1001512	465724	520796	480716	234360	104888	109466	124894
45727	61027	320809	141459	151959	168850	85280	32846	32539	52741
61452	82794	385763	195379	183513	202250	76434	36893	32304	44130
6492	3458	26416	12769	19250	7166	6867	2271	4410	2457
128035	133954	811963	372735	432481	379482	204781	85300	90547	114234
49979	52889	302288	128072	162861	139427	73225	28681	33369	39856
8347	9397	47891	24423	25204	22687	14413	6175	5862	8551
10955	16034	73710	35439	34419	39291	12980	6039	6834	6146
40458	43422	253939	138329	140466	113473	57256	30515	29913	27343

Data on Students Enrolled in Normal and

地　区 Region	毕(结)业生数 Graduates				授予学位数 Degrees Awarded	招生数	
	计 Total	其中:女 of which: Female	本　科 Normal Courses	专　科 Short-cycle Courses		计 Total	其中:女 of which: Female
总　计 Total	**3067956**	**1385772**	**1465786**	**1602170**	**1309692**	**5044581**	**2429219**
北　京 Beijing	120016	57523	87067	32949	79079	158860	78131
天　津 Tianjin	69211	33944	33759	35452	28944	103616	51136
河　北 Hebei	180377	87993	65451	114926	59278	250273	131778
山　西 Shanxi	88344	40813	36769	51575	32039	127514	64522
内蒙古 Inner Mongolia	39474	21298	17033	22441	15717	70913	35589
辽　宁 Liaoning	144984	70942	79745	65239	74467	201488	101975
吉　林 Jilin	83982	39760	52913	31069	47675	129393	64890
黑龙江 Heilongjiang	100791	47992	58337	42454	56546	162842	80849
上　海 Shanghai	103435	52337	51963	51472	48770	131804	70304
江　苏 Jiangsu	229679	103291	119375	110304	99052	361479	165983
浙　江 Zhejiang	133051	67549	54584	78467	48336	197896	108470
安　徽 Anhui	116958	45523	48178	68780	42400	198690	82022
福　建 Fujian	64792	29815	27130	37662	25381	146657	72893
江　西 Jiangxi	97781	37081	42361	55420	38117	207882	91681
山　东 Shandong	224611	100150	101436	123175	95453	400573	195646
河　南 Henan	165159	70173	61827	103332	54979	277578	137093
湖　北 Hubei	187920	77828	100268	87652	89956	315560	137655
湖　南 Hunan	150981	67200	59752	91229	54300	250844	117318
广　东 Guangdong	157082	64253	61059	96023	54606	306956	143825
广　西 Guangxi	64871	28926	21906	42965	19775	116719	59133
海　南 Hainan	11788	4665	4725	7063	3644	24480	12101
重　庆 Chongqing	59381	27056	32991	26390	27631	112045	54549
四　川 Sichuan	139328	62530	79221	60107	70805	267198	124066
贵　州 Guizhou	38681	17045	20068	18613	16398	68586	31373
云　南 Yunnan	47731	21977	24022	23709	21544	84487	43365
西　藏 Tibet	3172	1434	1296	1876	942	7589	3888
陕　西 Shaanxi	140592	59220	67423	73169	61866	208879	96193
甘　肃 Gansu	49886	20354	23861	26025	20477	71572	30827
青　海 Qinghai	8227	4034	4221	4006	2836	11682	6245
宁　夏 Ningxia	8817	4367	5858	2959	5353	14775	7688
新　疆 Xinjiang	36854	18699	21187	15667	13326	55751	28031

普通本科、专科学生数

Short-cycle Courses in Higher Education

单位：人
Unit：in Person

Entrants		在校学生数 Enrolment				预计毕业生数 Anticipated Graduates for Next Year			
本 科 Normal Courses	专 科 Short-cycle Courses	计 Total	其中：女 of which: Female	本 科 Normal Courses	专 科 Short-cycle Courses	计 Total	其中：女 of which: Female	本 科 Normal Courses	专 科 Short-cycle Courses
2363647	**2680934**	**15617767**	**7353202**	**8488188**	**7129579**	**3881031**	**1686169**	**1785706**	**2095325**
111487	47373	548270	266400	419521	128749	141316	64946	98419	42897
53013	50603	331553	166208	190629	140924	84605	42300	41481	43124
93494	156779	774006	397495	351561	422445	224414	102926	82350	142064
54418	73096	407036	201578	195628	211408	108508	50953	39919	68589
30182	40731	230902	116119	121176	109726	58204	25676	25148	33056
122952	78536	659351	324579	439185	220166	158943	76187	93731	65212
89043	40350	407262	200799	306333	100929	104402	46473	64666	39736
92616	70226	540867	254133	347267	193600	132217	61277	74784	57433
73863	57941	442620	228097	268030	174590	116352	57089	58549	57803
182726	178753	1159795	539925	640335	519460	270178	119397	130740	139438
100359	97537	651307	331454	349599	301708	168166	80601	71237	96929
80486	118204	589075	255014	286655	302420	145220	58618	59561	85659
64964	81693	406996	192487	206400	200596	96897	43243	34942	61955
79475	128407	646086	270328	263015	383071	143335	52403	50907	92428
138521	262052	1171284	548188	589829	581455	275077	111833	124859	150218
106193	171385	851864	394691	389447	462417	205425	80408	80347	125078
147434	168126	1012665	441104	535615	477050	279625	112638	127254	152371
106251	144593	754859	348557	370507	384352	195272	81777	79517	115755
136527	170429	874686	400938	428579	446107	205090	85214	73870	131220
42130	74589	338261	163997	144512	193749	88285	39071	31559	56726
10426	14054	69984	33033	33709	36275	18122	8515	7031	11091
59485	52560	333563	161397	209347	124216	78681	34840	40583	38098
124476	142722	775436	355423	451275	324161	174807	76176	96622	78185
32418	36168	206754	94546	117644	89110	53873	19535	24346	29527
43308	41179	254687	124543	147367	107320	64447	31072	29371	35076
4597	2992	18979	9000	12747	6232	3856	888	1703	2153
102558	106321	666943	303064	374267	292676	163978	69245	76883	87095
37783	33789	229459	93562	136915	92544	57668	21116	29208	28460
5683	5999	32753	16499	19856	12897	8474	3286	4333	4141
8200	6575	48650	25253	29477	19173	11112	5400	6157	4955
28579	27172	181814	94791	111761	70053	44482	23066	25629	18853

Data on Students Enrolled in Normal and Short-cycle Courses

地 区 Region	毕(结)业生数 Graduates				授予学位数 Degrees Awarded	招生数	
	计 Total	其中:女 of which: Female	本 科 Normal Courses	专 科 Short-cycle Courses		计 Total	其中:女 of which: Female
总 计 Total	**1667889**	**833809**	**555799**	**1112090**	**71170**	**1930250**	**981073**
北 京 Beijing	98153	46758	42567	55586	13613	116317	60955
天 津 Tianjin	28838	16423	10393	18445	578	35174	18197
河 北 Hebei	88136	45374	18422	69714	5774	88007	41605
山 西 Shanxi	49513	24640	8814	40699	1293	49345	29215
内蒙古 Inner Mongolia	26856	14953	12140	14716	39	32003	15404
辽 宁 Liaoning	49424	24720	23385	26039	2425	86412	43483
吉 林 Jilin	45052	20802	23132	21920	945	59258	28544
黑龙江 Heilongjiang	48485	24536	19990	28495	4353	57667	27730
上 海 Shanghai	56382	28293	22394	33988	3581	65014	33513
江 苏 Jiangsu	92248	48284	38224	54024	10457	115336	60585
浙 江 Zhejiang	80905	46807	31421	49484	4251	106827	61909
安 徽 Anhui	50412	21956	10230	40182	1356	45900	19709
福 建 Fujian	28262	13526	12092	16170	371	35695	18287
江 西 Jiangxi	39916	18009	15152	24764	2044	43504	21808
山 东 Shandong	118379	60931	47850	70529	992	108707	58047
河 南 Henan	77380	39625	16643	60737	2994	103918	49542
湖 北 Hubei	116062	51748	43954	72108	7668	104051	46975
湖 南 Hunan	76417	34781	21364	55053	1498	84879	40098
广 东 Guangdong	97547	52507	26057	71490	2031	144159	83387
广 西 Guangxi	59999	34202	11153	48846	1315	58297	33335
海 南 Hainan	7075	3670	2220	4855		9421	4476
重 庆 Chongqing	35548	17131	13578	21970	143	46323	22013
四 川 Sichuan	73822	36771	19764	54058	895	102937	49208
贵 州 Guizhou	25180	11216	4265	20915	192	38168	15899
云 南 Yunnan	52089	27060	13960	38129	819	59759	32427
西 藏 Tibet	3025	1299	2740	285	118	2361	1075
陕 西 Shaanxi	56530	24302	19298	37232	778	53110	23733
甘 肃 Gansu	28211	13098	7588	20623	317	31296	14570
青 海 Qinghai	7432	4135	1261	6171	326	6062	2667
宁 夏 Ningxia	11677	4051	1683	9994		12214	5036
新 疆 Xinjiang	38934	22201	14065	24869	4	28129	17641

成人本科、专科学生数

Provided by Adult HEIs in Higher Education

单位:人

Unit: in Person

Entrants		在校学生数 Enrolment				预计毕业生数 Anticipated Graduates for Next Year			
本 科 Normal Courses	专 科 Short-cycle Courses	计 Total	其中:女 of which: Female	本 科 Normal Courses	专 科 Short-cycle Courses	计 Total	其中:女 of which: Female	本 科 Normal Courses	专 科 Short-cycle Courses
747196	**1183054**	**4360705**	**2229310**	**1611140**	**2749565**	**844316**	**386863**	**237413**	**606903**
55340	60977	267641	136258	124408	143233	55040	23191	22360	32680
12978	22196	84420	47229	30469	53951	25906	13938	6949	18957
23465	64542	193001	90815	51311	141690	33294	14667	7878	25416
16412	32933	118138	68207	32379	85759	27252	9525	5715	21537
15827	16176	72561	38339	35564	36997	16132	7526	5231	10901
37035	49377	191451	97155	86541	104910	47430	25423	18544	28886
30028	29230	137549	68500	65703	71846	39693	17457	13186	26507
26060	31607	142340	70284	63616	78724	29172	14540	9250	19922
29975	35039	147194	76831	68538	78656	15156	6242	4262	10894
51024	64312	259894	136008	109368	150526	40174	19069	9862	30312
46769	60058	213146	130557	84824	128322	23142	11903	2355	20787
16707	29193	106311	45725	35301	71010	16529	6163	5337	11192
17672	18023	74472	37827	34495	39977	12009	5569	3644	8365
18151	25353	101254	47513	39021	62233	17546	7193	3130	14416
46451	62256	258521	139134	103961	154560	47114	21159	14898	32216
30314	73604	219273	108246	63748	155525	39882	17851	5856	34026
39397	64654	223431	100095	88281	135150	43332	18204	18762	24570
23085	61794	185306	87566	45180	140126	50059	20369	8764	41295
49090	95069	295618	172700	96523	199095	36420	18973	6289	30131
19875	38422	136579	75996	36614	99965	15792	9795	5265	10527
3464	5957	21581	10486	7343	14238	8747	4605	2769	5978
17359	28964	102208	46191	38312	63896	21596	9677	6115	15481
32399	70538	226076	110301	69521	156555	59553	28712	12844	46709
13309	24859	114055	46913	34315	79740	31407	13311	8193	23214
18144	41615	131076	70836	36146	94930	11987	5821	2933	9054
1895	466	7437	3769	6503	934	3011	1383	2707	304
25477	27633	145020	69671	58214	86806	40803	16055	13664	27139
12196	19100	72829	34510	25946	46883	15557	7565	4161	11396
2664	3398	15138	7924	5348	9790	5939	2889	1529	4410
2755	9459	25060	10186	4942	20118	1868	639	677	1191
11879	16250	72125	43538	28705	43420	12774	7449	4284	8490

高等教育网络本科、专科

Data on Students Enrolled in Normal and Short-cycle Courses

地区 Region	毕(结)业生数 Graduates				授予学位数 Degrees Awarded	招生
	计 Total	其中:女 of which: Female	本科 Normal Courses	专科 Short-cycle Courses		计 Total
总 计 Total	**759627**	**349030**	**392310**	**367317**	**23032**	**891046**
北 京 Beijing	514813	248922	215079	299734	9474	679416
天 津 Tianjin	4509	2947	4361	148	580	4357
河 北 Hebei						
山 西 Shanxi						
内蒙古 Inner Mongolia						
辽 宁 Liaoning	8207	4453	7192	1015	4623	10281
吉 林 Jilin	1397	612	1397			9608
黑龙江 Heilongjiang	6727	2713	3568	3159	1805	4831
上 海 Shanghai	27844	14995	8078	19766	845	50635
江 苏 Jiangsu	12205	4269	12195	10	577	4649
浙 江 Zhejiang	6293	2927	6293		1153	7343
安 徽 Anhui						246
福 建 Fujian	12272	4119	10974	1298	560	4456
江 西 Jiangxi						
山 东 Shandong	16456	5878	12818	3638	195	14389
河 南 Henan	1528	507	1528		233	3190
湖 北 Hubei	36249	14866	16560	19689	866	28983
湖 南 Hunan	46860	17852	39890	6970	125	5414
广 东 Guangdong	6984	1045	6368	616	605	17260
广 西 Guangxi						
海 南 Hainan						
重 庆 Chongqing	16385	7462	12831	3554	780	7239
四 川 Sichuan	28255	10374	21672	6583	537	14027
贵 州 Guizhou						
云 南 Yunnan						
西 藏 Tibet						840
陕 西 Shaanxi	5907	3009	5274	633	72	20151
甘 肃 Gansu	6736	2080	6232	504	2	3731
青 海 Qinghai						
宁 夏 Ningxia						
新 疆 Xinjiang						

生学生数

Provided by Web-based Programs in Higher Education

单位:人

Unit: in Person

数 Entrants			在校学生数 Enrolment			
其中:女 of which: Female	本 科 Normal Courses	专 科 Short-cycle Courses	计 Total	其中:女 of which: Female	本 科 Normal Courses	专 科 Short-cycle Courses
425230	**408606**	**482440**	**2652679**	**1283477**	**1272292**	**1380387**
328369	283477	395939	2052879	1008777	860200	1192679
2152	3280	1077	10353	5040	9093	1260
4552	6848	3433	26388	11544	21528	4860
5298	8980	628	16819	8567	15820	999
2312	2456	2375	14286	5461	10295	3991
29484	16018	34617	135445	75333	48833	86612
2220	4101	548	16400	6697	15414	986
4377	6801	542	20216	12918	19674	542
93	246		734	139	734	
1346	4213	243	26202	11569	24272	1930
5589	10955	3434	31161	12230	27397	3764
1770	1560	1630	5807	3644	3065	2742
11452	8820	20163	64821	26382	35937	28884
2514	5414		37487	17214	33180	4307
3109	12593	4667	43663	19385	34627	9036
3348	4699	2540	35414	15379	26953	8461
6167	8235	5792	60447	20651	41930	18517
395	455	385	2285	1240	1102	1183
9439	16163	3988	42155	18967	32960	9195
1244	3292	439	9717	2340	9278	439

综合大学本科、专科生

Data on Students of Comprehensive

地 区 Region	毕(结)业生数 Graduates			招生数 Entrants		
	计 Total	本 科 Normal Courses	专 科 Short-cycle Courses	计 Total	本 科 Normal Courses	专 科 Short-cycle Courses
总 计 Total	**759910**	**398466**	**361444**	**1215956**	**625624**	**590332**
北 京 Beijing	16512	9451	7061	21031	12871	8160
天 津 Tianjin	14893	2957	11936	26671	7280	19391
河 北 Hebei	10382	5873	4509	9454	6161	3293
山 西 Shanxi	14372	4887	9485	17384	9303	8081
内蒙古 Inner Mongolia	18808	7511	11297	27851	14299	13552
辽 宁 Liaoning	27150	12528	14622	33176	18002	15174
吉 林 Jilin	24592	19650	4942	29155	24897	4258
黑龙江 Heilongjiang	32983	15370	17613	46160	24365	21795
上 海 Shanghai	16319	13635	2684	17560	14259	3301
江 苏 Jiangsu	47628	39192	8436	66073	56955	9118
浙 江 Zhejiang	35875	13112	22763	51123	18675	32448
安 徽 Anhui	7908	3772	4136	15082	8521	6561
福 建 Fujian	19246	10863	8383	46973	30707	16266
江 西 Jiangxi	40346	11789	28557	73327	23062	50265
山 东 Shandong	91203	39790	51413	177439	52940	124499
河 南 Henan	18592	16238	2354	23753	21605	2148
湖 北 Hubei	48617	36316	12301	48591	37592	10999
湖 南 Hunan	66471	32092	34379	99296	53163	46133
广 东 Guangdong	68177	25846	42331	134251	53241	81010
广 西 Guangxi	8169	4094	4075	18773	10859	7914
海 南 Hainan	4017	1340	2677	7396	4519	2877
重 庆 Chongqing	21587	14828	6759	38436	24028	14408
四 川 Sichuan	28165	14452	13713	65300	27990	37310
贵 州 Guizhou	12782	7042	5740	23128	11755	11373
云 南 Yunnan	10166	5908	4258	19222	14832	4390
西 藏 Tibet	864	508	356	2162	1260	902
陕 西 Shaanxi	23917	10337	13580	35590	15834	19756
甘 肃 Gansu	10614	4443	6171	14874	7160	7714
青 海 Qinghai	2878	2215	663	3561	2534	1027
宁 夏 Ningxia	4640	3765	875	6262	4759	1503
新 疆 Xinjiang	12037	8662	3375	16902	12196	4706

学生数

Universities

单位:人

Unit:in Person

在校学生数 Enrolment			预计毕业生数 Anticipated Graduates for Next Year		
计 Total	本科 Normal Courses	专科 Short-cycle Courses	计 Total	本科 Normal Courses	专科 Short-cycle Courses
3829876	**2253378**	**1576498**	**945630**	**483090**	**462540**
73298	47603	25695	19966	10611	9355
70479	18390	52089	19268	4069	15199
40030	28003	12027	13510	8106	5404
53696	27993	25703	15789	5141	10648
97291	56232	41059	24163	10800	13363
111413	65154	46259	29144	14620	14524
106524	93861	12663	26859	21301	5558
154201	91148	63053	38277	19473	18804
68946	59726	9220	17609	14997	2612
234079	203644	30435	52196	42908	9288
165975	68788	97187	44618	15604	29014
42943	26208	16735	9610	4862	4748
133272	91660	41612	27184	14126	13058
236833	79085	157748	54873	15661	39212
506483	221820	284663	122865	47403	75462
93038	86838	6200	21965	19815	2150
196454	157307	39147	59403	44398	15005
312943	185985	126958	80159	39734	40425
383398	172928	210470	92181	32350	59831
48424	30264	18160	12558	7612	4946
23381	12760	10621	7025	2563	4462
119304	88187	31117	25617	17661	7956
174192	93610	80582	36888	18333	18555
68558	41396	27162	18284	9162	9122
59336	42815	16521	13724	7547	6177
5922	4029	1893	1278	758	520
109955	58022	51933	27616	11613	16003
49744	28465	21279	12893	6076	6817
11018	8636	2382	2422	1723	699
22113	17730	4383	4545	3818	727
56633	45091	11542	13141	10245	2896

高等理工院校本科、

Data on Students of of Institutions

地　区 Region	毕(结)业生数 Graduates			招生数	
	计 Total	本　科 Normal Courses	专　科 Short-cycle Courses	计 Total	本　科 Normal Courses
总　计 Total	**1028963**	**478231**	**550732**	**1795100**	**761228**
北　京 Beijing	52414	41602	10812	64685	49811
天　津 Tianjin	30104	15820	14284	41120	20599
河　北 Hebei	76817	25937	50880	108397	43956
山　西 Shanxi	28732	12519	16213	47598	19547
内蒙古 Inner Mongolia	6316	2007	4309	18696	3683
辽　宁 Liaoning	58017	39663	18354	85184	58970
吉　林 Jilin	23355	13845	9510	40789	25132
黑龙江 Heilongjiang	27098	20924	6174	44409	29572
上　海 Shanghai	41609	20466	21143	54536	28555
江　苏 Jiangsu	97859	41943	55916	185252	68176
浙　江 Zhejiang	41002	18604	22398	64358	35823
安　徽 Anhui	47656	18321	29335	86938	28282
福　建 Fujian	15287	4348	10939	39916	12909
江　西 Jiangxi	26255	13105	13150	65548	27662
山　东 Shandong	42842	23551	19291	82827	32591
河　南 Henan	70024	19131	50893	127213	34429
湖　北 Hubei	92857	38019	54838	181363	65588
湖　南 Hunan	41778	12714	29064	75049	25577
广　东 Guangdong	33299	8506	24793	70514	21132
广　西 Guangxi	16974	5808	11166	33065	10214
海　南 Hainan	156		156	1589	
重　庆 Chongqing	17292	6136	11156	34257	11818
四　川 Sichuan	51330	28448	22882	91766	39236
贵　州 Guizhou	1259		1259	6805	
云　南 Yunnan	8416	4232	4184	14293	5224
西　藏 Tibet					
陕　西 Shaanxi	63621	35978	27643	94944	51983
甘　肃 Gansu	12113	6604	5509	19694	10358
青　海 Qinghai	865		865	1728	
宁　夏 Ningxia	282		282	2036	401
新　疆 Xinjiang	3334		3334	10531	

专科生学生数

of Science & Technology

单位：人

Unit: in Person

Entrants	在校学生数 Enrolment			预计毕业生数 Anticipated Graduates for Next Year		
专 科 Short-cycle Courses	计 Total	本 科 Normal Courses	专 科 Short-cycle Courses	计 Total	本 科 Normal Courses	专 科 Short-cycle Courses
1033872	**5417144**	**2716382**	**2700762**	**1358086**	**586136**	**771950**
14874	234679	190319	44360	60968	46455	14513
20521	135758	79727	56031	36131	18951	17180
64441	326953	150407	176546	94132	33653	60479
28051	144334	69655	74679	38263	14898	23365
15013	49709	15451	34258	11375	3104	8271
26214	282610	215936	66674	66876	47544	19332
15657	120275	85153	35122	31349	17883	13466
14837	154166	115583	38583	37889	26396	11493
25981	182519	105153	77366	47667	22882	24785
117076	540186	232033	308153	121017	46055	74962
28535	212028	125732	86296	55018	26374	28644
58656	247782	102154	145628	61903	21692	40211
27007	109616	40969	68647	27886	6801	21085
37886	206878	86255	120623	45948	16285	29663
50236	229789	130021	99768	49601	28691	20910
92784	371516	124180	247336	91358	25459	65899
115775	545277	222561	322716	148498	48368	100130
49472	211829	87234	124595	55240	18678	36562
49382	186364	59415	126949	44563	9480	35083
22851	96588	39106	57482	25952	8993	16959
1589	2529		2529	480		480
22439	94351	40604	53747	25295	8130	17165
52530	277098	148518	128580	70171	35673	34498
6805	14038		14038	3696		3696
9069	42946	21877	21069	10386	5155	5231
42961	304433	191988	112445	74743	41027	33716
9336	61608	35950	25658	14248	7509	6739
1728	3381		3381	996		996
1635	3877	401	3476	690		690
10531	24027		24027	5747		5747

高等农业院校本科、

Data on Students of Institutions

地区 Region	毕(结)业生数 Graduates 计 Total	本科 Normal Courses	专科 Short-cycle Courses	招生数 计 Total	本科 Normal Courses
总计 Total	**139278**	**81860**	**57418**	**218479**	**125007**
北京 Beijing	5951	4474	1477	7293	4915
天津 Tianjin	1600	867	733	2918	1879
河北 Hebei	7864	3753	4111	12721	5947
山西 Shanxi	4396	2635	1761	7963	3811
内蒙古 Inner Mongolia	3708	2745	963	5469	4433
辽宁 Liaoning	7752	4006	3746	9453	5158
吉林 Jilin	4641	3014	1627	9619	7135
黑龙江 Heilongjiang	9585	4995	4590	16983	7899
上海 Shanghai	4163	2675	1488	4150	2724
江苏 Jiangsu	7564	2844	4720	13949	3900
浙江 Zhejiang	1856	1009	847	3459	2879
安徽 Anhui	5738	3281	2457	6847	3981
福建 Fujian	4046	3517	529	8450	5080
江西 Jiangxi	2841	2517	324	5697	3418
山东 Shandong	10603	6926	3677	14653	9863
河南 Henan	7967	3130	4837	12822	4658
湖北 Hubei	2763	2585	178	3999	3999
湖南 Hunan	7368	3600	3768	11740	6490
广东 Guangdong	9108	6835	2273	17100	15223
广西 Guangxi	2540		2540	5292	
海南 Hainan	2501	1631	870	2943	2175
重庆 Chongqing					
四川 Sichuan	7010	4606	2404	9364	5109
贵州 Guizhou					
云南 Yunnan	2462	1661	801	5657	2446
西藏 Tibet	406	225	181	875	625
陕西 Shaanxi	7670	3793	3877	8944	4888
甘肃 Gansu	2256	1734	522	3444	2445
青海 Qinghai	503		503	486	
宁夏 Ningxia					
新疆 Xinjiang	4416	2802	1614	6189	3927

专科生学生数

of Agriculture

单位：人
Unit: in Person

Entrants	在校学生数 Enrolment			预计毕业生数 Anticipated Graduates for Next Year		
专科 Short-cycle Courses	计 Total	本科 Normal Courses	专科 Short-cycle Courses	计 Total	本科 Normal Courses	专科 Short-cycle Courses
93472	**711164**	**464190**	**246974**	**174363**	**101221**	**73142**
2378	26529	20435	6094	7365	5207	2158
1039	10005	7160	2845	2277	1306	971
6774	41514	22653	18861	11431	4961	6470
4152	22762	13239	9523	6156	3191	2965
1036	21159	17392	3767	5353	3985	1368
4295	31187	20321	10866	8099	4681	3418
2484	27959	21001	6958	5951	3638	2313
9084	57920	30479	27441	15234	7054	8180
1426	15495	12375	3120	4233	3358	875
10049	41292	13954	27338	9715	3078	6637
580	11572	9175	2397	2390	1556	834
2866	24720	16287	8433	6301	3822	2479
3370	26834	18869	7965	5926	4121	1805
2279	16278	11884	4394	3448	2695	753
4790	50801	41722	9079	11084	8669	2415
8164	36909	15283	21626	9343	3380	5963
	15715	15445	270	3779	3568	211
5250	38674	22524	16150	11133	5648	5485
1877	58026	52207	5819	11144	8775	2369
5292	14194		14194	4116		4116
768	10606	7901	2705	3050	1934	1116
4255	28125	18555	9570	6157	4064	2093
3211	16097	8940	7157	3407	1828	1579
250	2122	1687	435	311	144	167
4056	29949	18051	11898	8446	4109	4337
999	11668	10267	1401	2445	2222	223
486	1217		1217	500		500
2262	21835	16384	5451	5569	4227	1342

高等林业院校本科、

Data on Students of

地 区 Region	毕(结)业生数 Graduates			招生数	
	计 Total	本 科 Normal Courses	专 科 Short-cycle Courses	计 Total	本 科 Normal Courses
总 计 Total	**21282**	**16469**	**4813**	**36342**	**23146**
北 京 Beijing	3602	3093	509	3465	3465
天 津 Tianjin					
河 北 Hebei					
山 西 Shanxi	530		530	971	
内蒙古 Inner Mongolia					
辽 宁 Liaoning	63		63	1019	
吉 林 Jilin					
黑龙江 Heilongjiang	4537	3669	868	6728	4100
上 海 Shanghai					
江 苏 Jiangsu	3590	3241	349	3672	3610
浙 江 Zhejiang	2337	1949	388	4416	4416
安 徽 Anhui				792	
福 建 Fujian				896	
江 西 Jiangxi	49		49	893	
山 东 Shandong					
河 南 Henan	167		167	1203	
湖 北 Hubei	121		121	1062	
湖 南 Hunan	3215	3085	130	5241	4727
广 东 Guangdong					
广 西 Guangxi	548		548	1312	
海 南 Hainan					
重 庆 Chongqing					
四 川 Sichuan					
贵 州 Guizhou					
云 南 Yunnan	1981	1432	549	3412	2828
西 藏 Tibet					
陕 西 Shaanxi					
甘 肃 Gansu	542		542	1260	
青 海 Qinghai					
宁 夏 Ningxia					
新 疆 Xinjiang					

专科生学生数

Institutions of Forestry

单位:人

Unit: in Person

Entrants	在校学生数 Enrolment			预计毕业生数 Anticipated Graduates for Next Year		
专科 Short-cycle Courses	计 Total	本科 Normal Courses	专科 Short-cycle Courses	计 Total	本科 Normal Courses	专科 Short-cycle Courses
13196	**114981**	**85076**	**29905**	**25281**	**18097**	**7184**
	13344	13257	87	3290	3203	87
971	2465		2465	758		758
1019	1887		1887	341		341
2628	22438	16604	5834	5217	3849	1368
62	15620	15333	287	3844	3675	169
	14505	14505		2552	2552	
792	1088		1088	110		110
896	2258		2258	651		651
893	1893		1893	394		394
1203	2579		2579	420		420
1062	1678		1678	256		256
514	17649	16794	855	3365	3365	
1312	4005		4005	1282		1282
584	9812	8583	1229	1934	1453	481
1260	3760		3760	867		867

高等医药院校本科、
Data on Students of Institutions

地 区 Region	毕(结)业生数 Graduates			招生数	
	计 Total	本 科 Normal Courses	专 科 Short-cycle Courses	计 Total	本 科 Normal Courses
总 计 Total	**135654**	**70578**	**65076**	**254018**	**129376**
北 京 Beijing	2901	1408	1493	3378	2059
天 津 Tianjin	3001	1441	1560	6055	3486
河 北 Hebei	13090	4942	8148	24722	9112
山 西 Shanxi	9056	3945	5111	11461	4272
内蒙古 Inner Mongolia	759	719	40	2310	1396
辽 宁 Liaoning	9575	5574	4001	14292	9397
吉 林 Jilin	2976	701	2275	6935	2140
黑龙江 Heilongjiang	5656	3519	2137	8835	5347
上 海 Shanghai	683	268	415	1023	751
江 苏 Jiangsu	5796	3995	1801	10822	9076
浙 江 Zhejiang	5910	2503	3407	9169	5184
安 徽 Anhui	8053	4842	3211	14141	6831
福 建 Fujian	2717	1517	1200	7592	3196
江 西 Jiangxi	2446	1921	525	6749	3827
山 东 Shandong	13023	5086	7937	31372	9844
河 南 Henan	3605	2578	1027	10740	4634
湖 北 Hubei	5238	2275	2963	7686	3872
湖 南 Hunan	4077	1175	2902	9154	3002
广 东 Guangdong	6515	4095	2420	18888	14447
广 西 Guangxi	5147	3287	1860	9119	4877
海 南 Hainan	815	514	301	1176	800
重 庆 Chongqing	2331	884	1447	4415	2003
四 川 Sichuan	6344	4992	1352	11073	6940
贵 州 Guizhou	5521	3676	1845	8179	5807
云 南 Yunnan	2267	1592	675	4169	2312
西 藏 Tibet	123	22	101	409	323
陕 西 Shaanxi	3554	770	2784	3519	1283
甘 肃 Gansu	1251	852	399	2064	793
青 海 Qinghai	287		287	1035	
宁 夏 Ningxia	918	521	397	1047	740
新 疆 Xinjiang	2019	964	1055	2489	1625

专科生学生数

of Medicine & Pharmacy

单位：人

Unit: in Person

Entrants	在校学生数 Enrolment			预计毕业生数 Anticipated Graduates for Next Year		
专科 Short-cycle Courses	计 Total	本科 Normal Courses	专科 Short-cycle Courses	计 Total	本科 Normal Courses	专科 Short-cycle Courses
124642	**843236**	**521349**	**321887**	**177556**	**87383**	**90173**
1319	13631	9613	4018	3240	1772	1468
2569	18841	12095	6746	3626	1768	1858
15610	81090	38770	42320	18936	7312	11624
7189	44004	21203	22801	10913	4222	6691
914	7378	5005	2373	1256	852	404
4895	52155	36960	15195	10716	5978	4738
4795	16745	6258	10487	4393	905	3488
3488	35940	24983	10957	7062	3899	3163
272	4302	3410	892	726	385	341
1746	40700	34465	6235	7656	5534	2122
3985	32847	20498	12349	7170	3416	3754
7310	48984	29173	19811	12399	5757	6642
4396	19824	12468	7356	3119	1770	1349
2922	22857	14578	8279	3843	2370	1473
21528	89388	51468	37920	15710	8254	7456
6106	29492	17780	11712	4677	2964	1713
3814	26534	13814	12720	7981	2919	5062
6152	25559	9088	16471	5772	1136	4636
4441	55297	41924	13373	9248	4753	4495
4242	31561	20566	10995	7193	3952	3241
376	4367	3217	1150	918	537	381
2412	13812	7438	6374	3537	1204	2333
4133	40750	32125	8625	8225	5769	2456
2372	30271	23567	6704	6492	4244	2248
1857	14604	10993	3611	3079	2191	888
86	1175	1017	158	121	83	38
2236	17756	5470	12286	3902	799	3103
1271	6732	3754	2978	1651	924	727
1035	2002		2002	732		732
307	4704	3492	1212	1126	685	441
864	9934	6157	3777	2137	1029	1108

高等师范院校本科、

Data on Students of

地 区 Region	毕(结)业生数 Graduates			招生数	
	计 Total	本 科 Normal Courses	专 科 Short-cycle Courses	计 Total	本 科 Normal Courses
总 计 Total	**459563**	**239798**	**219765**	**600094**	**366053**
北 京 Beijing	4638	4321	317	4889	4889
天 津 Tianjin	5166	3978	1188	8245	6893
河 北 Hebei	37727	14669	23058	41012	16359
山 西 Shanxi	16776	9429	7347	16600	10921
内蒙古 Inner Mongolia	5840	3190	2650	8432	4459
辽 宁 Liaoning	14723	8100	6623	20240	11863
吉 林 Jilin	16734	11301	5433	22540	17814
黑龙江 Heilongjiang	11087	5445	5642	20904	14568
上 海 Shanghai	8043	6917	1126	9335	8560
江 苏 Jiangsu	28840	18727	10113	28956	23892
浙 江 Zhejiang	22403	10971	11432	24468	19643
安 徽 Anhui	29069	14830	14239	38675	26092
福 建 Fujian	14154	6863	7291	24134	12958
江 西 Jiangxi	14339	9215	5124	23760	14884
山 东 Shandong	28721	16919	11802	30909	17915
河 南 Henan	41404	15497	25907	51096	30886
湖 北 Hubei	12960	7836	5124	15687	9002
湖 南 Hunan	9029	4907	4122	17870	9945
广 东 Guangdong	16371	8051	8320	26113	14701
广 西 Guangxi	16375	6007	10368	19933	8916
海 南 Hainan	2660	1240	1420	4949	2932
重 庆 Chongqing	4776	2703	2073	9149	5697
四 川 Sichuan	30903	18186	12717	43732	24865
贵 州 Guizhou	10556	5584	4972	16946	8368
云 南 Yunnan	12927	5156	7771	15999	8440
西 藏 Tibet	897		897	849	
陕 西 Shaanxi	18452	8104	10348	24741	14265
甘 肃 Gansu	12093	4414	7679	15399	7442
青 海 Qinghai	1218	1007	211	2025	1544
宁 夏 Ningxia	1019		1019	1553	
新 疆 Xinjiang	9663	6231	3432	10954	7340

专科生学生数

Institutions of Teachers

单位:人

Unit: in Person

Entrants	在校学生数 Enrolment			预计毕业生数 Anticipated Graduates for Next Year		
专 科 Short-cycle Courses	计 Total	本 科 Normal Courses	专 科 Short-cycle Courses	计 Total	本 科 Normal Courses	专 科 Short-cycle Courses
234041	**2041975**	**1331347**	**710628**	**532114**	**288213**	**243901**
	19497	19497		4706	4706	
1352	29551	25490	4061	6437	5027	1410
24653	137460	65238	72222	43122	16584	26538
5679	67533	43500	24033	17570	9512	8058
3973	31803	20216	11587	8962	5038	3924
8377	61984	40014	21970	15115	9327	5788
4726	78484	64201	14283	21110	14330	6780
6336	65383	44123	21260	17032	9432	7600
775	35755	33101	2654	9136	8195	941
5064	113741	84441	29300	29505	18028	11477
4825	90258	65278	24980	24612	13632	10980
12583	134131	91703	42428	35146	19627	15519
11176	73774	42070	31704	20181	8092	12089
8876	72830	48428	24402	16854	9353	7501
12994	113252	84120	29132	28554	18966	9588
20210	185003	113015	71988	47349	22695	24654
6685	52581	33400	19181	15622	9278	6344
7925	55742	35407	20335	12769	7438	5331
11412	85722	52773	32949	20824	9930	10894
11017	63776	32734	31042	17297	7304	9993
2017	15413	9831	5582	3909	1997	1912
3452	27701	19396	8305	6215	3397	2818
18867	138074	93958	44116	32452	21525	10927
8578	52572	30442	22130	14768	6422	8346
7559	51518	28789	22729	15233	6484	8749
849	1236		1236	387		387
10476	84385	49253	35132	20381	8843	11538
7957	47804	23931	23873	12768	4707	8061
481	7147	6065	1082	1566	1348	218
1553	5409		5409	1662		1662
3614	42456	30933	11523	10870	6996	3874

高等语文院校本科、

Data on Students of Institutions

地区 Region	毕(结)业生数 Graduates 计 Total	本科 Normal Courses	专科 Short-cycle Courses	招生数 计 Total	本科 Normal Courses
总计 Total	**32719**	**14038**	**18681**	**66945**	**32041**
北京 Beijing	8045	5429	2616	13357	8343
天津 Tianjin	2162	1241	921	3995	3077
河北 Hebei	911		911	4600	
山西 Shanxi	413		413	1881	
内蒙古 Inner Mongolia	800		800	1500	
辽宁 Liaoning	1779	1779		4165	2647
吉林 Jilin	708	53	655	2038	1627
黑龙江 Heilongjiang					
上海 Shanghai	3588	1198	2390	3853	1528
江苏 Jiangsu					
浙江 Zhejiang	2411		2411	4787	1317
安徽 Anhui	414		414	1520	
福建 Fujian	212		212	218	
江西 Jiangxi					
山东 Shandong					
河南 Henan					
湖北 Hubei					
湖南 Hunan	4714		4714	6442	
广东 Guangdong	2161	2161		4930	4930
广西 Guangxi				1554	
海南 Hainan	121		121	249	
重庆 Chongqing	1700	1061	639	5762	3811
四川 Sichuan	844	128	716	2598	2059
贵州 Guizhou					
云南 Yunnan					
西藏 Tibet					
陕西 Shaanxi	1736	988	748	3496	2702
甘肃 Gansu					
青海 Qinghai					
宁夏 Ningxia					
新疆 Xinjiang					

专科生学生数

of language & Literature

单位：人

Unit：in Person

Entrants	在校学生数 Enrolment			预计毕业生数 Anticipated Graduates for Next Year		
专 科 Short-cycle Courses	计 Total	本 科 Normal Courses	专 科 Short-cycle Courses	计 Total	本 科 Normal Courses	专 科 Short-cycle Courses
34904	**182811**	**100020**	**82791**	**39548**	**17128**	**22420**
5014	38867	27871	10996	9428	5842	3586
918	12047	9445	2602	2544	1688	856
4600	9232		9232	1679		1679
1881	2777		2777	279		279
1500	4384		4384	1487		1487
1518	10954	9340	1614	1900	1900	
411	5933	4580	1353	1073	433	640
2325	13019	5710	7309	3926	1334	2592
3470	12261	2360	9901	2872		2872
1520	2739		2739	379		379
218	695		695	255		255
6442	19599		19599	5870		5870
	15125	15125		2416	2416	
1554	1773		1773			
249	505		505			
1951	14287	10853	3434	1835	1285	550
539	6846	5077	1769	1122	425	697
794	11768	9659	2109	2483	1805	678

高等财经院校本科、

Data on Students of Institutions

地 区 Region	毕(结)业生数 Graduates			招生数	
	计 Total	本 科 Normal Courses	专 科 Short-cycle Courses	计 Total	本 科 Normal Courses
总 计 Total	**239373**	**99576**	**139797**	**431970**	**174308**
北 京 Beijing	12041	8328	3713	21927	11835
天 津 Tianjin	7888	5633	2255	9427	6937
河 北 Hebei	16537	8321	8216	23156	9051
山 西 Shanxi	8641	3354	5287	13393	6564
内蒙古 Inner Mongolia	1748	861	887	5215	1912
辽 宁 Liaoning	15425	3419	12006	17669	5883
吉 林 Jilin	6941	2196	4745	10702	5149
黑龙江 Heilongjiang	5680	3738	1942	11158	5565
上 海 Shanghai	18707	3937	14770	28815	11922
江 苏 Jiangsu	10742	6113	4629	19378	8371
浙 江 Zhejiang	14944	5619	9325	24094	10836
安 徽 Anhui	10560	3132	7428	21954	6486
福 建 Fujian	2294		2294	8146	
江 西 Jiangxi	7752	3814	3938	19458	6622
山 东 Shandong	12344	6980	5364	23920	9468
河 南 Henan	11546	5253	6293	28936	9981
湖 北 Hubei	12771	6112	6659	30319	13399
湖 南 Hunan	8102	2179	5923	16515	3347
广 东 Guangdong	11269	3053	8216	19505	7865
广 西 Guangxi	7340	27	7313	13420	3265
海 南 Hainan	1399		1399	5089	
重 庆 Chongqing	5574	4306	1268	11786	7576
四 川 Sichuan	4198	2718	1480	10796	4557
贵 州 Guizhou	3866	1816	2050	5770	2933
云 南 Yunnan	1986	1738	248	4788	2958
西 藏 Tibet					
陕 西 Shaanxi	11692	2060	9632	17549	4897
甘 肃 Gansu	4906	2886	2020	5191	4263
青 海 Qinghai					
宁 夏 Ningxia	286		286	1030	
新 疆 Xinjiang	2194	1983	211	2864	2666

专科生学生数
of Finance & Economics

单位：人
Unit: in Person

Entrants	在校学生数 Enrolment			预计毕业生数 Anticipated Graduates for Next Year		
专科 Short-cycle Courses	计 Total	本科 Normal Courses	专科 Short-cycle Courses	计 Total	本科 Normal Courses	专科 Short-cycle Courses
257662	**1266729**	**589862**	**676867**	**311250**	**119896**	**191354**
10092	66278	42317	23961	16485	9664	6821
2490	36207	27483	8724	9286	6471	2815
14105	75495	35611	39884	21469	9447	12022
6829	41818	20038	21780	10291	2955	7336
3303	14971	6880	8091	3599	1369	2230
11786	53293	18550	34743	15609	3769	11840
5553	28486	14143	14343	8121	2804	5317
5593	31651	20040	11611	6471	3854	2617
16893	84192	31893	52299	21768	4633	17135
11007	64169	30750	33419	14330	6328	8002
13258	75335	34915	40420	18486	6328	12158
15468	57022	20837	36185	11443	3801	7642
8146	15978		15978	3368		3368
12836	56273	22785	33488	12264	4543	7721
14452	73798	42429	31369	17637	10374	7263
18955	76760	32351	44409	15563	6034	9529
16920	93524	45334	48190	23700	8623	15077
13168	47772	13475	34297	13842	3518	10324
11640	51034	18531	32503	14274	3413	10861
10155	36309	7105	29204	9535	539	8996
5089	11346		11346	2589		2589
4210	33039	25986	7053	6793	5043	1750
6239	26455	15075	11380	4924	3184	1740
2837	18914	10840	8074	5053	2167	2886
1830	13586	10448	3138	2217	1980	237
12652	49311	15703	33608	13026	2650	10376
928	18917	15626	3291	4981	3730	1251
1030	3101		3101	965		965
198	11695	10717	978	3161	2675	486

高等政法院校本科、
Data on Students of Institutions

地区 Region	毕(结)业生数 Graduates			招生数	
	计 Total	本科 Normal Courses	专科 Short-cycle Courses	计 Total	本科 Normal Courses
总计 Total	**57694**	**13792**	**43902**	**82809**	**27324**
北京 Beijing	5603	4116	1487	6822	4987
天津 Tianjin	1025		1025	740	
河北 Hebei	6242	1085	5157	8372	2130
山西 Shanxi	1020		1020	1618	
内蒙古 Inner Mongolia	970		970	545	
辽宁 Liaoning	2016	1077	939	3710	2411
吉林 Jilin	1140		1140	1203	
黑龙江 Heilongjiang	1363		1363	2184	
上海 Shanghai	3448	1613	1835	5230	3546
江苏 Jiangsu	1386		1386	3556	1494
浙江 Zhejiang	1952		1952	2639	
安徽 Anhui	1855		1855	1798	
福建 Fujian	699		699	1772	
江西 Jiangxi	1466		1466	3123	
山东 Shandong	1008		1008	1421	831
河南 Henan	3992		3992	4231	
湖北 Hubei	2369	120	2249	3416	663
湖南 Hunan	1803		1803	2830	
广东 Guangdong	2498		2498	3138	1429
广西 Guangxi	1345		1345	1690	
海南 Hainan				941	
重庆 Chongqing	3265	2457	808	4122	3356
四川 Sichuan	1308		1308	2628	
贵州 Guizhou	1083		1083	1971	
云南 Yunnan	1442		1442	2195	1443
西藏 Tibet				400	
陕西 Shaanxi	3796	2356	1440	5648	3012
甘肃 Gansu	2310	968	1342	2719	2022
青海 Qinghai	480		480	418	
宁夏 Ningxia				347	
新疆 Xinjiang	810		810	1382	

专科生学生数
of Political Science & Law

单位：人
Unit: in Person

Entrants	在校学生数 Enrolment			预计毕业生数 Anticipated Graduates for Next Year		
专科 Short-cycle Courses	计 Total	本科 Normal Courses	专科 Short-cycle Courses	计 Total	本科 Normal Courses	专科 Short-cycle Courses
55485	**243191**	**87838**	**155353**	**67624**	**17276**	**50348**
1835	22372	18202	4170	5929	4176	1753
740	2174		2174	770		770
6242	19942	7540	12402	5242	1372	3870
1618	4914		4914	1550		1550
545	2019		2019	930		930
1299	10175	7406	2769	2138	1292	846
1203	3398		3398	1493		1493
2184	6023		6023	2203		2203
1684	13871	9698	4173	3095	1316	1779
2062	9780	4581	5199	2246	804	1442
2639	7627		7627	2471		2471
1798	6170		6170	1817		1817
1772	3693		3693	627		627
3123	9273		9273	2828		2828
590	3869	1549	2320	1095	101	994
4231	14513		14513	3868		3868
2753	12389	2917	9472	4959	1235	3724
2830	6761		6761	1911		1911
1709	8034	2029	6005	2186		2186
1690	4372		4372	1281		1281
941	1385		1385			
766	16002	12881	3121	4096	2970	1126
2628	6403		6403	1543		1543
1971	5467		5467	1724		1724
752	7415	2801	4614	1991	45	1946
400	1027		1027	268		268
2636	18585	11392	7193	4531	2724	1807
697	9616	6842	2774	2861	1241	1620
418	995		995	472		472
347	1168		1168	366		366
1382	3759		3759	1133		1133

高等体育院校本科、

Data on Students of Institutions

地 区 Region	毕(结)业生数 Graduates 计 Total	本 科 Normal Courses	专 科 Short-cycle Courses	招生数 计 Total	本 科 Normal Courses
总 计 Total	**14715**	**12481**	**2234**	**24706**	**19872**
北 京 Beijing	1362	1362		2317	2317
天 津 Tianjin	922	922		1419	1419
河 北 Hebei	992	871	121	765	725
山 西 Shanxi				590	
内蒙古 Inner Mongolia	28		28	168	
辽 宁 Liaoning	1457	1221	236	1848	1680
吉 林 Jilin	680	680		1749	1748
黑龙江 Heilongjiang	677	677		1200	1200
上 海 Shanghai	929	929		994	994
江 苏 Jiangsu	414	327	87	452	398
浙 江 Zhejiang				184	
安 徽 Anhui	383		383	526	
福 建 Fujian					
江 西 Jiangxi					
山 东 Shandong	540	540		2333	1700
河 南 Henan				184	
湖 北 Hubei	1154	1154		2735	2605
湖 南 Hunan	205		205	244	
广 东 Guangdong	1254	929	325	2000	1503
广 西 Guangxi	759		759	1065	
海 南 Hainan					
重 庆 Chongqing					
四 川 Sichuan	1579	1579		1867	1867
贵 州 Guizhou					
云 南 Yunnan				250	
西 藏 Tibet					
陕 西 Shaanxi	1380	1290	90	1816	1716
甘 肃 Gansu					
青 海 Qinghai					
宁 夏 Ningxia					
新 疆 Xinjiang					

专科生学生数

of Physical Culture

单位:人

Unit:in Person

Entrants	在校学生数 Enrolment			预计毕业生数 Anticipated Graduates for Next Year		
专 科 Short-cycle Courses	计 Total	本 科 Normal Courses	专 科 Short-cycle Courses	计 Total	本 科 Normal Courses	专 科 Short-cycle Courses
4834	**82340**	**71995**	**10345**	**18573**	**15048**	**3525**
	8126	8126		1799	1799	
	5145	5145		895	895	
40	3655	3286	369	1071	915	156
590	693		693			
168	594		594	234		234
168	6445	6073	372	1496	1292	204
1	5081	5080	1	961	961	
	4307	4307		827	827	
	3932	3932		968	968	
54	2116	1699	417	585	403	182
184	316		316			
526	1770		1770	691		691
633	6630	5828	802	1049	880	169
184	184		184			
130	8837	8707	130	1649	1649	
244	913		913	299		299
497	6325	5234	1091	1615	1186	429
1065	1971		1971	789		789
	8376	8376		1914	1914	
250	367		367	117		117
100	6557	6202	355	1614	1359	255

高等艺术院校本科、

Data on Students of

地 区 Region	毕(结)业生数 Graduates			招生数	
	计 Total	本 科 Normal Courses	专 科 Short-cycle Courses	计 Total	本 科 Normal Courses
总 计 Total	**25749**	**15994**	**9755**	**68814**	**39347**
北 京 Beijing	3197	1737	1460	4134	2764
天 津 Tianjin	927	900	27	2025	1443
河 北 Hebei	383		383	1932	53
山 西 Shanxi	450		450	648	
内蒙古 Inner Mongolia				32	
辽 宁 Liaoning	2340	742	1598	8232	4441
吉 林 Jilin	1968	1473	495	3776	3401
黑龙江 Heilongjiang	33		33	657	
上 海 Shanghai	1315	325	990	3109	1024
江 苏 Jiangsu	2090	1162	928	6621	4342
浙 江 Zhejiang	1393	817	576	2349	1586
安 徽 Anhui				655	
福 建 Fujian	22	22		397	114
江 西 Jiangxi				1374	
山 东 Shandong	1724	1442	282	4141	2860
河 南 Henan	888		888	1026	
湖 北 Hubei	814	814		4378	2483
湖 南 Hunan	498		498	1357	
广 东 Guangdong	963	890	73	3244	2056
广 西 Guangxi	723	721	2	1562	907
海 南 Hainan					
重 庆 Chongqing	616	616		1196	1196
四 川 Sichuan	1953	1410	543	10496	6629
贵 州 Guizhou					
云 南 Yunnan	956	631	325	2502	1245
西 藏 Tibet					
陕 西 Shaanxi	1951	1747	204	2146	1978
甘 肃 Gansu					
青 海 Qinghai					
宁 夏 Ningxia					
新 疆 Xinjiang	545	545		825	825

专科生学生数

Institutions of Art

单位:人

Unit: in Person

Entrants	在校学生数 Enrolment			预计毕业生数 Anticipated Graduates for Next Year		
专 科 Short-cycle Courses	计 Total	本 科 Normal Courses	专 科 Short-cycle Courses	计 Total	本 科 Normal Courses	专 科 Short-cycle Courses
29467	**185519**	**122065**	**63454**	**35443**	**21873**	**13570**
1370	13837	10790	3047	3630	2498	1132
582	7210	5694	1516	1619	1306	313
1879	3229	53	3176	682		682
648	1817		1817	522		522
32	46		46			
3791	17501	10154	7347	2756	1343	1413
375	12749	12056	693	2612	2411	201
657	859		859	141		141
2085	7800	3032	4768	1448	481	967
2279	14196	9101	5095	2217	1165	1052
763	10108	7211	2897	2721	1775	946
655	857		857	36		36
283	679	364	315	32	32	
1374	7006		7006	194		194
1281	11490	8898	2592	2584	1273	1311
1026	3270		3270	878		878
1895	8834	6478	2356	1118	959	159
1357	3457		3457	941		941
1188	8346	6219	2127	1390	1058	332
655	4338	3173	1165	931	782	149
	4111	4002	109	1002	893	109
3867	24618	18949	5669	3256	2483	773
1257	7609	4885	2724	2170	1003	1167
168	9073	8527	546	2106	1954	152
	2479	2479		457	457	

民族院校本科、

Data on Students of

地　区 Region	毕(结)业生数 Graduates			招生数	
	计 Total	本　科 Normal Courses	专　科 Short-cycle Courses	计 Total	本　科 Normal Courses
总　计 Total	**25219**	**21591**	**3628**	**42212**	**34565**
北　京 Beijing	1746	1746		2825	2825
天　津 Tianjin					
河　北 Hebei					
山　西 Shanxi					
内蒙古 Inner Mongolia					
辽　宁 Liaoning	1636	1636		2500	2500
吉　林 Jilin					
黑龙江 Heilongjiang				253	
上　海 Shanghai					
江　苏 Jiangsu					
浙　江 Zhejiang					
安　徽 Anhui					
福　建 Fujian					
江　西 Jiangxi				2453	
山　东 Shandong					
河　南 Henan				743	
湖　北 Hubei	5042	4851	191	7539	7103
湖　南 Hunan	382		382	782	
广　东 Guangdong					
广　西 Guangxi	2517	1962	555	3601	3092
海　南 Hainan					
重　庆 Chongqing					
四　川 Sichuan	2702	2702		4378	4316
贵　州 Guizhou	2059	1950	109	3837	3555
云　南 Yunnan	2257	1672	585	2001	1580
西　藏 Tibet	882	541	341	2894	2389
陕　西 Shaanxi	269		269	219	
甘　肃 Gansu	2266	1960	306	3541	3300
青　海 Qinghai	1889	999	890	2346	1605
宁　夏 Ningxia	1572	1572		2300	2300
新　疆 Xinjiang					

专科生学生数

Institutions of Nationalities

单位：人

Unit: in Person

Entrants	在校学生数 Enrolment			预计毕业生数 Anticipated Graduates for Next Year		
专科 Short-cycle Courses	计 Total	本科 Normal Courses	专科 Short-cycle Courses	计 Total	本科 Normal Courses	专科 Short-cycle Courses
7647	**141385**	**123634**	**17751**	**30458**	**25979**	**4479**
	10766	10766		2486	2486	
	9277	9277		1985	1985	
253	318		318	8		8
2453	4409		4409	338		338
743	1768		1768	352		352
436	27931	26165	1766	5925	5410	515
782	1466		1466	138		138
509	12410	11564	846	2475	2377	98
62	16660	16124	536	3544	3252	292
282	11957	11399	558	2627	2351	276
421	8845	7236	1609	2435	1685	750
505	7497	6014	1483	1491	718	773
219	690		690	254		254
241	12756	12080	676	3065	2799	266
741	6781	5155	1626	1681	1262	419
	7854	7854		1654	1654	

职业技术学院本科、

Data on Students of Short-cycle

地　区 Region	毕(结)业生数 Graduates			招生数	
	计 Total	本　科 Normal Courses	专　科 Short-cycle Courses	计 Total	本　科 Normal Courses
总　计 Total	**578338**		**578338**	**1443982**	**497**
北　京 Beijing	7365		7365	23673	
天　津 Tianjin	23972		23972	40223	
河　北 Hebei	37096		37096	70462	53
山　西 Shanxi	16709		16709	31160	
内蒙古 Inner Mongolia	6332		6332	24438	
辽　宁 Liaoning	20773		20773	34390	
吉　林 Jilin	3930		3930	10518	
黑龙江 Heilongjiang	16031		16031	41220	
上　海 Shanghai	19078		19078	32755	
江　苏 Jiangsu	56541		56541	137314	
浙　江 Zhejiang	39171		39171	61160	
安　徽 Anhui	29128		29128	72144	
福　建 Fujian	10556		10556	39584	
江　西 Jiangxi	11829		11829	57707	
山　东 Shandong	37235		37235	135537	
河　南 Henan	30238		30238	79689	
湖　北 Hubei	44560		44560	99984	
湖　南 Hunan	45930		45930	94045	
广　东 Guangdong	45075		45075	106562	
广　西 Guangxi	11657		11657	38923	
海　南 Hainan	3573		3573	10317	
重　庆 Chongqing	7207		7207	25228	
四　川 Sichuan	13604		13604	63710	
贵　州 Guizhou	4638		4638	13735	
云　南 Yunnan	3597		3597	15329	444
西　藏 Tibet					
陕　西 Shaanxi	18885		18885	46651	
甘　肃 Gansu	6628		6628	15683	
青　海 Qinghai	2135		2135	3667	
宁　夏 Ningxia	658		658	4009	
新　疆 Xinjiang	4207		4207	14165	

专科生学生数

Vocational Colleges

单位:人

Unit: in Person

Entrants	在校学生数 Enrolment			预计毕业生数 Anticipated Graduates for Next Year		
专科 Short-cycle Courses	计 Total	本科 Normal Courses	专科 Short-cycle Courses	计 Total	本科 Normal Courses	专科 Short-cycle Courses
1443485	**3489701**	**669**	**3489032**	**901768**		**901768**
23673	53481		53481	14264		14264
40223	105221		105221	30423		30423
70409	177837	53	177784	52072		52072
31160	79791		79791	23794		23794
24438	54991		54991	12846		12846
34390	79417		79417	22940		22940
10518	20840		20840	7812		7812
41220	104821		104821	27452		27452
32755	86911		86911	23384		23384
137314	356377		356377	82214		82214
61160	178578		178578	53890		53890
72144	167374		167374	41085		41085
39584	87365		87365	22824		22824
57707	161678		161678	34426		34426
135537	291563		291563	70325		70325
79689	190153		190153	42179		42179
99984	257029		257029	74916		74916
94045	228073		228073	63472		63472
106562	255907		255907	65719		65719
38923	90192		90192	22890		22890
10317	23477		23477	5873		5873
25228	50865		50865	12988		12988
63710	126544		126544	26666		26666
13735	30489		30489	9416		9416
14885	32853	616	32237	7835		7835
46651	108637		108637	28293		28293
15683	39544		39544	9615		9615
3667	7595		7595	2700		2700
4009	11542		11542	2828		2828
14165	30556		30556	6627		6627

广播电视大学本科、

Number of Students in Radio

地 区 Region	毕业生数 Graduates			招生数	
	合 计 Total	本 科 Normal Courses	专 科 Short-cycle Courses	合 计 Total	本 科 Normal Courses
合 计 Total	**91962**	**716**	**91246**	**81299**	**397**
北 京 Beijing	1262		1262	515	
天 津 Tianjin	3357		3357	625	
河 北 Hebei	8803		8803	2819	
山 西 Shanxi	866		866	2091	
内蒙古 Inner Mongolia	1026		1026	996	
辽 宁 Liaoning	2833		2833	2259	
吉 林 Jilin	269		269	4678	
黑龙江 Heilongjiang	541		541	1478	
上 海 Shanghai	484		484	32	
江 苏 Jiangsu	683	17	666	888	3
浙 江 Zhejiang	2585		2585	3144	
安 徽 Anhui	338		338	38	
福 建 Fujian	1221		1221	214	
江 西 Jiangxi	1810		1810	1323	
山 东 Shandong	3317		3317	385	
河 南 Henan	2160		2160	7132	
湖 北 Hubei	15358	153	15205	12173	238
湖 南 Hunan	6014		6014	5143	
广 东 Guangdong	6495		6495	3847	
广 西 Guangxi	2330	416	1914	644	156
海 南 Hainan	480		480	487	
重 庆 Chongqing	6848	130	6718	8804	
四 川 Sichuan	6956		6956	11004	
贵 州 Guizhou	2129		2129	1927	
云 南 Yunnan	2674		2674	845	
西 藏 Tibet					
陕 西 Shaanxi	3152		3152	2817	
甘 肃 Gansu	2462		2462	1164	
青 海 Qinghai	471		471	1296	
宁 夏 Ningxia	3955		3955	2108	
新 疆 Xinjiang	1083		1083	423	

专科学生数

& TV Universities

单位：人

Unit: in Person

Entrants		在校学生数 Enrolment			毕业班学生数 Graduates for Next Year	
专科 Short-cycle Courses	合计 Total	本科 Normal Courses	专科 Short-cycle Courses	合计 Total	本科 Normal Courses	专科 Short-cycle Courses
80902	**192837**	**1239**	**191598**	**65254**	**698**	**64556**
515	1737		1737	656		656
625	3654		3654	744		744
2819	7783		7783	1159		1159
2091	3396		3396	615		615
996	2590		2590	1067		1067
2259	8622		8622	1983		1983
4678	12674		12674	6623		6623
1478	3955		3955	1907		1907
32	201		201	34		34
885	1405	3	1402	48		48
3144	6199		6199	210		210
38	209		209			
214	1157		1157	547		547
1323	4069		4069	2474		2474
385	2529		2529	511		511
7132	8301		8301	57		57
11935	25237	385	24852	11302	147	11155
5143	12748		12748	2226		2226
3847	10740		10740	1920		1920
488	2747	597	2150	719	441	278
487	2317		2317	1830		1830
8804	16908	254	16654	5707	110	5597
11004	25374		25374	12430		12430
1927	4918		4918	2296		2296
845	2475		2475			
2817	8461		8461	3100		3100
1164	3184		3184	1834		1834
1296	3020		3020	1955		1955
2108	4895		4895	732		732
423	1332		1332	568		568

职工高等学校本科、

Number of Students in

地 区 Region	毕业生数 Graduates			招生数	
	合 计 Total	本 科 Normal Courses	专 科 Short-cycle Courses	合 计 Total	本 科 Normal Courses
合 计 Total	**74043**	**181**	**73862**	**96876**	**2676**
北 京 Beijing	5503	38	5465	6806	326
天 津 Tianjin	1662		1662	9923	
河 北 Hebei	2566		2566	3466	916
山 西 Shanxi	2077	78	1999	3682	610
内蒙古 Inner Mongolia	1023		1023	1609	
辽 宁 Liaoning	3033	21	3012	9328	117
吉 林 Jilin	3827		3827	5221	451
黑龙江 Heilongjiang	7827		7827	9029	182
上 海 Shanghai	5819		5819	7895	
江 苏 Jiangsu	2914		2914	2762	
浙 江 Zhejiang	6497		6497	4533	
安 徽 Anhui	1016		1016	1116	
福 建 Fujian	269		269	91	
江 西 Jiangxi	737		737	1192	
山 东 Shandong	1182	20	1162	848	24
河 南 Henan	6263		6263	5040	
湖 北 Hubei	1378	15	1363	989	15
湖 南 Hunan	3083		3083	8149	
广 东 Guangdong	2119		2119	3027	
广 西 Guangxi	429		429	413	
海 南 Hainan					
重 庆 Chongqing	630		630	1452	
四 川 Sichuan	4163		4163	5303	35
贵 州 Guizhou	854		854	825	
云 南 Yunnan	144		144	131	
西 藏 Tibet					
陕 西 Shaanxi	2965	9	2956	2420	
甘 肃 Gansu	838		838	818	
青 海 Qinghai	3835		3835	333	
宁 夏 Ningxia					
新 疆 Xinjiang	1390		1390	475	

专科学生数
Workers' Colleges

单位:人
Unit: in Person

Entrants	在校学生数 Enrolment			毕业班学生数 Graduates for Next Year		
专科 Short-cycle Courses	合计 Total	本科 Normal Courses	专科 Short-cycle Courses	合计 Total	本科 Normal Courses	专科 Short-cycle Courses
94200	**222599**	**5336**	**217263**	**65040**	**2392**	**62648**
6480	15092	579	14513	3777	269	3508
9923	19511		19511	8004		8004
2550	6957	1487	5470	1703	571	1132
3072	8260	1172	7088	2865	457	2408
1609	4014		4014	2185		2185
9211	17369	183	17186	4577		4577
4770	12699	1206	11493	2727	755	1972
8847	24651	384	24267	7161	202	6959
7895	18488		18488	3063		3063
2762	6270		6270	1704		1704
4533	10980		10980	1667		1667
1116	1908		1908	443		443
91	311		311	21		21
1192	2714		2714	1253		1253
824	2854	103	2751	537	34	503
5040	12700		12700	3610		3610
974	2235	83	2152	937		937
8149	17244		17244	7850		7850
3027	6865		6865	1639		1639
413	954		954			
1452	2442		2442	294		294
5268	12036	139	11897	4384	104	4280
825	2289		2289	1031		1031
131	493		493	206		206
2420	7145		7145	1529		1529
818	2488		2488	784		784
333	1823		1823	785		785
475	1807		1807	304		304

农民高等学校本科、

Number of Students in

地　区 Region	毕业生数 Graduates			招生数	
	合　计 Total	本　科 Normal Courses	专　科 Short-cycle Courses	合　计 Total	本　科 Normal Courses
合　计 Total	**26**		**26**	**978**	
北　京 Beijing					
天　津 Tianjin					
河　北 Hebei					
山　西 Shanxi					
内蒙古 Inner Mongolia					
辽　宁 Liaoning					
吉　林 Jilin	26		26	978	
黑龙江 Heilongjiang					
上　海 Shanghai					
江　苏 Jiangsu					
浙　江 Zhejiang					
安　徽 Anhui					
福　建 Fujian					
江　西 Jiangxi					
山　东 Shandong					
河　南 Henan					
湖　北 Hubei					
湖　南 Hunan					
广　东 Guangdong					
广　西 Guangxi					
海　南 Hainan					
重　庆 Chongqing					
四　川 Sichuan					
贵　州 Guizhou					
云　南 Yunnan					
西　藏 Tibet					
陕　西 Shaanxi					
甘　肃 Gansu					
青　海 Qinghai					
宁　夏 Ningxia					
新　疆 Xinjiang					

专科学生数
Peasant Colleges

单位:人
Unit: in Person

Entrants	在校学生数 Enrolment			毕业班学生数 Graduates for Next Year		
专科 Short-cycle Courses	合计 Total	本科 Normal Courses	专科 Short-cycle Courses	合计 Total	本科 Normal Courses	专科 Short-cycle Courses
978	**3086**		**3086**	**2072**		**2072**
978	3086		3086	2072		2072

独立函授学院本科、

Number of Students in Independent

地 区 Region	毕业生数 Graduates			招生数	
	合 计 Total	本 科 Normal Courses	专 科 Short-cycle Courses	合 计 Total	本 科 Normal Courses
合 计 Total				**2228**	
北 京 Beijing					
天 津 Tianjin					
河 北 Hebei					
山 西 Shanxi					
内蒙古 Inner Mongolia					
辽 宁 Liaoning					
吉 林 Jilin					
黑龙江 Heilongjiang					
上 海 Shanghai					
江 苏 Jiangsu					
浙 江 Zhejiang					
安 徽 Anhui					
福 建 Fujian					
江 西 Jiangxi					
山 东 Shandong					
河 南 Henan					
湖 北 Hubei					
湖 南 Hunan					
广 东 Guangdong					
广 西 Guangxi					
海 南 Hainan					
重 庆 Chongqing					
四 川 Sichuan				2228	
贵 州 Guizhou					
云 南 Yunnan					
西 藏 Tibet					
陕 西 Shaanxi					
甘 肃 Gansu					
青 海 Qinghai					
宁 夏 Ningxia					
新 疆 Xinjiang					

专科学生数

Correspondence Colleges

单位:人

Unit: in Person

Entrants	在校学生数 Enrolment			毕业班学生数 Graduates for Next Year		
专科 Short-cycle Courses	合计 Total	本科 Normal Courses	专科 Short-cycle Courses	合计 Total	本科 Normal Courses	专科 Short-cycle Courses
2228	**5894**		**5894**	**3666**		**3666**
2228	5894		5894	3666		3666

教育学院本科、

Number of Students in

地区 Region	毕业生数 Graduates			招生数	
	合计 Total	本科 Normal Courses	专科 Short-cycle Courses	合计 Total	本科 Normal Courses
合计 Total	**77739**	**39919**	**37820**	**80028**	**44291**
北京 Beijing	4434	1903	2531	3012	1640
天津 Tianjin					
河北 Hebei	106		106	8	
山西 Shanxi	1338		1338	1046	
内蒙古 Inner Mongolia	251		251	124	
辽宁 Liaoning	963	623	340	795	379
吉林 Jilin	2872	2312	560	2586	2167
黑龙江 Heilongjiang	3325	1776	1549	3347	1508
上海 Shanghai					
江苏 Jiangsu	5176	3922	1254	5602	4548
浙江 Zhejiang	6504	4839	1665	5446	4277
安徽 Anhui	3733	860	2873	3482	2175
福建 Fujian	3513	2501	1012	3106	2490
江西 Jiangxi	3017	1160	1857	3415	1423
山东 Shandong	8949	5354	3595	3146	1804
河南 Henan	5154	1253	3901	8676	3596
湖北 Hubei	3102	1196	1906	4700	2235
湖南 Hunan	1416		1416	1673	
广东 Guangdong	3959	2994	965	4117	3649
广西 Guangxi	3395	955	2440	1876	1247
海南 Hainan					
重庆 Chongqing	2194	1509	685	2378	1672
四川 Sichuan	4546	2693	1853	6521	3193
贵州 Guizhou	2736	1078	1658	6644	2943
云南 Yunnan	607		607	317	
西藏 Tibet					
陕西 Shaanxi	1286	781	505	2085	1149
甘肃 Gansu				968	
青海 Qinghai					
宁夏 Ningxia					
新疆 Xinjiang	5163	2210	2953	4958	2196

专科学生数

Educational Colleges

单位：人

Unit：in Person

Entrants	在校学生数 Enrolment			毕业班学生数 Graduates for Next Year		
专科 Short-cycle Courses	合计 Total	本科 Normal Courses	专科 Short-cycle Courses	合计 Total	本科 Normal Courses	专科 Short-cycle Courses
35737	**187948**	**96205**	**91743**	**46068**	**17888**	**28180**
1372	7651	3803	3848	528	207	321
8	53		53	1		1
1046	3443		3443	1155		1155
124	323		323	199		199
416	2057	1244	813	50		50
419	5147	4139	1008			
1839	6850	3134	3716	838		838
1054	12135	9752	2383	671	271	400
1169	11277	8526	2751	531		531
1307	8252	4816	3436	1704	1503	201
616	7243	5427	1816	3974	2906	1068
1992	7921	3137	4784	1511	466	1045
1342	9192	4758	4434	1624	959	665
5080	20726	7426	13300	6390	1336	5054
2465	8865	3990	4875	3967	2478	1489
1673	4481		4481	1225		1225
468	9790	8339	1451	1068	836	232
629	5338	2623	2715	384		384
706	5588	3542	2046	581	366	215
3328	16295	7428	8867	6050	1509	4541
3701	15524	7238	8286	6054	2803	3251
317	762		762			
936	6468	3013	3455	3366	1186	2180
968	2563		2563	1495		1495
2762	10004	3870	6134	2702	1062	1640

管理干部学院本科、

Number of Students in Institutes for

地区 Region	毕业生数 Graduates			招生数	
	合计 Total	本科 Normal Courses	专科 Short-cycle Courses	合计 Total	本科 Normal Courses
合计 Total	**31177**	**4770**	**26407**	**31954**	**5315**
北京 Beijing	1212	43	1169	2558	269
天津 Tianjin	527		527	2076	
河北 Hebei	718		718	375	
山西 Shanxi	1956		1956	2801	
内蒙古 Inner Mongolia					
辽宁 Liaoning	18	16	2	248	215
吉林 Jilin				756	175
黑龙江 Heilongjiang	1		1	1160	413
上海 Shanghai	880		880	1127	
江苏 Jiangsu	219		219	1138	176
浙江 Zhejiang					
安徽 Anhui	569		569	529	
福建 Fujian	992	89	903	1654	99
江西 Jiangxi	247	44	203	406	287
山东 Shandong	6369	2223	4146	3792	1229
河南 Henan	587	167	420	377	239
湖北 Hubei	4504	1862	2642	2891	814
湖南 Hunan	1194		1194	1186	889
广东 Guangdong	1638		1638	1376	
广西 Guangxi	6233	326	5907	3249	401
海南 Hainan					
重庆 Chongqing				197	
四川 Sichuan	3313		3313	3375	109
贵州 Guizhou					
云南 Yunnan					
西藏 Tibet					
陕西 Shaanxi				683	
甘肃 Gansu					
青海 Qinghai					
宁夏 Ningxia					
新疆 Xinjiang					

专科学生数

Administration

单位:人

Unit: in Person

Entrants	在校学生数 Enrolment			毕业班学生数 Graduates for Next Year		
专科 Short-cycle Courses	合计 Total	本科 Normal Courses	专科 Short-cycle Courses	合计 Total	本科 Normal Courses	专科 Short-cycle Courses
26639	**78332**	**10643**	**67689**	**18957**	**2558**	**16399**
2289	5502	616	4886	1958	291	1667
2076	4259		4259	1927		1927
375	913		913	458		458
2801	6833		6833	1473		1473
33	653	510	143	387	277	110
581	1562	415	1147	806	240	566
747	2802	841	1961	1527	428	1099
1127	2540		2540	324		324
962	1994	287	1707	404	42	362
529	972		972	104		104
1555	3343	209	3134	701	51	650
119	1004	709	295	415	237	178
2563	9644	2592	7052	2252	328	1924
138	1173	725	448	494	249	245
2077	5976	1260	4716	754	182	572
297	3005	889	2116			
1376	2686		2686	417		417
2848	11841	1105	10736	537	48	489
197	390		390	193		193
3266	9090	485	8605	2388	185	2203
683	2150		2150	1438		1438

其他机构本科、

Number of Students in

地区 Region	毕业生数 Graduates 合计 Total	本科 Normal Courses	专科 Short-cycle Courses	招生数 合计 Total	本科 Normal Courses
合　计 Total	**640**		**640**	**1973**	
北　京 Beijing					
天　津 Tianjin					
河　北 Hebei					
山　西 Shanxi					
内蒙古 Inner Mongolia					
辽　宁 Liaoning					
吉　林 Jilin					
黑龙江 Heilongjiang					
上　海 Shanghai					
江　苏 Jiangsu					
浙　江 Zhejiang	25		25	22	
安　徽 Anhui					
福　建 Fujian					
江　西 Jiangxi					
山　东 Shandong					
河　南 Henan	453		453	1192	
湖　北 Hubei					
湖　南 Hunan	131		131	99	
广　东 Guangdong					
广　西 Guangxi					
海　南 Hainan					
重　庆 Chongqing					
四　川 Sichuan					
贵　州 Guizhou					
云　南 Yunnan					
西　藏 Tibet					
陕　西 Shaanxi	31		31	660	
甘　肃 Gansu					
青　海 Qinghai					
宁　夏 Ningxia					
新　疆 Xinjiang					

专科学生数
Other Instiutes

单位:人
Unit: in Person

Entrants	在校学生数 Enrolment			毕业班学生数 Graduates for Next Year		
专科 Short-cycle Courses	合计 Total	本科 Normal Courses	专科 Short-cycle Courses	合计 Total	本科 Normal Courses	专科 Short-cycle Courses
1973	**4941**		**4941**	**3451**		**3451**
22	87		87			
1192	1943		1943	1359		1359
99	322		322	163		163
660	2589		2589	1929		1929

普通高等学校举办函授、业余、

Number of Students in Correspondence Courses for Adults run by Regular Institu

地 区 Region	函授、业余 Divisions of Correspondence and Sparetime Schools							
	毕业生数 Graduates			招生数 Entrants			在校学生 Enrolm	
	合 计 Total	本 科 Normal Courses	专 科 Short-cycle Courses	合 计 Total	本 科 Normal Courses	专 科 Short-cycle Courses	合 计 Total	本 科 Normal Courses
合 计 Total	**1212519**	**459362**	**753157**	**1279189**	**568043**	**711146**	**2858046**	**1196115**
北 京 Beijing	76545	34542	42003	74300	38346	35954	169860	83716
天 津 Tianjin	21752	9836	11916	19392	11230	8162	47731	25942
河 北 Hebei	66048	16921	49127	60648	16828	43820	134853	37148
山 西 Shanxi	39625	8478	31147	31684	12488	19196	77311	24665
内蒙古 Inner Mongolia	20692	11450	9242	22737	13919	8818	49944	30307
辽 宁 Liaoning	33735	18999	14736	38347	21815	16532	93653	52950
吉 林 Jilin	34111	20052	14059	35490	22369	13121	79236	48016
黑龙江 Heilongjiang	29201	16972	12229	29084	18000	11084	69092	43662
上 海 Shanghai	47229	21258	25971	50998	28027	22971	113020	62606
江 苏 Jiangsu	73787	31491	42296	80925	37961	42964	181287	78365
浙 江 Zhejiang	60365	25128	35237	84549	40602	43947	161025	69518
安 徽 Anhui	37173	7743	29430	32484	10885	21599	76013	22023
福 建 Fujian	21106	9167	11939	26727	14252	12475	53195	26998
江 西 Jiangxi	30297	13535	16762	31128	14615	16513	70998	31006
山 东 Shandong	94051	39570	54481	93438	42149	51289	221234	93871
河 南 Henan	53830	13975	39855	62766	22368	40398	133129	46543
湖 北 Hubei	74529	30441	44088	66108	26184	39924	144357	60029
湖 南 Hunan	57396	19402	37994	49247	16270	32977	106050	31370
广 东 Guangdong	77547	22271	55276	120181	44111	76070	241792	85450
广 西 Guangxi	45845	9441	36404	48734	17469	31265	108888	31114
海 南 Hainan	6138	1970	4168	6529	2876	3653	12857	5144
重 庆 Chongqing	19312	9096	10216	23354	12480	10874	50889	25820
四 川 Sichuan	38612	13069	25543	46331	20527	25804	93488	39385
贵 州 Guizhou	14126	2716	11410	20198	7313	12885	67258	19063
云 南 Yunnan	38881	13528	25353	42588	14892	27696	95984	29963
西 藏 Tibet	2739	2715	24	2135	1870	265	6974	6435
陕 西 Shaanxi	41609	15499	26110	34064	18459	15605	89325	40746
甘 肃 Gansu	20221	7163	13058	17618	8053	9565	41407	17229
青 海 Qinghai	1543	779	764	1856	1327	529	4266	2731
宁 夏 Ningxia	7454	1681	5773	8646	2237	6409	17181	3747
新 疆 Xinjiang	27020	10474	16546	16903	8121	8782	45749	20553

脱产分本专科学生数

divisions、Sparetime Schools & Short-cycle
tions of Higher Education

单位:人
Unit: in Person

数 ent	脱产 Short-cycle courses for Adults								
	毕业生数 Graduates			招生数 Entrants			在校学生数 Enrolment		
专 科 Short-cycle Courses	合 计 Total	本 科 Normal Courses	专 科 Short-cycle Courses	合 计 Total	本 科 Normal Courses	专 科 Short-cycle Courses	合 计 Total	本 、科 Normal Courses	专 科 Short-cycle Courses
1661931	**179783**	**50851**	**128932**	**355725**	**126474**	**229251**	**807022**	**301602**	**505420**
86144	9197	6041	3156	29126	14759	14367	67799	35694	32105
21789	1540	557	983	3158	1748	1410	9265	4527	4738
97705	9895	1501	8394	20691	5721	14970	42442	12676	29766
52646	3651	258	3393	8041	3314	4727	18895	6542	12353
19637	3864	690	3174	6537	1908	4629	15690	5257	10433
40703	8842	3726	5116	35435	14509	20926	69097	31654	37443
31220	3947	768	3179	9549	4866	4683	23145	11927	11218
25430	7590	1242	6348	13569	5957	7612	34990	15595	19395
50414	1970	1136	834	4962	1948	3014	12945	5932	7013
102922	9469	2794	6675	24021	8336	15685	56803	20961	35842
91507	4929	1454	3475	9133	1890	7243	23578	6780	16798
53990	7583	1627	5956	8251	3647	4604	18957	8462	10495
26197	1161	335	826	3903	831	3072	9223	1861	7362
39992	3808	413	3395	6040	1826	4214	14548	4169	10379
127363	4511	683	3828	7098	1245	5853	13068	2637	10431
86586	8933	1248	7685	18735	4111	14624	41301	9054	32247
84328	17191	10287	6904	17190	9911	7279	36761	22534	14227
74680	7183	1962	5221	19382	5926	13456	41456	12921	28535
156342	5789	792	4997	11611	1330	10281	23745	2734	21011
77774	1767	15	1752	3381	602	2779	6811	1175	5636
7713	457	250	207	2405	588	1817	6407	2199	4208
25069	6564	2843	3721	10138	3207	6931	25991	8696	17295
54103	16232	4002	12230	28175	8535	19640	63899	22084	41815
48195	5335	471	4864	8574	3053	5521	24066	8014	16052
66021	9783	432	9351	15878	3252	12626	31362	6183	25179
539	286	25	261	226	25	201	463	68	395
48579	7487	3009	4478	10381	5869	4512	28882	14455	14427
24178	4690	425	4265	10728	4143	6585	23187	8717	14470
1535	1583	482	1101	2577	1337	1240	6029	2617	3412
13434	268	2	266	1460	518	942	2984	1195	1789
25196	4278	1381	2897	5370	1562	3808	13233	4282	8951

在职人员攻读博士、硕士

Number of Postgraduate Students Studying for Advanced

	授予学位数 Degree Awarded		
	计 Total	博士 Doctor's Degree	硕士 Master's Degree
合 计 Total	**43964**	**951**	**43013**
北 京 Beijing	9757	280	9477
天 津 Tianjin	856	24	832
河 北 Hebei	708	17	691
山 西 Shanxi	820		820
内蒙古 Inner Mongolia	298		298
辽 宁 Liaoning	2930	4	2926
吉 林 Jilin	835	12	823
黑龙江 Heilongjiang	494	19	475
上 海 Shanghai	4040	168	3872
江 苏 Jiangsu	2848	95	2753
浙 江 Zhejiang	1323		1323
安 徽 Anhui	841	1	840
福 建 Fujian	525		525
江 西 Jiangxi	515		515
山 东 Shandong	1575	19	1556
河 南 Henan	990		990
湖 北 Hubei	4853	114	4739
湖 南 Hunan	1190	31	1159
广 东 Guangdong	2335	2	2333
广 西 Guangxi	114		114
海 南 Hainan	23	13	10
重 庆 Chongqing	470	32	438
四 川 Sichuan	1644	90	1554
贵 州 Guizhou	141		141
云 南 Yunnan	512	8	504
西 藏 Tibet	24		24
陕 西 Shaanxi	2525		2525
甘 肃 Gansu	570	2	568
青 海 Qinghai	22		22
宁 夏 Ningxia			
新 疆 Xinjiang	186	20	166

学位学生情况
Degrees Without Leaving Their Jobs

单位：人
Unit: in Person

招生数 Entrants			在校学生数 Enrolment		
计 Total	博士 Doctor's Degree	硕士 Master's Degree	计 Total	博士 Doctor's Degree	硕士 Master's Degree
101653	**1953**	**99700**	**254672**	**5561**	**249111**
13076	437	12639	40839	1109	39730
1789	110	1679	6932	416	6516
1995	8	1987	4049	47	4002
2161		2161	3896		3896
967		967	2353		2353
7243	72	7171	15417	233	15184
3804	39	3765	6807	88	6719
2231	2	2229	6857	6	6851
7621	314	7307	19745	996	18749
8268	157	8111	23310	468	22842
2959		2959	7555		7555
2319	13	2306	5955	30	5925
2490		2490	5749		5749
1998		1998	5346		5346
4447	28	4419	7772	56	7716
1917		1917	4900		4900
12502	230	12272	22380	261	22119
3945	93	3852	10133	593	9540
4779	8	4771	12457	14	12443
1032		1032	2846		2846
318	17	301	515	50	465
2175	258	1917	5066	651	4415
3024	103	2921	8656	356	8300
729		729	1126		1126
1669	6	1663	4538	23	4515
47	2	45	69	2	67
4160	9	4151	14114	22	14092
1082		1082	3328		3328
113		113	253		253
135		135	210		210
658	47	611	1499	140	1359

高等教育非学历

Data on Students Enrolled in Non-formal

	毕(结)业生数 Corupleters								
	研究生课程进修班 Postgraduate Courses	自考助学班 Classes Run by Non-state/private HEIs for Students Preparing for State-administered Examinations for Self-directed learners	普通预科生 College-preparatory Classes	进修及培训 In-service Training					
				总计 Total	一周至一个月以内 a week to 1 months under	一个月至半年以内 1 months to half year under	半年至一年以内 half year to one year under	一年及以上 One year and over	其中：资格证书培训 For Certificates of Vocational Qualifications
合　计 Total	**69978**	**199531**		**3464440**	**2003214**	**1074556**	**275989**	**110681**	**917431**
北　京 Beijing	14081	31689		289989	138127	69829	64501	17532	44613
天　津 Tianjin	280	354		106420	46524	42983	13010	3903	35322
河　北 Hebei	575	4501		71409	23195	44187	3471	556	6159
山　西 Shanxi	140	1586		32874	22968	8003	1326	577	10628
内蒙古 Inner Mongolia		1707		43758	21078	14452	6090	2138	17773
辽　宁 Liaoning	5129	16450		52710	31522	15064	3881	2243	11222
吉　林 Jilin	3915	5957		26098	16570	8110	1408	10	8651
黑龙江 Heilongjiang	781	4088		63437	25278	35276	1065	1818	5651
上　海 Shanghai	5466	22318		633411	248747	324624	49509	10531	92854
江　苏 Jiangsu	5029	3744		165001	79151	65706	14282	5862	46099
浙　江 Zhejiang	5476	2772		237296	187032	35916	10381	3967	55105
安　徽 Anhui	492	548		111051	89330	16121	3990	1610	57402
福　建 Fujian	1544	6794		97923	42625	17780	16892	20626	14567
江　西 Jiangxi	82	1555		40015	30799	5063	1074	3079	11609
山　东 Shandong	3487	4165		285970	173237	91522	16620	4591	134196
河　南 Henan	3396	5965		183753	143280	26798	10239	3436	25212
湖　北 Hubei	3677	5936		92019	64460	25885	1536	138	29822
湖　南 Hunan	1719	16744		175877	136227	25061	4402	10187	33277
广　东 Guangdong	3852	17556		209669	107723	74561	24401	2984	83338
广　西 Guangxi	17	4537		36067	31197	4120	45	705	12216
海　南 Hainan		249		5716	5171	482	63		3941
重　庆 Chongqing	1118	7684		25871	10339	5469	4418	5645	13224
四　川 Sichuan	4559	13929		133110	88350	33776	7737	3247	50071
贵　州 Guizhou	477	1304		37134	33370	3764			12368
云　南 Yunnan	1527	96		33073	18239	11601	2491	742	4056
西　藏 Tibet									
陕　西 Shaanxi	1585	11848		87253	55287	28152	2466	1348	27884
甘　肃 Gansu	621	5109		100574	74642	21857	1721	2354	43449
青　海 Qinghai		346		8659	8197	462			1095
宁　夏 Ningxia	113			22793	18964	2278	1551		7973
新　疆 Xinjiang	840			55510	31585	15654	7419	852	17654

教育学生情况(总计)

Programmes of HEIs (Total)

单位:人

Unit: in Person

其中岗位证书培训 For Certificates of Job-related Qualifications	注册学生数 Total Enrolment: 研究生课程进修班 Postgraduate Courses	注册学生数 Total Enrolment: 自考助学班 Classes Run by Non-state/private HEIs for Students Preparing for State-administrated Examinations for Self-directed Learners	注册学生数 Total Enrolment: 普通预科生 College-preparatory Classes	进修及培训 In-service Training: 总计 Total	进修及培训 In-service Training: 一周至一个月以内 a week to 1 months under	进修及培训 In-service Training: 一个月至半年以内 1 months to half year under	进修及培训 In-service Training: 半年至一年以内 half year to one year under	进修及培训 In-service Training: 一年及以上 One year and over	进修及培训 In-service Training: 其中资格证书培训 For Certificates of Vocational Qualifications	进修及培训 In-service Training: 其中岗位证书培训 For Certificates of Job-related Qualifications
902614	**88243**	**737918**	**23663**	**1549563**	**635178**	**578112**	**232626**	**103647**	**346701**	**420109**
36090	24826	187794	152	128071	27598	40471	43275	16727	19086	8964
23955	269	3987	67	49306	31078	10515	5127	2586	10476	22666
14885	248	20298	150	14815	3672	7330	1470	2343	4400	5224
10351	264	7410		15052	7305	6079	920	748	8254	1350
6404	207	4486	1041	9477	5838	2627	164	848	5230	1323
28319	4306	61305	300	23572	16443	4397	1271	1461	2049	16660
1128	2337	12805	293	4815	2916	1163	667	69	691	392
2762	290	11340	89	4934	901	2204	1019	810	130	332
208426	7044	49121	210	590120	187055	292969	96826	13270	56264	208890
42483	5696	40824	207	59536	19815	19653	16381	3687	20643	3903
53962	7638	19097	28	110893	71967	18305	8489	12132	21174	7630
24078	1397	4947	154	39951	32377	2607	1626	3341	29706	7410
27326	2756	14774	1147	22604	5559	5256	11376	413	2358	16691
13600	176	4676	682	15542	8803	3394	507	2838	8373	3177
66590	3071	21040	482	44549	13681	18828	5562	6478	13706	7049
28488	2412	35136	1626	30220	12868	7661	6473	3218	9145	7617
35143	5389	34228	681	34431	21517	12228	427	259	9235	16960
92922	998	44913	967	25374	3877	15067	1422	5008	12416	1404
36488	6416	31362	929	89817	27706	44051	14549	3511	30698	25307
10814	58	9093	739	17306	15145	717	175	1269	2927	4407
169		355	101	4463	4400		63		4138	162
5721	4056	26304	1302	9800	1464	2179	1528	4629	6703	193
39620	3299	27409	4449	31824	10887	9280	5417	6240	11408	4041
12296	395	6299	1053	35197	31361	3836			11792	11611
6336	1282		1470	17872	3726	12357	308	1481	2377	1769
23374	2145	44553	536	42376	25474	9636	2555	4711	16719	5456
28460	1159	11959	1086	59914	27846	23170	3431	5467	16831	26428
448		2403	727	1136	1121			15	1136	
3387	59		1244	14682	11512	1572	1598		8636	2970
18589	50		1751	1914	1266	560		88		123

高等教育非学历

Data on Students Enrolled in Non-formal

	毕(结)业生数 Corupleters								
				进修及培训 In-service Training					
	研究生课程进修班 Postgraduate Courses	自考助学班 Classes Run by Non-state/private HEIs for Students Preparing for State-administrated Examinations for Self-directed Learners	普通预科生 College-preparatory Classes	总计 Total	一周至一个月以内 a week to 1 months under	一个月至半年以内 1 months to half year under	半年至一年以内 half year to one year under	一年及以上 One year and over	其中资格证书培训 For Certificates of Vocational Qualifications
合　计 Total	**69375**	**114463**		**1268717**	**762288**	**372713**	**85758**	**47958**	**393722**
北　京 Beijing	13587	19754		106307	58024	27261	13047	7975	14573
天　津 Tianjin	280	218		25173	8475	14998	1593	107	6452
河　北 Hebei	575	1336		29639	20304	9325		10	5025
山　西 Shanxi	140	114		6467	5478	732	115	142	1694
内蒙古 Inner Mongolia				12842	8389	374	3827	252	5489
辽　宁 Liaoning	5129			19126	7285	8279	2746	816	2290
吉　林 Jilin	3915	3501		15931	13194	1851	886		7793
黑龙江 Heilongjiang	781	1990		48748	16916	30736	24	1072	5213
上　海 Shanghai	5466	5420		93692	33774	47131	10329	2458	36124
江　苏 Jiangsu	5029	3744		111641	55554	39227	11840	5020	26147
浙　江 Zhejiang	5476	1123		123577	92422	23649	5585	1921	40863
安　徽 Anhui	492	548		68752	56471	9337	2372	572	39051
福　建 Fujian	1544	6794		62763	31728	9536	1106	20393	8925
江　西 Jiangxi	82	1164		20587	18675	1188	700	24	8887
山　东 Shandong	3378	2201		63428	37127	24973	1213	115	27848
河　南 Henan	3396	,		46376	34200	6931	3666	1579	15049
湖　北 Hubei	3677	4914		56824	36164	19010	1512	138	20938
湖　南 Hunan	1719	10766		32058	21881	5982	1878	2317	13173
广　东 Guangdong	3852	14468		117115	63737	40178	12539	661	45960
广　西 Guangxi	17	4444		20524	15745	4029	45	705	6498
海　南 Hainan		249		4819	4756		63		3941
重　庆 Chongqing	1118	6644		8819	6310	2119	360	30	3891
四　川 Sichuan	4559	11930		52116	27926	20837	3031	322	24538
贵　州 Guizhou	477	507		17098	14614	2484			3623
云　南 Yunnan	1527	96		31954	17120	11601	2491	742	4056
西　藏 Tibet									
陕　西 Shaanxi	1585	9138		16015	12404	2782	609	220	1556
甘　肃 Gansu	621	3054		9759	8390	1309	56	4	2178
青　海 Qinghai		346		8659	8197	462			1095
宁　夏 Ningxia	113			22793	18964	2278	1551		7973
新　疆 Xinjiang	840			15115	8064	4114	2574	363	2879

教育学生情况(普通高校)

Programmes of HEIs (Regular HEIs)

单位：人

Unit：in Person

	注册学生数 Total Enrolment									
				进修及培训 In-service Training						
其中岗位证书培训 For Certificates of Job-related Qualifications	研究生课程进修班 Postgraduate Courses	自考助学班 Classes Run by Non-state/private HEIs for Students Preparing for State-administrated Examinations for Self-directed Learners	普通预科生 College-preparatory Classes	总计 Total	一周至一个月以内 a week to 1 months under	一个月至半年以内 1 months to half year under	半年至一年以内 half year to one year under	一年及以上 One year and over	其中资格证书培训 For Certificates of Vocational Qualifications	其中岗位证书培训 For Certificates of Job-related Qualifications
262607	**87325**	**330711**	**23663**	**455488**	**237176**	**141522**	**59687**	**17103**	**161799**	**64294**
6258	24047	44924	152	52493	19026	23057	7831	2579	9858	1857
5789	269	3851	67	10398	4675	5451	175	97	3472	2656
12558	248	8457	150	10673	3351	6775	69	478	4360	4460
2774	264	24		3288	2693	200	110	285	1367	180
3031	207		1041	5774	5753	1	20		4430	1323
6797	4306		300	1484	75	391	1018			1066
574	2337	6811	293	3717	2561	662	494		653	392
1210	290	5041	89	391		391			130	85
26251	7044	18736	210	22947	5940	8620	8326	61	8496	2711
29589	5696	38577	207	47845	14396	15428	15542	2479	17994	1896
21651	7638	4080	28	64065	41243	13434	6873	2515	14394	2747
7501	1397	1456	154	27985	27896		89		27356	
12571	2756	10452	1147	6909	4455	1691	583	180	299	4737
7226	176	1254	682	9479	7976	1018	378	107	6689	2530
11231	2932	11782	482	14297	3567	9599	872	259	5454	3639
16944	2412	419	1626	15927	10206	4054	1088	579	7392	3106
17108	5389	30933	681	9270	3075	5583	353	259	1855	1753
8006	998	33180	967	6711	2347	2235	1400	729	2437	1101
20688	6416	21160	929	45531	20679	17014	7641	197	17924	13450
9214	58	9013	739	7862	5730	717	175	1240	2604	3569
154		355	101	4463	4400		63		4138	162
1437	4056	23156	1302	1451	397	788	259	7	599	
8855	3299	11723	4449	11338	1045	4748	2522	3023	1162	26
4890	395	3341	1053	15161	12605	2556			3047	4205
6283	1282		1470	17872	3726	12357	308	1481	2377	1769
1070	2145	28846	536	13488	9147	2022	1874	445	953	103
3113	1159	10737	1086	6937	6313	598	26		2587	1678
448		2403	727	1136	1121			15	1136	
3387	59		1244	14682	11512	1572	1598		8636	2970
5999	50		1751	1914	1266	560		88		123

高等教育非学历

Data on Students Enrolled in Non-formal

	毕(结)业生数 Corupleters								
				进修及培训 In-service Training					
	研究生课程进修班 Postgraduate Courses	自考助学班 Classes Run by Non-state/private HEIs for Students Preparing for State-administrated Examinations for Self-directed Learners	普通预科生 College-preparatory Classes	总计 Total	一周至一个月以内 a week to 1 months under	一个月至半年以内 1 months to half year under	半年至一年以内 half year to one year under	一年及以上 One year and over	其中资格证书培训 For Certificates of Vocational Qualifications
合　计 Total		**2681**		**1568523**	**1038280**	**412823**	**101701**	**15719**	**402944**
北　京 Beijing		400		122982	64763	33020	23472	1727	27001
天　津 Tianjin		136		81247	38049	27985	11417	3796	28870
河　北 Hebei				38443	2343	33264	2836		984
山　西 Shanxi				12992	12680	312			2001
内蒙古 Inner Mongolia				12463	12164	299			8017
辽　宁 Liaoning				17841	12621	3469	1122	629	7902
吉　林 Jilin				9014	2556	6022	436		686
黑龙江 Heilongjiang				10069	7076	2885	108		264
上　海 Shanghai				228107	126622	94167	6525	793	11772
江　苏 Jiangsu				53360	23597	26479	2442	842	19952
浙　江 Zhejiang		201		109178	94073	10580	2789	1736	13712
安　徽 Anhui				39281	32269	6660	352		17469
福　建 Fujian				34381	10897	7465	15786	233	5000
江　西 Jiangxi				14199	12109	1743	221	126	1014
山　东 Shandong				155361	98060	49189	8112		92309
河　南 Henan				128620	107154	16648	4518	300	7533
湖　北 Hubei				24219	21028	3167	24		1941
湖　南 Hunan				118652	111857	6238	419	138	7775
广　东 Guangdong				64304	38282	18066	7681	275	30499
广　西 Guangxi		93		15543	15452	91			5718
海　南 Hainan				897	415	482			
重　庆 Chongqing				10627	4029	3251	2911	436	3765
四　川 Sichuan		1442		76048	59243	10470	4233	2102	21957
贵　州 Guizhou		409		20036	18756	1280			8745
云　南 Yunnan				1119	1119				
西　藏 Tibet									
陕　西 Shaanxi				64352	42731	20144	1452	25	24715
甘　肃 Gansu				64793	44814	17907		2072	38568
青　海 Qinghai									
宁　夏 Ningxia									
新　疆 Xinjiang				40395	23521	11540	4845	489	14775

教育学生情况(成人高校)

Programmes of HEIs (HEIs for Adults)

单位：人

Unit: in Person

	注册学生数 Total Enrolment									
				进修及培训 In-service Training						
其中岗位证书培训 For Certificates of Job-related Qualifications	研究生课程进修班 Postgraduate Courses	自考助学班 Classes Run by Non-state/private HEIs for Students Preparing for State-administrated Examinations for Self-directed Learners	普通预科生 College-preparatory Classes	总计 Total	一周至一个月以内 a week to 1 months under	一个月至半年以内 1 months to half year under	半年至一年以内 half year to one year under	一年及以上 One year and over	其中资格证书培训 For Certificates of Vocational Qualifications	其中岗位证书培训 For Certificates of Job-related Qualifications
522045		**11993**		**525183**	**258311**	**209926**	**39385**	**17561**	**85073**	**226166**
29268		854		18105	6138	7742	2852	1373	5350	6664
18166		136		38908	26403	5064	4952	2489	7004	20010
829				1681		500	1181			500
6339										
1722										
6817				5572	4752	557	240	23	278	857
436				69				69		
1552				409		347	62			247
135731		3072		259480	107625	142636	7847	1372	12764	137848
12894				11691	5419	4225	839	1208	2649	2007
31653		643		38439	30674	4227	848	2690	6470	4506
15539				5170	3674	1352	144			4425
14618		513		15695	1104	3565	10793	233	2059	11954
5724				1005	817	148	40			
43442				3605	2645		960		895	498
10240				3261	181	183	2897			2897
14002				13748	11174	2500	74			11174
83947				1552	790	762			624	303
7987				14812	2551	9021	3200	40	3305	4269
1600		80		9444	9415			29	323	838
15										
4284				2494	1067	1292		135	789	193
30363		4720		15132	8233	1970	2456	2473	6928	3395
7406		1975		20036	18756	1280			8745	7406
53										
20460				17567	16179	1256		132	14483	2364
4368				27308	714	21299		5295	12407	3811
12590										

高等教育非学历

Data on Students Enrolled in Non-formal

	毕(结)业生数 Corupleters								
				进修及培训 In-service Training					
	研究生课程进修班 Postgraduate Courses	自考助学班 Classes Run by Non-state/private HEIs for Students Preparing for State-administrated Examinations for Self-directed Learners	普通预科生 College-preparatory Classes	总计 Total	一周至一个月以内 a week to 1 months under	一个月至半年以内 1 months to half year under	半年至一年以内 half year to one year under	一年及以上 One year and over	其中资格证书培训 For Certificates of Vocational Qualifications
合　计 Total		**82387**		**626873**	**202373**	**288966**	**88530**	**47004**	**120765**
北　京 Beijing		11535		60373	15067	9494	27982	7830	3039
天　津 Tianjin									
河　北 Hebei		3165		3327	548	1598	635	546	150
山　西 Shanxi		1472		13415	4810	6959	1211	435	6933
内蒙古 Inner Mongolia		1707		18453	525	13779	2263	1886	4267
辽　宁 Liaoning		16450		15743	11616	3316	13	798	1030
吉　林 Jilin		2456		1153	820	237	86	10	172
黑龙江 Heilongjiang		2098		4620	1286	1655	933	746	174
上　海 Shanghai		16898		311612	88351	183326	32655	7280	44958
江　苏 Jiangsu									
浙　江 Zhejiang		1448		4541	537	1687	2007	310	530
安　徽 Anhui				3018	590	124	1266	1038	882
福　建 Fujian				779		779			642
江　西 Jiangxi		391		5229	15	2132	153	2929	1708
山　东 Shandong		1964		67181	38050	17360	7295	4476	14039
河　南 Henan		5965		8757	1926	3219	2055	1557	2630
湖　北 Hubei		1022		10976	7268	3708			6943
湖　南 Hunan		5978		25167	2489	12841	2105	7732	12329
广　东 Guangdong		3088		28250	5704	16317	4181	2048	6879
广　西 Guangxi									
海　南 Hainan									
重　庆 Chongqing		1040		6425		99	1147	5179	5568
四　川 Sichuan		557		4946	1181	2469	473	823	3576
贵　州 Guizhou		388							
云　南 Yunnan									
西　藏 Tibet									
陕　西 Shaanxi		2710		6886	152	5226	405	1103	1613
甘　肃 Gansu		2055		26022	21438	2641	1665	278	2703
青　海 Qinghai									
宁　夏 Ningxia									
新　疆 Xinjiang									

教育学生情况(民办的其他高等教育机构)

Programmes of HEIs (Non-state/Private HEIs)

单位:人

Unit: in Person

其中岗位证书培训 For Certificates of Job-related Qualifications	注册学生数 Total Enrolment									
	研究生课程进修班 Postgraduate Courses	自考助学班 Classes Run by Non-state/private HEIs for Students Preparing for State-administrated Examinations for Self-directed Learners	普通预科生 College-preparatory Classes	进修及培训 In-service Training						
				总计 Total	一周至一个月以内 a week to 1 months under	一个月至半年以内 1 months to half year under	半年至一年以内 half year to one year under	一年及以上 One year and over	其中资格证书培训 For Certificates of Vocational Qualifications	其中岗位证书培训 For Certificates of Job-related Qualifications
117962		**395214**		**568892**	**139691**	**226664**	**133554**	**68983**	**99829**	**129649**
564		142016		57473	2434	9672	32592	12775	3878	443
1498		11841		2461	321	55	220	1865	40	264
1238		7386		11764	4612	5879	810	463	6887	1170
1651		4486		3703	85	2626	144	848	800	
14705		61305		16516	11616	3449	13	1438	1771	14737
118		5994		1029	355	501	173		38	
		6299		4134	901	1466	957	810		
46444		27313		307693	73490	141713	80653	11837	35004	68331
		2247								
658		14374		8389	50	644	768	6927	310	377
1038		3491		6796	807	1255	1393	3341	2350	2985
137		3809								
650		3422		5058	10	2228	89	2731	1684	647
11917		9258		26647	7469	9229	3730	6219	7357	2912
1304		34717		11032	2481	3424	2488	2639	1753	1614
4033		3295		11413	7268	4145			7380	4033
969		11733		17111	740	12070	22	4279	9355	
7813		10202		29474	4476	18016	3708	3274	9469	7588
		3148		5855		99	1269	4487	5315	
402		10966		5354	1609	2562	439	744	3318	620
		983								
1844		15707		11321	148	6358	681	4134	1283	2989
20979		1222		25669	20819	1273	3405	172	1837	20939

外国留

Information on

	毕(结)业生数 Graduates	授予学位数 Degree Awarded	招生数 Entrants	
			计 Total	其中:春季招生 of Which:Spring term
合　计 Total	**44337**	**3791**	**60904**	**16403**
北　京 Beijing	17385	1297	22666	3775
天　津 Tianjin	3332	284	3284	1095
河　北 Hebei	317	19	310	98
山　西 Shanxi	28		49	
内蒙古 Inner Mongolia	50	3	336	14
辽　宁 Liaoning	1376	143	2265	804
吉　林 Jilin	847	218	1187	375
黑龙江 Heilongjiang	1675	72	2358	795
上　海 Shanghai	7255	474	11205	4065
江　苏 Jiangsu	1991	192	2392	626
浙　江 Zhejiang	1530	75	2032	803
安　徽 Anhui	239	47	252	95
福　建 Fujian	1114	73	961	305
江　西 Jiangxi	54	19	199	14
山　东 Shandong	1215	132	1997	838
河　南 Henan	664	152	472	46
湖　北 Hubei	803	209	1704	336
湖　南 Hunan	97	26	118	7
广　东 Guangdong	1040	113	1995	870
广　西 Guangxi	465	46	861	254
海　南 Hainan	67		114	36
重　庆 Chongqing	171	30	348	44
四　川 Sichuan	394	46	567	147
贵　州 Guizhou	25		30	4
云　南 Yunnan	1383	11	1524	396
西　藏 Tibet	23		36	
陕　西 Shaanxi	545	109	1023	351
甘　肃 Gansu	57		115	69
青　海 Qinghai	32		53	5
宁　夏 Ningxia	43	1	46	35
新　疆 Xinjiang	120		405	101

学生情况

International Students

单位：人

Unit: in Person

在校学生数 Enrolment					
计 Total	第一年 1st year	第二年 2nd year	第三年 3rd year	第四年 4th year	第五年 5th year
78323	**52133**	**12842**	**7601**	**4384**	**1363**
26317	18608	3476	2381	1385	467
5195	3363	875	585	295	77
557	239	105	106	54	53
78	49	22	2	4	1
425	305	84	26	6	4
3315	1976	748	335	210	46
2078	946	456	333	283	60
2529	1633	351	305	212	28
13691	10388	1509	978	670	146
3778	2500	744	333	158	43
1764	1279	293	124	52	16
433	291	65	34	29	14
1443	777	371	156	108	31
239	193	25	12	6	3
2848	1542	679	393	189	45
1122	541	232	221	89	39
2589	1502	735	227	97	28
385	198	75	61	34	17
2451	1859	295	164	89	44
1534	785	356	236	126	31
65	63		2		
489	252	133	61	13	30
1165	579	307	162	105	12
49	30	16	3		
1102	797	211	56	29	9
48	36	12			
1450	809	317	171	74	79
151	97	42	3	9	
131	53	70	6	2	
56	46	6	3	1	
846	397	232	122	55	40

高等学校(机构)

Aggregate Data on le Staff

	教职 Teacher, staff					
		校本部 Teacher, staff & Workers				
	计 Total	计 Total	专任教师 Full-time Teachers			
			计 Total	正高级 Senior	副高级 Sub-senior	中级 Middle
合　计 Total	**1939095**	**1764341**	**1072692**	**101789**	**306486**	**354102**
北　京 Beijing	128257	107134	54703	9877	18277	18139
天　津 Tianjin	45414	42171	24876	2889	8369	7800
河　北 Hebei	82958	76728	46538	4493	13658	13947
山　西 Shanxi	54185	50487	31307	2306	8678	10502
内蒙古 Inner Mongolia	29163	27891	16786	1095	5215	5537
辽　宁 Liaoning	92256	84453	48618	5172	16048	15727
吉　林 Jilin	60922	56633	31570	3598	9029	10199
黑龙江 Heilongjiang	75930	68832	40736	4464	13353	11743
上　海 Shanghai	78192	65367	34686	4941	10106	12746
江　苏 Jiangsu	132737	120264	74881	6813	19778	25035
浙　江 Zhejiang	72932	67300	43341	3722	11707	14513
安　徽 Anhui	57834	54436	35206	2430	9235	11629
福　建 Fujian	46558	43228	26991	2405	7188	8253
江　西 Jiangxi	66477	60219	40802	3083	10695	12138
山　东 Shandong	126239	116865	74120	7342	21207	21864
河　南 Henan	86588	80612	52460	3029	13707	17600
湖　北 Hubei	113526	102999	62341	6506	18751	20529
湖　南 Hunan	87127	78552	48624	4276	14340	16003
广　东 Guangdong	103437	95329	61528	5503	16790	21525
广　西 Guangxi	38592	33872	21476	1346	5684	8094
海　南 Hainan	7805	7389	4687	452	1143	1414
重　庆 Chongqing	41289	38247	23064	1957	6373	8403
四　川 Sichuan	88214	80791	50354	4092	13296	17148
贵　州 Guizhou	25608	23863	15461	965	4225	5552
云　南 Yunnan	31487	29806	18262	1474	5014	6477
西　藏 Tibet	2033	1997	1187	29	220	425
陕　西 Shaanxi	91993	82283	48283	5040	13298	16084
甘　肃 Gansu	28095	25704	16127	1291	4379	5452
青　海 Qinghai	6698	5918	3602	225	1061	1529
宁　夏 Ningxia	7177	6673	4059	324	1276	1379
新　疆 Xinjiang	29372	28298	16016	650	4386	6716

教职工情况(总计)

and Workers in HEIs (Total)

单位:人

Unit: in Person

工 数 & Workers							
教职工 in College or Uni. Proper					科研机构人员 Personnel in Affiliated Research Org.	校办企业职工 Employees in School-run Factories & Farms	其他附设机构人员 Personnel in Others Subsidiary Units
初级 Junior	无职称 No Rank	行政人员 Adm. Personnel	教辅人员 Supporting Staff	工勤人员 Workers			
238339	**71976**	**295505**	**201958**	**194186**	**39512**	**57295**	**77947**
5995	2415	22669	16521	13241	11176	3658	6289
4709	1109	7468	5180	4647	1201	1179	863
10333	4107	12578	8397	9215	339	2252	3639
7516	2305	7953	5481	5746	611	1219	1868
3978	961	4899	3362	2844	144	472	656
9882	1789	15934	10261	9640	1466	2015	4322
6826	1918	10050	7087	7926	1165	872	2252
9456	1720	11356	7246	9494	1240	2547	3311
4829	2064	12151	9873	8657	2766	5152	4907
18775	4480	18934	13649	12800	2550	3394	6529
10592	2807	11201	7550	5208	1524	1589	2519
9293	2619	7673	5969	5588	771	819	1808
7025	2120	7658	4787	3792	693	1907	730
10728	4158	8598	5421	5398	566	4243	1449
18580	5127	18874	12347	11524	1454	5045	2875
14003	4121	11504	8529	8119	424	2234	3318
11054	5501	16880	12114	11664	2000	3750	4777
10495	3510	12893	9063	7972	1140	2545	4890
13191	4519	15833	10492	7476	1625	2628	3855
4483	1869	5324	3670	3402	243	983	3494
1369	309	946	744	1012	58	70	288
4966	1365	6725	3795	4663	446	846	1750
12568	3250	12450	8693	9294	1201	2444	3778
3643	1076	3926	2564	1912	363	1030	352
3980	1317	4916	3399	3229	439	689	553
445	68	425	163	222	21		15
10598	3263	14704	8603	10693	2727	2597	4386
4203	802	4056	2646	2875	585	866	940
646	141	919	692	705	439		341
826	254	1152	617	845	66	10	428
3352	912	4856	3043	4383	69	240	765

高等学校(机构)

Aggregate Data on Female Staff

	教职 Teacher, staff					
	计 Total	校本部 Teacher, staff & Workers				
		计 Total	专任教师 Full-time Teachers			
			计 Total	正高级 Senior	副高级 Sub-senior	中级 Middle
合　计 Total	**842916**	**771732**	**467416**	**21411**	**120459**	**164710**
北　京 Beijing	61776	52482	25397	2242	8400	10005
天　津 Tianjin	20542	19504	11863	795	3834	3935
河　北 Hebei	37998	35550	22999	1364	6470	7002
山　西 Shanxi	25820	24122	15682	723	4049	5535
内蒙古 Inner Mongolia	13822	13288	8375	264	2346	3000
辽　宁 Liaoning	42981	40087	24838	1407	8011	8709
吉　林 Jilin	27415	25816	15496	988	4335	5317
黑龙江 Heilongjiang	34319	31481	19448	1276	5987	5954
上　海 Shanghai	34269	29139	14436	645	3498	6305
江　苏 Jiangsu	55563	50398	31236	1017	6718	11024
浙　江 Zhejiang	31907	29848	18499	599	4196	6528
安　徽 Anhui	21792	20436	12960	373	2948	4295
福　建 Fujian	19853	18596	11432	434	2581	3757
江　西 Jiangxi	26147	23813	15704	559	3449	5024
山　东 Shandong	54170	50649	33192	1809	8554	10327
河　南 Henan	35376	32962	21608	688	4994	7418
湖　北 Hubei	47086	42775	24643	1276	6523	8780
湖　南 Hunan	36675	33104	19572	743	5126	6733
广　东 Guangdong	45832	41921	25586	876	5980	9687
广　西 Guangxi	17408	14808	9048	197	2015	3662
海　南 Hainan	3224	3030	1803	75	356	560
重　庆 Chongqing	17026	15863	9180	305	2192	3507
四　川 Sichuan	36709	33644	20536	733	4900	7043
贵　州 Guizhou	11703	11108	7085	194	1782	2934
云　南 Yunnan	14673	13886	8596	354	2161	3174
西　藏 Tibet	817	803	491	4	71	179
陕　西 Shaanxi	37363	33734	19641	907	4494	7101
甘　肃 Gansu	11037	10258	6468	250	1490	2326
青　海 Qinghai	2876	2604	1697	71	447	745
宁　夏 Ningxia	3247	3072	1956	80	599	671
新　疆 Xinjiang	13490	12951	7949	163	1953	3473

女教职工情况(总计)

and Workers in HEIs (Total)

单位:人

Unit: in Person

工　数 & Workers							
教职工 in College or Uni. Proper					科研机构人员 Personnel in Affiliated Research Org.	校办企业职工 Employees in School-run Factories & Farms	其他附设机构人员 Personnel in Others Subsidiary Units
初　级 Junior	无职称 No Rank	行政人员 Adm. Personnel	教辅人员 Supporting Staff	工勤人员 Workers			
124035	**36801**	**129493**	**106347**	**68476**	**13792**	**18487**	**38905**
3481	1269	12042	10080	4963	4715	1296	3283
2725	574	3469	2759	1413	189	314	535
5666	2497	4904	4636	3011	121	725	1602
4151	1224	3541	3048	1851	200	558	940
2230	535	2095	1845	973	43	203	288
5712	999	7120	5468	2661	550	539	1805
3810	1046	4130	3648	2542	338	246	1015
5254	977	4803	4012	3218	535	820	1483
2876	1112	6017	5080	3606	1089	1849	2192
10113	2364	7926	6686	4550	715	1016	3434
5736	1440	5300	3995	2054	414	485	1160
4147	1197	2892	2705	1879	198	233	925
3638	1022	3368	2419	1377	205	600	452
4859	1813	3456	2563	2090	151	1509	674
9733	2769	7018	6645	3794	558	1408	1555
6657	1851	4571	4420	2363	162	586	1666
5452	2612	7469	6135	4528	628	1221	2462
5190	1780	5597	4900	3035	323	891	2357
6691	2352	7406	5629	3300	524	921	2466
2156	1018	2335	1953	1472	83	348	2169
655	157	400	439	388	21	3	170
2470	706	3144	1860	1679	124	282	757
6280	1580	5724	4233	3151	431	742	1892
1704	471	1866	1428	729	109	359	127
2241	666	2197	1833	1260	187	259	341
206	31	156	85	71	3		11
5494	1645	6235	4181	3677	809	792	2028
2019	383	1470	1249	1071	160	211	408
357	77	342	374	191	156		116
458	148	475	371	270	19		156
1874	486	2025	1668	1309	32	71	436

高等学校(机构)
Aggregate Data on Staff

	教职 Teacher, staff					
		校本部 Teacher, staff & Workers				
	计 Total	计 Total	专任教师 Full-time Teachers			
			计 Total	正高级 Senior	副高级 Sub-senior	中级 Middle
合　计 Total	**1742073**	**1572420**	**965839**	**96552**	**278200**	**311958**
北　京 Beijing	114253	93391	48815	8925	16360	16198
天　津 Tianjin	39434	36270	21670	2827	7148	6481
河　北 Hebei	75881	69837	42697	4228	12453	12778
山　西 Shanxi	47589	44271	27862	2093	7598	9215
内蒙古 Inner Mongolia	27510	26250	16189	1089	4982	5300
辽　宁 Liaoning	82816	75201	43960	5025	14357	13929
吉　林 Jilin	54689	50473	28129	3307	8043	8819
黑龙江 Heilongjiang	65662	58861	35127	4220	11414	9551
上　海 Shanghai	70623	57906	31645	4701	9377	11437
江　苏 Jiangsu	120440	108156	67334	6612	18290	21999
浙　江 Zhejiang	64491	58924	38402	3623	10667	12519
安　徽 Anhui	52947	49694	32438	2343	8581	10595
福　建 Fujian	41874	38676	24351	2322	6499	7229
江　西 Jiangxi	62082	56161	38587	2958	10164	11402
山　东 Shandong	109920	101236	64636	6638	18813	18883
河　南 Henan	75782	70162	46309	2805	12148	15196
湖　北 Hubei	107459	96998	59009	6434	17843	19169
湖　南 Hunan	80766	72453	45272	4104	13444	14543
广　东 Guangdong	90771	82884	54257	5214	15328	18227
广　西 Guangxi	35409	30703	19610	1323	5227	7198
海　南 Hainan	7698	7282	4620	447	1134	1387
重　庆 Chongqing	35787	32844	20184	1886	5782	7191
四　川 Sichuan	78764	71669	44854	3890	11850	14801
贵　州 Guizhou	23664	21945	14353	949	4009	5005
云　南 Yunnan	28894	27237	16819	1460	4735	5894
西　藏 Tibet	2033	1997	1187	29	220	425
陕　西 Shaanxi	82317	72920	42864	4709	11876	13908
甘　肃 Gansu	26019	23686	14816	1240	3973	4859
青　海 Qinghai	5830	5076	3051	215	955	1196
宁　夏 Ningxia	7177	6673	4059	324	1276	1379
新　疆 Xinjiang	23492	22584	12733	612	3654	5245

教职工情况(普通高校)

and Workers in HEIs (Regular HEIs)

单位:人

Unit: in Person

工　数 & Workers							
教职工 in College or Uni. Proper					科研机构人员 Personnel in Affiliated Research Org.	校办企业职工 Employees in School-run Factories & Farms	其他附设机构人员 Personnel in Others Subsidiary Units
初　级 Junior	无职称 No Rank	行政人员 Adm. Personnel	教辅人员 Supporting Staff	工勤人员 Workers			
214714	**64415**	**254885**	**178514**	**173182**	**38779**	**55122**	**75752**
5271	2061	18688	14472	11416	11127	3615	6120
4187	1027	6276	4225	4099	1200	1130	834
9534	3704	11290	7521	8329	323	2183	3538
6851	2105	6682	4751	4976	600	928	1790
3871	947	4357	3121	2583	132	472	656
9135	1514	13629	9077	8535	1454	1948	4213
6130	1830	8611	6456	7277	1143	840	2233
8448	1494	9400	6118	8216	1214	2479	3108
4408	1722	9969	8463	7829	2726	5115	4876
16422	4011	17001	12180	11641	2476	3321	6487
9099	2494	9744	6305	4473	1511	1568	2488
8597	2322	6679	5454	5123	761	745	1747
6320	1981	6641	4298	3386	666	1844	688
10211	3852	7836	4993	4745	513	4024	1384
16166	4136	15780	10811	10009	1398	4647	2639
12606	3554	9224	7415	7214	382	2120	3118
10311	5252	15564	11350	11075	1992	3708	4761
9842	3339	11419	8422	7340	1039	2420	4854
11468	4020	13473	9090	6064	1554	2532	3801
4111	1751	4600	3409	3084	229	983	3494
1353	299	920	737	1005	58	70	288
4311	1014	5706	3151	3803	446	770	1727
11317	2996	10672	7870	8273	1179	2353	3563
3385	1005	3459	2347	1786	345	1030	344
3577	1153	4495	2933	2990	439	683	535
445	68	425	163	222	21		15
9488	2883	12828	7471	9757	2711	2526	4160
3994	750	3667	2493	2710	576	838	919
562	123	815	575	635	439		315
826	254	1152	617	845	66	10	428
2468	754	3883	2226	3742	59	220	629

高等学校(机构)

Aggregate Data on Female Staff

	教职 Teacher, staff					
		校本部 Teacher, staff & Workers				
	计 Total	计 Total	专任教师 Full-time Teachers			
			计 Total	正高级 Senior	副高级 Sub-senior	中级 Middle
合 计 Total	**754193**	**685147**	**417745**	**19873**	**108594**	**144523**
北 京 Beijing	54982	45808	22403	1914	7482	8859
天 津 Tianjin	17588	16577	10079	779	3213	3167
河 北 Hebei	34497	32113	20860	1240	5852	6345
山 西 Shanxi	22730	21240	14034	662	3562	4877
内蒙古 Inner Mongolia	13017	12489	8048	264	2238	2851
辽 宁 Liaoning	38192	35386	22190	1346	7094	7641
吉 林 Jilin	24381	22824	13727	883	3821	4567
黑龙江 Heilongjiang	29432	26751	16591	1185	5058	4806
上 海 Shanghai	30773	25682	13144	610	3262	5688
江 苏 Jiangsu	50100	44991	27744	982	6158	9689
浙 江 Zhejiang	28015	25974	16213	585	3846	5595
安 徽 Anhui	19901	18611	11909	353	2723	3917
福 建 Fujian	17778	16595	10235	428	2348	3254
江 西 Jiangxi	24353	22168	14825	536	3266	4711
山 东 Shandong	47117	43875	28848	1594	7569	8987
河 南 Henan	30608	28356	18782	603	4321	6339
湖 北 Hubei	44662	40370	23369	1262	6237	8237
湖 南 Hunan	33998	30508	18128	689	4771	6089
广 东 Guangdong	40538	36730	22740	824	5514	8367
广 西 Guangxi	15963	13368	8189	191	1813	3236
海 南 Hainan	3176	2982	1775	73	354	541
重 庆 Chongqing	14821	13688	7997	286	2001	2984
四 川 Sichuan	32660	29704	18197	682	4286	6044
贵 州 Guizhou	10808	10232	6571	190	1699	2669
云 南 Yunnan	13479	12700	7923	353	2055	2887
西 藏 Tibet	817	803	491	4	71	179
陕 西 Shaanxi	33158	29645	17203	807	3973	6064
甘 肃 Gansu	10206	9449	5922	238	1358	2049
青 海 Qinghai	2544	2281	1461	71	429	571
宁 夏 Ningxia	3247	3072	1956	80	599	671
新 疆 Xinjiang	10652	10175	6191	159	1621	2642

女教职工情况(普通高校)

and Workers in HEIs (Regular HEIs)

单位:人

Unit:in Person

工　数

& Workers

教职工 in College or Uni. Proper					科研机构人员 Personnel in Affiliated Research Org.	校办企业职工 Employees in School-run Factories & Farms	其他附设机构人员 Personnel in Others Subsidiary Units
初　级 Junior	无职称 No Rank	行政人员 Adm. Personnel	教辅人员 Supporting Staff	工勤人员 Workers			
111816	**32939**	**111926**	**94460**	**61016**	**13544**	**17598**	**37904**
3090	1058	10128	9016	4261	4697	1272	3205
2393	527	2939	2291	1268	189	297	525
5173	2250	4349	4178	2726	120	694	1570
3802	1131	2986	2657	1563	198	377	915
2170	525	1851	1720	870	37	203	288
5288	821	6046	4875	2275	546	516	1744
3459	997	3471	3285	2341	328	230	999
4680	862	3976	3413	2771	527	795	1359
2628	956	4926	4319	3293	1078	1830	2183
8820	2095	7158	5958	4131	686	1005	3418
4906	1281	4707	3349	1705	411	480	1150
3846	1070	2491	2481	1730	193	199	898
3276	929	2939	2196	1225	203	567	413
4620	1692	3177	2390	1776	133	1389	663
8455	2243	5764	5934	3329	534	1284	1424
5933	1586	3612	3844	2118	147	548	1557
5141	2492	6955	5736	4310	625	1211	2456
4883	1696	4997	4571	2812	296	848	2346
5877	2158	6403	4880	2707	499	871	2438
1992	957	2041	1803	1335	78	348	2169
653	154	385	436	386	21	3	170
2197	529	2734	1577	1380	124	258	751
5734	1451	4865	3807	2835	422	721	1813
1579	434	1665	1307	689	96	359	121
2051	577	2025	1592	1160	187	258	334
206	31	156	85	71	3		11
4894	1465	5442	3654	3346	806	769	1938
1921	356	1322	1188	1017	158	197	402
316	74	326	328	166	156		107
458	148	475	371	270	19		156
1375	394	1615	1219	1150	27	69	381

高等学校(机构)
Aggregate Data on Staff

	教 职 Teacher, staff					
		校本部 Teacher, staff & Workers				
			专任教师 Full-time Teachers			
	计 Total	计 Total	计 Total	正高级 Senior	副高级 Sub-senior	中级 Middle
合 计 Total	**148901**	**145359**	**84325**	**2158**	**22536**	**35112**
北 京 Beijing	7207	6965	3127	118	927	1390
天 津 Tianjin	5980	5901	3206	62	1221	1319
河 北 Hebei	4727	4632	2547	84	808	836
山 西 Shanxi	4416	4309	2438	50	798	952
内蒙古 Inner Mongolia	1194	1182	597	6	233	237
辽 宁 Liaoning	6437	6370	3420	54	1278	1444
吉 林 Jilin	5150	5110	2826	86	811	1234
黑龙江 Heilongjiang	8890	8602	4832	184	1773	1890
上 海 Shanghai	3419	3348	1699	47	416	865
江 苏 Jiangsu	11769	11591	7332	174	1408	2966
浙 江 Zhejiang	6378	6326	4009	80	893	1679
安 徽 Anhui	3814	3739	2216	19	551	856
福 建 Fujian	3716	3584	2072	38	543	858
江 西 Jiangxi	2704	2448	1389	85	396	470
山 东 Shandong	11481	11048	6683	303	1698	2148
河 南 Henan	8165	7968	4742	115	1322	1866
湖 北 Hubei	5680	5614	3231	60	870	1352
湖 南 Hunan	4257	4118	2365	42	644	1064
广 东 Guangdong	9172	9005	5401	117	1032	2588
广 西 Guangxi	3034	3020	1770	22	416	846
海 南 Hainan	107	107	67	5	9	27
重 庆 Chongqing	3430	3331	2052	30	428	962
四 川 Sichuan	8121	7892	4874	121	1324	2144
贵 州 Guizhou	1906	1880	1102	15	215	545
云 南 Yunnan	2593	2569	1443	14	279	583
西 藏 Tibet						
陕 西 Shaanxi	6910	6683	4045	174	1103	1692
甘 肃 Gansu	1496	1461	1006	5	302	495
青 海 Qinghai	868	842	551	10	106	333
宁 夏 Ningxia						
新 疆 Xinjiang	5880	5714	3283	38	732	1471

教职工情况(成人高校)

and Workers in HEIs (HEIs for Adults)

单位:人

Unit: in Person

工　数 & Workers							
教职工 in College or Uni. Proper					科研机构人员 Personnel in Affiliated Research Org.	校办企业职工 Employees in School-Run Factories & Farms	其他附设机构人员 Personnel in Others Subsidiary Units
		行政人员 Adm. Personnel	教辅人员 Supporting Staff	工勤人员 Workers			
初　级 Junior	无职称 No Rank						
19699	**4820**	**28885**	**17325**	**14824**	**454**	**1530**	**1558**
561	131	1961	1099	778	32	41	169
522	82	1192	955	548	1	49	29
589	230	839	641	605	5	16	74
515	123	894	486	491		44	63
107	14	287	150	148	12		
553	91	1388	781	781		65	2
622	73	1181	557	546	17	4	19
840	145	1672	999	1099	19	68	201
328	43	726	395	528	4	37	30
2324	460	1774	1389	1096	74	73	31
1138	219	1001	850	466	6	19	27
554	236	802	374	347	3	17	55
521	112	802	397	313	27	63	42
344	94	451	264	344	27	199	30
1865	669	2186	1158	1021	15	239	179
1129	310	1675	885	666	40	113	44
733	216	1186	692	505	8	42	16
496	119	945	422	386	8	119	12
1346	318	1673	1053	878	71	85	11
368	118	681	256	313	14		
16	10	26	7	7			
518	114	563	305	411		76	23
1110	175	1515	690	813	22	36	171
258	69	458	206	114	18		8
403	164	421	466	239		6	18
806	270	1242	832	564	16	71	140
165	39	267	82	106	5	28	2
84	18	104	117	70			26
884	158	973	817	641	10	20	136

高等学校(机构)

Aggregate Data on Female Staff

	计 Total	教职 Teacher, staff				
		校本部 Teacher, staff & Workers				
		计 Total	专任教师 Full-time Teachers			
			计 Total	正高级 Senior	副高级 Sub-senior	中级 Middle
合　计 Total	**67339**	**65909**	**39798**	**594**	**9660**	**16942**
北　京 Beijing	3791	3677	1833	37	535	871
天　津 Tianjin	2954	2927	1784	16	621	768
河　北 Hebei	2414	2390	1478	42	467	489
山　西 Shanxi	2101	2067	1232	13	373	511
内蒙古 Inner Mongolia	582	576	327		108	149
辽　宁 Liaoning	3186	3161	1933	28	685	844
吉　林 Jilin	2512	2487	1474	29	424	664
黑龙江 Heilongjiang	4124	3970	2415	70	854	963
上　海 Shanghai	1530	1501	782	3	127	426
江　苏 Jiangsu	5196	5146	3410	29	535	1304
浙　江 Zhejiang	2813	2803	1812	13	296	763
安　徽 Anhui	1547	1512	870	2	201	328
福　建 Fujian	1680	1606	973	3	206	413
江　西 Jiangxi	1094	977	576	16	145	207
山　东 Shandong	4846	4684	3005	89	679	947
河　南 Henan	3643	3561	2223	44	578	851
湖　北 Hubei	2245	2226	1229	9	274	539
湖　南 Hunan	1733	1686	973	11	239	443
广　东 Guangdong	3998	3917	2204	25	355	1094
广　西 Guangxi	1384	1379	818	6	188	401
海　南 Hainan	48	48	28	2	2	19
重　庆 Chongqing	1342	1312	803	7	131	414
四　川 Sichuan	3566	3477	2115	32	571	931
贵　州 Guizhou	881	862	512	4	82	264
云　南 Yunnan	1194	1186	673	1	106	287
西　藏 Tibet						
陕　西 Shaanxi	3124	3048	1874	59	426	806
甘　肃 Gansu	641	624	448		102	241
青　海 Qinghai	332	323	236		18	174
宁　夏 Ningxia						
新　疆 Xinjiang	2838	2776	1758	4	332	831

女教职工情况(成人高校)

and Workers in HEIs (HEIs for Adults)

单位:人

Unit:in Person

工　数

& Workers

教职工 in College or Uni. Proper					科研机构人员 Personnel in Affiliated Research Org.	校办企业职工 Employees in School-run Factories & Farms	其他附设机构人员 Personnel in Others Subsidiary Units
初　级 Junior	无职称 No Rank	行政人员 Adm. Personnel	教辅人员 Supporting Staff	工勤人员 Workers			
10100	**2502**	**12364**	**8794**	**4953**	**169**	**553**	**708**
308	82	1002	570	272	12	24	78
332	47	530	468	145		17	10
349	131	352	356	204		1	23
280	55	387	272	176		17	17
60	10	125	71	53	6		
319	57	629	364	235		23	2
316	41	545	323	145	9		16
454	74	685	515	355	6	25	123
196	30	361	181	177	1	19	9
1278	264	679	673	384	29	11	10
629	111	376	408	207	1	3	6
228	111	331	192	119	3	7	25
284	67	337	180	116	2	33	39
165	43	151	105	145	8	107	2
952	338	857	535	287	8	51	103
569	181	705	471	162	15	38	29
306	101	459	359	179	3	10	6
221	59	381	214	118	4	41	2
616	114	725	577	411	25	50	6
162	61	278	147	136	5		
2	3	15	3	2			
198	53	239	149	121		24	6
497	84	751	360	251	9	12	68
125	37	200	114	36	13		6
190	89	172	241	100		1	7
442	141	558	414	202	3	23	50
82	23	108	37	31	2	14	1
41	3	16	46	25			9
499	92	410	449	159	5	2	55

高等学校(机构)教职工

Aggregate Data on Staff and

	教职 Teacher, staff					
	计 Total	校本部 Teacher, staff & Workers				
		计 Total	专任教师 Full-time Teachers			
			计 Total	正高级 Senior	副高级 Sub-senior	中级 Middle
合　计 Total	**48121**	**46562**	**22528**	**3079**	**5750**	**7032**
北　京 Beijing	6797	6778	2761	834	990	551
天　津 Tianjin						
河　北 Hebei	2350	2259	1294	181	397	333
山　西 Shanxi	2180	1907	1007	163	282	335
内蒙古 Inner Mongolia	459	459				
辽　宁 Liaoning	3003	2882	1238	93	413	354
吉　林 Jilin	1083	1050	615	205	175	146
黑龙江 Heilongjiang	1378	1369	777	60	166	302
上　海 Shanghai	4150	4113	1342	193	313	444
江　苏 Jiangsu	528	517	215	27	80	70
浙　江 Zhejiang	2063	2050	930	19	147	315
安　徽 Anhui	1073	1003	552	68	103	178
福　建 Fujian	968	968	568	45	146	166
江　西 Jiangxi	1691	1610	826	40	135	266
山　东 Shandong	4838	4581	2801	401	696	833
河　南 Henan	2641	2482	1409	109	237	538
湖　北 Hubei	387	387	101	12	38	8
湖　南 Hunan	2104	1981	987	130	252	396
广　东 Guangdong	3494	3440	1870	172	430	710
广　西 Guangxi	149	149	96	1	41	50
海　南 Hainan						
重　庆 Chongqing	2072	2072	828	41	163	250
四　川 Sichuan	1329	1230	626	81	122	203
贵　州 Guizhou	38	38	6	1	1	2
云　南 Yunnan						
西　藏 Tibet						
陕　西 Shaanxi	2766	2680	1374	157	319	484
甘　肃 Gansu	580	557	305	46	104	98
青　海 Qinghai						
宁　夏 Ningxia						
新　疆 Xinjiang						

情况(民办的其他高等教育机构)

Workers in HEIs(Non-state/private HEIs)

单位:人

Unit: in Person

工　数 & Workers							
教职工 in College or Uni. Proper					科研机构人员 Personnel in Affiliated Research Org.	校办企业职工 Employees in School-run Factories & Farms	其他附设机构人员 Personnel in Others Subsidiary Units
初　级 Junior	无职称 No Rank	行政人员 Adm. Personnel	教辅人员 Supporting Staff	工勤人员 Workers			
3926	**2741**	**11735**	**6119**	**6180**	**279**	**643**	**637**
163	223	2020	950	1047	17	2	
210	173	449	235	281	11	53	27
150	77	377	244	279	11	247	15
		255	91	113			
194	184	917	403	324	12	2	107
74	15	258	74	103	5	28	
168	81	284	129	179	7		2
93	299	1456	1015	300	36		1
29	9	159	80	63			11
355	94	456	395	269	7	2	4
142	61	192	141	118	7	57	6
184	27	215	92	93			
173	212	311	164	309	26	20	35
549	322	908	378	494	41	159	57
268	257	605	229	239	2	1	156
10	33	130	72	84			
157	52	529	219	246	93	6	24
377	181	687	349	534		11	43
4		43	5	5			
137	237	456	339	449			
141	79	263	133	208		55	44
	2	9	11	12			
304	110	634	300	372			86
44	13	122	71	59	4		19

高等学校(机构)

Aggregate Data on Female Staff

	教职 Teacher, staff					
		校本部 Teacher, staff & Workers				
	计 Total	计 Total	专任教师 Full-time Teachers			
			计 Total	正高级 Senior	副高级 Sub-senior	中级 Middle
合　计 Total	**21384**	**20676**	**9873**	**944**	**2205**	**3245**
北　京 Beijing	3003	2997	1161	291	383	275
天　津 Tianjin						
河　北 Hebei	1087	1047	661	82	151	168
山　西 Shanxi	989	815	416	48	114	147
内蒙古 Inner Mongolia	223	223				
辽　宁 Liaoning	1603	1540	715	33	232	224
吉　林 Jilin	522	505	295	76	90	86
黑龙江 Heilongjiang	763	760	442	21	75	185
上　海 Shanghai	1966	1956	510	32	109	191
江　苏 Jiangsu	267	261	82	6	25	31
浙　江 Zhejiang	1079	1071	474	1	54	170
安　徽 Anhui	344	313	181	18	24	50
福　建 Fujian	395	395	224	3	27	90
江　西 Jiangxi	700	668	303	7	38	106
山　东 Shandong	2207	2090	1339	126	306	393
河　南 Henan	1125	1045	603	41	95	228
湖　北 Hubei	179	179	45	5	12	4
湖　南 Hunan	944	910	471	43	116	201
广　东 Guangdong	1296	1274	642	27	111	226
广　西 Guangxi	61	61	41		14	25
海　南 Hainan						
重　庆 Chongqing	863	863	380	12	60	109
四　川 Sichuan	483	463	224	19	43	68
贵　州 Guizhou	14	14	2		1	1
云　南 Yunnan						
西　藏 Tibet						
陕　西 Shaanxi	1081	1041	564	41	95	231
甘　肃 Gansu	190	185	98	12	30	36
青　海 Qinghai						
宁　夏 Ningxia						
新　疆 Xinjiang						

女教职工情况(民办的其他高等教育机构)

and Workers in HEIs(Non-state/private HEIs)

单位:人

Unit: in Person

工　数 & Workers							
教职工 in College or Uni. Proper					科研机构人员 Personnel in Affiliated Research Org.	校办企业职工 Employees in School-run Factories & Farms	其他附设机构人员 Personnel in Others Subsidiary Units
初　级 Junior	无职称 No Rank	行政人员 Adm. Personnel	教辅人员 Supporting Staff	工勤人员 Workers			
2119	**1360**	**5203**	**3093**	**2507**	**79**	**336**	**293**
83	129	912	494	430	6		
144	116	203	102	81	1	30	9
69	38	168	119	112	2	164	8
		119	54	50			
105	121	445	229	151	4		59
35	8	114	40	56	1	16	
120	41	142	84	92	2		1
52	126	730	580	136	10		
15	5	89	55	35			6
201	48	217	238	142	2	2	4
73	16	70	32	30	2	27	2
78	26	92	43	36			
74	78	128	68	169	10	13	9
326	188	397	176	178	16	73	28
155	84	254	105	83			80
5	19	55	40	39			
86	25	219	115	105	23	2	9
198	80	278	172	182			22
2		16	3	1			
75	124	171	134	178			
49	45	108	66	65		9	11
		1	7	4			
158	39	235	113	129			40
16	4	40	24	23			5

专任教师学历、职称情况(总计)

Data on Academic Qualifications, Rank of Full-time Teacher (Total)

单位:人

Unit:in Person

	计 Total	按学历分 By Educational Attainment				按职称分 By Rank				
		博士 Doctor's Degree	硕士 Master's Degree	本科 Normal Courses	专科及以下 Short-cycle Courses and Under	正高级 Senior	副高级 Sub-Senior	中级 Middle	初级 Junior	无职称 No Rank
合计 Total	**1072692**	**89693**	**280122**	**662060**	**40817**	**101789**	**306486**	**354102**	**238339**	**71976**
北京 Beijing	54703	13902	18981	20323	1497	9877	18277	18139	5995	2415
天津 Tianjin	24876	3013	6697	14221	945	2889	8369	7800	4709	1109
河北 Hebei	46538	2106	10594	32141	1697	4493	13658	13947	10333	4107
山西 Shanxi	31307	1384	7268	21062	1593	2306	8678	10502	7516	2305
内蒙古 Inner Mongolia	16786	613	3086	12169	918	1095	5215	5537	3978	961
辽宁 Liaoning	48618	4234	12937	30039	1408	5172	16048	15727	9882	1789
吉林 Jilin	31570	2360	7921	20295	994	3598	9029	10199	6826	1918
黑龙江 Heilongjiang	40736	3026	9162	27283	1265	4464	13353	11743	9456	1720
上海 Shanghai	34686	7087	11659	14737	1203	4941	10106	12746	4829	2064
江苏 Jiangsu	74881	7716	21146	44177	1842	6813	19778	25035	18775	4480
浙江 Zhejiang	43341	3847	11172	26834	1488	3722	11707	14513	10592	2807
安徽 Anhui	35206	1855	9427	22601	1323	2430	9235	11629	9293	2619
福建 Fujian	26991	2138	6634	17238	981	2405	7188	8253	7025	2120
江西 Jiangxi	40802	1295	7721	29987	1799	3083	10695	12138	10728	4158
山东 Shandong	74120	5094	20402	46065	2559	7342	21207	21864	18580	5127
河南 Henan	52460	2435	12476	36092	1457	3029	13707	17600	14003	4121
湖北 Hubei	62341	5426	17600	37120	2195	6506	18751	20529	11054	5501
湖南 Hunan	48624	3081	11694	32283	1566	4276	14340	16003	10495	3510
广东 Guangdong	61528	6234	18765	34320	2209	5503	16790	21525	13191	4519
广西 Guangxi	21476	933	5484	14181	878	1346	5684	8094	4483	1869
海南 Hainan	4687	325	1148	3061	153	452	1143	1414	1369	309
重庆 Chongqing	23064	1643	6355	13768	1298	1957	6373	8403	4966	1365
四川 Sichuan	50354	3429	13142	30655	3128	4092	13296	17148	12568	3250
贵州 Guizhou	15461	408	2549	11469	1035	965	4225	5552	3643	1076
云南 Yunnan	18262	992	4329	12059	882	1474	5014	6477	3980	1317
西藏 Tibet	1187	17	141	882	147	29	220	425	445	68
陕西 Shaanxi	48283	3781	13790	28624	2088	5040	13298	16084	10598	3263
甘肃 Gansu	16127	850	4112	10577	588	1291	4379	5452	4203	802
青海 Qinghai	3602	29	347	2725	501	225	1061	1529	646	141
宁夏 Ningxia	4059	102	660	3068	229	324	1276	1379	826	254
新疆 Xinjiang	16016	338	2723	12004	951	650	4386	6716	3352	912

专任教师学历，职称情况（普通高校）

Data on Academic Qualifications, Rank of Full-time Teacher (Ragular HEIs)

单位：人

Unit: in Person

	计 Total	按学历分 By Educational Attainment				按职称分 By Rank				
		博士 Doctor's Degree	硕士 Master's Degree	本科 Normal Courses	专科及以下 Short-cycle Courses and Under	正高级 Senior	副高级 Sub-Senior	中级 Middle	初级 Junior	无职称 No Rank
合计 Total	**965839**	**88450**	**269003**	**578366**	**30020**	**96552**	**278200**	**311958**	**214714**	**64415**
北京 Beijing	48815	13558	17474	16618	1165	8925	16360	16198	5271	2061
天津 Tianjin	21670	2998	6443	11453	776	2827	7148	6481	4187	1027
河北 Hebei	42697	2064	10224	29032	1377	4228	12453	12778	9534	3704
山西 Shanxi	27862	1342	6896	18375	1249	2093	7598	9215	6851	2105
内蒙古 Inner Mongolia	16189	613	3074	11590	912	1089	4982	5300	3871	947
辽宁 Liaoning	43960	4170	12658	26271	861	5025	14357	13929	9135	1514
吉林 Jilin	28129	2322	7677	17422	708	3307	8043	8819	6130	1830
黑龙江 Heilongjiang	35127	3007	8763	22767	590	4220	11414	9551	8448	1494
上海 Shanghai	31645	6994	11107	12625	919	4701	9377	11437	4408	1722
江苏 Jiangsu	67334	7648	20484	37914	1288	6612	18290	21999	16422	4011
浙江 Zhejiang	38402	3825	10737	22752	1088	3623	10667	12519	9099	2494
安徽 Anhui	32438	1823	9103	20495	1017	2343	8581	10595	8597	2322
福建 Fujian	24351	2115	6284	15106	846	2322	6499	7229	6320	1981
江西 Jiangxi	38587	1275	7572	28352	1388	2958	10164	11402	10211	3852
山东 Shandong	64636	5003	19248	38665	1720	6638	18813	18883	16166	4136
河南 Henan	46309	2406	11912	31213	778	2805	12148	15196	12606	3554
湖北 Hubei	59009	5422	17318	34417	1852	6434	17843	19169	10311	5252
湖南 Hunan	45272	3021	11419	29660	1172	4104	13444	14543	9842	3339
广东 Guangdong	54257	6155	17752	28930	1420	5214	15328	18227	11468	4020
广西 Guangxi	19610	928	5320	12553	809	1323	5227	7198	4111	1751
海南 Hainan	4620	324	1147	3006	143	447	1134	1387	1353	299
重庆 Chongqing	20184	1616	6162	11453	953	1886	5782	7191	4311	1014
四川 Sichuan	44854	3386	12558	26546	2364	3890	11850	14801	11317	2996
贵州 Guizhou	14353	405	2468	10587	893	949	4009	5005	3385	1005
云南 Yunnan	16819	989	4247	10769	814	1460	4735	5894	3577	1153
西藏 Tibet	1187	17	141	882	147	29	220	425	445	68
陕西 Shaanxi	42864	3716	13230	24702	1216	4709	11876	13908	9488	2883
甘肃 Gansu	14816	843	3993	9652	328	1240	3973	4859	3994	750
青海 Qinghai	3051	29	335	2338	349	215	955	1196	562	123
宁夏 Ningxia	4059	102	660	3068	229	324	1276	1379	826	254
新疆 Xinjiang	12733	334	2597	9153	649	612	3654	5245	2468	754

专任教师学历、职称情况(成人高校)

Data on Academic Qualifications, Rank of Full-time Teacher (HEIs for Adults)

单位:人

Unit:in Person

	计 Total	按学历分 By Educational Attainment				按职称分 By Rank				
		博士 Doctor's Degree	硕士 Master's Degree	本科 Normal Courses	专科及以下 Short-cycle Courses and Under	正高级 Senior	副高级 Sub-Senior	中级 Middle	初级 Junior	无职称 No Rank
合计 Total	**84325**	**519**	**8093**	**68890**	**6823**	**2158**	**22536**	**35112**	**19699**	**4820**
北京 Beijing	3127	65	685	2195	182	118	927	1390	561	131
天津 Tianjin	3206	15	254	2768	169	62	1221	1319	522	82
河北 Hebei	2547	20	196	2267	64	84	808	836	589	230
山西 Shanxi	2438	3	195	2034	206	50	798	952	515	123
内蒙古 Inner Mongolia	597		12	579	6	6	233	237	107	14
辽宁 Liaoning	3420	7	207	2864	342	54	1278	1444	553	91
吉林 Jilin	2826	22	158	2419	227	86	811	1234	622	73
黑龙江 Heilongjiang	4832	14	335	3996	487	184	1773	1890	840	145
上海 Shanghai	1699	18	319	1210	152	47	416	865	328	43
江苏 Jiangsu	7332	64	620	6099	549	174	1408	2966	2324	460
浙江 Zhejiang	4009	22	385	3321	281	80	893	1679	1138	219
安徽 Anhui	2216	14	269	1776	157	19	551	856	554	236
福建 Fujian	2072	15	275	1668	114	38	543	858	521	112
江西 Jiangxi	1389	15	117	1191	66	85	396	470	344	94
山东 Shandong	6683	36	794	5447	406	303	1698	2148	1865	669
河南 Henan	4742	29	518	3975	220	115	1322	1866	1129	310
湖北 Hubei	3231	4	279	2615	333	60	870	1352	733	216
湖南 Hunan	2365	1	117	1964	283	42	644	1064	496	119
广东 Guangdong	5401	48	714	4135	504	117	1032	2588	1346	318
广西 Guangxi	1770	5	163	1537	65	22	416	846	368	118
海南 Hainan	67	1	1	55	10	5	9	27	16	10
重庆 Chongqing	2052	27	175	1668	182	30	428	962	518	114
四川 Sichuan	4874	22	471	3694	687	121	1324	2144	1110	175
贵州 Guizhou	1102	3	81	878	140	15	215	545	258	69
云南 Yunnan	1443	3	82	1290	68	14	279	583	403	164
西藏 Tibet										
陕西 Shaanxi	4045	40	438	3303	264	174	1103	1692	806	270
甘肃 Gansu	1006	2	95	704	205	5	302	495	165	39
青海 Qinghai	551		12	387	152	10	106	333	84	18
宁夏 Ningxia										
新疆 Xinjiang	3283	4	126	2851	302	38	732	1471	884	158

专任教师学历、职称情况(民办的其他高等教育机构)

Data on Academic Qualifications, Rank of Full-time Teacher (Non-state/private HEIs)

单位:人

Unit:in Person

	计 Total	按学历分 By Educational Attainment				按职称分 By Rank				
		博士 Doctor's Degree	硕士 Master's Degree	本科 Normal Courses	专科及以下 Short-cycle Courses and Under	正高级 Senior	副高级 Sub-Senior	中级 Middle	初级 Junior	无职称 No Rank
合计 Total	**22528**	**724**	**3026**	**14804**	**3974**	**3079**	**5750**	**7032**	**3926**	**2741**
北京 Beijing	2761	279	822	1510	150	834	990	551	163	223
天津 Tianjin										
河北 Hebei	1294	22	174	842	256	181	397	333	210	173
山西 Shanxi	1007	39	177	653	138	163	282	335	150	77
内蒙古 Inner Mongolia										
辽宁 Liaoning	1238	57	72	904	205	93	413	354	194	184
吉林 Jilin	615	16	86	454	59	205	175	146	74	15
黑龙江 Heilongjiang	777	5	64	520	188	60	166	302	168	81
上海 Shanghai	1342	75	233	902	132	193	313	444	93	299
江苏 Jiangsu	215	4	42	164	5	27	80	70	29	9
浙江 Zhejiang	930		50	761	119	19	147	315	355	94
安徽 Anhui	552	18	55	330	149	68	103	178	142	61
福建 Fujian	568	8	75	464	21	45	146	166	184	27
江西 Jiangxi	826	5	32	444	345	40	135	266	173	212
山东 Shandong	2801	55	360	1953	433	401	696	833	549	322
河南 Henan	1409		46	904	459	109	237	538	268	257
湖北 Hubei	101		3	88	10	12	38	8	10	33
湖南 Hunan	987	59	158	659	111	130	252	396	157	52
广东 Guangdong	1870	31	299	1255	285	172	430	710	377	181
广西 Guangxi	96		1	91	4	1	41	50	4	
海南 Hainan										
重庆 Chongqing	828		18	647	163	41	163	250	137	237
四川 Sichuan	626	21	113	415	77	81	122	203	141	79
贵州 Guizhou	6			4	2	1	1	2		2
云南 Yunnan										
西藏 Tibet										
陕西 Shaanxi	1374	25	122	619	608	157	319	484	304	110
甘肃 Gansu	305	5	24	221	55	46	104	98	44	13
青海 Qinghai										
宁夏 Ningxia										
新疆 Xinjiang										

聘请校外教师学历情况(总计)

Aggregate Data on Academic Qualifications of Part-time Teachers in HEIs (Total)

单位:人

Unit: in Person

	计 Total	博士 Doctor's Degree	硕士 Master's Degree	本科 Normal Courses	专科及以下 Short-cycle Courses and Under
合计 Total	**306414**	**26276**	**81919**	**185589**	**12630**
北京 Beijing	29550	3018	7692	15457	3383
天津 Tianjin	5996	258	1523	3983	232
河北 Hebei	13763	752	4017	8647	347
山西 Shanxi	5568	154	1063	4019	332
内蒙古 Inner Mongolia	3210	115	415	2622	58
辽宁 Liaoning	14039	1391	4333	7992	323
吉林 Jilin	6105	899	1798	3267	141
黑龙江 Heilongjiang	10766	1012	2746	6434	574
上海 Shanghai	17664	2085	4505	10340	734
江苏 Jiangsu	18438	1599	5832	10452	555
浙江 Zhejiang	11714	734	2947	7638	395
安徽 Anhui	9933	742	2914	5919	358
福建 Fujian	9309	1078	1833	5845	553
江西 Jiangxi	10724	378	2093	7836	417
山东 Shandong	20932	1818	6573	11969	572
河南 Henan	13679	959	3239	9157	324
湖北 Hubei	17329	2234	5706	9061	328
湖南 Hunan	12335	1052	3298	7681	304
广东 Guangdong	13050	785	3350	8444	471
广西 Guangxi	5738	297	1150	3958	333
海南 Hainan	1055	170	214	634	37
重庆 Chongqing	5870	417	1561	3691	201
四川 Sichuan	14053	1605	3639	8258	551
贵州 Guizhou	3011	141	627	2215	28
云南 Yunnan	5916	281	1662	3765	208
西藏 Tibet	61	5	5	43	8
陕西 Shaanxi	17324	1697	5096	10003	528
甘肃 Gansu	3146	285	931	1899	31
青海 Qinghai	489	71	32	338	48
宁夏 Ningxia	645	12	158	466	9
新疆 Xinjiang	5002	232	967	3556	247

聘请校外教师学历情况(普通高校)

Aggregate Data on Academic Qualifications of Part-time Teachers in HEIs

单位:人

Unit: in Person

	计 Total	博 士 Doctor's Degree	硕 士 Master's Degree	本 科 Normal Courses	专科及以下 Short-cycle Courses and Under
合 计 Total	**221190**	**23102**	**64380**	**127185**	**6523**
北 京 Beijing	12464	2348	4161	5733	222
天 津 Tianjin	4521	246	1236	2821	218
河 北 Hebei	11679	687	3652	7040	300
山 西 Shanxi	3845	91	780	2704	270
内蒙古 Inner Mongolia	2478	115	406	1899	58
辽 宁 Liaoning	10077	1121	3141	5554	261
吉 林 Jilin	4775	830	1590	2293	62
黑龙江 Heilongjiang	8186	966	2373	4551	296
上 海 Shanghai	9552	1526	2747	4906	373
江 苏 Jiangsu	15329	1479	4946	8437	467
浙 江 Zhejiang	7436	638	2148	4378	272
安 徽 Anhui	7489	689	2358	4255	187
福 建 Fujian	7268	1051	1460	4238	519
江 西 Jiangxi	9844	371	1922	7194	357
山 东 Shandong	17316	1697	5516	9712	391
河 南 Henan	10880	907	2844	7031	98
湖 北 Hubei	15780	2209	5440	7834	297
湖 南 Hunan	9885	895	2742	6103	145
广 东 Guangdong	7917	568	2336	4748	265
广 西 Guangxi	4767	290	1055	3118	304
海 南 Hainan	963	168	202	557	36
重 庆 Chongqing	4145	389	1287	2378	91
四 川 Sichuan	8843	1381	2670	4475	317
贵 州 Guizhou	2127	133	482	1500	12
云 南 Yunnan	4098	268	1326	2370	134
西 藏 Tibet	61	5	5	43	8
陕 西 Shaanxi	12959	1468	3895	7254	342
甘 肃 Gansu	2311	267	731	1305	8
青 海 Qinghai	177	70	7	95	5
宁 夏 Ningxia	645	12	158	466	9
新 疆 Xinjiang	3373	217	764	2193	199

聘请校外教师学历情况(成人高校)

Aggregate Data on Academic Qualifications of Part-time Teachers (HEIs for Adults)

单位:人

Unit: in Person

	计 Total	博　士 Doctor's Degree	硕　士 Master's Degree	本　科 Normal Courses	专科及以下 Short-cycle Courses and Under
合　计 Total	**45687**	**1018**	**8722**	**34280**	**1667**
北　京 Beijing	3459	167	965	2260	67
天　津 Tianjin	1475	12	287	1162	14
河　北 Hebei	1051	16	132	902	1
山　西 Shanxi	873	13	118	724	18
内蒙古 Inner Mongolia	230		7	223	
辽　宁 Liaoning	1501	24	328	1134	15
吉　林 Jilin	604	4	69	507	24
黑龙江 Heilongjiang	2009	26	201	1551	231
上　海 Shanghai	1110	47	263	772	28
江　苏 Jiangsu	2557	103	771	1602	81
浙　江 Zhejiang	2669	29	350	2218	72
安　徽 Anhui	1875	26	475	1256	118
福　建 Fujian	1697	2	267	1395	33
江　西 Jiangxi	457	2	72	360	23
山　东 Shandong	1794	58	574	1115	47
河　南 Henan	1127	9	176	926	16
湖　北 Hubei	1208	1	123	1060	24
湖　南 Hunan	1456	7	192	1136	121
广　东 Guangdong	3949	111	704	2988	146
广　西 Guangxi	837	7	93	708	29
海　南 Hainan	92	2	12	77	1
重　庆 Chongqing	1512	25	192	1185	110
四　川 Sichuan	4406	177	770	3240	219
贵　州 Guizhou	812	8	142	646	16
云　南 Yunnan	1818	13	336	1395	74
西　藏 Tibet					
陕　西 Shaanxi	2871	109	783	1942	37
甘　肃 Gansu	297	4	92	190	11
青　海 Qinghai	312	1	25	243	43
宁　夏 Ningxia					
新　疆 Xinjiang	1629	15	203	1363	48

聘请校外教师学历情况(民办的其他高等教育机构)

Aggregate Data on Academic Qualifications of Part-time Teachers (Non-state/private HEIs)

单位:人
Unit:in Person

	计 Total	博士 Doctor's Degree	硕士 Master's Degree	本科 Normal Courses	专科及以下 Short-cycle Courses and Under
合 计 Total	**39537**	**2156**	**8817**	**24124**	**4440**
北 京 Beijing	13627	503	2566	7464	3094
天 津 Tianjin					
河 北 Hebei	1033	49	233	705	46
山 西 Shanxi	850	50	165	591	44
内蒙古 Inner Mongolia	502		2	500	
辽 宁 Liaoning	2461	246	864	1304	47
吉 林 Jilin	726	65	139	467	55
黑龙江 Heilongjiang	571	20	172	332	47
上 海 Shanghai	7002	512	1495	4662	333
江 苏 Jiangsu	552	17	115	413	7
浙 江 Zhejiang	1609	67	449	1042	51
安 徽 Anhui	569	27	81	408	53
福 建 Fujian	344	25	106	212	1
江 西 Jiangxi	423	5	99	282	37
山 东 Shandong	1822	63	483	1142	134
河 南 Henan	1672	43	219	1200	210
湖 北 Hubei	341	24	143	167	7
湖 南 Hunan	994	150	364	442	38
广 东 Guangdong	1184	106	310	708	60
广 西 Guangxi	134		2	132	
海 南 Hainan					
重 庆 Chongqing	213	3	82	128	
四 川 Sichuan	804	47	199	543	15
贵 州 Guizhou	72		3	69	
云 南 Yunnan					
西 藏 Tibet					
陕 西 Shaanxi	1494	120	418	807	149
甘 肃 Gansu	538	14	108	404	12
青 海 Qinghai					
宁 夏 Ningxia					
新 疆 Xinjiang					

资产情况(学校

Condition of Fixed Assets and Teaching

	学校占地面积(平方米) Area of School sites (m^2)			图书音像 Audio-visual	
				一般图书(万册) Books & Magazines in Libraries(10 Thouand Volume)	
	计 Total	其中:绿化用地面积 of Which: Green Areas	其中:运动场地面积 of Which: Sports Areas	计 Total	当年新增 New Floor Space Added in Current Year
合 计 Total	**1404570462**	**338124447**	**104992280**	**127462.94**	**15511.39**
北 京 Beijing	42139889	12249161	3202079	6921.45	560.68
天 津 Tianjin	30163396	4471152	2354160	3090.38	426.50
河 北 Hebei	56659597	9503870	4652476	4979.81	453.87
山 西 Shanxi	25329704	5556995	2984888	3437.50	399.64
内蒙古 Inner Mongolia	23254597	3350555	1791220	1808.98	209.21
辽 宁 Liaoning	54154427	11544210	4584971	5534.92	452.02
吉 林 Jilin	38694053	12058466	2916552	3575.58	415.23
黑龙江 Heilongjiang	56997520	10245786	4573685	4795.40	520.17
上 海 Shanghai	33558970	9038920	2433024	4947.17	409.49
江 苏 Jiangsu	113518464	30260973	7905562	8774.42	993.90
浙 江 Zhejiang	51808695	16044910	4868922	5237.21	759.12
安 徽 Anhui	51922145	10802302	3733677	4101.85	445.71
福 建 Fujian	40135498	9824265	2878237	3170.62	443.58
江 西 Jiangxi	65558474	21499222	4663669	4494.73	897.02
山 东 Shandong	117252993	23080145	7984012	9041.06	1648.25
河 南 henan	72240470	13172397	5899836	6704.05	748.11
湖 北 Hubei	79143452	24023522	5880807	7286.52	762.02
湖 南 Hunan	65900788	17661608	4893191	5931.15	878.57
广 东 Guangdong	93215631	22959971	5853130	7311.34	985.98
广 西 Guangxi	28033208	8898977	2119702	2732.86	309.28
海 南 Hainan	8546751	2099552	424037	554.02	80.71
重 庆 Chongqing	36775383	11686951	1754889	2743.99	300.08
四 川 Sichuan	67992616	15657054	5047777	5683.91	607.90
贵 州 guizhou	19356383	4240159	1311136	1893.83	191.99
云 南 Yunnan	21277369	4527851	1612684	2177.99	395.63
西 藏 Tibet	1874729	531750	92342	118.42	6.53
陕 西 Shaanxi	50815613	10206031	4970791	6293.60	710.92
甘 肃 Gansu	20529884	5556434	1600013	1746.46	188.36
青 海 Qinghai	4219412	469810	296021	378.38	8.47
宁 夏 Ningxia	7757394	1383561	398605	380.79	30.60
新 疆 Xinjiang	25742957	5517887	1310185	1614.55	271.85

产权)(总计)

Resources (Owned by HEIs)(Total)

资料情况 ed. Resources		拥有教学用计算机(台) No. of computers used for Instruction	语音实验室座位数(个) No. of Seats in Audio-Labs	多媒体教室座位数(个) No. of Seats in Multi-media Class rooms	网上教学课程数(种) No. of Web-Based Courses	固定资产值(万元) Fixed Assets (in 10,000 yuan)		
电子图书(片) Electronic Books & Magazines in Libraries(Disk)						合 计 Total	其中:教学、科研仪器设备资产 of which:Teaching Equipment & Instruments	
计 Total	当年新增 New Floor Space Added in Current Year						计 Total	当年新增 New Floor Space Added in Current Year
48972	**9672**	**3762995**	**1221619**	**9082440**	**75757**	**61682575.32**	**13040902.00**	**2076618.15**
1754	522	219525	52722	583150	7846	4710710.87	1226760.27	183066.14
1418	359	88592	24811	183935	1517	1295474.84	373956.31	62803.38
3960	733	152867	52192	389726	1606	2312336.29	433726.73	57712.43
856	219	84589	30265	171720	788	1092148.12	257147.99	33617.76
2896	184	43765	10786	81342	770	650374.61	130144.33	18621.09
998	211	176571	72013	373759	6006	2551914.26	527391.33	74395.80
817	154	107473	29800	204658	840	1759981.14	382432.50	69607.73
1350	322	126145	43929	277256	1469	2369260.89	481291.10	84750.56
2201	142	159970	35871	343731	2274	2795244.26	770057.76	106982.97
516	119	316295	86113	813685	2761	5170012.21	1036912.66	156553.61
1797	357	191611	60147	541588	8467	3463036.08	616218.65	111272.99
1521	368	105042	38504	270484	1864	1685174.85	380499.08	57867.96
1348	317	104920	39269	273156	2727	1554575.80	320449.58	57398.09
4486	524	136813	55317	318513	670	1944713.08	352147.35	77583.47
2821	991	250041	87362	629985	3031	4439499.30	817603.09	157727.30
1359	327	155357	55051	391835	4154	2552755.52	508518.40	75498.18
3607	539	213818	66100	599463	5982	3667014.06	748133.30	109720.93
3947	782	175518	57139	352868	1368	2509633.92	525416.21	78858.65
2962	592	249300	81535	774038	6634	4366978.33	810168.64	132790.34
1298	221	72182	25301	159273	590	799303.35	219907.56	32477.89
198	53	17036	5806	34985	2219	234197.63	81703.96	10235.71
680	226	86572	35629	199398	560	1296152.11	249970.09	50632.05
1694	493	146987	53260	417946	4525	2568360.17	551484.69	85660.91
517	90	42860	17827	78767	523	414012.27	124626.43	19512.28
564	150	57728	19866	132418	5	880462.68	174444.00	32301.36
10	0	2031	596	2741	21	28678.78	6864.82	1697.29
1968	355	172566	49288	267859	2714	2866417.12	577819.43	78873.67
708	207	47739	16349	94356	295	783625.24	165541.40	25003.98
272	2	8095	2484	10564	928	79772.46	22170.28	8789.70
87	40	13585	3090	19772	18	159654.74	34915.15	5283.03
363	73	37402	13197	89469	2585	681100.34	132478.91	19320.90

资产情况(学校

Condition of Fixed Assets and

	学校占地面积(平方米) Area of School sites (m^2)			图书音像 Audio-visual	
				一般图书(万册) Books & Magazines in Libraries(10,000 Volume)	
	计 Total	其中:绿化用地面积 of Which: Green Areas	其中:运动场地面积 of Which: Sports Areas	计 Total	当年新增 New Floor Space Added in Current Year
合 计 Total	**1316815318**	**321884613**	**95977174**	**116544.96**	**14516.69**
北 京 Beijing	36125145	11146242	2817708	6300.18	511.71
天 津 Tianjin	28621623	4376360	2220121	2818.73	412.98
河 北 Hebei	54064043	9105073	4357920	4615.02	436.60
山 西 Shanxi	23039575	5105957	2655827	3137.73	379.22
内蒙古 Inner Mongolia	22353666	3257501	1683352	1730.81	205.10
辽 宁 Liaoning	51678684	11308796	4206784	4990.69	411.55
吉 林 Jilin	36980209	11722404	2602195	3307.53	399.95
黑龙江 Heilongjiang	54138361	9652700	4207261	4280.32	502.99
上 海 Shanghai	31945994	8657368	2287116	4623.55	394.39
江 苏 Jiangsu	108056473	28768579	7140557	8158.46	961.38
浙 江 Zhejiang	47983763	14922631	4325870	4785.99	732.69
安 徽 Anhui	48696108	10476539	3464915	3812.15	426.43
福 建 Fujian	38043526	9534875	2752279	2886.31	407.55
江 西 Jiangxi	62210420	20595164	4327496	4207	831.06
山 东 Shandong	107678445	21575739	7074649	8096.13	1505.6
河 南 henan	65452891	12020881	5189662	5900.83	669.37
湖 北 Hubei	76043688	23043106	5612044	6833.25	722.77
湖 南 Hunan	63171093	17151360	4663263	5551.53	855.44
广 东 Guangdong	85668808	21565853	5125984	6525.67	901.14
广 西 Guangxi	26835022	8646282	2059872	2487.71	299.91
海 南 Hainan	8485468	2058389	415237	539.39	73.91
重 庆 Chongqing	33766911	11269498	1545700	2526	285.96
四 川 Sichuan	64041113	15142558	4665062	5119.42	553.41
贵 州 guizhou	18652130	4142885	1239137	1699.76	189.08
云 南 Yunnan	20081231	4287742	1482505	2049.66	352.61
西 藏 Tibet	1874729	531750	92342	118.42	6.53
陕 西 Shaanxi	47373524	9701675	4576168	5738.75	625.1
甘 肃 Gansu	19651388	5482748	1494139	1625.46	169.57
青 海 Qinghai	3369215	414713	247607	352.99	8.27
宁 夏 Ningxia	7757394	1383561	398605	380.79	30.6
新 疆 Xinjiang	22974678	4835684	1045797	1344.73	253.82

产权)(普通高校)

Teaching Resources (Owned by HEIs)(Regular HEIs)

资料情况 ed. Resources		拥有教学用计算机(台) No. of computers used for Instruction	语音实验室座位数(个) No. of Seats in Audio-Labs	多媒体教室座位数(个) No. of Seats in Multi-media Class rooms	网上教学课程数(种) No. of Web-Based Courses	固定资产值(万元) Fixed Assets (in 10,000 yuan)		
电子图书(片) Electronic Books & Magazines in Libraries(Disk)						合计 Total	其中:教学、科研仪器设备资产 of which: Teaching Equipment & Instruments	
计 Total	当年新增 New Floor Space Added in Current Year						计 Total	当年新增 New Floor Space Added in Current Year
39871.40	**8425.92**	**3313032**	**1070342**	**8374900**	**34805**	**57830276.06**	**12168359.06**	**1968544.03**
1594.19	487.16	192655	43745	523402	6510	4405426.53	1167238.53	173786.19
1223.90	323.32	74749	21616	165588	663	1223623.91	347065.20	56209.97
3090.42	563.85	137775	45868	370353	524	2165927.68	405265.31	56026.78
617.56	198.41	71231	25350	157267	375	976529.30	228410.45	30391.18
2890.92	181.76	40883	9816	79076	147	625110.01	125418.85	18533.29
940.41	199.89	156566	63180	350907	3053	2439601.04	501631.69	71036.97
704.16	150.91	99217	27001	197059	553	1676358.37	364036.01	67733.35
1065.30	306.34	109285	36701	264660	994	2241881.02	450659.34	83135.93
1663.15	115.98	142344	30976	315921	1205	2688645.69	739440.17	104033.16
486.40	114.99	285663	77588	759417	1771	4875241.11	979973.90	151758.00
1694.42	333.85	162388	51949	469455	1921	3243290.28	559744.52	105986.75
1409.79	346.63	90195	34200	252000	336	1565627.08	356712.49	53920.95
1292.60	306.52	93253	35077	250311	1829	1460556.27	297029.37	54824.39
3853.15	410.90	125863	50478	304214	388	1864840.19	334045.86	72515.51
2293.94	816.24	215156	74604	575555	1582	4055351.32	740812.72	148203.55
1214.20	277.94	131637	47846	357295	1389	2320686.89	455182.99	71132.84
2289.02	437.33	200554	61352	577681	2867	3517088.54	725073.2	108105.65
1668.63	507.39	158135	50621	331949	745	2370753.3	494978.65	75974.21
2653.95	566.53	199712	66472	671781	2298	3965480.65	708960.76	123288.23
1275.57	218.30	63973	22253	149270	102	732097.95	202602.65	31273.68
195.96	51.13	16526	5758	34490	2219	232712.13	80792.74	10188.71
638.94	211.10	74502	32327	173406	560	1195295.15	229871.47	44114.35
1604.06	463.85	127861	47237	392753	1291	2411267.08	520672.57	81858.88
315.30	83.78	38749	16745	73011	32	392048.95	116097.27	16228.78
545.70	144.47	54451	17884	126325	5	839842.82	164903.86	28902.13
10.22	0.24	2031	596	2741	21	28678.78	6864.82	1697.29
1552.54	327.47	155835	43732	251474	1081	2727386.31	543528.87	74176.94
642.52	166.86	44153	15381	91543	103	753372.21	154590.66	21934.13
56.53	2.31	6810	2202	9373	26	71228.26	19940.06	8618.7
86.77	39.80	13585	3090	19772	18	159654.74	34915.15	5283.03
301.18	70.67	27295	8697	76851	197	604672.5	111898.93	17670.51

资产情况(学校

Condition of Fixed Assets and Teaching

	学校占地面积(平方米) Area of School sites (m^2)			图书音像 Audio-visual	
				一般图书(万册) Books & Magazines in Libraries(10,000 Volume)	
	计 Total	其中:绿化用地面积 of Which: Green Areas	其中:运动场地面积 of Which: Sports Areas	计 Total	当年新增 New Floor Space Added in Current Year
合　计 Total	**69004009**	**12555862**	**6957648**	**8947.26**	**713.03**
北　京 Beijing	3253018	553406	203838	379.10	17.99
天　津 Tianjin	1541773	94792	134039	271.65	13.52
河　北 Hebei	1775051	270068	166136	212.22	8.05
山　西 Shanxi	1409415	212082	195445	237.79	16.14
内蒙古 Inner Mongolia	764453	86000	88939	64.55	2.31
辽　宁 Liaoning	2102102	161201	291352	399.11	27.70
吉　林 Jilin	1429121	278382	241551	234.57	13.98
黑龙江 Heilongjiang	2556949	349202	354424	457.45	8.34
上　海 Shanghai	1306099	301345	106798	217.02	5.12
江　苏 Jiangsu	5278246	1417976	729539	582.21	31.57
浙　江 Zhejiang	2925786	869227	423476	396.79	24.17
安　徽 Anhui	2460837	277913	214352	253.75	10.58
福　建 Fujian	1532407	246270	98306	225.31	22.73
江　西 Jiangxi	1998708	642587	171831	214.29	38.04
山　东 Shandong	6853854	1126479	668586	696.09	98.25
河　南 henan	5578965	939049	504741	663.92	64.46
湖　北 Hubei	3051395	970106	254646	439.77	32.92
湖　南 Hunan	2129582	347628	175233	270.15	12.63
广　东 Guangdong	4703927	873599	478079	610.10	46.14
广　西 Guangxi	1191578	252345	57580	241.65	9.17
海　南 Hainan	61283	41163	8800	14.63	6.80
重　庆 Chongqing	2503807	288955	150612	201.23	13.31
四　川 Sichuan	3740728	470145	338905	501.57	49.16
贵　州 guizhou	704253	97274	71999	187.96	2.90
云　南 Yunnan	1196138	240109	130179	128.33	43.02
西　藏 Tibet	0	0	0	0.00	0.00
陕　西 Shaanxi	2464249	338373	282286	436.05	58.09
甘　肃 Gansu	871809	72886	103174	114.79	17.71
青　海 Qinghai	850197	55097	48414	25.39	0.20
宁　夏 Ningxia	0	0	0	0.00	0.00
新　疆 Xinjiang	2768279	682203	264388	269.82	18.03

产权)(成人高校)

Resources (Owned by HEIs)(HEIs for Adults)

资料情况 ed. Resources		拥有教学用计算机(台) No. of computers used for Instruction	语音实验室座位数(个) No. of Seats in Audio-Labs	多媒体教室座位数(个) No. of Seats in Multi-media Class rooms	网上教学课程数(种) No. of Web-Based Courses	固定资产值(万元) Fixed Assets (in 10,000 yuan)		
电子图书(片) Electronic Books & Magazines in Libraries(Disk)						合计 Total	其中:教学、科研仪器设备资产 of which: Teaching Equipment & Instruments	
计 Total	当年新增 New Floor Space Added in Current Year						计 Total	当年新增 New Floor Space Added in Current Year
6459	**841**	**339350**	**106088**	**582833**	**38718**	**3125338.17**	**705846.82**	**87446.64**
111	27	15097	4378	41032	1283	184427.55	37301.29	6038.34
194	36	13843	3195	18347	854	71850.93	26891.11	6593.41
815	161	10296	4278	16773	1058	104513.31	21230.84	1065.19
73	18	7640	2381	10032	330	68045.52	17848.06	1225.17
4	2	1975	448	1556	623	16290.00	3310.18	18.00
20	3	12527	4369	16947	2481	77772.89	20869.06	2964.71
110	2	6571	2121	5897	273	73300.56	16021.28	1639.65
54	15	11205	5153	10202	438	111145.66	27727.90	1419.23
431	5	10459	2714	19306	976	84758.04	21502.11	1973.13
29	4	28636	7665	52351	990	285442.49	55638.52	4643.06
53	23	24904	6378	64029	6215	184260.91	50007.27	4834.25
63	10	9326	3158	16596	1370	85122.65	17662.16	2421.18
29	6	9294	3138	19121	876	81606.97	18992.04	2315.20
470	112	4773	2297	9025	231	57335.38	11732.90	4078.69
247	65	24889	7582	43029	1251	305185.75	59160.39	8049.19
131	45	17703	5546	30611	2567	189533.59	40626.31	3733.78
1315	99	12522	4286	19218	3113	143750.52	21307.30	1339.28
969	72	10368	3497	16539	622	114308.22	19531.56	1822.94
239	18	40006	10947	85939	4066	323985.79	81584.85	6592.60
22	3	8026	2952	10003	488	64484.40	17039.91	1199.21
2	2	510	48	495	0	1485.50	911.22	47.00
31	5	8707	2563	15323	0	70836.78	15736.82	4849.70
80	26	16529	5000	20821	3225	143148.39	27581.79	3083.37
202	6	4060	1034	5726	491	21411.32	8417.16	3283.50
18	6	3277	1982	6093	0	40619.86	9540.14	3399.23
0	0	0	0	0	0	0.00	0.00	0.00
404	27	11670	3473	11574	1456	107081.83	24601.72	4013.99
65	40	3145	723	2439	151	28661.32	10262.73	2982.25
215	0	1285	282	1191	902	8544.20	2230.22	171.00
0	0	0	0	0	0	0.00	0.00	0.00
62	3	10107	4500	12618	2388	76427.84	20579.98	1650.39

资产情况(学校产权)

Condition of Fixed Assets and Teaching Resources (Owned by HEIs)

	学校占地面积(平方米) Area of School sites (m^2)			图书音像 Audio-visual	
				一般图书(万册) Books & Magazines in Libraries(10,000 Volume)	
	计 Total	其中:绿化用地面积 of Which: Green Areas	其中:运动场地面积 of Which: Sports Areas	计 Total	当年新增 New Floor Space Added in Current Year
合　计 Total	**18751135**	**3683972**	**2057458**	**1970.72**	**281.67**
北　京 Beijing	2761726	549513	180533	242.17	30.98
天　津 Tianjin					
河　北 Hebei	820503	128729	128420	152.57	9.22
山　西 Shanxi	880714	238956	133616	61.98	4.28
内蒙古 Inner Mongolia	136478	7054	18929	13.62	1.80
辽　宁 Liaoning	373641	74213	86835	145.12	12.77
吉　林 Jilin	284723	57680	72806	33.48	1.30
黑龙江 Heilongjiang	302210	243884	12000	57.63	8.84
上　海 Shanghai	306877	80207	39110	106.60	9.98
江　苏 Jiangsu	183745	74418	35466	33.75	0.95
浙　江 Zhejiang	899146	253052	119576	54.43	2.26
安　徽 Anhui	765200	47850	54410	35.95	8.70
福　建 Fujian	559565	43120	27652	59.00	13.30
江　西 Jiangxi	1349346	261471	164342	73.44	27.92
山　东 Shandong	2720694	377927	240777	248.84	44.40
河　南 henan	1208614	212467	205433	139.30	14.28
湖　北 Hubei	48369	10310	14117	13.50	6.33
湖　南 Hunan	600113	162620	54695	109.47	10.50
广　东 Guangdong	2842896	520519	249067	175.57	38.70
广　西 Guangxi	6608	350	2250	3.50	0.20
海　南 Hainan					
重　庆 Chongqing	504665	128498	58577	16.76	0.81
四　川 Sichuan	210775	44351	43810	62.92	5.33
贵　州 guizhou				6.11	0.01
云　南 Yunnan					
西　藏 Tibet					
陕　西 Shaanxi	977840	165983	112337	118.80	27.73
甘　肃 Gansu	6687	800	2700	6.21	1.08
青　海 Qinghai					
宁　夏 Ningxia					
新　疆 Xinjiang					

(民办的其他高等教育机构)
(Non-state/private HEIs)

资料情况 ed. Resources 电子图书(片) Electronic Books & Magazines in Libraries(Disk) 计 Total	当年新增 New Floor Space Added in Current Year	拥有教学用计算机(台) No. of computers used for Instruction	语音实验室座位数(个) No. of Seats in Audio-Labs	多媒体教室座位数(个) No. of Seats in Multi-media Class rooms	网上教学课程数(种) No. of Web-Based Courses	固定资产值(万元) Fixed Assets (in 10,000 yuan) 合计 Total	其中:教学、科研仪器设备资产 of which: Teaching Equipment & Instruments 计 Total	当年新增 New Floor Space Added in Current Year
2642	**404**	**110613**	**45189**	**124707**	**2234**	**726961.09**	**166696.12**	**20627.48**
48	8	11773	4599	18716	53	120856.79	22220.45	3241.61
54	8	4796	2046	2600	24	41895.30	7230.58	620.46
166	2	5718	2534	4421	83	47573.30	10889.48	2001.41
0	0	907	522	710		8974.60	1415.30	69.80
38	8	7478	4464	5905	472	34540.33	4890.58	394.12
3	1	1685	678	1702	14	10322.21	2375.21	234.73
230	1	5655	2075	2394	37	16234.21	2903.86	195.40
107	21	7167	2181	8504	93	21840.53	9115.48	976.68
		1996	860	1917		9328.61	1300.24	152.55
50		4319	1820	8104	331	35484.89	6466.86	451.99
48.06	12.21	5521	1146	1888	158	34425.12	6124.43	1525.83
26.5	3.78	2373	1054	3724	22	12412.56	4428.17	258.50
162.55	1.59	6177	2542	5274	51	22537.51	6368.59	989.27
280.7	109.69	9996	5176	11401	198	78962.23	17629.98	1474.56
14.06	3.2	6017	1659	3929	198	42535.04	12709.10	631.56
3.61	2.1	742	462	2564	2	6175.00	1752.80	276.00
1308.6	201.85	7015	3021	4380	1	24572.40	10906.00	1061.50
69.2	7.14	9582	4116	16318	270	77511.89	19623.03	2909.51
		183	96			2721.00	265.00	5.00
10.01	9.7	3363	739	10669		30020.18	4361.80	1668.00
9.97	4.07	2597	1023	4372	9	13944.70	3230.33	718.66
		51	48	30		552.00	112.00	
11.44	0.71	5061	2083	4811	177	31948.98	9688.84	682.74
0.2	0.15	441	245	374	41	1591.71	688.01	87.60

资产情况

Condition of Fixed Assets and Teaching Resources

	学校占地面积(平方米) Area of School sites (m^2)			图书音像 Audio-visual	
				一般图书(万册) Books & Magazines in Libraries(10,000 Volume)	
	计 Total	其中:绿化用地面积 of Which: Green Areas	其中:运动场地面积 of Which: Sports Areas	计 Total	当年新增 New Floor Space Added in Current Year
合 计 Total	**87090064**	**19883832**	**8242513**	**39118.50**	**6415.76**
北 京 Beijing	4800223	1481441	544080	495.35	8.55
天 津 Tianjin	825031	87390	79104	61.51	10.23
河 北 Hebei	6651831	958153	561545	390.85	29.54
山 西 Shanxi	4574459	553802	396830	15261.17	5051.10
内蒙古 Inner Mongolia	6220454	984384	412409	356.18	16.34
辽 宁 Liaoning	2666735	672775	413382	1330.26	359.68
吉 林 Jilin	1846788	741200	403457	9.30	0.50
黑龙江 Heilongjiang	5172955	1084987	676320	119.57	5.65
上 海 Shanghai	2233955	596243	144556	335.13	26.95
江 苏 Jiangsu	6413488	2426645	401888	268.21	81.38
浙 江 Zhejiang	2537348	197080	95094	30.92	0.50
安 徽 Anhui	1925287	363080	155033	261.45	19.65
福 建 Fujian	3385389	892669	232105	109.58	9.90
江 西 Jiangxi	2089908	391722	180048	57.45	10.01
山 东 Shandong	5982201	2216067	738745	8151.24	23.04
河 南 henan	3643272	106484	113849	108.32	14.65
湖 北 Hubei	4337688	862202	412391	262.50	112.85
湖 南 Hunan	2232096	601230	219303	10314.69	510.12
广 东 Guangdong	6814350	1303379	691289	389.65	9.40
广 西 Guangxi	1320605	278743	94391	35.43	2.02
海 南 Hainan	94167	33148	8104	0.00	0.00
重 庆 Chongqing	1133643	435911	144864	94.15	3.74
四 川 Sichuan	4289220	1299951	647925	235.09	34.56
贵 州 guizhou	498126	220406	71498	114.90	57.50
云 南 Yunnan	942596	110469	34921	54.52	2.49
西 藏 Tibet	95000	1550	17355	6.79	0.50
陕 西 Shaanxi	3797681	955868	300270	234.74	14.81
甘 肃 Gansu	255523	3700	11167	0.50	0.10
青 海 Qinghai	6008	0	1500	9.60	0.00
宁 夏 Ningxia	7663	0	4200	0.00	0.00
新 疆 Xinjiang	296374	23153	34890	19.45	0.00

(非学校产权)(总计)

(Not Owned by HEIs)(Total)

资料情况 ed. Resources		拥有教学用计算机(台) No. of computers used for Instruction	语音实验室座位数(个) No. of Seats in Audio-Labs	多媒体教室座位数(个) No. of Seats in Multmedia Class rooms	网上教学课程数(种) No. of Web-Based Courses	固定资产值(万元) Fixed Assets (in 10,000 yuan)		
电子图书(片) Electronic Books & Magazines in Libraries(Disk)						合　计 Total	其中:教学、科研仪器设备资产 of which: Teaching Equipment & Instruments	
计 Total	当年新增 New Floor Space Added in Current Year						计 Total	当年新增 New Floor Space Added in Current Year
1942	**296**	**128946**	**54962**	**286885**	**0**	**2224667.23**	**484313.30**	**77768.52**
32	19	4579	2767	18384	0	65249.66	7902.23	1172.95
82	1	2615	1284	4489	0	100227.07	30336.19	6853.19
345	13	15146	7631	37850	0	230904.09	28167.88	3333.30
199	49	2515	1474	5555	0	61112.78	19539.79	2638.00
41	2	10687	3651	13698	0	170078.84	39530.50	3235.80
3	2	4881	944	7773	0	57823.01	6335.58	2172.00
40	0	140	72	1613	0	15368.00	1792.12	8.00
58	5	4213	1068	4471	0	75199.84	24459.36	3271.45
74	8	5676	2915	19889	0	138349.73	89164.93	213.34
14	2	6255	3295	31733	0	178870.09	17455.82	6417.50
19	1	846	205	1942	0	16890.43	4201.42	1486.02
196	16	4551	1771	6331	0	52690.10	16428.75	2103.80
7	3	5703	1640	9777	0	70735.46	19899.24	8498.15
10	2	576	260	220	0	4197.97	3647.57	1379.57
15	3	5174	2272	10591	0	91585.41	14808.35	7311.45
25	1	3898	1755	7201	0	61379.51	7484.13	1536.33
61	26	6484	5388	30107	0	154312.85	15888.97	4934.94
56	0	4104	1526	3854	0	41470.68	11795.76	1680.00
50	14	7904	3970	15255	0	192574.41	34308.29	3920.46
452	62	976	775	6165	0	66560.32	19259.72	4627.22
0	0	100	0	0	0	0.00	0.00	0.00
5	1	8003	1033	3313	0	33856.04	14624.00	1792.00
106	49	14079	5406	28608	0	217017.37	27141.66	3868.13
12	11	1351	398	794	0	25513.36	12318.36	2383.92
1	0	949	552	2212	0	7743.60	1156.00	355.00
0	0	132	102	659	0	960.00	497.40	15.00
33	4	6637	2590	14131	0	86312.33	13450.20	2544.00
1	0	283	88	30	0	4224.53	449.33	0.00
0	0	190	90	150	0	2375.00	1185.00	17.00
0	0	0	0	0	0	0.00	0.00	0.00
9	0	299	40	90	0	1084.75	1084.75	0.00

资产情况

Condition of Fixed Assets and Teaching Resources

	学校占地面积(平方米) Area of School sites (m^2)			图书音像 Audio-visual	
				一般图书(万册) Books & Magazines in Libraries(10 Thouand Volume)	
	计 Total	其中:绿化用地面积 of Which: Green Areas	其中:运动场地面积 of Which: Sports Areas	计 Total	当年新增 New Floor Space Added in Current Year
合 计 Total	**70597512**	**16681656**	**6263917**	**3522.90**	**503.93**
北 京 Beijing	3243727	917898	354002	44.15	4.67
天 津 Tianjin	737361	80832	56352	61.51	10.23
河 北 Hebei	6044165	778302	471371	355.55	23.54
山 西 Shanxi	4219755	495637	359399	209.17	50.40
内蒙古 Inner Mongolia	5456130	923236	367313	320.81	16.10
辽 宁 Liaoning	2234856	611384	314092	85.11	58.17
吉 林 Jilin	1587763	722500	368000	6.00	
黑龙江 Heilongjiang	4836823	1023089	578519	113.92	5.65
上 海 Shanghai	1984846	568405	117619	63.40	1.75
江 苏 Jiangsu	5607119	2024812	315803	266.01	81.08
浙 江 Zhejiang	2359460	168610	55001	27.42	0.50
安 徽 Anhui	1564884	332908	125366	247.85	19.65
福 建 Fujian	2726668	809767	194084	105.48	9.9
江 西 Jiangxi	1778647	301366	137262	57.45	10.01
山 东 Shandong	3692153	1717579	323270	101.33	18.93
河 南 henan	1608625	73350	80849	94.5	13.3
湖 北 Hubei	4127070	810866	372876	248	109.25
湖 南 Hunan	1654237	482280	165835	76.52	7.02
广 东 Guangdong	4978613	1077509	482807	354.85	8.31
广 西 Guangxi	1295750	276243	93091	33.63	2.02
海 南 Hainan	94167	33148	8104		
重 庆 Chongqing	764494	331350	90870	86.87	
四 川 Sichuan	3493108	1113094	525760	214.47	31.55
贵 州 guizhou	374011	204006	53798	61.4	7
云 南 Yunnan	884239	94425	22861	52.67	0.64
西 藏 Tibet	95000	1550	17355	6.79	0.5
陕 西 Shaanxi	2646368	685400	172701	203.79	13.76
甘 肃 Gansu	228716	1100	10167		
青 海 Qinghai	220			6	
宁 夏 Ningxia	7663		4200		
新 疆 Xinjiang	270874	21010	25190	18.25	

(非学校产权)(普通高校)

(Not Owned by HEIs)(HEIs)

资料情况 ed. Resources		拥有教学用计算机(台) No. of computers used for Instruction	语音实验室座位数(个) No. of Seats in Audio-Labs	多媒体教室座位数(个) No. of Seats in Multimedia Class rooms	网上教学课程数(种) No. of Web-Based Courses	固定资产值(万元) Fixed Assets (in 10,000 yuan)		
电子图书(片) Electronic Books & Magazines in Libraries(Disk)						合计 Total	其中:教学、科研仪器设备资产 of which: Teaching Equipment & Instruments	
计 Total	当年新增 New Floor Space Added in Current Year						计 Total	当年新增 New Floor Space Added in Current Year
1636	**272**	**106940**	**45641**	**250757**		**2021112.80**	**370416.39**	**75399.53**
27	18	2277	1637	13553		58521.26	5235.91	706.95
82	1	1841	1020	4054		99169.07	29601.19	6786.19
334	10	13834	6963	32252		227301.89	26981.78	3113.30
49	49	1409	1102	4885		49670.22	18531.34	2586.00
41	2	8730	2983	13136		167062.60	39003.00	3229.80
2	2	3609	212	2975		46986.91	4565.98	1960.00
				1200		14963.00	1666.00	
58	5	3917	748	4271		74465.84	23825.36	3271.45
74	8	4099	2330	17655		52014.51	3680.60	25.50
14	2	6095	3186	31633		178738.09	17323.82	6387.50
17	1	409				11730.89	2505.61	1442.50
196.4	16.1	3019	1070	3813		42733.1	13230.75	2063.8
6.8	3.1	4976	1377	9065		70316.56	19555.34	8451.15
9.5	2.2	536	260	220		4197.97	3647.57	1379.57
7	2	3642	1368	8517		84151.25	12056.15	7310.45
22		3374	1630	6900		59759.4	7374.4	1509
61.38	25.8	5854	5106	28731		148831.85	14853.97	4914.94
5.2		2385	754	2210		36406.68	9618.71	1561
28.58	8.75	6005	3484	12059		169504.61	30997.69	3768.66
450.2	61	855	727	6153		66125.32	19009.72	4573.22
		100						
4.55	1.07	7971	977	3269		33106.04	14624	1792
102.4	47.56	13661	5261	28068		210883.37	26402.66	3756.63
2	1	1080	368	791		23006.36	11985.36	2383.92
		759	512	1902		3663.6	793	50
		132	102	659		960	497.4	15
32.8	4.24	5804	2286	12606		81079.33	10446	2344
0.5		278	88			2704.33	404.33	
		90	90	150		2059	999	17
9.25		199		30		999.75	999.75	

资产情况

Condition of Fixed Assets and Teaching Resources

	学校占地面积(平方米) Area of School sites (m^2)			图书音像 Audio-visual	
				一般图书(万册) Books & Magazines in Libraries(10,000 Volume)	
	计 Total	其中:绿化用地面积 of Which: Green Areas	其中:运动场地面积 of Which: Sports Areas	计 Total	当年新增 New Floor Space Added in Current Year
合　计 Total	**4177963**	**624760**	**655196**	**220.45**	**58.42**
北　京 Beijing	71530	2640	910	9.20	0.18
天　津 Tianjin	87670	6558	22752	0.00	0.00
河　北 Hebei	183287	58639	48374	7.60	0.00
山　西 Shanxi	159037	45122	18907	23.70	0.30
内蒙古 Inner Mongolia	0	0	0	0.00	0.00
辽　宁 Liaoning	5430	0	4430	0.70	0.00
吉　林 Jilin	33610	60	110	2.80	0.00
黑龙江 Heilongjiang	77840	16200	5000	4.00	0.00
上　海 Shanghai	38318	300	0	0.00	0.00
江　苏 Jiangsu	308769	74758	54418	2.20	0.30
浙　江 Zhejiang	40690	4440	8360	0.00	0.00
安　徽 Anhui	180726	13882	24517	13.60	0.00
福　建 Fujian	335344	6000	12347	4.10	0.00
江　西 Jiangxi	22800	2300	2800	0.00	0.00
山　东 Shandong	556707	22100	206974	0.00	0.00
河　南 henan	376984	100	2350	0.00	0.00
湖　北 Hubei	113963	10870	9891	14.50	3.60
湖　南 Hunan	62423	25000	1030	6.97	0.50
广　东 Guangdong	308202	34677	40485	27.48	0.14
广　西 Guangxi	23905	2500	1300	0.50	0.00
海　南 Hainan	0	0	0	0.00	0.00
重　庆 Chongqing	7200	0	0	0.00	0.00
四　川 Sichuan	565072	143457	88565	18.00	1.00
贵　州 guizhou	91945	13400	9700	53.50	50.50
云　南 Yunnan	58357	16044	12060	1.85	1.85
西　藏 Tibet	0	0	0	0.00	0.00
陕　西 Shaanxi	428999	123270	68716	24.95	0.05
甘　肃 Gansu	7867	300	0	0.00	0.00
青　海 Qinghai	5788	0	1500	3.60	0.00
宁　夏 Ningxia	0	0	0	0.00	0.00
新　疆 Xinjiang	25500	2143	9700	1.20	0.00

(非学校产权)(成人高校)
(Not Owned by HEIs)(HEIs for Adults)

资料情况 ed. Resources		拥有教学用计算机(台) No. of computers used for Instruction	语音实验室座位数(个) No. of Seats in Audio-Labs	多媒体教室座位数(个) No. of Seats in Multi-media Class rooms	网上教学课程数(种) No. of Web-Based Courses	固定资产值(万元) Fixed Assets (in 10,000 yuan)		
电子图书(片) Electronic Books & Magazines in Libraries(Disk)						合计 Total	其中:教学、科研仪器设备资产 of which: Teaching Equipment & Instruments	
计 Total	当年新增 New Floor Space Added in Current Year						计 Total	当年新增 New Floor Space Added in Current Year
58	**11**	**9123**	**3543**	**12599**	**0**	**53529.51**	**16866.54**	**867.52**
0	0	956	311	2446	0	1909.00	1321.00	194.00
0	0	774	264	435	0	1058.00	735.00	67.00
0	0	380	140	538	0	343.00	178.00	0.00
0	0	660	256	320	0	1329.00	303.45	30.00
0	0	0	0	0	0	0.00	0.00	0.00
0	0	40	0	0	0	1860.00	60.00	0.00
40	0	50	51	74	0	161.00	7.12	0.00
0	0	186	200	80	0	734.00	634.00	0.00
0	0	180	62	0	0	0.00	0.00	0.00
0	0	130	109	100	0	132.00	132.00	30.00
2	0	40	40	700	0	4292.05	1517.62	43.52
0	0	1062	601	1229	0	9767.00	3038.00	0.00
0	0	727	199	462	0	418.90	343.90	47.00
0	0	0	0	0	0	0.00	0.00	0.00
0	0	502	380	760	0	5519.56	1789.60	0.00
0	0	220	0	0	0	800.00	0.00	0.00
0	0	506	282	864	0	4981.00	982.00	20.00
0	0	434	48	662	0	2591.00	925.05	20.00
1	0	892	272	1986	0	3510.80	1928.60	22.00
1	1	50	0	0	0	254.00	69.00	54.00
0	0	0	0	0	0	0.00	0.00	0.00
0	0	0	0	0	0	0.00	0.00	0.00
3	0	200	110	80	0	5044.00	539.00	30.00
10	10	271	30	3	0	165.00	63.00	0.00
1	0	190	40	310	0	4080.00	363.00	305.00
0	0	0	0	0	0	0.00	0.00	0.00
0	0	473	108	1460	0	2704.00	1666.20	5.00
0	0	0	0	30	0	1475.20	0.00	0.00
0	0	100	0	0	0	316.00	186.00	0.00
0	0	0	0	0	0	0.00	0.00	0.00
0	0	100	40	60	0	85.00	85.00	0.00

资产情况

Condition of Fixed Assets and Teaching Resources

	学校占地面积(平方米) Area of School sites (m^2)			图书音像 Audio-visual	
				一般图书(万册) Books & Magazines in Libraries(10,000 Volume)	
	计 Total	其中:绿化用地面积 of Which: Green Areas	其中:运动场地面积 of Which: Sports Areas	计 Total	当年新增 New Floor Space Added in Current Year
合 计 Total	**12314589**	**2577416**	**1323400**	**35375.15**	**5853.41**
北 京 Beijing	1484966	560903	189168	442.00	3.70
天 津 Tianjin					
河 北 Hebei	424379	121212	41800	27.70	6.00
山 西 Shanxi	195667	13043	18524	15028.30	5000.40
内蒙古 Inner Mongolia	764324	61148	45096	35.37	0.24
辽 宁 Liaoning	426449	61391	94860	1244.45	301.51
吉 林 Jilin	225415	18640	35347	0.50	0.50
黑龙江 Heilongjiang	258292	45698	92801	1.65	
上 海 Shanghai	210791	27538	26937	271.73	25.20
江 苏 Jiangsu	497600	327075	31667		
浙 江 Zhejiang	137198	24030	31733	3.50	
安 徽 Anhui	179677	16290	5150		
福 建 Fujian	323377	76902	25674		
江 西 Jiangxi	288461	88056	39986		
山 东 Shandong	1733341	476388	208501	8049.91	4.11
河 南 henan	1657663	33034	30650	13.82	1.35
湖 北 Hubei	96655	40466	29624		
湖 南 Hunan	515436	93950	52438	10231.20	502.60
广 东 Guangdong	1527535	191193	167997	7.32	0.95
广 西 Guangxi	950			1.30	
海 南 Hainan					
重 庆 Chongqing	361949	104561	53994	7.28	3.74
四 川 Sichuan	231040	43400	33600	2.62	2.01
贵 州 guizhou	32170	3000	8000		
云 南 Yunnan					
西 藏 Tibet					
陕 西 Shaanxi	722314	147198	58853	6.00	1.00
甘 肃 Gansu	18940	2300	1000	0.50	0.10
青 海 Qinghai					
宁 夏 Ningxia					
新 疆 Xinjiang					

(非学校产权)(民办的其他高等教育机构)
(Not Owned by HEIs)(Non-state/private HEIs)

资料情况 ed. Resources 电子图书(片) Electronic Books & Magazines in Libraries(Disk) 计 Total	当年新增 New Floor Space Added in Current Year	拥有教学用计算机(台) No. of computers used for Instruction	语音实验室座位数(个) No. of Seats in Audio-Labs	多媒体教室座位数(个) No. of Seats in Multi-media Class rooms	网上教学课程数(种) No. of Web-Based Courses	固定资产值(万元) Fixed Assets (in 10,000 yuan) 合计 Total	其中:教学、科研仪器设备资产 of which: Teaching Equipment & Instruments 计 Total	当年新增 New Floor Space Added in Current Year
248	**12**	**12883**	**5778**	**23529**		**150024.92**	**97030.37**	**1501.47**
4	1	1346	819	2385		4819.40	1345.32	272.00
11	3	932	528	5060		3259.20	1008.10	220.00
150		446	116	350		10113.56	705.00	22.00
0		1957	668	562		3016.24	527.50	6.00
1	0	1232	732	4798		8976.10	1709.60	212.00
		90	21	339		244.00	119.00	8.00
		110	120	120				
		1397	523	2234		86335.22	85484.33	187.84
		30						
0	0	397	165	1242		867.49	178.19	
		470	100	1289		190.00	160.00	40.00
			64	250				
		40						
7.5	1.3	1030	524	1314		1914.60	962.60	1.00
3	0.5	304	125	301		820.11	109.73	27.33
		124		512		500.00	53.00	
50.8	0.3	1285	724	982		2473.00	1252.00	99.00
20	5	1007	214	1210		19559.00	1382.00	129.80
		71	48	12		181.00	181.00	
		32	56	44		750.00		
1	1	218	35	460		1090.00	200.00	81.50
						2342.00	270.00	
		360	196	65		2529.00	1338.00	195.00
		5				45.00	45.00	

校舍情况(总计)

Conditions of School Buidings (Regional Aggregates)

单位:平方米

Unit: m^2

	学校产权建筑面积 Floor Area of School Building Owned by HEIs				正在施工面积 Floor Area Under Construction	独立使用非学校产权建筑面积 Floor Area of School Building Not Owned by HEIs
	计 Total	其中:危房 of Which: Dilapidated Buildings	其中:当年新增 of Which: Newly Added in Current Year	其中:被外单位借用 of Which: Floor Space Hired by Other Schools or Units		
合　计 Total	**554908507**	**1462102**	**53499492**	**730163**	**48655412**	**47016990**
北　京 Beijing	28775171	161091	1712184	168475	2330150	2538767
天　津 Tianjin	11517583	8463	694086	4321	1189104	1201374
河　北 Hebei	22212547	5124	1668208	21022	2214093	3737894
山　西 Shanxi	14215691	23794	1133674	20303	966116	859299
内蒙古 Inner Mongolia	6923117	71382	619483	4778	834941	1887464
辽　宁 Liaoning	19998639	102899	1679930	4393	1271895	2054618
吉　林 Jilin	15729856	114330	1313686	61652	598870	815808
黑龙江 Heilongjiang	20616308	84520	1619303	17076	1250476	1860556
上　海 Shanghai	15602815		910748	58402	1566856	2806626
江　苏 Jiangsu	40282429	94605	3945587	52410	5267087	2637239
浙　江 Zhejiang	22251166	1097	3024267	22124	2319370	2829075
安　徽 Anhui	18714943	41610	1914450	26635	1442190	1546916
福　建 Fujian	13755755	40345	1728437	1082	2007752	1860064
江　西 Jiangxi	23213421	28006	3352295	50000	2311809	624990
山　东 Shandong	42634705	67926	5412613	24598	4028471	1933243
河　南 Henan	29425655	15908	2760698	2553	3008779	1390900
湖　北 Hubei	35709993	51524	4179714	86354	2365041	3003577
湖　南 Hunan	26312735	56182	2742746	16882	2148913	2194073
广　东 Guangdong	33195111	29556	3398313	54943	2919869	3594190
广　西 Guangxi	10630780	7626	694341	14400	1269648	549007
海　南 Hainan	2247375	9572	206935		187216	118748
重　庆 Chongqing	12328838	117268	1598235		916156	778368
四　川 Sichuan	25831162	73874	2356998	8534	1748898	2414848
贵　州 Guizhou	7284295	25664	368915	2637	566694	547652
云　南 Yunnan	8062948	42373	822486	2822	647723	396530
西　藏 Tibet	482934	16478	37363		75211	
陕　西 Shaanxi	27640987	58253	1893667	3281	2030822	2194439
甘　肃 Gansu	8276149	17013	1009722	486	646010	395816
青　海 Qinghai	1432502	10997	146520		27648	75606
宁　夏 Ningxia	1828830	9400	129993		110626	5963
新　疆 Xinjiang	7774067	75222	423895		386978	163340

校舍情况(普通高校)

Conditions of School Buidings (HEIs)

单位:平方米

Unit:m²

	学校产权建筑面积 Floor Area of School Building Owned by HEIs				正在施工面积 Floor Area Under Construction	独立使用非学校产权建筑面积 Floor Area of School Building Not Owned by HEIs
	计 Total	其中:危房 of Which: Dilapidated Buildings	其中:当年新增 of Which: Newly Added in Current Year	其中:被外单位借用 of Which: Floor Space Hired by Other Schools or Units		
合 计 Total	**512872732**	**1422875**	**51236024**	**651549**	**45956934**	**39829397**
北 京 Beijing	26380738	161091	1527574	165106	2323350	1813616
天 津 Tianjin	10917546	2380	691486	4057	1095419	1190387
河 北 Hebei	20629859	5124	1657402	20917	2202493	3408926
山 西 Shanxi	12832464	23444	1087693	19147	900026	677525
内蒙古 Inner Mongolia	6602392	71382	615983	4778	834941	1700416
辽 宁 Liaoning	18780798	102694	1662336	2522	1239068	1750639
吉 林 Jilin	14779411	111981	1248631	57148	560895	718979
黑龙江 Heilongjiang	19129663	83320	1591682	2361	1239276	1500355
上 海 Shanghai	14628669		886386	50075	1557856	2472181
江 苏 Jiangsu	37392964	94605	3830388	44981	5058242	2377528
浙 江 Zhejiang	20405954	1097	2997508	7022	2252924	2562033
安 徽 Anhui	17611603	41610	1801254	25117	1348561	1245247
福 建 Fujian	12984817	40345	1718643	950	1552613	1513506
江 西 Jiangxi	22003424	28006	3223801	50000	1871912	524226
山 东 Shandong	38235318	65749	5152883	18727	3843853	1411629
河 南 Henan	26134303	12078	2650743	1283	2849440	1014922
湖 北 Hubei	34112657	51524	4048091	86354	2364837	2840793
湖 南 Hunan	24957099	53769	2595218	15382	1981341	1802774
广 东 Guangdong	29772286	28964	3213614	44804	2795686	2885068
广 西 Guangxi	9877041	7626	672026	14400	1218379	529864
海 南 Hainan	2224716	9572	206935		187216	118748
重 庆 Chongqing	11055614	117268	1554506		847587	555474
四 川 Sichuan	23477123	68636	2001262	8534	1723598	2090554
贵 州 Guizhou	6870118	23664	368265	2637	526694	479981
云 南 Yunnan	7566064	36621	727552	2822	626790	341551
西 藏 Tibet	482934	16478	37363		75211	
陕 西 Shaanxi	25436290	57753	1842056	2425	1761824	1721133
甘 肃 Gansu	7911754	17013	970939		633650	353516
青 海 Qinghai	1346356	6376	141620		27648	71361
宁 夏 Ningxia	1828830	9400	129993		110626	5963
新 疆 Xinjiang	6503927	73305	382191		344978	150502

校舍情况(成人高校)

Conditions of School Buidings (HEIs for Adults)

单位:平方米

Unit: m^2

	学校产权建筑面积 Floor Area of School Building Owned by HEIs				正在施工面积 Floor Area Under Constuction	独立使用非学校产权建筑面积 Floor Area of School Building Not Owned by HEIs
	计 Total	其中:危房 of Which: Dilapidated Buildings	其中:当年新增 of Which: Newly Added in Current Year	其中:被外单位借用 of Which: Floor Space Hired by Other Schools or Units		
合 计 Total	**34391639**	**39227**	**1727670**	**64466**	**1329367**	**2524910**
北 京 Beijing	1592366		76056	3369		52097
天 津 Tianjin	600037	6083	2600	264	93685	10987
河 北 Hebei	1116885		9906	105	11600	183745
山 西 Shanxi	966428	350	33645	1156	61790	57884
内蒙古 Inner Mongolia	253608		3500			
辽 宁 Liaoning	812259	205	17504	1871	32827	70584
吉 林 Jilin	844820	2349	36620	4271	37975	2892
黑龙江 Heilongjiang	1430686	1200	23621	14715	11200	115662
上 海 Shanghai	833013		23709	4348		71804
江 苏 Jiangsu	2796770		110397	7429	193790	149204
浙 江 Zhejiang	1375795		24689	7302	66446	69359
安 徽 Anhui	976635		109896	1518	93629	150560
福 建 Fujian	707942		9794	132	77722	177004
江 西 Jiangxi	831873		96823		39700	9780
山 东 Shandong	2980915	2177	234210	3771	59252	102565
河 南 Henan	2638666	3830	100225	1270	159339	229917
湖 北 Hubei	1560412		120301		204	85785
湖 南 Hunan	1143649	2413	94753	1500	11488	95743
广 东 Guangdong	2585629	592	103175	10139	98263	268137
广 西 Guangxi	746997		22315		51269	18193
海 南 Hainan	22659					
重 庆 Chongqing	971087		11241		21569	78095
四 川 Sichuan	2147983	5238	247956		25300	216564
贵 州 Guizhou	414177	2000	650		40000	44545
云 南 Yunnan	496884	5752	94934		20933	54979
西 藏 Tibet						
陕 西 Shaanxi	1826596	500	33763	856	67026	185582
甘 肃 Gansu	360582		38783	450	12360	6160
青 海 Qinghai	86146	4621	4900			4245
宁 夏 Ningxia						
新 疆 Xinjiang	1270140	1917	41704		42000	12838

校舍情况(民办的其他高等教育机构)

Conditions of School Buidings (Non-state/private HEIs)

单位:平方米

Unit: m^2

	学校产权建筑面积 Floor Area of School Building Owned by HEIs				正在施工面积 Floor Area Under Construction	独立使用非学校产权建筑面积 Floor Area of School Building Not Owned by HEIs
	计 Total	其中:危房 of Which: Dilapidated Buildings	其中:当年新增 of Which: Newly Added in Current Year	其中:被外单位借用 of Which: Floor Space Hired by Other Schools or Units		
合　计 Total	**7644136**		**535798**	**14148**	**1369111**	**4662683**
北　京 Beijing	802067		108554		6800	673054
天　津 Tianjin						
河　北 Hebei	465803		900			145223
山　西 Shanxi	416799		12336		4300	123890
内蒙古 Inner Mongolia	67117					187048
辽　宁 Liaoning	405582		90			233395
吉　林 Jilin	105625		28435	233		93937
黑龙江 Heilongjiang	55959		4000			244539
上　海 Shanghai	141133		653	3979	9000	262641
江　苏 Jiangsu	92695		4802		15055	110507
浙　江 Zhejiang	469417		2070	7800		197683
安　徽 Anhui	126705		3300			151109
福　建 Fujian	62996				377417	169554
江　西 Jiangxi	378124		31671		400197	90984
山　东 Shandong	1418472		25520	2100	125366	419049
河　南 Henan	652686		9730			146061
湖　北 Hubei	36924		11322			76999
湖　南 Hunan	211987		52775		156084	295556
广　东 Guangdong	837196		81524		25920	440985
广　西 Guangxi	6742					950
海　南 Hainan						
重　庆 Chongqing	302137		32488		47000	144799
四　川 Sichuan	206056		107780			107730
贵　州 Guizhou						23126
云　南 Yunnan						
西　藏 Tibet						
陕　西 Shaanxi	378101		17848		201972	287724
甘　肃 Gansu	3813			36		36140
青　海 Qinghai						
宁　夏 Ningxia						
新　疆 Xinjiang						

普通高中校数、班数(总计)

Number of Senior Secondary Schools and Classes (Regional Aggregates)

	学校数(所) Schools			班数(个) Classes			
	合 计 Total	高级中学 Senior Sec. Schools	完全中学 Complete Sec. Schools	计 Total	一年级 Grade 1	二年级 Grade 2	三年级 Grade 3
合 计 Total	**16092**	**6453**	**9639**	**410822**	**146212**	**135204**	**129406**
北 京 Beijing	335	69	266	6676	2106	2276	2294
天 津 Tianjin	232	87	145	4546	1539	1523	1484
河 北 Hebei	816	414	402	22554	7854	7235	7465
山 西 Shanxi	581	247	334	12711	4643	4068	4000
内蒙古 Inner Mongolia	359	146	213	9130	3325	2967	2838
辽 宁 Liaoning	476	357	119	13132	4624	4445	4063
吉 林 Jilin	293	174	119	8500	2972	2879	2649
黑龙江 Heilongjiang	475	273	202	10481	3549	3505	3427
上 海 Shanghai	334	148	186	6764	2188	2275	2301
江 苏 Jiangsu	849	320	529	26389	9258	8746	8385
浙 江 Zhejiang	611	434	177	17633	5978	5879	5776
安 徽 Anhui	760	184	576	18713	6901	6269	5543
福 建 Fujian	627	119	508	14049	5114	4721	4214
江 西 Jiangxi	617	192	425	14530	5199	4735	4596
山 东 Shandong	813	519	294	31437	10615	10541	10281
河 南 Henan	945	629	316	27480	10099	8792	8589
湖 北 Hubei	653	437	216	19796	6878	6460	6458
湖 南 Hunan	800	379	421	21169	7826	6959	6384
广 东 Guangdong	981	265	716	26762	10015	8838	7909
广 西 Guangxi	529	230	299	11519	4183	3808	3528
海 南 Hainan	107	11	96	2046	793	676	577
重 庆 Chongqing	277	6	271	8243	2963	2659	2621
四 川 Sichuan	796	103	693	22432	7897	7334	7201
贵 州 Guizhou	473	124	349	8583	3254	2745	2584
云 南 Yunnan	443	73	370	8649	3309	2889	2451
西 藏 Tibet	25	14	11	646	250	210	186
陕 西 Shaanxi	639	258	381	14799	5218	4840	4741
甘 肃 Gansu	497	113	384	9347	3327	2961	3059
青 海 Qinghai	144	15	129	1914	692	629	593
宁 夏 Ningxia	102	35	67	2201	770	716	715
新 疆 Xinjiang	503	78	425	7991	2873	2624	2494

普通高中校数、班数(城市)
Number of Senior Secondary Schools and Classes (Urban)

	学校数(所) Schools			班数(个) Classes			
	合计 Total	高级中学 Senior Sec. Schools	完全中学 Complete Sec. Schools	计 Total	一年级 Grade 1	二年级 Grade 2	三年级 Grade 3
合　计 Total	**6251**	**2299**	**3952**	**152649**	**53576**	**50640**	**48433**
北　京 Beijing	213	31	182	4066	1270	1396	1400
天　津 Tianjin	139	35	104	2638	886	899	853
河　北 Hebei	299	92	207	7328	2623	2356	2349
山　西 Shanxi	284	86	198	5670	2081	1823	1766
内蒙古 Inner Mongolia	189	68	121	4626	1673	1511	1442
辽　宁 Liaoning	299	209	90	7375	2557	2495	2323
吉　林 Jilin	103	51	52	3057	1046	1052	959
黑龙江 Heilongjiang	217	119	98	4749	1580	1610	1559
上　海 Shanghai	205	106	99	4303	1374	1436	1493
江　苏 Jiangsu	267	87	180	7469	2555	2502	2412
浙　江 Zhejiang	267	170	97	7804	2650	2605	2549
安　徽 Anhui	261	60	201	5920	2190	1984	1746
福　建 Fujian	197	49	148	4554	1672	1534	1348
江　西 Jiangxi	186	51	135	4106	1429	1352	1325
山　东 Shandong	343	212	131	13410	4484	4472	4454
河　南 Henan	361	180	181	9169	3419	2962	2788
湖　北 Hubei	306	180	126	9024	3087	2996	2941
湖　南 Hunan	264	68	196	6093	2217	2026	1850
广　东 Guangdong	336	84	252	9069	3324	3016	2729
广　西 Guangxi	173	79	94	3718	1342	1246	1130
海　南 Hainan	33	6	27	727	276	243	208
重　庆 Chongqing	98	4	94	2815	993	910	912
四　川 Sichuan	214	27	187	6053	2113	1997	1943
贵　州 Guizhou	150	37	113	2798	1038	890	870
云　南 Yunnan	120	24	96	2431	909	820	702
西　藏 Tibet	13	8	5	319	115	101	103
陕　西 Shaanxi	272	64	208	4994	1734	1636	1624
甘　肃 Gansu	161	43	118	2982	1040	970	972
青　海 Qinghai	47	6	41	495	171	168	156
宁　夏 Ningxia	36	21	15	1000	347	329	324
新　疆 Xinjiang	198	42	156	3887	1381	1303	1203

普通高中校数、班数(县镇)

Number of Senior Secondary Schools and Classes (County City & Towns)

	学校数(所) Schools			班数(个) Classes			
	合计 Total	高级中学 Senior Sec. Schools	完全中学 Complete Sec. Schools	计 Total	一年级 Grade 1	二年级 Grade 2	三年级 Grade 3
合　计 Total	**7661**	**3428**	**4233**	**218629**	**78370**	**71599**	**68660**
北　京 Beijing	97	32	65	2267	723	765	779
天　津 Tianjin	76	37	39	1410	485	462	463
河　北 Hebei	429	282	147	13761	4726	4398	4637
山　西 Shanxi	225	130	95	5936	2137	1896	1903
内蒙古 Inner Mongolia	150	74	76	4257	1567	1374	1316
辽　宁 Liaoning	137	118	19	4876	1759	1653	1464
吉　林 Jilin	175	118	57	5230	1851	1753	1626
黑龙江 Heilongjiang	199	129	70	4898	1679	1615	1604
上　海 Shanghai	122	40	82	2373	784	807	782
江　苏 Jiangsu	413	161	252	14659	5190	4837	4632
浙　江 Zhejiang	333	256	77	9561	3233	3185	3143
安　徽 Anhui	346	95	251	10113	3734	3387	2992
福　建 Fujian	372	66	306	8533	3095	2855	2583
江　西 Jiangxi	343	130	213	9349	3380	3037	2932
山　东 Shandong	420	280	140	16936	5776	5700	5460
河　南 Henan	446	366	80	15914	5795	5056	5063
湖　北 Hubei	235	174	61	7798	2729	2492	2577
湖　南 Hunan	400	213	187	11801	4365	3858	3578
广　东 Guangdong	498	160	338	15079	5683	4965	4431
广　西 Guangxi	342	148	194	7628	2779	2508	2341
海　南 Hainan	56	4	52	1142	445	377	320
重　庆 Chongqing	75	1	74	2785	1008	898	879
四　川 Sichuan	494	53	441	14357	5082	4683	4592
贵　州 Guizhou	262	83	179	5273	2022	1692	1559
云　南 Yunnan	276	45	231	5600	2171	1869	1560
西　藏 Tibet	12	6	6	327	135	109	83
陕　西 Shaanxi	170	105	65	5887	2109	1906	1872
甘　肃 Gansu	249	66	183	5458	1966	1709	1783
青　海 Qinghai	81	9	72	1232	449	399	384
宁　夏 Ningxia	51	14	37	1041	366	338	337
新　疆 Xinjiang	177	33	144	3148	1147	1016	985

普通高中校数、班数(农村)

Number of Senior Secondary Schools and Classes (Rural)

	学校数(所) Schools			班数(个) Classes			
	合计 Total	高级中学 Senior Sec. Schools	完全中学 Complete Sec. Schools	计 Total	一年级 Grade 1	二年级 Grade 2	三年级 Grade 3
合　计 Total	**2180**	**726**	**1454**	**39544**	**14266**	**12965**	**12313**
北　京 Beijing	25	6	19	343	113	115	115
天　津 Tianjin	17	15	2	498	168	162	168
河　北 Hebei	88	40	48	1465	505	481	479
山　西 Shanxi	72	31	41	1105	425	349	331
内蒙古 Inner Mongolia	20	4	16	247	85	82	80
辽　宁 Liaoning	40	30	10	881	308	297	276
吉　林 Jilin	15	5	10	213	75	74	64
黑龙江 Heilongjiang	59	25	34	834	290	280	264
上　海 Shanghai	7	2	5	88	30	32	26
江　苏 Jiangsu	169	72	97	4261	1513	1407	1341
浙　江 Zhejiang	11	8	3	268	95	89	84
安　徽 Anhui	153	29	124	2680	977	898	805
福　建 Fujian	58	4	54	962	347	332	283
江　西 Jiangxi	88	11	77	1075	390	346	339
山　东 Shandong	50	27	23	1091	355	369	367
河　南 Henan	138	83	55	2397	885	774	738
湖　北 Hubei	112	83	29	2974	1062	972	940
湖　南 Hunan	136	98	38	3275	1244	1075	956
广　东 Guangdong	147	21	126	2614	1008	857	749
广　西 Guangxi	14	3	11	173	62	54	57
海　南 Hainan	18	1	17	177	72	56	49
重　庆 Chongqing	104	1	103	2643	962	851	830
四　川 Sichuan	88	23	65	2022	702	654	666
贵　州 Guizhou	61	4	57	512	194	163	155
云　南 Yunnan	47	4	43	618	229	200	189
西　藏 Tibet							
陕　西 Shaanxi	197	89	108	3918	1375	1298	1245
甘　肃 Gansu	87	4	83	907	321	282	304
青　海 Qinghai	16		16	187	72	62	53
宁　夏 Ningxia	15		15	160	57	49	54
新　疆 Xinjiang	128	3	125	956	345	305	306

普通高中学生数(总计)

Number of Students in Senior Secondary Schools (Regional Aggregates)

单位:人

Unit:in Person

	毕业生数 Graduates	招生数 Students Admitted	在校学生数 Enrolment					毕业班学生数 Graduates for Next Year
			合计 Total	其中女 of Which: Female	一年级 Grade 1	二年级 Grade 2	三年级 Grade 3	
合 计 Total	**6615713**	**8777317**	**24090901**	**11184400**	**8785676**	**7899888**	**7405337**	**7405337**
北 京 Beijing	73260	88605	278358	146710	89181	94162	95015	95015
天 津 Tianjin	57263	74449	217180	113931	74544	72800	69836	69836
河 北 Hebei	396263	494683	1391138	712488	494938	443058	453142	453142
山 西 Shanxi	196934	263159	713699	346391	263755	226347	223597	223597
内蒙古 Inner Mongolia	136562	198377	523497	265408	198401	169301	155795	155795
辽 宁 Liaoning	201852	266111	744229	372769	266284	252776	225169	225169
吉 林 Jilin	133095	173983	489420	246819	174087	166097	149236	149236
黑龙江 Heilongjiang	161301	205541	583567	299619	205572	193984	184011	184011
上 海 Shanghai	101825	100574	311737	161630	100945	106541	104251	104251
江 苏 Jiangsu	426520	522503	1453420	636553	523005	481891	448524	448524
浙 江 Zhejiang	259874	303986	899961	430920	304262	301577	294122	294122
安 徽 Anhui	300950	434612	1169006	496172	435284	397429	336293	336293
福 建 Fujian	182591	272124	732456	347199	272657	248433	211366	211366
江 西 Jiangxi	239755	312575	849204	338171	313964	275848	259392	259392
山 东 Shandong	575243	672165	1965783	888729	672305	659597	633881	633881
河 南 Henan	536570	699934	1883854	858620	700364	598210	585280	585280
湖 北 Hubei	383420	458591	1294487	567109	458832	422037	413618	413618
湖 南 Hunan	340207	512714	1318513	603985	512834	429839	375840	375840
广 东 Guangdong	374445	569753	1489863	686279	569845	488609	431409	431409
广 西 Guangxi	193531	256877	699644	337622	256960	231723	210961	210961
海 南 Hainan	30677	46433	118165	47362	46476	38490	33199	33199
重 庆 Chongqing	133654	182950	481388	224299	182996	151965	146427	146427
四 川 Sichuan	373219	511535	1384573	630230	511938	446834	425801	425801
贵 州 Guizhou	119161	193814	495193	207793	194029	156486	144678	144678
云 南 Yunnan	116031	189993	483054	231724	190285	161867	130902	130902
西 藏 Tibet	7684	12864	33342	17037	12873	10720	9749	9749
陕 西 Shaanxi	259637	326295	906256	417482	326571	296521	283164	283164
甘 肃 Gansu	138165	205710	566168	232102	205926	179192	181050	181050
青 海 Qinghai	25355	37577	100511	50003	37671	32603	30237	30237
宁 夏 Ningxia	36741	43786	125472	61068	43807	40061	41604	41604
新 疆 Xinjiang	103928	145044	387763	208176	145085	124890	117788	117788

普通高中学生数(城市)

Number of Students in Senior Secondary Schools (Urban)

单位:人

Unit:in Person

	毕业生数 Graduates	招生数 Students Admitted	在校学生数 Enrolment					毕业班学生数 Graduates for Next Year
			合计 Total	其中女 of Which: Female	一年级 Grade 1	二年级 Grade 2	三年级 Grade 3	
合计 Total	**2321628**	**3014263**	**8434123**	**4065747**	**3017030**	**2787117**	**2629976**	**2629976**
北京 Beijing	44474	51653	162930	85476	52001	55341	55588	55588
天津 Tianjin	31547	39919	117828	62126	39976	39808	38044	38044
河北 Hebei	119097	156002	423426	218280	156022	132201	135203	135203
山西 Shanxi	82311	115798	309833	151184	116305	98755	94773	94773
内蒙古 Inner Mongolia	68922	97080	262346	133886	97104	85377	79865	79865
辽宁 Liaoning	107788	136055	390802	200137	136181	132633	121988	121988
吉林 Jilin	44410	58813	170462	87496	58834	58977	52651	52651
黑龙江 Heilongjiang	71521	86219	251667	130626	86234	85141	80292	80292
上海 Shanghai	66760	62822	196121	101730	62989	66652	66480	66480
江苏 Jiangsu	110240	129612	373057	171688	129650	125776	117631	117631
浙江 Zhejiang	112138	131978	393423	189524	132098	132424	128901	128901
安徽 Anhui	89302	130949	347899	157364	131064	117763	99072	99072
福建 Fujian	54017	86822	229139	113734	86913	78687	63539	63539
江西 Jiangxi	67906	82176	229959	96382	82397	75386	72176	72176
山东 Shandong	235359	269748	799502	371668	269830	266571	263101	263101
河南 Henan	159558	219922	578073	271630	219944	184061	174068	174068
湖北 Hubei	161281	187976	541404	248701	188100	179392	173912	173912
湖南 Hunan	95236	136033	363428	173044	136085	119930	107413	107413
广东 Guangdong	121971	179437	483537	235485	179474	160811	143252	143252
广西 Guangxi	59152	76830	213764	104160	76842	71865	65057	65057
海南 Hainan	10452	14838	38841	17226	14879	13025	10937	10937
重庆 Chongqing	42919	55755	152954	74553	55769	48644	48541	48541
四川 Sichuan	99676	132853	367045	171215	132994	118740	115311	115311
贵州 Guizhou	38182	57586	153207	69697	57715	48450	47042	47042
云南 Yunnan	31422	50728	133421	66720	50851	45181	37389	37389
西藏 Tibet	4618	6602	17880	9197	6611	5545	5724	5724
陕西 Shaanxi	80046	98946	283309	134446	99003	93403	90903	90903
甘肃 Gansu	40295	61746	173705	76827	61782	56002	55921	55921
青海 Qinghai	5777	9276	25866	13354	9276	8674	7916	7916
宁夏 Ningxia	14850	19175	56151	27598	19192	18338	18621	18621
新疆 Xinjiang	50401	70914	193144	100593	70915	63564	58665	58665

普通高中学生数(县镇)

Number of Students in Senior Secondary Schools (County City & Towns)

单位:人

Unit:in Person

	毕业生数 Graduates	招生数 Students Admitted	在校学生数 Enrolment					毕业班学生数 Graduates for Next Year
			合计 Total	其中女 of Which: Female	一年级 Grade 1	二年级 Grade 2	三年级 Grade 3	
合计 Total	**3636709**	**4883443**	**13320026**	**6058440**	**4888082**	**4351512**	**4080432**	**4080432**
北京 Beijing	26307	32516	101802	54616	32700	34308	34794	34794
天津 Tianjin	17832	25145	72319	38000	25183	24134	23002	23002
河北 Hebei	251842	306229	874700	445149	306414	280953	287333	287333
山西 Shanxi	99526	124281	343742	166989	124370	108818	110554	110554
内蒙古 Inner Mongolia	64102	96312	248502	124910	96312	79926	72264	72264
辽宁 Liaoning	79284	110280	298765	146371	110306	101749	86710	86710
吉林 Jilin	85481	110652	306493	153320	110735	102994	92764	92764
黑龙江 Heilongjiang	76949	104091	289319	146869	104105	94917	90297	90297
上海 Shanghai	34041	36348	111203	57789	36552	38298	36353	36353
江苏 Jiangsu	235946	301494	830537	357164	301564	273236	255737	255737
浙江 Zhejiang	143806	167239	493057	235331	167387	164712	160958	160958
安徽 Anhui	164632	238736	649199	264089	239223	221745	188231	188231
福建 Fujian	114447	166755	452799	210194	167174	152696	132929	132929
江西 Jiangxi	153396	208112	561858	219107	209242	182191	170425	170425
山东 Shandong	317476	380111	1099555	487927	380169	370203	349183	349183
河南 Henan	331571	418373	1145503	515165	418669	362271	364563	364563
湖北 Hubei	164517	197496	553411	233504	197587	176848	178976	178976
湖南 Hunan	191048	291498	744093	336698	291545	240993	211555	211555
广东 Guangdong	216047	330987	858511	386982	331040	280639	246832	246832
广西 Guangxi	131867	176513	476234	228799	176575	156845	142814	142814
海南 Hainan	17910	27637	69906	26147	27639	22545	19722	19722
重庆 Chongqing	47645	67226	176675	78942	67242	56243	53190	53190
四川 Sichuan	239390	334220	898721	402402	334436	290225	274060	274060
贵州 Guizhou	75335	125470	316114	127544	125556	100109	90449	90449
云南 Yunnan	75883	126484	317271	149395	126645	106114	84512	84512
西藏 Tibet	3066	6262	15462	7840	6262	5175	4025	4025
陕西 Shaanxi	113047	143022	390717	174664	143232	126126	121359	121359
甘肃 Gansu	85279	124918	341969	135142	125098	107515	109356	109356
青海 Qinghai	17512	24330	64742	32079	24392	20534	19816	19816
宁夏 Ningxia	18727	21395	60668	29328	21399	19139	20130	20130
新疆 Xinjiang	42798	59311	156179	85984	59329	49311	47539	47539

普通高中学生数(农村)

Number of Students in Senior Secondary Schools (Rural)

单位:人
Unit:in Person

	毕业生数 Graduates	招生数 Students Admitted	在校学生数 Enrolment 合计 Total	其中女 of Which: Female	一年级 Grade 1	二年级 Grade 2	三年级 Grade 3	毕业班学生数 Graduates for Next Year
合　计 Total	**657376**	**879611**	**2336752**	**1060213**	**880564**	**761259**	**694929**	**694929**
北　京 Beijing	2479	4436	13626	6618	4480	4513	4633	4633
天　津 Tianjin	7884	9385	27033	13805	9385	8858	8790	8790
河　北 Hebei	25324	32452	93012	49059	32502	29904	30606	30606
山　西 Shanxi	15097	23080	60124	28218	23080	18774	18270	18270
内蒙古 Inner Mongolia	3538	4985	12649	6612	4985	3998	3666	3666
辽　宁 Liaoning	14780	19776	54662	26261	19797	18394	16471	16471
吉　林 Jilin	3204	4518	12465	6003	4518	4126	3821	3821
黑龙江 Heilongjiang	12831	15231	42581	22124	15233	13926	13422	13422
上　海 Shanghai	1024	1404	4413	2111	1404	1591	1418	1418
江　苏 Jiangsu	80334	91397	249826	107701	91791	82879	75156	75156
浙　江 Zhejiang	3930	4769	13481	6065	4777	4441	4263	4263
安　徽 Anhui	47016	64927	171908	74719	64997	57921	48990	48990
福　建 Fujian	14127	18547	50518	23271	18570	17050	14898	14898
江　西 Jiangxi	18453	22287	57387	22682	22325	18271	16791	16791
山　东 Shandong	22408	22306	66726	29134	22306	22823	21597	21597
河　南 Henan	45441	61639	160278	71825	61751	51878	46649	46649
湖　北 Hubei	57622	73119	199672	84904	73145	65797	60730	60730
湖　南 Hunan	53923	85183	210992	94243	85204	68916	56872	56872
广　东 Guangdong	36427	59329	147815	63812	59331	47159	41325	41325
广　西 Guangxi	2512	3534	9646	4663	3543	3013	3090	3090
海　南 Hainan	2315	3958	9418	3989	3958	2920	2540	2540
重　庆 Chongqing	43090	59969	151759	70804	59985	47078	44696	44696
四　川 Sichuan	34153	44462	118807	56613	44508	37869	36430	36430
贵　州 Guizhou	5644	10758	25872	10552	10758	7927	7187	7187
云　南 Yunnan	8726	12781	32362	15609	12789	10572	9001	9001
西　藏 Tibet								
陕　西 Shaanxi	66544	84327	232230	108372	84336	76992	70902	70902
甘　肃 Gansu	12591	19046	50494	20133	19046	15675	15773	15773
青　海 Qinghai	2066	3971	9903	4570	4003	3395	2505	2505
宁　夏 Ningxia	3164	3216	8653	4142	3216	2584	2853	2853
新　疆 Xinjiang	10729	14819	38440	21599	14841	12015	11584	11584

普通高中女学生数

Number of Female Students in Senior Secondary Schools

单位:人

Unit:in Person

	毕业生数 Graduates	招生数 Students Admitted	在校学生数 Enrolment 合计 Total	一年级 Grade 1	二年级 Grade 2	三年级 Grade 3	毕业班学生数 Graduates for Next Year
合 计 Total	**2994616**	**4099776**	**11184400**	**4102172**	**3675915**	**3406313**	**3406313**
北 京 Beijing	39963	45974	146710	46139	48922	51649	51649
天 津 Tianjin	29438	38983	113931	39014	38399	36518	36518
河 北 Hebei	197180	254353	712488	254430	226726	231332	231332
山 西 Shanxi	92416	127842	346391	128102	108162	110127	110127
内蒙古 Inner Mongolia	67830	100798	265408	100798	85441	79169	79169
辽 宁 Liaoning	100606	133193	372769	133257	126853	112659	112659
吉 林 Jilin	69305	88342	246819	88371	84917	73531	73531
黑龙江 Heilongjiang	81252	105918	299619	105929	99527	94163	94163
上 海 Shanghai	53610	52171	161630	52257	55139	54234	54234
江 苏 Jiangsu	181405	229759	636553	229857	210842	195854	195854
浙 江 Zhejiang	122310	146532	430920	146622	144129	140169	140169
安 徽 Anhui	121924	188165	496172	188351	168719	139102	139102
福 建 Fujian	83090	130328	347199	130432	118115	98652	98652
江 西 Jiangxi	92451	124249	338171	124577	110767	102827	102827
山 东 Shandong	250886	307869	888729	307928	297796	283005	283005
河 南 Henan	232947	324135	858620	324286	274345	259989	259989
湖 北 Hubei	160141	202779	567109	202822	186209	178078	178078
湖 南 Hunan	150656	233722	603985	233758	197993	172234	172234
广 东 Guangdong	164624	264648	686279	264672	226251	195356	195356
广 西 Guangxi	91430	125339	337622	125359	112075	100188	100188
海 南 Hainan	11861	18982	47362	18991	15319	13052	13052
重 庆 Chongqing	62483	85623	224299	85639	71054	67606	67606
四 川 Sichuan	170121	234284	630230	234462	204758	191010	191010
贵 州 Guizhou	48256	82095	207793	82138	66523	59132	59132
云 南 Yunnan	54757	91840	231724	91905	77895	61924	61924
西 藏 Tibet	3724	6711	17037	6717	5251	5069	5069
陕 西 Shaanxi	117531	152243	417482	152329	136713	128440	128440
甘 肃 Gansu	55386	85800	232102	85863	73902	72337	72337
青 海 Qinghai	12723	18574	50003	18617	16149	15237	15237
宁 夏 Ningxia	18014	21469	61068	21472	19769	19827	19827
新 疆 Xinjiang	56296	77056	208176	77078	67255	63843	63843

普通中学教职工数(总计)

Number of Teachers, Staff & Workers in General Secondary Schools (Regional Aggregates)

单位:人

Unit: in Person

	教职工数 Teachers, Staff & Workers						代课教师 Substitute Teachers	兼任教师 Part-time Teachers
	合计 Total	专任教师 Full-time Teachers	行政人员 Adm. Personnel	教辅人员 Supporting Staff	工勤人员 Workers	校办工厂、农(林)场职工 School-run by Factories & Farms		
合计 Total	**5720244**	**4771299**	**338983**	**251353**	**348140**	**10469**	**116950**	**32585**
北京 Beijing	75837	50970	10622	7945	5971	329	718	482
天津 Tianjin	55322	41537	6917	3505	3092	271	474	480
河北 Hebei	345193	289969	20344	14910	19334	636	6797	1073
山西 Shanxi	193835	159803	9623	9196	14361	852	13491	2304
内蒙古 Inner Mongolia	121784	93656	9807	7535	10532	254	3366	794
辽宁 Liaoning	180016	144647	25919	1493	7841	116	936	1156
吉林 Jilin	124819	94248	13288	10493	6537	253	1625	856
黑龙江 Heilongjiang	176524	143188	13494	8299	11229	314	1042	1166
上海 Shanghai	75451	51796	7365	9001	6778	511	1214	1768
江苏 Jiangsu	337789	279815	16461	17573	23382	558	4445	1042
浙江 Zhejiang	194890	166897	8898	7539	10937	619		1838
安徽 Anhui	228966	196979	11291	7231	13236	229	9148	2251
福建 Fujian	167811	144310	10333	4771	8234	163	2351	1228
江西 Jiangxi	183459	163133	5603	4586	9819	318	2607	1507
山东 Shandong	470584	377133	27977	32735	31690	1049	5511	994
河南 Henan	431625	373073	20799	16503	20745	505	7051	1822
湖北 Hubei	273146	233517	10420	11968	16281	960	8742	572
湖南 Hunan	305413	261449	13517	12004	17827	616	3263	1010
广东 Guangdong	360341	307303	20626	12212	19922	278	11932	1075
广西 Guangxi	191316	152381	12643	9489	16659	144	6371	1945
海南 Hainan	34331	27652	1488	1251	3875	65	795	173
重庆 Chongqing	112965	93997	6673	4835	7203	257	1505	499
四川 Sichuan	306141	258924	16989	10270	19508	450	4814	1815
贵州 Guizhou	138949	122721	6900	3709	5448	171	2683	971
云南 Yunnan	153997	131685	5076	4686	12485	65	1718	280
西藏 Tibet	9006	8161	210	63	572		38	53
陕西 Shaanxi	191041	159138	14566	8580	8570	187	4864	1383
甘肃 Gansu	111495	99150	4219	3308	4721	97	3954	899
青海 Qinghai	22370	20050	687	521	1086	26	501	47
宁夏 Ningxia	25828	22316	729	1210	1557	16	967	122
新疆 Xinjiang	120000	101701	5499	3932	8708	160	4027	980

普通中学教职工数(城市)

Number of Teachers, Staff & Workers in General Secondary Schools (Urban)

单位:人

Unit:in Person

	教职工数 Teachers, Staff & Workers						代课教师 Substitute Teachers	兼任教师 Part-time Teachers
	合　计 Total	专任教师 Full-time Teachers	行政人员 Adm. Personnel	教辅人员 Supporting Staff	工勤人员 Workers	校办工厂、农(林)场职工 Employees in School-run by Factories & Farms		
合　计 Total	**1436427**	**1132945**	**119341**	**83898**	**95350**	**4893**	**36189**	**16872**
北　京 Beijing	38756	26029	6239	3137	3072	279	654	428
天　津 Tianjin	26094	18065	4182	1793	1846	208	432	417
河　北 Hebei	73440	57823	5802	4541	4908	366	2396	733
山　西 Shanxi	56996	43580	4473	3639	5083	221	5544	1863
内蒙古 Inner Mongolia	42979	32507	5060	2673	2660	79	1818	391
辽　宁 Liaoning	75478	60609	11255	689	2877	48	180	604
吉　林 Jilin	32923	24803	3701	2518	1833	68	689	365
黑龙江 Heilongjiang	58841	47160	5081	3135	3320	145	383	882
上　海 Shanghai	43255	29018	4266	5860	3812	299	868	1525
江　苏 Jiangsu	81131	65696	5370	4694	5212	159	882	601
浙　江 Zhejiang	67849	55878	3594	3157	4756	464		1049
安　徽 Anhui	50156	41230	3258	2395	3213	60	1948	792
福　建 Fujian	39060	32571	2565	1598	2266	60	270	303
江　西 Jiangxi	31461	26718	1865	965	1730	183	574	744
山　东 Shandong	135819	105630	10287	10979	8337	586	1245	417
河　南 Henan	83678	67003	7241	4728	4585	121	3613	659
湖　北 Hubei	75581	60133	5043	4894	5111	400	2856	432
湖　南 Hunan	53604	43252	3219	3108	3680	345	678	416
广　东 Guangdong	95801	77221	6592	5325	6603	60	4882	440
广　西 Guangxi	30612	23777	2341	1963	2479	52	398	938
海　南 Hainan	7877	6174	382	356	954	11	255	48
重　庆 Chongqing	25054	19816	1735	1414	1949	140	190	220
四　川 Sichuan	54156	43289	3706	2811	4138	212	1062	537
贵　州 Guizhou	24274	19693	1937	1043	1499	102	416	266
云　南 Yunnan	21789	17418	1232	1288	1828	23	60	51
西　藏 Tibet	2481	2142	109	30	200		4	25
陕　西 Shaanxi	38810	30121	4467	1783	2329	110	1233	844
甘　肃 Gansu	22929	18857	1464	1077	1493	38	810	406
青　海 Qinghai	5095	4317	292	155	331		53	9
宁　夏 Ningxia	8094	6880	300	429	470	15	290	45
新　疆 Xinjiang	32354	25535	2283	1721	2776	39	1506	422

普通中学教职工数(县镇)

Number of Teachers, Staff & Workers in General Secondary Schools (County City & Towns)

单位:人

Unit: in Person

	教职工数 Teachers, Staff & Workers						代课教师 Substitute Teachers	兼任教师 Part-time Teachers
	合计 Total	专任教师 Full-time Teachers	行政人员 Adm. Personnel	教辅人员 Supporting Staff	工勤人员 Workers	校办工厂、农(林)场职工 Employees in School-run by Factories & Farms		
合 计 Total	**2381918**	**1980323**	**122312**	**116220**	**159060**	**4003**	**39289**	**10293**
北 京 Beijing	25754	17604	2923	3355	1849	23	45	40
天 津 Tianjin	19348	14882	1999	1445	963	59	16	59
河 北 Hebei	157608	130656	8562	7772	10365	253	2720	257
山 西 Shanxi	64937	52640	2639	3713	5365	580	3376	287
内蒙古 Inner Mongolia	50634	39086	3052	3463	4915	118	902	92
辽 宁 Liaoning	38030	29745	5327	298	2635	25	35	88
吉 林 Jilin	62227	46496	6225	5805	3520	181	555	445
黑龙江 Heilongjiang	54896	44279	4007	2826	3718	66	219	53
上 海 Shanghai	30555	21627	2938	3050	2749	191	316	243
江 苏 Jiangsu	144390	120218	6241	7334	10337	260	1610	250
浙 江 Zhejiang	107430	93346	4397	3993	5573	121		729
安 徽 Anhui	84268	71121	4085	3360	5588	114	3748	928
福 建 Fujian	84558	73368	4656	2412	4032	90	1133	618
江 西 Jiangxi	88025	77469	2328	2809	5332	87	1118	612
山 东 Shandong	229553	183488	12720	16096	16916	333	3667	383
河 南 Henan	160912	137340	6650	7454	9222	246	1408	779
湖 北 Hubei	78027	67086	2242	3681	4738	280	1908	84
湖 南 Hunan	128749	107902	5330	6476	8834	207	1351	501
广 东 Guangdong	187169	162522	9218	5355	9951	123	3845	443
广 西 Guangxi	118255	93938	6979	6175	11086	77	4222	746
海 南 Hainan	18671	15292	618	683	2059	19	420	101
重 庆 Chongqing	25516	20784	1435	1434	1765	98	271	86
四 川 Sichuan	145157	121892	6836	6064	10154	211	1710	779
贵 州 Guizhou	67375	59143	3064	2133	2997	38	917	496
云 南 Yunnan	68380	57671	2026	2502	6146	35	485	139
西 藏 Tibet	6486	5980	101	33	372		34	28
陕 西 Shaanxi	44090	35984	2695	3020	2341	50	955	334
甘 肃 Gansu	42372	37227	1433	1683	1979	50	1144	441
青 海 Qinghai	10117	8839	320	322	622	14	306	33
宁 夏 Ningxia	10289	8744	310	549	685	1	196	34
新 疆 Xinjiang	28140	23954	956	925	2252	53	657	185

普通中学教职工数(农村)

Number of Teachers, Staff & Workers in General Secondary Schools (Rural)

单位:人

Unit: in Person

	教职工数 Teachers, Staff & Workers						代课教师 Substitute Teachers	兼任教师 Part-time Teachers
	合 计 Total	专任教师 Full-time Teachers	行政人员 Adm. Personnel	教辅人员 Supporting Staff	工勤人员 Workers	校办工厂、农(林)场职工 Employees in School-run by Factories & Farms		
合 计 Total	**1901899**	**1658031**	**97330**	**51235**	**93730**	**1573**	**41472**	**5420**
北 京 Beijing	11327	7337	1460	1453	1050	27	19	14
天 津 Tianjin	9880	8590	736	267	283	4	26	4
河 北 Hebei	114145	101490	5980	2597	4061	17	1681	83
山 西 Shanxi	71902	63583	2511	1844	3913	51	4571	154
内蒙古 Inner Mongolia	28171	22063	1695	1399	2957	57	646	311
辽 宁 Liaoning	66508	54293	9337	506	2329	43	721	464
吉 林 Jilin	29669	22949	3362	2170	1184	4	381	46
黑龙江 Heilongjiang	62787	51749	4406	2338	4191	103	440	231
上 海 Shanghai	1641	1151	161	91	217	21	30	
江 苏 Jiangsu	112268	93901	4850	5545	7833	139	1953	191
浙 江 Zhejiang	19611	17673	907	389	608	34		60
安 徽 Anhui	94542	84628	3948	1476	4435	55	3452	531
福 建 Fujian	44193	38371	3112	761	1936	13	948	307
江 西 Jiangxi	63973	58946	1410	812	2757	48	915	151
山 东 Shandong	105212	88015	4970	5660	6437	130	599	194
河 南 Henan	187035	168730	6908	4321	6938	138	2030	384
湖 北 Hubei	119538	106298	3135	3393	6432	280	3978	56
湖 南 Hunan	123060	110295	4968	2420	5313	64	1234	93
广 东 Guangdong	77371	67560	4816	1532	3368	95	3205	192
广 西 Guangxi	42449	34666	3323	1351	3094	15	1751	261
海 南 Hainan	7783	6186	488	212	862	35	120	24
重 庆 Chongqing	62395	53397	3503	1987	3489	19	1044	193
四 川 Sichuan	106828	93743	6447	1395	5216	27	2042	499
贵 州 Guizhou	47300	43885	1899	533	952	31	1350	209
云 南 Yunnan	63828	56596	1818	896	4511	7	1173	90
西 藏 Tibet	39	39						
陕 西 Shaanxi	108141	93033	7404	3777	3900	27	2676	205
甘 肃 Gansu	46194	43066	1322	548	1249	9	2000	52
青 海 Qinghai	7158	6894	75	44	133	12	142	5
宁 夏 Ningxia	7445	6692	119	232	402		481	43
新 疆 Xinjiang	59506	52212	2260	1286	3680	68	1864	373

普通中学女教职工数

Number of Female Teachers, Staff & Workers in General Secondary Schools

单位:人
Unit: in Person

	教职工数 Teachers, Staff & Workers						代课教师 Substitute Teachers	兼任教师 Part-time Teachers
	合　计 Total	专任教师 Full-time Teachers	行政人员 Adm. Personnel	教辅人员 Supporting Staff	工勤人员 Workers	校办工厂、农(林)场职工 Employees in School-run by Factories & Farms		
合　计 Total	**2479138**	**2171126**	**72604**	**112552**	**119307**	**3549**	**56796**	**11309**
北　京 Beijing	48523	36457	5118	4454	2342	152	349	278
天　津 Tianjin	31881	26064	2803	1921	1017	76	276	302
河　北 Hebei	190788	174139	3437	7047	5898	267	4116	550
山　西 Shanxi	102573	90810	2102	4492	4893	276	7167	599
内蒙古 Inner Mongolia	62408	52891	2785	3561	3100	71	1805	333
辽　宁 Liaoning	100728	88438	9159	846	2257	28	556	604
吉　林 Jilin	68653	57368	3790	5225	2178	92	933	398
黑龙江 Heilongjiang	98632	86112	4331	4121	3943	125	668	656
上　海 Shanghai	43670	32379	2978	5183	2964	166	682	1010
江　苏 Jiangsu	136059	118560	2550	6922	7870	157	2305	315
浙　江 Zhejiang	91426	81199	1851	3615	4536	225		765
安　徽 Anhui	66397	57835	1521	3102	3860	79	3574	540
福　建 Fujian	64019	56671	1611	2395	3302	40	1109	274
江　西 Jiangxi	57194	50975	1004	1741	3384	90	976	317
山　东 Shandong	193895	169896	4334	12022	7295	348	2424	253
河　南 Henan	191409	174684	3909	6873	5776	167	3422	703
湖　北 Hubei	91393	79441	1782	4658	5178	334	3708	191
湖　南 Hunan	115326	103298	1316	4788	5717	207	1393	237
广　东 Guangdong	159514	140116	3357	6603	9324	114	6191	244
广　西 Guangxi	79693	65526	1743	4289	8092	43	3270	651
海　南 Hainan	12983	10080	316	672	1876	39	393	55
重　庆 Chongqing	42567	37695	994	1997	1803	78	618	143
四　川 Sichuan	111322	98860	2500	4445	5398	119	2079	337
贵　州 Guizhou	45791	40684	1154	1596	2283	74	1024	265
云　南 Yunnan	64419	54754	905	2182	6552	26	862	80
西　藏 Tibet	3453	3127	84	31	211		14	15
陕　西 Shaanxi	84103	75579	2547	3425	2500	52	2217	607
甘　肃 Gansu	35881	32436	535	1326	1549	35	1671	117
青　海 Qinghai	10153	9255	143	288	458	9	302	4
宁　夏 Ningxia	10431	9263	124	517	517	10	511	56
新　疆 Xinjiang	63854	56534	1821	2215	3234	50	2181	410

普通中学教职工总数中

Number of General Secondary Schools Teachers,

	教职工数 Teachers, Staff & Workers		
	合　计 Total	专任教师 Full-time Teachers	行政人员 Adm. Personnel
合　计 Total	**404212**	**289714**	**30583**
北　京 Beijing	3243	2153	428
天　津 Tianjin	3143	1922	508
河　北 Hebei	30552	22244	2130
山　西 Shanxi	28982	20507	1755
内蒙古 Inner Mongolia	5348	3752	602
辽　宁 Liaoning	6282	5009	965
吉　林 Jilin	5425	3439	521
黑龙江 Heilongjiang	8554	6533	757
上　海 Shanghai	4972	3125	610
江　苏 Jiangsu	36086	27114	1829
浙　江 Zhejiang	25400	19171	1221
安　徽 Anhui	18369	12749	1411
福　建 Fujian	11946	8755	1017
江　西 Jiangxi	19680	13517	1436
山　东 Shandong	34893	25409	2769
河　南 Henan	31205	23461	2359
湖　北 Hubei	12606	8427	841
湖　南 Hunan	21440	16101	1473
广　东 Guangdong	29610	20656	2191
广　西 Guangxi	11808	8312	1065
海　南 Hainan	3601	2296	260
重　庆 Chongqing	3727	2600	308
四　川 Sichuan	12857	8806	899
贵　州 Guizhou	8480	5775	711
云　南 Yunnan	5124	3490	450
西　藏 Tibet	193	155	12
陕　西 Shaanxi	13717	9565	1510
甘　肃 Gansu	2172	1598	149
青　海 Qinghai	315	205	25
宁　夏 Ningxia	664	499	33
新　疆 Xinjiang	3818	2369	338

民办教职工数

Staff & Workers Maintained by Communities

单位:人

Unit: in Person

教辅人员 Supporting Staff	工勤人员 Workers	校办工厂、农(林)场职工 Employees in School-run by Factories & Farms	代课教师 Substitute Teachers	兼任教师 Part-time Teachers
19731	**63185**	**999**	**19944**	**14818**
260	402		68	39
310	403		226	325
1317	4855	6	1178	367
1408	5262	50	3692	1083
274	720		287	468
142	165	1	130	512
310	1155		160	359
333	889	42	52	692
522	688	27	528	992
1731	5341	71	741	431
1174	3818	16		1305
932	3254	23	2326	1241
598	1568	8	328	408
953	3640	134	554	977
1819	4737	159	1798	358
1381	3849	155	1935	787
563	2733	42	517	86
910	2927	29	394	444
1537	5110	116	1258	315
426	2005		1023	1145
174	864	7	80	57
128	691		133	153
907	2184	61	467	421
298	1668	28	446	374
308	867	9	30	78
4	22			
658	1984		886	854
81	344		505	391
12	61	12	8	3
24	108		55	12
237	871	3	139	141

普通高中专任教师

Breakdown of Senior Secondary Schools Full-time

	合计 Total	其中女 of Which: Female	按学历分 By Educational Attainment			
			研究生毕业 Graduate	本科毕业 Under-graduate	专科毕业 Associate Bachelor	高中阶段毕业 High School Graduate
合　计 Total	**1299460**	**558625**	**15345**	**1069145**	**210907**	**3940**
北　京 Beijing	19875	13663	991	18143	711	28
天　津 Tianjin	14207	9147	337	12391	1421	52
河　北 Hebei	73403	41616	311	59864	13023	199
山　西 Shanxi	41583	21732	435	33292	7687	165
内蒙古 Inner Mongolia	26649	13905	245	20924	5334	146
辽　宁 Liaoning	38208	23532	343	34309	3339	203
吉　林 Jilin	24292	14152	671	21842	1722	55
黑龙江 Heilongjiang	34093	19833	254	29093	4672	71
上　海 Shanghai	18239	10564	647	17214	369	9
江　苏 Jiangsu	88801	36169	633	76471	11519	176
浙　江 Zhejiang	56882	25731	613	53197	2995	73
安　徽 Anhui	51112	14485	679	42306	8033	94
福　建 Fujian	45328	17696	409	35470	9311	135
江　西 Jiangxi	46565	14144	475	32647	13136	289
山　东 Shandong	108076	46929	822	92194	14907	151
河　南 Henan	84038	34372	1305	68070	14451	205
湖　北 Hubei	64433	20761	814	53838	9372	400
湖　南 Hunan	68324	23404	586	56204	11386	144
广　东 Guangdong	86079	36931	1316	70661	13904	195
广　西 Guangxi	35249	14267	434	26503	8205	106
海　南 Hainan	6590	2424	51	5466	1061	12
重　庆 Chongqing	25774	9436	155	21923	3647	46
四　川 Sichuan	72408	26232	739	55756	15646	254
贵　州 Guizhou	25638	8914	151	20974	4377	129
云　南 Yunnan	29760	11950	290	25261	4120	88
西　藏 Tibet	1922	702	8	1556	327	29
陕　西 Shaanxi	44100	18919	637	34372	8920	170
甘　肃 Gansu	29127	8656	601	19122	9270	132
青　海 Qinghai	6571	2829	77	4709	1733	52
宁　夏 Ningxia	6981	2786	72	6175	724	10
新　疆 Xinjiang	25153	12744	244	19198	5585	122

学历、职称情况(总计)

Teachers by Educational Attainment (Regional Aggregates)

单位:人

Unit: in Person

	按职称分 By Rank				
高中阶段毕业以下 Below High School Graduate	中学高级 Senior Secondary	中学一级 1st Grade	中学二级 2nd Grade	中学三级 3rd Grade	未评职称 Rank Undecided
123	**250697**	**443010**	**425534**	**37611**	**142608**
2	4936	6938	6362	84	1555
6	3834	4606	4609	90	1068
6	10795	25146	25015	2416	10031
4	6498	12341	13997	1849	6898
	5504	10369	6842	835	3099
14	11066	11930	10381	328	4503
2	5485	10229	6482	403	1693
3	8839	12073	8528	959	3694
	4567	7859	4953	15	845
2	16338	27931	32350	1812	10370
4	10863	17868	21938	524	5689
	11911	16956	15071	1576	5598
3	8201	15102	17646	798	3581
18	11378	15929	12935	1605	4718
2	17662	30180	43037	4099	13098
7	13972	24822	29340	5782	10122
9	16085	24465	16976	1903	5004
4	13491	27637	21207	1235	4754
3	13077	33997	25803	1368	11834
1	5406	12812	12361	1346	3324
	1589	2207	2014	58	722
3	4247	8693	9884	854	2096
13	14631	24458	24378	2285	6656
7	5045	7921	9179	650	2843
1	5566	10508	8741	625	4320
2	109	477	899	65	372
1	7377	14039	14407	2234	6043
2	3893	9898	9984	1191	4161
	965	3261	1657	64	624
	1748	2724	1749	130	630
4	5619	9634	6809	428	2663

普通高中专任教师

Breakdown of Senior Secondary Schools Full-time

	合计 Total	其中女 of Which: Female	按学历分 By Educational Attainment			
			研究生毕业 Graduate	本科毕业 Under-graduate	专科毕业 Associate Bachelor	高中阶段毕业 High School Graduate
合　计 Total	**474855**	**236567**	**8947**	**423679**	**41200**	**994**
北　京 Beijing	11639	8304	826	10429	365	18
天　津 Tianjin	7774	5368	297	6957	495	20
河　北 Hebei	22834	13851	172	20457	2172	33
山　西 Shanxi	17653	9995	253	15404	1951	44
内蒙古 Inner Mongolia	13426	7461	176	11361	1840	49
辽　宁 Liaoning	21080	13909	238	19734	1036	63
吉　林 Jilin	8510	5269	413	7715	368	14
黑龙江 Heilongjiang	15894	9913	161	14719	994	19
上　海 Shanghai	11020	6633	485	10379	151	5
江　苏 Jiangsu	25239	12025	296	23037	1853	52
浙　江 Zhejiang	25243	12009	469	23905	838	30
安　徽 Anhui	16520	5971	343	14507	1650	20
福　建 Fujian	15045	7297	222	13183	1597	41
江　西 Jiangxi	13164	5080	136	10292	2670	65
山　东 Shandong	47129	23073	367	43507	3202	52
河　南 Henan	27120	12328	688	23607	2775	50
湖　北 Hubei	28330	10799	606	24950	2656	115
湖　南 Hunan	19417	7685	205	17306	1895	10
广　东 Guangdong	28216	14199	891	25294	1982	47
广　西 Guangxi	10696	5079	307	9062	1306	21
海　南 Hainan	2331	1028	23	2161	146	1
重　庆 Chongqing	8921	3872	88	8288	536	9
四　川 Sichuan	19787	8050	174	17598	1958	54
贵　州 Guizhou	8219	3772	71	7328	782	36
云　南 Yunnan	8359	3947	168	7570	593	28
西　藏 Tibet	1048	425	7	872	153	15
陕　西 Shaanxi	13976	6743	430	12057	1456	33
甘　肃 Gansu	9249	3595	237	7655	1345	12
青　海 Qinghai	1813	949	13	1378	416	6
宁　夏 Ningxia	3094	1402	58	2852	181	3
新　疆 Xinjiang	12109	6536	127	10115	1838	29

学历、职称情况（城市）
Teachers by Educational Attainment (Urban)

单位：人
Unit: in Person

高中阶段毕业以下 Below High School Graduate	按职称分 By Rank				
	中学高级 Senior Secondary	中学一级 1st Grade	中学二级 2nd Grade	中学三级 3rd Grade	未评职称 Rank Undecided
35	**126602**	**164593**	**135202**	**6431**	**42027**
1	3289	4689	3130	6	525
5	2464	2388	2354	10	558
	5356	8153	6296	388	2641
1	3971	5486	5167	425	2604
	3591	5039	3105	276	1415
9	6233	6375	5952	104	2416
	2614	3260	2054	82	500
1	5095	4757	4157	235	1650
	3070	4823	2733	10	384
1	6490	7954	8761	141	1893
1	6317	7807	8860	115	2144
	4982	5283	4289	278	1688
2	3983	4962	4675	137	1288
1	4246	4494	3211	293	920
1	9170	13592	18626	1041	4700
	6539	8441	8446	878	2816
3	9110	9999	6727	417	2077
1	5877	8762	3762	136	880
2	7143	11327	7070	149	2527
	2596	3961	2963	123	1053
	755	754	563	21	238
	2239	3354	2787	80	461
3	5853	7358	5081	256	1239
2	2394	2791	2257	90	687
	2342	3176	2031	74	736
1	76	311	458	41	162
	3950	5113	3480	303	1130
	2137	3626	2277	114	1095
	486	894	335	12	86
	1009	1265	648	15	157
	3225	4399	2947	181	1357

普通高中专任教师

Breakdown of Senior Secondary Schools Full-time Teachers

	合计 Total	其中女 of Which: Female	按学历分 By Educational Attainment			
			研究生毕业 Graduate	本科毕业 Under-graduate	专科毕业 Associate Bachelor	高中阶段毕业 High School Graduate
合　计 Total	**700277**	**277364**	**5877**	**557790**	**134247**	**2285**
北　京 Beijing	7342	4794	155	6894	283	9
天　津 Tianjin	4860	2887	27	4202	602	28
河　北 Hebei	45679	25100	132	35962	9439	140
山　西 Shanxi	20499	10186	175	15509	4720	92
内蒙古 Inner Mongolia	12545	6162	65	9126	3264	90
辽　宁 Liaoning	14347	8217	105	12238	1880	120
吉　林 Jilin	15101	8544	258	13621	1182	38
黑龙江 Heilongjiang	15419	8442	82	12413	2891	31
上　海 Shanghai	6965	3817	159	6606	197	3
江　苏 Jiangsu	49317	19078	279	42940	6002	95
浙　江 Zhejiang	30761	13397	144	28483	2090	41
安　徽 Anhui	27108	6788	293	22490	4269	56
福　建 Fujian	27361	9461	184	20226	6862	88
江　西 Jiangxi	30033	8349	317	20524	8986	190
山　东 Shandong	57070	22430	431	45924	10621	93
河　南 Henan	49662	19534	581	39905	9046	125
湖　北 Hubei	27235	7742	167	22575	4335	154
湖　南 Hunan	38859	12246	359	31121	7294	82
广　东 Guangdong	49378	19439	367	39510	9400	100
广　西 Guangxi	24040	8989	123	17141	6692	83
海　南 Hainan	3686	1197	23	2870	785	8
重　庆 Chongqing	8627	2851	47	7500	1058	20
四　川 Sichuan	46011	15850	552	33669	11611	169
贵　州 Guizhou	15949	4795	67	12650	3142	85
云　南 Yunnan	19189	7253	108	16028	2994	58
西　藏 Tibet	874	277	1	684	174	14
陕　西 Shaanxi	17957	7274	132	13964	3787	74
甘　肃 Gansu	17058	4498	357	10148	6442	109
青　海 Qinghai	4130	1671	62	2907	1122	39
宁　夏 Ningxia	3391	1240	14	2951	420	6
新　疆 Xinjiang	9824	4856	111	7009	2657	45

学历、职称情况(县镇)

by Educational Attainment (County City & Towns)

单位:人
Unit: in Person

高中阶段毕业以下 Below High School Graduate	按职称分 By Rank 中学高级 Senior Secondary	中学一级 1st Grade	中学二级 2nd Grade	中学三级 3rd Grade	未评职称 Rank Undecided
78	**110386**	**238402**	**243351**	**23694**	**84444**
1	1507	2008	2847	68	912
1	1237	1657	1525	54	387
6	5070	15511	16716	1765	6617
3	2258	6000	7619	1107	3515
	1797	5045	3575	497	1631
4	4103	4735	3565	205	1739
2	2812	6605	4255	284	1145
2	3137	6257	3795	590	1640
	1427	2914	2174	5	445
1	8399	15614	18256	1075	5973
3	4437	9757	12740	376	3451
	5923	9076	8254	817	3038
1	3903	9366	11500	537	2055
16	6552	10250	8620	1081	3530
1	8022	15576	22807	2730	7935
5	6838	14616	18187	3718	6303
4	5852	10878	7250	1008	2247
3	6687	15191	13062	881	3038
1	5331	19464	15760	944	7879
1	2783	8667	9189	1168	2233
	730	1254	1286	32	384
2	1336	2970	3293	253	775
10	7936	14947	16609	1704	4815
5	2342	4707	6431	473	1996
1	2977	6633	5874	422	3283
1	33	166	441	24	210
	2226	5642	6489	758	2842
2	1583	5505	6508	819	2643
	470	2155	1107	40	358
	684	1302	912	101	392
2	1994	3934	2705	158	1033

普通高中专任教师

Breakdown of Senior Secondary Schools Full-time

	合计 Total	其中女 of Which: Female	按学历分 By Educational Attainment			
			研究生毕业 Graduate	本科毕业 Under-graduate	专科毕业 Associate Bachelor	高中阶段毕业 High School Graduate
合　计 Total	**124328**	**44694**	**520**	**87677**	**35460**	**661**
北　京 Beijing	894	565	10	820	63	1
天　津 Tianjin	1573	892	13	1232	324	4
河　北 Hebei	4890	2665	7	3445	1412	26
山　西 Shanxi	3431	1551	7	2379	1016	29
内蒙古 Inner Mongolia	678	282	4	437	230	7
辽　宁 Liaoning	2781	1406		2337	423	20
吉　林 Jilin	681	339		506	172	3
黑龙江 Heilongjiang	2780	1478	11	1961	787	21
上　海 Shanghai	254	114	3	229	21	1
江　苏 Jiangsu	14245	5066	58	10494	3664	29
浙　江 Zhejiang	878	325		809	67	2
安　徽 Anhui	7484	1726	43	5309	2114	18
福　建 Fujian	2922	938	3	2061	852	6
江　西 Jiangxi	3368	715	22	1831	1480	34
山　东 Shandong	3877	1426	24	2763	1084	6
河　南 Henan	7256	2510	36	4558	2630	30
湖　北 Hubei	8868	2220	40	6314	2381	131
湖　南 Hunan	10048	3473	22	7777	2197	52
广　东 Guangdong	8485	3293	58	5857	2522	48
广　西 Guangxi	513	199	4	300	207	2
海　南 Hainan	573	199	5	435	130	3
重　庆 Chongqing	8226	2713	20	6135	2053	17
四　川 Sichuan	6610	2332	13	4489	2077	31
贵　州 Guizhou	1470	347	13	996	453	8
云　南 Yunnan	2212	750	14	1663	533	2
西　藏 Tibet						
陕　西 Shaanxi	12167	4902	75	8351	3677	63
甘　肃 Gansu	2820	563	7	1319	1483	11
青　海 Qinghai	628	209	2	424	195	7
宁　夏 Ningxia	496	144		372	123	1
新　疆 Xinjiang	3220	1352	6	2074	1090	48

学历、职称情况(农村)

Teachers by Educational Attainment (Rural)

单位:人

Unit: in Person

高中阶段毕业以下 Below High School Graduate	按职称分 By Rank				
	中学高级 Senior Secondary	中学一级 1st Grade	中学二级 2nd Grade	中学三级 3rd Grade	未评职称 Rank Undecided
10	**13709**	**40015**	**46981**	**7486**	**16137**
	140	241	385	10	118
	133	561	730	26	123
	369	1482	2003	263	773
	269	855	1211	317	779
	116	285	162	62	53
1	730	820	864	19	348
	59	364	173	37	48
	607	1059	576	134	404
	70	122	46		16
	1449	4363	5333	596	2504
	109	304	338	33	94
	1006	2597	2528	481	872
	315	774	1471	124	238
1	580	1185	1104	231	268
	470	1012	1604	328	463
2	595	1765	2707	1186	1003
2	1123	3588	2999	478	680
	927	3684	4383	218	836
	603	3206	2973	275	1428
	27	184	209	55	38
	104	199	165	5	100
1	672	2369	3804	521	860
	842	2153	2688	325	602
	309	423	491	87	160
	247	699	836	129	301
1	1201	3284	4438	1173	2071
	173	767	1199	258	423
	9	212	215	12	180
	55	157	189	14	81
2	400	1301	1157	89	273

普通高中办学

Condition of School Buildings in Senior

	学校占地面积 Areas Occupied	校舍建筑面积 Floor Space	教学及辅 Teaching & Assistant			
			计 Total	其中		
				普通教室 classroom	实验室 Laboratory	图书室 Library
合　计 Total	**859135959**	**331337081**	**131119267**	**81449367**	**20676808**	**9394712**
北　京 Beijing	12908317	6517577	2373595	1267902	397736	196607
天　津 Tianjin	8038566	3489829	1383104	715255	238204	113334
河　北 Hebei	44701384	17304152	7235675	4563095	1384121	504477
山　西 Shanxi	26371561	9875912	3711796	2494691	535598	246337
内蒙古 Inner Mongolia	20753174	5575851	2221145	1514318	306810	139730
辽　宁 Liaoning	20717484	8105392	3310630	1785221	474126	278680
吉　林 Jilin	14669628	4758544	1992978	1233093	245969	116786
黑龙江 Heilongjiang	20429413	5966219	2838145	1750038	392501	157335
上　海 Shanghai	10198692	6100296	2468653	1144964	441371	215609
江　苏 Jiangsu	57907617	25063230	10317800	6085527	1649998	924537
浙　江 Zhejiang	38366046	17401044	6798343	3325457	1310908	767982
安　徽 Anhui	40711586	13720049	5649421	3770364	925368	354074
福　建 Fujian	31274034	12962199	5432700	3000837	1124331	510690
江　西 Jiangxi	36460809	12502423	4915676	3437561	651170	344905
山　东 Shandong	63708772	24848836	9304817	6050872	1336333	587391
河　南 Henan	51231076	19321632	7275610	4823303	1043216	508849
湖　北 Hubei	35659079	15396121	5108434	3307615	829326	330914
湖　南 Hunan	49123102	19015548	7201637	4527829	1136976	546718
广　东 Guangdong	64319819	27059958	11330675	6350049	1883022	828103
广　西 Guangxi	28161691	9810820	3281442	2224824	430748	258573
海　南 Hainan	8865176	2234966	833185	533178	117551	67252
重　庆 Chongqing	15599579	7855803	2903854	1907333	404653	153332
四　川 Sichuan	40443349	19542316	7090103	4795051	972995	371612
贵　州 Guizhou	17454765	5554685	2340762	1535170	346806	136709
云　南 Yunnan	23328925	7532104	3017257	2018346	504698	198879
西　藏 Tibet	1641155	499219	153036	110312	17896	6138
陕　西 Shaanxi	21233374	8975470	3864974	2593972	602190	204634
甘　肃 Gansu	16605791	5744906	2727960	1939249	347335	132650
青　海 Qinghai	5281530	1390775	632163	436149	80909	25775
宁　夏 Ningxia	5369866	1562677	757041	490218	138744	32169
新　疆 Xinjiang	27600599	5648528	2646656	1717574	405199	133931

条件(一)(总计)

Secondary Schools (1) (Regional Aggregates)

单位:平方米

Unit: m^2

助用房 Buildings		行政办公用房 Administritive		生活用房 Residential and Welfare	其他用房 Rooms for Other Purposes	校舍面积中 of the Floor Space	
of Which							
微机室 PC-room	语音室 Linguistic	计 Total	其中教师办公室 of Which: for Teachers			危房面积 Floor Space of Dilapidated Buildings	当年新增 New Floor Space Added in Current Year
5019032	**2540432**	**32264541**	**18817848**	**129668928**	**38284345**	**3606434**	**17080421**
113655	44311	679453	412642	1687820	1776709	10204	137480
67744	35886	402102	238700	891100	813523	2090	204755
287015	163783	1781739	1207050	6475355	1811383	157399	643906
133531	81916	1235013	777968	3795887	1133216	115625	493665
89673	56813	808357	450896	1914868	631481	81650	327918
127860	80883	1031545	540276	2404503	1358714	30786	347393
78664	46381	614861	358615	1416687	734018	24855	342033
105395	63992	921632	526700	1492717	713725	120968	138647
111687	56069	690300	287638	1580108	1361235		354266
408297	181709	2350692	1421815	9875394	2519344	2193	1211889
261280	145513	1486869	809557	6994716	2121116	6280	862573
224059	104600	1219968	679353	5599928	1250732	361826	746858
188567	99361	1046389	533801	5094399	1388711	126669	544973
187854	116035	1147134	618975	5263973	1175640	116733	603803
332204	176021	2693464	1619612	10792173	2058382	34597	746553
262908	121339	2279608	1550519	7683700	2082714	155674	853610
192898	102328	1450419	795470	6981849	1855419	128550	367200
275918	132560	1469739	760304	8139198	2204974	136306	1007292
403923	180980	2200611	1098172	9881542	3647130	170480	1636481
135323	59133	631251	385509	4906940	991187	239737	553853
36791	17324	111685	65233	1081182	208914	72977	177195
120796	45042	519453	297947	3610570	821926	64558	270675
240678	120971	1323904	758859	9653311	1474998	207367	1499365
95921	34370	552947	295922	1897002	763974	65067	465107
106029	59322	504958	269130	3200958	808931	293577	996648
3847	2850	75769	22602	208584	61830	2183	48460
153306	94375	1204609	822688	2954775	951112	189379	430214
106014	45869	819849	563500	1559581	637516	373620	407527
22242	12178	176250	115180	447863	134499	52640	94073
37077	16581	196171	148696	490622	118843	27392	207665
107876	41937	637800	384519	1691623	672449	235052	358344

普通高中办学

Condition of School Buildings in Senior

	学校占地面积 Areas Occupied	校舍建筑面积 Floor Space	教学及辅 Teaching & Assistant			
			计 Total	其中 普通教室 classroom	实验室 Laboratory	图书室 Library
合 计 Total	**301716332**	**136455450**	**56571375**	**32350920**	**9354245**	**4685517**
北 京 Beijing	6408144	4104465	1431339	763143	244567	130516
天 津 Tianjin	3547777	2062195	810462	424665	139325	67125
河 北 Hebei	14994158	6778542	3001599	1749291	622386	241562
山 西 Shanxi	11415524	5204421	1980076	1235558	304596	143934
内蒙古 Inner Mongolia	8873843	3151879	1295315	863275	175956	90666
辽 宁 Liaoning	11702353	4766062	2074231	1004371	282971	184565
吉 林 Jilin	5283417	1993485	840399	481319	86922	55561
黑龙江 Heilongjiang	8116519	2928362	1450054	794383	200357	93784
上 海 Shanghai	4533786	3268351	1369280	579715	235373	121733
江 苏 Jiangsu	16788090	8018646	3597914	1969912	625166	390647
浙 江 Zhejiang	18376783	9025452	3605644	1717768	679250	426232
安 徽 Anhui	11915722	4756650	2159953	1347819	422672	170400
福 建 Fujian	8760287	4511049	2035108	985767	441282	231219
江 西 Jiangxi	9889213	3928494	1603048	1033099	238690	132015
山 东 Shandong	27762731	11375460	4479948	2711402	691748	344369
河 南 Henan	17794542	7597045	2887686	1868750	479276	236510
湖 北 Hubei	16158424	7401606	2647942	1598157	459699	199748
湖 南 Hunan	14120989	6629165	2790480	1624216	475749	221024
广 东 Guangdong	18532157	9988672	4480859	2101861	749044	374446
广 西 Guangxi	8138727	3200126	1159994	754454	162483	116029
海 南 Hainan	2427512	946111	334096	184037	50143	32274
重 庆 Chongqing	5068767	2973437	1179367	690767	183186	83378
四 川 Sichuan	12367602	6800293	2617573	1646514	342624	163112
贵 州 Guizhou	4904026	2166277	873953	558017	141773	64762
云 南 Yunnan	6170332	2581583	1032884	654477	179589	82199
西 藏 Tibet	748257	242997	73924	48387	9469	3890
陕 西 Shaanxi	6777834	3483536	1658529	1052305	253697	101734
甘 肃 Gansu	5052910	2200328	1076845	680631	154065	67055
青 海 Qinghai	1451798	505535	241190	149202	37334	9862
宁 夏 Ningxia	2260182	758729	371856	238951	65616	16600
新 疆 Xinjiang	11373926	3106497	1409827	838707	219237	88566

条件(一)(城市)

Secondary Schools (1) (Urban)

单位:平方米

Unit: m^2

助用房 Buildings		行政办公用房 Administritive		生活用房 Residential and Welfare	其他用房 Rooms for Other Purposes	校舍面积中 of the Floor Space	
of Which							
微机室 PC-room	语音室 Linguistic	计 Total	其中教师办公室 of Which: for Teachers			危房面积 Floor Space of Dilapidated Buildings	当年新增 New Floor Space Added in Current Year
2302049	**1148027**	**14376928**	**8085896**	**46185941**	**19321206**	**723977**	**6416377**
67759	24557	426685	249641	905629	1340812	8170	83711
37607	21301	252375	152528	402073	597285		83637
123043	67461	738828	460582	2222977	815138	37596	142543
74695	47819	644077	383437	1878406	701862	28734	146380
51119	31145	474548	246355	962668	419348	27826	186648
81048	50534	624108	318597	1185528	882195	20625	234951
38659	19598	268510	152985	514134	370442	2580	116271
51686	28906	494478	259520	597244	386586	41700	35707
56682	30140	349398	151184	697196	852477		83529
149645	55385	790343	466479	2646493	983896	1692	448472
150447	87449	769687	437169	3359004	1291117	2127	484112
88933	41386	510243	286942	1498396	588058	61683	213481
70266	34508	428617	215233	1450647	596677	31118	242603
73447	40086	441373	217332	1463511	420562	24665	125208
175094	94612	1242719	758963	4598419	1054374	4852	407412
101036	47344	882749	623114	2879422	947188	29511	319317
105005	55898	757737	420438	3065909	930018	22938	172701
118082	55339	609649	281523	2354011	875025	39022	334019
169740	71989	842896	404939	3007187	1657730	14014	762157
57472	19429	247628	141607	1388318	404186	21519	203106
17952	6242	47505	30176	458267	106243	8223	111251
55287	19885	223910	119809	1159939	410221	17817	95340
94574	48616	519333	286343	3044067	619320	17700	412374
43560	14200	304298	137258	617757	370269	13638	186872
46155	22969	174207	91034	956423	418069	34790	341667
1928	1567	34607	9331	98499	35967	642	42122
69307	52462	423128	276270	916746	485133	35402	101725
40963	21611	323235	185014	517012	283236	63229	69246
9179	5646	80017	40702	131141	53187	9242	884
16401	5478	97950	73807	236743	52180	7100	54740
65278	24465	352090	207584	972175	372405	95822	174191

普通高中办学

Condition of School Buildings in Senior

	学校占地面积 Areas Occupied	校舍建筑面积 Floor Space	教学及辅 Teaching & Assistant			
			计 Total	其中		
				普通教室 classroom	实验室 Laboratory	图书室 Library
合　计 Total	**450186392**	**163184424**	**62929079**	**40931707**	**9810203**	**4156718**
北　京 Beijing	5217613	2030209	826791	431255	132595	58562
天　津 Tianjin	3738738	1173409	498072	246969	90831	41625
河　北 Hebei	25578659	9295519	3770805	2485829	696032	240273
山　西 Shanxi	11873021	3898726	1460413	1062964	197781	87123
内蒙古 Inner Mongolia	10426036	2239790	861696	611799	118734	45834
辽　宁 Liaoning	7323502	2815236	1042345	655404	161008	87521
吉　林 Jilin	8652617	2645756	1095299	710435	150529	59532
黑龙江 Heilongjiang	9135627	2442012	1125790	777207	159358	49908
上　海 Shanghai	5470990	2762073	1058490	543966	194469	89917
江　苏 Jiangsu	31078180	13411020	5370613	3267038	826487	448618
浙　江 Zhejiang	19290841	8065748	3100140	1561603	617790	338131
安　徽 Anhui	20642796	6857648	2696078	1859352	418282	155724
福　建 Fujian	19227693	7437071	2993296	1768259	605883	253523
江　西 Jiangxi	22613680	7441695	2956996	2131649	371825	192428
山　东 Shandong	32297495	12321449	4396922	2980576	614619	230224
河　南 Henan	27992138	10173193	3805067	2529838	515994	252869
湖　北 Hubei	14468989	6197946	1942210	1332284	304354	113180
湖　南 Hunan	27239721	9856286	3607080	2347127	562103	284881
广　东 Guangdong	36446076	13754054	5587655	3425017	947072	367374
广　西 Guangxi	19289327	6432879	2073964	1431419	264578	140013
海　南 Hainan	5001732	1074427	422443	289053	59633	31476
重　庆 Chongqing	5445768	2555736	920421	615097	122828	42365
四　川 Sichuan	24789696	11515555	4074827	2849897	578700	192632
贵　州 Guizhou	10307859	2906036	1267500	825471	181573	62101
云　南 Yunnan	14601897	4325302	1755525	1201224	290073	108472
西　藏 Tibet	892898	256222	79112	61925	8427	2248
陕　西 Shaanxi	7187071	3186193	1307802	888249	230085	66732
甘　肃 Gansu	9116299	2959294	1374782	1036670	166820	56326
青　海 Qinghai	3399248	774379	341556	243501	40847	14960
宁　夏 Ningxia	2609969	690839	330142	204753	68366	14340
新　疆 Xinjiang	8830216	1688722	785247	555877	112527	27806

条件(一)(县镇)

Secondary Schools (1) (County City & Towns)

单位:平方米

Unit: m^2

助用房 Buildings of Which 微机室 PC-room	语音室 Linguistic	行政办公用房 Administritive 计 Total	其中教师办公室 of Which: for Teachers	生活用房 Residential and Welfare	其他用房 Rooms for Other Purposes	校舍面积中 of the Floor Space 危房面积 Floor Space of Dilapidated Buildings	当年新增 New Floor Space Added in Current Year
2327703	**1195876**	**14948484**	**8873339**	**69716692**	**15590169**	**2171298**	**9243187**
39883	17334	213422	139942	622653	367343	1187	42967
26177	12575	128704	71865	355559	191074	1946	110374
145653	86483	894579	655033	3750295	879840	93191	446594
49489	27212	482076	330706	1645498	310739	68687	304794
35881	23916	301453	189794	880467	196174	50776	136176
40536	25682	357365	191925	1016176	399350	9909	86436
38472	25580	328424	191616	869055	352978	16678	224862
43059	27957	335412	221297	727933	252877	66641	88085
53973	25138	329423	131292	872113	502047		270185
215129	105284	1259297	774845	5545227	1235883	501	640321
107284	55862	703718	364753	3454156	807734	4153	355922
107082	51869	540885	281000	3096911	523774	194982	429954
105884	59058	548094	283735	3184014	711667	73918	273817
103302	67476	613553	337953	3313674	557472	66822	412142
144984	76744	1266096	747172	5776655	881776	25965	287686
141145	63728	1230847	792211	4137951	999328	90236	426596
71827	38178	523662	280245	2986691	745383	45720	172849
131096	62765	714816	388393	4518531	1015859	83455	554072
198721	89294	1115421	571717	5631942	1419036	115583	754673
76209	39116	376311	240222	3407735	574869	206255	347858
16476	9334	48634	27036	520023	83327	56323	32404
38389	14882	164820	99910	1257956	212539	20644	108781
133076	67529	722878	426379	5939886	777964	165752	1028791
45433	16274	210038	138237	1107783	320715	49952	250179
53521	32517	300564	161379	1923615	345598	225609	612680
1919	1283	41162	13271	110085	25863	1541	6338
52432	25441	421815	270389	1178289	278287	60909	198593
54262	20831	405144	301567	889854	289514	247263	302914
11571	5735	86962	65924	269736	76125	36776	75991
18820	10633	88632	68009	213777	58288	8614	142185
26018	10166	194277	115522	512452	196746	81310	117968

普通高中办学

Condition of School Buildings in Senior

	学校占地面积 Areas Occupied	校舍建筑面积 Floor Space	教学及辅 Teaching & Assistant			
			计 Total	其中 普通教室 classroom	实验室 Laboratory	图书室 Library
合　计 Total	**107233235**	**31697207**	**11618813**	**8166740**	**1512360**	**552477**
北　京 Beijing	1282560	382903	115465	73504	20574	7529
天　津 Tianjin	752051	254225	74570	43621	8048	4584
河　北 Hebei	4128567	1230091	463271	327975	65703	22642
山　西 Shanxi	3083016	772765	271307	196169	33221	15280
内蒙古 Inner Mongolia	1453295	184182	64134	39244	12120	3230
辽　宁 Liaoning	1691629	524094	194054	125446	30147	6594
吉　林 Jilin	733594	119303	57280	41339	8518	1693
黑龙江 Heilongjiang	3177267	595845	262301	178448	32786	13643
上　海 Shanghai	193916	69872	40883	21283	11529	3959
江　苏 Jiangsu	10041347	3633564	1349273	848577	198345	85272
浙　江 Zhejiang	698422	309844	92559	46086	13868	3619
安　徽 Anhui	8153068	2105751	793390	563193	84414	27950
福　建 Fujian	3286054	1014079	404296	246811	77166	25948
江　西 Jiangxi	3957916	1132234	355632	272813	40655	20462
山　东 Shandong	3648546	1151927	427947	358894	29966	12798
河　南 Henan	5444396	1551394	582857	424715	47946	19470
湖　北 Hubei	5031666	1796569	518282	377174	65273	17986
湖　南 Hunan	7762392	2530097	804077	556486	99124	40813
广　东 Guangdong	9341586	3317232	1262161	823171	186906	86283
广　西 Guangxi	733637	177815	47484	38951	3687	2531
海　南 Hainan	1435932	214428	76646	60088	7775	3502
重　庆 Chongqing	5085044	2326630	804066	601469	98639	27589
四　川 Sichuan	3286051	1226468	397703	298640	51671	15868
贵　州 Guizhou	2242880	482372	199309	151682	23460	9846
云　南 Yunnan	2556696	625219	228848	162645	35036	8208
西　藏 Tibet						
陕　西 Shaanxi	7268469	2305741	898643	653418	118408	36168
甘　肃 Gansu	2436582	585284	276333	221948	26450	9269
青　海 Qinghai	430484	110861	49417	43446	2728	953
宁　夏 Ningxia	499715	113109	55043	46514	4762	1229
新　疆 Xinjiang	7396457	853309	451582	322990	73435	17559

条件(一)(农村)

Secondary Schools (1) (Rural)

单位:平方米

Unit: m^2

助用房 Buildings		行政办公用房 Administritive		生活用房 Residential and Welfare	其他用房 Rooms for Other Purposes	校舍面积中 of the Floor Space	
of Which							
微机室 PC-room	语音室 Linguistic	计 Total	其中教师办公室 of Which: for Teachers			危房面积 Floor Space of Dilapidated Buildings	当年新增 New Floor Space Added in Current Year
389280	**196529**	**2939129**	**1858613**	**13766295**	**3372970**	**711159**	**1420857**
6013	2420	39346	23059	159538	68554	847	10802
3960	2010	21023	14307	133468	25164	144	10744
18319	9839	148332	91435	502083	116405	26612	54769
9347	6885	108860	63825	271983	120615	18204	42491
2673	1752	32356	14747	71733	15959	3048	5094
6276	4667	50072	29754	202799	77169	252	26006
1533	1203	17927	14014	33498	10598	5597	900
10650	7129	91742	45883	167540	74262	12627	14855
1032	791	11479	5162	10799	6711		552
43523	21040	301052	180491	1683674	299565		123096
3549	2202	13464	7635	181556	22265		22539
28044	11345	168840	111411	1004621	138900	105161	103423
12417	5795	69678	34833	459738	80367	21633	28553
11105	8473	92208	63690	486788	197606	25246	66453
12126	4665	184649	113477	417099	122232	3780	51455
20727	10267	166012	135194	666327	136198	35927	107697
16066	8252	169020	94787	929249	180018	59892	21650
26740	14456	145274	90388	1266656	314090	13829	119201
35462	19697	242294	121516	1242413	570364	40883	119651
1642	588	7312	3680	110887	12132	11963	2889
2363	1748	15546	8021	102892	19344	8431	33540
27120	10275	130723	78228	1192675	199166	26097	66554
13028	4826	81693	46137	669358	77714	23915	58200
6928	3896	38611	20427	171462	72990	1477	28056
6353	3836	30187	16717	320920	45264	33178	42301
31567	16472	359666	276029	859740	187692	93068	129896
10789	3427	91470	76919	152715	64766	63128	35367
1492	797	9271	8554	46986	5187	6622	17198
1856	470	9589	6880	40102	8375	11678	10740
16580	7306	91433	61413	206996	103298	57920	66185

普通高中办

Condition of School Buildings in Senior

	体育运动场(馆)面积(平方米) Sports Areas (m^2)	计算机(台) PC (set)	图书藏量(册) Books & Magazines in Libraries (Volume)
合　计 Total	**199164133**	**2419038**	**526657527**
北　京 Beijing	3791796	76743	14935401
天　津 Tianjin	2263127	38868	6308691
河　北 Hebei	12250410	122458	25753150
山　西 Shanxi	6121306	66201	15309132
内蒙古 Inner Mongolia	6119682	38504	8447097
辽　宁 Liaoning	5745674	72751	12411013
吉　林 Jilin	4264677	45223	7790905
黑龙江 Heilongjiang	6724298	56249	8331831
上　海 Shanghai	2968857	81897	12997679
江　苏 Jiangsu	13430405	194458	43289415
浙　江 Zhejiang	9678920	134340	28404176
安　徽 Anhui	9024469	108219	23436915
福　建 Fujian	7632426	101462	29783774
江　西 Jiangxi	7488647	68807	15128772
山　东 Shandong	13141719	168537	30659128
河　南 Henan	10104147	103109	26536994
湖　北 Hubei	7604811	74362	17293058
湖　南 Hunan	9462578	122071	25790664
广　东 Guangdong	14403298	216084	57008169
广　西 Guangxi	6420861	62136	16706964
海　南 Hainan	1535076	14658	2871838
重　庆 Chongqing	3363429	49440	8281674
四　川 Sichuan	9080884	105028	25568900
贵　州 Guizhou	3692529	42436	10156389
云　南 Yunnan	3976862	45823	12131850
西　藏 Tibet	272663	2372	473082
陕　西 Shaanxi	6033499	79686	17815827
甘　肃 Gansu	4747991	52879	10526271
青　海 Qinghai	1247811	12585	2182715
宁　夏 Ningxia	1225588	14836	2232221
新　疆 Xinjiang	5345693	46816	8093832

学条件(二)(总计)

Secondary Schools (2) (Regional Aggregates)

电子图书藏量(片) Electronic Books & Magazines in Libraries (disk)	固定资产总值(万元) Total Volue of Fixed Asset (in 10,000 yuan)			
	合 计 Total	其中:仪器设备总值(万元) of Which: Total Value of Equip & Instru. (in 10,000 yuan)		
		计 Sub-Total	专业实验设备 For Prefession	专业实习设备 For Practice
47794085	**28739072.30**	**3179196.58**	**1907455.67**	**351042.66**
793777	861175.11	80482.65	38508.81	6840.26
2043299	333481.84	39391.12	24706.89	3023.54
2288741	1347114.43	142997.56	93285.11	16228.84
1238665	852803.60	84240.75	56361.74	11746.61
371517	374047.27	41888.90	27576.93	4004.46
714130	769327.00	100176.00	53933.00	6001.00
1011531	515082.10	98577.15	33431.15	6137.44
372440	686568.71	85138.40	58804.91	12655.56
370082	872875.08	141004.45	73347.57	8608.22
5248413	2715382.77	273778.32	168839.30	19446.19
3031509	1925709.05	177414.38	86435.18	330.10
972671	1150622.84	115414.31	73998.06	16798.65
1589622	1030367.00	136372.00	121336.00	15036.00
1558822	807688.50	74080.48	47819.18	11916.92
1902429	2251517.25	179071.79	98966.34	26976.03
1785405	1362146.23	114229.89	80400.00	18673.62
814286	1177724.90	128681.10	75916.58	22114.75
2292550	1405840.03	173938.18	101218.72	24016.26
8655524	2696974.30	371473.01	220924.49	55202.53
1935308	547736.79	59291.24	42607.53	8156.61
478425	273837.35	37808.50	14682.85	4189.06
1423360	646513.83	63985.18	29702.33	7311.44
1620846	1409640.22	153644.27	111647.70	15934.60
743755	371853.51	49209.51	27886.25	5402.03
723724	572997.34	44652.49	26396.56	6147.53
54320	73414.17	5072.23	2784.98	412.60
1564994	694881.02	94710.89	59673.79	8109.66
1271804	367162.28	44074.87	27879.22	5834.72
223171	72466.25	6987.11	5504.19	725.00
120877	145584.18	19764.47	7373.98	1311.26
578088	426537.35	41645.38	15506.33	1751.17

普通高中办

Condition of School Buildings in Senior

	体育运动场(馆)面积(平方米) Sports Areas (m^2)	计算机(台) PC (set)	图书藏量(册) Books & Magazines in Libraries (Volume)
合　计 Total	**74252654**	**1173551**	**228100813**
北　京 Beijing	1905477	55640	10793591
天　津 Tianjin	1081966	25167	4344735
河　北 Hebei	4325392	54230	9811019
山　西 Shanxi	3055476	37801	9372102
内蒙古 Inner Mongolia	2730897	22653	4907196
辽　宁 Liaoning	3223045	50573	8439936
吉　林 Jilin	1486487	21120	3535284
黑龙江 Heilongjiang	2637210	29562	4080680
上　海 Shanghai	1431835	53479	8778758
江　苏 Jiangsu	3653979	75443	14242422
浙　江 Zhejiang	4384067	75789	14038115
安　徽 Anhui	2746312	42732	8147407
福　建 Fujian	2131633	43342	10066192
江　西 Jiangxi	2026206	27237	4878101
山　东 Shandong	5591918	90648	15064885
河　南 Henan	3803738	49664	11860481
湖　北 Hubei	3907825	41004	9168477
湖　南 Hunan	3256599	48201	9728591
广　东 Guangdong	4980597	100332	19825046
广　西 Guangxi	1980150	25903	5926964
海　南 Hainan	378150	5948	841315
重　庆 Chongqing	1053088	19444	2726776
四　川 Sichuan	2999471	40312	8937364
贵　州 Guizhou	1193402	17732	4018935
云　南 Yunnan	1167061	18130	5288476
西　藏 Tibet	176033	1382	286125
陕　西 Shaanxi	2360292	39112	8357408
甘　肃 Gansu	1571741	22635	4435538
青　海 Qinghai	413249	5451	852518
宁　夏 Ningxia	423603	7275	1007646
新　疆 Xinjiang	2175755	25610	4338730

学条件(二)(城市)

Secondary Schools (2) (Urban)

电子图书藏量(片) Electronic Books & Magazines in Libraries (disk)	固定资产总值(万元) Total Value of Fixed Asset (in 10,000 yuan)			
	计 Total	其中:仪器设备总值(万元) of Which: Total Value of Equip & Instru. (in 10,000 yuan)		
		计 Sub-Total	专业实验设备 For Prefession	专业实习设备 For Practice
24851579	**13297975.64**	**1626470.50**	**994219.48**	**139535.64**
479040	503169.30	53113.50	23372.93	4485.42
1949537	142214.63	21216.66	13967.24	1194.66
1298360	556628.29	69572.24	43490.86	6946.10
902822	484512.59	60074.39	40130.16	7348.85
200923	209296.00	24512.03	14764.19	2379.59
528124	490071.00	71721.00	39668.00	1975.00
474080	196772.73	25813.23	15821.26	2815.64
305529	473769.04	57147.41	41106.43	5228.28
264098	527618.29	87561.35	39148.89	1039.07
2045597	941464.81	110179.54	60210.92	3885.81
1883926	1075279.14	105996.89	48846.02	
437901	505023.49	52530.81	35033.86	5483.14
876739	473069.00	84259.00	77024.00	7235.00
408323	291927.23	27266.97	20800.89	4056.46
1087703	1105742.90	94174.52	50885.60	13214.72
1043130	529414.84	51184.06	38657.78	5826.58
338534	625422.54	71063.87	46550.21	8920.38
1027971	542516.65	72730.91	46602.52	9240.19
4002262	1085172.56	171874.85	100192.90	23547.52
707882	223673.79	24563.27	19217.05	1942.48
335077	116148.31	12635.99	7861.90	1736.50
748459	298602.00	29542.11	15914.37	3246.64
964541	607864.33	77171.47	58656.66	5586.67
338673	177476.50	27303.04	12434.03	2464.41
225972	236021.42	23672.07	15149.75	2310.74
1637	24336.21	2265.00	1649.00	396.00
1113132	339255.54	56059.87	34904.03	2812.41
499608	157464.34	20095.24	13298.08	2341.27
43114	25391.40	3373.54	3163.40	176.60
18411	87193.49	13918.86	3245.90	493.15
300474	245463.28	23876.81	12450.65	1206.36

普通高中办

Condition of School Buildings in Senior

	体育运动场(馆)面积(平方米) Sports Areas (m^2)	计算机(台) PC (set)	图书藏量(册) Books & Magazines in Libraries (Volume)
合 计 Total	**101126157**	**1046230**	**249719559**
北 京 Beijing	1549016	17663	3417641
天 津 Tianjin	1002679	12126	1790522
河 北 Hebei	6786203	60980	13966066
山 西 Shanxi	2332550	23743	5141812
内蒙古 Inner Mongolia	3015851	14686	3213990
辽 宁 Liaoning	2048516	18792	3555441
吉 林 Jilin	2405990	23204	4000652
黑龙江 Heilongjiang	3113884	21510	3239086
上 海 Shanghai	1470639	27652	4082808
江 苏 Jiangsu	7341938	96270	21761785
浙 江 Zhejiang	5076666	56972	13953140
安 徽 Anhui	4330072	50535	11846262
福 建 Fujian	4816058	51585	17584942
江 西 Jiangxi	4575520	36779	9020704
山 东 Shandong	6838050	71811	14152743
河 南 Henan	5320585	46594	12905454
湖 北 Hubei	2724074	25689	6168489
湖 南 Hunan	5029998	59203	13131091
广 东 Guangdong	7664875	92535	30050953
广 西 Guangxi	4225956	35518	10502210
海 南 Hainan	922184	7153	1740362
重 庆 Chongqing	998105	15732	3040020
四 川 Sichuan	5349141	58092	15200316
贵 州 Guizhou	2154731	21537	5393629
云 南 Yunnan	2388092	24087	6140966
西 藏 Tibet	96630	990	186957
陕 西 Shaanxi	1865997	23519	5215850
甘 肃 Gansu	2494775	24962	4954130
青 海 Qinghai	727474	6217	1198406
宁 夏 Ningxia	683581	6564	1055722
新 疆 Xinjiang	1776327	13530	2107410

学条件(二)(县镇)

Secondary Schools (2) (County City & Towns)

电子图书藏量(片) Electronic Books & Magazines in Libraries (disk)	固定资产总值(万元) Total Volue of Fixed Asset (in 10,000 yuan)			
	计 Total	其中:仪器设备总值(万元) of Which: Total Volue of Equip & Instru. (in 10,000 yuan)		
		计 Sub-Total	专业实验设备 For Prefession	专业实习设备 For Practice
19839974	**13267311.33**	**1336748.56**	**794821.62**	**175795.12**
290383	327982.49	22647.56	13295.34	1680.24
93295	131792.40	16794.73	9816.12	1413.58
936298	721270.43	64692.35	44529.16	8235.41
268834	318955.13	20401.91	13898.14	3863.02
169967	152991.98	16435.79	12150.60	1538.86
183461	243087.00	25554.00	12396.00	3395.00
536949	310386.87	72325.02	17325.79	3262.00
31234	174424.46	22756.52	14136.54	6254.42
104644	339360.99	52439.94	33491.94	7569.15
2385609	1505938.62	139592.66	91501.91	12623.11
1126646	828378.99	70662.59	37053.63	330.10
515528	546362.55	51596.53	31681.94	8960.80
692786	481494.00	47905.00	40870.00	7035.00
1134354	436831.30	41381.38	24482.77	6925.85
667093	1038212.19	75656.99	45426.86	13219.28
685130	725334.14	55361.75	36699.55	11527.71
399831	442486.36	41884.04	23350.93	6434.85
1029220	725350.76	86239.68	44301.25	12609.91
4021054	1263333.09	153284.88	100267.64	24790.39
1219158	318250.24	34365.78	23095.29	6195.13
143046	141443.12	23168.49	5758.93	2102.86
476566	225283.46	24331.05	8072.84	2547.93
648857	730095.09	71296.88	49351.61	9392.59
398604	160811.12	19850.63	14016.98	2567.61
481125	295835.72	18145.69	9867.13	3259.97
52683	49077.96	2807.23	1135.98	16.60
148878	232443.96	25837.81	17258.81	3514.77
564282	174475.36	20261.08	12088.13	2769.42
171078	41814.36	3200.05	2108.53	451.01
102153	52205.94	4402.56	2707.03	818.11
161228	131601.25	11467.99	2684.25	490.44

普通高中办

Condition of School Buildings in

	体育运动场(馆)面积(平方米) Sports Areas (m^2)	计算机(台) PC (set)	图书藏量(册) Books & Magazines in Libraries (Volume)
合　计 Total	**23785322**	**199257**	**48837155**
北　京 Beijing	337303	3440	724169
天　津 Tianjin	178482	1575	173434
河　北 Hebei	1138815	7248	1976065
山　西 Shanxi	733280	4657	795218
内蒙古 Inner Mongolia	372934	1165	325911
辽　宁 Liaoning	474113	3386	415636
吉　林 Jilin	372200	899	254969
黑龙江 Heilongjiang	973204	5177	1012065
上　海 Shanghai	66383	766	136113
江　苏 Jiangsu	2434488	22745	7285208
浙　江 Zhejiang	218187	1579	412921
安　徽 Anhui	1948085	14952	3443246
福　建 Fujian	684735	6535	2132640
江　西 Jiangxi	886921	4791	1229967
山　东 Shandong	711751	6078	1441500
河　南 Henan	979824	6851	1771059
湖　北 Hubei	972912	7669	1956092
湖　南 Hunan	1175981	14667	2930982
广　东 Guangdong	1757826	23217	7132170
广　西 Guangxi	214755	715	277790
海　南 Hainan	234742	1557	290161
重　庆 Chongqing	1312236	14264	2514878
四　川 Sichuan	732272	6624	1431220
贵　州 Guizhou	344396	3167	743825
云　南 Yunnan	421709	3606	702408
西　藏 Tibet			
陕　西 Shaanxi	1807210	17055	4242569
甘　肃 Gansu	681475	5282	1136603
青　海 Qinghai	107088	917	131791
宁　夏 Ningxia	118404	997	168853
新　疆 Xinjiang	1393611	7676	1647692

学条件(二)(农村)

Senior Secondary Schools (2) (Rural)

电子图书藏量(片) Electronic Books & Magazines in Libraries (disk)	固定资产总值(万元) Total Value of Fixed Asset (in 10,000 yuan)			
	计 Total	其中:仪器设备总值(万元) of Which: Total Volue of Equip & Instru. (in 10,000 yuan)		
		计 Sub total	专业实验设备 For Prefession	专业实习设备 For Practice
3102532	**2173785.33**	**215977.52**	**118414.57**	**35711.90**
24354	30023.32	4721.59	1840.54	674.60
467	59474.81	1379.73	923.53	415.30
54083	69215.71	8732.97	5265.09	1047.33
67009	49335.88	3764.45	2333.44	534.74
627	11759.29	941.08	662.14	86.01
2545	36169.00	2901.00	1869.00	631.00
502	7922.50	438.90	284.10	59.80
35677	38375.21	5234.47	3561.94	1172.86
1340	5895.80	1003.16	706.74	
817207	267979.34	24006.12	17126.47	2937.27
20937	22050.92	754.90	535.53	
19242	99236.80	11286.97	7282.26	2354.71
20097	75804.00	4208.00	3442.00	766.00
16145	78929.97	5432.13	2535.52	934.61
147633	107562.16	9240.28	2653.88	542.03
57145	107397.25	7684.08	5042.67	1319.33
75921	109816.00	15733.19	6015.44	6759.52
235359	137972.62	14967.59	10314.95	2166.16
632208	348468.65	46313.28	20463.95	6864.62
8268	5812.76	362.19	295.19	19.00
302	16245.92	2004.02	1062.02	349.70
198335	122628.37	10112.02	5715.12	1516.87
7448	71680.80	5175.92	3639.43	955.34
6478	33565.89	2055.84	1435.24	370.01
16627	41140.20	2834.73	1379.68	576.82
302984	123181.52	12813.21	7510.95	1782.48
207914	35222.58	3718.55	2493.01	724.03
8979	5260.49	413.52	232.26	97.39
313	6184.75	1443.05	1421.05	
116386	49472.82	6300.58	371.43	54.37

地　区 Region	学校数(所) Schools	教学班(点)(个) External Teaching Sites	毕(结)业生数 Graduates	
			计 Total	其中:女 of which: Female
合　计 Total	**974**	**3487**	**124092**	**62833**
北　京 Beijing				
天　津 Tianjin	9	27	598	299
河　北 Hebei	42	163	10414	4980
山　西 Shanxi	22	50	3090	1417
内蒙古 Inner Mongolia	2	11	180	76
辽　宁 Liaoning	8	80	2031	914
吉　林 Jilin				
黑龙江 Heilongjiang	83	492	8889	4380
上　海 Shanghai	22	531	23257	13784
江　苏 Jiangsu	191	400	9433	4842
浙　江 Zhejiang	316	635	23411	10188
安　徽 Anhui	1	2	297	51
福　建 Fujian	13	19	325	184
江　西 Jiangxi	6	24	4945	4700
山　东 Shandong	2	9	127	52
河　南 Henan	8	80	3239	1617
湖　北 Hubei	5	30	370	91
湖　南 Hunan	17	83	7041	2904
广　东 Guangdong	166	676	21053	10127
广　西 Guangxi	1	18	132	47
海　南 Hainan	2	5	102	41
重　庆 Chongqing	16	42	732	335
四　川 Sichuan	25	55	1523	554
贵　州 Guizhou				
云　南 Yunnan	1	1	20	2
西　藏 Tibet				
陕　西 Shaanxi	14	27	1705	862
甘　肃 Gansu	2	27	1178	386
青　海 Qinghai				
宁　夏 Ningxia				
新　疆 Xinjiang				

基本情况

Adult Schools by Province

单位：人(人次)

Unit: in Person

注册学生数 enrolment		教职工数 Teachers, Staff & Workers		聘请校外教师 Part-time Teachers
计 Total	其中：女 Of which: Female	计 Total	其中：专任教师 of which: Full-time Teacher	
218113	**109294**	**11346**	**7129**	**6718**
1042	513	68	39	23
13491	6239	1137	654	459
4627	2231	219	129	26
791	349	81	21	6
3135	1065	40	40	31
35874	17218	1675	1170	483
28669	15764	624	348	589
19192	9647	1555	1081	1068
46260	21675	2332	1526	2251
364	49	28	20	47
473	244	75	39	62
5092	4788	59	16	47
72	30	34	32	
4068	2073	207	167	50
1402	456	208	186	185
8405	3447	377	313	108
38813	20657	2036	889	1059
866	443	79	57	
236	110	15	11	8
1233	514	115	89	73
1945	815	124	72	97
32	3	5	5	6
1966	931	104	93	40
65	33	149	132	

地区 Region	中等职业学校 Secondary Vocational Schools				普通中等专业学校 Reg. Specialized Sec. Schools			
	计 Total	中央部门 HEIs under Central Ministries & Agencies	地方部门 HEIs under Local Auth.	民办 Non-state/private	计 Total	中央部门 HEIs under Central Ministries & Agencies	地方部门 HEIs under Local Auth.	民办 Non-state/private
合计 Total	**11611**	**92**	**9502**	**2017**	**3207**	**39**	**2700**	**468**
北京 Beijing	141	8	117	16	52	7	45	
天津 Tianjin	121		117	4	40		39	1
河北 Hebei	686	11	528	147	194	4	102	88
山西 Shanxi	461	9	403	49	73	1	69	3
内蒙古 Inner Mongolia	236	5	223	8	57	1	53	3
辽宁 Liaoning	411		308	103	125		116	9
吉林 Jilin	264		254	10	53		53	
黑龙江 Heilongjiang	350	14	314	22	57		47	10
上海 Shanghai	159	2	149	8	81	1	77	3
江苏 Jiangsu	517	1	468	48	150	1	134	15
浙江 Zhejiang	523	2	370	151	51		46	5
安徽 Anhui	512		434	78	98		89	9
福建 Fujian	392	1	318	73	392	1	318	73
江西 Jiangxi	429	1	277	151	59	1	47	11
山东 Shandong	806		670	136	134		132	2
河南 Henan	790	7	714	69	132	3	121	8
湖北 Hubei	437		373	64	224		195	29
湖南 Hunan	665	2	422	241	63	2	61	
广东 Guangdong	641	2	516	123	292	1	241	50
广西 Guangxi	389		303	86	92		91	1
海南 Hainan	78		64	14	24		24	
重庆 Chongqing	305		209	96	37		36	1
四川 Sichuan	718	1	542	175	247	1	112	134
贵州 Guizhou	217		192	25	85		84	1
云南 Yunnan	386	7	354	25	96	2	84	10
西藏 Tibet	10		10		9		9	
陕西 Shaanxi	424	7	337	80	63	4	58	1
甘肃 Gansu	284	7	266	11	113	5	107	1
青海 Qinghai	47		46	1	25		25	
宁夏 Ningxia	33		32	1	10		10	
新疆 Xinjiang	179	5	172	2	79	4	75	

校(机构)数

Vocational Schools

单位:人

Unit:in Person

成人中等专业学校 Specialized Sec. Schools for Adults				职业高中学校 Vocational High Schools			
计 Total	中央部门 HEIs under Central Ministries & Agencies	地方部门 HEIs under Local Auth.	民 办 Non-state/ private	计 Total	中央部门 HEIs under Central Ministries & Agencies	地方部门 HEIs under Local Auth.	民 办 Non-state/ private
2582	**35**	**2381**	**166**	**5822**	**18**	**4421**	**1383**
14	1	13		75		59	16
15		15		66		63	3
204	4	182	18	288	3	244	41
141	5	136		247	3	198	46
72	2	70		107	2	100	5
1		1		285		191	94
92		92		119		109	10
137	7	128	2	156	7	139	10
42	1	39	2	36		33	3
128		124	4	239		210	29
83	2	80	1	389		244	145
99		88	11	315		257	58
90		89	1	280		141	139
224		196	28	448		342	106
210	2	194	14	448	2	399	47
61		60	1	152		118	34
127		102	25	475		259	216
110		101	9	239	1	174	64
100		99	1	197		113	84
9		9		45		31	14
87		63	24	181		110	71
211		199	12	260		231	29
21		18	3	111		90	21
134	5	129		156		141	15
1		1					
85	3	75	7	276		204	72
50	2	46	2	121		113	8
7		6	1	15		15	
5		5		18		17	1
22	1	21		78		76	2

中等职业学校

Number of students in Secondary

地　区 Region	毕业生数 Graduates		招生数 Entrants		
	计 Total	其中:获得职业资格证书 of which: Recipients of Vocational Qualifications	计 Total	其中:初中毕业 of which: Junior Sec. School Graduates	
				计 Total	应届毕业生 Autumn Session
合　计 Total	**3491921**	**1864778**	**5372922**	**5090379**	**4922138**
北　京 Beijing	61837	30295	63637	61545	58044
天　津 Tianjin	37749	15288	44153	43393	41998
河　北 Hebei	212430	87869	353544	331230	323375
山　西 Shanxi	100235	58506	140586	134073	128063
内蒙古 Inner Mongolia	55109	19959	84486	81504	73607
辽　宁 Liaoning	121551	51848	160681	151312	144873
吉　林 Jilin	52454	22485	71668	67365	64227
黑龙江 Heilongjiang	72172	44790	117793	76860	73976
上　海 Shanghai	61196	28048	55216	51941	51368
江　苏 Jiangsu	197237	112757	411801	406796	404404
浙　江 Zhejiang	218780	147221	264499	261810	257307
安　徽 Anhui	144932	66592	276347	264525	257150
福　建 Fujian	110036	63593	175931	170832	160659
江　西 Jiangxi	120609	68970	240940	226545	221408
山　东 Shandong	330584	180683	392092	373208	359686
河　南 Henan	316127	153414	437102	384495	374757
湖　北 Hubei	129436	66373	273789	268393	264002
湖　南 Hunan	187911	111244	317819	311835	308555
广　东 Guangdong	189083	118717	279265	276772	269568
广　西 Guangxi	97685	53948	146927	142875	137150
海　南 Hainan	12598	5486	24235	24010	23967
重　庆 Chongqing	100472	68556	114390	109320	104298
四　川 Sichuan	192461	119139	345062	330718	322709
贵　州 Guizhou	43770	17985	99706	97515	88065
云　南 Yunnan	90520	38956	113619	106112	99540
西　藏 Tibet	2930	849	2856	2331	1989
陕　西 Shaanxi	127128	69184	192052	180192	172756
甘　肃 Gansu	54637	22614	79783	74428	68913
青　海 Qinghai	5836	2486	13216	10434	8567
宁　夏 Ningxia	15856	6173	28422	22767	21609
新　疆 Xinjiang	28560	10750	51305	45243	35548

(机构)学生数
Vocational Schools (Institutions)

单位:人
Unit: in Person

在校学生数 Enrolment					预计毕业生数 Graduates for Next Year
计 Total	一年级 Grade 1	二年级 Grade 2	三年级 Grade 3	四年级及以上 Over Grade 4	
13247421	**5403919**	**4285258**	**3414015**	**144229**	**3919519**
208554	63770	63884	60661	20239	61953
135426	44490	47710	42232	994	43547
810472	355244	258029	192437	4762	237390
361634	140784	116378	96621	7851	108067
199875	84515	61906	50507	2947	59913
431756	160905	135911	126969	7971	132877
182929	71668	64100	46703	458	61468
260073	117793	73929	67375	976	68866
206326	55762	59854	63971	26739	60637
1060824	411977	352153	288073	8621	256284
732778	264648	234900	232391	839	238289
633437	276398	206234	146490	4315	170958
447689	176089	143461	127238	901	131477
541604	249081	164828	126378	1317	171923
1093400	393460	380478	310046	9416	378698
1076826	451118	348101	273414	4193	344684
606014	273847	200867	127845	3455	155657
705568	317973	230789	152422	4384	192284
710162	279370	229061	198141	3590	202488
365996	147017	112235	103306	3438	109851
58424	24235	18800	13509	1880	14856
308194	114457	109326	83982	429	100405
783244	345917	252554	179752	5021	227139
201373	99714	57696	41236	2727	49907
294946	113717	101245	76291	3693	87780
7027	2856	2533	1596	42	2513
427967	192747	135067	94043	6110	136288
195551	79985	60520	50068	4978	54743
24656	13266	6877	4339	174	7996
58773	28422	17862	12358	131	17478
115923	52694	37970	23621	1638	33103

中等职业学校(机

Number of Female Students in

地区 Region	毕业生数 Graduates		招生数 Entrants		
	计 Total	其中:获得职业资格证书 of which: Recipients of Vocational Qualifications	计 Total	其中:初中毕业 of which: Junior Sec. School Graduates	
				计 Total	应届毕业生 Autumn Session
合　计 Total	**1805393**	**933991**	**2682551**	**2554939**	**2476786**
北　京 Beijing	33189	16259	32521	30999	29262
天　津 Tianjin	20259	7938	22130	21799	21339
河　北 Hebei	115828	47144	184333	172329	168791
山　西 Shanxi	57777	32680	79025	75212	71822
内蒙古 Inner Mongolia	29410	10294	41644	40364	35130
辽　宁 Liaoning	59541	26372	74943	73027	70220
吉　林 Jilin	27096	11105	35986	34145	32463
黑龙江 Heilongjiang	35414	23006	56847	41278	39997
上　海 Shanghai	31612	13361	25128	24228	23976
江　苏 Jiangsu	100325	57339	208478	205093	203590
浙　江 Zhejiang	113699	73811	129446	127992	125450
安　徽 Anhui	71137	31515	132758	128669	126001
福　建 Fujian	55251	31934	83718	81625	78410
江　西 Jiangxi	59558	32108	116571	109043	106790
山　东 Shandong	163334	84927	192909	184118	177281
河　南 Henan	162022	74360	220842	197063	192585
湖　北 Hubei	62674	32201	132217	130800	129620
湖　南 Hunan	99634	58205	170517	167838	166107
广　东 Guangdong	103178	60662	142701	141410	137921
广　西 Guangxi	52312	26825	67822	66088	63573
海　南 Hainan	7022	2743	12138	12035	12015
重　庆 Chongqing	52874	36008	57905	55227	52672
四　川 Sichuan	99039	58707	168551	162196	158921
贵　州 Guizhou	21850	8439	47101	45874	41368
云　南 Yunnan	46079	19348	60049	55937	52789
西　藏 Tibet	1289	456	1442	1189	1109
陕　西 Shaanxi	67448	35676	97611	90997	88291
甘　肃 Gansu	30488	11495	41064	39107	37036
青　海 Qinghai	3241	1035	6742	4767	3558
宁　夏 Ningxia	7851	3229	12539	10476	10045
新　疆 Xinjiang	14962	4809	26873	24014	18654

构)女学生数

Secondary Vocational Schools (Institutions)

单位:人

Unit: in Person

在校学生数 Enrolment					预计毕业生数 Graduates for Next Year
计 Total	一年级 Grade 1	二年级 Grade 2	三年级 Grade 3	四年级及以上 Over Grade 4	
6756474	**2702704**	**2185337**	**1778255**	**90178**	**1971775**
107785	32555	33108	30029	12093	31921
69178	22382	24452	21944	400	22104
431344	186592	138119	103784	2849	128720
204414	79138	66363	54553	4360	61428
99800	41803	30545	26035	1417	30403
219018	75157	68462	68553	6846	68043
91781	36138	31347	24003	293	29716
130451	56880	36915	36115	541	34218
100155	25275	28609	32548	13723	29638
546576	208655	182095	149671	6155	128717
369781	129668	119481	120227	405	123172
309171	132828	101300	72483	2560	80588
217342	84040	69498	63216	588	64847
266750	121101	81669	62952	1028	74511
546386	193786	189025	157268	6307	185871
556598	227088	183480	143363	2667	168493
291354	132381	94196	62448	2329	73591
379023	170628	124110	81291	2994	101785
375080	142939	122495	107164	2482	108125
177749	67881	55489	52229	2150	55795
30880	12138	9611	7854	1277	8293
157980	58054	55357	44226	343	51477
389577	169072	123851	93001	3653	110200
98340	47464	27930	21342	1604	23070
156207	60088	52852	40926	2341	46484
3700	1442	1317	915	26	1392
224162	98601	70271	51053	4237	71048
105202	41408	32461	27886	3447	29737
12439	6822	3346	2134	137	3806
26055	12549	7901	5527	78	7561
62196	28151	19682	13515	848	17021

普通中等专业

Number of Students in Reg.

地区 Region	毕业生数 Graduates		招生数 Entrants		
	计 Total	其中：获得职业资格证书 of which: Reciptents of Vocational Qualifications	计 Total	其中：初中毕业 of which: Junior Sec. School Graduates	
				计 Total	应届毕业生 Autumn Session
合　计 Total	**1567135**	**711988**	**2411340**	**2313720**	**2246228**
北　京 Beijing	28609	11304	32807	32520	31706
天　津 Tianjin	17250	6478	25526	25461	24539
河　北 Hebei	91879	33459	130580	123680	121151
山　西 Shanxi	54904	29988	75240	73622	72025
内蒙古 Inner Mongolia	27234	6703	38388	36712	35170
辽　宁 Liaoning	58457	19827	83121	74949	71951
吉　林 Jilin	27133	8685	32629	31783	30737
黑龙江 Heilongjiang	32449	15335	31954	30466	29096
上　海 Shanghai	33863	12511	33298	33158	33158
江　苏 Jiangsu	109010	58335	244498	243238	241354
浙　江 Zhejiang	38308	16863	43561	43321	43064
安　徽 Anhui	37811	14632	78513	74256	71275
福　建 Fujian	105133	63367	169294	166167	159398
江　西 Jiangxi	48084	17187	114849	103387	99971
山　东 Shandong	109604	47286	115402	111852	109039
河　南 Henan	123212	46722	191883	164982	160985
湖　北 Hubei	79543	40227	169707	166937	164797
湖　南 Hunan	69499	29098	97471	95770	94615
广　东 Guangdong	108352	63403	164765	162871	160496
广　西 Guangxi	48770	23386	59557	58025	53799
海　南 Hainan	10222	4330	19835	19649	19615
重　庆 Chongqing	31521	21197	34469	32937	32053
四　川 Sichuan	90761	46142	149825	145198	141273
贵　州 Guizhou	31880	13233	62174	61066	55200
云　南 Yunnan	48807	20835	59746	58058	54482
西　藏 Tibet	2867	849	2711	2186	1844
陕　西 Shaanxi	34914	15761	43551	42894	40240
甘　肃 Gansu	36860	14211	50038	48296	47497
青　海 Qinghai	2762	718	5636	4866	4381
宁　夏 Ningxia	7878	2933	15430	13636	12819
新　疆 Xinjiang	19559	6983	34882	31777	28498

学校学生数

Specialized Sec. Schools

单位:人

Unit: in Person

在校学生数 Enrolment					预计毕业生数 Graduates for Next Year
计 Total	一年级 Grade 1	二年级 Grade 2	三年级 Grade 3	四年级及以上 Over Grade 4	
6297671	**2422942**	**2016578**	**1724407**	**133744**	**1790731**
115734	32861	32490	33381	17002	32083
76994	25526	27197	23495	776	23815
326844	130644	111301	80786	4113	94892
201468	75351	65323	53013	7781	53500
103422	38404	34069	28012	2937	29992
220233	83134	68332	61275	7492	63402
88075	32629	28615	26550	281	27975
97559	31954	32286	32383	936	26217
136730	33706	37712	40705	24607	35595
661031	244589	215610	192211	8621	143657
129439	43589	40987	44029	834	43559
185528	78527	57871	44869	4261	47977
429613	169452	137891	121369	901	124076
261404	122887	72618	64629	1270	94270
364270	115488	120390	119389	9003	121534
481553	191974	157606	127843	4130	149418
377166	169765	123660	80360	3381	92217
258770	97493	84932	72749	3596	72952
418353	164795	133188	116780	3590	117815
169516	59578	51788	54771	3379	56296
48643	19835	15366	11579	1863	11486
96883	34469	31428	30617	369	30516
360576	150497	120014	85430	4635	108841
139646	62181	40216	34522	2727	34033
155553	59774	50528	41765	3486	43501
6682	2711	2443	1486	42	2403
123776	43552	39804	35475	4945	36509
129312	50240	39431	34731	4910	35827
11991	5636	3650	2531	174	3582
34163	15430	10861	7741	131	9973
86744	36271	28971	19931	1571	22818

普通中等专业

Number of Female Students in

	毕业生数 Graduates		招生数 Entrants		
	计 Total	其中：获得职业资格证书 of which: Recitpents of Vocational Qualifications	计 Total	其中：初中毕业 of which: Junior Sec. School Graduates	
				计 Total	应届毕业生 Autumn Session
合　计 Total	**869379**	**375184**	**1267689**	**1224607**	**1191057**
北　京 Beijing	15752	6319	17369	17137	16558
天　津 Tianjin	8983	3433	12720	12684	12453
河　北 Hebei	52309	17576	67626	64678	63260
山　西 Shanxi	33043	17098	44433	43687	42782
内蒙古 Inner Mongolia	14761	3334	18129	17483	16833
辽　宁 Liaoning	26959	9752	41418	40003	38558
吉　林 Jilin	14891	4795	17452	16799	16301
黑龙江 Heilongjiang	17440	9209	18149	17330	16689
上　海 Shanghai	17622	6061	16572	16491	16491
江　苏 Jiangsu	59445	32206	129626	128888	127491
浙　江 Zhejiang	22622	8891	23117	22940	22777
安　徽 Anhui	22441	7721	42899	41132	40164
福　建 Fujian	53677	31747	81661	80463	77821
江　西 Jiangxi	27590	8949	57328	51766	50373
山　东 Shandong	63969	24075	67889	66032	64431
河　南 Henan	71387	24457	103022	91182	88995
湖　北 Hubei	40891	20010	84522	83530	82687
湖　南 Hunan	37451	15281	54173	53515	52798
广　东 Guangdong	61266	33106	86073	84993	84088
广　西 Guangxi	29092	13112	30512	29908	27984
海　南 Hainan	5751	2158	9871	9797	9779
重　庆 Chongqing	17908	12290	20837	19590	19057
四　川 Sichuan	49891	24085	77755	75638	73796
贵　州 Guizhou	16959	6316	30628	29861	26440
云　南 Yunnan	26782	10873	33903	32997	31127
西　藏 Tibet	1264	456	1382	1129	1049
陕　西 Shaanxi	20668	9523	23217	22667	21341
甘　肃 Gansu	21806	7419	27529	26760	26256
青　海 Qinghai	1736	341	2810	2155	1874
宁　夏 Ningxia	4014	1326	6223	5939	5704
新　疆 Xinjiang	11009	3265	18844	17433	15100

学校女学生数

Reg. Specialized Sec. Schools

单位:人

Unit: in Person

在校学生数 Enrolment					预计毕业生数 Graduates for Next Year
计 Total	一年级 Grade 1	二年级 Grade 2	三年级 Grade 3	四年级及以上 Over Grade 4	
3400228	**1275740**	**1085321**	**955260**	**83907**	**948703**
61900	17381	17031	17379	10109	17210
38756	12778	13425	12221	332	11925
176248	67989	60793	44906	2560	50934
119111	44509	39255	31038	4309	31467
50125	18281	16397	14037	1410	14614
117587	41432	35278	34364	6513	32539
47081	17455	15138	14280	208	14517
53990	18149	17347	17954	540	13555
70038	16668	19319	21526	12525	18344
357820	129699	116969	104997	6155	76116
72687	23150	23446	25686	405	25450
105215	42904	32723	27063	2525	26760
211088	81983	67787	60730	588	61949
137524	61553	39986	34993	992	39044
214276	67896	69734	70565	6081	68887
264241	103071	86517	72033	2620	77952
186909	84643	59359	40630	2277	45929
145089	54175	47687	40798	2429	39364
228025	86274	73892	65377	2482	65466
92039	30512	28120	31296	2111	32770
25584	9871	7779	6670	1264	6325
56815	20857	17825	17801	332	17540
190616	77909	61718	47520	3469	55568
71703	30912	20980	18207	1604	17264
88983	33918	28205	24687	2173	25218
3564	1382	1280	876	26	1353
69972	23489	22188	20840	3455	21181
74313	27707	22771	20426	3409	21238
6175	2857	1849	1332	137	1960
14769	6223	4981	3487	78	3905
47985	20113	15542	11541	789	12359

成人中等专业

Number of Students in Specialized

	毕业生数 Graduates		招生数 Entrants		
	计 Total	其中:获得职业资格证书 of which: Recipients of Vocational Qualifications	计 Total	其中:初中毕业 of which: Junior Sec. School Graduates	
				计 Total	应届毕业生 Autumn Session
合　计 Total	**393926**	**183309**	**479465**	**340659**	**279642**
北　京 Beijing	6005	3506	3730	2578	502
天　津 Tianjin	2069		773	526	188
河　北 Hebei	29199	8586	41914	31514	28739
山　西 Shanxi	6822	3010	6592	2500	299
内蒙古 Inner Mongolia	5404	412	7822	6995	931
辽　宁 Liaoning	1875	465	4409	4209	2480
吉　林 Jilin	4090	1882	4903	2372	1475
黑龙江 Heilongjiang	13591	8348	49263	10236	9459
上　海 Shanghai	4387	346	3680	571	
江　苏 Jiangsu	17144	5717	15367	11655	11405
浙　江 Zhejiang	21653	8346	16882	14610	10729
安　徽 Anhui	11861	3523	15159	11691	10817
福　建 Fujian	4903	226	6637	4665	1261
江　西 Jiangxi	8449	4491	2603	2167	1941
山　东 Shandong	46977	25517	48581	39068	33730
河　南 Henan	56194	27665	43095	22660	20101
湖　北 Hubei	9521	4881	17755	15460	14843
湖　南 Hunan	19627	12996	28291	25273	24616
广　东 Guangdong	26353	15583	33020	32647	28615
广　西 Guangxi	12227	4725	7867	6688	6201
海　南 Hainan	392	134	68	68	68
重　庆 Chongqing	17736	9849	21332	18375	14948
四　川 Sichuan	32619	22530	55297	46060	44078
贵　州 Guizhou	3635	157	7264	6933	4354
云　南 Yunnan	6754	1225	4429	1505	350
西　藏 Tibet	63		145	145	145
陕　西 Shaanxi	9182	2896	7019	3537	2065
甘　肃 Gansu	5811	2943	8618	5452	1547
青　海 Qinghai	1474	822	3138	2403	1727
宁　夏 Ningxia	4066	1558	5151	1370	1166
新　疆 Xinjiang	3843	970	8661	6726	862

学校学生数

Sec. Schools for Adults

单位:人

Unit: in Person

在校学生数 Enrolment					预计毕业生数 Graduates for Next Year
计 Total	一年级 Grade 1	二年级 Grade 2	三年级 Grade 3	四年级及以上 Over Grade 4	
1125457	**496835**	**387124**	**240199**	**1299**	**409791**
11554	3733	5115	2706		4410
2905	1107	1042	756		1626
92396	43550	32766	15650	430	31925
17302	6592	4309	6401		9587
10800	7835	2467	488	10	6958
9749	4409	2256	3084		3574
15059	4903	7192	2964		8432
67480	49263	11410	6807		12945
12341	3753	4775	3813		5391
46644	15452	16949	14243		18071
44208	16882	16469	10852	5	16063
37004	15179	13896	7929		12868
18076	6637	5570	5869		7401
14605	2603	4257	7745		7900
118510	49467	47059	21922	62	48627
106575	56951	34597	15010	17	44822
35203	17755	12744	4660	44	11670
60119	28301	17811	14007		20661
86688	33025	29594	24069		25888
29255	7867	11217	10171		13050
893	68	671	154		394
61966	21399	23068	17499		20216
127224	55333	43511	28331	49	38648
14194	7265	5303	1626		5515
21335	4429	13264	3642		9716
345	145	90	110		110
18319	7364	6852	3488	615	8062
18598	8618	5923	4057		5871
5551	3138	1436	977		1775
7970	5151	2329	490		2928
12589	8661	3182	679	67	4687

成人中等专业

Number of Female Students in

	毕业生数 Graduates		招生数 Entrants		
	计 Total	其中:获得职业资格证书 of which: Recipients of Vocational Qualifications	计 Total	其中:初中毕业 of which:Junior Sec. School Graduates	
				计 Total	应届毕业生 Autumn Session
合 计 Total	**192633**	**91189**	**227877**	**165632**	**139042**
北 京 Beijing	3834	2472	2011	1166	253
天 津 Tianjin	1302		384	283	118
河 北 Hebei	15463	4516	22963	16372	15299
山 西 Shanxi	4044	2056	3974	1388	196
内蒙古 Inner Mongolia	2809	264	3988	3586	413
辽 宁 Liaoning	899	212	1759	1714	1031
吉 林 Jilin	1808	384	2146	1309	759
黑龙江 Heilongjiang	4133	2663	19857	5345	4888
上 海 Shanghai	2798	102	1031	251	
江 苏 Jiangsu	8183	2642	8164	5527	5487
浙 江 Zhejiang	12772	4738	10391	9199	6947
安 徽 Anhui	4852	1779	7159	6279	5793
福 建 Fujian	1574	187	2057	1162	589
江 西 Jiangxi	3121	1871	1304	1021	924
山 东 Shandong	24318	13408	23982	19057	16053
河 南 Henan	24674	13282	20138	10815	10284
湖 北 Hubei	3384	2281	7657	7261	7113
湖 南 Hunan	9142	5824	14417	12952	12586
广 东 Guangdong	14888	7746	16835	16714	14623
广 西 Guangxi	6863	2720	3626	3202	2921
海 南 Hainan	216	105	64	64	64
重 庆 Chongqing	9576	5349	9715	8410	6952
四 川 Sichuan	16339	10977	24870	20830	20162
贵 州 Guizhou	1293	83	2849	2738	2051
云 南 Yunnan	3047	720	2223	558	132
西 藏 Tibet	25		60	60	60
陕 西 Shaanxi	4471	1640	3187	1686	1239
甘 肃 Gansu	2619	1431	3082	2065	828
青 海 Qinghai	658	239	1454	830	350
宁 夏 Ningxia	1787	1031	2485	755	647
新 疆 Xinjiang	1741	467	4045	3033	280

学校女学生数

Specialized Sec. Schools for Adults

单位：人

Unit: in Person

在校学生数 Enrolment					预计毕业生数 Graduates for Next Year
计 Total	一年级 Grade 1	二年级 Grade 2	三年级 Grade 3	四年级及以上 Over Grade 4	
543583	**236466**	**187260**	**119060**	**797**	**200536**
6414	2011	3055	1348		3015
1343	577	497	269		645
50470	24363	17361	8530	216	19706
9403	3974	2151	3278		5256
5438	3995	1107	329	7	3700
3992	1759	889	1344		1530
5898	2146	2783	969		3302
27405	19872	4338	3195		5003
4258	1078	1502	1678		1816
23610	8216	8871	6523		9399
27374	10421	10318	6635		9542
16409	7167	6073	3169		5145
6254	2057	1711	2486		2898
5844	1304	1535	3005		3018
58301	24489	23087	10687	38	24334
51967	26192	17972	7793	10	21870
15168	7700	5306	2126	36	4500
29732	14425	8397	6910		9990
46217	16835	15697	13685		14132
13933	3626	5551	4756		6132
551	64	375	112		243
30384	9772	11781	8831		10197
59520	24929	20640	13921	30	17686
5185	2849	1700	636		1186
11041	2223	6973	1845		5452
136	60	37	39		39
8836	3286	3111	2038	401	3791
6999	3082	2102	1815		2139
2377	1464	527	386		1037
3283	2485	577	221		1627
5841	4045	1236	501	59	2206

职业高中学

Number of Students in

地区 Region	毕业生数 Graduates		招生数 Entrants		
	计 Total	其中：获得职业资格证书 of which: Recitpents of Vocational Qualifications	计 Total	其中：初中毕业 of which: Junior Sec. School Graduates	
				计 Total	应届毕业生 Autumn Session
合　计 Total	**1530860**	**969481**	**2482117**	**2436000**	**2396268**
北　京 Beijing	27223	15485	27100	26447	25836
天　津 Tianjin	18430	8810	17854	17406	17271
河　北 Hebei	91352	45824	181050	176036	173485
山　西 Shanxi	38509	25508	58754	57951	55739
内蒙古 Inner Mongolia	22471	12844	38276	37797	37506
辽　宁 Liaoning	61219	31556	73151	72154	70442
吉　林 Jilin	21231	11918	34136	33210	32015
黑龙江 Heilongjiang	26132	21107	36576	36158	35421
上　海 Shanghai	22946	15191	18238	18212	18210
江　苏 Jiangsu	71083	48705	151936	151903	151645
浙　江 Zhejiang	158819	122012	204056	203879	203514
安　徽 Anhui	95260	48437	182675	178578	175058
福　建 Fujian					
江　西 Jiangxi	64076	47292	123488	120991	119496
山　东 Shandong	174003	107880	228109	222288	216917
河　南 Henan	136721	79027	202124	196853	193671
湖　北 Hubei	40372	21265	86327	85996	84362
湖　南 Hunan	98785	69150	192057	190792	189324
广　东 Guangdong	54378	39731	81480	81254	80457
广　西 Guangxi	36688	25837	79503	78162	77150
海　南 Hainan	1984	1022	4332	4293	4284
重　庆 Chongqing	51215	37510	58589	58008	57297
四　川 Sichuan	69081	50467	139940	139460	137358
贵　州 Guizhou	8255	4595	30268	29516	28511
云　南 Yunnan	34959	16896	49444	46549	44708
西　藏 Tibet					
陕　西 Shaanxi	83032	50527	141482	133761	130451
甘　肃 Gansu	11966	5460	21127	20680	19869
青　海 Qinghai	1600	946	4442	3165	2459
宁　夏 Ningxia	3912	1682	7841	7761	7624
新　疆 Xinjiang	5158	2797	7762	6740	6188

校学生数

Vocational High Schools

单位：人

Unit: in Person

在校学生数 Enrolment					预计毕业生数 Graduates for Next Year
计 Total	一年级 Grade 1	二年级 Grade 2	三年级 Grade 3	四年级及以上 Over Grade 4	
5824293	**2484142**	**1881556**	**1449409**	**9186**	**1718997**
81266	27176	26279	24574	3237	25460
55527	17857	19471	17981	218	18106
391232	181050	113962	96001	219	110573
142864	58841	46746	37207	70	44980
85653	38276	25370	22007		22963
201774	73362	65323	62610	479	65901
79795	34136	28293	17189	177	25061
95034	36576	30233	28185	40	29704
57255	18303	17367	19453	2132	19651
353149	151936	119594	81619		94556
559131	204177	177444	177510		178667
410905	182692	134467	93692	54	110113
265595	123591	87953	54004	47	69753
610620	228505	213029	168735	351	208537
488698	202193	155898	130561	46	150444
193645	86327	64463	42825	30	51770
386679	192179	128046	65666	788	98671
205121	81550	66279	57292		58785
167225	79572	49230	38364	59	40505
8888	4332	2763	1776	17	2976
149345	58589	54830	35866	60	49673
295444	140087	89029	65991	337	79650
47533	30268	12177	5088		10359
118058	49514	37453	30884	207	34563
285872	141831	88411	55080	550	91717
47641	21127	15166	11280	68	13045
7114	4492	1791	831		2639
16640	7841	4672	4127		4577
16590	7762	5817	3011		5598

职业高中学

Number of Female Students in

地区 Region	毕业生数 Graduates		招生数 Entrants		
	计 Total	其中：获得职业资格证书 of which: Recipients of Vocational Qualifications	计 Total	其中：初中毕业 of which: Junior Sec. School Graduates	
				计 Total	应届毕业生 Autumn Session
合　计 Total	**743381**	**467618**	**1186985**	**1164700**	**1146687**
北　京 Beijing	13603	7468	13141	12696	12451
天　津 Tianjin	9974	4505	9026	8832	8768
河　北 Hebei	48056	25052	93744	91279	90232
山　西 Shanxi	20690	13526	30618	30137	28844
内蒙古 Inner Mongolia	11840	6696	19527	19295	17884
辽　宁 Liaoning	31683	16408	31766	31310	30631
吉　林 Jilin	10397	5926	16388	16037	15403
黑龙江 Heilongjiang	13841	11134	18841	18603	18420
上　海 Shanghai	11192	7198	7525	7486	7485
江　苏 Jiangsu	32697	22491	70688	70678	70612
浙　江 Zhejiang	78305	60182	95938	95853	95726
安　徽 Anhui	43844	22015	82700	81258	80044
福　建 Fujian					
江　西 Jiangxi	28847	21288	57939	56256	55493
山　东 Shandong	75047	47444	101038	99029	96797
河　南 Henan	65961	36621	97682	95066	93306
湖　北 Hubei	18399	9910	40038	40009	39820
湖　南 Hunan	53041	37100	101927	101371	100723
广　东 Guangdong	27024	19810	39793	39703	39210
广　西 Guangxi	16357	10993	33684	32978	32668
海　南 Hainan	1055	480	2203	2174	2172
重　庆 Chongqing	25390	18369	27353	27227	26663
四　川 Sichuan	32809	23645	65926	65728	64963
贵　州 Guizhou	3598	2040	13624	13275	12877
云　南 Yunnan	16250	7755	23923	22382	21530
西　藏 Tibet					
陕　西 Shaanxi	42309	24513	71207	66644	65711
甘　肃 Gansu	6063	2645	10453	10282	9952
青　海 Qinghai	847	455	2478	1782	1334
宁　夏 Ningxia	2050	872	3831	3782	3694
新　疆 Xinjiang	2212	1077	3984	3548	3274

校女学生数

Vocational High Schools

单位：人

Unit：in Person

在校学生数 Enrolment					预计毕业生数 Graduates for Next Year
计 Total	一年级 Grade 1	二年级 Grade 2	三年级 Grade 3	四年级及以上 Over Grade 4	
2812663	**1190498**	**912756**	**703935**	**5474**	**822536**
39471	13163	13022	11302	1984	11696
29079	9027	10530	9454	68	9534
204626	94240	59965	50348	73	58080
75900	30655	24957	20237	51	24705
44237	19527	13041	11669		12089
97439	31966	32295	32845	333	33974
38802	16537	13426	8754	85	11897
49056	18859	15230	14966	1	15660
25859	7529	7788	9344	1198	9478
165146	70740	56255	38151		43202
269720	96097	85717	87906		88180
187547	82757	62504	42251	35	48683
123382	58244	40148	24954	36	32449
273809	101401	96204	76016	188	92650
240390	97825	78991	63537	37	68671
89277	40038	29531	19692	16	23162
204202	102028	68026	33583	565	52431
100838	39830	32906	28102		28527
71777	33743	21818	16177	39	16893
4745	2203	1457	1072	13	1725
70781	27425	25751	17594	11	23740
139441	66234	41493	31560	154	36946
21452	13703	5250	2499		4620
56183	23947	17674	14394	168	15814
145354	71826	44972	28175	381	46076
23890	10619	7588	5645	38	6360
3887	2501	970	416		809
8003	3841	2343	1819		2029
8370	3993	2904	1473		2456

中等职业学校(机

Number of Students by age in Secondary

地　区 Region	计 Total	14岁及以下 14 years and under	15岁 15 years	16岁 16 years	17岁 17 years
合　计 Total	**13247421**	**182765**	**1706417**	**3633471**	**3619553**
北　京 Beijing	208554	2926	25951	52659	54547
天　津 Tianjin	135426	171	8016	33269	43025
河　北 Hebei	810472	3124	67287	196954	227005
山　西 Shanxi	361634	9290	53564	96633	94644
内蒙古 Inner Mongolia	199875	1722	18792	47548	52016
辽　宁 Liaoning	431756	5149	21209	95033	125128
吉　林 Jilin	182929	1579	7674	38036	50772
黑龙江 Heilongjiang	260073	1827	10451	47176	59764
上　海 Shanghai	206326	1117	27564	47626	54714
江　苏 Jiangsu	1060824	7547	124122	288966	317568
浙　江 Zhejiang	732778	10605	94936	196692	213362
安　徽 Anhui	633437	15374	130694	194375	159955
福　建 Fujian	447689	3830	50348	121340	128406
江　西 Jiangxi	541604	21117	123340	172416	124287
山　东 Shandong	1093400	10775	130686	296940	327253
河　南 Henan	1076826	29162	189825	312314	269464
湖　北 Hubei	606014	13252	113652	197354	159629
湖　南 Hunan	705568	11362	149607	232798	181498
广　东 Guangdong	710162	3480	40569	176151	214725
广　西 Guangxi	365996	1547	25976	94043	101544
海　南 Hainan	58424	603	6005	14709	15540
重　庆 Chongqing	308194	2411	44912	93061	85768
四　川 Sichuan	783244	8745	104136	261817	211888
贵　州 Guizhou	201373	2163	24496	50580	52082
云　南 Yunnan	294946	2160	26482	70230	77655
西　藏 Tibet	7027	332	683	1331	1421
陕　西 Shaanxi	427967	3142	41242	106668	121085
甘　肃 Gansu	195551	3416	19735	47222	49222
青　海 Qinghai	24656	695	3369	5957	5246
宁　夏 Ningxia	58773	1200	7875	15005	14178
新　疆 Xinjiang	115923	2942	13219	28568	26162

构)分年龄学生数

Vocational Schools (Institutions)

单位:人

Unit: in Person

18 岁 18 years	19 岁 19 years	20 岁 20years	21 岁 21 years	22 岁及以上 22 years and over
2464351	**937989**	**264993**	**99202**	**338680**
44529	17805	2900	954	6283
35408	11024	2500	572	1441
175543	81524	23320	7997	27718
61778	23857	5852	1937	14079
40801	18893	7024	3031	10048
110947	44664	11949	4009	13668
44218	21916	7247	3231	8256
64454	31370	12367	10214	22450
41312	18973	3893	327	10800
214902	79981	14729	3133	9876
151866	46048	6798	1868	10603
79741	28935	8503	3143	12717
84441	33683	8238	1737	15666
62318	23263	6759	2513	5591
212139	70822	23308	9258	12219
161130	54320	18748	9016	32847
81732	23610	4970	1378	10437
90062	27328	5042	1294	6577
178135	63499	16972	5570	11061
81761	38434	10943	3875	7873
11332	6090	2699	711	735
55779	16156	2961	1191	5955
131406	42128	10270	3077	9777
36773	17312	8054	3550	6363
56267	28001	10718	3388	20045
1185	878	548	361	288
88184	35400	14112	5611	12523
33814	17069	6148	2822	16103
3251	2209	1599	1190	1140
10370	4118	1672	807	3548
18773	8679	4150	1437	11993

中等职业学校(机构)

Number of Female Students by age in

	计 Total	14岁及以下 14 years and under	15岁 15 years	16岁 16 years
合　计 Total	**6756474**	**100716**	**891403**	**1871466**
北　京 Beijing	107785	2031	13124	27326
天　津 Tianjin	69178	90	4265	17509
河　北 Hebei	431344	1627	35466	105204
山　西 Shanxi	204414	5204	30035	55954
内蒙古 Inner Mongolia	99800	962	9108	23664
辽　宁 Liaoning	219018	3655	11597	47195
吉　林 Jilin	91781	947	4225	20144
黑龙江 Heilongjiang	130451	1095	5980	26067
上　海 Shanghai	100155	671	13866	24085
江　苏 Jiangsu	546576	3591	65025	147138
浙　江 Zhejiang	369781	5303	46780	99472
安　徽 Anhui	309171	8591	65716	97323
福　建 Fujian	217342	2016	23718	59150
江　西 Jiangxi	266750	11940	65607	85076
山　东 Shandong	546386	5340	65449	149225
河　南 Henan	556598	15239	100255	162147
湖　北 Hubei	291354	7116	58439	97719
湖　南 Hunan	379023	6885	83486	126564
广　东 Guangdong	375080	2222	21922	93931
广　西 Guangxi	177749	908	13026	45524
海　南 Hainan	30880	406	2867	7147
重　庆 Chongqing	157980	1123	24870	47065
四　川 Sichuan	389577	5106	53405	131344
贵　州 Guizhou	98340	1011	11447	25500
云　南 Yunnan	156207	1211	14838	38915
西　藏 Tibet	3700	134	363	661
陕　西 Shaanxi	224162	1845	22283	56729
甘　肃 Gansu	105202	1846	11447	27122
青　海 Qinghai	12439	450	1758	3028
宁　夏 Ningxia	26055	622	3873	6700
新　疆 Xinjiang	62196	1529	7163	16838

分年龄女学生数

Secondary Vocational Schools (Institutions)

单位：人

Unit: in Person

17岁 17 years	18岁 18 years	19岁 19 years	20岁 20years	21岁 21 years	22岁及以上 22 years and over
1864040	**1253916**	**458485**	**122864**	**45980**	**147604**
28526	22759	8864	1483	502	3170
22405	18441	4704	1049	252	463
122383	91899	42290	11734	3894	16847
54013	35451	13087	2761	733	7176
27228	20951	9129	3116	1222	4420
65201	58798	22355	5334	1873	3010
25841	21846	11014	3617	1752	2395
33038	31585	14144	5129	4445	8968
27182	20532	8679	1510	154	3476
162825	112260	40873	7181	1760	5923
108228	76062	23066	3227	1003	6640
78555	38209	12988	3196	1274	3319
63804	42452	16253	3579	730	5640
60690	28373	9853	2632	1208	1371
165351	105088	33907	11218	4760	6048
139157	83596	27386	9136	4185	15497
74810	37420	9842	1465	287	4256
94947	47411	13851	2377	732	2770
114014	93704	32486	8308	3005	5488
51431	40405	16623	5154	1756	2922
8738	6535	3159	1493	284	251
45048	27920	7451	1346	513	2644
104925	64551	20076	4684	1125	4361
27098	18455	7693	3607	1432	2097
41832	28922	13596	5241	1467	10185
799	667	445	336	150	145
64401	45567	18543	6710	2847	5237
27806	18424	8687	2870	1195	5805
2594	1585	1090	865	529	540
6340	4143	1641	660	316	1760
14830	9905	4710	1846	595	4780

中等职业学校(机

Data on Training Students in Graduation Secondary

结业生数

地 区 Region	计 Total	其中:女 of Which: Female	其中:少数民族 of Which: Minority	其中:资格证书培训 Vocational Qualifications Training of Which:	其中:岗位证书培训 of Which: Tob-related Training	其中:外语 of Which: Foreign language
合 计 Total	**8096788**	**3057259**	**472781**	**1748317**	**1548427**	**159142**
北 京 Beijing	90553	51766	1877	37038	19812	9775
天 津 Tianjin	46532	25188	485	8978	6077	357
河 北 Hebei	386813	208505	14434	89213	81583	15188
山 西 Shanxi	167284	90075	54	64564	29542	4257
内蒙古 Inner Mongolia	81418	41184	21382	28285	18832	625
辽 宁 Liaoning	112148	37986	22477	28137	41149	1344
吉 林 Jilin	33557	15100	1060	9432	9299	372
黑龙江 Heilongjiang	122837	57528	805	30020	43826	4164
上 海 Shanghai	120154	58497	27	32506	44839	7132
江 苏 Jiangsu	598147	312853	632	167615	163312	27296
浙 江 Zhejiang	356731	172967	361	102812	118479	7857
安 徽 Anhui	163111	73130	298	39294	63427	1573
福 建 Fujian	290985	111305	3091	113869	31573	2549
江 西 Jiangxi	80480	38511	3	25086	37709	432
山 东 Shandong	284230	134117	933	77004	46024	9328
河 南 Henan	579221	206894	3364	121353	113477	3591
湖 北 Hubei	208142	53914	10970	40916	79950	3897
湖 南 Hunan	142138	69733	16250	48238	40378	7872
广 东 Guangdong	557017	340165	586	166729	106277	27227
广 西 Guangxi	172332	75564	52866	46887	37501	2586
海 南 Hainan	17934	5900	2802	4100	6811	30
重 庆 Chongqing	122945	51619	14134	38233	34704	3164
四 川 Sichuan	397528	184820	12074	118945	117096	9009
贵 州 Guizhou	648419	254428	149322	35261	23386	581
云 南 Yunnan	381821	160775	91892	152165	76852	2691
西 藏 Tibet	5453	2346	3344	560	303	
陕 西 Shaanxi	1622037	84161	131	47714	52754	2398
甘 肃 Gansu	148510	64894	9026	45973	56908	2311
青 海 Qinghai	27615	9672	7659	7530	6180	1131
宁 夏 Ningxia	35559	17288	5614	5549	13934	111
新 疆 Xinjiang	95137	46374	24828	14311	26433	294

构)培训结业学生情况

Vocational Schools (Institutions)

Graduates

其中:会计 of Which: Accountant	其中:计算机 of Which: Computer	其中:农业技术 of Which: Agriculture Technology	一周至一个月以下 a week to one month under	一个月至半年以下 one month to half year under	半年以上 half year and over
594228	**1017960**	**1395883**	**5555486**	**1797568**	**743734**
12888	15955	10249	42259	41430	6864
1552	7991	10662	25938	12660	7934
22649	84588	45451	206157	133869	46787
4332	41345	14117	112649	40960	13675
943	34023	1587	60988	16319	4111
2634	13668	18907	56233	26684	29231
1507	6972	2411	18760	12066	2731
5413	22915	14744	66726	39076	17035
24868	15345	1716	54875	55604	9675
80100	85207	61448	366812	156586	74749
19317	45925	27575	229786	77773	49172
7756	28753	16829	108544	38180	16387
17068	29755	174637	174627	34343	82015
892	11710	1527	47490	24363	8627
48217	59455	13767	185273	68339	30618
7158	75545	235801	354718	160994	63509
9649	35034	67655	89568	94490	24084
5600	46501	3287	73456	38553	30129
211340	83527	7620	348913	152093	56011
2746	34826	39360	104380	39362	28590
426	2138	4700	9996	7864	74
4714	16211	9789	81520	30116	11309
14283	64120	21982	255970	91172	50386
10154	17734	503526	564200	80045	4174
19266	59462	7658	320702	36380	24739
	736	678	3637	1327	489
4811	35503	20360	1381494	213667	26876
21488	21885	17695	106342	34511	7657
303	8977	1167	19333	6742	1540
8413	5994	10006	29575	2929	3055
23741	6160	28972	54565	29071	11501

中等职业学校(机

Data on Training Students in of Enrolment Secondary

注册生数

地区 Region	计 Total	其中:女 of Which: Female	其中:少数民族 of Which: Minority	其中:资格证书培训 of Which: Vocational Qualifications Training	其中:岗位证书培训 of Which: Tob-related Training	其中:外语 of Which: Foreign language
合 计 Total	**4010417**	**1777234**	**358628**	**1002729**	**753218**	**102615**
北 京 Beijing	67859	39549	1160	26256	14030	8153
天 津 Tianjin	9707	5593	134	3552	3216	91
河 北 Hebei	211876	116492	6844	64340	35723	10241
山 西 Shanxi	74212	39204	23	31653	12514	2252
内蒙古 Inner Mongolia	23258	10913	6536	2821	6663	398
辽 宁 Liaoning	68608	23467	10375	19805	34866	282
吉 林 Jilin	25712	11376	847	9215	4297	68
黑龙江 Heilongjiang	63249	22406	1213	21302	19943	2143
上 海 Shanghai	72642	40169	21	18710	18121	6434
江 苏 Jiangsu	295862	137451	299	117802	89579	12447
浙 江 Zhejiang	216668	99665	360	63940	49426	5639
安 徽 Anhui	72648	33010	103	17581	21556	401
福 建 Fujian	271254	102628	4831	96464	19530	1655
江 西 Jiangxi	54759	24371	10	17182	22183	1732
山 东 Shandong	109794	46956	879	35736	15812	8180
河 南 Henan	315443	115549	2277	64192	63289	3532
湖 北 Hubei	212130	41868	13714	32248	79018	1111
湖 南 Hunan	87279	43029	8624	36910	18868	4917
广 东 Guangdong	267960	172550	367	93636	53496	21546
广 西 Guangxi	117539	47515	37205	33314	21811	1053
海 南 Hainan	2825	1431	642	1747	583	30
重 庆 Chongqing	61127	31500	10272	19798	14906	2924
四 川 Sichuan	192260	89334	5202	48981	40566	3560
贵 州 Guizhou	617903	248731	138370	20812	15853	157
云 南 Yunnan	239798	91091	86964	52636	21667	604
西 藏 Tibet	2999	1005	2076	620	303	
陕 西 Shaanxi	120514	63959	62	28412	20797	1637
甘 肃 Gansu	53425	29889	2673	15576	14820	1077
青 海 Qinghai	5110	2255	1740	175	387	
宁 夏 Ningxia	20311	13951	1836	2675	5132	21
新 疆 Xinjiang	55686	30327	12969	4638	14263	330

构)培训注册学生情况

Vocational Schools (Institutions)

Enrolment

其中:会计 of Which: Accountant	其中:计算机 of Which: Computer	其中:农业技术 of Which: Agriculture Technology	一周至一个月以下 a week to one month under	一个月至半年以下 one month to half year under	半年以上 half year and over
281679	**548905**	**1064738**	**2244532**	**954364**	**811521**
9913	10764	9149	31633	30141	6085
600	2202	716	253	1956	7498
9116	39078	24405	83742	54411	73723
3500	20821	4064	39234	17763	17215
296	9437	1695	14161	3479	5618
971	7491	5343	25230	15595	27783
927	8122	1329	9232	10552	5928
1885	7238	24987	45451	11439	6359
14913	8091	1216	32793	28297	11552
15923	51011	81916	134673	99599	61590
15473	21455	12805	100721	52319	63628
1743	15941	6133	48686	13605	10357
16110	18717	173176	163709	21145	86400
1245	11652	2045	28549	15006	11204
10044	19421	857	42529	29801	37464
5509	48770	26294	176315	66074	73054
2635	21802	87455	62405	87201	62524
3312	24849	847	25210	23128	38941
106500	47837	2519	123490	107019	37451
2689	23550	29242	60578	31855	25106
287	378	851	1279	1471	75
3378	13754	8687	32542	17491	11094
5366	38834	9868	94026	40117	58117
7444	10064	492119	523344	84882	9677
983	24575	5567	213518	15628	10652
	621	580	1301	1423	275
1898	26238	18251	48808	38852	32854
13914	6133	3068	39727	11459	2239
	2053	715	3157	724	1229
9081	4489	2054	13537	3515	3259
16024	3517	26785	24699	18417	12570

中等职业学校(机构)

Changes of Employment in fecondary

	上学年初报表在校学生数 Total enrolment at beginning of previous academic year	增加学生数 Factors of Increase			
		计 Total	招生 No. of Students Admitted	复学 Students Resuming Studies	转入 Transfers from Other Inst.
合　计 Total	**11700275**	**6109744**	**5372922**	**7579**	**382426**
北　京 Beijing	208250	68819	63637	121	1733
天　津 Tianjin	126554	51199	44153	22	3034
河　北 Hebei	630727	436006	353544	117	28442
山　西 Shanxi	328524	167540	140586	151	7866
内蒙古 Inner Mongolia	173956	96172	84486	92	5914
辽　宁 Liaoning	412239	169995	160681	163	3389
吉　林 Jilin	164170	78215	71668	268	1420
黑龙江 Heilongjiang	222538	127567	117793	54	7004
上　海 Shanghai	217356	60854	55216	97	4633
江　苏 Jiangsu	909152	478869	411801	247	44411
浙　江 Zhejiang	728559	279782	264499	193	8006
安　徽 Anhui	519691	298305	276347	276	7055
福　建 Fujian	400822	186797	175931	172	3758
江　西 Jiangxi	397698	306975	240940	278	25134
山　东 Shandong	1048100	438821	392092	87	29472
河　南 Henan	979518	482302	437102	481	27775
湖　北 Hubei	458459	332880	273789	446	30503
湖　南 Hunan	649161	360405	317819	903	27307
广　东 Guangdong	653595	302099	279265	258	11121
广　西 Guangxi	327660	159754	146927	159	9459
海　南 Hainan	51191	25061	24235	28	296
重　庆 Chongqing	313711	122826	114390	335	4618
四　川 Sichuan	595115	446582	345062	1078	70865
贵　州 Guizhou	158768	107351	99706	152	1580
云　南 Yunnan	271485	126827	113619	214	2718
西　藏 Tibet	8549	2880	2856		12
陕　西 Shaanxi	402567	205972	192052	487	8697
甘　肃 Gansu	178610	85384	79783	132	3986
青　海 Qinghai	17914	14991	13216	128	375
宁　夏 Ningxia	49245	29067	28422	7	167
新　疆 Xinjiang	96391	59447	51305	433	1676

学生变动情况
Vocational Schools (Institutions)

单位：人

Unit: in Person

	减少学生数 Factors of Decrease								本学年初报表在校学生数 Total enrolment at beginning of current academic year
其他 Others	计 Total	毕业 Graduates	结业 Completers of Courses without formal awards	休学 Suspended	退学 Quitting	开除 Expelled	死亡 Death	转出 Transfer to Other Inst.	其他 Others	
346817	**4562598**	**3491921**	**104058**	**23585**	**228455**	**10011**	**379**	**345129**	**359060**	**13247421**
3328	68515	61837	242	217	3026	113	15	1443	1622	208554
3990	42327	37749	198	98	1512	163	5	1836	766	135426
53903	256261	212430	10260	303	6278	268	5	13228	13489	810472
18937	134430	100235	2941	363	1851	116	3	5507	23414	361634
5680	70253	55109	1096	228	2886	133	1	6648	4152	199875
5762	150478	121551	156	390	7718	355	11	3228	17069	431756
4859	59456	52454	341	376	2298	52	3	2311	1621	182929
2716	90032	72172	205	96	1648	38	3	9839	6031	260073
908	71884	61196	986	389	2722	36	19	5696	840	206326
22410	327197	197237	1495	878	13492	329	21	91500	22245	1060824
7084	275563	218780	2229	2054	26388	340	54	17700	8018	732778
14627	184559	144932	1278	1158	5946	198	7	8788	22252	633437
6936	139930	110036	3560	1452	9335	432	9	2836	12270	447689
40623	163069	120609	2117	1144	10561	625	14	4329	23670	541604
17170	393521	330584	2637	629	9504	349	12	18680	31126	1093400
16944	384994	316127	13473	774	9788	498	7	18441	25886	1076826
28142	185325	129436	2770	546	7498	453	19	30033	14570	606014
14376	303998	187911	21754	2985	26439	1036	23	34798	29052	705568
11455	245532	189083	2792	1238	18416	618	28	15926	17431	710162
3209	121418	97685	1004	862	10411	692	16	4921	5827	365996
502	17828	12598	135	188	1066	81	3	616	3141	58424
3483	128343	100472	1640	956	7436	355	22	4950	12512	308194
29577	258453	192461	5641	2912	18809	651	28	15208	22743	783244
5913	64746	43770	3553	717	3716	710	12	3070	9198	201373
10276	103366	90520	388	780	5980	284	21	1937	3456	294946
12	4402	2930		2	72	4	3	880	511	7027
4736	180572	127128	18584	957	5397	321	4	13131	15050	427967
1483	68443	54637	931	392	3005	108	2	3325	6043	195551
1272	8249	5836	272	67	411	45	3	689	926	24656
471	19539	15856	752	152	1125	67	3	674	910	58773
6033	39915	28560	628	282	3721	541	3	2961	3219	115923

中等职业学校(机构)

Changes of female Employment in fecondary

	上学年初报表在校学生数 Total enrolment at beginning of previous academic year	增加学生数 Factors of Increase			
		计 Total	招生 No. of Students Admitted	复学 Students Resuming Studies	转入 Transfers from Other Inst.
合 计 Total	**6015473**	**3029144**	**2682551**	**3596**	**181513**
北 京 Beijing	108496	35685	32521	46	931
天 津 Tianjin	66021	25618	22130	11	1587
河 北 Hebei	345390	223929	184333	64	14177
山 西 Shanxi	183525	91476	79025	84	4178
内蒙古 Inner Mongolia	87439	48177	41644	38	2766
辽 宁 Liaoning	213622	78749	74943	45	2001
吉 林 Jilin	83677	38671	35986	63	681
黑龙江 Heilongjiang	113805	60799	56847	52	3052
上 海 Shanghai	108524	27563	25128	27	1894
江 苏 Jiangsu	469698	241857	208478	67	21659
浙 江 Zhejiang	370494	137084	129446	78	4001
安 徽 Anhui	256064	141590	132758	150	3431
福 建 Fujian	193982	88416	83718	64	1478
江 西 Jiangxi	197160	146374	116571	68	11704
山 东 Shandong	523353	214366	192909	15	13118
河 南 Henan	508651	240080	220842	251	12135
湖 北 Hubei	220714	157347	132217	231	13646
湖 南 Hunan	341718	193437	170517	637	14585
广 东 Guangdong	348452	153584	142701	74	5218
广 西 Guangxi	166620	72712	67822	43	3538
海 南 Hainan	27646	12578	12138	18	126
重 庆 Chongqing	160833	62571	57905	234	2371
四 川 Sichuan	299724	218341	168551	454	35085
贵 州 Guizhou	77990	50978	47101	61	565
云 南 Yunnan	140393	67304	60049	93	1121
西 藏 Tibet	4317	1448	1442		
陕 西 Shaanxi	215121	103865	97611	319	3685
甘 肃 Gansu	97888	43543	41064	51	1640
青 海 Qinghai	9292	7450	6742	104	244
宁 夏 Ningxia	23104	12675	12539	7	109
新 疆 Xinjiang	51760	30877	26873	147	787

女学生数变动情况

Vocational Schools (Institutions)

单位：人

Unit: in Person

	减少学生数 Factors of Decrease									本学年初报表在校学生数 Total enrolment at beginning of current academic year
其他 Others	计 Total	毕业 Graduates	结业 Completers of Courses without formal awards	休学 Suspended	退学 Quitting	开除 Expelled	死亡 Death	转出 Transfer to Other Inst.	其他 Others	
161484	**2288143**	**1805393**	**46199**	**9492**	**95135**	**2087**	**125**	**166531**	**163181**	**6756474**
2187	36396	33189	74	93	1254	27	7	698	1054	107785
1890	22461	20259	106	25	658	51	3	1063	296	69178
25355	137975	115828	3310	105	3000	50	2	8284	7396	431344
8189	70587	57777	1355	125	985	13		2014	8318	204414
3729	35816	29410	488	120	1373	30	1	2589	1805	99800
1760	73353	59541	56	173	3553	66	3	1074	8887	219018
1941	30567	27096	142	193	989	18		1324	805	91781
848	44153	35414	74	48	638	8	2	5374	2595	130451
514	35932	31612	573	147	994	4	8	2258	336	100155
11653	164979	100325	718	382	5191	41	8	48567	9747	546576
3559	137797	113699	1075	786	10556	49	17	7743	3872	369781
5251	88483	71137	508	459	2502	57		3643	10177	309171
3156	65056	55251	1196	590	3169	58	3	1249	3540	217342
18031	76784	59558	918	382	4032	153	3	1841	9897	266750
8324	191333	163334	1051	261	3617	81	4	7941	15044	546386
6852	192133	162022	6891	270	4772	130	2	7294	10752	556598
11253	86707	62674	1151	244	3039	63	7	12917	6612	291354
7698	156132	99634	11185	1394	11417	130	4	18072	14296	379023
5591	126956	103178	691	403	7718	132	16	7986	6832	375080
1309	61583	52312	336	346	4114	65	2	2017	2391	177749
296	9344	7022	7	44	395	7	1	250	1618	30880
2061	65424	52874	770	406	3365	78	5	1970	5956	157980
14251	128488	99039	2589	1308	7833	199	8	6939	10573	389577
3251	30628	21850	997	162	1518	238	5	1038	4820	98340
6041	51490	46079	121	254	2502	89	9	745	1691	156207
6	2065	1289		1	39	1	2	499	234	3700
2250	94824	67448	8829	354	2561	85	1	7136	8410	224162
788	36229	30488	368	170	1110	13	1	1328	2751	105202
360	4303	3241	30	43	149	3		372	465	12439
20	9724	7851	419	75	529	18	1	387	444	26055
3070	20441	14962	171	129	1563	130		1919	1567	62196

中等职业学校(机

Information on International Students in

地　区 Region	计 Total	其中:女 of Which: Female	结业生数 分时间 一周至一个月以下 a week to one month under	一个月至半年以下 one month to half year under
合　计 Total	1408	566	554	432
北　京 Beijing	369	124	290	20
天　津 Tianjin	30	19		
河　北 Hebei	36	15	4	
山　西 Shanxi	15	15		
内蒙古 Inner Mongolia				
辽　宁 Liaoning	25	7	13	11
吉　林 Jilin	64		64	
黑龙江 Heilongjiang				
上　海 Shanghai	14	14		14
江　苏 Jiangsu				
浙　江 Zhejiang	5	4		
安　徽 Anhui	13	5	13	
福　建 Fujian	2			2
江　西 Jiangxi				
山　东 Shandong	18	7	1	16
河　南 Henan				
湖　北 Hubei				
湖　南 Hunan				
广　东 Guangdong	258	140	168	20
广　西 Guangxi	94	32		
海　南 Hainan				
重　庆 Chongqing	11			11
四　川 Sichuan				
贵　州 Guizhou				
云　南 Yunnan	210	114	1	101
西　藏 Tibet				
陕　西 Shaanxi	237	65		237
甘　肃 Gansu				
青　海 Qinghai				
宁　夏 Ningxia				
新　疆 Xinjiang	7	5		

构)外国留学生情况

Secondary Vocational Schools (Institutions)

Graduates by Time	分地区 by continent					
半年以上 half year and over	亚洲 Asia	非洲 Africa	欧洲 Europe	北美洲 North America	南美洲 South America	大洋洲 Oceania
422	**987**	**69**	**145**	**145**	**43**	**19**
59	139	8	91	114	2	15
30	30					
32		32				4
15	15					
1	25					
	64					
			14			
5	5					
			13			
	2					
1	18					
70	149	26	26	16	41	
94	94					
				11		
108	209		1			
	237					
7		3		4		

中等职业学校

Number of Teachers, Staff & Workers in

	教职工数 Teachers,		
		校本部教职工 Teacher,	
	计 Total	计 Total	专任教师 Full-time Teachers
合 计 Total	**889171**	**867655**	**588694**
北 京 Beijing	19382	18798	10621
天 津 Tianjin	12632	12347	7699
河 北 Hebei	61288	59526	39736
山 西 Shanxi	27498	26927	18528
内蒙古 Inner Mongolia	18481	18204	12342
辽 宁 Liaoning	36456	35712	23138
吉 林 Jilin	25454	25054	15851
黑龙江 Heilongjiang	23597	22869	15007
上 海 Shanghai	17179	16802	8962
江 苏 Jiangsu	53503	52632	38220
浙 江 Zhejiang	41676	41111	32420
安 徽 Anhui	29623	28960	20220
福 建 Fujian	24245	23902	17457
江 西 Jiangxi	24352	22991	16407
山 东 Shandong	80192	77782	52999
河 南 Henan	64371	62154	43754
湖 北 Hubei	36658	35466	24036
湖 南 Hunan	39753	38730	25962
广 东 Guangdong	49087	48427	33734
广 西 Guangxi	29667	28237	18113
海 南 Hainan	4149	3963	2520
重 庆 Chongqing	19248	18817	12520
四 川 Sichuan	48120	47319	31629
贵 州 Guizhou	12617	12374	8012
云 南 Yunnan	23630	23412	15787
西 藏 Tibet	1214	1214	835
陕 西 Shaanxi	29090	28416	18688
甘 肃 Gansu	17612	17357	11526
青 海 Qinghai	2227	2153	1588
宁 夏 Ningxia	2650	2631	1729
新 疆 Xinjiang	13520	13368	8654

(机构)教职工数

Secondary Vocational Schools (Institutions)

单位：人

Unit: in Person

Staff & Workers					
staff & Workers in College or Uni. Proper			校办企业职工 Employees in School-run Factories & Farms	其他附设机构人员 Personnel in Others Subsidiary Units	聘请校外教师 Part-time Teachers
行政人员 Adm. Personnel	教辅人员 Supporting Staff	工勤人员 Workers			
112848	**66297**	**99816**	**10868**	**10648**	**82306**
3848	1828	2501	106	478	1596
2365	859	1424	156	129	975
8015	4787	6988	1072	690	4561
3331	2073	2995	276	295	2197
2308	1546	2008	142	135	801
5569	2710	4295	401	343	3399
4102	2728	2373	239	161	862
3281	1715	2866	124	604	1096
2835	1989	3016	278	99	2961
4801	3762	5849	437	434	6007
3283	2009	3399	339	226	4447
3601	1897	3242	312	351	3679
2850	1482	2113	272	71	3739
2789	1299	2496	963	398	2312
10055	6180	8548	1514	896	3730
7336	4586	6478	1249	968	5701
4656	2862	3912	579	613	4312
5047	2850	4871	549	474	3250
6080	3587	5026	196	464	4984
3736	2498	3890	237	1193	3336
558	287	598	14	172	448
2703	1485	2109	212	219	2282
5970	3729	5991	316	485	3805
2173	923	1266	67	176	1675
2587	1572	3466	55	163	2605
148	63	168			35
4581	2299	2848	437	237	4818
2032	1474	2325	146	109	1210
210	120	235	46	28	105
328	186	388	19		339
1670	912	2132	115	37	1039

中等职业学校(机

Number of Female Teachers, Staff & Workers

	教职工数 Teachers,		
		校本部教职工 Teacher,	
	计 Total	计 Total	专任教师 Full-time Teachers
合　计 Total	**394605**	**385065**	**276752**
北　京 Beijing	11325	11116	7119
天　津 Tianjin	6660	6542	4579
河　北 Hebei	30942	30176	22751
山　西 Shanxi	13634	13378	10026
内蒙古 Inner Mongolia	8834	8718	6409
辽　宁 Liaoning	19597	19228	13838
吉　林 Jilin	13060	12837	9065
黑龙江 Heilongjiang	12069	11647	8520
上　海 Shanghai	8476	8353	4814
江　苏 Jiangsu	23055	22726	17393
浙　江 Zhejiang	19693	19446	15959
安　徽 Anhui	10034	9700	6844
福　建 Fujian	9939	9762	7303
江　西 Jiangxi	8919	8358	5971
山　东 Shandong	33149	32266	24145
河　南 Henan	27454	26305	19786
湖　北 Hubei	14480	14006	9390
湖　南 Hunan	16068	15661	10888
广　东 Guangdong	22059	21733	15290
广　西 Guangxi	12831	11996	7643
海　南 Hainan	1657	1554	917
重　庆 Chongqing	7948	7741	5397
四　川 Sichuan	18687	18375	12851
贵　州 Guizhou	5228	5113	3340
云　南 Yunnan	10529	10463	7022
西　藏 Tibet	535	535	367
陕　西 Shaanxi	12230	12015	8453
甘　肃 Gansu	6824	6715	4575
青　海 Qinghai	981	953	699
宁　夏 Ningxia	1059	1052	730
新　疆 Xinjiang	6649	6595	4668

构)女教职工数

in Secondary Vocational Schools (Institutions)

单位:人

Unit: in Person

Staff & Workers					
staff & Workers in College or Uni. Proper			校办企业职工 Employees in School-run Factories & Farms	其他附设机构人员 Personnel in Others Subsidiary Units	聘请校外教师 Part-time Teachers
行政人员 Adm. Personnel	教辅人员 Supporting Staff	工勤人员 Workers			
39112	**34068**	**35133**	**4283**	**5257**	**32699**
2048	1037	912	27	182	815
1044	505	414	52	66	490
2509	2493	2423	456	310	2454
1106	1168	1078	90	166	1037
811	909	589	47	69	455
2482	1529	1379	180	189	1671
1641	1487	644	132	91	456
1343	886	898	49	373	553
1299	1061	1179	85	38	1188
1449	1884	2000	151	178	2359
1017	1077	1393	154	93	1675
1072	872	912	144	190	1176
915	673	871	162	15	1206
808	596	983	413	148	820
2782	3001	2338	447	436	1521
2263	2232	2024	663	486	2225
1692	1422	1502	190	284	1442
1394	1410	1969	208	199	1257
2241	1951	2251	65	261	1917
1373	1266	1714	100	735	1256
226	148	263	4	99	196
949	710	685	79	128	743
2024	1638	1862	104	208	1334
812	480	481	28	87	514
935	845	1661	9	57	931
56	40	72			9
1423	1177	962	122	93	1771
563	829	748	70	39	502
80	70	104	17	11	43
78	104	140	7		146
677	568	682	28	26	537

普通中等专业学

Number of Teachers, Staff & Workers

	教职工数 Teachers,			
	计 Total	校本部教职工 Teacher, staff & Workers		
		计 Total	专任教师 Full-time Teachers	行政人员 Adm. Personnel
合　计 Total	**334800**	**324033**	**202994**	**51117**
北　京 Beijing	7234	6739	3568	1433
天　津 Tianjin	5707	5554	3369	1089
河　北 Hebei	18373	17565	10221	3149
山　西 Shanxi	9801	9504	5687	1667
内蒙古 Inner Mongolia	6647	6529	3962	1009
辽　宁 Liaoning	15052	14834	8728	2589
吉　林 Jilin	6939	6817	4006	1331
黑龙江 Heilongjiang	6648	6147	3247	1142
上　海 Shanghai	10855	10625	5312	2007
江　苏 Jiangsu	20987	20500	14240	2282
浙　江 Zhejiang	5477	5281	3720	619
安　徽 Anhui	10090	9764	6128	1504
福　建 Fujian	23710	23376	17117	2765
江　西 Jiangxi	6460	6246	3917	1117
山　东 Shandong	20406	19466	12193	3422
河　南 Henan	19040	18071	11020	3053
湖　北 Hubei	19838	18924	12564	2790
湖　南 Hunan	7952	7652	4801	1286
广　东 Guangdong	27494	27118	18176	3661
广　西 Guangxi	11786	10686	6948	1446
海　南 Hainan	2106	2010	1173	360
重　庆 Chongqing	4175	3928	2333	740
四　川 Sichuan	20249	19664	11549	3347
贵　州 Guizhou	6958	6888	4360	1337
云　南 Yunnan	10372	10253	6285	1451
西　藏 Tibet	1019	1019	719	119
陕　西 Shaanxi	7769	7574	4399	1515
甘　肃 Gansu	10562	10337	6616	1304
青　海 Qinghai	1448	1416	1011	146
宁　夏 Ningxia	1172	1157	632	195
新　疆 Xinjiang	8474	8389	4993	1242

校教职工数

in Reg. Specialized Sec. Schools

单位：人

Unit: in Person

Staff & Workers in College or Uni. Proper		校办企业职工 Employees in School-run Factories & Farms	其他附设机构人员 Personnel in Others Subsidiary Units	聘请校外教师 Part-time Teachers
教辅人员 Supporting Staff	工勤人员 Workers			
26423	**43499**	**4430**	**6337**	**31852**
662	1076	61	434	870
343	753	106	47	443
1586	2609	504	304	2041
754	1396	140	157	471
669	889	40	78	468
1384	2133	148	70	1507
580	900	81	41	179
626	1132	77	424	355
1128	2178	188	42	2110
1459	2519	227	260	1831
439	503	42	154	621
747	1385	156	170	1005
1449	2045	270	64	3722
472	740	94	120	873
1678	2173	481	459	1152
1443	2555	497	472	1439
1446	2124	408	506	2331
556	1009	148	152	915
2285	2996	156	220	2348
903	1389	27	1073	1115
163	314		96	241
395	460	93	154	407
1758	3010	197	388	1932
436	755	5	65	414
816	1701	28	91	558
40	141			35
687	973	53	142	1421
694	1723	119	106	450
67	192	6	26	74
81	249	15		87
677	1477	63	22	437

	教职工数 Teachers,			
		校本部教职工 Teacher, staff &		
	计 Total	计 Total	专任教师 Full-time Teachers	行政人员 Adm. Personnel
合　计 Total	**151159**	**145920**	**96659**	**20006**
北　京 Beijing	3858	3664	2193	749
天　津 Tianjin	2863	2784	1892	468
河　北 Hebei	9230	8847	5762	1271
山　西 Shanxi	4787	4660	3119	625
内蒙古 Inner Mongolia	3335	3280	2137	427
辽　宁 Liaoning	7703	7622	5043	1150
吉　林 Jilin	3524	3454	2321	595
黑龙江 Heilongjiang	3320	2974	1812	479
上　海 Shanghai	5196	5120	2816	916
江　苏 Jiangsu	9582	9398	6922	840
浙　江 Zhejiang	2651	2581	1903	260
安　徽 Anhui	3800	3606	2344	537
福　建 Fujian	9734	9558	7168	891
江　西 Jiangxi	2648	2551	1609	400
山　东 Shandong	9155	8679	6028	1120
河　南 Henan	8356	7831	5181	1088
湖　北 Hubei	8085	7690	5069	1055
湖　南 Hunan	3312	3175	2030	457
广　东 Guangdong	12418	12231	8288	1425
广　西 Guangxi	5455	4777	3104	606
海　南 Hainan	869	833	472	141
重　庆 Chongqing	1809	1663	1031	303
四　川 Sichuan	8301	8054	4929	1300
贵　州 Guizhou	3128	3083	1987	577
云　南 Yunnan	4721	4703	2939	627
西　藏 Tibet	440	440	307	41
陕　西 Shaanxi	3409	3337	2085	584
甘　肃 Gansu	4223	4131	2809	416
青　海 Qinghai	643	628	451	55
宁　夏 Ningxia	481	475	272	56
新　疆 Xinjiang	4123	4091	2636	547

校女教职工数

Workers in Specialized Sec. Schools

单位:人

Unit: in Person

Staff & Workers				
Workers in College or Uni. Proper		校办企业职工 Employees in School-run Factories & Farms	其他附设机构人员 Personnel in Others Subsidiary Units	聘请校外教师 Part-time Teachers
教辅人员 Supporting Staff	工勤人员 Workers			
14536	**14719**	**1814**	**3425**	**13471**
376	346	22	172	438
212	212	39	40	207
918	896	232	151	1063
441	475	35	92	233
439	277	12	43	282
832	597	54	27	747
329	209	51	19	123
333	350	41	305	161
551	837	53	23	839
737	899	62	122	788
242	176	15	55	221
367	358	81	113	368
650	849	162	14	1203
253	289	46	51	398
950	581	187	289	614
782	780	252	273	691
794	772	145	250	866
346	342	56	81	376
1236	1282	57	130	923
529	538	6	672	455
87	133		36	86
208	121	40	106	154
842	983	64	183	663
254	265	4	41	175
464	673	2	16	277
32	60			9
383	285	16	56	583
405	501	53	39	178
40	82	4	11	33
53	94	6		39
451	457	17	15	278

成人中等专业学校教

Number of Teachers, Staff & Workers

	教职工数 Teachers,			
		校本部教职工 Teacher, staff &		
	计 Total	计 Total	专任教师 Full-time Teachers	行政人员 Adm. Personnel
合　计 Total	**121312**	**118929**	**74952**	**17772**
北　京 Beijing	850	848	385	204
天　津 Tianjin	559	559	346	104
河　北 Hebei	8914	8793	5731	1356
山　西 Shanxi	4330	4261	2686	624
内蒙古 Inner Mongolia	3365	3272	2143	434
辽　宁 Liaoning	571	547	379	90
吉　林 Jilin	6508	6437	4307	866
黑龙江 Heilongjiang	6373	6320	4288	840
上　海 Shanghai	1035	1016	457	227
江　苏 Jiangsu	7211	7101	4091	921
浙　江 Zhejiang	2710	2692	1797	388
安　徽 Anhui	2987	2942	1568	628
福　建 Fujian				
江　西 Jiangxi	2784	2225	1564	314
山　东 Shandong	11244	11122	7290	1652
河　南 Henan	13295	13035	8630	1740
湖　北 Hubei	4469	4421	2484	761
湖　南 Hunan	5134	5044	3292	631
广　东 Guangdong	5702	5483	3520	863
广　西 Guangxi	4776	4600	2599	849
海　南 Hainan	188	177	93	20
重　庆 Chongqing	4356	4298	2539	737
四　川 Sichuan	9249	9147	5794	1193
贵　州 Guizhou	1448	1412	747	295
云　南 Yunnan	3784	3781	2356	641
西　藏 Tibet	61	61	38	11
陕　西 Shaanxi	4180	4167	2380	758
甘　肃 Gansu	2007	1996	1075	352
青　海 Qinghai	342	300	217	36
宁　夏 Ningxia	328	328	191	61
新　疆 Xinjiang	2552	2544	1965	176

职工数

in Specialized Sec. Schools for Adults

单位：人
Unit: in Person

Staff & Workers				聘请校外教师 Part-time Teachers
Workers in College or Uni. Proper		校办企业职工 Employees in School-run Factories & Farms	其他附设机构人员 Personnel in Others Subsidiary Units	
教辅人员 Supporting Staff	工勤人员 Workers			
12308	**13897**	**1559**	**824**	**23450**
131	128		2	274
39	70			56
753	953	58	63	368
567	384	18	51	943
289	406	80	13	107
48	30	24		773
835	429	48	23	59
510	682	26	27	238
149	183	13	6	415
982	1107	53	57	2685
251	256	12	6	1635
358	388	8	37	859
109	238	542	17	230
899	1281	86	36	965
1328	1337	187	73	2231
612	564	26	22	1146
479	642	39	51	429
465	635	10	209	1342
498	654	149	27	1037
24	40	11		3
398	624	44	14	1199
959	1201	52	50	1090
211	159	9	27	861
311	473		3	1664
1	11			
592	437	13		1739
361	208	11		427
26	21	40	2	11
29	47			142
94	309		8	522

成人中等专业学校女

Number of Female Teachers, Staff & Workers

	教职工数 Teachers,			
		校本部教职工 Teacher, staff &		
	计 Total	计 Total	专任教师 Full-time Teachers	行政人员 Adm. Personnel
合　计 Total	**51704**	**50629**	**33697**	**5620**
北　京 Beijing	459	459	223	110
天　津 Tianjin	292	292	190	50
河　北 Hebei		4182	3140	309
山　西 Shanxi	2253	2205	1462	207
内蒙古 Inner Mongolia	1533	1495	1059	143
辽　宁 Liaoning	272	260	198	34
吉　林 Jilin	3196	3173	2335	274
黑龙江 Heilongjiang	3069	3059	2285	326
上　海 Shanghai	463	455	200	101
江　苏 Jiangsu	2856	2815	1750	295
浙　江 Zhejiang	1223	1213	834	154
安　徽 Anhui	979	960	520	193
福　建 Fujian				
江　西 Jiangxi	990	687	491	53
山　东 Shandong	4576	4534	3170	487
河　南 Henan	5622	5479	3856	505
湖　北 Hubei	1644	1621	873	231
湖　南 Hunan	1835	1793	1159	149
广　东 Guangdong	2517	2404	1476	386
广　西 Guangxi	1907	1823	981	295
海　南 Hainan	62	58	17	6
重　庆 Chongqing	1810	1795	1084	281
四　川 Sichuan	3425	3401	2261	376
贵　州 Guizhou	591	586	307	99
云　南 Yunnan	1611	1611	971	178
西　藏 Tibet	24	24	12	6
陕　西 Shaanxi	1775	1774	1068	197
甘　肃 Gansu	869	864	465	98
青　海 Qinghai	130	117	72	17
宁　夏 Ningxia	132	132	86	13
新　疆 Xinjiang	1366	1358	1152	47

教职工数

in Specialized Sec. Schools for Adults

单位：人

Unit: in Person

Staff & Workers				
Workers in College or Uni. Proper		校办企业职工 Employees in School-run Factories & Farms	其他附设机构人员 Personnel in Others Subsidiary Units	聘请校外教师 Part-time Teachers
教辅人员 Supporting Staff	工勤人员 Workers			
6184	**5128**	**705**	**370**	**8123**
72	54			147
26	26			21
360	373	18	23	191
357	179	10	38	453
171	122	31	7	50
25	3	12		316
461	103	14	9	26
253	195	6	4	60
73	81	5	3	160
442	328	20	21	1005
128	97	7	3	554
145	102	2	17	225
55	88	294	9	83
504	373	26	16	310
640	478	105	38	701
263	254	12	11	297
252	233	16	26	171
256	286	2	111	495
227	320	73	11	341
9	26	4		
190	240	10	5	374
379	385	16	8	385
111	69	3	2	213
173	289			511
1	5			
304	205	1		532
227	74	5		205
18	10	13		
16	17			62
46	113		8	235

职业高中学

Number of Teachers, Staff &

	教职工数 Teachers,			
		校本部教职工 Teacher, staff &		
	计 Total	计 Total	专任教师 Full-time Teachers	行政人员 Adm. Personnel
合　计 Total	**389250**	**382148**	**282499**	**38161**
北　京 Beijing	10804	10719	6302	2134
天　津 Tianjin	5660	5543	3651	1023
河　北 Hebei	25558	25202	19223	2213
山　西 Shanxi	12241	12068	9444	923
内蒙古 Inner Mongolia	7880	7818	5796	832
辽　宁 Liaoning	20164	19662	13574	2770
吉　林 Jilin	8275	8093	5362	1305
黑龙江 Heilongjiang	10280	10106	7296	1262
上　海 Shanghai	4997	4885	3023	566
江　苏 Jiangsu	21825	21562	17345	1281
浙　江 Zhejiang	28743	28416	22976	1907
安　徽 Anhui	14755	14500	11231	1257
福　建 Fujian				
江　西 Jiangxi	14490	13902	10447	1299
山　东 Shandong	45373	44146	31488	4547
河　南 Henan	29768	28991	22732	2287
湖　北 Hubei	10709	10563	8066	850
湖　南 Hunan	26049	25467	17501	3014
广　东 Guangdong	13973	13917	10691	1294
广　西 Guangxi	11638	11529	7738	1222
海　南 Hainan	1200	1185	834	127
重　庆 Chongqing	10034	9908	7134	1136
四　川 Sichuan	17943	17838	13809	1357
贵　州 Guizhou	3545	3408	2485	411
云　南 Yunnan	9309	9215	7057	452
西　藏 Tibet				
陕　西 Shaanxi	16187	15725	11227	2127
甘　肃 Gansu	4364	4345	3524	278
青　海 Qinghai	437	437	360	28
宁　夏 Ningxia	959	955	743	64
新　疆 Xinjiang	2090	2043	1440	195

校教职工数

Workers in Vocational High Schools

单位：人

Unit: in Person

Staff & Workers				
Workers in College or Uni. Proper		校办企业职工 Employees in School-run Factories & Farms	其他附设机构人员 Personnel in Others Subsidiary Units	聘请校外教师 Part-time Teachers
教辅人员 Supporting Staff	工勤人员 Workers			
23812	**37676**	**4244**	**2858**	**21964**
1014	1269	45	40	407
397	472	35	82	331
1594	2172	315	41	1321
642	1059	118	55	727
557	633	18	44	213
1241	2077	229	273	1103
833	593	102	80	484
541	1007	21	153	242
673	623	61	51	354
1086	1850	152	111	1134
1109	2424	273	54	1456
689	1323	137	118	1517
674	1482	327	261	1168
3348	4763	871	356	1389
1639	2333	436	341	1826
635	1012	61	85	728
1767	3185	311	271	1810
697	1235	21	35	738
938	1631	61	48	1039
46	178	3	12	95
662	976	75	51	600
966	1706	64	41	612
208	304	53	84	327
431	1275	26	68	309
1006	1365	369	93	1580
204	339	16	3	299
27	22			20
71	77	4		63
117	291	40	7	72

职业高中学校女

Number of Female Teachers, Staff

	教职工数 Teachers,			
		校本部教职工 Teacher, staff &		
	计 Total	计 Total	专任教师 Full-time Teachers	行政人员 Adm. Personnel
合　计 Total	**172464**	**169751**	**133257**	**11528**
北　京 Beijing	6720	6706	4466	1153
天　津 Tianjin	3200	3167	2328	466
河　北 Hebei	13623	13448	11454	510
山　西 Shanxi	6026	5967	5052	229
内蒙古 Inner Mongolia	3705	3684	2998	237
辽　宁 Liaoning	11208	10932	8290	1223
吉　林 Jilin	4411	4288	3160	512
黑龙江 Heilongjiang	5525	5459	4324	512
上　海 Shanghai	2666	2631	1696	266
江　苏 Jiangsu	9183	9083	7635	245
浙　江 Zhejiang	13754	13596	11436	532
安　徽 Anhui	4541	4433	3470	264
福　建 Fujian				
江　西 Jiangxi	5078	4917	3711	339
山　东 Shandong	18209	17877	14116	1051
河　南 Henan	12566	12196	10216	592
湖　北 Hubei	4046	4000	3045	300
湖　南 Hunan	10663	10457	7530	757
广　东 Guangdong	6296	6273	4946	348
广　西 Guangxi	4874	4838	3236	395
海　南 Hainan	463	454	295	57
重　庆 Chongqing	4055	4009	3081	325
四　川 Sichuan	6739	6700	5495	335
贵　州 Guizhou	1207	1142	849	91
云　南 Yunnan	4133	4085	3074	111
西　藏 Tibet				
陕　西 Shaanxi	6625	6487	4981	576
甘　肃 Gansu	1399	1387	1146	23
青　海 Qinghai	208	208	176	8
宁　夏 Ningxia	378	377	310	5
新　疆 Xinjiang	963	950	741	66

教职工数

Workers in Other Institutions

单位:人

Unit: in Person

Staff & Workers in College or Uni. Proper 教辅人员 Supporting Staff	工勤人员 Workers	校办企业职工 Employees in School-run Factories & Farms	其他附设机构人员 Personnel in Others Subsidiary Units	聘请校外教师 Part-time Teachers
11346	**13620**	**1565**	**1148**	**9006**
580	507	5	9	210
227	146	7	26	182
746	738	151	24	815
326	360	45	14	327
280	169	2	19	123
656	763	114	162	597
434	182	65	58	257
282	341	2	64	132
418	251	23	12	153
563	640	69	31	431
589	1039	128	30	557
313	386	58	50	492
274	593	73	88	336
1423	1287	223	109	527
703	685	232	138	769
266	389	23	23	250
787	1383	114	92	670
381	598	3	20	289
430	777	21	15	400
14	88		9	42
299	304	29	17	193
402	468	24	15	244
81	121	21	44	106
206	694	7	41	108
487	443	103	35	635
79	139	12		99
12	12			10
34	28	1		29
54	89	10	3	23

	教职工数 Teachers,			
		校本部教职工 Teacher, staff & Workers		
	计 Total	计 Total	专任教师 Full-time Teachers	行政人员 Adm. Personnel
合　计 Total	**43809**	**42545**	**28249**	**5798**
北　京 Beijing	494	492	366	77
天　津 Tianjin	706	691	333	149
河　北 Hebei	8443	7966	4561	1297
山　西 Shanxi	1126	1094	711	117
内蒙古 Inner Mongolia	589	585	441	33
辽　宁 Liaoning	669	669	457	120
吉　林 Jilin	3732	3707	2176	600
黑龙江 Heilongjiang	296	296	176	37
上　海 Shanghai	292	276	170	35
江　苏 Jiangsu	3480	3469	2544	317
浙　江 Zhejiang	4746	4722	3927	369
安　徽 Anhui	1791	1754	1293	212
福　建 Fujian	535	526	340	85
江　西 Jiangxi	618	618	479	59
山　东 Shandong	3169	3048	2028	434
河　南 Henan	2268	2057	1372	256
湖　北 Hubei	1642	1558	922	255
湖　南 Hunan	618	567	368	116
广　东 Guangdong	1918	1909	1347	262
广　西 Guangxi	1467	1422	828	219
海　南 Hainan	655	591	420	51
重　庆 Chongqing	683	683	514	90
四　川 Sichuan	679	670	477	73
贵　州 Guizhou	666	666	420	130
云　南 Yunnan	165	163	89	43
西　藏 Tibet	134	134	78	18
陕　西 Shaanxi	954	950	682	181
甘　肃 Gansu	679	679	311	98
青　海 Qinghai				
宁　夏 Ningxia	191	191	163	8
新　疆 Xinjiang	404	392	256	57

教职工数

Workers in Other Institutions

单位：人

Unit：in Person

Staff & Workers				
in College or Uni. Proper		校办企业职工 Employees in School-run Factories & Farms	其他附设机构人员 Personnel in Others Subsidiary Units	聘请校外教师 Part-time Teachers
教辅人员 Supporting Staff	工勤人员 Workers			
3754	**4744**	**635**	**629**	**5040**
21	28		2	45
80	129	15		145
854	1254	195	282	831
110	156		32	56
31	80	4		13
37	55			16
480	451	8	17	140
38	45			261
39	32	16		82
235	373	5	6	357
210	216	12	12	735
103	146	11	26	298
33	68	2	7	17
44	36			41
255	331	76	45	224
176	253	129	82	205
169	212	84		107
48	35	51		96
140	160	9		556
159	216		45	145
54	66		64	109
30	49			76
46	74	3	6	171
68	48			73
14	17	1	1	74
22	16			
14	73	2	2	78
215	55			34
5	15			47
24	55	12		8

其他机构女

Number of Female Teachers, Staff

地区 Region	教职工数 Teachers,			
	计 Total	校本部教职工 Teacher, staff & Workers		
		计 Total	专任教师 Full-time Teachers	行政人员 Adm. Personnel
合计 Total	**19278**	**18765**	**13139**	**1958**
北京 Beijing	288	287	237	36
天津 Tianjin	305	299	169	60
河北 Hebei	3866	3699	2395	419
山西 Shanxi	568	546	393	45
内蒙古 Inner Mongolia	261	259	215	4
辽宁 Liaoning	414	414	307	75
吉林 Jilin	1929	1922	1249	260
黑龙江 Heilongjiang	155	155	99	26
上海 Shanghai	151	147	102	16
江苏 Jiangsu	1434	1430	1086	69
浙江 Zhejiang	2065	2056	1786	71
安徽 Anhui	714	701	510	78
福建 Fujian	205	204	135	24
江西 Jiangxi	203	203	160	16
山东 Shandong	1209	1176	831	124
河南 Henan	910	799	533	78
湖北 Hubei	705	695	403	106
湖南 Hunan	258	236	169	31
广东 Guangdong	828	825	580	82
广西 Guangxi	595	558	322	77
海南 Hainan	263	209	133	22
重庆 Chongqing	274	274	201	40
四川 Sichuan	222	220	166	13
贵州 Guizhou	302	302	197	45
云南 Yunnan	64	64	38	19
西藏 Tibet	71	71	48	9
陕西 Shaanxi	421	417	319	66
甘肃 Gansu	333	333	155	26
青海 Qinghai				
宁夏 Ningxia	68	68	62	4
新疆 Xinjiang	197	196	139	17

教职工数

& Workers in Other Institutions

单位：人

Unit: in Person

Staff & Workers in College or Uni. Proper		校办企业职工 Employees in School-run Factories & Farms	其他附设机构人员 Personnel in Others Subsidiary Units	聘请校外教师 Part-time Teachers
教辅人员 Supporting Staff	工勤人员 Workers			
2002	**1666**	**199**	**314**	**2099**
9	5		1	20
40	30	6		80
469	416	55	112	385
44	64		22	24
19	21	2		
16	16			11
263	150	2	5	50
18	12			200
19	10	4		36
142	133		4	135
118	81	4	5	343
47	66	3	10	91
23	22		1	3
14	13			3
124	97	11	22	70
107	81	74	37	64
99	87	10		29
25	11	22		40
78	85	3		210
80	79		37	60
38	16		54	68
13	20			22
15	26		2	42
34	26			20
2	5			35
7	7			
3	29	2	2	21
118	34			20
1	1			16
17	23	1		1

中等职业学校(机构)专

Data on Rank, Academic Qualifications of Full-time

地　区 Region	计 Total	职称 Rank 正高级 Senior	副高级 Sub-Senior	中级 Middle
合　计 Total	**588694**	**4424**	**100960**	**240201**
北　京 Beijing	10621	146	1961	4103
天　津 Tianjin	7699	74	2428	3029
河　北 Hebei	39736	477	7271	16798
山　西 Shanxi	18528	134	2426	7038
内蒙古 Inner Mongolia	12342		2185	5211
辽　宁 Liaoning	23138	251	6394	9011
吉　林 Jilin	15851	72	3517	7509
黑龙江 Heilongjiang	15007	145	3952	6370
上　海 Shanghai	8962	31	1426	4819
江　苏 Jiangsu	38220	98	5414	14864
浙　江 Zhejiang	32420	31	3404	11051
安　徽 Anhui	20220	216	4005	7845
福　建 Fujian	17457		2740	6633
江　西 Jiangxi	16407	228	3179	6624
山　东 Shandong	52999	359	10882	18844
河　南 Henan	43754	259	6213	17093
湖　北 Hubei	24036	140	5012	11467
湖　南 Hunan	25962	378	3575	11106
广　东 Guangdong	33734	296	4054	15344
广　西 Guangxi	18113	121	2382	8443
海　南 Hainan	2520	43	497	957
重　庆 Chongqing	12520	138	1898	4881
四　川 Sichuan	31629	434	5529	13439
贵　州 Guizhou	8012	48	1390	3334
云　南 Yunnan	15787	43	2647	6925
西　藏 Tibet	835	3	40	232
陕　西 Shaanxi	18688	224	2639	6804
甘　肃 Gansu	11526	25	1804	4818
青　海 Qinghai	1588		255	787
宁　夏 Ningxia	1729		425	663
新　疆 Xinjiang	8654	10	1416	4159

任教师职称、学历情况

Teachers in Secondary Vocational Schools (Institutions)

单位：人
Unit: in Person

初级 Junior	无职称 No Rank	学历 Academic Qualifications 博士 Doctor's Degree	硕士 Master's Degree	本科 Normal Courses	专科 Short-cycle Courses	高中阶段及以下 Below High School Graduate
191704	**51405**	**222**	**9030**	**413692**	**151044**	**14706**
3520	891	5	398	8584	1364	270
1830	338		97	5603	1745	254
12075	3115	53	815	29925	8226	717
7415	1515	4	222	11835	5727	740
4157	789	1	132	7801	3927	481
5585	1897		405	17506	4604	623
4172	581	2	313	12098	3106	332
3665	875	4	77	10218	4373	335
2284	402	9	380	7268	1069	236
13599	4245	3	442	29261	7714	800
12670	5264		189	26337	5377	517
6248	1906	8	312	13942	5557	401
6744	1340	6	211	10908	5826	506
4792	1584	25	258	9575	6001	548
18142	4772	22	973	38340	12665	999
17188	3001	15	614	30569	11484	1072
5889	1528	1	403	16857	6063	712
8048	2855	20	279	16587	8531	545
10971	3069	16	788	25106	7214	610
5579	1588	6	405	11516	5575	611
726	297		58	1809	585	68
4291	1312		113	8524	3548	335
9504	2723	7	305	20142	10236	939
2773	467	2	69	5708	2007	226
5060	1112	1	155	10939	4257	435
380	180		12	579	226	18
6750	2271	10	256	10735	6949	738
3980	899	2	169	7426	3584	345
440	106		44	776	662	106
565	76		48	1228	431	22
2662	407		88	5990	2411	165

普通中等专业学校专任

Data on Rank, Academic Qualifications of Full-

地区 Region	计 Total	职称 Rank		
		正高级 Senior	副高级 Sub-Senior	中级 Middle
合计 Total	**202994**	**1314**	**45588**	**83118**
北京 Beijing	3568	35	771	1497
天津 Tianjin	3369	4	1122	1323
河北 Hebei	10221	243	2868	3650
山西 Shanxi	5687	24	1328	2203
内蒙古 Inner Mongolia	3962		1066	1683
辽宁 Liaoning	8728	139	2667	3271
吉林 Jilin	4006	11	1137	1741
黑龙江 Heilongjiang	3247	34	1338	1082
上海 Shanghai	5312	25	1036	2700
江苏 Jiangsu	14240	28	2518	5205
浙江 Zhejiang	3720	7	592	1397
安徽 Anhui	6128	103	1654	2141
福建 Fujian	17117		2634	6497
江西 Jiangxi	3917	57	944	1512
山东 Shandong	12193	14	4120	4241
河南 Henan	11020	52	2600	4407
湖北 Hubei	12564	80	2982	5791
湖南 Hunan	4801	4	1263	2013
广东 Guangdong	18176	164	2615	8452
广西 Guangxi	6948	14	1203	3379
海南 Hainan	1173		253	463
重庆 Chongqing	2333	3	553	937
四川 Sichuan	11549	213	2257	5014
贵州 Guizhou	4360	5	920	1844
云南 Yunnan	6285	35	1579	2729
西藏 Tibet	719		28	188
陕西 Shaanxi	4399	14	1033	1769
甘肃 Gansu	6616	4	1257	2873
青海 Qinghai	1011		173	503
宁夏 Ningxia	632		184	248
新疆 Xinjiang	4993	2	893	2365

教师职称、学历情况

time Teachers in Reg. Specialized Sec. Schools

单位：人

Unit: in Person

		学历 Academic Qualifications				
初级 Junior	无职称 No Rank	博士 Doctor's Degree	硕士 Master's Degree	本科 Normal Courses	专科 Short-cycle Courses	高中阶段及以下 Below High School Graduate
57380	**15594**	**73**	**4838**	**154780**	**38074**	**5229**
1042	223	5	286	2726	409	142
729	191		40	2615	599	115
2459	1001	22	345	7710	1831	313
1643	489		74	4203	1101	309
1057	156		83	2813	913	153
1976	675		178	7101	1227	222
977	140		123	3347	485	51
637	156	3	59	2792	352	41
1300	251	7	304	4137	677	187
4931	1558	3	256	11581	2063	337
1375	349		57	3230	374	59
1572	658		141	4737	1119	131
6668	1318	6	203	10640	5766	502
1012	392	2	96	2789	899	131
3200	618	3	438	10062	1507	183
3051	910	1	312	9094	1340	273
2877	834	1	277	9093	2886	307
1199	322		65	3960	694	82
5314	1631	11	485	14047	3260	373
1918	434	1	236	5330	1179	202
298	159		12	989	127	45
638	202		31	1907	363	32
3038	1027	4	188	7640	3320	397
1395	196	1	30	3421	787	121
1522	420	1	115	5192	870	107
335	168		3	507	191	18
1252	331	1	150	3325	835	88
2072	410	1	119	4962	1387	147
268	67		38	488	419	66
175	25		29	479	114	10
1450	283		65	3863	980	85

成人中等专业学校专任

Data on Rank, Academic Qualifications of Full-time

地　区 Region	计 Total	职称 Rank 正高级 Senior	副高级 Sub-Senior	中级 Middle
合　计 Total	**74952**	**760**	**14497**	**35864**
北　京 Beijing	385	2	89	159
天　津 Tianjin	346		161	124
河　北 Hebei	5731	97	1107	2887
山　西 Shanxi	2686	22	309	1422
内蒙古 Inner Mongolia	2143		432	1069
辽　宁 Liaoning	379	7	74	181
吉　林 Jilin	4307	20	1183	2263
黑龙江 Heilongjiang	4288	51	1363	2015
上　海 Shanghai	457	6	54	290
江　苏 Jiangsu	4091	32	737	1814
浙　江 Zhejiang	1797	2	378	750
安　徽 Anhui	1568	57	282	746
福　建 Fujian				
江　西 Jiangxi	1564		490	715
山　东 Shandong	7290	155	1628	3002
河　南 Henan	8630	80	1122	3826
湖　北 Hubei	2484	12	516	1394
湖　南 Hunan	3292	64	530	1738
广　东 Guangdong	3520	31	419	1670
广　西 Guangxi	2599	8	291	1480
海　南 Hainan	93		12	53
重　庆 Chongqing	2539	38	593	1029
四　川 Sichuan	5794	50	1340	2718
贵　州 Guizhou	747	1	85	423
云　南 Yunnan	2356	3	346	1271
西　藏 Tibet	38		1	18
陕　西 Shaanxi	2380	16	345	1058
甘　肃 Gansu	1075	5	213	549
青　海 Qinghai	217		45	96
宁　夏 Ningxia	191		64	82
新　疆 Xinjiang	1965	1	288	1022

教师职称、学历情况

Teachers in Specialized Sec. Schools for Adults

单位:人

Unit: in Person

		学历 Academic Qualifications				
初级 Junior	无职称 No Rank	博士 Doctor's Degree	硕士 Master's Degree	本科 Normal Courses	专科 Short-cycle Courses	高中阶段及以下 Below High School Graduate
19352	**4479**	**73**	**1015**	**48265**	**23037**	**2562**
97	38		4	310	60	11
57	4		3	207	115	21
1451	189	16	109	3850	1591	165
892	41		12	1307	1262	105
569	73	1	21	1284	730	107
108	9		5	202	164	8
796	45	2	22	2901	1265	117
732	127		2	2452	1655	179
91	16	2	17	329	93	16
1090	418		55	2940	977	119
551	116		22	1495	252	28
385	98	7	27	1008	494	32
312	47	15	18	846	558	127
1873	632	15	262	4704	2092	217
3019	583	8	91	5865	2426	240
511	51		28	1411	894	151
693	267	1	20	2033	1146	92
1129	271	5	80	2473	859	103
735	85		38	1555	909	97
28				52	39	2
544	335		31	1784	648	76
1190	496	1	43	3898	1616	236
218	20		10	491	238	8
647	89		13	1492	747	104
18	1			25	13	
631	330		36	1271	974	99
251	57		24	653	372	26
62	14		5	92	92	28
39	6		9	116	57	9
633	21		8	1219	699	39

职业高中学校专任教

Data on Rank, Academic Qualifications of Full-

地　区 Region	计 Total	职称 Rank 正高级 Senior	副高级 Sub-Senior	中级 Middle
合　计 Total	**282499**	**1988**	**35032**	**109872**
北　京 Beijing	6302	106	1028	2304
天　津 Tianjin	3651	69	1001	1437
河　北 Hebei	19223	18	1898	8645
山　西 Shanxi	9444	74	637	3194
内蒙古 Inner Mongolia	5796		626	2296
辽　宁 Liaoning	13574	104	3539	5351
吉　林 Jilin	5362	23	635	2541
黑龙江 Heilongjiang	7296	59	1200	3183
上　海 Shanghai	3023		322	1721
江　苏 Jiangsu	17345	32	1791	6843
浙　江 Zhejiang	22976	15	2113	7517
安　徽 Anhui	11231	52	1810	4473
福　建 Fujian				
江　西 Jiangxi	10447	169	1632	4196
山　东 Shandong	31488	174	4626	10766
河　南 Henan	22732	100	2218	8225
湖　北 Hubei	8066	47	1236	3879
湖　南 Hunan	17501	305	1716	7161
广　东 Guangdong	10691	96	852	4587
广　西 Guangxi	7738	81	744	3208
海　南 Hainan	834	43	99	288
重　庆 Chongqing	7134	72	694	2709
四　川 Sichuan	13809	134	1842	5496
贵　州 Guizhou	2485	39	297	893
云　南 Yunnan	7057	1	706	2877
西　藏 Tibet				
陕　西 Shaanxi	11227	152	1132	3745
甘　肃 Gansu	3524	16	250	1252
青　海 Qinghai	360		37	188
宁　夏 Ningxia	743		154	260
新　疆 Xinjiang	1440	7	197	637

师职称、学历情况

time Teachers in Vocational High Schools

单位:人

Unit: in Person

		学历 Academic Qualifications				
初级 Junior	无职称 No Rank	博士 Doctor's Degree	硕士 Master's Degree	本科 Normal Courses	专科 Short-cycle Courses	高中阶段及以下 Below High School Graduate
106717	**28890**	**52**	**2045**	**189273**	**84707**	**6422**
2269	595		99	5231	867	105
1003	141		42	2513	983	113
7098	1564		72	14329	4598	224
4600	939		65	5770	3293	316
2380	494		27	3464	2115	190
3379	1201		221	9840	3125	388
1880	283		21	4109	1117	115
2262	592	1	13	4842	2325	115
851	129		58	2645	289	31
6640	2039		82	13002	3994	267
9119	4212		73	18617	3929	357
3827	1069	1	54	7161	3780	235
3350	1100	8	120	5654	4375	290
12492	3430	2	200	22093	8606	587
10734	1455	4	144	14649	7416	519
2332	572		56	5710	2069	231
6080	2239	19	191	10342	6617	332
4083	1073		174	7540	2848	129
2763	942	4	74	3973	3395	292
319	85		14	429	374	17
2946	713		41	4588	2291	214
5191	1146	2	57	8361	5100	289
1032	224	1	21	1458	918	87
2873	600		23	4193	2620	221
4700	1498	9	70	5738	4876	534
1604	402	1	10	1584	1757	172
110	25		1	196	151	12
294	35		10	515	215	3
506	93		12	727	664	37

其他机构专任教师

Data on Rank, Academic Qualifications of

地　区 Region	计 Total	职称 正高级 Senior	副高级 Sub-Senior	中级 Middle
合　计 Total	**28249**	**362**	**5843**	**11347**
北　京 Beijing	366	3	73	143
天　津 Tianjin	333	1	144	145
河　北 Hebei	4561	119	1398	1616
山　西 Shanxi	711	14	152	219
内蒙古 Inner Mongolia	441		61	163
辽　宁 Liaoning	457	1	114	208
吉　林 Jilin	2176	18	562	964
黑龙江 Heilongjiang	176	1	51	90
上　海 Shanghai	170		14	108
江　苏 Jiangsu	2544	6	368	1002
浙　江 Zhejiang	3927	7	321	1387
安　徽 Anhui	1293	4	259	485
福　建 Fujian	340		106	136
江　西 Jiangxi	479	2	113	201
山　东 Shandong	2028	16	508	835
河　南 Henan	1372	27	273	635
湖　北 Hubei	922	1	278	403
湖　南 Hunan	368	5	66	194
广　东 Guangdong	1347	5	168	635
广　西 Guangxi	828	18	144	376
海　南 Hainan	420		133	153
重　庆 Chongqing	514	25	58	206
四　川 Sichuan	477	37	90	211
贵　州 Guizhou	420	3	88	174
云　南 Yunnan	89	4	16	48
西　藏 Tibet	78	3	11	26
陕　西 Shaanxi	682	42	129	232
甘　肃 Gansu	311		84	144
青　海 Qinghai				
宁　夏 Ningxia	163		23	73
新　疆 Xinjiang	256		38	135

职称、学历情况

Full-time Teachers in Other Institutions

单位：人

Unit: in Person

		学历				
初级 Junior	无职称 No Rank	博士 Doctor's Degree	硕士 Master's Degree	本科 Normal Courses	专科 Short-cycle Courses	高中阶段及以下 Below High School Graduate
8255	**2442**	**24**	**1132**	**21374**	**5226**	**493**
112	35		9	317	28	12
41	2		12	268	48	5
1067	361	15	289	4036	206	15
280	46	4	71	555	71	10
151	66		1	240	169	31
122	12		1	363	88	5
519	113		147	1741	239	49
34			3	132	41	
42	6		1	157	10	2
938	230		49	1738	680	77
1625	587		37	2995	822	73
464	81		90	1036	164	3
76	22		8	268	60	4
118	45		24	286	169	
577	92	2	73	1481	460	12
384	53	2	67	961	302	40
169	71		42	643	214	23
76	27		3	252	74	39
445	94		49	1046	247	5
163	127	1	57	658	92	20
81	53		32	339	45	4
163	62		10	245	246	13
85	54		17	243	200	17
128	27		8	338	64	10
18	3		4	62	20	3
27	11		9	47	22	
167	112			401	264	17
53	30		16	227	68	
57	10			118	45	
73	10		3	181	68	4

中等职业学校(机构)

Condition of Fixed Assets and Teaching Resources in Secondary

地 区 Region	学校占地面积(平方米) Area of School sites (m^2)			图书音像 Audio-visual ed.		
	计 Total	其中:绿化用地面积 of Which: Green Areas	其中:运动场地面积 of Which: Sports Areas	一般图书(万册) Books & Magazines in Libraries(10,000 Volume)		电子图书 Electronic Books in Libraries
				计 Total	当年新增 New Floor Space Added in Current Year	计 Total
合 计 Total	**496244827**	**96483667**	**74391593**	**298617519.00**	**20444393.00**	**28120545**
北 京 Beijing	7300597	1689640	1583981	5914924.00	312153.00	1480784
天 津 Tianjin	7937029	741391	727734	4272627.00	79834.00	127050
河 北 Hebei	39502136	5127147	5903130	18512746.00	1479737.00	3513808
山 西 Shanxi	11975478	2139582	1767462	7072151.00	410388.00	539577
内蒙古 Inner Mongolia	12974216	1537760	4111253	5185061.00	198246.00	193162
辽 宁 Liaoning	11120879	1335112	2611382	10099512.00	462206.00	18342
吉 林 Jilin	23959526	1720043	1948290	6742078.00	476455.00	286055
黑龙江 Heilongjiang	9963811	1751351	1681155	5221169.00	249968.00	158121
上 海 Shanghai	3967269	1127979	845588	5958488.00	231337.00	290112
江 苏 Jiangsu	25958106	6865896	4237676	18597562.00	1187371.00	1565969
浙 江 Zhejiang	19377036	5202296	4047049	13518893.00	878649.00	859507
安 徽 Anhui	25009395	4650598	3513391	13309646.00	897245.00	1409031
福 建 Fujian	12491669	3292317	1942754	9239375.00	696784.00	807735
江 西 Jiangxi	29319933	7685003	2364679	8875638.00	749096.00	960225
山 东 Shandong	39664921	8189587	6242947	21813098.00	1527218.00	1117033
河 南 Henan	28338495	4904412	4855295	23297013.00	1269495.00	1177580
湖 北 Hubei	20267383	4168576	2840556	12855163.00	746602.00	610525
湖 南 Hunan	26883820	5453485	2894719	12103930.00	830233.00	1062755
广 东 Guangdong	28478751	7523347	4920893	24578399.00	1799775.00	3063906
广 西 Guangxi	21350308	4076655	2552527	11932562.00	596111.00	2057539
海 南 Hainan	3508264	870996	475126	1771344.00	59816.00	93904
重 庆 Chongqing	7710601	1528268	1414967	5709353	395772	834363
四 川 Sichuan	19331005	3736627	3258382	16002072	783753	2284446
贵 州 Guizhou	7597374	1895995	928595	4274932	283786	473493
云 南 Yunnan	14688902	2763065	1728897	8929443	307214	456413
西 藏 Tibet	1722600	105033	77953	423454	20260	73852
陕 西 Shaanxi	11668463	1827323	1696730	9208094	508768	1040044
甘 肃 Gansu	8653284	1556928	1545384	7785347	2517338	526192
青 海 Qinghai	1435711	280508	204831	525081	19571	17829
宁 夏 Ningxia	2272748	322535	241973	738475	50824	136671
新 疆 Xinjiang	11815117	2414212	1226294	4149889	418388	884522

资产情况(学校产权)

Vocational Schools (Institutions)(Owned by HEIs)

资料情况 Resources (片) & Magazines (Disk) 当年新增 New Floor Space Added in Current Year	拥有教学用计算机(台) No. of computers used for Instruction	语音实验室座位数(个) No. of Seats in Audio-Labs	多媒体教室座位数(个) No. of Seats in Multi-media Class rooms	网上教学课程数(种) No. of Web-Based Courses	固定资产值(万元) Fixed Assets (in 10,000 yuan) 合计 Total	其中:教学、科研仪器设备资产 of which: Teaching Equipment & Instruments 计 Total	当年新增 New Floor Space Added in Current Year
6078944	**1660494**	**440687**	**1666427**	**57568**	**12750581.47**	**2600653.35**	**375267.15**
372172	39127	8346	36918	358	293675.70	77676.50	8733.45
5594	24363	5639	13551	420	142922.23	37186.17	5366.30
384311	101136	34296	117500	1796	784093.57	147719.26	23091.95
221022	30929	8519	27247	1006	264072.90	55492.67	8018.13
32515	21665	6985	21605	1506	180477.93	27801.23	3164.50
2325	63923	17713	53313	691	386927.13	94245.07	8363.20
62162	29132	8946	25438	1324	391593.75	73809.71	10218.20
98200	31492	9732	22801	1500	209056.30	52106.46	4399.64
57674	41206	9994	58997	1409	351235.04	99054.69	11341.73
266181	108571	25085	108804	2090	1045302.23	188354.98	37980.02
228556	101857	22105	135920	2107	846535.40	145979.12	27269.52
599754	63470	15590	55766	2098	413335.59	87350.94	12564.89
363972	55968	15434	52231	2800	337996.07	74054.80	9115.20
282436	54366	16811	40169	1031	329208.70	68235.17	15857.18
231523	122136	33058	110507	5240	1034598.85	177993.16	23226.25
190446	101110	24459	103423	2592	691076.72	157991.74	14802.83
89678	55222	17875	59848	3192	517283.15	94127.15	14896.29
376928	100655	26784	79404	6773	720255.15	117882.97	17453.86
841367	152660	40845	215912	7463	1227240.05	262694.86	36856.57
159755	60431	17191	56949	2105	389341.21	93481.96	12094.07
61730	9168	2564	12589	136	72650.14	18384.61	1586.81
126519	41701	8867	46192	832	334828.98	68817.73	17278.35
409755	90517	21455	66306	3205	557086.32	119553.51	21930.07
71609	21816	8571	26446	420	145368.2	35757.63	2834.73
88226	40185	9711	38418	3	313620.86	56453.98	7262.06
	1617	481	1381	2	27787.91	3401.68	933
215271	40313	10636	31671	1967	318734.16	68041.33	9064.78
106990	26493	6586	23482	2557	194690.36	50667.93	5335.77
62	3312	919	4186	87	35032.87	6593.08	374.82
63051	6166	935	3846	211	28187.42	8793.99	724.48
69160	19787	4555	15607	647	166366.58	30949.27	3128.5

中等职业学校(机构)资产情况

Condition of Fixed Assets and Teaching Resources in Secondary

地区 Region	学校占地面积(平方米) Area of School sites (m^2) 计 Total	其中:绿化用地面积 of Which: Green Areas	其中:运动场地面积 of Which: Sports Areas	一般图书(万册) Books & Magazines in Libraries(10,000 Volume) 计 Total	当年新增 New Floor Space Added in Current Year	图书音像 Audio-visual ed. 电子图书 Electronic Books in Libraries 计 Total
合 计 Total	**33058188**	**6593455**	**6458114**	**6627127.00**	**647810.00**	**1400482**
北 京 Beijing	580017	168160	114193	238104.00	4150.00	300090
天 津 Tianjin	433996	43760	90044	69550.00		200
河 北 Hebei	3413274	831829	659185	985955.00	85400.00	124730
山 西 Shanxi	409480	85276	103095	115527.00	7690.00	843
内蒙古 Inner Mongolia	181852	16290	32483	66898.00	10108.00	5305
辽 宁 Liaoning	1205719	162693	334836	123902.00	8300.00	1705
吉 林 Jilin	273827	24721	63122	74855.00	2000.00	
黑龙江 Heilongjiang	385110	47802	126453	147991.00	9500.00	5000
上 海 Shanghai	185527	47400	39609	152974.00	6841.00	330980
江 苏 Jiangsu	899278	218452	168087	379227.00	12923.00	13302
浙 江 Zhejiang	1838867	299684	333641	243767.00	38100.00	2063
安 徽 Anhui	464923	69695	104735	270982.00	10967.00	100546
福 建 Fujian	851722	153008	188620	144280.00	21316.00	9557
江 西 Jiangxi	1482188	261193	263981	98892.00	27272.00	2940
山 东 Shandong	2196942	413407	477898	457871.00	31181.00	3336
河 南 Henan	1530757	209516	245602	280090.00	54900.00	11549
湖 北 Hubei	904966	255570	120053	116440.00	8450.00	117573
湖 南 Hunan	4308652	462975	471517	457406.00	57967.00	37489
广 东 Guangdong	2776319	494530	657452	445674.00	68970.00	211450
广 西 Guangxi	1016091	178914	182900	219773.00	16180.00	2938
海 南 Hainan	528486	245670	79098	56040.00	3000.00	
重 庆 Chongqing	1027758	303312	183895	268273	35589	1810
四 川 Sichuan	3486116	883490	724867	407989	41850	38658
贵 州 Guizhou	379688	53900	59180	33155	3100	5680
云 南 Yunnan	409473	173723	132659	52122	8343	439
西 藏 Tibet	1285					
陕 西 Shaanxi	1519113	383613	407174	589828	71198	71394
甘 肃 Gansu	207828	32800	65641	127856	2515	905
青 海 Qinghai	15352	1260	5400	1126		
宁 夏 Ningxia	1382					
新 疆 Xinjiang	142200	70812	22694	580		

(非学校产权中独立使用)

Vocational Schools (Institutions) (Not Owned by HEIs)

资料情况 Resources					固定资产值(万元) Fixed Assets (in 10,000 yuan)		
(片) & Magazines (Disk)	拥有教学用计算机(台) No. of computers used for Instruction	语音实验室座位数(个) No. of Seats in Audio-Labs	多媒体教室座位数(个) No. of Seats in Multi-media Class rooms	网上教学课程数(种) No. of Web-Based Courses	合计 Total	其中:教学、科研仪器设备资产 of which: Teaching Equipment & Instruments	
当年新增 New Floor Space Added in Current Year						计 Total	当年新增 New Floor Space Added in Current Year
381331	**54836**	**16310**	**36324**	**1255**	**366573.29**	**88181.06**	**18641.94**
	2163	406	2427	40	18661.34	2945.51	360.30
100	967	143	45	11	2696.60	752.50	82.00
40820	3632	1149	4118	157	40571.40	10989.50	1747.10
460	1729	208	1154	19	1893.95	907.45	104.00
1970	329	1	247	23	732.80	387.10	71.60
110	1296	398	913	135	20217.21	6643.13	232.00
	309	50	85	2	12077.53	1455.82	3.60
500	1287	386	552	13	1859.29	842.29	62.29
100	2211	712	1194		7417.32	1431.91	100.00
3156	2586	591	2871	3	15511.40	4965.00	1755.00
658	2892	459	1463	44	30197.00	2885.30	420.30
100210	1514	1404	1224	24	5160.50	1648.00	374.00
770	2010	627	1500	47	18831.50	3304.78	379.28
1560	2169	448	922	23	4536.87	944.88	507.08
1219	3795	1731	1786	43	33116.90	8434.65	1494.50
8380	2256	456	746	59	6148.71	2486.10	612.90
5060	1415	1694	887	16	9566.00	1439.00	127.00
24605	4112	1193	3045	118	19175.82	7146.96	1150.62
162442	7580	954	3164	53	49996.31	10869.71	3564.93
758	1639	240	998	26	7342.11	4889.61	3115.00
	293		122	20	4047.20	457.20	36.00
225	1463	473	1518	125	15938.72	1915.27	355.91
8632	3494	894	1858	40	16570.89	4225.02	595.19
620	321	303	420	9	2652	818.14	100
345	384	291	311		2386.06	685.19	73.7
18620	2405	1099	2331	186	15772.49	4404.54	1185.14
11	449		423	19	2038.37	235	32
	135				70	70	
					50		
	1				1337	1.5	0.5

普通中专学校资产情

Condition of Fixed Assets and Teaching

	学校占地面积(平方米) Area of School sites (m^2)			图书音像 Audio-visual ed.		
				一般图书(万册) Books & Magazines in Libraries(10,000 Volume)		电子图书 Electronic Books in Libraries
	计 Total	其中:绿化用地面积 of Which: Green Areas	其中:运动场地面积 of Which: Sports Areas	计 Total	当年新增 New Floor Space Added in Current Year	计 Total
合 计 Total	**193270072**	**39561964**	**27327186**	**144476676.00**	**9354427.00**	**13168399**
北 京 Beijing	2220521	449216	441359	2503856.00	119736.00	643735
天 津 Tianjin	2302617	480862	351720	1892820.00	28961.00	51957
河 北 Hebei	11849981	1454453	1596222	5546578.00	457080.00	789638
山 西 Shanxi	4963834	736069	678060	3836433.00	204435.00	245213
内蒙古 Inner Mongolia	3149743	555225	549813	2270837.00	40760.00	94634
辽 宁 Liaoning	4949471	874899	1149765	5416813.00	127503.00	4530
吉 林 Jilin	10587574	740385	557902	2061851.00	130686.00	65621
黑龙江 Heilongjiang	3184146	586792	405344	2365726.00	114973.00	35173
上 海 Shanghai	2763635	797670	544310	3884405.00	175734.00	170290
江 苏 Jiangsu	10948701	2837165	1531447	8106045.00	475769.00	747967
浙 江 Zhejiang	3251357	1076834	640116	2202582.00	163234.00	117105
安 徽 Anhui	8594140	1359867	1040773	4899264.00	283260.00	641555
福 建 Fujian	12291213	3262007	1902596	8975378.00	693494.00	795316
江 西 Jiangxi	5505189	1491466	688531	3222324.00	262904.00	331032
山 东 Shandong	10641698	1914363	1566409	8607833.00	279420.00	643663
河 南 Henan	9330561	1880797	1453321	10141692.00	407632.00	585601
湖 北 Hubei	11840298	2844120	1722800	8731205.00	409928.00	546765
湖 南 Hunan	8450032	1487149	824490	3950766.00	220854.00	372850
广 东 Guangdong	15991815	4095190	2789886	14466036.00	1029858.00	1849388
广 西 Guangxi	8541161	1928587	1036050	6283905.00	196586.00	1200899
海 南 Hainan	976460	320183	169639	966196.00	15737.00	30427
重 庆 Chongqing	1880652	456035	350185	1953638	96346	385455
四 川 Sichuan	7727556	2043868	1449068	9531326	343677	623275
贵 州 Guizhou	4980441	1187401	564405	3057967	138650	316592
云 南 Yunnan	6249915	1428380	886947	5745679	196254	389518
西 藏 Tibet	1619535	95833	54550	344454	18260	73852
陕 西 Shaanxi	4182298	530464	461474	3558894	184949	402115
甘 肃 Gansu	5608862	1070436	917888	6190398	2368999	452582
青 海 Qinghai	1049910	238046	138701	383290	16849	15609
宁 夏 Ningxia	1474736	208183	117448	442104	36431	102002
新 疆 Xinjiang	6162020	1130019	745967	2936381	115468	444040

况(学校产权)

Resources in SSSs (Owned by HEIs)

资料情况 Resources (片) & Magazines (Disk) 当年新增 New Floor Space Added in Current Year	拥有教学用计算机(台) No. of computers used for Instruction	语音实验室座位数(个) No. of Seats in Audio-Labs	多媒体教室座位数(个) No. of Seats in Multi-media Class rooms	网上教学课程数(种) No. of Web-Based Courses	固定资产值(万元) Fixed Assets (in 10,000 yuan) 合计 Total	其中:教学、科研仪器设备资产 of which: Teaching Equipment & Instruments 计 Total	当年新增 New Floor Space Added in Current Year
2973246	**662219**	**176659**	**756210**	**29216**	**6251927.52**	**1251357.64**	**169728.59**
85131	16188	2219	15651	209	132772.11	38670.83	4589.28
150	10436	2655	8121	194	69604.56	15641.72	2012.34
238580	32721	9673	31045	288	289501.75	55302.55	9732.00
83486	11462	4031	12734	172	136406.22	30585.21	4149.37
1806	7769	1891	10246	1274	69287.42	11730.31	955.84
923	24739	7016	28678	244	195445.63	50473.58	3091.54
11000	10613	2356	8032	448	244338.98	38803.16	7180.91
2425	11363	3874	10065	244	93669.91	24737.76	2462.78
45630	21754	6140	34012	1279	233031.72	66336.51	7393.10
98945	43579	10392	57103	812	547051.97	98758.84	23828.04
1266	14611	2836	16343	170	146712.89	25694.97	3651.35
357347	21123	5812	19117	337	162329.35	37651.88	5756.83
363851	55070	15076	51153	2437	325083.17	72028.20	9068.20
103792	16489	5465	15856	127	129448.17	24689.31	4798.88
63245	38054	9124	42902	3694	354975.32	55193.98	5122.98
109049	33132	7782	48241	792	293366.85	73836.14	6244.17
81131	33608	10180	39655	2413	342325.24	62351.32	10021.21
172698	18171	4803	19849	4737	393750.98	32376.18	2961.84
553594	81682	23518	122628	3175	782439.15	149587.39	21701.05
92320	23106	8206	30289	368	170375.14	45342.01	3728.16
138	4064	1391	6806	111	33061.55	10643.21	755.11
27820	9521	1810	10169	145	71534.71	16167.71	2256.48
66980	40910	9301	31581	1859	284215.38	62531.79	13677.28
41407	13528	3342	17025	238	101127.11	22626.8	1673.71
83323	19740	5139	20488	3	183685.8	32199.53	3303.06
	1532	451	911	2	24417.31	2155.9	593
70428	12557	3022	13729	901	132393.21	30449.15	2851.8
92539	16518	5049	16825	2173	150440.15	37879.89	3476.77
62	2082	536	2445	63	26529.74	4746.55	152.4
60279	1947	477	1801	10	16674.31	5055.16	347.26
63901	14150	3092	12710	297	115931.72	17110.1	2191.85

普通中专学校资产情况(非

Condition of Fixed Assets and Teaching

	学校占地面积(平方米) Area of School sites (m^2)			一般图书(万册) Books & Magazines in Libraries(10,000 Volume)		图书音像 Audio-visual ed. 电子图书 Electronic Books in Libraries
	计 Total	其中:绿化用地面积 of Which: Green Areas	其中:运动场地面积 of Which: Sports Areas	计 Total	当年新增 New Floor Space Added in Current Year	计 Total
合　计 Total	**10273342**	**2409606**	**2363770**	**2089962.00**	**162407.00**	**767911**
北　京 Beijing	157994	17460	55509	76316.00	350.00	80
天　津 Tianjin	119450	10420	8400	550.00		100
河　北 Hebei	1251430	230906	376319	134700.00	6450.00	1230
山　西 Shanxi	123519	46540	24166			
内蒙古 Inner Mongolia	1200	800	200			
辽　宁 Liaoning	487853	44000	131199	40000.00	1000.00	10
吉　林 Jilin	89122	6400	20622	50000.00		
黑龙江 Heilongjiang	47421	6280	21900	8000.00	8000.00	
上　海 Shanghai	94098	32502	19932	135954.00	6121.00	330700
江　苏 Jiangsu	465166	125060	100367	250931.00	9423.00	12500
浙　江 Zhejiang	283334	48990	35195			
安　徽 Anhui	124340	38660	36300	231870.00	1090.00	100246
福　建 Fujian	851722	153008	188620	144280.00	21316.00	9557
江　西 Jiangxi	267896	24592	45493			
山　东 Shandong	179997	25280	32074	77333.00	4178.00	
河　南 Henan	255842	101265	25361	100000.00		
湖　北 Hubei	487123	160708	63285	51700.00	8000.00	112400
湖　南 Hunan	41034	13000	7440	88797.00	21280.00	21430
广　东 Guangdong	1639697	329016	351993	238150.00	49559.00	142000
广　西 Guangxi	134103	22964	20968	47000.00	2000.00	
海　南 Hainan	72946	19830	16040			
重　庆 Chongqing	29419	13531	500	23550	50	
四　川 Sichuan	2129593	608040	474166	242876	18590	37658
贵　州 Guizhou	41941	7408	14702	4655		
云　南 Yunnan	292467	143042	80492	15000	5000	
西　藏 Tibet	1285					
陕　西 Shaanxi	505236	159204	195157	128300		
甘　肃 Gansu	95414	20300	16970			
青　海 Qinghai	2700	400	400			
宁　夏 Ningxia						
新　疆 Xinjiang						

学校产权中独立使用)

Resources in SSSs (Not Owned by HEIs)

资料情况 sources (片) & Magazines (Disk) 当年新增 New Floor Space Added in Current Year	拥有教学用计算机(台) No. of computers used for Instruction	语音实验室座位数(个) No. of Seats in Audio-Labs	多媒体教室座位数(个) No. of Seats in Multi-media Class rooms	网上教学课程数(种) No. of Web-Based Courses	固定资产值(万元) Fixed Assets (in 10,000 yuan) 合 计 Total	其中:教学、科研仪器设备资产 of which: Teaching Equipment & Instruments 计 Total	当年新增 New Floor Space Added in Current Year
280322	**16658**	**5731**	**13547**	**483**	**121198.15**	**29575.87**	**6862.77**
	253	130	1177	20	5931.30	1170.49	234.70
	12				807.60	140.50	65.00
80	918	219	1020	10	6784.70	1557.70	450.50
	130						
	330	80	50	128	9732.21	4592.13	30.00
	37	40	85		10612.00	1401.00	
	40		60				
	1821	582	1002		7086.82	1254.21	100.00
3000	1756	332	2615	2	11022.00	3433.00	1576.00
	84	60	100		3700.00		
100010	879	1201	801	18	2553.50	948.00	269.00
770	2010	627	1500	47	18831.50	3304.78	379.28
		1	2				
	474	50	400		3157.00	511.00	4.00
	320	100	200		500.00	500.00	
5000	1034	1392	687	13	3234.00	560.00	115.00
21430	490	124	323	1	1342.00	582.00	371.00
142000	4065	352	1190	43	21928.38	5549.88	2830.00
	435	55	185	2	1135.00	178.00	10.00
	166	100	720		628.98	169.96	0.96
8032	975	166	599	40	8480.16	2645.08	422.33
	108	60	270		236	58.14	
	80	60	1		415	415	5
	241		560	140	3080	605	
				19			

成人中专学校资产情

Condition of Fixed Assets and Teaching

	学校占地面积(平方米) Area of School sites (m^2)			图书音像 Audio-visual ed.		
	计 Total	其中:绿化用地面积 of Which: Green Areas	其中:运动场地面积 of Which: Sports Areas	一般图书(万册) Books & Magazines in Libraries(10,000 Volume) 计 Total	当年新增 New Floor Space Added in Current Year	电子图书 Electronic Books in Libraries 计 Total
合　计 Total	**47839746**	**8334199**	**8010233**	**34638118.00**	**2011079.00**	**2955991**
北　京 Beijing	654672	42949	45349	143323.00	1600.00	22809
天　津 Tianjin	46823	3980	4121	160658.00	10145.00	10150
河　北 Hebei	3614613	364658	515326	2956580.00	192042.00	271646
山　西 Shanxi	570470	78751	74218	699619.00	23562.00	9260
内蒙古 Inner Mongolia	4683147	320816	2649222	1047992.00	34316.00	37152
辽　宁 Liaoning	35902	530	1930	44930.00	2630.00	370
吉　林 Jilin	923494	107323	152849	1636321.00	61229.00	26795
黑龙江 Heilongjiang	2237581	323758	323109	1255997.00	49368.00	56683
上　海 Shanghai	148934	40738	21600	222369.00	18010.00	2695
江　苏 Jiangsu	2835367	352352	291054	2542969.00	89324.00	34936
浙　江 Zhejiang	1365206	341577	194571	1399030.00	30830.00	51673
安　徽 Anhui	1054586	170422	150331	1597176.00	53466.00	176830
福　建 Fujian						
江　西 Jiangxi	1007843	141065	88851	1093452.00	34086.00	105349
山　东 Shandong	4897749	1033220	581587	2598570.00	302699.00	114864
河　南 Henan	4778439	866889	673101	3356308.00	242461.00	137448
湖　北 Hubei	1982496	356502	275539	1275026.00	90996.00	17383
湖　南 Hunan	3217424	1240704	317534	1720728.00	108523.00	25488
广　东 Guangdong	2531787	659790	368280	2678470.00	95377.00	389986
广　西 Guangxi	4067006	403578	326674	1668963.00	78453.00	276699
海　南 Hainan	78354	21540	9540	35140.00		
重　庆 Chongqing	1282823	334058	235986	1572187	173219	174688
四　川 Sichuan	1962939	374238	323028	2154074	141645	877545
贵　州 Guizhou	216450	82744	36743	249339	14170	39644
云　南 Yunnan	1226805	203410	99654	988773	39121	12357
西　藏 Tibet	77650		7188	25000		
陕　西 Shaanxi	509954	37180	84419	725843	25228	22970
甘　肃 Gansu	399280	96539	68069	243081	5761	2107
青　海 Qinghai	183318	24455	20538	99102	2302	2000
宁　夏 Ningxia	87740	14329	25216	98137	4406	17870
新　疆 Xinjiang	1160894	296104	44606	348961	86110	38594

况(学校产权)

Resources in Adult SSSs(Owned by HEIs)

资料情况 Resources					固定资产值(万元) Fixed Assets (in 10,000 yuan)		
(片) & Magazines (Disk)	拥有教学用计算机(台) No. of computers used for Instruction	语音实验室座位数(个) No. of Seats in Audio-Labs	多媒体教室座位数(个) No. of Seats in Multi-media Class rooms	网上教学课程数(种) No. of Web-Based Courses	合计 Total	其中:教学、科研仪器设备资产 of which: Teaching Equipment & Instruments	
当年新增 New Floor Space Added in Current Year						计 Total	当年新增 New Floor Space Added in Current Year
697899	**187392**	**54384**	**224960**	**8955**	**1188487.37**	**266499.68**	**27885.40**
422	1451	617	2806	14	27299.18	2502.57	161.99
1018	892	164	920	48	2688.70	862.80	57.00
13168	15663	6623	25539	884	70590.92	15299.12	2124.88
846	4472	566	3238	126	22384.39	3438.69	262.40
1277	4411	1851	4412	111	51478.16	5793.51	244.23
20	357	10	90	6	2039.40	511.50	16.40
1484	4628	1919	6410	472	28974.48	8706.47	138.30
40625	5180	1727	5130	262	36076.79	7727.37	458.50
26	3077	710	5685	118	19002.70	4100.10	475.74
12762	12128	3506	14125	147	89601.02	15844.88	2053.16
7550	9257	2128	21224	987	69953.22	13994.01	1037.92
134150	6171	1992	6273	940	37244.97	8581.66	644.86
100284	3915	1439	3766	311	14856.05	3888.00	249.76
32707	16259	5440	11987	197	123220.67	24396.01	2605.73
28487	19750	5095	15448	943	106318.28	25674.96	1916.70
3507	4944	1820	5003	385	44769.03	10138.86	1044.80
4836	10780	3912	9030	804	46597.10	9704.68	2380.17
54119	18451	4054	31179	296	112340.68	33814.22	2594.36
41570	7311	1937	8015	183	40735.81	10267.93	1326.96
	184	140	288		1343.86	151.50	
68617	10539	2505	18852	345	68053.28	16241.29	2272.07
137555	11838	3686	12088	659	81737.05	19388.22	3837.81
2540	1229	252	987	75	10099.51	5332.79	412.57
3907	6000	963	6946		33862.47	7761.42	582.94
	25				1490	84	
1310	2836	500	2261	370	14552.24	2828.75	184.74
225	2181	294	2004	134	10025.15	2746.48	158.05
	267	270	274	2	4585.6	752	150
600	1424	100	420	10	2568.1	790.4	76.4
4287	1772	164	560	126	13998.56	5175.49	416.96

成人中专学校资产情况(非

Condition of Fixed Assets and Teaching

	学校占地面积(平方米) Area of School sites (m^2)					图书音像 Audio-visual ed.
				一般图书(万册) Books & Magazines in Libraries(10,000 Volume)		电子图书 Electronic Books in Libraries
	计 Total	其中:绿化用地面积 of Which: Green Areas	其中:运动场地面积 of Which: Sports Areas	计 Total	当年新增 New Floor Space Added in Current Year	计 Total
合　计 Total	**3875244**	**610870**	**706037**	**980001.00**	**97284.00**	**23845**
北　京 Beijing	2070					
天　津 Tianjin	3035					
河　北 Hebei	151244	10003	26645	66400.00	10100.00	800
山　西 Shanxi	18933	500	4072	67890.00	400.00	
内蒙古 Inner Mongolia	28816	7000		13600.00		
辽　宁 Liaoning	25140					
吉　林 Jilin	20284	883	5860	19855.00	1000.00	
黑龙江 Heilongjiang	28060	3420	8190	10300.00	1000.00	5000
上　海 Shanghai	37603	5342	9133	6000.00	500.00	180
江　苏 Jiangsu	187131	59219	28337	90296.00		302
浙　江 Zhejiang	15726	621	4800	20000.00	30.00	
安　徽 Anhui	139461	11200	17600			
福　建 Fujian						
江　西 Jiangxi	18261	990	5730	6680.00		
山　东 Shandong	620079	60109	154673	111030.00	20150.00	700
河　南 Henan	633744	41319	39165	37500.00	15000.00	2600
湖　北 Hubei	22841	1232	1418			
湖　南 Hunan	368424	84730	101308	85396.00	12000.00	6000
广　东 Guangdong	324068	40840	71839	24961.00	661.00	
广　西 Guangxi	52412	5300	2715	70722.00	4450.00	200
海　南 Hainan	6670	1000				
重　庆 Chongqing	375152	128304	81150	174370	19750	1220
四　川 Sichuan	552326	113258	90686	46534	1500	200
贵　州 Guizhou	113291	24156	22886	28500	3100	5680
云　南 Yunnan	21753	2234	1446	13941	343	439
西　藏 Tibet						
陕　西 Shaanxi	65165	5400	9434	39900	7300	524
甘　肃 Gansu	14521	1200	8000	45000		
青　海 Qinghai	12652	860	5000	1126		
宁　夏 Ningxia	1382					
新　疆 Xinjiang	15000	1750	5950			

学校产权中独立使用)

Resources in Adult SSSs (Not Owned by HEIs)

资料情况 Resources (片) & Magazines (Disk) 当年新增 New Floor Space Added in Current Year	拥有教学用计算机(台) No. of computers used for Instruction	语音实验室座位数(个) No. of Seats in Audio-Labs	多媒体教室座位数(个) No. of Seats in Multi-media Class rooms	网上教学课程数(种) No. of Web-Based Courses	固定资产值(万元) Fixed Assets (in 10,000 yuan) 合 计 Total	其中:教学、科研仪器设备资产 of which: Teaching Equipment & Instruments 计 Total	 当年新增 New Floor Space Added in Current Year
2356	**7446**	**1988**	**4882**	**153**	**43344.23**	**8918.87**	**919.85**
	40				163.00	40.00	
120	484	1	550	15	7735.00	252.60	38.00
	391		495		1143.80	369.80	
	120	1	81	1	317.00	258.00	
	180			2	400.00		
500	165	50	50	3	269.29	202.29	32.29
100	292	80	192		163.50	57.70	
56	413	198	255		2778.00	1016.00	120.00
	180						
			220				
	70		1		170.00	4.00	
100	945	389	128	30	7337.00	2652.60	348.00
	430	41	62		2985.00	966.00	1.00
					750.00		
200	575	344	386	18	1969.74	413.67	139.82
	140		300		3547.00	269.00	11.00
100	221	80	80	1	210.80	90.80	20.00
55	461	96	634	50	5342.94	721.55	52
	1567	422	687		3386.8	597.7	17
620	213	203	100	9	2146	490	100
345	92	50	110		287.17	121.62	5.2
160	212	33	431	24	601.99	230.54	35.54
	120		120		1570.2	95	
	135				70	70	

职业高中学校资产情

Condition of Fixed Assets and Teaching Resources

	学校占地面积(平方米) Area of School sites (m^2)					图书音像 Audio-visual ed.
				一般图书(万册) Books & Magazines in Libraries(10,000 Volume)		电子图书 Electronic Books in Libraries
	计 Total	其中:绿化用地面积 of Which: Green Areas	其中:运动场地面积 of Which: Sports Areas	计 Total	当年新增 New Floor Space Added in Current Year	计 Total
合　计 Total	**222845040**	**43559064**	**35527990**	**103060533.00**	**7490388.00**	**8468346**
北　京 Beijing	4184956	1164652	1059035	3105804.00	190317.00	813174
天　津 Tianjin	5365917	179574	310509	1874149.00	32728.00	38943
河　北 Hebei	18892829	2322694	3107455	6847147.00	488297.00	431085
山　西 Shanxi	6123550	1271712	916234	2409211.00	172517.00	254964
内蒙古 Inner Mongolia	4942574	651363	862988	1711414.00	78770.00	61366
辽　宁 Liaoning	6002037	459613	1458573	4614813.00	331188.00	13422
吉　林 Jilin	2872012	513198	947665	1623485.00	157349.00	72043
黑龙江 Heilongjiang	4524324	838001	951602	1595336.00	84627.00	66248
上　海 Shanghai	1027791	284711	262542	1773748.00	36498.00	117127
江　苏 Jiangsu	11010987	3375309	2174624	6693871.00	559638.00	570148
浙　江 Zhejiang	13305083	3488382	2863174	8420542.00	619339.00	687820
安　徽 Anhui	12661205	2701038	2058815	5477446.00	361355.00	358736
福　建 Fujian						
江　西 Jiangxi	22481047	5898016	1548882	4245846.00	446330.00	522798
山　东 Shandong	22563231	4814665	3965535	9832840.00	925358.00	315136
河　南 Henan	13592624	1982684	2541143	9098448.00	551873.00	365158
湖　北 Hubei	5271086	913754	760893	2456124.00	186577.00	45927
湖　南 Hunan	14959270	2642622	1709235	5983509.00	466378.00	663697
广　东 Guangdong	8300295	2399838	1403093	5811109.00	449050.00	764935
广　西 Guangxi	7651535	1519071	1046076	3076463.00	240071.00	154241
海　南 Hainan	1343390	394781	201083	338003.00	22210.00	2206
重　庆 Chongqing	4336498	718075	791745	2144628	123882	273220
四　川 Sichuan	9601077	1312056	1471792	4195012	256791	778672
贵　州 Guizhou	2081799	612850	299967	828456	130964	116843
云　南 Yunnan	7209182	1131125	741796	2183291	71789	54478
西　藏 Tibet						
陕　西 Shaanxi	6775324	1201806	1113384	4778836	288198	614119
甘　肃 Gansu	2546951	372229	548297	1329052	142577	71493
青　海 Qinghai	202483	18007	45592	42689	420	220
宁　夏 Ningxia	686296	92823	98509	189234	8987	16799
新　疆 Xinjiang	2329687	284415	267752	380027	66310	223328

况(学校产权)

in High Vocational Schools(Owned by HEIs)

资料情况 Resources (片) & Magazines (Disk) 当年新增 New Floor Space Added in Current Year	拥有教学用计算机(台) No. of computers used for Instruction	语音实验室座位数(个) No. of Seats in Audio-Labs	多媒体教室座位数(个) No. of Seats in Multi-media Class rooms	网上教学课程数(种) No. of Web-Based Courses	固定资产值(万元) Fixed Assets (in 10,000 yuan) 合计 Total	其中:教学、科研仪器设备资产 of which: Teaching Equipment & Instruments 计 Total	当年新增 New Floor Space Added in Current Year
2152571	**732054**	**179600**	**588178**	**17533**	**4533749.48**	**940831.73**	**161780.13**
286619	20657	5242	17440	135	125693.10	33483.30	3838.18
3926	11613	2619	3890	178	41886.15	15932.07	2990.31
104613	41076	12898	42228	516	271744.53	54368.53	7457.79
106650	14431	3584	10513	708	91483.99	17018.23	3272.42
29432	9207	3091	6850	121	56390.04	9239.66	1537.28
1382	38151	10543	24005	441	184077.10	42427.99	5187.26
19506	9395	2747	5806	138	55401.29	11987.08	1857.59
55150	12303	3625	7406	994	76589.60	18963.93	1474.36
12018	15792	2994	19058	12	96653.53	27455.20	3449.59
110941	47268	9122	31560	886	348257.85	64160.25	11001.75
219076	68650	11773	83501	488	562232.66	96967.63	21563.90
79122	31328	6619	22616	805	177927.77	35798.15	5762.68
78144	31812	9069	18647	580	175139.18	36882.26	10439.94
130071	63096	17015	47179	1258	501097.73	84646.14	14711.54
42697	44756	10835	34595	849	250751.98	53351.54	6097.46
4990	14947	5503	14106	384	100073.88	16262.75	2776.28
199204	69697	17523	48417	1169	270218.47	73877.11	11982.25
221817	45339	10561	52574	3902	250566.84	66852.41	11378.78
23865	25868	6274	14461	1547	140689.20	30168.80	6277.41
1091	2249	581	2079	25	18557.77	2988.90	321.70
29582	20715	4455	16769	329	188809.99	35947.73	12531.8
203192	35498	7550	21798	627	189046.2	36782.29	4178.23
27662	6365	2334	7389	95	29936.83	6456.84	721.45
991	14193	3609	10984		95688.09	16197.53	3349.06
143461	23307	6646	15160	664	158790.71	32172.61	5616.74
14225	7346	1243	4572	250	31297.36	9000.16	1500.95
	963	113	1467	22	3917.53	1094.53	72.42
2172	2605	298	1475	191	7773.51	2612.43	300.82
972	3427	1134	1633	219	33056.6	7735.68	130.19

职业高中学校资产情况(非

Condition of Fixed Assets and Teaching Resources

	学校占地面积(平方米) Area of School sites (m^2)					图书音像 Audio-visual ed.
	计 Total	其中:绿化用地面积 of Which: Green Areas	其中:运动场地面积 of Which: Sports Areas	一般图书(万册) Books & Magazines in Libraries(10,000 Volume) 计 Total	当年新增 New Floor Space Added in Current Year	电子图书 Electronic Books in Libraries 计 Total
合 计 Total	**16919547**	**2816536**	**3101466**	**2811716.00**	**307919.00**	**486926**
北 京 Beijing	419953	150700	58684	161788.00	3800.00	300010
天 津 Tianjin	311511	33340	81644	69000.00		100
河 北 Hebei	1064309	80744	207221	244855.00	8850.00	2700
山 西 Shanxi	257068	38236	64897	47637.00	7290.00	843
内蒙古 Inner Mongolia	116813	2490	31283	49898.00	10108.00	5305
辽 宁 Liaoning	667726	116193	188637	58902.00	2300.00	1395
吉 林 Jilin	164421	17438	36640	5000.00	1000.00	
黑龙江 Heilongjiang	309629	38102	96363	129691.00	500.00	
上 海 Shanghai	53826	9556	10544	11020.00	220.00	100
江 苏 Jiangsu	209337	26000	34303	11000.00	500.00	
浙 江 Zhejiang	1343680	195585	237133	220267.00	37370.00	2063
安 徽 Anhui	201122	19835	50835	39112.00	9877.00	300
福 建 Fujian						
江 西 Jiangxi	1196031	235611	212758	92212.00	27272.00	2940
山 东 Shandong	1371044	322451	283651	269508.00	6853.00	2636
河 南 Henan	596653	64746	160566	142590.00	39900.00	8949
湖 北 Hubei	311002	77630	25550	64740.00	450.00	5173
湖 南 Hunan	3899194	365245	362769	283213.00	24687.00	10059
广 东 Guangdong	801764	123874	231520	163868.00	17750.00	68850
广 西 Guangxi	820435	150650	159217	102051.00	9730.00	2738
海 南 Hainan	448870	224840	63058	56040.00	3000.00	
重 庆 Chongqing	460667	95107	88099	60353	5789	490
四 川 Sichuan	480838	96714	114724	45726	21260	500
贵 州 Guizhou	224456	22336	21592			
云 南 Yunnan	85307	25157	48921	23181	3000	
西 藏 Tibet						
陕 西 Shaanxi	887798	204594	181442	421628	63898	70870
甘 肃 Gansu	88893	10300	32671	37856	2515	905
青 海 Qinghai						
宁 夏 Ningxia						
新 疆 Xinjiang	127200	69062	16744	580		

学校产权中独立使用)
in Vocational High Schools (Not Owned by HEIs)

资料情况 Resources (片) & Magazines (Disk) 当年新增 New Floor Space Added in Current Year	拥有教学用计算机(台) No. of computers used for Instruction	语音实验室座位数(个) No. of Seats in Audio-Labs	多媒体教室座位数(个) No. of Seats in Multi-media Class rooms	网上教学课程数(种) No. of Web-Based Courses	固定资产值(万元) Fixed Assets (in 10,000 yuan) 合 计 Total	其中:教学、科研仪器设备资产 of which: Teaching Equipment & Instruments 计 Total	当年新增 New Floor Space Added in Current Year
57853	**28740**	**7851**	**15561**	**489**	**170145.41**	**39789.82**	**9610.32**
	1870	276	1250	20	12567.04	1735.02	125.60
100	955	143	45	11	1889.00	612.00	17.00
620	1554	539	753	52	6836.70	1399.60	298.60
460	1181	208	659	19	750.15	537.65	104.00
1970	170		166	22	348.00	128.60	71.60
110	816	254	647	7	9285.00	1651.00	102.00
	92	10			1065.53	54.82	3.60
	1082	336	442	10	1590.00	640.00	30.00
	98	50			167.00	120.00	
	171				1158.40	63.00	22.00
658	2213	358	1323	4	21759.00	2315.30	318.30
200	635	203	203	6	2607.00	700.00	105.00
1560	2099	447	919	23	4366.87	940.88	507.08
1119	2326	1292	1258	13	21509.90	5165.05	1122.50
8380	1506	265	484	59	2633.71	1002.10	611.90
60	381	302	200	3	2582.00	729.00	12.00
2975	3047	725	2336	99	15864.08	6151.29	639.80
20042	3343	602	1672	10	23565.83	4880.83	713.93
658	983	105	733	23	5996.31	4620.81	3085.00
	293		122	20	4047.20	457.20	36.00
170	836	277	164	75	9966.8	1023.76	302.95
300	754	303	512		3784.73	746.24	135.86
		40	50		270	270	
	212	80	100		1595.49	141.17	63.5
18460	1913	1036	1340	13	12084.5	3563	1149.6
11	209		183		468.17	140	32
					50		
	1				1337	1.5	0.5

其他机构资产情

Condition of Fixed Assets and Teaching Resources

	学校占地面积(平方米) Area of School sites (m^2)			图书音像 Audio-visual ed.		
				一般图书(万册) Books & Magazines in Libraries(10,000 Volume)		电子图书 Electronic Books in Libraries
	计 Total	其中:绿化用地面积 of Which: Green Areas	其中:运动场地面积 of Which: Sports Areas	计 Total	当年新增 New Floor Space Added in Current Year	计 Total
合　计 Total	**32289969**	**5028440**	**3526184**	**16442192.00**	**1588499.00**	**3527809**
北　京 Beijing	240448	32823	38238	161941.00	500.00	1066
天　津 Tianjin	221672	76975	61384	345000.00	8000.00	26000
河　北 Hebei	5144713	985342	684127	3162441.00	342318.00	2021439
山　西 Shanxi	317624	53050	98950	126888.00	9874.00	30140
内蒙古 Inner Mongolia	198752	10356	49230	154818.00	44400.00	10
辽　宁 Liaoning	133469	70	1114	22956.00	885.00	20
吉　林 Jilin	9576446	359137	289874	1420421.00	127191.00	121596
黑龙江 Heilongjiang	17760	2800	1100	4110.00	1000.00	17
上　海 Shanghai	26909	4860	17136	77966.00	1095.00	
江　苏 Jiangsu	1163051	301070	240551	1254677.00	62640.00	212918
浙　江 Zhejiang	1455390	295503	349188	1496739.00	65246.00	2909
安　徽 Anhui	2699464	419271	263472	1335760.00	199164.00	231910
福　建 Fujian	200456	30310	40158	263997.00	3290.00	12419
江　西 Jiangxi	325854	154456	38415	314016.00	5776.00	1046
山　东 Shandong	1562243	427339	129416	773855.00	19741.00	43370
河　南 Henan	636871	174042	187730	700565.00	67529.00	89373
湖　北 Hubei	1173503	54200	81324	392808.00	59101.00	450
湖　南 Hunan	257094	83010	43460	448927.00	34478.00	720
广　东 Guangdong	1654854	368529	359634	1622784.00	225490.00	59597
广　西 Guangxi	1090606	225419	143727	903231.00	81001.00	425700
海　南 Hainan	1110060	134492	94864	432005.00	21869.00	61271
重　庆 Chongqing	210628	20100	37051	38900	2325	1000
四　川 Sichuan	39433	6465	14494	121660	41640	4954
贵　州 Guizhou	318684	13000	27480	139170	2	414
云　南 Yunnan	3000	150	500	11700	50	60
西　藏 Tibet	25415	9200	16215	54000	2000	
陕　西 Shaanxi	200887	57873	37453	144521	10393	840
甘　肃 Gansu	98191	17724	11130	22816	1	10
青　海 Qinghai						
宁　夏 Ningxia	23976	7200	800	9000	1000	
新　疆 Xinjiang	2162516	703674	167969	484520	150500	178560

况(学校产权)

in Other Institutions(Owned by HEIs)

资料情况 Resources (片) & Magazines (Disk) 当年新增 New Floor Space Added in Current Year	拥有教学用计算机(台) No. of computers used for Instruction	语音实验室座位数(个) No. of Seats in Audio-Labs	多媒体教室座位数(个) No. of Seats in Multi-media Class rooms	网上教学课程数(种) No. of Web-Based Courses	固定资产值(万元) Fixed Assets (in 10,000 yuan) 合计 Total	其中:教学、科研仪器设备资产 of which: Teaching Equipment & Instruments 计 Total	当年新增 New Floor Space Added in Current Year
255228	**78829**	**30044**	**97079**	**1864**	**776417.10**	**141964.30**	**15873.03**
	831	268	1021		7911.31	3019.80	144.00
500	1422	201	620		28742.82	4749.58	306.65
27950	11676	5102	18688	108	152256.37	22749.06	3777.28
30040	564	338	762		13798.30	4450.54	333.94
	278	152	97		3322.31	1037.75	427.15
	676	144	540		5365.00	832.00	68.00
30172	4496	1924	5190	266	62879.00	14313.00	1041.40
	2646	506	200		2720.00	677.40	4.00
	583	150	242		2547.09	1162.88	23.30
43533	5596	2065	6016	245	60391.39	9591.01	1097.07
664	9339	5368	14852	462	67636.63	9322.51	1016.35
29135	4848	1167	7760	16	35833.50	5319.25	400.52
121	898	358	1078	363	12912.90	2026.60	47.00
216	2150	838	1900	13	9765.30	2775.60	368.60
5500	4727	1479	8439	91	55305.13	13757.03	786.00
10213	3472	747	5139	8	40639.61	5129.10	544.50
50	1723	372	1084	10	30115.00	5374.22	1054.00
190	2007	546	2108	63	9688.60	1925.00	129.60
11837	7188	2712	9531	90	81893.38	12440.84	1182.38
2000	4146	774	4184	7	37541.06	7703.22	761.54
60501	2671	452	3416		19686.96	4601.00	510.00
500	926	97	402	13	6431	461	218
2028	2271	918	839	60	2087.69	851.21	236.75
	694	2643	1045	12	4204.75	1341.2	27
5	252				384.5	295.5	27
	60	30	470		1880.6	1161.78	340
72	1613	468	521	32	12998	2590.82	411.5
1	448		81		2927.7	1041.4	200
	190	60	150		1171.5	336	
	438	165	704	5	3379.7	928	389.5

其他机构资产情况(非学

Condition of Fixed Assets and Teaching Resources

地区 Region	学校占地面积(平方米) Area of School sites (m^2)			图书音像 Audio-visual ed.		
				一般图书(万册) Books & Magazines in Libraries(10,000 Volume)		电子图书 Electronic Books in Libraries
	计 Total	其中:绿化用地面积 of Which: Green Areas	其中:运动场地面积 of Which: Sports Areas	计 Total	当年新增 New Floor Space Added in Current Year	计 Total
合 计 Total	**1990055**	**756443**	**286841**	**745448.00**	**80200.00**	**121800**
北 京 Beijing						
天 津 Tianjin						
河 北 Hebei	946291	510176	49000	540000.00	60000.00	120000
山 西 Shanxi	9960		9960			
内蒙古 Inner Mongolia	35023	6000	1000	3400.00		
辽 宁 Liaoning	25000	2500	15000	25000.00	5000.00	300
吉 林 Jilin						
黑龙江 Heilongjiang						
上 海 Shanghai						
江 苏 Jiangsu	37644	8173	5080	27000.00	3000.00	500
浙 江 Zhejiang	196127	54488	56513	3500.00	700.00	
安 徽 Anhui						
福 建 Fujian						
江 西 Jiangxi						
山 东 Shandong	25822	5567	7500			
河 南 Henan	44518	2186	20510			
湖 北 Hubei	84000	16000	29800			
湖 南 Hunan						
广 东 Guangdong	10790	800	2100	18695.00	1000.00	600
广 西 Guangxi	9141					
海 南 Hainan						
重 庆 Chongqing	162520	66370	14146	10000	10000	100
四 川 Sichuan	323359	65478	45291	72853	500	300
贵 州 Guizhou						
云 南 Yunnan	9946	3290	1800			
西 藏 Tibet						
陕 西 Shaanxi	60914	14415	21141			
甘 肃 Gansu	9000	1000	8000	45000		
青 海 Qinghai						
宁 夏 Ningxia						
新 疆 Xinjiang						

校产权中独立使用)
in Other Institutions (Not Owned by HEIs)

资料情况 Resources (片) & Magazines (Disk) 当年新增 New Floor Space Added in Current Year	拥有教学用计算机(台) No. of computers used for Instruction	语音实验室座位数(个) No. of Seats in Audio-Labs	多媒体教室座位数(个) No. of Seats in Multi-media Class rooms	网上教学课程数(种) No. of Web-Based Courses	固定资产值(万元) Fixed Assets (in 10,000 yuan) 合计 Total	其中:教学、科研仪器设备资产 of which: Teaching Equipment & Instruments 计 Total	当年新增 New Floor Space Added in Current Year
40800	**1992**	**740**	**2334**	**130**	**31885.50**	**9896.50**	**1249.00**
40000	676	390	1795	80	19215.00	7779.60	960.00
	27						
	39				67.80	0.50	
	150	64	216		1200.00	400.00	100.00
100	246	61	1	1	553.00	453.00	37.00
	415	41	40	40	4738.00	570.00	102.00
	50				1113.00	106.00	20.00
		50			30.00	18.00	
					3000.00	150.00	
400	32		2		955.10	170.00	10.00
300	198	3	60		919.2	236	20
		101	100		88.4	7.4	
	39	30		9	6	6	
	120		120				

中等职业学校(机构)校舍情况(总计)

Conditions of School Buidings in Secondary Vocational Schools (Regional Aggregates)

单位:平方米

Unit: m^2

	学校产权建筑面积 Floor Area of School Building Owned by HEIs				正在施工面积 Floor Area Under Construction	独立使用非学校产权建筑面积 Floor Area of School Building Not Owned by HEIs
	计 Total	其中:危房 of Which: Dilapidated Buildings	其中:当年新增 of Which: Newly Added in Current Year	其中:被外单位借用 of Which: Floor Space Hired by Other Schools or Units		
合　计 Total	**166198337**	**1186684**	**6566717**	**605286**	**4724867**	**12496473**
北　京 Beijing	3124394	6418	69353	28953	124858	217468
天　津 Tianjin	1701388	10902	13198	3280	67100	303048
河　北 Hebei	11527928	20082	366897	6640	347778	816007
山　西 Shanxi	4269387	34799	222353	16150	38809	214553
内蒙古 Inner Mongolia	2331703	52366	80556	9481	123732	27561
辽　宁 Liaoning	4960212	15145	107403	4253	228901	647734
吉　林 Jilin	2936277	21896	126224	6899	35423	125311
黑龙江 Heilongjiang	2734406	22795	43173	84424	64619	213849
上　海 Shanghai	2570358		22504	52115	61996	158886
江　苏 Jiangsu	10568549	22169	655662	46321	123432	236628
浙　江 Zhejiang	8310982	520	368673	37324	204851	817129
安　徽 Anhui	6996526	144808	358711	45069	156298	192382
福　建 Fujian	4746834	21168	211431	1495	148912	458664
江　西 Jiangxi	5368658	28674	272372	3528	392528	554486
山　东 Shandong	13925429	21700	442955	37436	250066	519080
河　南 Henan	11668026	115571	332702	19326	299778	661632
湖　北 Hubei	8330017	27179	363149	13242	25934	315689
湖　南 Hunan	8078556	31221	255644	20959	53023	1124971
广　东 Guangdong	12057403	36861	449709	54490	358199	1141349
广　西 Guangxi	6670737	63504	236428	15721	148593	491021
海　南 Hainan	1079801	8948	25838	7269	31739	69878
重　庆 Chongqing	4218233	28743	262375	778	347677	548919
四　川 Sichuan	9041855	68824	707063	19482	435987	1671229
贵　州 Guizhou	2716641	22122	70916	24896	70098	133565
云　南 Yunnan	4257435	127579	164413	11169	179753	167947
西　藏 Tibet	253231	7141	21113		303	5706
陕　西 Shaanxi	5073805	69465	127381	18893	248286	546305
甘　肃 Gansu	3547865	101726	120709	4154	95012	62204
青　海 Qinghai	355342	17044	6861	24	2137	7331
宁　夏 Ningxia	473453	3147	3049		3400	1382
新　疆 Xinjiang	2302906	34167	57902	11515	55645	44559

普通中专学校校舍情况

Conditions of School Buidings in Specialized Sec. Schools

单位:平方米

Unit:m^2

	学校产权建筑面积 Floor Area of School Building Owned by HEIs				正在施工面积 Floor Area Under Construction	独立使用非学校产权建筑面积 Floor Area of School Building Not Owned by HEIs
	计 Total	其中:危房 of Which: Dilapidated Buildings	其中:当年新增 of Which: Newly Added in Current Year	其中:被外单位借用 of Which: Floor Space Hired by Other Schools or Units		
合 计 Total	**75775239**	**383466**	**2863653**	**284337**	**2733607**	**4361219**
北 京 Beijing	1242107	2422	27930	755	100478	147036
天 津 Tianjin	876476	6402	8958	40	38700	67011
河 北 Hebei	3739217	3946	138734	5550	127135	433866
山 西 Shanxi	2171921	6399	104947	6679	29428	54240
内蒙古 Inner Mongolia	1196463	5687	28116	9169	22827	6830
辽 宁 Liaoning	2342684	10277	25249		157172	259747
吉 林 Jilin	1090311	5628	52994	4799	14200	30594
黑龙江 Heilongjiang	1155591	3297	21674	83717	51019	30277
上 海 Shanghai	1689574		3613	25263	41996	102346
江 苏 Jiangsu	4858781	21751	415667	15723	53280	85700
浙 江 Zhejiang	1299909		26240	1240	25436	136107
安 徽 Anhui	2832585	28162	124978	18238	66403	32179
福 建 Fujian	4624932	21168	208631	1495	148912	458664
江 西 Jiangxi	1825842	1445	89830		254776	165375
山 东 Shandong	4472337	8185	153303	8112	113943	60200
河 南 Henan	4904238	19929	110126	5932	115065	178005
湖 北 Hubei	5588187	15447	277828	2868	15858	115235
湖 南 Hunan	2354158	5176	63946	15727	5024	4690
广 东 Guangdong	7155253	13538	299231	30826	291688	562479
广 西 Guangxi	3222198	16091	70240	11365	56036	51805
海 南 Hainan	511775	1369	11576	7269	24983	39799
重 庆 Chongqing	1052733	13882	52193		253457	23381
四 川 Sichuan	4324533	18939	219611	788	364379	1059954
贵 州 Guizhou	1848757	15253	46415	5917	50946	6197
云 南 Yunnan	2323594	43367	104874	8875	52919	90736
西 藏 Tibet	233921	6608	16422		303	1285
陕 西 Shaanxi	2014277	14255	39732	7621	125633	109073
甘 肃 Gansu	2677067	45783	78336	1385	78313	35374
青 海 Qinghai	226234	13495	4080	24	912	754
宁 夏 Ningxia	252029				3400	
新 疆 Xinjiang	1667555	15565	38179	4960	48986	12280

成人中专学校校舍情况

Conditions of School Buidings in Specialized Sec. Schools for Adults

单位:平方米

Unit:m^2

	学校产权建筑面积 Floor Area of School Building Owned by HEIs				正在施工面积 Floor Area Under Construction	独立使用非学校产权建筑面积 Floor Area of School Building Not Owned by HEIs
	计 Total	其中:危房 of Which: Dilapidated Buildings	其中:当年新增 of Which: Newly Added in Current Year	其中:被外单位借用 of Which: Floor Space Hired by Other Schools or Units		
合　计 Total	**17543273**	**96515**	**676627**	**90954**	**266678**	**1784164**
北　京 Beijing	157447		1000	12840		5364
天　津 Tianjin	31658					1687
河　北 Hebei	1335113	1490	21758	590	15736	39099
山　西 Shanxi	288095	7265	3061	6166	1924	25684
内蒙古 Inner Mongolia	261669	4655	1200	312	11020	2346
辽　宁 Liaoning	24433			750		7078
吉　林 Jilin	406571		13546	2100	776	39156
黑龙江 Heilongjiang	613491	1899	8399	24	13600	15586
上　海 Shanghai	153210		3556	388		11080
江　苏 Jiangsu	1324246		57835	5688	2363	60831
浙　江 Zhejiang	677741		468	5976	18500	25543
安　徽 Anhui	481694	842	11325	9395	6000	73691
福　建 Fujian						
江　西 Jiangxi	322215	140	2040	744		4928
山　东 Shandong	1782220	6374	65710	3730	21514	217638
河　南 Henan	1731452	6770	33723	5101	9123	231528
湖　北 Hubei	735059	448	5500	3520		17841
湖　南 Hunan	835194	1631	15272	233	6915	169982
广　东 Guangdong	1070279	1066	52603	5852	11474	239007
广　西 Guangxi	941777	14316	10900	3631	21446	24186
海　南 Hainan	40084	160	560		616	1582
重　庆 Chongqing	993135	5257	45898	778	2064	270098
四　川 Sichuan	1457991	9611	292031	17883	15252	155430
贵　州 Guizhou	157985		3128		10000	64481
云　南 Yunnan	546675	15588	10538	2294	95730	21620
西　藏 Tibet	10751		4691			
陕　西 Shaanxi	596541	8388	631	1480	1400	27288
甘　肃 Gansu	224361	8692	5848	819		15395
青　海 Qinghai	57697		2781		1225	6577
宁　夏 Ningxia	47567		1205			1382
新　疆 Xinjiang	236922	1923	1420	660		8056

职业高中学校校舍情况

Conditions of School Buidings in Vocational High Schools

单位:平方米

Unit: m^2

	学校产权建筑面积 Floor Area of School Building Owned by HEIs				正在施工面积 Floor Area Under Construction	独立使用非学校产权建筑面积 Floor Area of School Building Not Owned by HEIs
	计 Total	其中:危房 of Which: Dilapidated Buildings	其中:当年新增 of Which: Newly Added in Current Year	其中:被外单位借用 of Which: Floor Space Hired by Other Schools or Units		
合 计 Total	**63486209**	**692701**	**2596397**	**173391**	**1400262**	**5509471**
北 京 Beijing	1610781	3429	29391	15358	24380	61322
天 津 Tianjin	661098	4500	4240	3240	28400	234350
河 北 Hebei	4280166	14646	76597	500	74557	118384
山 西 Shanxi	1636180	21135	92345	3305	7457	134629
内蒙古 Inner Mongolia	835886	39898	51240		35885	17930
辽 宁 Liaoning	2568841	4868	82154	3503	71729	376859
吉 林 Jilin	797226	14905	25129		14447	35561
黑龙江 Heilongjiang	954684	17599	13100	683		166986
上 海 Shanghai	709089		15335	20759	20000	45460
江 苏 Jiangsu	3832027	418	160950	6744	48668	72378
浙 江 Zhejiang	5642665	520	338649	30108	155665	604183
安 徽 Anhui	3095235	112983	150543	17436	58285	83862
福 建 Fujian						
江 西 Jiangxi	2958202	27089	180502	2784	137752	384183
山 东 Shandong	7102690	7141	186733	25594	88209	231668
河 南 Henan	4688517	88530	184821	7493	172636	200004
湖 北 Hubei	1680804	11284	69751	6854	10076	161173
湖 南 Hunan	4640423	22540	173026	4999	41084	950299
广 东 Guangdong	2772787	21783	85931	4894	50003	330969
广 西 Guangxi	2066997	33097	132550	725	45291	405578
海 南 Hainan	274652	6657	3479		6140	28497
重 庆 Chongqing	2080437	9604	164284		89156	198675
四 川 Sichuan	3232125	40274	194171	811	35575	193207
贵 州 Guizhou	532491	6869	12033	1579	9152	62887
云 南 Yunnan	1384176	68624	49001		31104	44023
西 藏 Tibet						
陕 西 Shaanxi	2283062	46822	68770	9792	121253	335811
甘 肃 Gansu	606737	44751	31525	1450	16699	6370
青 海 Qinghai	71411	3549				
宁 夏 Ningxia	161130	3147	1844			
新 疆 Xinjiang	325690	16039	18303	4780	6659	24223

其他机构

Conditions of School Buildings

	学校产权 Floor Area of School	
	计 Total	其中:危房 of Which: Dilapidated Buildings
合 计 Total	**9393616**	**14002**
北 京 Beijing	114059	567
天 津 Tianjin	132156	
河 北 Hebei	2173432	
山 西 Shanxi	173191	
内蒙古 Inner Mongolia	37685	2126
辽 宁 Liaoning	24254	
吉 林 Jilin	642169	1363
黑龙江 Heilongjiang	10640	
上 海 Shanghai	18485	
江 苏 Jiangsu	553495	
浙 江 Zhejiang	690667	
安 徽 Anhui	587012	2821
福 建 Fujian	121902	
江 西 Jiangxi	262399	
山 东 Shandong	568182	
河 南 Henan	343819	342
湖 北 Hubei	325967	
湖 南 Hunan	248781	1874
广 东 Guangdong	1059084	474
广 西 Guangxi	439765	
海 南 Hainan	253290	762
重 庆 Chongqing	91928	
四 川 Sichuan	27206	
贵 州 Guizhou	177408	
云 南 Yunnan	2990	
西 藏 Tibet	8559	533
陕 西 Shaanxi	179925	
甘 肃 Gansu	39700	2500
青 海 Qinghai		
宁 夏 Ningxia	12727	
新 疆 Xinjiang	72739	640

校舍情况

in Other Institutions

单位：平方米

Unit：m^2

建筑面积 Buiding Owned by HEIs		正在施工面积 Floor Area Under Construction	独立使用非学校产权建筑面积 Floor Area of School Building Not Owned by HEIs
其中：当年新增 of Which：Newly Added in Current Year	其中：被外单位借用 of Which：Floor Space Hired by Other Schools or Units		
430040	**56604**	**324320**	**841619**
11032			3746
129808		130350	224658
22000			
		54000	455
			4050
34555		6000	20000
			1000
	5705		
21210	18166	19121	17719
3316		5250	51296
71865		25610	2650
2800			
37209		26400	9574
4032	800	2954	52095
10070			21440
3400			
11944	12918	5034	8894
22738		25820	9452
10223			
		3000	56765
1250		20781	262638
9340	17400		
			11568
			4421
18248			74133
5000	500		5065
	1115		

职业技术培训

Basic Statistics of Vocational

地 区 Region	学校数(所) Schools	教学班(点) (个)External Teaching Sites (classes)	结业生数 Graduates 计 Total	其中:女 of which: Female
合 计 Total	**198566**	**627640**	**59341880**	**27003791**
北 京 Beijing	3245	27012	2339497	842808
天 津 Tianjin	3186	13345	978734	481758
河 北 Hebei	15313	43130	4061930	1847820
山 西 Shanxi	8219	17767	1527437	659902
内蒙古 Inner Mongolia	5252	6522	693152	278163
辽 宁 Liaoning	4702	26056	1192912	607286
吉 林 Jilin	4009	6448	727073	267654
黑龙江 Heilongjiang	4935	14195	1634736	734637
上 海 Shanghai	901	34521	1774738	979838
江 苏 Jiangsu	13272	59210	5582038	2690720
浙 江 Zhejiang	9756	54073	4206310	1888577
安 徽 Anhui	1771	7549	739328	322115
福 建 Fujian	5147	12908	1441725	645171
江 西 Jiangxi	3072	3426	487906	250518
山 东 Shandong	16470	35595	3721403	1640069
河 南 Henan	18425	36562	4247477	1851517
湖 北 Hubei	2337	6283	703613	297465
湖 南 Hunan	1563	4887	225919	91296
广 东 Guangdong	3094	26504	1815543	925563
广 西 Guangxi	4856	15077	2570670	1126763
海 南 Hainan	1020	3600	257904	121552
重 庆 Chongqing	6419	19660	2464605	1017009
四 川 Sichuan	13337	42663	3381683	1461613
贵 州 Guizhou	12108	20215	2586591	1228354
云 南 Yunnan	12238	37127	5151353	2581928
西 藏 Tibet				
陕 西 Shaanxi	15777	29662	2104159	974234
甘 肃 Gansu	4955	11247	1287112	569793
青 海 Qinghai	1576	4085	424812	205208
宁 夏 Ningxia	3	3	17586	6986
新 疆 Xinjiang	1608	8308	993934	407474

机构基本情况(总计)

Technical Training Institutions (Total)

单位:人次

Unit: in Person

注册学生数 Enrolment		教职工数 Teachers, Staff & Workers		聘请校外教师 Part-time Teachers
计 total	其中:女 of which: Female	计 Total	其中:专任教师 of which: Full-time Teacher	
48827147	**22455470**	**526240**	**256004**	**418800**
2169212	701844	45017	14834	22795
549915	265725	12408	6990	8898
2897856	1406704	35943	14163	25141
1323323	579179	23530	8821	13869
636438	252387	8470	3191	4642
1168009	613244	32458	16768	11454
826584	297057	11284	7119	4760
1262034	572775	24203	16929	6603
1719706	956542	17957	7419	20610
4293305	2061162	39579	22300	36957
4059516	1841368	27428	14861	38947
694695	297803	3463	1155	7697
1233394	555684	9601	4234	12312
389930	194437	3963	1433	4203
3134424	1397727	42441	24937	23371
3648492	1619407	27615	17079	21756
334825	165785	6018	3681	3477
228386	95060	4738	2635	2712
1505774	770434	28269	16699	19036
1760014	791460	15219	5336	10907
215856	107641	2305	689	2472
2039391	897816	5909	2275	8247
2540262	1194026	17421	11646	21544
2755638	1307211	24670	5169	18960
2747364	1334765	4427	1069	29805
2030449	946585	30036	14884	23204
1130996	557690	16803	7396	9838
274417	144344	2803	1574	551
9186	4268	18	9	9
1247756	525340	2244	709	4032

职工技术培训

Basic Statistics of Vocational

	学校数(所) Schools	教学班(点)(个) External Teaching Sites (classes)	结业生数 Graduates	
			计 Total	其中:女 of which: Female
合　计 Total	**4230**	**24747**	**1933667**	**872603**
北　京 Beijing	107	485	50898	25128
天　津 Tianjin	34	599	25218	11926
河　北 Hebei	886	1634	131260	66208
山　西 Shanxi	150	2499	137430	45712
内蒙古 Inner Mongolia	18	147	26299	13901
辽　宁 Liaoning	2	2	75	32
吉　林 Jilin	136	423	9079	4221
黑龙江 Heilongjiang	387	1337	47910	22513
上　海 Shanghai	40	1689	94335	45387
江　苏 Jiangsu	1043	5411	338742	160252
浙　江 Zhejiang	357	3201	288699	115515
安　徽 Anhui	12	14	2731	1300
福　建 Fujian	72	1067	72997	40102
江　西 Jiangxi	15	99	983	507
山　东 Shandong	109	303	64017	28336
河　南 Henan	162	1119	89664	43364
湖　北 Hubei	60	509	32937	18676
湖　南 Hunan	29	311	17653	8678
广　东 Guangdong	112	750	59703	30005
广　西 Guangxi	76	263	66511	27733
海　南 Hainan	27	120	4978	3034
重　庆 Chongqing	6	77	4816	2382
四　川 Sichuan	125	1107	176220	80316
贵　州 Guizhou	22	82	48677	16658
云　南 Yunnan	4	23	705	407
西　藏 Tibet				
陕　西 Shaanxi	146	686	46242	21081
甘　肃 Gansu	75	605	71264	25487
青　海 Qinghai	2	92	11242	8684
宁　夏 Ningxia	1	1	2874	1376
新　疆 Xinjiang	15	92	9508	3682

学校基本情况
Technical Training Schools

单位：人次
Unit: in Person

注册学生数 Enrolment		教职工数 Teachers, Staff & Workers		聘请校外教师 Part-time Teachers
计 total	其中：女 of which: Female	计 Total	其中：专任教师 of which: Full-time Teacher	
1723388	**793970**	**50589**	**28541**	**18485**
54419	25750	1888	1158	1481
11287	5555	1003	676	356
108364	54759	11518	1936	1128
128633	41769	1382	743	538
13904	8160	593	417	19
75	32	20	20	12
44632	18627	1513	1036	52
45444	24716	3076	2423	357
94138	46281	2333	1246	664
309367	141833	6553	4512	5880
274492	118455	3089	1913	2288
1815	884	60	51	44
59395	32697	1459	1144	366
4498	1876	43	22	65
32118	15589	1729	1242	645
70353	40204	2255	1259	532
28105	13599	1161	821	310
12863	6582	519	387	87
57051	29704	2615	2339	634
24390	10913	775	394	518
4200	2626	201	174	148
4982	2419	116	91	37
170346	78150	2168	1771	815
55719	17451	257	84	117
288	147	8	8	16
48626	23773	2438	1502	770
43506	19347	1563	1054	501
10630	8325	124	51	37
2874	1376	5	3	
6874	2371	125	64	68

农村成人文化技术

Basic Statistics of Technical

地　区 Region	学校数(所) Schools	教学班(点)(个) External Teaching Sites (classes)	结业生数 Graduates	
			计 Total	其中:女 of which: Female
合　计 Total	**166601**	**428771**	**47931805**	**21609288**
北　京 Beijing	1747	7865	904265	456643
天　津 Tianjin	2398	6745	602152	314791
河　北 Hebei	11733	35435	3663332	1632698
山　西 Shanxi	7331	11346	1171324	509396
内蒙古 Inner Mongolia	5182	6257	660836	260846
辽　宁 Liaoning	1206	2973	421382	179613
吉　林 Jilin	1521	2776	658542	234836
黑龙江 Heilongjiang	2479	4638	1209856	497171
上　海 Shanghai	102	4892	376606	225931
江　苏 Jiangsu	7077	34211	3729222	1802734
浙　江 Zhejiang	8134	34333	3010922	1310671
安　徽 Anhui	1675	7044	694397	300879
福　建 Fujian	4714	9786	1252215	544047
江　西 Jiangxi	3035	3286	480879	246115
山　东 Shandong	14341	31795	3357539	1460335
河　南 Henan	17874	34690	3983271	1728834
湖　北 Hubei	2056	5088	613258	251053
湖　南 Hunan	1391	3212	165847	59002
广　东 Guangdong	1513	9721	824697	381901
广　西 Guangxi	4523	13042	2403902	1056299
海　南 Hainan	937	2273	196668	88585
重　庆 Chongqing	6366	19166	2446456	1007864
四　川 Sichuan	12878	38460	3060689	1331846
贵　州 Guizhou	11985	19046	2511101	1196298
云　南 Yunnan	12118	36978	5127204	2568923
西　藏 Tibet				
陕　西 Shaanxi	14781	23109	1944093	886848
甘　肃 Gansu	4346	8535	1078953	483546
青　海 Qinghai	1571	3911	404396	191591
宁　夏 Ningxia				
新　疆 Xinjiang	1587	8158	977801	399992

培训学校基本情况

Training Schools for Peasants

单位：人次

Unit: in Person

注册学生数 Enrolment		教职工数 Teachers, Staff & Workers		聘请校外教师 Part-time Teachers
计 total	其中：女 of which: Female	计 Total	其中：专任教师 of which: Full-time Teacher	
37293423	**16896381**	**250694**	**108821**	**280392**
492951	269165	10464	2563	6384
281575	129081	2237	896	2887
2558719	1229307	15842	6981	20808
942903	403209	12342	3406	10648
616179	240617	7742	2666	4595
288252	118505	1485	635	1726
666582	221973	2598	1875	1534
909991	384649	7895	4421	3350
238094	139245	780	519	1852
2293990	1059120	12209	6219	19516
2839040	1231584	11628	5555	24410
653855	280084	2605	614	7161
1079090	475083	4046	1028	10420
379394	189315	3775	1339	4092
2861635	1253706	29346	17708	17819
3463281	1502672	22693	13847	20262
246978	119119	2494	1394	2176
168616	63313	2158	1018	2139
597403	278038	6263	3207	5435
1626745	734071	11305	3087	9646
163770	80306	1121	194	1967
2027828	892390	5553	2010	8083
2248899	1052600	11859	7774	18824
2663165	1270168	23488	4674	18524
2697044	1312450	4419	1061	28881
1828771	838307	18463	8379	15067
962834	474269	11216	3662	7768
259164	134154	2620	1473	514
1236675	519881	2048	616	3904

其他培训机

Basic Statistics

	学校数(所) Schools	教学班(点)(个) External Teaching Sites (classes)	结业生数 Graduates 计 Total	其中:女 of which: Female
合　计 Total	**27735**	**174122**	**9476408**	**4521900**
北　京 Beijing	1391	18662	1384334	361037
天　津 Tianjin	754	6001	351364	155041
河　北 Hebei	2694	6061	267338	148914
山　西 Shanxi	738	3922	218683	104794
内蒙古 Inner Mongolia	52	118	6017	3416
辽　宁 Liaoning	3494	23081	771455	427641
吉　林 Jilin	2352	3249	59452	28597
黑龙江 Heilongjiang	2069	8220	376970	214953
上　海 Shanghai	759	27940	1303797	708520
江　苏 Jiangsu	5152	19588	1514074	727734
浙　江 Zhejiang	1265	16539	906689	462391
安　徽 Anhui	84	491	42200	19936
福　建 Fujian	361	2055	116513	61022
江　西 Jiangxi	22	41	6044	3896
山　东 Shandong	2020	3497	299847	151398
河　南 Henan	389	753	174542	79319
湖　北 Hubei	221	686	57418	27736
湖　南 Hunan	143	1364	42419	23616
广　东 Guangdong	1469	16033	931143	513657
广　西 Guangxi	257	1772	100257	42731
海　南 Hainan	56	1207	56258	29933
重　庆 Chongqing	47	417	13333	6763
四　川 Sichuan	334	3096	144774	49451
贵　州 Guizhou	101	1087	26813	15398
云　南 Yunnan	116	126	23444	12598
西　藏 Tibet				
陕　西 Shaanxi	850	5867	113824	66305
甘　肃 Gansu	534	2107	136895	60760
青　海 Qinghai	3	82	9174	4933
宁　夏 Ningxia	2	2	14712	5610
新　疆 Xinjiang	6	58	6625	3800

构基本情况
of Others

单位：人次

Unit：in Person

注册学生数 Enrolment		教职工数 Teachers, Staff & Workers		聘请校外教师 Part-time Teachers
计 total	其中：女 of which：Female	计 Total	其中：专任教师 of which：Full-time Teacher	
9810336	**4765119**	**224957**	**118642**	**119923**
1621842	406929	32665	11113	14930
257053	131089	9168	5418	5655
230773	122638	8583	5246	3205
251787	134201	9806	4672	2683
6355	3610	135	108	28
879682	494707	30953	16113	9716
115370	56457	7173	4208	3174
306599	163410	13232	10085	2896
1387474	771016	14844	5654	18094
1689948	860209	20817	11569	11561
945984	491329	12711	7393	12249
39025	16835	798	490	492
94909	47904	4096	2062	1526
6038	3246	145	72	46
240671	128432	11366	5987	4907
114858	76531	2667	1973	962
59742	33067	2363	1466	991
46907	25165	2061	1230	486
851320	462692	19391	11153	12967
108879	46476	3139	1855	743
47886	24709	983	321	357
6581	3007	240	174	127
121017	63276	3394	2101	1905
36754	19592	925	411	319
50032	22168			908
153052	84505	9135	5003	7367
124656	64074	4024	2680	1569
4623	1865	59	50	
6312	2892	13	6	
4207	3088	71	29	60

职业技术培训机

Condition of Fixed Assets and Teaching Resources

地　区 Region	占地面积(平方米) Area of School sites (m^2)	教学行政用房建筑面积(平方米) Administritive (m^2)	图书藏量(册) Books (Volume)
合　计 Total	**132989673**	**37570643**	**102489235**
北　京 Beijing	6104517	2064003	22881712
天　津 Tianjin	1286528	465230	1498950
河　北 Hebei	8433509	1638587	7591818
山　西 Shanxi	12062295	938794	2839221
内蒙古 Inner Mongolia	2237336	305616	1128840
辽　宁 Liaoning	5545234	2061834	7749761
吉　林 Jilin	1918336	470561	502838
黑龙江 Heilongjiang	5693059	1428911	2096473
上　海 Shanghai	2310506	903759	3832366
江　苏 Jiangsu	5666854	2217251	3338353
浙　江 Zhejiang	7155717	2599124	5567254
安　徽 Anhui	1507730	279171	415935
福　建 Fujian	826264	590931	1315900
江　西 Jiangxi	482732	180008	619030
山　东 Shandong	21044065	2744782	10081028
河　南 Henan	11656275	2424676	5510229
湖　北 Hubei	10229707	5152090	1249274
湖　南 Hunan	1429906	893971	1146868
广　东 Guangdong	5296801	2997511	7367208
广　西 Guangxi	2567759	517000	1974947
海　南 Hainan	391602	146209	349501
重　庆 Chongqing	641173	320992	487210
四　川 Sichuan	2486199	1120048	1841450
贵　州 Guizhou	1619659	386666	757873
云　南 Yunnan	1412782	1349679	1253015
西　藏 Tibet			
陕　西 Shaanxi	7291739	2294965	6872147
甘　肃 Gansu	3624223	856618	956465
青　海 Qinghai	449331	65852	120244
宁　夏 Ningxia	2690	3200	10000
新　疆 Xinjiang	1615145	152604	1133325

构资产情况

in Vocational-Technical Training Institutions

教学用计算机(台)No. of computers used for Instruction	语音实验室座位数(个) No. of Seats in Audio-Labs	多媒体教室座位数(个) No. of Seats in Multi-media Class rooms	固定资产总值(万元) Fixed Assets (in 10,000 yuan)	
			计 Total	其中:教学、实习仪器设备资产值 of which: Teaching Equipment & Instruments
1861636	**175134**	**1749752**	**249953700.8**	**119281700.4**
17741	4370	19826	223780614.9	102978456
27489	4816	8722	38304.62	14328.56
29962	8529	27939	230746.67	108623.48
14677	5129	32771	305098.95	55752.15
2679	1239	2490	21555.47	2393.94
57078	32031	44976	131136.76	49275.98
5754	1827	1953	55865.02	31258.46
31222	9538	6119	83370.3	29555.37
26912	6680	29680	210661.61	29523.03
92038	7749	23751	166199.81	44005.36
39771	13917	49796	897421.33	296666.61
1245	461	1163	22966.84	16267.39
11476	5344	18910	82051.17	35065.16
1081	70	1166	2658930.31	2500314.23
33580	11566	26796	8399020.32	3499400.06
15031	10667	13299	98170.92	21214.81
8735	666	5473	33936.75	10992.08
12331	1683	4970	53520.33	19584.08
68057	19567	74573	11382747.6	8932931.45
6347	1291	3603	376593.66	127235.72
705	690	798	4260.77	1225.86
2882	595	819	9670.6	1853.02
13373	5376	8090	73180.31	26066.58
3588	228	3600	636022.25	404953.91
1213	451	1211	19720.7	2117.85
1325725	17975	1319542	105364.7	24977.62
9486	2606	12185	59356.97	8830.11
757	73	113	3316.78	716.07
100		2	1200	75
601		5416	12694.43	8040.43

地　区 Region	占地面积(平方米) Area of School sites (m^2)	教学行政用房建筑面积(平方米) Administritive (m^2)	图书藏量(册) Books (Volume)
合　计 Total	**20996095**	**4111284**	**8624519**
北　京 Beijing	231772	44366	234560
天　津 Tianjin	131225	47768	97768
河　北 Hebei	852534	170626	536886
山　西 Shanxi	7096342	368590	649049
内蒙古 Inner Mongolia	260008	32708	106608
辽　宁 Liaoning	12100	5810	9800
吉　林 Jilin	181410	14998	62967
黑龙江 Heilongjiang	434966	196507	307348
上　海 Shanghai	210665	121726	673836
江　苏 Jiangsu	1257205	627345	932039
浙　江 Zhejiang	587303	335644	569989
安　徽 Anhui	39272	27054	28605
福　建 Fujian	143124	112796	418572
江　西 Jiangxi	6358	4236	6282
山　东 Shandong	5425461	258445	1101873
河　南 Henan	761458	275306	583974
湖　北 Hubei	364987	152583	301966
湖　南 Hunan	499697	410343	285891
广　东 Guangdong	471620	409941	499703
广　西 Guangxi	270845	70219	146182
海　南 Hainan	30505	28035	46570
重　庆 Chongqing	21820	9950	21200
四　川 Sichuan	201571	120021	198288
贵　州 Guizhou	93511	13747	84548
云　南 Yunnan	17967	3445	9286
西　藏 Tibet			
陕　西 Shaanxi	666629	110796	479301
甘　肃 Gansu	575213	110220	143705
青　海 Qinghai	58210	859	333
宁　夏 Ningxia	510	3000	10000
新　疆 Xinjiang	91807	24200	77390

校资产情况

Resources in Technical Training Schools

教学用计算机(台)No. of computers used for Instruction	语音实验室座位数(个) No. of Seats in Audio-Labs	多媒体教室座位数(个) No. of Seats in Multi-media Class rooms	固定资产总值(万元) Fixed Assets (in 10,000 yuan)	
			计 Total	其中:教学、实习仪器设备资产值 of which: Teaching Equipment & Instruments
89724	**19624**	**56100**	**757307.26**	**179933.64**
2198	171	1511	12680.25	3915.95
1356	300	317	8000.9	1826.77
3993	816	5434	25007.36	4227.9
2352	972	2954	24368	5254.98
1268	306	722	1772.9	469.05
50			301	90.25
600		4	643.9	69.4
3795	1814	1205	32593.6	10199.13
3329	330	4878	41658.33	7049.06
33052	2554	6809	54587.49	14176.26
6289	5950	6291	42155.62	5872.05
174	60	372	15939.6	15111.6
2123		5501	8770.89	2263.97
184		31	133105.63	46035.5
2791	921	3124	144138.94	8879.74
4962	2584	3838	30301.61	8506.89
2164	331	1869	7979.02	2392.81
3691	641	1792	23369	10488
6451	297	4538	51097.14	9353.06
1278		465	58589.54	14670.1
80		105	537	122
480	150	100	1180	440
1431	73	444	6411.4	1154.59
372		70	2120.53	316.5
71			343	139.2
3736	899	2644	19372.76	4018.52
1031	455	819	7910.85	2553.86
15			130	
100		2	400	70
308		261	1841	266.5

农村成人文化技术培

Condition of Fixed Assets and Teaching Resources

地　区 Region	占地面积(平方米) Area of School sites (m^2)	教学行政用房建筑面积(平方米) Administritive (m^2)	图书藏量(册) Books (Volume)
合　计 Total	**80016298**	**19696077**	**37275545**
北　京 Beijing	1075982	182451	905772
天　津 Tianjin	509063	104903	338712
河　北 Hebei	6219351	1059339	5629820
山　西 Shanxi	4371766	357469	1219682
内蒙古 Inner Mongolia	1964195	268264	1018648
辽　宁 Liaoning	458930	144787	192142
吉　林 Jilin	1393373	279697	183651
黑龙江 Heilongjiang	3644227	496238	1018336
上　海 Shanghai	290088	141993	148544
江　苏 Jiangsu	3077413	947363	1705512
浙　江 Zhejiang	5217948	1397805	3081236
安　徽 Anhui	1343942	187739	285679
福　建 Fujian	271031	175661	380773
江　西 Jiangxi	440968	160456	591282
山　东 Shandong	11997286	1317333	3356138
河　南 Henan	10524605	2012425	4768969
湖　北 Hubei	9440460	4269077	584902
湖　南 Hunan	413478	66690	350666
广　东 Guangdong	2140637	1254340	2122810
广　西 Guangxi	1883576	344893	1485830
海　南 Hainan	272645	66652	113651
重　庆 Chongqing	549001	291249	410816
四　川 Sichuan	1539970	682040	1174256
贵　州 Guizhou	1465224	345532	634272
云　南 Yunnan	1350719	1306250	1174698
西　藏 Tibet			
陕　西 Shaanxi	3876620	1132040	2696430
甘　肃 Gansu	2410050	519600	567362
青　海 Qinghai	356192	58757	116680
宁　夏 Ningxia			
新　疆 Xinjiang	1517558	125034	1018276

训学校资产情况

in Technical Training Schools for Peasants

教学用计算机(台)No. of computers used for Instruction	语音实验室座位数(个)No. of Seats in Audio-Labs	多媒体教室座位数(个)No. of Seats in Multimedia Class rooms	固定资产总值(万元) Fixed Assets (in 10,000 yuan)	
			计 Total	其中:教学、实习仪器设备资产值 of which: Teaching Equipment & Instruments
140707	**31424**	**114749**	**2341355.85**	**999861.6**
2579	341	3370	17084.88	4634.69
914	373	360	6280.72	971.95
9362	4136	9472	95822.07	17208.98
2596	71	511	228083.73	43528.53
1109	783	1698	19117.07	1799.29
1013			6464.7	974.1
352	50	42	12009.78	500.66
6521	1074	925	8095.75	2224.55
3256	230	4175	13299.82	3870.59
39635	2151	6905	54829.67	13537.99
15747	4055	30578	285144.65	154956.85
318	153	150	4033.7	480.75
2311	861	5399	8573.61	1660.99
447	70	875	156394.08	85394.53
6463	2536	5373	51539.54	12619.15
5200	4649	3979	52149.2	6674.94
1211	2	403	13230.4	4168.5
3215	58	461	3182.89	633.74
17378	4402	18469	255247.84	118400.35
1066	81	288	295051.56	102170
127		25	2479.66	366.86
956	155	641	6863.01	838.02
6954	4024	3016	20468.31	2972.37
2763	3	3101	633038.66	404168.98
703	390	1150	17895.23	1408.45
3612	664	1393	24842.28	3330
4091	82	7992	37959.83	2488.79
595	30	110	1845.78	489.07
213		3888	10327.43	7387.93

地　区 Region	占地面积(平方米) Area of School sites (m^2)	教学行政用房建筑面积(平方米) Administritive (m^2)	图书藏量(册) Books (Volume)
合　计 Total	**31977280**	**13763282**	**56589171**
北　京 Beijing	4796763	1837186	21741380
天　津 Tianjin	646240	312559	1062470
河　北 Hebei	1361624	408622	1425112
山　西 Shanxi	594187	212735	970490
内蒙古 Inner Mongolia	13133	4644	3584
辽　宁 Liaoning	5074204	1911237	7547819
吉　林 Jilin	343553	175866	256220
黑龙江 Heilongjiang	1613866	736166	770789
上　海 Shanghai	1809753	640040	3009986
江　苏 Jiangsu	1332236	642543	700802
浙　江 Zhejiang	1350466	865675	1916029
安　徽 Anhui	124516	64378	101651
福　建 Fujian	412109	302474	516555
江　西 Jiangxi	35406	15316	21466
山　东 Shandong	3621318	1169004	5623017
河　南 Henan	370212	136945	157286
湖　北 Hubei	424260	730430	362406
湖　南 Hunan	516731	416938	510311
广　东 Guangdong	2684544	1333230	4744695
广　西 Guangxi	413338	101888	342935
海　南 Hainan	88452	51522	189280
重　庆 Chongqing	70352	19793	55194
四　川 Sichuan	744658	317987	468906
贵　州 Guizhou	60924	27387	39053
云　南 Yunnan	44096	39984	69031
西　藏 Tibet			
陕　西 Shaanxi	2748490	1052129	3696416
甘　肃 Gansu	638960	226798	245398
青　海 Qinghai	34929	6236	3231
宁　夏 Ningxia	2180	200	
新　疆 Xinjiang	5780	3370	37659

资产情况
Teaching Resources in Others

教学用计算机(台)No. of computers used for Instruction	语音实验室座位数(个)No. of Seats in Audio-Labs	多媒体教室座位数(个)No. of Seats in Multimedia Class rooms	固定资产总值(万元) Fixed Assets (in 10,000 yuan)	
			计 Total	其中:教学、实习仪器设备资产值 of which: Teaching Equipment & Instruments
1631205	**124086**	**1578903**	**246855037.7**	**118101905.2**
12964	3858	14945	223750849.7	102969905.4
25219	4143	8045	24023	11529.84
16607	3577	13033	109917.24	87186.6
9729	4086	29306	52647.22	6968.64
302	150	70	665.5	125.6
56015	32031	44976	124371.06	48211.63
4802	1777	1907	43211.34	30688.4
20906	6650	3989	42680.95	17131.69
20327	6120	20627	155703.46	18603.38
19351	3044	10037	56782.65	16291.11
17735	3912	12927	570121.06	135837.71
753	248	641	2993.54	675.04
7042	4483	8010	64706.67	31140.2
450		260	2369430.6	2368884.2
24326	8109	18299	8203341.84	3477901.17
4869	3434	5482	15720.11	6032.98
5360	333	3201	12727.33	4430.77
5425	984	2717	26968.44	8462.34
44228	14868	51566	11076402.62	8805178.04
4003	1210	2850	22952.56	10395.62
498	690	668	1244.11	737
1446	290	78	1627.59	575
4988	1279	4630	46300.6	21939.62
453	225	429	863.06	468.43
439	61	61	1482.47	570.2
1318377	16412	1315505	61149.66	17629.1
4364	2069	3374	13486.29	3787.46
147	43	3	1341	227
			800	5
80		1267	526	386

初中阶段校数、班数(总计)

Number of Junior Secondary Schools and Classes (Regional Aggregates)

	学校数(所) Schools	班数(个) Classes				
		计 Total	一年级 Grade 1	二年级 Grade 2	三年级 Grade 3	四年级 Grade 4
合　计 Total	**62486**	**1111434**	**358911**	**365028**	**366719**	**20776**
北　京 Beijing	404	10187	3214	3232	3698	43
天　津 Tianjin	408	8483	2472	2675	2821	515
河　北 Hebei	3943	66808	21121	22143	23166	378
山　西 Shanxi	2760	36146	12172	12109	11640	225
内蒙古 Inner Mongolia	1346	22372	6769	6966	7196	1441
辽　宁 Liaoning	1798	31331	10167	10158	10509	497
吉　林 Jilin	1374	21816	6976	7116	7478	246
黑龙江 Heilongjiang	2119	34154	9273	9302	8261	7318
上　海 Shanghai	488	12123	2967	2944	3020	3192
江　苏 Jiangsu	2292	62623	19706	21090	21822	5
浙　江 Zhejiang	1914	36596	12103	11817	12636	40
安　徽 Anhui	3360	55333	18127	18802	18380	24
福　建 Fujian	1404	33176	10388	11336	11452	
江　西 Jiangxi	2187	34462	11164	11256	12040	2
山　东 Shandong	3592	71318	20792	22247	22537	5742
河　南 Henan	5269	89323	29864	30013	29254	192
湖　北 Hubei	2609	50306	16232	16667	16959	448
湖　南 Hunan	3762	51782	14608	17205	19969	
广　东 Guangdong	3301	80563	28315	26996	25250	2
广　西 Guangxi	2368	40298	13886	13524	12888	
海　南 Hainan	456	7515	2739	2513	2263	
重　庆 Chongqing	1139	22471	7694	7409	7362	6
四　川 Sichuan	4211	62069	20484	20684	20789	112
贵　州 Guizhou	2262	36197	12461	12098	11638	
云　南 Yunnan	1830	34642	11568	11351	11429	294
西　藏 Tibet	94	2287	821	771	695	
陕　西 Shaanxi	2092	36264	12094	12264	11903	3
甘　肃 Gansu	1559	23983	8339	7947	7690	7
青　海 Qinghai	370	4449	1518	1488	1418	25
宁　夏 Ningxia	317	5134	1854	1682	1598	
新　疆 Xinjiang	1458	27223	9023	9223	8958	19

普通初中校数、班数(总计)

Number of Junior Schools and Classes (Regional Aggregates)

	学校数(所) Schools			班数(个) Classes				
	合计 Total	初级中学 Junior Sec. Schools	九年一贯制学校 9-Year Sec. Schools	计 Total	一年级 Grade 1	二年级 Grade 2	三年级 Grade 3	四年级 Grade 4
合　计 Total	**61885**	**51991**	**9894**	**1103556**	**356852**	**362347**	**363813**	**20544**
北　京 Beijing	404	353	51	10187	3214	3232	3698	43
天　津 Tianjin	408	371	37	8483	2472	2675	2821	515
河　北 Hebei	3918	3598	320	66547	21047	22060	23068	372
山　西 Shanxi	2698	2359	339	35653	12016	11951	11461	225
内蒙古 Inner Mongolia	1224	962	262	21099	6446	6574	6760	1319
辽　宁 Liaoning	1798	1573	225	31331	10167	10158	10509	497
吉　林 Jilin	1341	1140	201	21214	6802	6936	7257	219
黑龙江 Heilongjiang	2112	1779	333	33992	9257	9273	8212	7250
上　海 Shanghai	487	346	141	12105	2962	2937	3015	3191
江　苏 Jiangsu	2292	2022	270	62623	19706	21090	21822	5
浙　江 Zhejiang	1913	1628	285	36596	12103	11817	12636	40
安　徽 Anhui	3188	2935	253	53219	17524	18051	17625	19
福　建 Fujian	1403	1309	94	33169	10385	11334	11450	
江　西 Jiangxi	2184	1862	322	34439	11160	11246	12031	2
山　东 Shandong	3591	3251	340	71312	20790	22245	22535	5742
河　南 Henan	5262	4992	270	89247	29848	29983	29224	192
湖　北 Hubei	2578	2269	309	49938	16128	16536	16828	446
湖　南 Hunan	3760	3073	687	51773	14605	17202	19966	
广　东 Guangdong	3301	2768	533	80563	28315	26996	25250	2
广　西 Guangxi	2358	2168	190	40218	13870	13492	12856	
海　南 Hainan	456	325	131	7515	2739	2513	2263	
重　庆 Chongqing	1137	965	172	22466	7693	7408	7359	6
四　川 Sichuan	4199	2542	1657	61904	20418	20633	20742	111
贵　州 Guizhou	2193	1698	495	35552	12256	11893	11403	
云　南 Yunnan	1814	1683	131	34251	11439	11206	11312	294
西　藏 Tibet	93	91	2	2281	815	771	695	
陕　西 Shaanxi	2088	1738	350	36218	12081	12248	11886	3
甘　肃 Gansu	1553	1150	403	23976	8337	7945	7687	7
青　海 Qinghai	367	142	225	4414	1516	1458	1415	25
宁　夏 Ningxia	316	222	94	5076	1832	1663	1581	
新　疆 Xinjiang	1449	677	772	26195	8909	8821	8446	19

普通初中校数、班数(城市)

Number of Junior Schools and Classes (Urban)

	学校数(所) Schools			班数(个) Classes				
	合 计 Total	初级中学 Junior Sec. Schools	九年一贯制学校 9-Year Sec. Schools	计 Total	一年级 Grade 1	二年级 Grade 2	三年级 Grade 3	四年级 Grade 4
合 计 Total	**8157**	**5946**	**2211**	**204174**	**66311**	**64532**	**65222**	**8109**
北 京 Beijing	123	105	18	4957	1671	1602	1664	20
天 津 Tianjin	148	129	19	3346	1024	1099	1128	95
河 北 Hebei	384	266	118	10404	3455	3313	3431	205
山 西 Shanxi	322	252	70	7503	2574	2485	2405	39
内蒙古 Inner Mongolia	225	168	57	6164	1832	1891	1869	572
辽 宁 Liaoning	491	430	61	11130	3522	3443	3674	491
吉 林 Jilin	192	174	18	4585	1443	1363	1596	183
黑龙江 Heilongjiang	424	362	62	8883	2424	2135	2368	1956
上 海 Shanghai	260	205	55	6722	1612	1604	1671	1835
江 苏 Jiangsu	425	354	71	12657	4231	4247	4174	5
浙 江 Zhejiang	382	310	72	10209	3540	3321	3312	36
安 徽 Anhui	334	247	87	8129	2668	2738	2710	13
福 建 Fujian	143	117	26	5730	1919	1899	1912	
江 西 Jiangxi	149	102	47	3840	1360	1204	1276	
山 东 Shandong	662	524	138	15705	4563	4653	4589	1900
河 南 Henan	546	447	99	12400	4089	4086	4057	168
湖 北 Hubei	465	325	140	9250	3035	2748	3055	412
湖 南 Hunan	294	194	100	6958	2193	2301	2464	
广 东 Guangdong	711	411	300	17490	6182	5838	5469	1
广 西 Guangxi	223	118	105	4467	1523	1503	1441	
海 南 Hainan	57	20	37	1271	425	429	417	
重 庆 Chongqing	107	87	20	3337	1172	1091	1068	6
四 川 Sichuan	251	139	112	7503	2551	2445	2399	108
贵 州 Guizhou	195	116	79	3669	1255	1213	1201	
云 南 Yunnan	105	71	34	2903	990	915	953	45
西 藏 Tibet	16	14	2	318	109	103	106	
陕 西 Shaanxi	192	119	73	5441	1851	1803	1784	3
甘 肃 Gansu	105	52	53	3034	989	997	1042	6
青 海 Qinghai	24	4	20	779	265	252	257	5
宁 夏 Ningxia	53	39	14	1184	410	402	372	
新 疆 Xinjiang	149	45	104	4206	1434	1409	1358	5

普通初中校数、班数(县镇)

Number of Junior Schools and Classes (County City & Towns)

	学校数(所) Schools			班数(个) Classes				
	合计 Total	初级中学 Junior Sec. Schools	九年一贯制学校 9-Year Sec. Schools	计 Total	一年级 Grade 1	二年级 Grade 2	三年级 Grade 3	四年级 Grade 4
合　计 Total	**17323**	**15521**	**1802**	**404457**	**131622**	**133179**	**133432**	**6224**
北　京 Beijing	130	113	17	3162	947	994	1198	23
天　津 Tianjin	143	135	8	3077	853	977	1004	243
河　北 Hebei	1226	1137	89	26085	8354	8672	8978	81
山　西 Shanxi	488	420	68	9664	3299	3262	3066	37
内蒙古 Inner Mongolia	375	307	68	8459	2606	2627	2726	500
辽　宁 Liaoning	191	169	22	4204	1399	1379	1426	
吉　林 Jilin	495	438	57	9473	3087	3169	3184	33
黑龙江 Heilongjiang	402	350	52	8320	2425	2440	1851	1604
上　海 Shanghai	207	131	76	5078	1273	1260	1267	1278
江　苏 Jiangsu	680	605	75	23150	7313	7770	8067	
浙　江 Zhejiang	1005	934	71	20820	6814	6748	7254	4
安　徽 Anhui	648	607	41	15928	5303	5437	5188	
福　建 Fujian	440	427	13	15212	4716	5203	5293	
江　西 Jiangxi	656	570	86	14283	4732	4610	4941	
山　东 Shandong	1470	1385	85	33641	9826	10607	10947	2261
河　南 Henan	1238	1162	76	26175	8749	8730	8672	24
湖　北 Hubei	478	425	53	10925	3562	3689	3644	30
湖　南 Hunan	984	866	118	18686	5408	6211	7067	
广　东 Guangdong	1419	1312	107	40771	14239	13622	12909	1
广　西 Guangxi	1163	1131	32	23848	8299	8009	7540	
海　南 Hainan	199	171	28	4167	1550	1382	1235	
重　庆 Chongqing	154	129	25	4118	1429	1377	1312	
四　川 Sichuan	1108	848	260	24636	8194	8200	8241	1
贵　州 Guizhou	696	626	70	15410	5265	5134	5011	
云　南 Yunnan	507	477	30	12728	4266	4182	4211	69
西　藏 Tibet	76	76		1944	701	660	583	
陕　西 Shaanxi	227	200	27	5947	1976	1999	1972	
甘　肃 Gansu	247	209	38	6780	2388	2234	2157	1
青　海 Qinghai	64	34	30	1530	526	503	481	20
宁　夏 Ningxia	72	53	19	1717	613	584	520	
新　疆 Xinjiang	135	74	61	4519	1510	1508	1487	14

普通初中校数、班数(农村)

Number of Junior Schools and Classes (Rural)

	学校数(所) Schools			班数(个) Classes				
	合 计 Total	初级中学 Junior Sec. Schools	九年一贯制学校 9-Year Sec. Schools	计 Total	一年级 Grade 1	二年级 Grade 2	三年级 Grade 3	四年级 Grade 4
合 计 Total	**36405**	**30524**	**5881**	**494925**	**158919**	**164636**	**165159**	**6211**
北 京 Beijing	151	135	16	2068	596	636	836	
天 津 Tianjin	117	107	10	2060	595	599	689	177
河 北 Hebei	2308	2195	113	30058	9238	10075	10659	86
山 西 Shanxi	1888	1687	201	18486	6143	6204	5990	149
内蒙古 Inner Mongolia	624	487	137	6476	2008	2056	2165	247
辽 宁 Liaoning	1116	974	142	15997	5246	5336	5409	6
吉 林 Jilin	654	528	126	7156	2272	2404	2477	3
黑龙江 Heilongjiang	1286	1067	219	16789	4408	4698	3993	3690
上 海 Shanghai	20	10	10	305	77	73	77	78
江 苏 Jiangsu	1187	1063	124	26816	8162	9073	9581	
浙 江 Zhejiang	526	384	142	5567	1749	1748	2070	
安 徽 Anhui	2206	2081	125	29162	9553	9876	9727	6
福 建 Fujian	820	765	55	12227	3750	4232	4245	
江 西 Jiangxi	1379	1190	189	16316	5068	5432	5814	2
山 东 Shandong	1459	1342	117	21966	6401	6985	6999	1581
河 南 Henan	3478	3383	95	50672	17010	17167	16495	
湖 北 Hubei	1635	1519	116	29763	9531	10099	10129	4
湖 南 Hunan	2482	2013	469	26129	7004	8690	10435	
广 东 Guangdong	1171	1045	126	22302	7894	7536	6872	
广 西 Guangxi	972	919	53	11903	4048	3980	3875	
海 南 Hainan	200	134	66	2077	764	702	611	
重 庆 Chongqing	876	749	127	15011	5092	4940	4979	
四 川 Sichuan	2840	1555	1285	29765	9673	9988	10102	2
贵 州 Guizhou	1302	956	346	16473	5736	5546	5191	
云 南 Yunnan	1202	1135	67	18620	6183	6109	6148	180
西 藏 Tibet	1	1		19	5	8	6	
陕 西 Shaanxi	1669	1419	250	24830	8254	8446	8130	
甘 肃 Gansu	1201	889	312	14162	4960	4714	4488	
青 海 Qinghai	279	104	175	2105	725	703	677	
宁 夏 Ningxia	191	130	61	2175	809	677	689	
新 疆 Xinjiang	1165	558	607	17470	5965	5904	5601	

职业初中校数、班数(总计)

Number of Schools, Classes Admitted in Vocational Schools (Regional Aggregates)

	学校数(所) Schools	班数(个) Classes				
		计 Total	一年级 Grade 1	二年级 Grade 2	三年级 Grade 3	四年级 Grade 4
合　计 Total	**601**	**7878**	**2059**	**2681**	**2906**	**232**
北　京 Beijing						
天　津 Tianjin						
河　北 Hebei	25	261	74	83	98	6
山　西 Shanxi	62	493	156	158	179	
内蒙古 Inner Mongolia	122	1273	323	392	436	122
辽　宁 Liaoning						
吉　林 Jilin	33	602	174	180	221	27
黑龙江 Heilongjiang	7	162	16	29	49	68
上　海 Shanghai	1	18	5	7	5	1
江　苏 Jiangsu						
浙　江 Zhejiang	1					
安　徽 Anhui	172	2114	603	751	755	5
福　建 Fujian	1	7	3	2	2	
江　西 Jiangxi	3	23	4	10	9	
山　东 Shandong	1	6	2	2	2	
河　南 Henan	7	76	16	30	30	
湖　北 Hubei	31	368	104	131	131	2
湖　南 Hunan	2	9	3	3	3	
广　东 Guangdong						
广　西 Guangxi	10	80	16	32	32	
海　南 Hainan						
重　庆 Chongqing	2	5	1	1	3	
四　川 Sichuan	12	165	66	51	47	1
贵　州 Guizhou	69	645	205	205	235	
云　南 Yunnan	16	391	129	145	117	
西　藏 Tibet	1	6	6			
陕　西 Shaanxi	4	46	13	16	17	
甘　肃 Gansu	6	7	2	2	3	
青　海 Qinghai	3	35	2	30	3	
宁　夏 Ningxia	1	58	22	19	17	
新　疆 Xinjiang	9	1028	114	402	512	

职业初中校数、班数(城市)

Number of Schools, Classes Admitted in Vocational Schools (Urban)

	学校数(所) Schools	班数(个) Classes				
		计 Total	一年级 Grade 1	二年级 Grade 2	三年级 Grade 3	四年级 Grade 4
合　计 Total	**26**	**262**	**72**	**82**	**106**	**2**
北　京 Beijing						
天　津 Tianjin						
河　北 Hebei	1	15		5	10	
山　西 Shanxi	6	97	31	29	37	
内蒙古 Inner Mongolia		6	2	2	2	
辽　宁 Liaoning						
吉　林 Jilin	2	19	7	6	6	
黑龙江 Heilongjiang		8	3	2	2	1
上　海 Shanghai	1	18	5	7	5	1
江　苏 Jiangsu						
浙　江 Zhejiang						
安　徽 Anhui	1	29	6	10	13	
福　建 Fujian						
江　西 Jiangxi						
山　东 Shandong						
河　南 Henan						
湖　北 Hubei	6	13	4	5	4	
湖　南 Hunan	1	3	1	1	1	
广　东 Guangdong						
广　西 Guangxi	1	14	3	6	5	
海　南 Hainan						
重　庆 Chongqing	2	5	1	1	3	
四　川 Sichuan		2		1	1	
贵　州 Guizhou	2	26	8	5	13	
云　南 Yunnan		3	1	1	1	
西　藏 Tibet						
陕　西 Shaanxi						
甘　肃 Gansu	2					
青　海 Qinghai	1					
宁　夏 Ningxia						
新　疆 Xinjiang		4		1	3	

职业初中校数、班数(县镇)

Number of Schools, Classes Admitted in Vocational Schools (County City & Towns)

	学校数(所) Schools	班数(个) Classes				
		计 Total	一年级 Grade 1	二年级 Grade 2	三年级 Grade 3	四年级 Grade 4
合　计 Total	**144**	**2063**	**573**	**695**	**774**	**21**
北　京 Beijing						
天　津 Tianjin						
河　北 Hebei	10	150	44	45	55	6
山　西 Shanxi	19	173	51	58	64	
内蒙古 Inner Mongolia	25	363	92	119	145	7
辽　宁 Liaoning						
吉　林 Jilin	17	344	100	104	133	7
黑龙江 Heilongjiang	1	3		2	1	
上　海 Shanghai						
江　苏 Jiangsu						
浙　江 Zhejiang	1					
安　徽 Anhui	18	310	93	107	110	
福　建 Fujian						
江　西 Jiangxi	2	13	2	6	5	
山　东 Shandong						
河　南 Henan	2	12	4	4	4	
湖　北 Hubei	4	82	23	28	31	
湖　南 Hunan	1	6	2	2	2	
广　东 Guangdong						
广　西 Guangxi	8	63	12	25	26	
海　南 Hainan						
重　庆 Chongqing						
四　川 Sichuan	4	51	24	15	11	1
贵　州 Guizhou	14	174	49	51	74	
云　南 Yunnan	9	145	40	50	55	
西　藏 Tibet	1	6	6			
陕　西 Shaanxi	1	18	6	6	6	
甘　肃 Gansu	3	3	1	1	1	
青　海 Qinghai	2	26		26		
宁　夏 Ningxia	1	31	10	10	11	
新　疆 Xinjiang	1	90	14	36	40	

职业初中校数、班数(农村)

Number of Schools, Classes Admitted in Vocational Schools (Rural)

	学校数(所) Schools	班数(个) Classes				
		计 Total	一年级 Grade 1	二年级 Grade 2	三年级 Grade 3	四年级 Grade 4
合　计 Total	**431**	**5553**	**1414**	**1904**	**2026**	**209**
北　京 Beijing						
天　津 Tianjin						
河　北 Hebei	14	96	30	33	33	
山　西 Shanxi	37	223	74	71	78	
内蒙古 Inner Mongolia	97	904	229	271	289	115
辽　宁 Liaoning						
吉　林 Jilin	14	239	67	70	82	20
黑龙江 Heilongjiang	6	151	13	25	46	67
上　海 Shanghai						
江　苏 Jiangsu						
浙　江 Zhejiang						
安　徽 Anhui	153	1775	504	634	632	5
福　建 Fujian	1	7	3	2	2	
江　西 Jiangxi	1	10	2	4	4	
山　东 Shandong	1	6	2	2	2	
河　南 Henan	5	64	12	26	26	
湖　北 Hubei	21	273	77	98	96	2
湖　南 Hunan						
广　东 Guangdong						
广　西 Guangxi	1	3	1	1	1	
海　南 Hainan						
重　庆 Chongqing						
四　川 Sichuan	8	112	42	35	35	
贵　州 Guizhou	53	445	148	149	148	
云　南 Yunnan	7	243	88	94	61	
西　藏 Tibet						
陕　西 Shaanxi	3	28	7	10	11	
甘　肃 Gansu	1	4	1	1	2	
青　海 Qinghai		9	2	4	3	
宁　夏 Ningxia		27	12	9	6	
新　疆 Xinjiang	8	934	100	365	469	

初中阶段学生数(总计)

Number of Students in Junior Schools (Regional Aggregates)

单位:人

Unit: in Person

	毕业生数 Graduates	招生数 Students Admitted	在校学生数 Enrolment						毕业班学生数 Graduates for Next Year
			合计 Total	其中女 of Which: Female	一年级 Grade 1	二年级 Grade 2	三年级 Grade 3	四年级 Grade 4	
合 计 Total	**21234282**	**19875826**	**62149442**	**29406199**	**19926332**	**20554390**	**20630755**	**1037965**	**20863049**
北 京 Beijing	156388	93048	321585	155517	93410	101510	125328	1337	125317
天 津 Tianjin	136812	99780	359110	175751	99848	111605	123432	24225	124625
河 北 Hebei	1391460	1156139	3717400	1832465	1156878	1222679	1319091	18752	1328401
山 西 Shanxi	641634	631332	1925358	938247	641232	668949	604161	11016	610569
内蒙古 Inner Mongolia	372038	327716	1086232	524884	329617	345869	348411	62335	351948
辽 宁 Liaoning	555596	495535	1570269	759817	496930	499989	548681	24669	549048
吉 林 Jilin	390775	328294	1091970	525336	328828	356070	394641	12431	394886
黑龙江 Heilongjiang	572736	436234	1703881	831911	436556	455024	423159	389142	544898
上 海 Shanghai	154876	110852	467354	226438	111090	113314	118006	124944	124944
江 苏 Jiangsu	1203306	1052992	3462294	1604336	1053469	1178264	1230389	172	1230374
浙 江 Zhejiang	637364	560508	1710877	800419	560718	550783	597639	1737	597890
安 徽 Anhui	1175022	1157332	3576475	1683414	1159837	1223502	1191870	1266	1191999
福 建 Fujian	576948	538054	1769594	827128	538668	604716	626210	0	626210
江 西 Jiangxi	743165	645271	2013555	909365	651363	662607	699516	69	699512
山 东 Shandong	1498268	1124993	3959449	1860757	1125031	1249314	1274844	310260	1351155
河 南 Henan	1986570	1896753	5702735	2735870	1901055	1915318	1876627	9735	1877037
湖 北 Hubei	1064044	1018480	3198916	1484556	1020047	1071169	1085197	22503	1085185
湖 南 Hunan	1251842	812889	2972968	1415390	813301	999171	1160496	0	1160496
广 东 Guangdong	1368854	1626601	4627044	2170053	1626774	1557435	1442735	100	1442735
广 西 Guangxi	747844	814636	2343435	1092937	816063	792261	735111	0	735111
海 南 Hainan	130345	167719	466186	209687	167966	156466	141754	0	141754
重 庆 Chongqing	384982	435328	1253916	596210	437178	418175	398345	218	398405
四 川 Sichuan	1139547	1176081	3478681	1655073	1178942	1163894	1131456	4389	1130350
贵 州 Guizhou	638699	722778	2090920	946227	724247	699267	667406	0	667406
云 南 Yunnan	620768	639066	1925856	897444	643655	626151	639272	16778	645129
西 藏 Tibet	29480	44229	120971	55013	44229	40956	35786	0	35786
陕 西 Shaanxi	713201	698956	2142250	1021872	700997	733604	707518	131	707521
甘 肃 Gansu	424553	485945	1377871	641392	488642	457845	431164	220	431125
青 海 Qinghai	68364	78856	227430	105986	79260	75177	72028	965	72865
宁 夏 Ningxia	88108	104551	284773	133956	105183	92223	87367	0	87367
新 疆 Xinjiang	370693	394878	1200087	588748	395318	411083	393115	571	393001

普通初中学生数(总计)

Number of Students in Junior Secondary Schools (Regional Aggregates)

单位:人

Unit: in Person

	毕业生数 Graduates	招生数 Students Admitted	在校学生数 Enrolment						毕业班学生数 Graduates for Next Year
			合计 Total	其中女 of Which: Female	一年级 Grade 1	二年级 Grade 2	三年级 Grade 3	四年级 Grade 4	
合 计 Total	**21065150**	**19765246**	**61718079**	**29208123**	**19813020**	**20406418**	**20470735**	**1027906**	**20700854**
北 京 Beijing	156388	93048	321585	155517	93410	101510	125328	1337	125317
天 津 Tianjin	136812	99780	359110	175751	99848	111605	123432	24225	124625
河 北 Hebei	1384009	1152019	3704263	1826357	1152758	1218552	1314420	18533	1323511
山 西 Shanxi	632597	624244	1897840	925281	632382	660062	594380	11016	600788
内蒙古 Inner Mongolia	345067	313496	1031241	497937	315189	328046	329927	58079	333094
辽 宁 Liaoning	555596	495535	1570269	759817	496930	499989	548681	24669	549048
吉 林 Jilin	375973	319725	1057933	509335	320259	345382	381652	10640	382516
黑龙江 Heilongjiang	565215	435524	1695823	828132	435846	453778	420408	385791	540016
上 海 Shanghai	154468	110740	466962	226287	110978	113166	117894	124924	124924
江 苏 Jiangsu	1203306	1052992	3462294	1604336	1053469	1178264	1230389	172	1230374
浙 江 Zhejiang	637297	560508	1710877	800419	560718	550783	597639	1737	597890
安 徽 Anhui	1125179	1119706	3439620	1619604	1122135	1174170	1142316	999	1142434
福 建 Fujian	576832	537933	1769284	826997	538536	604603	626145		626145
江 西 Jiangxi	742480	645042	2012287	908852	651134	662055	699029	69	699025
山 东 Shandong	1497648	1124890	3959117	1860606	1124928	1249205	1274724	310260	1351035
河 南 Henan	1983617	1895901	5698301	2733955	1900203	1913572	1874791	9735	1875201
湖 北 Hubei	1055083	1011186	3172392	1472679	1012753	1061633	1075632	22374	1075491
湖 南 Hunan	1251757	812790	2972610	1415197	813202	999034	1160374		1160374
广 东 Guangdong	1368854	1626601	4627044	2170053	1626774	1557435	1442735	100	1442735
广 西 Guangxi	745439	813749	2339138	1091249	815176	790576	733386		733386
海 南 Hainan	130345	167719	466186	209687	167966	156466	141754		141754
重 庆 Chongqing	384891	435286	1253778	596125	437136	418164	398260	218	398320
四 川 Sichuan	1137068	1172825	3470817	1651750	1175683	1161461	1129310	4363	1128178
贵 州 Guizhou	627254	710857	2054382	929916	712326	687562	654494		654494
云 南 Yunnan	614981	633119	1905763	888328	637041	618624	633320	16778	639177
西 藏 Tibet	29396	43964	120706	54932	43964	40956	35786		35786
陕 西 Shaanxi	712394	698088	2139326	1020473	700129	732626	706440	131	706443
甘 肃 Gansu	423489	485890	1377671	641301	488582	457796	431073	220	431034
青 海 Qinghai	68123	78763	226991	105778	79167	74950	71909	965	72746
宁 夏 Ningxia	87233	103102	280950	132392	103734	90940	86276		86276
新 疆 Xinjiang	356359	390224	1153519	569080	390664	393453	368831	571	368717

普通初中学生数(城市)

Number of Students in Junior Secondary Schools (Urban)

单位：人

Unit: in Person

	毕业生数 Graduates	招生数 Students Admitted	在校学生数 Enrolment						毕业班学生数 Graduates for Next Year
			合计 Total	其中女 of Which: Female	一年级 Grade 1	二年级 Grade 2	三年级 Grade 3	四年级 Grade 4	
合计 Total	**3461482**	**3363494**	**10358204**	**4902244**	**3366771**	**3298807**	**3308657**	**383969**	**3349452**
北京 Beijing	67495	48372	153037	75043	48429	49711	54207	690	54207
天津 Tianjin	56845	40294	135073	66634	40328	44501	46497	3747	46567
河北 Hebei	195307	189408	566781	276262	189447	180096	186729	10509	190370
山西 Shanxi	134126	142087	413629	199835	143771	144726	123426	1706	123601
内蒙古 Inner Mongolia	101494	97688	323840	157606	97698	101350	97730	27062	102336
辽宁 Liaoning	194672	169218	540294	262139	169326	164930	181641	24397	183733
吉林 Jilin	80379	71658	234487	111148	71697	68807	84596	9387	85323
黑龙江 Heilongjiang	131226	119009	436189	212846	119096	105518	117089	94486	122461
上海 Shanghai	90370	57474	249953	121610	57590	59319	62946	70098	70098
江苏 Jiangsu	206679	197235	594126	278051	197250	201797	194907	172	194892
浙江 Zhejiang	164539	165445	476236	217474	165501	153460	155721	1554	155987
安徽 Anhui	155152	153053	469211	218584	153150	158533	156888	640	156985
福建 Fujian	87940	93949	282626	127125	94070	93320	95236		95236
江西 Jiangxi	76861	74202	209205	93552	74342	65480	69383		69383
山东 Shandong	278633	230511	809443	379000	230531	241254	235713	101945	253036
河南 Henan	234924	222766	682826	324458	222883	224997	226220	8726	226592
湖北 Hubei	169257	162324	494739	230560	162350	149311	162215	20863	162090
湖南 Hunan	142201	122254	392393	185631	122277	130925	139191		139191
广东 Guangdong	258191	320142	905065	417332	320240	302743	282032	50	282033
广西 Guangxi	75706	79178	232911	105324	79208	79597	74106		74106
海南 Hainan	21020	23628	71163	30671	23630	24172	23361		23361
重庆 Chongqing	48610	57667	160633	77588	57696	52952	49767	218	49827
四川 Sichuan	119521	138987	397223	190158	139054	131154	122806	4209	122170
贵州 Guizhou	64451	67815	197910	95465	67835	65181	64894		64894
云南 Yunnan	47880	51346	146887	72485	51433	45343	47162	2949	46758
西藏 Tibet	4885	5338	14919	7091	5338	4738	4843		4843
陕西 Shaanxi	98133	99241	289638	137094	99268	96480	93759	131	93762
甘肃 Gansu	56541	55418	166629	79192	55536	54247	56649	197	56602
青海 Qinghai	12942	14715	42675	20483	14717	13830	13965	163	14057
宁夏 Ningxia	22292	23728	67103	32572	23731	22558	20814		20814
新疆 Xinjiang	63210	69344	201360	99231	69349	67777	64164	70	64137

普通初中学生数(县镇)

Number of Students in Junior Secondary Schools (County City & Towns)

单位:人

Unit: in Person

	毕业生数 Graduates	招生数 Students Admitted	在校学生数 Enrolment 合 计 Total	其中女 of Which: Female	一年级 Grade 1	二年级 Grade 2	三年级 Grade 3	四年级 Grade 4	毕业班学生数 Graduates for Next Year
合 计 Total	**7852565**	**7576314**	**23513281**	**11054481**	**7598541**	**7808060**	**7790447**	**316233**	**7871978**
北 京 Beijing	53233	29174	105736	50913	29348	32914	42827	647	42816
天 津 Tianjin	45600	35300	134630	66256	35328	41599	45355	12348	46202
河 北 Hebei	540589	477832	1514279	743666	478399	503126	528411	4343	531742
山 西 Shanxi	173635	180413	551579	266934	185050	196588	167898	2043	169264
内蒙古 Inner Mongolia	142727	130752	432249	208044	132221	137533	140075	22420	140467
辽 宁 Liaoning	78342	76542	235881	115042	76899	75224	83758		81885
吉 林 Jilin	172714	154211	496686	240849	154590	167078	173811	1207	173936
黑龙江 Heilongjiang	143990	121842	440783	214969	121915	127845	101681	89342	144075
上 海 Shanghai	60357	50527	205510	99251	50638	51106	52033	51733	51733
江 苏 Jiangsu	427537	398209	1296586	589355	398322	440524	457740		457740
浙 江 Zhejiang	372085	319622	990492	466433	319756	320923	349630	183	349615
安 徽 Anhui	332054	353087	1069865	495116	353771	367319	348775		348775
福 建 Fujian	272156	249694	832071	387508	249955	284506	297610		297610
江 西 Jiangxi	299710	278579	853597	380169	283035	277546	293016		293016
山 东 Shandong	743357	551695	1941795	907799	551710	618474	647163	124448	681045
河 南 Henan	610363	579156	1756802	836888	581044	589966	584783	1009	584821
湖 北 Hubei	239870	241579	750903	344664	241967	254533	253103	1300	253121
湖 南 Hunan	436402	317075	1124231	531585	317210	379077	427944		427944
广 东 Guangdong	725827	845138	2416570	1137473	845184	810308	761028	50	761027
广 西 Guangxi	457414	510041	1454277	673509	510765	491614	451898		451898
海 南 Hainan	75484	100072	276685	124114	100193	92378	84114		84114
重 庆 Chongqing	71123	90130	256935	121599	90319	86936	79680		79680
四 川 Sichuan	468044	493333	1452122	688274	494477	484981	472613	51	472161
贵 州 Guizhou	287567	314470	918929	415178	315408	306242	297279		297279
云 南 Yunnan	236528	241084	725650	344496	242403	236827	242637	3783	243726
西 藏 Tibet	24409	38248	104653	47361	38248	35766	30639		30639
陕 西 Shaanxi	117370	120937	373365	174509	121261	128373	123731		123731
甘 肃 Gansu	122286	145716	410108	192229	146643	136274	127168	23	127176
青 海 Qinghai	24061	27032	79004	37266	27299	26541	24362	802	25107
宁 夏 Ningxia	30236	34767	97728	46302	35024	33383	29321		29321
新 疆 Xinjiang	67495	70057	213580	106730	70159	72556	70364	501	70312

普通初中学生数(农村)

Number of Students in Junior Secondary Schools (Rural)

单位:人

Unit: in Person

	毕业生数 Graduates	招生数 Students Admitted	在校学生数 Enrolment						毕业班学生数 Graduates for Next Year
			合计 Total	其中女 of Which: Female	一年级 Grade 1	二年级 Grade 2	三年级 Grade 3	四年级 Grade 4	
合　计 Total	**9751103**	**8825438**	**27846594**	**13251398**	**8847708**	**9299551**	**9371631**	**327704**	**9479424**
北　京 Beijing	35660	15502	62812	29561	15633	18885	28294		28294
天　津 Tianjin	34367	24186	89407	42861	24192	25505	31580	8130	31856
河　北 Hebei	648113	484779	1623203	806429	484912	535330	599280	3681	601399
山　西 Shanxi	324836	301744	932632	458512	303561	318748	303056	7267	307923
内蒙古 Inner Mongolia	100846	85056	275152	132287	85270	89163	92122	8597	90291
辽　宁 Liaoning	282582	249775	794094	382636	250705	259835	283282	272	283430
吉　林 Jilin	122880	93856	326760	157338	93972	109497	123245	46	123257
黑龙江 Heilongjiang	289999	194673	818851	400317	194835	220415	201638	201963	273480
上　海 Shanghai	3741	2739	11499	5426	2750	2741	2915	3093	3093
江　苏 Jiangsu	569090	457548	1571582	736930	457897	535943	577742		577742
浙　江 Zhejiang	100673	75441	244149	116512	75461	76400	92288		92288
安　徽 Anhui	637973	613566	1900544	905904	615214	648318	636653	359	636674
福　建 Fujian	216736	194290	654587	312364	194511	226777	233299		233299
江　西 Jiangxi	365909	292261	949485	435131	293757	319029	336630	69	336626
山　东 Shandong	475658	342684	1207879	573807	342687	389477	391848	83867	416954
河　南 Henan	1138330	1093979	3258673	1572609	1096276	1098609	1063788		1063788
湖　北 Hubei	645956	607283	1926750	897455	608436	657789	660314	211	660280
湖　南 Hunan	673154	373461	1455986	697981	373715	489032	593239		593239
广　东 Guangdong	384836	461321	1305409	615248	461350	444384	399675		399675
广　西 Guangxi	212319	224530	651950	312416	225203	219365	207382		207382
海　南 Hainan	33841	44019	118338	54902	44143	39916	34279		34279
重　庆 Chongqing	265158	287489	836210	396938	289121	278276	268813		268813
四　川 Sichuan	549503	540505	1621472	773318	542152	545326	533891	103	533847
贵　州 Guizhou	275236	328572	937543	419273	329083	316139	292321		292321
云　南 Yunnan	330573	340689	1033226	471347	343205	336454	343521	10046	348693
西　藏 Tibet	102	378	1134	480	378	452	304		304
陕　西 Shaanxi	496891	477910	1476323	708870	479600	507773	488950		488950
甘　肃 Gansu	244662	284756	800934	369880	286403	267275	247256		247256
青　海 Qinghai	31120	37016	105312	48029	37151	34579	33582		33582
宁　夏 Ningxia	34705	44607	116119	53518	44979	34999	36141		36141
新　疆 Xinjiang	225654	250823	738579	363119	251156	253120	234303		234268

普通初中女学生数

Number of Female Students in Junior Secondary Schools

单位：人
Unit：in Person

	毕业生数 Graduates	招生数 Students Admitted	在校学生数 Enrolment					毕业班学生数 Graduates for Next Year
			合计 Total	一年级 Grade 1	二年级 Grade 2	三年级 Grade 3	四年级 Grade 4	
合计 Total	**10057523**	**9319992**	**29208123**	**9336538**	**9632340**	**9737561**	**501684**	**9775935**
北京 Beijing	76244	45369	155517	45428	48870	60597	622	59181
天津 Tianjin	67339	48661	175751	48668	54529	60919	11635	60878
河北 Hebei	684105	564577	1826357	564895	599983	652376	9103	652765
山西 Shanxi	308844	305510	925281	308746	316564	294552	5419	293505
内蒙古 Inner Mongolia	169880	149738	497937	150565	156118	161401	29853	164017
辽宁 Liaoning	273999	240213	759817	240659	243081	264036	12041	264327
吉林 Jilin	187426	154504	509335	154567	166829	182759	5180	181679
黑龙江 Heilongjiang	277296	212765	828132	212869	220316	204976	189971	264209
上海 Shanghai	75962	53346	226287	53389	54679	57299	60920	60920
江苏 Jiangsu	562741	488949	1604336	489054	544599	570583	100	570578
浙江 Zhejiang	300840	262695	800419	262767	256277	280662	713	278302
安徽 Anhui	533200	529807	1619604	530771	551535	536839	459	536234
福建 Fujian	278902	248750	826997	248843	281632	296522		296522
江西 Jiangxi	337824	294345	908852	295847	297630	315335	40	304635
山东 Shandong	708664	525963	1860606	525975	587907	598165	148559	635546
河南 Henan	952622	905430	2733955	907328	918104	903768	4755	900982
湖北 Hubei	491118	469328	1472679	469867	493214	498630	10968	490026
湖南 Hunan	604291	384556	1415197	384695	473627	556875		556875
广东 Guangdong	647453	758060	2170053	758080	729253	682668	52	664886
广西 Guangxi	356007	371121	1091249	371634	367644	351971		347559
海南 Hainan	57738	75527	209687	75551	70499	63637		63637
重庆 Chongqing	182227	207539	596125	208173	198062	189776	114	181031
四川 Sichuan	542869	555141	1651750	556204	551340	542149	2057	540008
贵州 Guizhou	283607	323618	929916	323814	310624	295478		295478
云南 Yunnan	289183	293024	888328	294340	287907	297933	8148	300898
西藏 Tibet	13324	19916	54932	19916	18550	16466		16007
陕西 Shaanxi	344569	329434	1020473	330298	349567	340545	63	340362
甘肃 Gansu	196712	227084	641301	228097	212339	200751	114	195830
青海 Qinghai	32259	36611	105778	36776	34689	33824	489	33366
宁夏 Ningxia	40845	48380	132392	48546	42807	41039		41039
新疆 Xinjiang	179433	190031	569080	190176	193565	185030	309	184653

职业初中学生数(总计)

Number of Students in Vocational Junior Secondary Schools (Regional Aggregates)

单位:人

Unit: in Person

	毕业生数 Graduates	招生数 Students Admitted	在校学生数 Enrolment						毕业班学生数 Graduates for Next Year
			合 计 Total	其中女 of Which: Female	一年级 Grade 1	二年级 Grade 2	三年级 Grade 3	四年级 Grade 4	
合 计 Total	**169132**	**110580**	**431363**	**198076**	**113312**	**147972**	**160020**	**10059**	**162195**
北 京 Beijing									
天 津 Tianjin									
河 北 Hebei	7451	4120	13137	6108	4120	4127	4671	219	4890
山 西 Shanxi	9037	7088	27518	12966	8850	8887	9781		9781
内蒙古 Inner Mongolia	26971	14220	54991	26947	14428	17823	18484	4256	18854
辽 宁 Liaoning									
吉 林 Jilin	14802	8569	34037	16001	8569	10688	12989	1791	12370
黑龙江 Heilongjiang	7521	710	8058	3779	710	1246	2751	3351	4882
上 海 Shanghai	408	112	392	151	112	148	112	20	20
江 苏 Jiangsu									
浙 江 Zhejiang	67								
安 徽 Anhui	49843	37626	136855	63810	37702	49332	49554	267	49565
福 建 Fujian	116	121	310	131	132	113	65		65
江 西 Jiangxi	685	229	1268	513	229	552	487		487
山 东 Shandong	620	103	332	151	103	109	120		120
河 南 Henan	2953	852	4434	1915	852	1746	1836		1836
湖 北 Hubei	8961	7294	26524	11877	7294	9536	9565	129	9694
湖 南 Hunan	85	99	358	193	99	137	122		122
广 东 Guangdong									
广 西 Guangxi	2405	887	4297	1688	887	1685	1725		1725
海 南 Hainan									
重 庆 Chongqing	91	42	138	85	42	11	85		85
四 川 Sichuan	2479	3256	7864	3323	3259	2433	2146	26	2172
贵 州 Guizhou	11445	11921	36538	16311	11921	11705	12912		12912
云 南 Yunnan	5787	5947	20093	9116	6614	7527	5952		5952
西 藏 Tibet	84	265	265	81	265				
陕 西 Shaanxi	807	868	2924	1399	868	978	1078		1078
甘 肃 Gansu	1064	55	200	91	60	49	91		91
青 海 Qinghai	241	93	439	208	93	227	119		119
宁 夏 Ningxia	875	1449	3823	1564	1449	1283	1091		1091
新 疆 Xinjiang	14334	4654	46568	19668	4654	17630	24284		24284

职业初中学生数(城市)

Number of Students in Vocational Junior Secondary Schools (Urban)

单位:人

Unit: in Person

	毕业生数 Graduates	招生数 Students Admitted	在校学生数 Enrolment						毕业班学生数 Graduates for Next Year
			合 计 Total	其中女 of Which: Female	一年级 Grade 1	二年级 Grade 2	三年级 Grade 3	四年级 Grade 4	
合 计 Total	**5294**	**3515**	**12669**	**5431**	**3515**	**4031**	**5068**	**55**	**4983**
北 京 Beijing									
天 津 Tianjin									
河 北 Hebei	880		844	350		351	493		493
山 西 Shanxi	1573	2074	5957	2706	2074	1823	2060		2060
内蒙古 Inner Mongolia	132	82	256	85	82	84	90		90
辽 宁 Liaoning									
吉 林 Jilin	224	205	592	278	205	195	192		192
黑龙江 Heilongjiang		85	193	67	85	27	46	35	53
上 海 Shanghai	408	112	392	151	112	148	112	20	20
江 苏 Jiangsu									
浙 江 Zhejiang									
安 徽 Anhui	785	287	1605	814	287	613	705		705
福 建 Fujian									
江 西 Jiangxi									
山 东 Shandong									
河 南 Henan									
湖 北 Hubei	265	138	497	40	138	189	170		170
湖 南 Hunan	36	23	82	57	23	28	31		31
广 东 Guangdong									
广 西 Guangxi	233	102	514	97	102	201	211		211
海 南 Hainan									
重 庆 Chongqing	91	42	138	85	42	11	85		85
四 川 Sichuan	22		29	1		12	17		17
贵 州 Guizhou	378	351	1344	621	351	281	712		712
云 南 Yunnan	8	14	48	3	14	16	18		18
西 藏 Tibet									
陕 西 Shaanxi									
甘 肃 Gansu									
青 海 Qinghai									
宁 夏 Ningxia									
新 疆 Xinjiang	259		178	76		52	126		126

职业初中学生数(县镇)

Number of Students in Vocational Junior Secondary Schools (County City & Towns)

单位:人

Unit: in Person

	毕业生数 Graduates	招生数 Students Admitted	在校学生数 Enrolment						毕业班学生数 Graduates for Next Year
			合 计 Total	其中女 of Which: Female	一年级 Grade 1	二年级 Grade 2	三年级 Grade 3	四年级 Grade 4	
合 计 Total	**47609**	**30490**	**112795**	**51621**	**31428**	**38211**	**42224**	**932**	**42092**
北 京 Beijing									
天 津 Tianjin									
河 北 Hebei	4272	2443	7744	3750	2443	2332	2750	219	2969
山 西 Shanxi	3552	1935	9330	4204	2703	3285	3342		3342
内蒙古 Inner Mongolia	8382	4418	17636	8829	4565	6213	6629	229	6542
辽 宁 Liaoning									
吉 林 Jilin	9098	5231	19575	9334	5231	5991	7895	458	7605
黑龙江 Heilongjiang	41		123	47		94	29		29
上 海 Shanghai									
江 苏 Jiangsu									
浙 江 Zhejiang	30								
安 徽 Anhui	8275	5704	19968	8689	5704	7151	7113		7113
福 建 Fujian									
江 西 Jiangxi	355	69	556	196	69	285	202		202
山 东 Shandong	379								
河 南 Henan	216	177	499	55	177	183	139		139
湖 北 Hubei	1997	1646	5947	2550	1646	2092	2209		2209
湖 南 Hunan	49	76	276	136	76	109	91		91
广 东 Guangdong									
广 西 Guangxi	2159	767	3733	1575	767	1468	1498		1498
海 南 Hainan									
重 庆 Chongqing									
四 川 Sichuan	801	1163	2437	928	1163	722	526	26	552
贵 州 Guizhou	2632	3045	10244	4582	3045	3054	4145		4145
云 南 Yunnan	2527	1985	7385	3408	2003	2653	2729		2729
西 藏 Tibet	84	265	265	81	265				
陕 西 Shaanxi	187	415	1177	599	415	394	368		368
甘 肃 Gansu	783	5	45	22	10	15	20		20
青 海 Qinghai			26	13		26			
宁 夏 Ningxia	513	554	1831	846	554	599	678		678
新 疆 Xinjiang	1277	592	3998	1777	592	1545	1861		1861

职业初中学生数(农村)

Number of Students in Vocational Junior Secondary Schools (Rural)

单位:人

Unit: in Person

	毕业生数 Graduates	招生数 Students Admitted	在校学生数 Enrolment						毕业班学生数 Graduates for Next Year
			合计 Total	其中女 of Which: Female	一年级 Grade 1	二年级 Grade 2	三年级 Grade 3	四年级 Grade 4	
合 计 Total	**116229**	**76575**	**305899**	**141024**	**78369**	**105730**	**112728**	**9072**	**115120**
北 京 Beijing									
天 津 Tianjin									
河 北 Hebei	2299	1677	4549	2008	1677	1444	1428		1428
山 西 Shanxi	3912	3079	12231	6056	4073	3779	4379		4379
内蒙古 Inner Mongolia	18457	9720	37099	18033	9781	11526	11765	4027	12222
辽 宁 Liaoning									
吉 林 Jilin	5480	3133	13870	6389	3133	4502	4902	1333	4573
黑龙江 Heilongjiang	7480	625	7742	3665	625	1125	2676	3316	4800
上 海 Shanghai									
江 苏 Jiangsu									
浙 江 Zhejiang	37								
安 徽 Anhui	40783	31635	115282	54307	31711	41568	41736	267	41747
福 建 Fujian	116	121	310	131	132	113	65		65
江 西 Jiangxi	330	160	712	317	160	267	285		285
山 东 Shandong	241	103	332	151	103	109	120		120
河 南 Henan	2737	675	3935	1860	675	1563	1697		1697
湖 北 Hubei	6699	5510	20080	9287	5510	7255	7186	129	7315
湖 南 Hunan									
广 东 Guangdong									
广 西 Guangxi	13	18	50	16	18	16	16		16
海 南 Hainan									
重 庆 Chongqing									
四 川 Sichuan	1656	2093	5398	2394	2096	1699	1603		1603
贵 州 Guizhou	8435	8525	24950	11108	8525	8370	8055		8055
云 南 Yunnan	3252	3948	12660	5705	4597	4858	3205		3205
西 藏 Tibet									
陕 西 Shaanxi	620	453	1747	800	453	584	710		710
甘 肃 Gansu	281	50	155	69	50	34	71		71
青 海 Qinghai	241	93	413	195	93	201	119		119
宁 夏 Ningxia	362	895	1992	718	895	684	413		413
新 疆 Xinjiang	12798	4062	42392	17815	4062	16033	22297		22297

职业初中女学生数

Number of Female Students in Vocational Junior Secondary Schools

单位:人

Unit: in Person

	毕业生数 Graduates	招生数 Students Admitted	在校学生数 Enrolment					毕业班学生数 Graduates for Next Year
			合计 Total	一年级 Grade 1	二年级 Grade 2	三年级 Grade 3	四年级 Grade 4	
合计 Total	**79919**	**51022**	**198076**	**52250**	**67619**	**73199**	**5008**	**73768**
北京 Beijing								
天津 Tianjin								
河北 Hebei	3723	1809	6108	1809	1849	2341	109	2400
山西 Shanxi	4473	3539	12966	4320	4071	4575		4465
内蒙古 Inner Mongolia	13239	6889	26947	6974	8597	9148	2228	9540
辽宁 Liaoning								
吉林 Jilin	7675	3966	16001	3966	5014	6021	1000	5359
黑龙江 Heilongjiang	3654	282	3779	282	638	1337	1522	2275
上海 Shanghai	199	41	151	41	57	47	6	6
江苏 Jiangsu								
浙江 Zhejiang	16							
安徽 Anhui	23012	17556	63810	17587	22993	23115	115	23114
福建 Fujian	55	56	131	57	54	20		20
江西 Jiangxi	277	101	513	101	220	192		192
山东 Shandong	286	46	151	46	49	56		56
河南 Henan	1294	323	1915	323	845	747		747
湖北 Hubei	4148	3299	11877	3299	4238	4318	22	4334
湖南 Hunan	49	49	193	49	73	71		71
广东 Guangdong								
广西 Guangxi	1065	269	1688	269	702	717		689
海南 Hainan								
重庆 Chongqing	50	32	85	32	8	45		45
四川 Sichuan	1137	1386	3323	1386	1052	879	6	885
贵州 Guizhou	5140	5298	16311	5298	5100	5913		5913
云南 Yunnan	2639	2672	9116	3002	3422	2692		2692
西藏 Tibet	31	81	81	81				
陕西 Shaanxi	355	400	1399	400	499	500		500
甘肃 Gansu	503	23	91	23	28	40		40
青海 Qinghai	105	50	208	50	102	56		56
宁夏 Ningxia	332	600	1564	600	525	439		439
新疆 Xinjiang	6462	2255	19668	2255	7483	9930		9930

职业初中教职工数(总计)

Number of Teachers, Staff & Workers in Vocational Schools (Regional Aggregates)

单位:人

Unit: in Person

	教职工数 Teachers, Staff & Workers						代课教师 Substitute Teachers	兼任教师 Part-time Teachers
	合计 Total	专任教师 Full-time Teachers	行政人员 Adm. Personnel	教辅人员 Supporting Staff	工勤人员 Workers	校办工厂、农(林)场职工 Employees in School-run by Factories & Farms		
合 计 Total	**24009**	**20240**	**1303**	**955**	**1469**	**42**	**804**	**440**
北 京 Beijing								
天 津 Tianjin								
河 北 Hebei	1130	949	92	43	46		20	5
山 西 Shanxi	1982	1688	117	76	95	6	118	27
内蒙古 Inner Mongolia	5839	4290	289	476	759	25	368	146
辽 宁 Liaoning								
吉 林 Jilin	1880	1491	206	129	53	1	6	4
黑龙江 Heilongjiang	262	221	28	7	6			8
上 海 Shanghai	65	34	6	12	13			
江 苏 Jiangsu								
浙 江 Zhejiang								
安 徽 Anhui	6738	6070	306	117	245		91	7
福 建 Fujian	27	21	5		1			
江 西 Jiangxi	98	81	6		9	2		
山 东 Shandong	50	38	1	5	6			
河 南 Henan	218	210	4		4		38	
湖 北 Hubei	1446	1308	43	30	65		33	
湖 南 Hunan	32	29			3			
广 东 Guangdong								
广 西 Guangxi	282	208	24	15	35		3	4
海 南 Hainan								
重 庆 Chongqing	27	15	5	4	3		1	
四 川 Sichuan	529	443	38	7	37	4	5	14
贵 州 Guizhou	2106	1947	102	22	31	4	23	72
云 南 Yunnan	507	460	7	5	35		8	148
西 藏 Tibet	2	2						5
陕 西 Shaanxi	123	116	4	2	1		1	
甘 肃 Gansu	18	16	2				3	
青 海 Qinghai	26	23	1	1	1			
宁 夏 Ningxia	113	113					25	
新 疆 Xinjiang	509	467	17	4	21		61	

职业初中教职工数(城市)

Number of Teachers, Staff & Workers in Vocational Schools (Urban)

单位:人

Unit: in Person

	教职工数 Teachers, Staff & Workers						代课教师 Substitute Teachers	兼任教师 Part-time Teachers
	合计 Total	专任教师 Full-time Teachers	行政人员 Adm. Personnel	教辅人员 Supporting Staff	工勤人员 Workers	校办工厂、农(林)场职工 Employees in School-run by Factories & Farms		
合 计 Total	**948**	**711**	**91**	**44**	**100**	**2**	**27**	**45**
北 京 Beijing								
天 津 Tianjin								
河 北 Hebei	94	74	7	6	7		1	5
山 西 Shanxi	339	262	24	15	36	2	22	21
内蒙古 Inner Mongolia	23	23						
辽 宁 Liaoning								
吉 林 Jilin	54	39	13		2			
黑龙江 Heilongjiang	69	47	17	1	4			8
上 海 Shanghai	65	34	6	12	13			
江 苏 Jiangsu								
浙 江 Zhejiang								
安 徽 Anhui	14	14						
福 建 Fujian								
江 西 Jiangxi								
山 东 Shandong								
河 南 Henan								
湖 北 Hubei	55	36	6	2	11			
湖 南 Hunan	12	9			3			
广 东 Guangdong								
广 西 Guangxi	68	41	8	3	16		3	4
海 南 Hainan								
重 庆 Chongqing	27	15	5	4	3		1	
四 川 Sichuan	15	10	2	1	2			
贵 州 Guizhou	93	89	3		1			7
云 南 Yunnan								
西 藏 Tibet								
陕 西 Shaanxi								
甘 肃 Gansu								
青 海 Qinghai								
宁 夏 Ningxia								
新 疆 Xinjiang	20	18			2			

职业初中教职工数(县镇)

Number of Teachers, Staff & Workers in Vocational Schools (County City & Towns)

单位:人

Unit: in Person

	教职工数 Teachers, Staff & Workers						代课教师 Substitute Teachers	兼任教师 Part-time Teachers
	合计 Total	专任教师 Full-time Teachers	行政人员 Adm. Personnel	教辅人员 Supporting Staff	工勤人员 Workers	校办工厂、农(林)场职工 Employees in School-run by Factories & Farms		
合 计 Total	**7013**	**5946**	**421**	**255**	**375**	**16**	**147**	**102**
北 京 Beijing								
天 津 Tianjin								
河 北 Hebei	645	539	48	30	28		8	
山 西 Shanxi	872	747	44	42	38	1	46	3
内蒙古 Inner Mongolia	1536	1241	94	48	144	9	22	3
辽 宁 Liaoning								
吉 林 Jilin	1097	877	107	71	42		2	4
黑龙江 Heilongjiang	6	6						
上 海 Shanghai								
江 苏 Jiangsu								
浙 江 Zhejiang								
安 徽 Anhui	1063	945	52	29	37		22	
福 建 Fujian								
江 西 Jiangxi	59	42	6		9	2		
山 东 Shandong								
河 南 Henan	17	16	1				38	
湖 北 Hubei	300	300					2	
湖 南 Hunan	20	20						
广 东 Guangdong								
广 西 Guangxi	208	162	15	12	19			
海 南 Hainan								
重 庆 Chongqing								
四 川 Sichuan	167	129	14	3	17	4		12
贵 州 Guizhou	586	533	23	15	15		6	57
云 南 Yunnan	184	164	3		17			18
西 藏 Tibet	2	2						5
陕 西 Shaanxi	50	48		2				
甘 肃 Gansu	10	8	2					
青 海 Qinghai	24	22	1		1			
宁 夏 Ningxia	57	57						
新 疆 Xinjiang	110	88	11	3	8		1	

职业初中教职工数(农村)

Number of Teachers, Staff & Workers in Vocational Schools (Rural)

单位:人

Unit: in Person

	教职工数 Teachers, Staff & Workers						代课教师 Substitute Teachers	兼任教师 Part-time Teachers
	合计 Total	专任教师 Full-time Teachers	行政人员 Adm. Personnel	教辅人员 Supporting Staff	工勤人员 Workers	校办工厂、农(林)场职工 Employees in School-run by Factories & Farms		
合计 Total	**16048**	**13583**	**791**	**656**	**994**	**24**	**630**	**293**
北京 Beijing								
天津 Tianjin								
河北 Hebei	391	336	37	7	11		11	
山西 Shanxi	771	679	49	19	21	3	50	3
内蒙古 Inner Mongolia	4280	3026	195	428	615	16	346	143
辽宁 Liaoning								
吉林 Jilin	729	575	86	58	9	1	4	
黑龙江 Heilongjiang	187	168	11	6	2			
上海 Shanghai								
江苏 Jiangsu								
浙江 Zhejiang								
安徽 Anhui	5661	5111	254	88	208		69	7
福建 Fujian	27	21	5		1			
江西 Jiangxi	39	39						
山东 Shandong	50	38	1	5	6			
河南 Henan	201	194	3		4			
湖北 Hubei	1091	972	37	28	54		31	
湖南 Hunan								
广东 Guangdong								
广西 Guangxi	6	5	1					
海南 Hainan								
重庆 Chongqing								
四川 Sichuan	347	304	22	3	18		5	2
贵州 Guizhou	1427	1325	76	7	15	4	17	8
云南 Yunnan	323	296	4	5	18		8	130
西藏 Tibet								
陕西 Shaanxi	73	68	4		1		1	
甘肃 Gansu	8	8					3	
青海 Qinghai	2	1		1				
宁夏 Ningxia	56	56					25	
新疆 Xinjiang	379	361	6	1	11		60	

职业初中女教职工数

Number of Female Teachers, Staff & Workers in Vocational Schools

单位:人

Unit: in Person

	教职工数 Teachers, Staff & Workers						代课教师 Substitute Teachers	兼任教师 Part-time Teachers
	合 计 Total	专任教师 Full-time Teachers	行政人员 Adm. Personnel	教辅人员 Supporting Staff	工勤人员 Workers	校办工厂、农(林)场职工 Employees in School-run by Factories & Farms		
合 计 Total	**8337**	**7627**	**98**	**306**	**303**	**3**	**382**	**143**
北 京 Beijing								
天 津 Tianjin								
河 北 Hebei	573	531	7	20	15		15	5
山 西 Shanxi	863	806	12	21	24		61	1
内蒙古 Inner Mongolia	2263	1969	17	139	137	1	181	60
辽 宁 Liaoning								
吉 林 Jilin	906	837	20	37	11	1	1	
黑龙江 Heilongjiang	102	94	5	3				6
上 海 Shanghai	46	25	4	10	7			
江 苏 Jiangsu								
浙 江 Zhejiang								
安 徽 Anhui	1604	1511	12	42	39		25	2
福 建 Fujian	5	4			1			
江 西 Jiangxi	32	28	2		2			
山 东 Shandong	18	16		2				
河 南 Henan	82	82					25	
湖 北 Hubei	405	383	1	6	15		15	
湖 南 Hunan	16	16						
广 东 Guangdong								
广 西 Guangxi	105	83	3	6	13			3
海 南 Hainan								
重 庆 Chongqing	16	10	2	2	2		1	
四 川 Sichuan	178	161	4	2	10	1	5	2
贵 州 Guizhou	607	585	4	11	7		8	22
云 南 Yunnan	191	170	1	2	18		3	42
西 藏 Tibet								
陕 西 Shaanxi	62	60		2			1	
甘 肃 Gansu	3	3					2	
青 海 Qinghai	8	7			1			
宁 夏 Ningxia	36	36					10	
新 疆 Xinjiang	216	210	4	1	1		29	

职业初中教职工总数中民办教职工数

Number of Vocational Junior Secondary Schools Teachers, Staff & Workers Maintained by the Communities

单位:人
Unit: in Person

	教职工数 Teachers, Staff & Workers						代课教师 Substitute Teachers	兼任教师 Part-time Teachers
	合计 Total	专任教师 Full-time Teachers	行政人员 Adm. Personnel	教辅人员 Supporting Staff	工勤人员 Workers	校办工厂、农(林)场职工 Employees in School-run by Factories & Farms		
合计 Total	**728**	**553**	**67**	**27**	**79**	**2**	**74**	**12**
北京 Beijing								
天津 Tianjin								
河北 Hebei	10	9	1					
山西 Shanxi	96	65	9		22			
内蒙古 Inner Mongolia							35	
辽宁 Liaoning								
吉林 Jilin								
黑龙江 Heilongjiang								
上海 Shanghai								
江苏 Jiangsu								
浙江 Zhejiang								
安徽 Anhui	438	370	29	18	21			
福建 Fujian								
江西 Jiangxi	34	22	6		4	2		
山东 Shandong								
河南 Henan							38	
湖北 Hubei	55	36	6	2	11			
湖南 Hunan								
广东 Guangdong								
广西 Guangxi	37	19	6		12			4
海南 Hainan								
重庆 Chongqing	21	9	5	4	3		1	
四川 Sichuan	15	5	4	3	3			5
贵州 Guizhou	22	18	1		3			3
云南 Yunnan								
西藏 Tibet								
陕西 Shaanxi								
甘肃 Gansu								
青海 Qinghai								
宁夏 Ningxia								
新疆 Xinjiang								

普通初中专任教师学

Breakdown of Junior Secondary Schools Full-time Teachers

	合计 Total	其中女 of Which: Female	按学历分 By Educational Attainment			
			研究生毕业 Graduate	本科毕业 Under-graduate	专科毕业 Associate Bachelor	高中阶段毕业 High School Graduate
合 计 Total	**3471839**	**1612501**	**7222**	**1218577**	**2080897**	**161493**
北 京 Beijing	31095	22794	490	22844	7363	383
天 津 Tianjin	27330	16917	154	13786	11744	1610
河 北 Hebei	216566	132523	120	83820	125144	7381
山 西 Shanxi	118220	69078	170	35261	74769	7926
内蒙古 Inner Mongolia	67007	38986	79	25126	38167	3563
辽 宁 Liaoning	106439	64906	151	38533	63113	4280
吉 林 Jilin	69956	43216	698	40062	27926	1239
黑龙江 Heilongjiang	109095	66279	293	44503	60194	3946
上 海 Shanghai	33557	21815	184	26839	6382	139
江 苏 Jiangsu	191014	82391	285	78857	103248	8472
浙 江 Zhejiang	110015	55468	250	67406	40587	1711
安 徽 Anhui	145867	43350	305	47983	90682	6766
福 建 Fujian	98982	38975	125	35033	61345	2419
江 西 Jiangxi	116568	36831	256	32925	75200	7966
山 东 Shandong	269057	122967	660	102248	155640	10303
河 南 Henan	289035	140312	638	73063	199943	15223
湖 北 Hubei	169084	58680	346	57256	99222	11988
湖 南 Hunan	193125	79894	189	54623	128516	9543
广 东 Guangdong	221224	103185	641	79704	130806	9979
广 西 Guangxi	117132	51259	138	21387	89358	6130
海 南 Hainan	21062	7656	11	7983	12228	822
重 庆 Chongqing	68223	28259	130	32377	33465	2179
四 川 Sichuan	186516	72628	165	56043	119047	10988
贵 州 Guizhou	97083	31770	86	19808	71773	5253
云 南 Yunnan	101925	42804	65	32569	64845	4334
西 藏 Tibet	6239	2425	11	3185	2787	228
陕 西 Shaanxi	115038	56660	262	29142	77656	7798
甘 肃 Gansu	70023	23780	74	14773	49911	5165
青 海 Qinghai	13479	6426	115	4964	7842	543
宁 夏 Ningxia	15335	6477	22	8798	6065	441
新 疆 Xinjiang	76548	43790	109	27676	45929	2775

历、职称情况(总计)

by Educational Attainment (Regional Aggregates)

单位:人

Unit: in Person

	按职称分 By Rank				
高中阶段毕业以下 Below High School Graduate	中学高级 Senior Secondary	中学一级 1st Grade	中学二级 2nd Grade	中学三级 3rd Grade	未评职称 Rank Undecided
3650	**227860**	**1266994**	**1417441**	**274842**	**284702**
15	3870	12361	12823	322	1719
36	5006	11757	8349	1070	1148
101	10278	73451	96025	14286	22526
94	4197	34963	51107	13133	14820
72	5569	27254	23534	4698	5952
362	24805	48863	23987	3639	5145
31	6353	34341	24537	3134	1591
159	12570	49518	34944	6698	5365
13	2227	19746	10173	116	1295
152	11642	76077	70935	10672	21688
61	6689	47074	42122	4921	9209
131	9988	54749	58792	11008	11330
60	6510	27964	51993	7128	5387
221	10944	39856	47362	9095	9311
206	23230	101001	116345	15117	13364
168	17907	87025	136123	34118	13862
272	12778	86380	53452	11326	5148
254	7474	82930	83341	7665	11715
94	7810	86812	80940	14458	31204
119	3731	38242	50652	16708	7799
18	1377	6608	9776	1002	2299
72	2472	20394	32621	6939	5797
273	7938	64101	91340	12179	10958
163	3617	20508	43438	17604	11916
112	4686	33546	43524	12173	7996
28	50	820	2872	715	1782
180	4117	27957	46913	19399	16652
100	1700	18645	29167	9068	11443
15	817	5454	4833	666	1709
9	2086	5891	5372	858	1128
59	5422	22706	30049	4927	13444

普通初中专任教师学

Breakdown of Junior Secondary Schools Full-time Teachers

	合计 Total	其中女 of Which: Female	按学历分 By Educational Attainment			
			研究生毕业 Graduate	本科毕业 Under-graduate	专科毕业 Associate Bachelor	高中阶段毕业 High School Graduate
合　计 Total	**658090**	**412140**	**4509**	**406413**	**236734**	**10078**
北　京 Beijing	14390	11401	422	11487	2331	138
天　津 Tianjin	10291	7584	138	6851	3040	249
河　北 Hebei	34989	25312	83	22606	11923	364
山　西 Shanxi	25927	18035	68	14443	10941	468
内蒙古 Inner Mongolia	19081	13127	37	10071	8587	378
辽　宁 Liaoning	39529	29252	141	24659	14200	490
吉　林 Jilin	16293	12128	467	12086	3603	133
黑龙江 Heilongjiang	31266	22767	169	19186	11428	471
上　海 Shanghai	17998	12511	103	14534	3328	32
江　苏 Jiangsu	40457	22475	198	23920	15110	1186
浙　江 Zhejiang	30635	18338	164	22631	7586	242
安　徽 Anhui	24710	11286	147	12437	11625	493
福　建 Fujian	17526	10058	117	10509	6715	185
江　西 Jiangxi	13554	7101	107	6700	6420	312
山　东 Shandong	58501	35636	299	37652	19786	743
河　南 Henan	39883	24653	520	21230	17672	447
湖　北 Hubei	31803	16172	204	19290	11550	743
湖　南 Hunan	23835	14080	72	13038	10361	350
广　东 Guangdong	49005	29023	379	32396	15533	692
广　西 Guangxi	13081	7802	112	6127	6634	204
海　南 Hainan	3843	2037	7	2761	1048	26
重　庆 Chongqing	10895	6539	71	8151	2488	165
四　川 Sichuan	23502	13274	58	14353	8583	482
贵　州 Guizhou	11474	6644	48	6029	5165	218
云　南 Yunnan	9059	5593	37	6179	2749	90
西　藏 Tibet	1094	534	5	528	509	45
陕　西 Shaanxi	16145	10402	197	9756	5937	251
甘　肃 Gansu	9608	5232	62	4819	4505	214
青　海 Qinghai	2504	1661	9	1382	1051	58
宁　夏 Ningxia	3786	2271	15	2672	1046	51
新　疆 Xinjiang	13426	9212	53	7930	5280	158

历、职称情况(城市)

by Educational Attainment (Urban)

单位:人

Unit: in Person

	按职称分 By Rank				
高中阶段毕业以下 Below High School Graduate	中学高级 Senior Secondary	中学一级 1st Grade	中学二级 2nd Grade	中学三级 3rd Grade	未评职称 Rank Undecided
356	**102450**	**284976**	**207372**	**19602**	**43690**
12	2857	6209	4747	14	563
13	2948	3971	2857	62	453
13	5314	15287	10927	948	2513
7	2760	10215	8713	1445	2794
8	3228	8014	5314	948	1577
39	8874	17675	10198	671	2111
4	3343	7731	4345	395	479
12	6695	13421	7701	1796	1653
1	1354	11166	5047	57	374
43	5372	16215	14625	621	3624
12	3942	14524	9906	429	1834
8	3922	9989	7756	1081	1962
	2478	5984	7038	595	1431
15	3334	5366	3759	391	704
21	8261	24477	21537	1721	2505
14	6912	15394	13409	1963	2205
16	6757	15580	7664	808	994
14	3397	12131	6597	355	1355
5	4856	22576	15218	1270	5085
4	1671	5475	3886	745	1304
1	528	1448	1479	91	297
20	1264	4678	4063	307	583
26	3053	10212	8410	565	1262
14	1676	3968	4276	568	986
4	1195	4079	3058	216	511
7	36	380	485	55	138
4	2002	6401	5665	675	1402
8	913	4249	3290	382	774
4	403	1253	578	56	214
2	919	1791	886	48	142
5	2186	5117	3938	324	1861

普通初中专任教师学

Breakdown of Junior Secondary Schools Full-time Teachers

	合计 Total	其中女 of Which: Female	按学历分 By Educational Attainment			
			研究生毕业 Graduate	本科毕业 Undergraduate	专科毕业 Associate Bachelor	高中阶段毕业 High School Graduate
合　计 Total	**1280046**	**595414**	**1578**	**440068**	**787973**	**49324**
北　京 Beijing	10262	7245	59	7202	2871	129
天　津 Tianjin	10022	5994	7	4712	4590	700
河　北 Hebei	84977	53582	20	31991	50493	2448
山　西 Shanxi	32141	19482	34	8176	22092	1804
内蒙古 Inner Mongolia	26541	15525	40	9415	16102	966
辽　宁 Liaoning	15398	10171	8	4879	9992	495
吉　林 Jilin	31395	19957	184	17233	13468	497
黑龙江 Heilongjiang	28860	18985	90	10985	16973	793
上　海 Shanghai	14662	8882	80	11817	2697	59
江　苏 Jiangsu	70901	30853	41	32982	35476	2363
浙　江 Zhejiang	62585	29843	28	36546	24937	1038
安　徽 Anhui	44013	13497	60	15096	27267	1546
福　建 Fujian	46007	17828	5	15396	29415	1148
江　西 Jiangxi	47436	15539	78	13553	30778	2954
山　东 Shandong	126418	55122	219	42702	78615	4775
河　南 Henan	87678	45765	52	21971	61779	3825
湖　北 Hubei	39851	14412	52	12896	24440	2400
湖　南 Hunan	69043	29170	36	19052	47261	2626
广　东 Guangdong	113144	48915	205	33472	74344	5070
广　西 Guangxi	69898	30620	21	11119	54792	3891
海　南 Hainan	11606	3862	4	3855	7296	434
重　庆 Chongqing	12157	5093	27	6632	5229	257
四　川 Sichuan	75881	30486	58	23329	48758	3633
贵　州 Guizhou	43194	14134	25	8729	32495	1881
云　南 Yunnan	38482	17154	14	13397	23803	1225
西　藏 Tibet	5106	1881	6	2631	2266	182
陕　西 Shaanxi	18027	9981	20	5192	12232	573
甘　肃 Gansu	20169	7525	5	4348	14754	1046
青　海 Qinghai	4709	2468	65	1866	2597	179
宁　夏 Ningxia	5353	2296	3	3148	2103	95
新　疆 Xinjiang	14130	9147	32	5746	8058	292

历、职称情况(县镇)

by Educational Attainment (County City & Towns)

单位:人

Unit: in Person

高中阶段毕业以下 Below High School Graduate	按职称分 By Rank				
	中学高级 Senior Secondary	中学一级 1st Grade	中学二级 2nd Grade	中学三级 3rd Grade	未评职称 Rank Undecided
1103	**72201**	**483391**	**531637**	**94076**	**98741**
1	748	4010	4654	176	674
13	1514	4621	2884	433	570
25	3206	29316	37749	5614	9092
35	774	9531	14406	3060	4370
18	1816	11182	9549	1646	2348
24	3968	7326	3182	386	536
13	2292	16332	10868	1287	616
19	3305	14740	8466	1227	1122
9	789	8045	4903	47	878
39	4250	29862	26271	3691	6827
36	2507	26552	24885	3087	5554
44	3100	16775	17478	3091	3569
43	2719	13475	24568	3054	2191
73	4470	16789	19212	3488	3477
107	9699	45921	56398	7845	6555
51	5436	27454	40896	9151	4741
63	2995	21771	10976	2901	1208
68	2528	30440	29671	2625	3779
53	2317	45797	42297	8294	14439
75	1759	23463	30312	10155	4209
17	676	3507	5666	494	1263
12	560	4325	5661	829	782
103	3540	27335	35792	4840	4374
64	1534	9918	20200	6913	4629
43	2132	14156	16267	3429	2498
21	14	440	2370	640	1642
10	712	5202	8051	2382	1680
16	476	5564	9215	2206	2708
2	293	2151	1625	173	467
4	608	2063	2059	279	344
2	1464	5328	5106	633	1599

普通初中专任教师学

Breakdown of Junior Secondary Schools Full-time Teachers

	合计 Total	其中女 of Which: Female	按学历分 By Educational Attainment			
			研究生毕业 Graduate	本科毕业 Under-graduate	专科毕业 Associate Bachelor	高中阶段毕业 High School Graduate
合　计 Total	**1533703**	**604947**	**1122**	**372109**	**1056190**	**102091**
北　京 Beijing	6443	4148	9	4155	2161	116
天　津 Tianjin	7017	3339	9	2223	4114	661
河　北 Hebei	96600	53629	17	29223	62728	4569
山　西 Shanxi	60152	31561	68	12642	41736	5654
内蒙古 Inner Mongolia	21385	10334	2	5640	13478	2219
辽　宁 Liaoning	51512	25483	2	8995	38921	3295
吉　林 Jilin	22268	11131	47	10743	10855	609
黑龙江 Heilongjiang	48969	24527	34	14332	31793	2682
上　海 Shanghai	897	422	1	488	357	48
江　苏 Jiangsu	79656	29063	46	21955	52662	4923
浙　江 Zhejiang	16795	7287	58	8229	8064	431
安　徽 Anhui	77144	18567	98	20450	51790	4727
福　建 Fujian	35449	11089	3	9128	25215	1086
江　西 Jiangxi	55578	14191	71	12672	38002	4700
山　东 Shandong	84138	32209	142	21894	57239	4785
河　南 Henan	161474	69894	66	29862	120492	10951
湖　北 Hubei	97430	28096	77	25083	63232	8845
湖　南 Hunan	100247	36644	81	22533	70894	6567
广　东 Guangdong	59075	25247	57	13836	40929	4217
广　西 Guangxi	34153	12837	5	4141	27932	2035
海　南 Hainan	5613	1757		1367	3884	362
重　庆 Chongqing	45171	16627	32	17594	25748	1757
四　川 Sichuan	87133	28868	49	18361	61706	6873
贵　州 Guizhou	42415	10992	13	5050	34113	3154
云　南 Yunnan	54384	20057	14	12993	38293	3019
西　藏 Tibet	39	10		26	12	1
陕　西 Shaanxi	80866	36277	45	14194	59487	6974
甘　肃 Gansu	40246	11023	7	5606	30652	3905
青　海 Qinghai	6266	2297	41	1716	4194	306
宁　夏 Ningxia	6196	1910	4	2978	2916	295
新　疆 Xinjiang	48992	25431	24	14000	32591	2325

历、职称情况(农村)

by Educational Attainment (Rural)

单位:人

Unit: in Person

高中阶段毕业以下 Below High School Graduate	按职称分 By Rank				
	中学高级 Senior Secondary	中学一级 1st Grade	中学二级 2nd Grade	中学三级 3rd Grade	未评职称 Rank Undecided
2191	**53209**	**498627**	**678432**	**161164**	**142271**
2	265	2142	3422	132	482
10	544	3165	2608	575	125
63	1758	28848	47349	7724	10921
52	663	15217	27988	8628	7656
46	525	8058	8671	2104	2027
299	11963	23862	10607	2582	2498
14	718	10278	9324	1452	496
128	2570	21357	18777	3675	2590
3	84	535	223	12	43
70	2020	30000	30039	6360	11237
13	240	5998	7331	1405	1821
79	2966	27985	33558	6836	5799
17	1313	8505	20387	3479	1765
133	3140	17701	24391	5216	5130
78	5270	30603	38410	5551	4304
103	5559	44177	81818	23004	6916
193	3026	49029	34812	7617	2946
172	1549	40359	47073	4685	6581
36	637	18439	23425	4894	11680
40	301	9304	16454	5808	2286
	173	1653	2631	417	739
40	648	11391	22897	5803	4432
144	1345	26554	47138	6774	5322
85	407	6622	18962	10123	6301
65	1359	15311	24199	8528	4987
			17	20	2
166	1403	16354	33197	16342	13570
76	311	8832	16662	6480	7961
9	121	2050	2630	437	1028
3	559	2037	2427	531	642
52	1772	12261	21005	3970	9984

职业初中专任教师学

Breakdown of Vocational Junior Secondary Schools Full-time Teachers

	合计 Total	其中女 of Which: Female	按学历分 By Educational Attainment			
			研究生毕业 Graduate	本科毕业 Undergraduate	专科毕业 Associate Bachelor	高中阶段毕业 High School Graduate
合　计 Total	**20240**	**7627**	**18**	**5364**	**13096**	**1720**
北　京 Beijing						
天　津 Tianjin						
河　北 Hebei	949	531		428	494	27
山　西 Shanxi	1688	806	10	537	1018	114
内蒙古 Inner Mongolia	4290	1969	3	937	2828	518
辽　宁 Liaoning						
吉　林 Jilin	1491	837		833	637	21
黑龙江 Heilongjiang	221	94		44	152	24
上　海 Shanghai	34	25		14	20	
江　苏 Jiangsu						
浙　江 Zhejiang						
安　徽 Anhui	6070	1511	4	1557	4010	495
福　建 Fujian	21	4		1	19	1
江　西 Jiangxi	81	28		22	56	2
山　东 Shandong	38	16		11	23	4
河　南 Henan	210	82		72	131	7
湖　北 Hubei	1308	383		200	941	155
湖　南 Hunan	29	16		7	19	3
广　东 Guangdong						
广　西 Guangxi	208	83		49	152	7
海　南 Hainan						
重　庆 Chongqing	15	10	1	1	7	6
四　川 Sichuan	443	161		80	290	67
贵　州 Guizhou	1947	585		278	1546	120
云　南 Yunnan	460	170		66	314	79
西　藏 Tibet	2					2
陕　西 Shaanxi	116	60		43	64	9
甘　肃 Gansu	16	3		3	10	3
青　海 Qinghai	23	7		7	12	4
宁　夏 Ningxia	113	36		59	54	
新　疆 Xinjiang	467	210		115	299	52

历、职称情况(总计)

by Educational Attainment (Regional Aggregates)

单位:人

Unit: in Person

高中阶段毕业以下 Below High School Graduate	按职称分 By Rank 中学高级 Senior Secondary	中学一级 1st Grade	中学二级 2nd Grade	中学三级 3rd Grade	未评职称 Rank Undecided
42	**636**	**6507**	**8864**	**2260**	**1973**
	26	346	437	50	90
9	21	436	923	211	97
4	163	1485	1545	495	602
	31	485	873	63	39
1	10	99	87	15	10
		7	25		2
4	255	2223	2588	505	499
		5	10	3	3
1	9	17	36	13	6
		28	8		2
	8	66	78	48	10
12	25	533	475	204	71
	1	9	11		8
	5	43	119	29	12
	1	8	4	2	
6	11	111	230	37	54
3	29	341	934	369	274
1	12	107	188	118	35
					2
	10	33	46	14	13
	1	7	2		6
	2	13	7		1
	4	35	51	21	2
1	12	70	187	63	135

职业初中专任教师学

Breakdown of Vocational Junior Secondary Schools Full-time Teachers

	合计 Total	其中女 of Which: Female	按学历分 By Educational Attainment			
			研究生毕业 Graduate	本科毕业 Undergraduate	专科毕业 Associate Bachelor	高中阶段毕业 High School Graduate
合 计 Total	**711**	**356**	**3**	**293**	**363**	**50**
北 京 Beijing						
天 津 Tianjin						
河 北 Hebei	74	42		48	26	
山 西 Shanxi	262	127	2	134	113	13
内蒙古 Inner Mongolia	23	15		8	15	
辽 宁 Liaoning						
吉 林 Jilin	39	29		30	9	
黑龙江 Heilongjiang	47	28		27	14	6
上 海 Shanghai	34	25		14	20	
江 苏 Jiangsu						
浙 江 Zhejiang						
安 徽 Anhui	14			3	11	
福 建 Fujian						
江 西 Jiangxi						
山 东 Shandong						
河 南 Henan						
湖 北 Hubei	36	7		5	16	15
湖 南 Hunan	9	7			7	2
广 东 Guangdong						
广 西 Guangxi	41	18		14	25	2
海 南 Hainan						
重 庆 Chongqing	15	10	1	1	7	6
四 川 Sichuan	10	1		4	6	
贵 州 Guizhou	89	40		5	83	
云 南 Yunnan						
西 藏 Tibet						
陕 西 Shaanxi						
甘 肃 Gansu						
青 海 Qinghai						
宁 夏 Ningxia						
新 疆 Xinjiang	18	7			11	6

历、职称情况(城市)

by Educational Attainment (Urban)

单位:人

Unit: in Person

高中阶段毕业以下 Below High School Graduate	按职称分 By Rank				
	中学高级 Senior Secondary	中学一级 1st Grade	中学二级 2nd Grade	中学三级 3rd Grade	未评职称 Rank Undecided
2	**47**	**199**	**307**	**65**	**93**
	12	23	32	6	1
	1	76	137	17	31
	8	9	6		
	11	14	6	1	7
	4	20	17		6
		7	25		2
	1	9	3		1
	3	7	10	7	9
			1		8
	4	4	21	5	7
	1	8	4	2	
	1	5	4		
1		8	36	26	19
1	1	9	5	1	2

职业初中专任教师学

Breakdown of Vocational Junior Secondary Schools Full-time Teachers

	合计 Total	其中女 of Which: Female	按学历分 By Educational Attainment			
			研究生毕业 Graduate	本科毕业 Under-graduate	专科毕业 Associate Bachelor	高中阶段毕业 High School Graduate
合　计 Total	**5946**	**2651**	**8**	**1891**	**3640**	**389**
北　京 Beijing						
天　津 Tianjin						
河　北 Hebei	539	305		225	293	21
山　西 Shanxi	747	405	8	259	423	51
内蒙古 Inner Mongolia	1241	628		290	836	115
辽　宁 Liaoning						
吉　林 Jilin	877	479		421	445	11
黑龙江 Heilongjiang	6	3			1	5
上　海 Shanghai						
江　苏 Jiangsu						
浙　江 Zhejiang						
安　徽 Anhui	945	261		327	591	27
福　建 Fujian						
江　西 Jiangxi	42	15		11	31	
山　东 Shandong						
河　南 Henan	16	12		3	9	4
湖　北 Hubei	300	86		40	215	39
湖　南 Hunan	20	9		7	12	1
广　东 Guangdong						
广　西 Guangxi	162	63		35	122	5
海　南 Hainan						
重　庆 Chongqing						
四　川 Sichuan	129	58		12	63	48
贵　州 Guizhou	533	156		106	385	42
云　南 Yunnan	164	76		29	129	6
西　藏 Tibet	2					2
陕　西 Shaanxi	48	23		31	14	3
甘　肃 Gansu	8			2	4	2
青　海 Qinghai	22	7		7	12	3
宁　夏 Ningxia	57	19		43	14	
新　疆 Xinjiang	88	46		43	41	4

历、职称情况(县镇)

by Educational Attainment (County City & Towns)

单位:人

Unit: in Person

高中阶段毕业以下 Below High School Graduate	按职称分 By Rank				
	中学高级 Senior Secondary	中学一级 1st Grade	中学二级 2nd Grade	中学三级 3rd Grade	未评职称 Rank Undecided
18	**266**	**1922**	**2716**	**498**	**544**
	10	203	232	20	74
6	19	213	406	75	34
	74	413	518	115	121
	19	299	508	30	21
		1	5		
	80	322	329	57	157
	6	12	18		6
		5	6		5
6	5	141	102	48	4
	1	9	10		
	1	37	95	24	5
6	6	25	83	3	12
	20	123	237	79	74
	6	43	65	39	11
					2
	9	24	10	1	4
	1	6	1		
	2	12	7		1
	2	17	36	2	
	5	17	48	5	13

职业初中专任教师学
Breakdown of Vocational Junior Secondary Schools Full-time Teachers

	合计 Total	其中女 of Which: Female	按学历分 By Educational Attainment			
			研究生毕业 Graduate	本科毕业 Undergraduate	专科毕业 Associate Bachelor	高中阶段毕业 High School Graduate
合　计 Total	**13583**	**4620**	**7**	**3180**	**9093**	**1281**
北　京 Beijing						
天　津 Tianjin						
河　北 Hebei	336	184		155	175	6
山　西 Shanxi	679	274		144	482	50
内蒙古 Inner Mongolia	3026	1326	3	639	1977	403
辽　宁 Liaoning						
吉　林 Jilin	575	329		382	183	10
黑龙江 Heilongjiang	168	63		17	137	13
上　海 Shanghai						
江　苏 Jiangsu						
浙　江 Zhejiang						
安　徽 Anhui	5111	1250	4	1227	3408	468
福　建 Fujian	21	4		1	19	1
江　西 Jiangxi	39	13		11	25	2
山　东 Shandong	38	16		11	23	4
河　南 Henan	194	70		69	122	3
湖　北 Hubei	972	290		155	710	101
湖　南 Hunan						
广　东 Guangdong						
广　西 Guangxi	5	2			5	
海　南 Hainan						
重　庆 Chongqing						
四　川 Sichuan	304	102		64	221	19
贵　州 Guizhou	1325	389		167	1078	78
云　南 Yunnan	296	94		37	185	73
西　藏 Tibet						
陕　西 Shaanxi	68	37		12	50	6
甘　肃 Gansu	8	3		1	6	1
青　海 Qinghai	1					1
宁　夏 Ningxia	56	17		16	40	
新　疆 Xinjiang	361	157		72	247	42

历、职称情况(农村)

by Educational Attainment (Rural)

单位:人

Unit: in Person

高中阶段毕业以下 Below High School Graduate	按职称分 By Rank 中学高级 Senior Secondary	中学一级 1st Grade	中学二级 2nd Grade	中学三级 3rd Grade	未评职称 Rank Undecided
22	**323**	**4386**	**5841**	**1697**	**1336**
	4	120	173	24	15
3	1	147	380	119	32
4	81	1063	1021	380	481
	1	172	359	32	11
1	6	78	65	15	4
4	174	1892	2256	448	341
		5	10	3	3
1	3	5	18	13	
		28	8		2
	8	61	72	48	5
6	17	385	363	149	58
		2	3		
	4	81	143	34	42
2	9	210	661	264	181
1	6	64	123	79	24
	1	9	36	13	9
		1	1		6
		1			
	2	18	15	19	2
	6	44	134	57	120

普通初中办

Condition of School Buildings in Junior Secondary

	学校占地面积 Areas Occupied	校舍建筑面积 Floor Space	教学及辅 Teaching & Assistant			
			计 Total	其中 普通教室 classroom	实验室 Laboratory	图书室 Library
合 计 Total	**1458397306**	**363000880**	**163684093**	**116213435**	**20738565**	**7061900**
北 京 Beijing	9903620	2656668	1154370	627025	181629	54638
天 津 Tianjin	7956503	1927127	1094606	706454	142375	42166
河 北 Hebei	98710884	19678772	10492187	7313031	1798865	455469
山 西 Shanxi	42534712	10367487	4409726	3298424	482374	211068
内蒙古 Inner Mongolia	45601842	5653748	2687061	1855833	329411	125747
辽 宁 Liaoning	46102396	9194022	4993992	3136095	677512	207770
吉 林 Jilin	34323353	5360406	3000589	1982497	394169	119015
黑龙江 Heilongjiang	51379688	8531833	5111142	3662301	590011	187962
上 海 Shanghai	9079042	4658124	2098911	1109725	379139	148546
江 苏 Jiangsu	78721325	21582727	10151657	6980008	1396548	497969
浙 江 Zhejiang	48641454	17514738	8089971	4689388	1231394	412937
安 徽 Anhui	71364491	13890255	6689007	5230220	691640	300487
福 建 Fujian	30670246	9280569	3986280	2589364	543175	205897
江 西 Jiangxi	49127591	12406349	5099599	3946598	535138	210342
山 东 Shandong	136866012	28622606	13266653	9106531	1900318	565324
河 南 Henan	116653872	31114432	13655368	10260147	1512384	586794
湖 北 Hubei	66362781	22057984	7795209	5755407	975689	340007
湖 南 Hunan	82877070	22310826	9737725	7440726	946557	373689
广 东 Guangdong	95172818	30463998	13080196	8726103	1742048	612776
广 西 Guangxi	56673555	15894494	5685683	4362604	555755	206539
海 南 Hainan	16116413	2225102	948740	673220	103316	52655
重 庆 Chongqing	16423560	7418242	2833035	2035379	302469	100950
四 川 Sichuan	48638911	18367970	7885018	5960251	881866	267913
贵 州 Guizhou	31983968	8093463	4273456	3206458	465057	159844
云 南 Yunnan	43790514	11204328	4144382	3129980	611909	164623
西 藏 Tibet	5239670	1222719	402193	293234	41377	11391
陕 西 Shaanxi	34188403	9733732	4660154	3434367	615870	191855
甘 肃 Gansu	24571296	4652174	2394857	1887757	218232	92661
青 海 Qinghai	5576739	858177	455116	368907	29589	14286
宁 夏 Ningxia	7584125	1331538	722583	504111	109043	33399
新 疆 Xinjiang	45560452	4726270	2684627	1941290	353706	107181

学条件(一)(总计)

Schools (1) (Regional Aggregates)

单位:平方米

Unit: m^2

助用房 Buildings of Which 微机室 PC-room	语音室 Linguistic	行政办公用房 Administritive 计 Total	其中教师办公室 of Which: for Teachers	生活用房 Residential and Welfare	其他用房 Rooms for Other Purposes	校舍面积中 of the Floor Space 危房面积 Floor Space of Dilapidated Buildings	当年新增 New Floor Space Added in Current Year
5818684	**2367984**	**39526702**	**26951110**	**120566108**	**39223977**	**10435509**	**12160566**
48907	15435	388693	194652	474747	638858	8775	56761
38225	24123	307522	207452	225857	299142	3224	31254
415418	235906	2692539	2071145	4427430	2066616	279622	406779
152114	71646	1713258	1300133	3071863	1172640	301844	475074
104483	55693	836111	609966	1578455	552121	256555	301121
184956	122587	1518558	907038	1212018	1469454	206328	275470
126480	76610	956308	652473	705923	697586	254603	138161
172848	89084	1343876	962111	1083751	993064	633674	137177
106516	45374	574408	295221	671551	1313254		264733
384340	125386	2296836	1372192	6784012	2350222	1518	844219
296606	135008	1563412	915147	5628587	2232768	16500	673111
191918	55277	1385348	949947	4795438	1020462	1060340	344046
119782	41890	721555	395072	3723767	848967	147862	188462
161909	74785	962283	610205	5352065	992402	404729	296988
459789	255455	3664958	2426066	9057539	2633456	351941	408721
491024	155944	5092962	3962655	9162051	3204051	864349	821897
288573	92327	1718868	1104980	10175715	2368192	636615	327207
301232	108174	1902992	1351800	7936801	2733308	650543	458442
415783	207259	2325351	1293720	10702604	4355847	510726	906934
187038	46619	744271	481830	8082602	1381938	790740	607752
33859	13398	133577	80120	933003	209782	87398	82119
110122	27963	535922	314083	3382609	666676	139065	194896
291430	63506	1206866	775826	7863114	1412972	587530	721587
188376	39167	561229	357267	2422177	836601	68730	979804
91812	31729	589827	342921	5786387	683732	886677	846280
9306	4336	68559	55421	697339	54628	9292	221999
189730	86220	2005209	1614445	2278183	790186	391186	322397
99401	19633	836982	717642	937365	482970	494290	324785
17984	4332	79725	66459	249482	73854	71682	44400
39592	10041	204436	157917	280641	123878	54608	119132
99131	33077	594261	405204	883032	564350	264563	338858

普通初中办

Condition of School Buildings in Junior

	学校占地面积 Areas Occupied	校舍建筑面积 Floor Space	教学及辅 Teaching & Assistant			
			计 Total	其中		
				普通教室 classroom	实验室 Laboratory	图书室 Library
合　计 Total	**167646796**	**63531922**	**31358485**	**19619750**	**4323101**	**1595333**
北　京 Beijing	1918146	886830	361190	186297	52213	18842
天　津 Tianjin	1647341	632291	357315	213771	45324	14723
河　北 Hebei	8208819	2954171	1529656	1028021	234563	76249
山　西 Shanxi	5093771	1773740	849212	581659	113468	44185
内蒙古 Inner Mongolia	5863720	1343594	742220	479865	84627	32953
辽　宁 Liaoning	10008287	3579645	1927650	1082556	238281	87868
吉　林 Jilin	3986943	1444043	788247	495620	80911	25146
黑龙江 Heilongjiang	8053251	2328230	1277728	793494	158152	49448
上　海 Shanghai	3410134	2514312	1086455	554822	181048	86159
江　苏 Jiangsu	11396704	4139460	2108500	1276546	338174	130471
浙　江 Zhejiang	10938726	4962208	2392492	1247900	359740	165456
安　徽 Anhui	6133911	1800332	967613	670836	135662	46954
福　建 Fujian	2564280	1127818	576037	316285	88330	32951
江　西 Jiangxi	2541031	1021407	473668	339955	59678	31906
山　东 Shandong	20293580	6245188	3063667	1946913	430085	141156
河　南 Henan	11675451	4466569	2116986	1426727	323668	100578
湖　北 Hubei	8147722	3810991	1717084	1144264	246436	79935
湖　南 Hunan	5694066	1993952	1046910	757299	119596	44415
广　东 Guangdong	14670372	7381540	3492875	2057139	497945	188000
广　西 Guangxi	4290695	1205136	598411	409086	75834	27416
海　南 Hainan	935418	440247	189723	117893	21467	13249
重　庆 Chongqing	1823282	1078082	456535	320822	51310	16011
四　川 Sichuan	3245303	1717581	875511	595476	94439	31278
贵　州 Guizhou	2488126	924083	454618	301318	50081	17114
云　南 Yunnan	1875084	621920	303081	213870	45887	14935
西　藏 Tibet	575195	146034	51127	37596	5077	2988
陕　西 Shaanxi	2412573	1074953	525038	342199	66115	26585
甘　肃 Gansu	2050841	580549	293690	209000	32691	13656
青　海 Qinghai	441805	84958	48996	35266	4490	2323
宁　夏 Ningxia	1302238	331117	190803	128148	23817	8746
新　疆 Xinjiang	3959981	920941	495447	309107	63992	23637

学条件(一)(城市)

Secondary Schools (1) (Urban)

单位：平方米

Unit：m²

助用房 Buildings		行政办公用房 Administrative		生活用房 Residential and Welfare	其他用房 Rooms for Other Purposes	校舍面积中 of the Floor Space	
of Which							
微机室 PC-room	语音室 Linguistic	计 Total	其中教师办公室 of Which: for Teachers			危房面积 Floor Space of Dilapidated Buildings	当年新增 New Floor Space Added in Current Year
1240199	**603235**	**8414449**	**5066537**	**13361466**	**10397522**	**560949**	**1912059**
15005	5398	140517	69159	102687	282436	450	3824
13199	8160	102556	61756	50076	122344	1570	
66627	35855	429934	278707	580082	414499	28000	50841
29948	18409	320852	209498	353336	250340	16944	34982
26921	18630	235404	155243	204132	161838	59240	19399
71017	39332	580054	317956	339089	732852	28059	91284
33044	18883	250315	157117	146003	259478	16866	21370
44846	25181	408067	263753	232903	409532	69100	23344
57899	26649	314626	158182	298428	814803		38673
89311	30146	520194	300361	874321	636445	591	174286
87104	46643	500816	271365	1258997	809903	2859	272005
38395	16134	261694	168050	352245	218780	48668	53016
23749	11943	114400	58751	228131	209250	1805	24554
16965	11003	105569	67177	314958	127212	16096	25545
121716	70667	956003	574143	1428660	796858	20816	79681
86743	43410	739985	518482	1101224	508374	31195	125657
70012	28494	472925	283177	1004734	616248	19483	38505
37336	16272	204989	134017	506150	235903	17277	64148
129154	59350	660927	342716	1630406	1597332	6865	222239
28846	9457	105645	67484	355485	145595	15861	73802
6362	2451	24306	17285	160615	65603	280	6052
16892	6201	127168	60148	322259	172120	12339	33183
30240	13407	196076	127019	472527	173467	26715	110799
18294	6596	90801	53757	272969	105695	3626	130879
10620	4902	59719	36206	185663	73457	26954	70757
3860	465	14242	12295	73820	6845	1198	10929
20719	11122	171543	110673	229517	148855	12402	50206
13733	5754	93455	58480	80735	112669	19018	16790
2498	980	10456	7951	15065	10441	10097	
11648	3700	59497	42755	40003	40814	5708	10927
17496	7641	141714	82874	146246	137534	40867	34382

普通初中办

Condition of School Buildings in Junior Secondary

	学校占地面积 Areas Occupied	校舍建筑面积 Floor Space	教学及辅 Teaching & Assistant			
			计 Total	其中 普通教室 classroom	实验室 Laboratory	图书室 Library
合　计 Total	**506613328**	**132475725**	**57733915**	**41156214**	**7363558**	**2392418**
北　京 Beijing	3933080	1023552	458071	244151	69792	19745
天　津 Tianjin	3264286	769519	421655	262241	55051	17292
河　北 Hebei	37274675	7941984	4036585	2877610	646250	164219
山　西 Shanxi	9524577	2868958	1184159	888761	128376	52461
内蒙古 Inner Mongolia	16051597	2272646	1040362	746126	123415	45766
辽　宁 Liaoning	4343109	1182557	654186	439945	76782	21986
吉　林 Jilin	14248795	2302931	1245108	835528	169185	49114
黑龙江 Heilongjiang	10549872	2068328	1277779	922294	146806	42007
上　海 Shanghai	5157243	2016190	952238	520794	185227	57808
江　苏 Jiangsu	25675627	7853050	3655199	2489459	502097	191615
浙　江 Zhejiang	28637976	9807365	4431593	2599682	690708	199878
安　徽 Anhui	17416404	3705495	1743961	1368763	167073	70483
福　建 Fujian	11388248	3553315	1476354	990076	195127	74956
江　西 Jiangxi	19221930	4871241	1967599	1509482	203141	76617
山　东 Shandong	64142311	13383684	6036026	4236070	872966	237148
河　南 Henan	29930777	8867413	3831353	2894254	394652	151622
湖　北 Hubei	13559646	4634972	1671137	1255276	208633	72696
湖　南 Hunan	29132306	7925350	3235882	2440779	337391	131172
广　东 Guangdong	49156613	14616319	6003426	4165078	798865	271821
广　西 Guangxi	33437710	9637567	3299518	2596050	297250	113635
海　南 Hainan	8697625	962019	406396	308843	38283	19811
重　庆 Chongqing	2980485	1299496	495605	351839	49310	18661
四　川 Sichuan	17529370	6801011	2732248	2092579	315550	94083
贵　州 Guizhou	14573956	3439566	1719194	1318172	191961	59366
云　南 Yunnan	15472356	3906468	1449211	1081948	221380	55349
西　藏 Tibet	4645132	1059502	345625	250497	36180	8343
陕　西 Shaanxi	3909273	1473645	758745	560222	102767	31764
甘　肃 Gansu	4526732	989382	537685	420297	48943	18779
青　海 Qinghai	1436749	225494	123999	96942	11085	4093
宁　夏 Ningxia	2238331	388513	206830	144403	35551	9553
新　疆 Xinjiang	4556537	628193	336186	248053	43761	10575

学条件(一)(县镇)

Schools (1) (County City & Towns)

单位:平方米

Unit: m^2

助用房 Buildings of Which 微机室 PC-room	语音室 Linguistic	行政办公用房 Administritive 计 Total	其中教师办公室 of Which: for Teachers	生活用房 Residential and Welfare	其他用房 Rooms for Other Purposes	校舍面积中 of the Floor Space 危房面积 Floor Space of Dilapidated Buildings	当年新增 New Floor Space Added in Current Year
2007536	**890032**	**13100153**	**8774642**	**48291946**	**13349711**	**3216504**	**5031246**
17657	6139	150451	70975	207093	207937	729	46981
15161	9217	126052	82905	114906	106906	369	12774
152041	90011	988836	748558	2112713	803850	101850	223471
41325	22243	435422	327761	877169	372208	52242	201691
41218	23797	321336	234223	697135	213813	101517	216782
21028	14768	217250	123574	160231	150890	23723	31781
52786	35910	426083	283416	353351	278389	124565	69694
47407	26249	365603	262077	220872	204074	168106	31087
45017	16522	241870	125682	346895	475187		225560
137267	44480	838188	529115	2478408	881255	400	346294
164989	72851	846090	507119	3372240	1157442	10150	339376
52646	14841	378958	255805	1340856	241720	226688	111112
40821	16290	276569	146469	1483802	316590	49428	92516
65634	32188	368574	222024	2148088	386980	135787	134927
196365	114422	1584839	1077263	4660961	1101858	199204	250474
133862	49976	1390579	1060235	2786604	858877	203105	284157
60071	26777	381070	255949	2129594	453171	130050	86331
101662	46336	613693	427819	3075430	1000345	192048	175886
178587	93178	1029174	579915	5904456	1679263	301619	458061
107571	28385	421992	278775	5136026	780031	449415	313309
13980	4326	56980	35067	438401	60242	44498	40521
24392	7803	85823	54208	611138	106930	15175	57639
98777	30149	423190	276515	3138396	507177	184417	263396
77334	15267	237863	147120	1107105	375404	34038	329222
34401	13012	238548	140255	1996590	222119	263296	313788
5386	3811	54197	43006	612017	47663	8094	196434
29416	14997	255095	203903	332797	127008	26889	39724
21833	5352	176814	154633	178243	96640	111901	83133
5128	1503	22966	18490	62787	15742	14481	6199
10575	3346	62867	48880	89999	28817	12254	12743
13199	5886	83181	52906	117643	91183	30466	36183

普通初中办

Condition of School Buildings in Junior

	学校占地面积 Areas Occupied	校舍建筑面积 Floor Space	教学及辅 Teaching & Assistant			
			计 Total	其中 普通教室 classroom	实验室 Laboratory	图书室 Library
合 计 Total	**784137182**	**166993233**	**74591693**	**55437471**	**9051906**	**3074149**
北 京 Beijing	4052394	746286	335109	196577	59624	16051
天 津 Tianjin	3044876	525317	315636	230442	42000	10151
河 北 Hebei	53227390	8782617	4925946	3407400	918052	215001
山 西 Shanxi	27916364	5724789	2376355	1828004	240530	114422
内蒙古 Inner Mongolia	23686525	2037508	904479	629842	121369	47028
辽 宁 Liaoning	31751000	4431820	2412156	1613594	362449	97916
吉 林 Jilin	16087615	1613432	967234	651349	144073	44755
黑龙江 Heilongjiang	32776565	4135275	2555635	1946513	285053	96507
上 海 Shanghai	511665	127622	60218	34109	12864	4579
江 苏 Jiangsu	41648994	9590217	4387958	3214003	556277	175883
浙 江 Zhejiang	9064752	2745165	1265886	841806	180946	47603
安 徽 Anhui	47814176	8384428	3977433	3190621	388905	183050
福 建 Fujian	16717718	4599436	1933889	1283003	259718	97990
江 西 Jiangxi	27364630	6513701	2658332	2097161	272319	101819
山 东 Shandong	52430121	8993734	4166960	2923548	597267	187020
河 南 Henan	75047644	17780450	7707029	5939166	794064	334594
湖 北 Hubei	44655413	13612021	4406988	3355867	520620	187376
湖 南 Hunan	48050698	12391524	5454933	4242648	489570	198102
广 东 Guangdong	31345833	8466139	3583895	2503886	445238	152955
广 西 Guangxi	18945150	5051791	1787754	1357468	182671	65488
海 南 Hainan	6483370	822836	352621	246484	43566	19595
重 庆 Chongqing	11619793	5040664	1880895	1362718	201849	66278
四 川 Sichuan	27864238	9849378	4277259	3272196	471877	142552
贵 州 Guizhou	14921886	3729814	2099644	1586968	223015	83364
云 南 Yunnan	26443074	6675940	2392090	1834162	344642	94339
西 藏 Tibet	19343	17183	5441	5141	120	60
陕 西 Shaanxi	27866557	7185134	3376371	2531946	446988	133506
甘 肃 Gansu	17993723	3082243	1563482	1258460	136598	60226
青 海 Qinghai	3698185	547725	282121	236699	14014	7870
宁 夏 Ningxia	4043556	611908	324950	231560	49675	15100
新 疆 Xinjiang	37043934	3177136	1852994	1384130	245953	72969

学条件(一)(农村)

Secondary Schools (1) (Rural)

单位:平方米

Unit: m^2

助用房 Buildings		行政办公用房 Administritive		生活用房 Residential and Welfare	其他用房 Rooms for Other Purposes	校舍面积中 of the Floor Space	
of Which							
微机室 PC-room	语音室 Linguistic	计 Total	其中教师办公室 of Which: for Teachers			危房面积 Floor Space of Dilapidated Buildings	当年新增 New Floor Space Added in Current Year
2570949	**874717**	**18012100**	**13109931**	**58912696**	**15476744**	**6658056**	**5217261**
16245	3898	97725	54518	164967	148485	7596	5956
9865	6746	78914	62791	60875	69892	1285	18480
196750	110040	1273769	1043880	1734635	848267	149772	132467
80841	30994	956984	762874	1841358	550092	232658	238401
36344	13266	279371	220500	677188	176470	95798	64940
92911	68487	721254	465508	712698	585712	154546	152405
40650	21817	279910	211940	206569	159719	113172	47097
80595	37654	570206	436281	629976	379458	396468	82746
3600	2203	17912	11357	26228	23264		500
157762	50760	938454	542716	3431283	832522	527	323639
44513	15514	216506	136663	997350	265423	3491	61730
100877	24302	744696	526092	3102337	559962	784984	179918
55212	13657	330586	189852	2011834	323127	96629	71392
79310	31594	488140	321004	2889019	478210	252846	136516
141708	70366	1124116	774660	2967918	734740	131921	78566
270419	62558	2962398	2383938	5274223	1836800	630049	412083
158490	37056	864873	565854	7041387	1298773	487082	202371
162234	45566	1084310	789964	4355221	1497060	441218	218408
108042	54731	635250	371089	3167742	1079252	202242	226634
50621	8777	216634	135571	2591091	456312	325464	220641
13517	6621	52291	27768	333987	83937	42620	35546
68838	13959	322931	199727	2449212	387626	111551	104074
162413	19950	587600	372292	4252191	732328	376398	347392
92748	17304	232565	156390	1042103	355502	31066	519703
46791	13815	291560	166460	3604134	388156	596427	461735
60	60	120	120	11502	120		14636
139595	60101	1578571	1299869	1715869	514323	351895	232467
63835	8527	566713	504529	678387	273661	363371	224862
10358	1849	46303	40018	171630	47671	47104	38201
17369	2995	82072	66282	150639	54247	36646	95462
68436	19550	369366	269424	619143	335633	193230	268293

职业初中办

Condition of School Buildings in Vocational Junior

	学校占地面积 Areas Occupied	校舍建筑面积 Floor Space	教学及辅 Teaching & Assistant			
			计 Total	其中 普通教室 classroom	实验室 Laboratory	图书室 Library
合 计 Total	**15406073**	**2221038**	**966941**	**723042**	**109511**	**48557**
北 京 Beijing						
天 津 Tianjin						
河 北 Hebei	511007	142569	66385	44029	12726	3657
山 西 Shanxi	1337740	254667	105772	72417	9421	5050
内蒙古 Inner Mongolia	4198373	440501	164785	116734	22553	10121
辽 宁 Liaoning						
吉 林 Jilin	957562	89553	55314	36952	8491	2855
黑龙江 Heilongjiang	98120	11054	8795	6733	798	724
上 海 Shanghai	6949	3477	1378	1246		44
江 苏 Jiangsu						
浙 江 Zhejiang						
安 徽 Anhui	4332918	592687	297410	245527	24295	14871
福 建 Fujian	4735	2663	714	400	175	81
江 西 Jiangxi	46700	11679	4236	3280	530	150
山 东 Shandong	65811	5455	995	680	187	58
河 南 Henan	87565	29519	12189	6136	1086	632
湖 北 Hubei	812394	205109	64107	47447	8559	3350
湖 南 Hunan	9851	3103	1624	1346	50	68
广 东 Guangdong						
广 西 Guangxi	341536	103971	29838	22487	3671	1170
海 南 Hainan						
重 庆 Chongqing	5212	4514	1300	1300		
四 川 Sichuan	265572	50744	21090	17214	2393	313
贵 州 Guizhou	1589658	183003	93366	66798	12187	4279
云 南 Yunnan	492484	61589	22583	19278	1795	732
西 藏 Tibet	1500	500	500	500		
陕 西 Shaanxi	51641	8641	4845	4487	98	77
甘 肃 Gansu	10547	4215	2810	2782		28
青 海 Qinghai	42925	3296	1550	1237	59	59
宁 夏 Ningxia						
新 疆 Xinjiang	135273	8529	5355	4032	437	238

学条件(一)(总计)

Secondary Schools (1) (Regional Aggregates)

单位:平方米

Unit:m^2

助用房 Buildings		行政办公用房 Administritive		生活用房 Residential and Welfare	其他用房 Rooms for Other Purposes	校舍面积中 of the Floor Space		
of Which								
微机室 PC-room	语音室 Linguistic	计 Total	其中教师办公室 of Which: for Teachers			危房面积 Floor Space of Dilapidated Buildings	当年新增 New Floor Space Added in Current Year	实习工厂(农场)面积
35811	**11086**	**229731**	**167074**	**812911**	**211455**	**145568**	**86738**	**24183**
2108	1178	18095	11325	40542	17547	2320		
4074	1191	34069	19993	85992	28834	10468	5361	11859
7905	3109	54391	45134	162971	58354	24401	28762	1370
2486	1536	16200	12511	13427	4612	12329	6154	1800
420		1387	1212	852	20	1344		1000
88		295	111	113	1691			
6777	985	56586	44221	197537	41154	63326	16748	1968
58		134	50	1407	408			
168	108	2144	2064	3744	1555	864	180	
70		807	600	3653				
335		5877	4813	9703	1750	2632	867	
2773	818	12951	8418	109095	18956	7373	5912	
50	110	165	122	781	533			
1568	360	2702	1649	65868	5563	3500		700
				3214				
544	177	3127	2099	22133	4394	3752	8366	60
5382	791	14896	7953	57608	17133	2881	11181	2588
573	205	2178	1295	29606	7222	8654	2832	2172
183		1542	1529	2128	126	510		
		361	340	1044		160		
119		611	611	455	680	543		
130	518	1213	1024	1038	923	511	375	666

职业初中办

Condition of School Buildings in Vocational

	学校占地面积 Areas Occupied	校舍建筑面积 Floor Space	教学及辅 Teaching & Assistant			
			计 Total	其中 普通教室 classroom	实验室 Laboratory	图书室 Library
合 计 **Total**	**415832**	**129378**	**59390**	**37080**	**10455**	**3152**
北 京 Beijing						
天 津 Tianjin						
河 北 Hebei	66000	28914	13082	6496	2980	800
山 西 Shanxi	160472	42653	18879	11882	3634	954
内蒙古 Inner Mongolia						
辽 宁 Liaoning						
吉 林 Jilin	14525	2558	2329	1102	49	49
黑龙江 Heilongjiang						
上 海 Shanghai	6949	3477	1378	1246		44
江 苏 Jiangsu						
浙 江 Zhejiang						
安 徽 Anhui	7495	1112	776	560	144	72
福 建 Fujian						
江 西 Jiangxi						
山 东 Shandong						
河 南 Henan						
湖 北 Hubei	57530	33414	15632	10189	2540	990
湖 南 Hunan	2790	1695	920	750		60
广 东 Guangdong						
广 西 Guangxi	39872	1912	826	487	95	124
海 南 Hainan						
重 庆 Chongqing	5212	4514	1300	1300		
四 川 Sichuan						
贵 州 Guizhou	54987	9129	4268	3068	1013	59
云 南 Yunnan						
西 藏 Tibet						
陕 西 Shaanxi						
甘 肃 Gansu						
青 海 Qinghai						
宁 夏 Ningxia						
新 疆 Xinjiang						

学条件(一)(城市)

Junior Secondary Schools (1) (Urban)

单位:平方米

Unit: m^2

助用房 Buildings		行政办公用房 Administritive		生活用房 Residential and Welfare	其他用房 Rooms for Other Purposes	校舍面积中 of the Floor Space		
of Which								
微机室 PC-room	语音室 Linguistic	计 Total	其中教师办公室 of Which: for Teachers			危房面积 Floor Space of Dilapidated Buildings	当年新增 New Floor Space Added in Current Year	实习工厂(农场)面积
2736	**1125**	**12222**	**8887**	**51848**	**5918**	**1240**	**760**	**8118**
150	60	3454	2605	12378				
1554	855	4303	2982	18281	1190			8118
50		229	95					
88		295	111	113	1691			
		120	120	144	72			
670	100	3286	2610	12341	2155			
	110	117	74	580	78			
96		157	112	856	73			
				3214				
128		261	178	3941	659	1240	760	

职业初中办

Condition of School Buildings in Vocational Junior

	学校占地面积 Areas Occupied	校舍建筑面积 Floor Space	教学及辅 Teaching & Assistant			
			计 Total	其中		
				普通教室 classroom	实验室 Laboratory	图书室 Library
合 计 Total	**3645252**	**647629**	**283549**	**206044**	**29506**	**12767**
北 京 Beijing						
天 津 Tianjin						
河 北 Hebei	208989	51918	20696	13352	4516	1440
山 西 Shanxi	327285	105049	54223	37593	2726	2087
内蒙古 Inner Mongolia	809977	112583	43061	31270	4367	2198
辽 宁 Liaoning						
吉 林 Jilin	624316	52599	31724	20232	4897	1692
黑龙江 Heilongjiang	3000	700	576	216	120	120
上 海 Shanghai						
江 苏 Jiangsu						
浙 江 Zhejiang						
安 徽 Anhui	560727	86077	43766	36991	3463	1811
福 建 Fujian						
江 西 Jiangxi	40000	9879	3396	2680	410	90
山 东 Shandong						
河 南 Henan	6251	2300	1125	960		100
湖 北 Hubei	115832	32066	8233	6461	867	399
湖 南 Hunan	7061	1408	704	596	50	8
广 东 Guangdong						
广 西 Guangxi	300864	101459	28412	21400	3576	1046
海 南 Hainan						
重 庆 Chongqing						
四 川 Sichuan	87929	11285	5635	3846	1063	
贵 州 Guizhou	341039	49329	24661	15119	2675	1244
云 南 Yunnan	111902	19857	9126	7939	411	343
西 藏 Tibet	1500	500	500	500		
陕 西 Shaanxi	3000	3000	3000	3000		
甘 肃 Gansu	2213	2555	1660	1632		28
青 海 Qinghai	42925	3296	1550	1237	59	59
宁 夏 Ningxia						
新 疆 Xinjiang	50442	1769	1501	1020	306	102

学条件(一)(县镇)

Secondary Schools (1) (County City & Towns)

单位:平方米

Unit: m^2

助用房 Buildings		行政办公用房 Administritive		生活用房 Residential and Welfare	其他用房 Rooms for Other Purposes	校舍面积中 of the Floor Space		
of Which								
微机室 PC-room	语音室 Linguistic	计 Total	其中教师办公室 of Which: for Teachers			危房面积 Floor Space of Dilapidated Buildings	当年新增 New Floor Space Added in Current Year	实习工厂(农场)面积
11680	**4081**	**66554**	**48382**	**229143**	**68383**	**44238**	**20579**	**5352**
942	445	6017	3748	14514	10691	1684		
1529	218	12298	8745	31046	7482	4993		
1844	811	16594	13720	35718	17210	10951	5537	840
1668	1320	8892	6117	8079	3904	7924	6154	1800
120		124	124					
1284	160	9493	6992	26397	6421	8996	2236	
108	108	1844	1824	3224	1415	720		
65		320	180	670	185			
390	99	1006	700	21335	1492	491		
50		48	48	201	455			
1472	360	2545	1537	65012	5490	3500		700
200	77	1325	947	1796	2529	1800	4000	
1468	398	4455	2444	11897	8316	648		
348	85	694	378	7965	2072	1988	2652	2012
		61	40	834				
119		611	611	455	680	543		
73		227	227		41			

职业初中办

Condition of School Buildings in Vocational

	学校占地面积 Areas Occupied	校舍建筑面积 Floor Space	教学及辅 Teaching & Assistant			
			计 Total	其中 普通教室 classroom	实验室 Laboratory	图书室 Library
合　计 Total	**11344989**	**1444031**	**624002**	**479918**	**69550**	**32638**
北　京 Beijing						
天　津 Tianjin						
河　北 Hebei	236018	61737	32607	24181	5230	1417
山　西 Shanxi	849983	106965	32670	22942	3061	2009
内蒙古 Inner Mongolia	3388396	327918	121724	85464	18186	7923
辽　宁 Liaoning						
吉　林 Jilin	318721	34396	21261	15618	3545	1114
黑龙江 Heilongjiang	95120	10354	8219	6517	678	604
上　海 Shanghai						
江　苏 Jiangsu						
浙　江 Zhejiang						
安　徽 Anhui	3764696	505498	252868	207976	20688	12988
福　建 Fujian	4735	2663	714	400	175	81
江　西 Jiangxi	6700	1800	840	600	120	60
山　东 Shandong	65811	5455	995	680	187	58
河　南 Henan	81314	27219	11064	5176	1086	532
湖　北 Hubei	639032	139629	40242	30797	5152	1961
湖　南 Hunan						
广　东 Guangdong						
广　西 Guangxi	800	600	600	600		
海　南 Hainan						
重　庆 Chongqing						
四　川 Sichuan	177643	39459	15455	13368	1330	313
贵　州 Guizhou	1193632	124545	64437	48611	8499	2976
云　南 Yunnan	380582	41732	13457	11339	1384	389
西　藏 Tibet						
陕　西 Shaanxi	48641	5641	1845	1487	98	77
甘　肃 Gansu	8334	1660	1150	1150		
青　海 Qinghai						
宁　夏 Ningxia						
新　疆 Xinjiang	84831	6760	3854	3012	131	136

学条件(一)(农村)
Junior Secondary Schools (1) (Rural)

单位:平方米
Unit: m^2

助用房 Buildings		行政办公用房 Administritive		生活用房 Residential and Welfare	其他用房 Rooms for Other Purposes	校舍面积中 of the Floor Space		
of Which		计 Total	其中教师办公室 of Which: for Teachers			危房面积 Floor Space of Dilapidated Buildings	当年新增 New Floor Space Added in Current Year	实习工厂(农场)面积
微机室 PC-room	语音室 Linguistic							
21395	**5880**	**150955**	**109805**	**531920**	**137154**	**100090**	**65399**	**10713**
1016	673	8624	4972	13650	6856	636		
991	118	17468	8266	36665	20162	5475	5361	3741
6061	2298	37797	31414	127253	41144	13450	23225	530
768	216	7079	6299	5348	708	4405		
300		1263	1088	852	20	1344		1000
5493	825	46973	37109	170996	34661	54330	14512	1968
58		134	50	1407	408			
60		300	240	520	140	144	180	
70		807	600	3653				
270		5557	4633	9033	1565	2632	867	
1713	619	8659	5108	75419	15309	6882	5912	
344	100	1802	1152	20337	1865	1952	4366	60
3786	393	10180	5331	41770	8158	993	10421	2588
225	120	1484	917	21641	5150	6666	180	160
183		1542	1529	2128	126	510		
		300	300	210		160		
57	518	986	797	1038	882	511	375	666

普通初中办

Condition of School Buildings in Junior

	体育运动场(馆)面积(平方米) Sports Areas (m^2)	计算机(台) PC (set)	图书藏量(册) Books & Magazines in Libraries (Volume)
合　计 Total	**404723566**	**2823402**	**877797806**
北　京 Beijing	3606702	32971	9195895
天　津 Tianjin	3350473	22938	5227299
河　北 Hebei	34033731	189151	87496919
山　西 Shanxi	12077603	66951	25795940
内蒙古 Inner Mongolia	13952685	38089	13809230
辽　宁 Liaoning	17672117	95368	23090652
吉　林 Jilin	13228694	65154	16027147
黑龙江 Heilongjiang	22813886	86021	18802565
上　海 Shanghai	3235872	75231	13367449
江　苏 Jiangsu	21929438	176977	53102328
浙　江 Zhejiang	15943760	163917	41647770
安　徽 Anhui	17059507	82650	35613869
福　建 Fujian	8625425	73708	19810070
江　西 Jiangxi	11241763	59693	22672830
山　东 Shandong	40179239	269559	66358296
河　南 Henan	27934979	185294	90791583
湖　北 Hubei	18286868	122367	42161650
湖　南 Hunan	17917976	148478	55234480
广　东 Guangdong	23498814	265035	76800866
广　西 Guangxi	10565925	81238	26078662
海　南 Hainan	3299364	15608	4261866
重　庆 Chongqing	4576203	52662	9289359
四　川 Sichuan	13837719	137462	28302591
贵　州 Guizhou	7504953	72414	19880967
云　南 Yunnan	6910337	38555	16978567
西　藏 Tibet	608252	3654	1419995
陕　西 Shaanxi	10335442	91568	29486007
甘　肃 Gansu	6924275	44201	10808693
青　海 Qinghai	1122647	9139	1722472
宁　夏 Ningxia	2270288	15289	2976234
新　疆 Xinjiang	10178629	42060	9585555

学条件(二)(总计)

Secondary Schools (2) (Regional Aggregates)

电子图书藏量(片) Electronic Books & Magazines in Libraries (disk)	固定资产总值(万元) Total Value of Fixed Asset (in 10,000 yuan)			
	计 Total	其中:仪器设备总值(万元) of Which: Total Value of Equip & Instru. (in 10,000 yuan)		
		计 Subtotal	专业实验设备 For Prefession	专业实习设备 For Practice
35090119	**22719934.30**	**2491492.71**	**1502145.50**	**304482.15**
92596	248827.42	28144.34	13184.43	1107.03
985344	116622.78	18629.86	11640.16	2134.41
2570095	1328385.57	188292.39	112930.73	24174.74
546100	686535.02	61720.00	38615.13	7962.55
158724	338771.21	30451.93	19287.28	2917.78
260721	534484.00	83424.00	45369.00	8877.00
1039328	375424.25	55936.37	33133.63	10756.81
261320	562197.34	73373.50	48007.16	9304.06
440305	575302.28	109244.37	53630.44	5982.88
2600557	1694496.82	164088.95	96639.29	17373.34
1102983	1557659.13	153500.49	80123.68	52.89
443009	786779.86	68740.07	51703.97	8542.57
381950	506726.00	41999.00	33861.00	8138.00
270261	612368.65	103319.00	50945.29	6039.27
3068474	1853625.41	186627.50	109007.92	21812.00
1682933	1548648.76	139522.00	85374.40	32013.62
329254	1072078.36	111762.52	73104.79	15297.36
1043283	1108485.22	121537.71	81749.18	14850.60
13379829	2569481.49	287017.41	170869.56	47889.55
758354	740625.96	71809.92	54353.90	8841.61
358785	201023.69	15230.81	9449.11	3205.65
475720	413902.88	35234.18	21223.04	5671.19
296597	900044.83	88303.32	53316.29	12505.67
663955	384217.96	43719.52	25781.23	6146.02
166068	582900.57	30326.89	19679.65	2848.59
11865	138189.63	5577.87	2332.08	753.43
978843	525813.13	66835.41	39916.45	11280.43
379656	321814.49	59682.46	49154.16	4770.71
104542	44716.27	4222.22	2827.26	502.16
57292	80965.63	10984.55	5879.45	1257.29
181376	308819.69	32234.15	9055.84	1472.94

普通初中办

Condition of School Buildings in Junior

	体育运动场(馆)面积(平方米) Sports Areas (m^2)	计算机(台) PC (set)	图书藏量(册) Books & Magazines in Libraries (Volume)
合　计 Total	**55385112**	**719486**	**144898776**
北　京 Beijing	583489	13685	2984647
天　津 Tianjin	585667	7973	1706776
河　北 Hebei	3571841	32863	9350782
山　西 Shanxi	1687991	15185	3852004
内蒙古 Inner Mongolia	2161196	13127	3620664
辽　宁 Liaoning	4107425	46553	9252421
吉　林 Jilin	1822729	20157	3667884
黑龙江 Heilongjiang	3505914	28377	3818566
上　海 Shanghai	1335106	45812	7709618
江　苏 Jiangsu	3744666	44487	10369580
浙　江 Zhejiang	3472791	52478	10546932
安　徽 Anhui	1545331	20951	4321122
福　建 Fujian	722297	14363	3097975
江　西 Jiangxi	767915	8732	1621204
山　东 Shandong	6398639	86766	13964849
河　南 Henan	3106721	39758	9738039
湖　北 Hubei	3269376	30912	7926851
湖　南 Hunan	1411869	17747	4391972
广　东 Guangdong	4243400	84826	16044031
广　西 Guangxi	1168592	14968	2389316
海　南 Hainan	239350	3227	679300
重　庆 Chongqing	453981	8758	1151236
四　川 Sichuan	1337415	15859	2488210
贵　州 Guizhou	579421	9181	1786227
云　南 Yunnan	461020	5186	956076
西　藏 Tibet	86829	802	135578
陕　西 Shaanxi	721813	12849	3119516
甘　肃 Gansu	689209	6701	1416482
青　海 Qinghai	116472	1814	204663
宁　夏 Ningxia	411382	5309	814180
新　疆 Xinjiang	1075265	10080	1772075

学条件(二)(城市)

Secondary Schools (2) (Urban)

电子图书藏量(片) Electronic Books & Magazines in Libraries (disk)	固定资产总值(万元) Total Value of Fixed Asset (in 10,000 yuan)			
	计 Total	其中:仪器设备总值(万元) of Which: Total Value of Equip & Instru. (in 10,000 yuan)		
		计 Subtotal	专业实验设备 For Prefession	专业实习设备 For Practice
13318307	**5458777.28**	**775356.10**	**449951.05**	**65940.61**
40260	92498.00	9970.17	5387.07	473.53
927865	33127.81	8130.76	4448.28	329.17
963399	207487.90	33699.95	22308.82	5077.41
177053	124602.71	17893.44	11458.80	2161.95
70366	82791.51	10558.06	6329.12	782.72
172481	227476.00	39506.00	20849.00	2549.00
476142	151245.75	22006.80	13096.63	3185.50
154225	233602.28	31959.43	22535.51	1946.73
221080	301369.78	65236.48	30964.36	2315.02
1028621	402364.84	52551.65	28941.80	3886.25
501964	541775.42	63492.86	28511.25	0.30
157106	149054.66	14259.35	9477.15	2204.75
313106	91009.00	13609.00	10630.00	2979.00
59358	66296.02	15599.14	13644.92	592.74
963388	585617.85	70506.30	37219.65	3988.54
393760	286771.99	34831.62	21190.48	5487.46
59473	238981.98	34053.23	23501.07	2685.29
151118	137973.46	14732.32	8231.08	2179.38
5841877	799960.03	124815.96	64539.74	15014.18
77380	93847.73	25738.82	23197.81	573.51
64917	31031.46	3606.10	2668.38	627.46
145944	119718.85	10107.40	7166.16	1603.46
36172	140791.88	17157.26	10202.72	1390.93
133268	49080.15	7805.17	4080.89	945.76
19208	42894.75	3899.59	2801.15	374.66
337	13677.56	869.67	309.75	145.59
126990	77429.27	9598.10	6019.68	987.42
15786	44963.81	5148.08	2904.94	373.56
994	5607.18	875.19	814.05	61.14
3378	22336.34	4685.77	2554.36	314.73
21291	63391.31	8452.43	3966.43	703.47

普通初中办

Condition of School Buildings in Junior

	体育运动场(馆)面积(平方米) Sports Areas (m^2)	计算机(台) PC (set)	图书藏量(册) Books & Magazines in Libraries (Volume)
合 计 Total	**135208627**	**968539**	**313985828**
北 京 Beijing	1496388	10667	3158502
天 津 Tianjin	1319952	8733	1953439
河 北 Hebei	12090390	72563	33076462
山 西 Shanxi	2698982	16964	6738140
内蒙古 Inner Mongolia	5123468	13234	5464362
辽 宁 Liaoning	1764596	10759	2592545
吉 林 Jilin	5254121	25934	7005006
黑龙江 Heilongjiang	4735796	22228	4401908
上 海 Shanghai	1717731	27934	5275037
江 苏 Jiangsu	6626372	63188	17486054
浙 江 Zhejiang	9390420	88236	23686644
安 徽 Anhui	4445973	22838	9091569
福 建 Fujian	3261611	24972	7125588
江 西 Jiangxi	4145979	24290	8935544
山 东 Shandong	18563169	110630	30607991
河 南 Henan	7570593	52423	27116610
湖 北 Hubei	3559347	25438	8696025
湖 南 Hunan	6247941	49614	18855703
广 东 Guangdong	11483252	106863	39133570
广 西 Guangxi	6200892	47393	15669937
海 南 Hainan	1599498	6429	1965991
重 庆 Chongqing	719766	8997	1670232
四 川 Sichuan	4665974	44514	9415725
贵 州 Guizhou	3250479	30284	8686453
云 南 Yunnan	2334431	14420	6294450
西 藏 Tibet	521023	2833	1278747
陕 西 Shaanxi	1166117	14770	4240544
甘 肃 Gansu	1376167	9262	2055061
青 海 Qinghai	264798	2259	427472
宁 夏 Ningxia	689741	4190	807493
新 疆 Xinjiang	923660	5680	1073024

学条件(二)(县镇)

Secondary Schools (2) (County City & Towns)

电子图书藏量(片) Electronic Books & Magazines in Libraries (disk)	固定资产总值(万元) Total Value of Fixed Asset (in 10,000 yuan)			
	计 Total	其中:仪器设备总值(万元) of Which: Total Value of Equip & Instru. (in 10,000 yuan)		
		计 Subtotal	专业实验设备 For Prefession	专业实习设备 For Practice
14157193	**8642398.00**	**791524.82**	**496920.83**	**110381.53**
24378	102610.39	9267.64	3766.23	187.53
55809	52019.59	6835.98	4986.13	918.92
1012718	644570.72	62144.33	42060.05	8457.78
131910	202992.04	16106.19	11253.43	1948.01
30235	138428.86	10447.77	7305.45	968.13
20263	79497.00	9022.00	5211.00	918.00
491151	148056.90	23961.70	14038.09	5872.54
55717	118364.17	15093.85	9656.64	1750.08
183770	261876.49	42323.71	21842.41	3357.69
684700	710387.86	64984.13	39277.18	7255.66
526830	855407.28	72166.70	42001.44	52.59
118616	241256.59	13088.18	7997.00	2633.13
30919	153249.00	12016.00	9534.00	2482.00
145168	227928.00	27689.39	22869.02	2688.24
1464055	807889.07	73021.64	44694.60	10230.06
507562	525150.41	41369.80	24512.63	10138.66
64506	259602.80	23524.64	15172.80	4059.45
356392	341939.59	36630.01	22035.44	5349.09
6988782	1112589.53	102203.81	72653.74	19691.39
557553	437503.83	31053.21	20207.15	6186.53
14872	70805.70	4507.17	2664.64	1303.75
65689	68005.61	5458.36	3145.57	677.63
141126	346447.24	32039.00	19087.02	4627.21
185047	162269.11	17803.69	10310.12	2808.75
33971	214336.54	10670.43	6660.74	976.16
11428	122828.10	4699.90	2022.33	599.54
97220	92084.66	9855.97	5487.31	2135.43
126571	51449.52	5510.11	3463.52	1154.80
4210	15628.99	1155.64	678.05	157.45
22378	23322.35	2597.01	1328.96	536.90
3647	53900.06	4276.86	998.14	258.43

普通初中办

Condition of School Buildings in Junior

	体育运动场(馆)面积(平方米) Sports Areas (m^2)	计算机(台) PC (set)	图书藏量(册) Books & Magazines in Libraries (Volume)
合 计 Total	**214129827**	**1135377**	**418913202**
北 京 Beijing	1526825	8619	3052746
天 津 Tianjin	1444854	6232	1567084
河 北 Hebei	18371500	83725	45069675
山 西 Shanxi	7690630	34802	15205796
内蒙古 Inner Mongolia	6668021	11728	4724204
辽 宁 Liaoning	11800096	38056	11245686
吉 林 Jilin	6151844	19063	5354257
黑龙江 Heilongjiang	14572176	35416	10582091
上 海 Shanghai	183035	1485	382794
江 苏 Jiangsu	11558400	69302	25246694
浙 江 Zhejiang	3080549	23203	7414194
安 徽 Anhui	11068203	38861	22201178
福 建 Fujian	4641517	34373	9586507
江 西 Jiangxi	6327869	26671	12116082
山 东 Shandong	15217431	72163	21785456
河 南 Henan	17257665	93113	53936934
湖 北 Hubei	11458145	66017	25538774
湖 南 Hunan	10258166	81117	31986805
广 东 Guangdong	7772162	73346	21623265
广 西 Guangxi	3196441	18877	8019409
海 南 Hainan	1460516	5952	1616575
重 庆 Chongqing	3402456	34907	6467891
四 川 Sichuan	7834330	77089	16398656
贵 州 Guizhou	3675053	32949	9408287
云 南 Yunnan	4114886	18949	9728041
西 藏 Tibet	400	19	5670
陕 西 Shaanxi	8447512	63949	22125947
甘 肃 Gansu	4858899	28238	7337150
青 海 Qinghai	741377	5066	1090337
宁 夏 Ningxia	1169165	5790	1354561
新 疆 Xinjiang	8179704	26300	6740456

学条件(二)(农村)
Secondary Schools (2) (Rural)

电子图书藏量 (片) Electronic Books & Magazines in Libraries (disk)	固定资产总值(万元) Total Value of Fixed Asset (in 10,000 yuan)			
	计 Total	其中:仪器设备总值(万元) of Which: Total Value of Equip & Instru. (in 10,000 yuan)		
		计 Subtotal	专业实验设备 For Prefession	专业实习设备 For Practice
7614619	**8618759.02**	**924611.79**	**555273.62**	**128160.01**
27958	53719.03	8906.53	4031.13	445.97
1670	31475.38	3663.12	2205.75	886.32
593978	476326.95	92448.11	48561.86	10639.55
237137	358940.27	27720.37	15902.90	3852.59
58123	117550.84	9446.10	5652.71	1166.93
67977	227511.00	34896.00	19309.00	5410.00
72035	76121.60	9967.87	5998.91	1698.77
51378	210230.89	26320.22	15815.01	5607.25
35455	12056.01	1684.18	823.67	310.17
887236	581744.12	46553.17	28420.31	6231.43
74189	160476.43	17840.93	9610.99	
167287	396468.61	41392.54	34229.82	3704.69
37925	262468.00	16374.00	13697.00	2677.00
65735	318144.63	60030.47	14431.35	2758.29
641031	460118.49	43099.56	27093.67	7593.40
781611	736726.36	63320.58	39671.29	16387.50
205275	573493.58	54184.65	34430.92	8552.62
535773	628572.17	70175.38	51482.66	7322.13
549170	656931.93	59997.64	33676.08	13183.98
123421	209274.40	15017.89	10948.94	2081.57
278996	99186.53	7117.54	4116.09	1274.44
264087	226178.42	19668.42	10911.31	3390.10
119299	412805.71	39107.06	24026.55	6487.53
345640	172868.70	18110.66	11390.22	2391.51
112889	325669.28	15756.87	10217.76	1497.77
100	1683.97	8.30		8.30
754633	356299.20	47381.34	28409.46	8157.58
237299	225401.16	49024.27	42785.70	3242.35
99338	23480.10	2191.39	1335.16	283.57
31536	35306.94	3701.77	1996.13	405.66
156438	191528.32	19504.86	4091.27	511.04

职业初中办

Condition of School Buildings in Vocational Junior

	体育运动场(馆)面积(平方米) Sports Areas (m^2)	计算机(台) PC (set)	图书藏量(册) Books & Magazines in Libraries (Volume)
合　计 Total	**3827227**	**13009**	**5049442**
北　京 Beijing			
天　津 Tianjin			
河　北 Hebei	150568	1138	409131
山　西 Shanxi	305151	1650	408468
内蒙古 Inner Mongolia	1327694	2782	905920
辽　宁 Liaoning			
吉　林 Jilin	589627	838	371849
黑龙江 Heilongjiang	41100	73	57860
上　海 Shanghai	3855	96	8357
江　苏 Jiangsu			
浙　江 Zhejiang			
安　徽 Anhui	884654	2128	1789444
福　建 Fujian	2476	18	6732
江　西 Jiangxi	11800	73	29500
山　东 Shandong	8004	23	6000
河　南 Henan	27219	214	70994
湖　北 Hubei	145642	714	328891
湖　南 Hunan	4865	42	19485
广　东 Guangdong			
广　西 Guangxi	74783	840	46396
海　南 Hainan			
重　庆 Chongqing	1000	3	
四　川 Sichuan	29207	260	58460
贵　州 Guizhou	140710	1795	409640
云　南 Yunnan	29778	122	68315
西　藏 Tibet			
陕　西 Shaanxi	6786	93	22903
甘　肃 Gansu	10000	1	1256
青　海 Qinghai		46	10000
宁　夏 Ningxia			
新　疆 Xinjiang	32308	60	19841

学条件(二)(总计)

Secondary Schools (2) (Regional Aggregates)

电子图书藏量(片) Electronic Books & Magazines in Libraries (disk)	固定资产总值(万元) Total Value of Fixed Asset (in 10,000 yuan)			
	计 Total	其中:仪器设备总值(万元) of Which: Total Value of Equip & Instru. (in 10,000 yuan)		
		计 Subtotal	专业实验设备 For Prefession	专业实习设备 For Practice
123243	**98527.64**	**14071.38**	**5872.06**	**2717.15**
1068	8163.62	935.31	615.42	108.50
6808	15024.13	2472.47	1013.41	1287.36
4765	20184.08	4092.14	1768.78	240.23
640	9206.59	2504.04	267.24	243.98
1008	627.00	110.20	62.20	35.00
116	279.00	134.00		
931	20451.86	1206.91	732.17	265.42
10	139.00	14.00	14.00	
33	501.20	38.20	22.20	16.00
	92.04	9.10	8.40	0.70
798	799.00	89.04	65.84	21.20
21567	7673.60	674.05	343.26	54.27
100	139.98	44.69	2.69	
62256	2455.00	461.07	222.05	236.52
	220.00			
50	1964.61	92.58	26.01	
23063	6872.01	959.51	596.83	102.38
	2656.76	106.31	52.05	46.14
	45.60			
30	280.19	38.86	9.56	29.30
	210.61	0.70	0.65	0.05
	193.00			
	348.76	88.20	49.30	30.10

职业初中办

Condition of School Buildings in Vocational

	体育运动场(馆)面积(平方米) Sports Areas (m^2)	计算机(台) PC (set)	图书藏量(册) Books & Magazines in Libraries (Volume)
合　计 Total	**127175**	**797**	**214114**
北　京 Beijing			
天　津 Tianjin			
河　北 Hebei	20000	118	36000
山　西 Shanxi	37027	353	99286
内蒙古 Inner Mongolia			
辽　宁 Liaoning			
吉　林 Jilin	5575	18	2468
黑龙江 Heilongjiang			
上　海 Shanghai	3855	96	8357
江　苏 Jiangsu			
浙　江 Zhejiang			
安　徽 Anhui			5670
福　建 Fujian			
江　西 Jiangxi			
山　东 Shandong			
河　南 Henan			
湖　北 Hubei	15900	87	38483
湖　南 Hunan	865	2	9500
广　东 Guangdong			
广　西 Guangxi	34850	30	850
海　南 Hainan			
重　庆 Chongqing	1000	3	
四　川 Sichuan			
贵　州 Guizhou	8103	90	13500
云　南 Yunnan			
西　藏 Tibet			
陕　西 Shaanxi			
甘　肃 Gansu			
青　海 Qinghai			
宁　夏 Ningxia			
新　疆 Xinjiang			

学条件(二)(城市)

Junior Secondary Schools (2) (Urban)

电子图书藏量(片) Electronic Books & Magazines in Libraries (disk)	固定资产总值(万元) Total Value of Fixed Asset (in 10,000 yuan)			
	计 Total	其中:仪器设备总值(万元) of Which: Total Value of Equip & Instru. (in 10,000 yuan)		
		计 Subtotal	专业实验设备 For Prefession	专业实习设备 For Practice
23152	**8363.71**	**2102.14**	**563.54**	**1040.76**
1000	1574.00	190.00	190.00	
2053	4323.51	1397.23	321.79	1033.24
	97.63	25.74	0.20	
116	279.00	134.00		
	30.00	5.00		
19983	1339.00	172.00	10.00	
	94.00	42.00		
	11.80	9.57	2.05	7.52
	220.00			
	394.77	126.60	39.50	

职业初中办

Condition of School Buildings in Vocational Junior

	体育运动场(馆)面积(平方米) Sports Areas (m^2)	计算机(台) PC (set)	图书藏量(册) Books & Magazines in Libraries (Volume)
合　计 Total	**991122**	**4596**	**1288628**
北　京 Beijing			
天　津 Tianjin			
河　北 Hebei	61982	561	147788
山　西 Shanxi	123425	752	132405
内蒙古 Inner Mongolia	232225	697	239648
辽　宁 Liaoning			
吉　林 Jilin	285930	421	197916
黑龙江 Heilongjiang	2000	24	1000
上　海 Shanghai			
江　苏 Jiangsu			
浙　江 Zhejiang			
安　徽 Anhui	137008	310	250985
福　建 Fujian			
江　西 Jiangxi	10800	44	28500
山　东 Shandong			
河　南 Henan	3273	25	4500
湖　北 Hubei	26500	187	90300
湖　南 Hunan	4000	40	9985
广　东 Guangdong			
广　西 Guangxi	31161	743	42270
海　南 Hainan			
重　庆 Chongqing			
四　川 Sichuan	8700	79	13310
贵　州 Guizhou	29062	581	91126
云　南 Yunnan	9006	53	14315
西　藏 Tibet			
陕　西 Shaanxi		1	
甘　肃 Gansu	6500		
青　海 Qinghai		46	10000
宁　夏 Ningxia			
新　疆 Xinjiang	19550	32	14580

学条件(二)(县镇)

Secondary Schools (2) (County City & Towns)

电子图书藏量(片) Electronic Books & Magazines in Libraries (disk)	固定资产总值(万元) Total Value of Fixed Asset (in 10,000 yuan)			
	计 Total	其中:仪器设备总值(万元) of Which: Total Value of Equip & Instru. (in 10,000 yuan)		
		计 Subtotal	专业实验设备 For Prefession	专业实习设备 For Practice
64716	**26805.53**	**2874.79**	**1664.85**	**812.85**
68	2564.10	268.88	217.38	51.50
662	4157.00	699.00	405.00	193.00
304	5089.28	411.86	254.27	45.59
20	2008.86	285.84	117.86	167.98
	75.00	21.00	18.00	3.00
371	3691.37	205.90	154.50	39.90
	498.00	35.00	19.00	16.00
	184.00	19.00	17.00	
117	1978.60	124.60	33.20	23.40
100	45.98	2.69	2.69	
62000	2403.20	446.50	218.00	228.50
	468.72	15.66	14.69	
1074	2292.06	285.85	162.35	30.00
	773.62	34.10	12.05	13.93
	45.60			
	30.00			
	200.61	0.61	0.56	0.05
	193.00			
	106.53	18.30	18.30	

职业初中办

Condition of School Buildings in Vocational

	体育运动场(馆)面积(平方米) Sports Areas (m^2)	计算机(台) PC (set)	图书藏量(册) Books & Magazines in Libraries (Volume)
合　计 Total	**2708930**	**7616**	**3546700**
北　京 Beijing			
天　津 Tianjin			
河　北 Hebei	68586	459	225343
山　西 Shanxi	144699	545	176777
内蒙古 Inner Mongolia	1095469	2085	666272
辽　宁 Liaoning			
吉　林 Jilin	298122	399	171465
黑龙江 Heilongjiang	39100	49	56860
上　海 Shanghai			
江　苏 Jiangsu			
浙　江 Zhejiang			
安　徽 Anhui	747646	1818	1532789
福　建 Fujian	2476	18	6732
江　西 Jiangxi	1000	29	1000
山　东 Shandong	8004	23	6000
河　南 Henan	23946	189	66494
湖　北 Hubei	103242	440	200108
湖　南 Hunan			
广　东 Guangdong			
广　西 Guangxi	8772	67	3276
海　南 Hainan			
重　庆 Chongqing			
四　川 Sichuan	20507	181	45150
贵　州 Guizhou	103545	1124	305014
云　南 Yunnan	20772	69	54000
西　藏 Tibet			
陕　西 Shaanxi	6786	92	22903
甘　肃 Gansu	3500	1	1256
青　海 Qinghai			
宁　夏 Ningxia			
新　疆 Xinjiang	12758	28	5261

学条件(二)(农村)

Junior Secondary Schools (2) (Rural)

电子图书藏量(片) Electronic Books & Magazines in Libraries (disk)	固定资产总值(万元) Total Value of Fixed Asset (in 10,000 yuan)			
	计 Total	其中:仪器设备总值(万元) of Which: Total Value of Equip & Instru. (in 10,000 yuan)		
		计 Subtotal	专业实验设备 For Prefession	专业实习设备 For Practice
35375	**63358.40**	**9094.45**	**3643.67**	**863.54**
	4025.52	476.43	208.04	57.00
4093	6543.62	376.24	286.62	61.12
4461	15094.80	3680.28	1514.51	194.64
620	7100.10	2192.46	149.18	76.00
1008	552.00	89.20	44.20	32.00
560	16730.49	996.01	577.67	225.52
10	139.00	14.00	14.00	
33	3.20	3.20	3.20	
	92.04	9.10	8.40	0.70
798	615.00	70.04	48.84	21.20
1467	4356.00	377.45	300.06	30.87
256	40.00	5.00	2.00	0.50
50	1495.89	76.92	11.32	
21989	4185.18	547.06	394.98	72.38
	1883.14	72.21	40.00	32.21
30	250.19	38.86	9.56	29.30
	10.00	0.09	0.09	
	242.23	69.90	31.00	30.10

小学校数、教

Number of Schools, External Teaching Sites & Classes

	学校数(所) Schools	教学点数(个) External Teaching Sites	班数(个) 计 Total	一年级 Grade 1
合 计 Total	**366213**	**94500**	**3062314**	**526761**
北 京 Beijing	1403		21029	3379
天 津 Tianjin	1062		16036	2677
河 北 Hebei	20883	3277	162514	25797
山 西 Shanxi	24339	1192	115827	17648
内蒙古 Inner Mongolia	5850	1988	52606	9435
辽 宁 Liaoning	9311	484	82763	13064
吉 林 Jilin	7393	393	61848	9587
黑龙江 Heilongjiang	9995	782	79379	13686
上 海 Shanghai	650	2	15496	3124
江 苏 Jiangsu	6261	2738	113779	17282
浙 江 Zhejiang	6101	397	82419	13133
安 徽 Anhui	20142	2700	151986	26718
福 建 Fujian	10560	3534	86838	14327
江 西 Jiangxi	14727	3185	104169	21354
山 东 Shandong	15871	1494	162496	30113
河 南 Henan	33026	4265	255485	46799
湖 北 Hubei	12631	2600	109716	17770
湖 南 Hunan	17108	5387	118503	22272
广 东 Guangdong	21228	2610	248497	41584
广 西 Guangxi	15500	12747	149429	25925
海 南 Hainan	3106	679	29323	5382
重 庆 Chongqing	9558	744	64485	10412
四 川 Sichuan	19305	12219	181126	31112
贵 州 Guizhou	14258	4862	122598	21592
云 南 Yunnan	18747	17200	146610	25920
西 藏 Tibet	890	1568	11033	2556
陕 西 Shaanxi	20711	1753	115909	17987
甘 肃 Gansu	14963	3684	96596	17627
青 海 Qinghai	2898	417	17356	3393
宁 夏 Ningxia	2527	589	19660	3927
新 疆 Xinjiang	5209	1010	66803	11179

学点数及班数(总计)

in Primary Schools (Regional Aggregates)

Classes

二年级 Grade 2	三年级 Grade 3	四年级 Grade 4	五年级 Grade 5	六年级 Grade 6	复式班 Multiple-grade Classes
517427	**509699**	**513610**	**497662**	**417263**	**79892**
3435	3544	3581	3613	3474	3
2651	2672	2813	2880	2337	6
24887	24525	25417	27227	29144	5517
17762	19803	22887	18125	4734	14868
9323	9562	10835	9219	2487	1745
13460	13708	14141	14292	14053	45
9999	10308	10514	10574	10700	166
14091	14075	14186	14136	8653	552
3151	3072	3082	3067		
17663	18203	19123	20255	20946	307
13273	13423	14204	14305	13711	370
26124	26748	28323	28555	12158	3360
13688	13657	14297	14543	14358	1968
19287	18401	17443	16345	8266	3073
29853	28335	27521	25940	20718	16
45064	43875	44051	42248	31672	1776
17332	17060	17494	18339	19371	2350
21564	19481	18189	16739	16150	4108
41824	41994	41899	40324	39563	1309
24410	23556	23285	22896	22499	6858
5004	4896	4769	4624	4552	96
10972	11048	11212	10483	10023	335
31427	30813	30452	28503	26563	2256
21276	20460	19406	18467	17769	3628
25105	23341	22219	20805	20032	9188
2523	2017	1364	1290	1199	84
17427	17273	17746	17785	17909	9782
17013	16518	16070	15426	9513	4429
3209	2983	2992	2593	1172	1014
3486	3283	3158	3048	2408	350
11144	11065	10937	11016	11129	333

小学校数、教

Number of Schools, External Teaching Sites

	学校数(所) Schools	教学点数(个) External Teaching Sites	班数(个) 计 Total	一年级 Grade 1
合 计 Total	**20372**	**416**	**373821**	**63078**
北 京 Beijing	442		9651	1621
天 津 Tianjin	285		5544	928
河 北 Hebei	1037	28	16495	2663
山 西 Shanxi	716		13506	2348
内蒙古 Inner Mongolia	492		9570	1655
辽 宁 Liaoning	1044	3	19479	3100
吉 林 Jilin	402		8119	1258
黑龙江 Heilongjiang	708	2	11661	2047
上 海 Shanghai	384		8531	1709
江 苏 Jiangsu	1181	148	24157	3821
浙 江 Zhejiang	970	18	20076	3407
安 徽 Anhui	1127	23	15388	2491
福 建 Fujian	714	18	11291	1781
江 西 Jiangxi	362	1	6634	1249
山 东 Shandong	1750	20	27773	5032
河 南 Henan	1147	29	19823	3528
湖 北 Hubei	949	13	17245	2668
湖 南 Hunan	830	22	11865	2014
广 东 Guangdong	1872	3	43593	7405
广 西 Guangxi	528	16	8501	1440
海 南 Hainan	149	1	2870	474
重 庆 Chongqing	407	10	6797	1155
四 川 Sichuan	603	29	13605	2290
贵 州 Guizhou	489	8	7085	1223
云 南 Yunnan	364	15	6163	1092
西 藏 Tibet	29		566	100
陕 西 Shaanxi	579	3	9960	1609
甘 肃 Gansu	314	2	5880	961
青 海 Qinghai	72		1512	257
宁 夏 Ningxia	119	2	2377	388
新 疆 Xinjiang	307	2	8104	1364

学点数及班数(城市)

& Classes in Primary Schools (Urban)

Classes

二年级 Grade 2	三年级 Grade 3	四年级 Grade 4	五年级 Grade 5	六年级 Grade 6	复式班 Multiple-grade Classes
63193	**63368**	**65104**	**64469**	**54458**	**151**
1607	1632	1614	1608	1569	
937	933	937	945	864	
2669	2658	2728	2978	2790	9
2305	2410	2799	2271	1360	13
1699	1760	2003	1819	634	
3155	3243	3379	3469	3133	
1338	1338	1480	1457	1248	
2131	2124	2206	2186	967	
1734	1698	1711	1679		
3870	3960	4089	4208	4208	1
3352	3360	3410	3334	3202	11
2474	2558	2694	2719	2428	24
1785	1844	1960	1993	1907	21
1202	1183	1207	1241	552	
5173	5036	4993	4726	2810	3
3421	3343	3345	3385	2797	4
2689	2732	2860	3099	3190	7
2001	1932	1955	1978	1969	16
7356	7393	7397	7104	6933	5
1415	1406	1408	1414	1414	4
461	486	496	486	467	
1140	1123	1133	1119	1127	
2296	2271	2318	2301	2129	
1209	1175	1183	1166	1126	3
1059	1043	1021	988	960	
92	93	98	95	88	
1640	1624	1657	1700	1703	27
978	990	998	1008	942	3
248	258	256	264	229	
392	411	406	391	389	
1365	1351	1363	1338	1323	

小学校数、教

Number of Schools, External Teaching Sites & Classes

	学校数(所) Schools	教学点数(个) External Teaching Sites	班数(个) 计 Total	一年级 Grade 1
合　计 Total	**29050**	**1190**	**462226**	**74310**
北　京 Beijing	212		4600	743
天　津 Tianjin	423		6351	1073
河　北 Hebei	2208	39	24439	3781
山　西 Shanxi	773	1	11590	1920
内蒙古 Inner Mongolia	647	21	10167	1722
辽　宁 Liaoning	416	1	7174	1095
吉　林 Jilin	713	3	12631	1962
黑龙江 Heilongjiang	661	5	11515	1905
上　海 Shanghai	238	1	6529	1336
江　苏 Jiangsu	1105	175	27865	4088
浙　江 Zhejiang	1650	14	31327	4833
安　徽 Anhui	1389	20	17696	2818
福　建 Fujian	1105	10	16283	2404
江　西 Jiangxi	1492	93	18244	3301
山　东 Shandong	1712	10	27884	4930
河　南 Henan	1808	46	25421	4361
湖　北 Hubei	627	10	11045	1600
湖　南 Hunan	1614	83	20204	3264
广　东 Guangdong	2523	22	50168	7782
广　西 Guangxi	1236	105	18288	2932
海　南 Hainan	308	2	5581	877
重　庆 Chongqing	316	6	6081	996
四　川 Sichuan	1379	94	29281	4431
贵　州 Guizhou	1115	27	15965	2645
云　南 Yunnan	1110	208	14192	2329
西　藏 Tibet	111	82	1686	309
陕　西 Shaanxi	666	11	8147	1229
甘　肃 Gansu	816	86	9786	1557
青　海 Qinghai	188	7	2422	435
宁　夏 Ningxia	154	3	2522	435
新　疆 Xinjiang	335	5	7142	1217

学点数及班数(县镇)

in Primary Schools (County City & Towns)

Classes

二年级 Grade 2	三年级 Grade 3	四年级 Grade 4	五年级 Grade 5	六年级 Grade 6	复式班 Multiple-grade Classes
74334	**75843**	**80315**	**82467**	**73962**	**995**
753	777	775	802	750	
1038	1029	1083	1118	1008	2
3681	3687	3937	4395	4860	98
1977	2207	2741	2207	508	30
1756	1885	2189	2024	579	12
1152	1150	1203	1272	1302	
2022	2041	2146	2185	2274	1
1936	1930	2044	2107	1592	1
1337	1285	1282	1289		
4168	4360	4735	5142	5366	6
4969	5055	5454	5595	5390	31
2842	2983	3331	3634	2028	60
2383	2535	2861	3041	3046	13
3057	3051	3131	3339	2182	183
4928	4797	4795	4647	3787	
4325	4294	4510	4305	3618	8
1589	1620	1774	2049	2397	16
3175	3231	3273	3507	3680	74
7934	8309	8538	8724	8854	27
2859	2906	3052	3171	3333	35
838	878	945	994	1049	
990	1010	1045	1031	1009	
4488	4633	5000	5253	5472	4
2635	2646	2669	2690	2658	22
2332	2300	2324	2420	2371	116
307	276	270	265	258	1
1223	1271	1373	1432	1486	133
1571	1661	1767	1816	1312	102
433	421	441	411	270	11
437	415	435	425	374	1
1199	1200	1192	1177	1149	8

小学校数、教

Number of Schools, External Teaching Sites

	学校数(所) Schools	教学点数(个) External Teaching Sites	班数(个) 计 Total	一年级 Grade 1
合 计 Total	**316791**	**92894**	**2226267**	**389373**
北 京 Beijing	749		6778	1015
天 津 Tianjin	354		4141	676
河 北 Hebei	17638	3210	121580	19353
山 西 Shanxi	22850	1191	90731	13380
内蒙古 Inner Mongolia	4711	1967	32869	6058
辽 宁 Liaoning	7851	480	56110	8869
吉 林 Jilin	6278	390	41098	6367
黑龙江 Heilongjiang	8626	775	56203	9734
上 海 Shanghai	28	1	436	79
江 苏 Jiangsu	3975	2415	61757	9373
浙 江 Zhejiang	3481	365	31016	4893
安 徽 Anhui	17626	2657	118902	21409
福 建 Fujian	8741	3506	59264	10142
江 西 Jiangxi	12873	3091	79291	16804
山 东 Shandong	12409	1464	106839	20151
河 南 Henan	30071	4190	210241	38910
湖 北 Hubei	11055	2577	81426	13502
湖 南 Hunan	14664	5282	86434	16994
广 东 Guangdong	16833	2585	154736	26397
广 西 Guangxi	13736	12626	122640	21553
海 南 Hainan	2649	676	20872	4031
重 庆 Chongqing	8835	728	51607	8261
四 川 Sichuan	17323	12096	138240	24391
贵 州 Guizhou	12654	4827	99548	17724
云 南 Yunnan	17273	16977	126255	22499
西 藏 Tibet	750	1486	8781	2147
陕 西 Shaanxi	19466	1739	97802	15149
甘 肃 Gansu	13833	3596	80930	15109
青 海 Qinghai	2638	410	13422	2701
宁 夏 Ningxia	2254	584	14761	3104
新 疆 Xinjiang	4567	1003	51557	8598

学点数及班数(农村)

& Classes in Primary Schools (Rural)

Classes

二年级 Grade 2	三年级 Grade 3	四年级 Grade 4	五年级 Grade 5	六年级 Grade 6	复式班 Multiple-grade Classes
379900	**370488**	**368191**	**350726**	**288843**	**78746**
1075	1135	1192	1203	1155	3
676	710	793	817	465	4
18537	18180	18752	19854	21494	5410
13480	15186	17347	13647	2866	14825
5868	5917	6643	5376	1274	1733
9153	9315	9559	9551	9618	45
6639	6929	6888	6932	7178	165
10024	10021	9936	9843	6094	551
80	89	89	99		
9625	9883	10299	10905	11372	300
4952	5008	5340	5376	5119	328
20808	21207	22298	22202	7702	3276
9520	9278	9476	9509	9405	1934
15028	14167	13105	11765	5532	2890
19752	18502	17733	16567	14121	13
37318	36238	36196	34558	25257	1764
13054	12708	12860	13191	13784	2327
16388	14318	12961	11254	10501	4018
26534	26292	25964	24496	23776	1277
20136	19244	18825	18311	17752	6819
3705	3532	3328	3144	3036	96
8842	8915	9034	8333	7887	335
24643	23909	23134	20949	18962	2252
17432	16639	15554	14611	13985	3603
21714	19998	18874	17397	16701	9072
2124	1648	996	930	853	83
14564	14378	14716	14653	14720	9622
14464	13867	13305	12602	7259	4324
2528	2304	2295	1918	673	1003
2657	2457	2317	2232	1645	349
8580	8514	8382	8501	8657	325

小学学生

Number of Students in Primary

	毕业生数 Graduates	招生数 Entrants		在校学生数	
		计 Total	其中受过学前教育 of Which: Received The Pre-school Education	合　计 Total	其中女 of Which: Female
合　计 Total	**20194768**	**16717440**	**13941245**	**108640655**	**50863735**
北　京 Beijing	93486	71020	63814	494482	239134
天　津 Tianjin	106447	78373	75278	533003	251309
河　北 Hebei	1174631	720038	667854	5003578	2387801
山　西 Shanxi	635578	548755	507161	3502562	1680145
内蒙古 Inner Mongolia	327773	258947	235951	1596381	757636
辽　宁 Liaoning	499069	379941	365855	2666155	1261037
吉　林 Jilin	330055	215380	206288	1625238	770143
黑龙江 Heilongjiang	443962	340241	321854	2204055	1062836
上　海 Shanghai	110428	104637	103120	540362	253619
江　苏 Jiangsu	1055231	619336	601269	4855321	2227741
浙　江 Zhejiang	552525	489600	465067	3424042	1587374
安　徽 Anhui	1162472	815248	547787	5841133	2734102
福　建 Fujian	547122	358831	308175	2732702	1242347
江　西 Jiangxi	648849	669411	519164	3841576	1755456
山　东 Shandong	1133143	1042684	944678	6153703	2903166
河　南 Henan	1918974	1694358	1568795	9868409	4620826
湖　北 Hubei	1020710	567411	488983	4291881	1948511
湖　南 Hunan	815684	710905	655871	4198314	1971046
广　东 Guangdong	1674305	1641550	1447067	10670304	4931191
广　西 Guangxi	844177	734555	655269	4527888	2083749
海　南 Hainan	171364	182702	99182	1056730	473519
重　庆 Chongqing	447168	365028	342026	2609754	1242733
四　川 Sichuan	1187842	1092214	845893	7145093	3384956
贵　州 Guizhou	742112	772201	467800	4737645	2251308
云　南 Yunnan	693217	733383	458159	4412267	2070321
西　藏 Tibet	47960	54665	5105	327497	153793
陕　西 Shaanxi	724600	435948	395946	3400893	1569831
甘　肃 Gansu	502605	461894	272729	3035794	1445313
青　海 Qinghai	80983	89280	50199	506853	238944
宁　夏 Ningxia	104704	130365	79266	693207	332565
新　疆 Xinjiang	397592	338539	175640	2143833	1031283

数(总计)

Schools(Regional Aggregates)

单位:人

Unit: in Person

Enrolment						毕业班学生数 Graduates for Next Year
一年级 Grade 1	二年级 Grade 2	三年级 Grade 3	四年级 Grade 4	五年级 Grade 5	六年级 Grade 6	
16945201	**17419827**	**18322521**	**19545943**	**19513802**	**16893361**	**19247048**
71348	73823	82831	85598	90984	89898	90366
78563	82560	87599	96191	102205	85885	105098
720405	709435	731941	807523	954365	1079909	1088932
551655	590987	700160	823483	643702	192575	634385
258997	265609	299439	360842	315664	95830	302639
383694	408232	431207	466639	488822	487561	508999
215751	246379	265969	290934	295722	310483	316796
340421	378871	395898	411045	414070	263750	438988
104886	107293	108188	109573	110422		110422
620037	687713	767946	859470	941310	978845	978845
490716	517532	552267	617903	632021	613603	621972
825269	905136	1042375	1225300	1287329	555724	1097209
366062	382405	430173	497771	531128	525163	525167
725520	692540	698562	695126	671694	358134	511943
1043279	1094508	1080477	1078166	1023447	833826	1019665
1706094	1637922	1658457	1801873	1659085	1404978	1656207
571327	586182	632119	713928	837313	951012	952308
712491	698739	688002	688164	705403	705515	705720
1641550	1723418	1842053	1878014	1820243	1765026	1765026
743053	734122	738092	769084	772537	771000	772601
185439	164089	173669	178516	178545	176472	176472
367804	411104	439457	472439	465362	453588	453588
1117961	1140690	1186178	1257313	1247970	1194981	1202939
774036	821312	828616	809539	771773	732369	732369
750119	751383	747968	745820	723172	693805	695129
54761	58582	56699	55294	53661	48500	48500
445755	479431	538161	601250	655931	680365	680365
497043	510494	558461	577715	554650	337431	497491
96428	96635	91769	96742	85307	39972	76237
136836	118741	118171	116969	112004	90486	103995
347901	343960	349617	357719	367961	376675	376675

小学学生

Number of Students in

	毕业生数 Graduates	招生数 Entrants		在校学生数	
		计 Total	其中受过学前教育 of Which: Received The Pre-school Education	合 计 Total	其中女 of Which: Female
合 计 Total	**2919645**	**2773731**	**2579513**	**17303773**	**8030947**
北 京 Beijing	46271	37009	31140	244715	118925
天 津 Tianjin	40403	31703	29360	202627	96119
河 北 Hebei	141200	120136	112449	773021	365550
山 西 Shanxi	111313	112795	105648	685028	327565
内蒙古 Inner Mongolia	86472	75671	73165	459434	219382
辽 宁 Liaoning	160222	122568	119368	835538	398142
吉 林 Jilin	61792	49982	46592	357971	169200
黑龙江 Heilongjiang	112656	80140	78040	504394	242842
上 海 Shanghai	56279	52946	52741	275785	130475
江 苏 Jiangsu	186993	146750	140184	1023870	470204
浙 江 Zhejiang	135868	140832	134661	898242	409086
安 徽 Anhui	131269	108449	102254	740397	341585
福 建 Fujian	83391	76884	66660	520444	228838
江 西 Jiangxi	59913	64689	56382	357785	160162
山 东 Shandong	196189	224762	216051	1286742	606943
河 南 Henan	173400	176431	169115	1002578	466022
湖 北 Hubei	149766	113284	108004	787812	357298
湖 南 Hunan	103506	100950	91275	601882	279076
广 东 Guangdong	311251	347911	298886	2134559	950455
广 西 Guangxi	63805	62677	57843	372497	166762
海 南 Hainan	21660	22118	19614	142629	60721
重 庆 Chongqing	52103	50549	47156	318598	152506
四 川 Sichuan	113109	114303	106761	719865	343296
贵 州 Guizhou	53086	62212	58060	358556	169201
云 南 Yunnan	43235	53135	52643	301366	143516
西 藏 Tibet	4199	4589	3209	25955	12346
陕 西 Shaanxi	82453	74975	73828	489741	226298
甘 肃 Gansu	46037	49246	47058	302408	142529
青 海 Qinghai	13839	14078	10942	82502	39011
宁 夏 Ningxia	20146	20058	18870	126914	60525
新 疆 Xinjiang	57819	61899	51554	369918	176367

数(城市)

Primary Schools(Urban)

单位:人

Unit:in Person

Enrolment						毕业班学生数
一年级 Grade 1	二年级 Grade 2	三年级 Grade 3	四年级 Grade 4	五年级 Grade 5	六年级 Grade 6	Graduates for Next Year
2775151	**2831903**	**2916201**	**3066301**	**3081347**	**2632870**	**3023430**
37026	37794	41221	41385	43417	43872	44108
31705	32563	33484	34356	36362	34157	38332
120162	119459	121314	128420	146469	137197	144427
112822	114481	122678	146526	115681	72840	121036
75675	76482	83629	99056	91669	32923	86652
122615	129722	137793	146711	154422	144275	165438
49983	56411	58252	67782	66389	59154	64700
80140	89634	91697	96857	98837	47229	105679
53011	55061	55257	56003	56453		56453
146757	156828	167755	176791	186323	189416	189416
140905	142626	148983	158203	156213	151312	153116
108496	111904	121718	133109	141173	123997	135843
77091	77658	84370	93787	97059	90479	90479
65021	64196	64305	65496	69326	29441	43435
224790	239660	232854	236476	223583	129379	204237
176492	172323	167183	169979	171164	145437	168932
113395	114491	121570	131885	149034	157437	157456
100967	99419	97104	98792	102519	103081	103081
347911	352087	364814	369538	355664	344545	344545
62687	59892	61751	62222	62821	63124	63124
22121	22042	24468	25578	24798	23622	23622
50562	51689	52802	54283	54153	55109	55109
114350	117787	118567	125074	126203	117884	124884
62228	59551	60052	60488	59537	56700	56700
53166	51402	50506	50017	49723	46552	46803
4589	4184	4351	4542	4310	3979	3979
75080	78137	79423	82604	87296	87201	87201
49263	49417	50840	51877	52694	48317	49479
14078	13752	13923	14037	14508	12204	13157
20060	20615	22393	21929	21381	20536	20536
62003	60636	61144	62498	62166	61471	61471

小学学生

Number of Students in Primary

	毕业生数 Graduates	招生数 Entrants		在校学生数	
		计 Total	其中受过学前教育 of Which: Received The Pre-school Education	合 计 Total	其中女 of Which: Female
合 计 Total	**3964944**	**3265166**	**2997791**	**21858606**	**10078172**
北 京 Beijing	22787	19289	18518	130844	63026
天 津 Tianjin	34237	29903	29359	202310	96383
河 北 Hebei	214114	139432	134812	976473	458028
山 西 Shanxi	92123	88451	83199	561439	263458
内蒙古 Inner Mongolia	84265	68622	63948	439297	206749
辽 宁 Liaoning	58932	47239	45412	332567	157434
吉 林 Jilin	97462	69245	68043	499388	237202
黑龙江 Heilongjiang	91906	81432	78909	512098	246218
上 海 Shanghai	50679	49070	48070	249992	116466
江 苏 Jiangsu	264526	177448	174526	1338301	603745
浙 江 Zhejiang	231827	199806	190784	1432824	658505
安 徽 Anhui	171030	120368	104252	900781	407726
福 建 Fujian	133853	93853	83430	709922	315267
江 西 Jiangxi	161708	148331	125904	897121	401572
山 东 Shandong	219087	210969	192126	1278027	587848
河 南 Henan	239548	220102	211651	1329834	603686
湖 北 Hubei	134340	81622	76387	593090	267292
湖 南 Hunan	209724	154785	148009	1021505	475764
广 东 Guangdong	429069	372211	341922	2564085	1166403
广 西 Guangxi	148645	123223	118259	795736	354966
海 南 Hainan	47442	40609	27457	270242	114307
重 庆 Chongqing	52279	51961	50022	349563	165213
四 川 Sichuan	294718	234201	205759	1620216	768559
贵 州 Guizhou	133045	128670	109141	816110	381438
云 南 Yunnan	94782	93249	90715	581465	278875
西 藏 Tibet	9857	9837	1415	65264	30708
陕 西 Shaanxi	77976	54713	52274	397437	180226
甘 肃 Gansu	76582	65350	53316	448172	210499
青 海 Qinghai	16377	18799	10439	108114	51622
宁 夏 Ningxia	19970	21142	19590	125622	59520
新 疆 Xinjiang	52054	51234	40143	310767	149467

数(县镇)

Schools(County City & Towns)

单位:人

Unit:in Person

Enrolment						毕业班学生数 Graduates for Next Year
一年级 Grade 1	二年级 Grade 2	三年级 Grade 3	四年级 Grade 4	五年级 Grade 5	六年级 Grade 6	
3287081	**3384524**	**3591354**	**3920505**	**4030501**	**3644641**	**4049067**
19389	19539	22344	22475	24166	22931	23163
30029	31168	32585	35789	38054	34685	38945
139487	138507	142327	157550	186633	211969	211969
88890	96055	108607	136933	103969	26985	100891
68625	71642	83026	98341	90268	27395	84006
47450	52085	52135	56776	60967	63154	63429
69370	75724	79308	87724	90131	97131	97846
81440	86742	86545	91366	93740	72265	98776
49233	49571	49963	50507	50718		50718
177499	190492	208383	234269	259062	268596	268596
200211	213566	228680	259131	269759	261477	265177
122089	132677	153439	182579	201703	108294	172105
95090	97611	110705	129982	139887	136647	136647
154890	148155	152307	161600	170014	110155	140562
211127	220959	221270	225911	218553	180207	215812
221621	223459	225194	247930	209797	201833	230585
81752	80799	84577	95626	114238	136098	137375
155034	151245	159840	169451	187760	198175	198380
372211	394806	433395	450880	456722	456071	456071
123858	121243	127248	135760	140763	146864	146971
40924	38645	43010	46733	49625	51305	51305
52081	54827	57810	61866	62150	60829	60829
235994	241280	253749	281037	300739	307417	308088
129053	132174	136392	140885	141119	136487	136487
94440	93635	95399	97362	102874	97755	98828
9839	10571	10599	11986	11718	10551	10551
55001	56550	62614	69029	75464	78779	78779
67214	68580	77880	86423	87910	60165	79449
19692	19471	19220	19747	18129	11855	16417
21455	21287	20934	22230	21615	18101	19845
52093	51459	51869	52627	52254	50465	50465

小学学生

Number of Students in

	毕业生数 Graduates	招生数 Entrants		在校学生数	
		计 Total	其中受过学前教育 of Which: Received The Pre-school Education	合 计 Total	其中女 of Which: Female
合 计 Total	**13310179**	**10678543**	**8363941**	**69478276**	**32754616**
北 京 Beijing	24428	14722	14156	118923	57183
天 津 Tianjin	31807	16767	16559	128066	58807
河 北 Hebei	819317	460470	420593	3254084	1564223
山 西 Shanxi	432142	347509	318314	2256095	1089122
内蒙古 Inner Mongolia	157036	114654	98838	697650	331505
辽 宁 Liaoning	279915	210134	201075	1498050	705461
吉 林 Jilin	170801	96153	91653	767879	363741
黑龙江 Heilongjiang	239400	178669	164905	1187563	573776
上 海 Shanghai	3470	2621	2309	14585	6678
江 苏 Jiangsu	603712	295138	286559	2493150	1153792
浙 江 Zhejiang	184830	148962	139622	1092976	519783
安 徽 Anhui	860173	586431	341281	4199955	1984791
福 建 Fujian	329878	188094	158085	1502336	698242
江 西 Jiangxi	427228	456391	336878	2586670	1193722
山 东 Shandong	717867	606953	536501	3588934	1708375
河 南 Henan	1506026	1297825	1188029	7535997	3551118
湖 北 Hubei	736604	372505	304592	2910979	1323921
湖 南 Hunan	502454	455170	416587	2574927	1216206
广 东 Guangdong	933985	921428	806259	5971660	2814333
广 西 Guangxi	631727	548655	479167	3359655	1562021
海 南 Hainan	102262	119975	52111	643859	298491
重 庆 Chongqing	342786	262518	244848	1941593	925014
四 川 Sichuan	780015	743710	533373	4805012	2273101
贵 州 Guizhou	555981	581319	300599	3562979	1700669
云 南 Yunnan	555200	586999	314801	3529436	1647930
西 藏 Tibet	33904	40239	481	236278	110739
陕 西 Shaanxi	564171	306260	269844	2513715	1163307
甘 肃 Gansu	379986	347298	172355	2285214	1092285
青 海 Qinghai	50767	56403	28818	316237	148311
宁 夏 Ningxia	64588	89165	40806	440671	212520
新 疆 Xinjiang	287719	225406	83943	1463148	705449

数(农村)

Primary Schools(Rural)

单位:人

Unit: in Person

Enrolment						毕业班学生数
一年级 Grade 1	二年级 Grade 2	三年级 Grade 3	四年级 Grade 4	五年级 Grade 5	六年级 Grade 6	Graduates for Next Year
10882969	**11203400**	**11814966**	**12559137**	**12401954**	**10615850**	**12174551**
14933	16490	19266	21738	23401	23095	23095
16829	18829	21530	26046	27789	17043	27821
460756	451469	468300	521553	621263	730743	732536
349943	380451	468875	540024	424052	92750	412458
114697	117485	132784	163445	133727	35512	131981
213629	226425	241279	263152	273433	280132	280132
96398	114244	128409	135428	139202	154198	154250
178841	202495	217656	222822	221493	144256	234533
2642	2661	2968	3063	3251		3251
295781	340393	391808	448410	495925	520833	520833
149600	161340	174604	200569	206049	200814	203679
594684	660555	767218	909612	944453	323433	789261
193881	207136	235098	274002	294182	298037	298041
505609	480189	481950	468030	432354	218538	327946
607362	633889	626353	615779	581311	524240	599616
1307981	1242140	1266080	1383964	1278124	1057708	1256690
376180	390892	425972	486417	574041	657477	657477
456490	448075	431058	419921	415124	404259	404259
921428	976525	1043844	1057596	1007857	964410	964410
556508	552987	549093	571102	568953	561012	562506
122394	103402	106191	106205	104122	101545	101545
265161	304588	328845	356290	349059	337650	337650
767617	781623	813862	851202	821028	769680	769967
582755	629587	632172	608166	571117	539182	539182
602513	606346	602063	598441	570575	549498	549498
40333	43827	41749	38766	37633	33970	33970
315674	344744	396124	449617	493171	514385	514385
380566	392497	429741	439415	414046	228949	368563
62658	63412	58626	62958	52670	15913	46663
95321	76839	74844	72810	69008	51849	63614
233805	231865	236604	242594	253541	264739	264739

五年制小

Number of Students in

	毕业生数 Graduates	招生数 Entrants		在校学生数	
		计 Total	其中受过学前教育 of Which: Received The Pre-school Education	合计 Total	其中女 of Which: Female
合计 Total		**496459**	**454268**	**5656373**	**2593321**
北京 Beijing		434	434	2498	1216
天津 Tianjin		14806	14315	85191	38619
河北 Hebei				9023	4117
山西 Shanxi		1837	1835	900813	413836
内蒙古 Inner Mongolia		10040	9491	415064	186830
辽宁 Liaoning		15402	15278	91960	43807
吉林 Jilin		1617	1594	20291	9117
黑龙江 Heilongjiang		112837	106097	745396	356529
上海 Shanghai		104637	103120	540362	253619
江苏 Jiangsu					
浙江 Zhejiang		1206	1206	13558	6270
安徽 Anhui		433	406	784166	355302
福建 Fujian		65	50	268	127
江西 Jiangxi		294	287	178824	70963
山东 Shandong		159764	151752	906444	430123
河南 Henan		30043	29478	366520	153176
湖北 Hubei		1148	1096	6138	2949
湖南 Hunan				205	117
广东 Guangdong		292	256	1327	517
广西 Guangxi				1601	745
海南 Hainan					
重庆 Chongqing					
四川 Sichuan				15011	7242
贵州 Guizhou					
云南 Yunnan		1079	1079	5844	2824
西藏 Tibet					
陕西 Shaanxi					
甘肃 Gansu		26925	7512	424827	191290
青海 Qinghai		12595	8736	123668	57193
宁夏 Ningxia		1005	246	17374	6793
新疆 Xinjiang					

学学生数

5-year Primary Schools

单位:人

Unit: in Person

Enrolment						毕业班学生数 Graduates for Next Year
一年级 Grade 1	二年级 Grade 2	三年级 Grade 3	四年级 Grade 4	五年级 Grade 5	六年级 Grade 6	
534424	**586679**	**761838**	**1419729**	**2353703**		
466	481	575	508	468		
15080	15778	16715	18405	19213		
				9023		
3312	8529	97803	349359	441810		
15981	18651	34805	138818	206809		
15405	17143	18090	19884	21438		
2568	2987	3281	5142	6313		
121855	139425	144611	164267	175238		
104886	107293	108188	109573	110422		
1206	1300	1284	1399	8369		
433	681	30285	211384	541383		
69	78	66	30	25		
863	689	751	22712	153809		
164190	178858	182558	194999	185839		
30588	27814	26958	30016	251144		
1150	1185	1246	1261	1296		
				205		
292	275	301	277	182		
				1601		
	222		6831	7958		
1079	1164	1097	1180	1324		
36078	43626	72905	112158	160060		
17554	19567	19518	30764	36265		
1369	933	801	762	13509		

小学女

Number of Female Students

	毕业生数 Graduates	招生数 Entrants 计 Total	其中受过学前教育 of Which: Received The Pre-school Education	在校学生数 合 计 Total
合　计 Total	**9534415**	**7770522**	**6425672**	**50863735**
北　京 Beijing	45139	34525	30792	239134
天　津 Tianjin	51237	37031	35520	251309
河　北 Hebei	571748	341518	315326	2387801
山　西 Shanxi	305638	262391	241367	1680145
内蒙古 Inner Mongolia	155407	122686	111291	757636
辽　宁 Liaoning	239455	176665	169535	1261037
吉　林 Jilin	160614	101556	95372	770143
黑龙江 Heilongjiang	215288	163085	152383	1062836
上　海 Shanghai	52961	48629	47455	253619
江　苏 Jiangsu	493678	283440	273564	2227741
浙　江 Zhejiang	260215	224757	212691	1587374
安　徽 Anhui	551367	373208	245602	2734102
福　建 Fujian	253345	162324	138627	1242347
江　西 Jiangxi	300079	304150	232895	1755456
山　东 Shandong	533457	489024	440846	2903166
河　南 Henan	912018	786950	723747	4620826
湖　北 Hubei	473416	254977	215569	1948511
湖　南 Hunan	382496	330803	302865	1971046
广　东 Guangdong	787534	742046	645783	4931191
广　西 Guangxi	386692	338166	299395	2083749
海　南 Hainan	77939	79672	41662	473519
重　庆 Chongqing	213870	172320	159127	1242733
四　川 Sichuan	565818	515940	407019	3384956
贵　州 Guizhou	342921	366245	217389	2251308
云　南 Yunnan	323004	345064	216282	2070321
西　藏 Tibet	21993	26304	2323	153793
陕　西 Shaanxi	340774	199192	179552	1569831
甘　肃 Gansu	237772	220928	126891	1445313
青　海 Qinghai	37843	42456	23719	238944
宁　夏 Ningxia	49235	63196	38029	332565
新　疆 Xinjiang	191462	161274	83054	1031283

学生数
in Primary Schools

单位：人

Unit：in Person

Enrolment						毕业班学生数 Graduates for Next Year
一年级 Grade 1	二年级 Grade 2	三年级 Grade 3	四年级 Grade 4	五年级 Grade 5	六年级 Grade 6	
7866686	**8121867**	**8568127**	**9168868**	**9190986**	**7947201**	**9031603**
34644	35359	40023	41333	44117	43658	42896
37086	38790	40946	45302	48230	40955	49406
341654	336675	348280	385034	455537	520621	524901
263620	283089	335720	393415	312495	91806	302252
122703	126052	141119	171663	151205	44894	143121
178054	191002	204112	221498	232677	233694	243914
101696	116870	125712	138387	140130	147348	150288
163165	181182	190917	198569	200845	128158	211247
48695	49869	50592	51774	52689		52689
283682	312446	348749	393344	434283	455237	455237
225214	238821	254907	286651	294292	287489	291461
377626	418167	486235	577700	611904	262470	518410
165166	173083	192996	224658	243549	242895	243070
327681	315015	318503	319662	309344	165251	228185
489250	516683	511352	509047	484897	391937	481300
791645	763016	777370	843322	785297	660176	780106
256568	263657	285470	324223	381036	437557	430255
331354	326930	323116	324322	333172	332152	331255
742046	786431	851446	873518	851734	826016	826016
341772	337673	339040	354120	356358	354786	353156
80684	72928	77094	81156	81155	80502	80502
173310	194341	208656	225669	223115	217642	210364
526569	538206	560369	596210	592910	570692	574158
366951	395319	396925	384814	364703	342596	342596
352506	352060	351760	349912	339490	324593	325223
26353	27478	26603	26136	24984	22239	21800
203269	219313	246096	278230	305408	317515	316626
236894	242823	265152	275312	264729	160403	234230
45909	46073	43531	44963	39735	18733	35482
66098	57223	56799	56030	53563	42852	49123
164822	165293	168537	172894	177403	182334	182334

小学教职工

Number of Teachers, Staff &Workers in

	教职工数		
	合　计 Total	专任教师 Full-time Teachers	行政人员 Adm. Personnel
合　计 Total	**6132155**	**5592453**	**296172**
北　京 Beijing	61352	47948	6514
天　津 Tianjin	49629	41076	5368
河　北 Hebei	343697	320110	14601
山　西 Shanxi	208261	192271	6990
内蒙古 Inner Mongolia	138645	118988	7476
辽　宁 Liaoning	190548	163589	24078
吉　林 Jilin	163366	137675	14257
黑龙江 Heilongjiang	188256	163204	12774
上　海 Shanghai	50031	37954	4300
江　苏 Jiangsu	289751	261646	11647
浙　江 Zhejiang	177886	162183	7222
安　徽 Anhui	271815	259493	7824
福　建 Fujian	177134	166465	7322
江　西 Jiangxi	200291	193484	3329
山　东 Shandong	410394	377729	14459
河　南 Henan	502187	475511	13517
湖　北 Hubei	232888	215693	6904
湖　南 Hunan	261560	246112	6583
广　东 Guangdong	463715	403824	39134
广　西 Guangxi	233177	204788	20146
海　南 Hainan	56516	50598	2340
重　庆 Chongqing	127433	114326	7994
四　川 Sichuan	337939	307113	16629
贵　州 Guizhou	196785	183679	10070
云　南 Yunnan	232227	219236	6356
西　藏 Tibet	14967	14267	181
陕　西 Shaanxi	203262	186644	10771
甘　肃 Gansu	135276	130841	2380
青　海 Qinghai	28551	27478	283
宁　夏 Ningxia	34663	33760	383
新　疆 Xinjiang	149953	134768	4340

数(总计)

Primary Schools (Regional Aggregates)

单位：人

Unit: in Person

Teachers, Staff & Workers			代课教师 Substitute Teachers	兼任教师 Part-time Teachers
教辅人员 Teaching Auxiliary	工勤人员 Workers	校办工厂、农场职工 Employees in School-run by Factories & Farms		
89655	**150493**	**3382**	**330658**	**18931**
3951	2904	35	251	121
1267	1858	60	181	67
3458	5456	72	10540	1442
3409	5494	97	19636	743
4323	7582	276	3417	307
562	2232	87	2932	826
7170	4187	77	1256	224
5238	6954	86	751	375
4425	3116	236	492	454
8835	7285	338	6108	554
2996	5281	204		965
1455	2977	66	13811	667
1190	2138	19	3099	287
1104	2325	49	7377	895
8821	9191	194	7377	734
5739	7319	101	8943	1977
3964	6074	253	17385	634
3091	5666	108	3455	559
4195	16203	359	47084	1203
3038	5136	69	46380	1021
605	2930	43	1561	139
1131	3930	52	9113	242
2453	11573	171	23749	1309
1155	1858	23	19588	692
1345	5273	17	23571	183
13	431	75	2173	36
2170	3648	29	20407	792
548	1495	12	19195	288
132	596	62	1831	45
116	397	7	1460	324
1756	8984	105	7535	826

小学教职工

Number of Teachers, Staff & Workers

教职工数

	合计 Total	专任教师 Full-time Teachers	行政人员 Adm. Personnel
合　计 Total	**1029366**	**898381**	**66262**
北　京 Beijing	26714	21607	2805
天　津 Tianjin	21446	16684	2763
河　北 Hebei	48336	43003	2915
山　西 Shanxi	40414	35183	2257
内蒙古 Inner Mongolia	28285	24575	2193
辽　宁 Liaoning	55410	46289	7802
吉　林 Jilin	26310	21745	2388
黑龙江 Heilongjiang	38441	31678	3481
上　海 Shanghai	25933	19585	2406
江　苏 Jiangsu	62921	57592	2831
浙　江 Zhejiang	47297	42396	1744
安　徽 Anhui	39722	37101	1290
福　建 Fujian	28243	26043	1097
江　西 Jiangxi	18125	16832	715
山　东 Shandong	81549	72017	4640
河　南 Henan	57343	51427	2928
湖　北 Hubei	47727	42127	2586
湖　南 Hunan	34338	31028	1416
广　东 Guangdong	106284	88858	7632
广　西 Guangxi	21978	19442	1289
海　南 Hainan	7894	6387	293
重　庆 Chongqing	19595	17123	1154
四　川 Sichuan	36003	31831	2040
贵　州 Guizhou	17176	15202	1214
云　南 Yunnan	15758	14096	680
西　藏 Tibet	1816	1619	48
陕　西 Shaanxi	26580	22876	1984
甘　肃 Gansu	15502	14309	655
青　海 Qinghai	4126	3897	122
宁　夏 Ningxia	6151	5936	43
新　疆 Xinjiang	21949	19893	851

数(城市)

in Primary Schools (Urban)

单位:人

Unit: in Person

Teachers, Staff & Workers			代课教师 Substitute Teachers	兼任教师 Part-time Teachers
教辅人员 Teaching Auxiliary	工勤人员 Workers	校办工厂、农场职工 Employees in School-run Factories & Farms		
23333	**40114**	**1276**	**29581**	**4947**
1281	990	31	198	77
703	1264	32	74	41
803	1601	14	1039	198
1107	1829	38	2428	240
686	797	34	788	49
263	1027	29	97	198
1420	737	20	306	162
1540	1726	16	77	66
2197	1622	123	236	294
1048	1367	83	1263	278
1018	2058	81	2100	479
402	906	23	2100	115
293	799	11	456	86
168	409	1	105	144
2359	2400	133	1121	97
1272	1676	40	1409	304
1273	1684	57	1665	116
618	1246	30	496	168
1927	7594	273	9522	293
432	814	1	613	222
185	1015	14	343	38
383	905	30	298	41
553	1528	51	1540	334
188	563	9	421	127
219	762	1	51	3
7	72	70	1	13
528	1183	9	868	338
129	405	4	337	57
23	84		257	1
10	162		96	
298	889	18	1376	368

小学教职

Number of Teachers, Staff & Workers in

教职工数

	合 计 Total	专任教师 Full-time Teachers	行政人员 Adm. Personnel
合 计 Total	**1269673**	**1125488**	**69575**
北 京 Beijing	15818	11355	1997
天 津 Tianjin	17949	15208	1829
河 北 Hebei	65547	58821	3263
山 西 Shanxi	31502	28081	1093
内蒙古 Inner Mongolia	32859	27418	2165
辽 宁 Liaoning	21994	18997	2434
吉 林 Jilin	44473	34516	5270
黑龙江 Heilongjiang	36978	31048	2786
上 海 Shanghai	22523	17150	1771
江 苏 Jiangsu	80982	71860	3567
浙 江 Zhejiang	73251	66468	3452
安 徽 Anhui	43147	40020	1721
福 建 Fujian	45588	41416	3155
江 西 Jiangxi	45133	42961	1046
山 东 Shandong	84672	74922	3716
河 南 Henan	71000	64099	2451
湖 北 Hubei	33532	30351	923
湖 南 Hunan	61833	57024	1918
广 东 Guangdong	120530	105916	9290
广 西 Guangxi	50605	43618	3493
海 南 Hainan	14655	12840	501
重 庆 Chongqing	16570	14591	1156
四 川 Sichuan	80357	71363	4460
贵 州 Guizhou	40173	36857	2220
云 南 Yunnan	35282	32109	1417
西 藏 Tibet	3892	3644	61
陕 西 Shaanxi	22430	20149	1046
甘 肃 Gansu	22766	21542	621
青 海 Qinghai	6051	5766	80
宁 夏 Ningxia	6660	6421	104
新 疆 Xinjiang	20921	18957	569

工数(县镇)

Primary Schools (County City & Towns)

单位:人

Unit: in Person

Teachers, Staff & Workers			代课教师 Substitute Teachers	兼任教师 Part-time Teachers
教辅人员 Teaching Auxiliary	工勤人员 Workers	校办工厂、农场职工 Employees in School-run Factories & Farms		
30044	**43573**	**993**	**25715**	**2951**
1568	896	2	21	6
429	462	21	84	26
1227	2207	29	1474	180
888	1404	36	1344	89
1143	2038	95	435	6
79	454	30	66	7
3085	1556	46	198	27
1158	1976	10	54	15
2139	1356	107	216	158
2761	2682	112	1405	167
1224	2017	90		292
478	893	35	1265	42
441	569	7	441	80
385	713	28	962	238
2789	3203	42	1450	63
1846	2593	11	902	241
996	1238	24	733	120
1233	1610	48	312	44
1306	3970	48	4947	107
1432	2043	19	2742	215
271	1037	6	185	23
257	563	3	481	15
977	3488	69	1567	287
452	633	11	899	255
489	1255	12	574	48
4	178	5	103	7
499	720	16	1012	18
126	470	7	1341	27
55	150	2	172	15
39	94	2	52	28
268	1105	22	278	105

小学教职工

Number of Teachers, Staff &

	合 计 Total	专任教师 Full-time Teachers	行政人员 Adm. Personnel
	教职工数		
合 计 Total	**3833116**	**3568584**	**160335**
北 京 Beijing	18820	14986	1712
天 津 Tianjin	10234	9184	776
河 北 Hebei	229814	218286	8423
山 西 Shanxi	136345	129007	3640
内蒙古 Inner Mongolia	77501	66995	3118
辽 宁 Liaoning	113144	98303	13842
吉 林 Jilin	92583	81414	6599
黑龙江 Heilongjiang	112837	100478	6507
上 海 Shanghai	1575	1219	123
江 苏 Jiangsu	145848	132194	5249
浙 江 Zhejiang	57338	53319	2026
安 徽 Anhui	188946	182372	4813
福 建 Fujian	103303	99006	3070
江 西 Jiangxi	137033	133691	1568
山 东 Shandong	244173	230790	6103
河 南 Henan	373844	359985	8138
湖 北 Hubei	151629	143215	3395
湖 南 Hunan	165389	158060	3249
广 东 Guangdong	236901	209050	22212
广 西 Guangxi	160594	141728	15364
海 南 Hainan	33967	31371	1546
重 庆 Chongqing	91268	82612	5684
四 川 Sichuan	221579	203919	10129
贵 州 Guizhou	139436	131620	6636
云 南 Yunnan	181187	173031	4259
西 藏 Tibet	9259	9004	72
陕 西 Shaanxi	154252	143619	7741
甘 肃 Gansu	97008	94990	1104
青 海 Qinghai	18374	17815	81
宁 夏 Ningxia	21852	21403	236
新 疆 Xinjiang	107083	95918	2920

数(农村)

Workers in Primary Schools(Rural)

单位:人

Unit:in Person

Teachers, Staff & Workers			代课教师 Substitute Teachers	兼任教师 Part-time Teachers
教辅人员 Teaching Auxiliary	工勤人员 Workers	校办工厂、农场职工 Employees in School-run Factories & Farms		
36278	**66806**	**1113**	**275362**	**11033**
1102	1018	2	32	38
135	132	7	23	
1428	1648	29	8027	1064
1414	2261	23	15864	414
2494	4747	147	2194	252
220	751	28	2769	621
2665	1894	11	752	35
2540	3252	60	620	294
89	138	6	40	2
5026	3236	143	3440	109
754	1206	33		194
575	1178	8	10446	510
456	770	1	2202	121
551	1203	20	6310	513
3673	3588	19	4806	574
2621	3050	50	6632	1432
1695	3152	172	14987	398
1240	2810	30	2647	347
962	4639	38	32615	803
1174	2279	49	43025	584
149	878	23	1033	78
491	2462	19	8334	186
923	6557	51	20642	688
515	662	3	18268	310
637	3256	4	22946	132
2	181		2069	16
1143	1745	4	18527	436
293	620	1	17517	204
54	362	62	1402	29
67	141	5	1312	296
1190	6990	65	5881	353

小学教职工总数中

Number of Primary Schools Teachers, Staff &

	教职工数		
	合 计 Total	专任教师 Full-time Teachers	行政人员 Adm. Personnel
合　计 Total	**225715**	**164465**	**13806**
北　京 Beijing	1112	709	119
天　津 Tianjin	548	274	63
河　北 Hebei	12840	9022	882
山　西 Shanxi	13855	9972	665
内蒙古 Inner Mongolia	3074	2163	302
辽　宁 Liaoning	1499	1304	148
吉　林 Jilin	1210	887	105
黑龙江 Heilongjiang	1609	1165	158
上　海 Shanghai	1505	1273	86
江　苏 Jiangsu	9097	7133	302
浙　江 Zhejiang	11064	8156	481
安　徽 Anhui	6033	4133	338
福　建 Fujian	4351	3168	324
江　西 Jiangxi	4238	3070	225
山　东 Shandong	13932	9981	925
河　南 Henan	20023	14692	1158
湖　北 Hubei	5096	3780	336
湖　南 Hunan	5093	3677	289
广　东 Guangdong	62909	44849	3806
广　西 Guangxi	6281	4943	540
海　南 Hainan	5200	3385	298
重　庆 Chongqing	3173	2329	237
四　川 Sichuan	9135	7312	487
贵　州 Guizhou	7145	5903	541
云　南 Yunnan	3134	2333	208
西　藏 Tibet	264	133	15
陕　西 Shaanxi	8128	5561	506
甘　肃 Gansu	584	410	49
青　海 Qinghai	338	234	24
宁　夏 Ningxia	226	171	7
新　疆 Xinjiang	3019	2343	182

民办教职工数

Workers Maintained by Communities

单位：人

Unit：in Person

Teachers, Staff & Workers			代课教师 Substitute Teachers	兼任教师 Part-time Teachers
教辅人员 Teaching Auxiliary	工勤人员 Workers	校办工厂、农场职工 Employees in School-run Factories & Farms		
9941	**37055**	**448**	**14597**	**3259**
159	125		35	15
54	157			
643	2285	8	771	90
819	2378	21	1127	176
173	436		137	173
7	40		26	17
57	161		89	32
98	185	3	4	39
96	50		193	287
459	1201	2	159	100
655	1772			611
258	1303	1	1406	154
136	723		398	46
318	625		89	28
792	2217	17	914	54
1163	2974	36	1399	377
240	736	4	292	25
316	808	3	58	19
2069	11950	235	2301	167
169	629		859	154
169	1348		234	14
84	521	2	551	41
304	1023	9	1772	214
124	567	10	408	44
118	466	9	70	1
5	41	70	7	
337	1721	3	1123	311
30	95		69	21
5	63	12	10	
	48		19	
84	407	3	77	49

小学女教

Number of Female Teachers,

	教职工数		
	合 计 Total	专任教师 Full-time Teachers	行政人员 Adm. Personnel
合 计 Total	**3247987**	**3064024**	**74895**
北 京 Beijing	45384	37761	3680
天 津 Tianjin	33301	28900	2729
河 北 Hebei	228837	220922	3615
山 西 Shanxi	143135	136140	2167
内蒙古 Inner Mongolia	76650	70345	2332
辽 宁 Liaoning	121748	110159	10436
吉 林 Jilin	99926	89010	5559
黑龙江 Heilongjiang	113197	102197	5248
上 海 Shanghai	36454	29593	2555
江 苏 Jiangsu	149032	140831	2451
浙 江 Zhejiang	108559	102449	1385
安 徽 Anhui	107725	104837	916
福 建 Fujian	95055	92454	946
江 西 Jiangxi	85118	82721	729
山 东 Shandong	188374	179028	3203
河 南 Henan	265880	257012	3106
湖 北 Hubei	109080	103160	1699
湖 南 Hunan	131171	126461	1305
广 东 Guangdong	271172	253375	6850
广 西 Guangxi	113828	107419	2522
海 南 Hainan	25113	22686	278
重 庆 Chongqing	61192	58004	1400
四 川 Sichuan	156123	147943	3037
贵 州 Guizhou	81272	78430	1525
云 南 Yunnan	102452	97964	940
西 藏 Tibet	6935	6709	33
陕 西 Shaanxi	110696	105874	2217
甘 肃 Gansu	52952	51643	402
青 海 Qinghai	13794	13350	108
宁 夏 Ningxia	16782	16490	46
新 疆 Xinjiang	97050	90157	1476

职工数

Staff & Workers in Primary Schools

单位:人

Unit: in Person

Teachers, Staff & Workers			代课教师 Substitute Teachers	兼任教师 Part-time Teachers
教辅人员 Teaching Auxiliary	工勤人员 Workers	校办工厂、农场职工 Employees in School-run Factories & Farms		
42659	**65113**	**1296**	**200741**	**9419**
2480	1450	13	207	100
774	879	19	139	50
1891	2386	23	8962	811
2060	2725	43	15995	463
1677	2223	73	2341	201
319	798	36	2439	467
4039	1279	39	818	114
2832	2877	43	368	111
2712	1502	92	295	286
2827	2850	73	4550	234
1826	2847	52		628
595	1350	27	8723	247
618	1032	5	2394	114
489	1150	29	4775	428
3188	2885	70	5213	313
2876	2844	42	6692	971
1835	2293	93	7359	274
1261	2106	38	2329	314
2377	8385	185	34832	639
1109	2742	36	27710	520
332	1785	32	564	48
454	1318	16	4711	98
1145	3943	55	12233	397
386	911	20	6400	249
388	3150	10	10807	82
5	140	48	654	13
859	1736	10	13224	533
202	702	3	9268	152
65	256	15	937	18
32	209	5	785	147
1006	4360	51	5017	397

小学专任教师学历、

Breakdown of Primary Schools Full-time Teachers

	合 计 Total	其中女 of Which: Female	按学历分			
			研究生毕业 Graduate	本科毕业 Under-graduate	专科毕业 Associate Bachelor	高中阶段毕业 High School Graduate
合 计 Total	**5592453**	**3064024**	**1649**	**374464**	**2775393**	**2363529**
北 京 Beijing	47948	37761	49	15224	25171	7328
天 津 Tianjin	41076	28900	14	4283	24218	12315
河 北 Hebei	320110	220922	11	23114	187471	108468
山 西 Shanxi	192271	136140	37	11720	98492	80622
内蒙古 Inner Mongolia	118988	70345	8	11236	59215	47033
辽 宁 Liaoning	163589	110159	68	10314	78462	73296
吉 林 Jilin	137675	89010	338	24774	74630	37132
黑龙江 Heilongjiang	163204	102197	66	16011	89501	56088
上 海 Shanghai	37954	29593	11	7001	24419	6366
江 苏 Jiangsu	261646	140831	27	21734	145116	92573
浙 江 Zhejiang	162183	102449	12	19797	93427	47375
安 徽 Anhui	259493	104837	14	10831	104971	141251
福 建 Fujian	166465	92454	6	3452	77340	83743
江 西 Jiangxi	193484	82721	44	9312	69050	110425
山 东 Shandong	377729	179028	134	34622	175157	165568
河 南 Henan	475511	257012	124	21707	213721	235716
湖 北 Hubei	215693	103160	73	18973	101271	91156
湖 南 Hunan	246112	126461	70	10997	114659	117772
广 东 Guangdong	403824	253375	180	29877	245019	126539
广 西 Guangxi	204788	107419	26	4136	98207	98260
海 南 Hainan	50598	22686	8	1626	24061	24317
重 庆 Chongqing	114326	58004	34	8619	66268	37683
四 川 Sichuan	307113	147943	84	14614	157007	130057
贵 州 Guizhou	183679	78430	16	2744	71102	99955
云 南 Yunnan	219236	97964	12	7064	94516	109709
西 藏 Tibet	14267	6709		228	6213	7121
陕 西 Shaanxi	186644	105874	45	8343	97894	76794
甘 肃 Gansu	130841	51643	32	5013	54051	67444
青 海 Qinghai	27478	13350	40	2190	17020	7763
宁 夏 Ningxia	33760	16490	3	3588	16593	13047
新 疆 Xinjiang	134768	90157	63	11320	71151	50613

职称情况(总计)

by Educational Attainment (Regional Aggregates)

单位:人

Unit:in Person

By Educational Attainment	按职称分 By Rank					
高中阶段毕业以下 Below High School Graduate	中学高级 Senior Secondary	小学高级 Senior Primary	小学一级 1st Grade Primary	小学二级 2nd Grade Primary	小学三级 3rd Grade Primary	未评职称 Rank Undecided
77418	**23312**	**2356538**	**2371031**	**493783**	**29328**	**318461**
176	270	23603	21860	496	28	1691
246	242	26350	13169	730	29	556
1046	761	128710	150561	22199	688	17191
1400	420	61212	89009	21268	1455	18907
1496	1373	61180	41387	7977	259	6812
1449	1937	108843	40077	6905	266	5561
801	594	71091	55163	8030	310	2487
1538	2961	81101	62229	9167	1038	6708
157	121	21938	14027	505	15	1348
2196	695	127961	98853	20860	309	12968
1572	842	68030	72007	7935	421	12948
2426	349	114809	119449	13632	255	10999
1924	566	57128	92016	12987	342	3426
4653	690	83927	83605	16346	879	8037
2248	4263	192347	148367	18855	514	13383
4243	1658	169135	212422	60410	3518	28368
4220	1760	127486	69695	10588	972	5192
2614	678	127018	101129	10076	656	6555
2209	739	166990	150944	35102	5804	44245
4159	235	84880	78104	32221	1561	7787
586	98	15870	24002	7379	794	2455
1722	148	36949	59041	12161	206	5821
5351	713	122358	153656	16743	538	13105
9862	111	42097	86086	35359	4605	15421
7935	113	77845	101814	28699	597	10168
705	9	1368	6358	2586	215	3731
3568	326	47895	83466	34985	1270	18702
4301	178	42220	56371	17066	465	14541
465	74	10767	11589	3015	133	1900
529	119	14797	14145	3204	68	1427
1621	269	40633	60430	16297	1118	16021

小学专任教师学历、

Breakdown of Primary Schools Full-time Teachers

	合 计 Total	其中女 of Which: Female	按学历分 研究生毕业 Graduate	本科毕业 Under-graduate	专科毕业 Associate Bachelor	高中阶段毕业 High School Graduate
合 计 Total	**898381**	**701962**	**988**	**172403**	**527434**	**193986**
北 京 Beijing	21607	18540	31	8450	10509	2558
天 津 Tianjin	16684	13953	10	2886	9570	4157
河 北 Hebei	43003	36688	8	7582	26852	8487
山 西 Shanxi	35183	30378	15	5178	22127	7789
内蒙古 Inner Mongolia	24575	19851	8	5119	14142	5191
辽 宁 Liaoning	46289	38488	63	7358	29299	9454
吉 林 Jilin	21745	18509	205	9217	9335	2961
黑龙江 Heilongjiang	31678	26081	30	7655	17494	6376
上 海 Shanghai	19585	17151	8	4021	12533	3004
江 苏 Jiangsu	57592	40595	10	8333	34700	14149
浙 江 Zhejiang	42396	32225	10	10098	23981	8194
安 徽 Anhui	37101	25063	7	4416	20609	11925
福 建 Fujian	26043	20040	1	1831	15798	8318
江 西 Jiangxi	16832	13106	14	2690	8839	5175
山 东 Shandong	72017	52464	80	17117	39919	14700
河 南 Henan	51427	41333	36	8327	32018	10887
湖 北 Hubei	42127	31562	53	9866	22306	9673
湖 南 Hunan	31028	24660	55	5251	18071	7574
广 东 Guangdong	88858	67498	138	18618	55972	13973
广 西 Guangxi	19442	15513	19	1704	12369	5242
海 南 Hainan	6387	4337	7	1037	4039	1267
重 庆 Chongqing	17123	12771	20	3873	10112	3027
四 川 Sichuan	31831	23950	41	5887	18358	7324
贵 州 Guizhou	15202	11763	3	1364	8358	5247
云 南 Yunnan	14096	10810	10	2740	7810	3469
西 藏 Tibet	1619	1046		59	1001	504
陕 西 Shaanxi	22876	18558	29	3802	14824	4156
甘 肃 Gansu	14309	10792	20	1760	9074	3292
青 海 Qinghai	3897	2995	9	680	2099	1060
宁 夏 Ningxia	5936	4667	3	1465	3180	1254
新 疆 Xinjiang	19893	16575	45	4019	12136	3599

职称情况(城市)

by Educational Attainment (Urban)

单位:人

Unit: in Person

By Educational Attainment	按职称分 By Rank					
高中阶段毕业以下 Below High School Graduate	中学高级 Senior Secondary	小学高级 Senior Primary	小学一级 1st Grade Primary	小学二级 2nd Grade Primary	小学三级 3rd Grade Primary	未评职称 Rank Undecided
3570	**8128**	**445415**	**330046**	**50659**	**4259**	**59874**
59	193	12055	8483	173	7	696
61	132	11680	4428	197	15	232
74	160	22533	15615	2434	164	2097
74	114	13798	14312	3377	200	3382
115	575	12507	8023	1709	55	1706
115	418	28704	13389	1425	31	2322
27	198	11454	8388	1111	10	584
123	1304	17453	10022	1767	79	1053
19	73	11140	7529	258	3	582
400	278	28746	21349	3140	89	3990
113	534	18938	17250	1521	113	4040
144	163	19470	14123	1574	38	1733
95	209	10413	11943	1897	50	1531
114	204	8669	5974	1161	126	698
201	1094	34382	29142	3243	110	4046
159	328	23375	20551	4276	189	2708
229	787	25576	12711	1446	86	1521
77	215	18955	9974	997	56	831
157	425	38366	29031	7179	1606	12251
108	55	9257	5777	1700	337	2316
37	67	2283	2702	688	134	513
91	77	7568	7815	868	47	748
221	203	15286	13548	856	87	1851
230	35	5552	5602	1778	282	1953
67	37	6867	5093	969	105	1025
55	6	394	891	120	16	192
65	80	9174	9919	2004	87	1612
163	39	6679	5661	887	41	1002
49	8	2184	1227	221	2	255
34	30	3160	2130	324	2	290
94	87	8797	7444	1359	92	2114

小学专任教师学历、

Breakdown of Primary Schools Full-time Teachers

	合 计 Total	其中女 of Which: Female	按学历分			
			研究生毕业 Graduate	本科毕业 Under-graduate	专科毕业 Associate Bachelor	高中阶段毕业 High School Graduate
合　计 Total	**1125488**	**777698**	**231**	**85489**	**670300**	**363141**
北　京 Beijing	11355	8981	9	3438	6059	1807
天　津 Tianjin	15208	10340	4	968	9245	4905
河　北 Hebei	58821	47113	1	5448	38144	15087
山　西 Shanxi	28081	24054	4	2190	17178	8617
内蒙古 Inner Mongolia	27418	20413		2516	16505	8252
辽　宁 Liaoning	18997	15032	5	869	10825	7219
吉　林 Jilin	34516	27227	72	7218	19474	7640
黑龙江 Heilongjiang	31048	24998	11	3249	19917	7771
上　海 Shanghai	17150	11622	3	2844	11091	3088
江　苏 Jiangsu	71860	45706	10	7644	45410	18472
浙　江 Zhejiang	66468	42667	2	6956	41397	17628
安　徽 Anhui	40020	23216	5	2197	21188	16558
福　建 Fujian	41416	28321	1	789	23132	17303
江　西 Jiangxi	42961	25770	5	2832	20250	19421
山　东 Shandong	74922	46624	19	8093	43385	23232
河　南 Henan	64099	49190	16	3852	37638	22380
湖　北 Hubei	30351	20219	5	3422	17856	8858
湖　南 Hunan	57024	37750		2314	32053	22278
广　东 Guangdong	105916	75546	4	4699	71142	29708
广　西 Guangxi	43618	32387	2	992	25977	16398
海　南 Hainan	12840	7003		299	7165	5337
重　庆 Chongqing	14591	9501	6	1246	9543	3717
四　川 Sichuan	71363	43727	21	4009	43451	23427
贵　州 Guizhou	36857	23633	1	544	18570	17170
云　南 Yunnan	32109	21272		1523	17908	12272
西　藏 Tibet	3644	2030		94	1593	1818
陕　西 Shaanxi	20149	16386	2	991	12998	5998
甘　肃 Gansu	21542	13199	1	1001	11469	8808
青　海 Qinghai	5766	3961	11	491	4008	1208
宁　夏 Ningxia	6421	4290		834	3823	1740
新　疆 Xinjiang	18957	15520	11	1927	11906	5024

职称情况(县镇)

by Educational Attainment (County City & Towns)

单位:人

Unit: in Person

By Educational Attainment	按职称分 By Rank					
高中阶段毕业以下 Below High School Graduate	中学高级 Senior Secondary	小学高级 Senior Primary	小学一级 1st Grade Primary	小学二级 2nd Grade Primary	小学三级 3rd Grade Primary	未评职称 Rank Undecided
6327	**5829**	**522327**	**456479**	**79437**	**4901**	**56515**
42	73	5354	5324	143	19	442
86	80	9043	5608	291	9	177
141	119	26692	24168	3867	151	3824
92	61	9223	12549	2863	155	3230
145	376	14241	9578	1698	60	1465
79	284	12385	5010	732	24	562
112	147	19185	12827	1688	100	569
100	810	16510	10887	1408	189	1244
124	46	10114	6055	202	11	722
324	269	35268	27444	5014	99	3766
485	261	28229	29533	3252	158	5035
72	61	19795	16461	1888	37	1778
191	212	16323	21843	2444	57	537
453	208	20495	16753	3620	195	1690
193	1143	34528	30610	5293	211	3137
213	294	24176	26877	7411	405	4936
210	459	18661	8673	1808	187	563
379	197	30739	22546	2204	200	1138
363	88	49875	36081	8538	1214	10120
249	66	21992	14834	5467	229	1030
39	12	4857	5669	1547	99	656
79	23	5846	7740	590	24	368
455	272	31602	34956	2734	72	1727
572	12	13276	16627	4597	503	1842
406	22	15718	13447	2128	42	752
139	3	721	1687	523	22	688
160	61	6001	9776	2609	221	1481
263	38	7340	9968	2693	74	1429
48	32	2886	2201	414	9	224
24	29	2899	2838	467	24	164
89	71	8353	7909	1304	101	1219

小学专任教师学历、

Breakdown of Primary Schools Full-time Teachers

	合 计 Total	其中女 of Which: Female	按学历分 研究生毕业 Graduate	本科毕业 Under-graduate	专科毕业 Associate Bachelor	高中阶段毕业 High School Graduate
合 计 Total	**3568584**	**1584364**	**430**	**116572**	**1577659**	**1806402**
北 京 Beijing	14986	10240	9	3336	8603	2963
天 津 Tianjin	9184	4607		429	5403	3253
河 北 Hebei	218286	137121	2	10084	122475	84894
山 西 Shanxi	129007	81708	18	4352	59187	64216
内蒙古 Inner Mongolia	66995	30081		3601	28568	33590
辽 宁 Liaoning	98303	56639		2087	38338	56623
吉 林 Jilin	81414	43274	61	8339	45821	26531
黑龙江 Heilongjiang	100478	51118	25	5107	52090	41941
上 海 Shanghai	1219	820		136	795	274
江 苏 Jiangsu	132194	54530	7	5757	65006	59952
浙 江 Zhejiang	53319	27557		2743	28049	21553
安 徽 Anhui	182372	56558	2	4218	63174	112768
福 建 Fujian	99006	44093	4	832	38410	58122
江 西 Jiangxi	133691	43845	25	3790	39961	85829
山 东 Shandong	230790	79940	35	9412	91853	127636
河 南 Henan	359985	166489	72	9528	144065	202449
湖 北 Hubei	143215	51379	15	5685	61109	72625
湖 南 Hunan	158060	64051	15	3432	64535	87920
广 东 Guangdong	209050	110331	38	6560	117905	82858
广 西 Guangxi	141728	59519	5	1440	59861	76620
海 南 Hainan	31371	11346	1	290	12857	17713
重 庆 Chongqing	82612	35732	8	3500	46613	30939
四 川 Sichuan	203919	80266	22	4718	95198	99306
贵 州 Guizhou	131620	43034	12	836	44174	77538
云 南 Yunnan	173031	65882	2	2801	68798	93968
西 藏 Tibet	9004	3633		75	3619	4799
陕 西 Shaanxi	143619	70930	14	3550	70072	66640
甘 肃 Gansu	94990	27652	11	2252	33508	55344
青 海 Qinghai	17815	6394	20	1019	10913	5495
宁 夏 Ningxia	21403	7533		1289	9590	10053
新 疆 Xinjiang	95918	58062	7	5374	47109	41990

职称情况(农村)
by Educational Attainment (Rural)

单位:人
Unit: in Person

By Educational Attainment	按职称分 By Rank					
高中阶段毕业以下 Below High School Graduate	中学高级 Senior Secondary	小学高级 Senior Primary	小学一级 1st Grade Primary	小学二级 2nd Grade Primary	小学三级 3rd Grade Primary	未评职称 Rank Undecided
67521	**9356**	**1388796**	**1584506**	**363687**	**20168**	**202071**
75	4	6194	8053	180	2	553
99	30	5627	3133	242	5	147
831	482	79485	110778	15898	373	11270
1234	245	38191	62148	15028	1100	12295
1236	422	34432	23786	4570	144	3641
1255	1235	67754	21678	4748	211	2677
662	249	40452	33948	5231	200	1334
1315	847	47138	41320	5992	770	4411
14	2	684	443	45	1	44
1472	148	63947	50060	12706	121	5212
974	47	20863	25224	3162	150	3873
2210	125	75544	88865	10170	180	7488
1638	145	30392	58230	8646	235	1358
4086	278	54763	60878	11565	558	5649
1854	2026	123437	88615	10319	193	6200
3871	1036	121584	164994	48723	2924	20724
3781	514	83249	48311	7334	699	3108
2158	266	77324	68609	6875	400	4586
1689	226	78749	85832	19385	2984	21874
3802	114	53631	57493	25054	995	4441
510	19	8730	15631	5144	561	1286
1552	48	23535	43486	10703	135	4705
4675	238	75470	105152	13153	379	9527
9060	64	23269	63857	28984	3820	11626
7462	54	55260	83274	25602	450	8391
511		253	3780	1943	177	2851
3343	185	32720	63771	30372	962	15609
3875	101	28201	40742	13486	350	12110
368	34	5697	8161	2380	122	1421
471	60	8738	9177	2413	42	973
1438	111	23483	45077	13634	925	12688

小学办学

Condition of School Buildings in

	学校占地面积 Areas Occupied	校舍建筑面积 Floor Space	教学及辅 Teaching & Assistant			
			计 Total	其中		
				普通教室 classroom	实验室 Laboratory	图书室 Library
合 计 Total	**2643950388**	**580551335**	**352961264**	**293363914**	**15550838**	**13474613**
北 京 Beijing	16158421	5128862	2541951	1824391	128694	106307
天 津 Tianjin	13802708	3506373	2091835	1564542	80758	69852
河 北 Hebei	155595507	27269927	18617118	14938643	1246709	997733
山 西 Shanxi	77426613	17223093	10296979	8749334	441041	460274
内蒙古 Inner Mongolia	95931297	8936769	5243786	4215042	313259	262924
辽 宁 Liaoning	86785091	13104442	8644596	6379872	566713	415470
吉 林 Jilin	87335023	9071862	6127326	4840401	379847	232071
黑龙江 Heilongjiang	113812133	12422635	8574119	6857003	566600	347047
上 海 Shanghai	7474081	3879460	1889199	1146139	178750	106256
江 苏 Jiangsu	126420940	27184065	17064721	13505512	593407	684196
浙 江 Zhejiang	57702777	21334619	11954345	8574087	598667	414388
安 徽 Anhui	128743665	24286270	16361141	14584586	432907	632455
福 建 Fujian	56196157	20358454	11994765	9454759	522930	541459
江 西 Jiangxi	69993111	19820498	12388594	10889269	457424	383082
山 东 Shandong	172391631	29342394	18677093	14849688	1103224	825976
河 南 Henan	200329615	44842746	29525845	25268289	1326951	1302200
湖 北 Hubei	121767290	29269252	15850356	13186438	973764	731671
湖 南 Hunan	112860270	32308137	18458450	15734033	738093	605582
广 东 Guangdong	194602687	63684668	35526174	28083321	1459656	1345913
广 西 Guangxi	110428554	28542536	17609854	15819959	403245	516715
海 南 Hainan	44216700	4892627	2746679	2406465	91065	122920
重 庆 Chongqing	39692273	14503405	8351278	7013120	281249	212653
四 川 Sichuan	98961457	33540417	19414787	16802395	743157	475313
贵 州 Guizhou	57739895	15065228	10443579	9096356	378244	368734
云 南 Yunnan	95813460	24525036	13820106	12344810	563923	392003
西 藏 Tibet	14160838	2244577	846453	757884	17328	36193
陕 西 Shaanxi	86124021	19020051	11682172	10355377	342601	340067
甘 肃 Gansu	74828956	12012111	7838640	7031764	192276	206765
青 海 Qinghai	16171282	2282264	1322833	1161012	14812	34359
宁 夏 Ningxia	19907211	2674643	1775121	1499052	76280	78238
新 疆 Xinjiang	90576724	8273914	5281369	4430371	337264	225797

条件(一)(总计)

Primary Schools (1) (Regional Aggregates)

单位:平方米

Unit:m²

助用房 Buildings of Which 微机室 PC-room	助用房 Buildings of Which 语音室 Linguistic	行政办公用房 Administritive 计 Total	行政办公用房 Administritive 其中教师办公室 of Which: for Teachers	生活用房 Residential and Welfare	其他用房 Rooms for Other Purposes	校舍面积中 of the Floor Space 危房面积 Floor Space of Dilapidated Buildings	校舍面积中 of the Floor Space 当年新增 New Floor Space Added in Current Year
7592875	**2304578**	**62984273**	**48573869**	**100992306**	**63613492**	**25864439**	**14393994**
106756	23769	673988	404915	710956	1201967	7784	77459
75755	48149	481737	336375	352071	580730	2143	108869
660732	210681	3365217	2786692	2189791	3097801	533747	461258
222945	65481	3034112	2559716	2070882	1821120	462423	561256
153378	54463	1364763	1127297	1496470	831750	470329	286722
288965	90948	1716004	1109114	827188	1916654	214728	295166
197172	69160	1334150	960779	486185	1124201	620964	124543
226362	57519	1658156	1261117	799356	1391004	1199356	209535
84321	36464	464612	251972	455745	1069904		68784
542002	125567	2863900	1877596	3888940	3366504	4056	719494
345538	128955	1847410	1207729	4379061	3153803	29563	776716
213553	49691	2656905	2166188	3536226	1731998	2426676	464850
249705	63281	1467175	1012052	4671602	2224912	373266	470356
176129	68043	1761402	1341500	4099395	1571107	593129	377708
560894	198226	3859765	2873779	3614821	3190715	549524	390106
487701	111959	7453787	6351535	4479100	3384014	1908462	1062075
345882	68973	2547956	1875176	7749034	3121906	1266680	367429
251715	67730	3315875	2628091	6579947	3953865	1263315	493480
648911	403946	4988244	3389204	12568781	10601469	1613328	1335790
168998	38809	1802558	1466598	6219380	2910744	2119548	678762
40629	14224	355558	261408	1418179	372211	266172	109272
197872	39288	1052391	709344	3729133	1370603	507586	195903
396394	82229	2389180	1775406	8953800	2782650	1621622	1091819
233192	25618	1189619	923782	2147969	1284061	242784	612859
105256	35000	1296155	936374	7645840	1762935	3832013	1372182
12320	4144	174709	130806	1052470	170945	39366	206561
235347	50408	3948081	3506578	2064743	1325055	1134943	433498
144853	19910	2236751	2049548	1090170	846550	1678720	446442
31404	7939	221492	174922	536818	201121	196263	116611
62329	11621	375167	323464	275735	248620	153287	87436
125865	32383	1087454	794812	902518	1002573	532662	391053

小学办学条

Condition of School Buildings in

	学校占地面积 Areas Occupied	校舍建筑面积 Floor Space	教学及辅 Teaching & Assistant			
			计 Total	其中		
				普通教室 classroom	实验室 Laboratory	图书室 Library
合　计 Total	**220161091**	**90300139**	**51903818**	**37907886**	**2522022**	**1987515**
北　京 Beijing	4182985	2636318	1229693	853668	61317	53211
天　津 Tianjin	2512287	1331828	747360	515150	29073	24318
河　北 Hebei	11588534	3785716	2300545	1773835	117575	93590
山　西 Shanxi	7359875	2806290	1624441	1283671	57772	54185
内蒙古 Inner Mongolia	7104711	1871265	1098753	840337	42263	37188
辽　宁 Liaoning	11314433	4172840	2575953	1651612	111944	97281
吉　林 Jilin	4699069	1766636	1067384	754924	42145	34323
黑龙江 Heilongjiang	8022202	2669003	1617318	1181114	70814	52706
上　海 Shanghai	2995360	2166462	1028338	616904	82654	56716
江　苏 Jiangsu	16396247	6069003	3812037	2627937	163109	152570
浙　江 Zhejiang	12257785	5588251	3142891	1982907	184550	138984
安　徽 Anhui	9755673	3199587	2038565	1667052	77387	77811
福　建 Fujian	5110596	2740644	1594915	1130818	63982	75330
江　西 Jiangxi	3292389	1529526	884437	711674	38906	30613
山　东 Shandong	22416629	6526008	3914986	2848163	193623	143448
河　南 Henan	12376025	4960451	2787515	2261688	109781	92274
湖　北 Hubei	9280841	4145487	2334966	1823784	119585	89681
湖　南 Hunan	8272503	3187143	1872568	1469224	92907	70944
广　东 Guangdong	24512291	13454211	7247076	4893289	479605	312477
广　西 Guangxi	4481918	1916242	1030025	783099	41508	36186
海　南 Hainan	1991883	657671	322000	263630	15455	13109
重　庆 Chongqing	3380178	2099196	1143482	898865	45271	36225
四　川 Sichuan	5528923	3074394	1748891	1324039	77028	60978
贵　州 Guizhou	2601623	1201340	731490	579497	30535	24024
云　南 Yunnan	2909437	1434752	867364	688434	51309	28860
西　藏 Tibet	537293	174040	69611	61755	3385	1719
陕　西 Shaanxi	4539584	2010666	1215203	961129	46335	37627
甘　肃 Gansu	3025417	1124504	691347	538850	26700	22227
青　海 Qinghai	1120850	338771	187652	128020	3754	4635
宁　夏 Ningxia	1527518	426284	274190	224534	8985	9709
新　疆 Xinjiang	5066032	1235610	702822	568283	32765	24566

件(一)(城市)

Primary Schools (1) (Urban)

单位:平方米

Unit: m^2

助用房 Buildings		行政办公用房 Administritive		生活用房 Residential and Welfare	其他用房 Rooms for Other Purposes	校舍面积中 of the Floor Space	
of Which							
微机室 PC-room	语音室 Linguistic	计 Total	其中教师办公室 of Which: for Teachers			危房面积 Floor Space of Dilapidated Buildings	当年新增 New Floor Space Added in Current Year
1878122	**763458**	**10484731**	**6756230**	**12884382**	**15027208**	**887340**	**2263813**
49342	14036	314289	189589	334383	757953	2677	32191
25330	19905	193198	120899	161804	229466	959	46969
86141	44808	514905	354930	379837	590429	21662	68345
50977	23639	435161	296951	394854	351834	17240	55817
38787	19495	309939	230995	263330	199243	56691	51088
90184	43268	572681	307656	267158	757048	11754	89879
49629	23203	250074	160563	109358	339820	28103	17991
52509	20604	412583	260313	218234	420868	106686	30500
47156	22205	259358	141579	239623	639143		32582
136772	32028	652143	394490	646620	958203	21	223260
107935	44787	560710	340589	918598	966052	1788	231320
77103	21712	389654	274734	405367	366001	121225	55770
59919	20880	242030	149743	393608	510091	9772	83957
34449	18972	155896	104182	295215	193978	11110	45334
137371	72678	905910	558858	837348	867764	27053	96466
96918	32464	747496	529526	821127	604313	33563	113607
77770	21841	453364	292266	734859	622298	53681	64574
55350	23188	280775	202152	584295	449505	68823	50747
266747	129628	1063356	646198	2096673	3047106	27292	213958
43932	12592	161265	109284	417069	307883	18082	99560
10176	4201	45179	31343	200704	89788	8955	22007
40067	13765	195915	126465	434191	325608	40816	32882
68325	22635	320209	208403	608190	397104	34730	137980
27953	5146	124211	86722	191621	154018	6524	45144
27136	13844	139468	87827	257741	170179	41034	127284
1745	1007	33443	16252	47452	23534	1258	31460
44750	16067	286808	204150	294283	214372	23272	50950
25768	7319	170682	122784	104226	158249	35964	41965
7369	2703	39966	26352	58785	52368	27639	13392
13074	4567	71797	56129	21593	58704	15356	11336
27438	10271	182266	124306	146236	204286	33610	45498

小学办学条

Condition of School Buildings in

	学校占地面积 Areas Occupied	校舍建筑面积 Floor Space	教学及辅 Teaching & Assistant			
			计 Total	其中 普通教室 classroom	实验室 Laboratory	图书室 Library
合 计 Total	**362479300**	**105475243**	**60138513**	**48402181**	**2608733**	**2099401**
北 京 Beijing	3288529	1008254	504307	372931	21457	18380
天 津 Tianjin	6291734	1365188	815628	614886	30631	25375
河 北 Hebei	23612353	4907142	3125326	2534469	179934	137089
山 西 Shanxi	6551350	1950627	1098374	926204	51185	44061
内蒙古 Inner Mongolia	14108475	1878971	1082986	879774	53042	42972
辽 宁 Liaoning	5153277	1310200	857133	679097	34577	27805
吉 林 Jilin	11764433	2240724	1403325	1101532	66355	49211
黑龙江 Heilongjiang	10141134	2086984	1389237	1131109	63111	42374
上 海 Shanghai	3991639	1593216	794127	486746	88192	45165
江 苏 Jiangsu	24719545	7499402	4454030	3410912	166985	163141
浙 江 Zhejiang	22565898	8446889	4678972	3283203	233088	154901
安 徽 Anhui	13632518	3540423	2110846	1831258	72700	79919
福 建 Fujian	9770973	4152998	2304176	1751108	98471	101528
江 西 Jiangxi	12601523	3905877	2328116	2008979	96276	66929
山 东 Shandong	28323432	5718817	3260955	2567819	175847	126701
河 南 Henan	17045505	5463965	3331591	2767319	129938	111888
湖 北 Hubei	9114487	3195633	1652980	1396674	82132	60791
湖 南 Hunan	20002843	5818792	3118981	2575796	147418	109713
广 东 Guangdong	37214033	14099460	7605352	5920288	290918	261689
广 西 Guangxi	14896954	4649002	2607410	2283977	76110	76270
海 南 Hainan	6080401	1105866	570549	493458	20414	22031
重 庆 Chongqing	3303691	1565574	837617	674835	29129	22706
四 川 Sichuan	14601538	6623213	3477939	2916620	140735	94433
贵 州 Guizhou	8976882	2685484	1689957	1413239	69381	59232
云 南 Yunnan	9667117	3016969	1665961	1450941	70950	54277
西 藏 Tibet	2865917	487014	178589	162331	3003	5239
陕 西 Shaanxi	4183716	1536448	942929	814537	35384	26688
甘 肃 Gansu	6773050	1593567	999422	892179	23576	25000
青 海 Qinghai	2486945	412551	243854	206658	5907	6715
宁 夏 Ningxia	2241099	463215	309220	255470	13800	11195
新 疆 Xinjiang	6508309	1152778	698624	597832	38087	25983

件(一)(县镇)

Primary Schools (1) (County City & Towns)

单位:平方米

Unit: m^2

助用房 Buildings of Which 微机室 PC-room	语音室 Linguistic	行政办公用房 Administritive 计 Total	其中教师办公室 of Which: for Teachers	生活用房 Residential and Welfare	其他用房 Rooms for Other Purposes	校舍面积中 of the Floor Space 危房面积 Floor Space of Dilapidated Buildings	当年新增 New Floor Space Added in Current Year
1820471	**709492**	**11157191**	**7859036**	**21207979**	**12971560**	**2684938**	**3165411**
21577	3802	159224	98480	141737	202986	1315	21760
29673	17167	181144	131853	141016	227400	440	43500
120589	47221	596663	474740	560286	624867	47524	104802
35073	11463	324828	267373	281925	245500	21202	104075
37781	16952	302905	234577	294507	198573	124552	101164
27451	13945	191823	115847	80846	180398	21550	28987
59091	30936	387042	260013	138599	311758	95360	34207
50237	16157	331646	238724	109238	256863	167064	69125
34093	13232	188859	100688	206399	403831		36152
156273	47937	850115	507326	1262755	932502	1656	285453
145204	59829	725651	466982	1705583	1336683	13938	409355
54698	11799	357136	250386	778793	293648	219389	69324
68262	19602	354969	212758	973673	520180	54139	138862
56788	25504	334103	236728	950033	293625	84196	97766
118131	58074	733608	514547	1050128	674126	88053	91062
93262	24394	828131	671983	877368	426875	120476	133616
46517	18385	292456	203292	950352	299845	81674	45991
81877	27823	539137	403487	1418304	742370	206004	127236
179230	128565	1053569	672478	3064188	2376351	222728	363880
63659	13735	324086	236632	1239695	477811	191102	101013
15182	5736	80651	51725	376579	78087	45274	15653
27462	7494	128696	82851	432051	167210	17525	45349
107594	37147	488671	339974	2061270	595333	196245	223871
57749	10396	223446	153184	467011	305070	34505	74164
31251	12102	259613	173118	834117	257278	357610	167552
3169	1309	35805	26390	241676	30944	9279	43644
29408	9735	312538	265667	164244	116737	48077	42287
26229	4377	294475	262652	153999	145671	146822	56576
7659	2793	40476	33756	96482	31739	24080	20531
12594	4155	66901	57740	47659	39435	11235	19913
22708	7726	168824	113085	107466	177864	31924	48541

小学办学

Condition of School Buildings in

	学校占地面积 Areas Occupied	校舍建筑面积 Floor Space	教学及辅 Teaching & Assistant			
			计 Total	其中		
				普通教室 classroom	实验室 Laboratory	图书室 Library
合 计 Total	**2061309997**	**384775953**	**240918933**	**207053847**	**10420083**	**9387697**
北 京 Beijing	8686907	1484290	807951	597792	45920	34716
天 津 Tianjin	4998687	809357	528847	434506	21054	20159
河 北 Hebei	120394620	18577069	13191247	10630339	949200	767054
山 西 Shanxi	63515388	12466176	7574164	6539459	332084	362028
内蒙古 Inner Mongolia	74718111	5186533	3062047	2494931	217954	182764
辽 宁 Liaoning	70317381	7621402	5211510	4049163	420192	290384
吉 林 Jilin	70871521	5064502	3656617	2983945	271347	148537
黑龙江 Heilongjiang	95648797	7666648	5567564	4544780	432675	251967
上 海 Shanghai	487082	119782	66734	42489	7904	4375
江 苏 Jiangsu	85305148	13615660	8798654	7466663	263313	368485
浙 江 Zhejiang	22879094	7299479	4132482	3307977	181029	120503
安 徽 Anhui	105355474	17546260	12211730	11086276	282820	474725
福 建 Fujian	41314588	13464812	8095674	6572833	360477	364601
江 西 Jiangxi	54099199	14385095	9176041	8168616	322242	285540
山 东 Shandong	121651570	17097569	11501152	9433706	733754	555827
河 南 Henan	170908085	34418330	23406739	20239282	1087232	1098038
湖 北 Hubei	103371962	21928132	11862410	9965980	772047	581199
湖 南 Hunan	84584924	23302202	13466901	11689013	497768	424925
广 东 Guangdong	132876363	36130997	20673746	17269744	689133	771747
广 西 Guangxi	91049682	21977292	13972419	12752883	285627	404259
海 南 Hainan	36144416	3129090	1854130	1649377	55196	87780
重 庆 Chongqing	33008404	10838635	6370179	5439420	206849	153722
四 川 Sichuan	78830996	23842810	14187957	12561736	525394	319902
贵 州 Guizhou	46161390	11178404	8022132	7103620	278328	285478
云 南 Yunnan	83236906	20073315	11286781	10205435	441664	308866
西 藏 Tibet	10757628	1583523	598253	533798	10940	29235
陕 西 Shaanxi	77400721	15472937	9524040	8579711	260882	275752
甘 肃 Gansu	65030489	9294040	6147871	5600735	142000	159538
青 海 Qinghai	12563487	1530942	891327	826334	5151	23009
宁 夏 Ningxia	16138594	1785144	1191711	1019048	53495	57334
新 疆 Xinjiang	79002383	5885526	3879923	3264256	266412	175248

条件(一)(农村)

Primary Schools (1) (Rural)

单位:平方米

Unit: m^2

助用房 Buildings of Which 微机室 PC-room	语音室 Linguistic	行政办公用房 Administritive 计 Total	其中教师办公室 of Which: for Teachers	生活用房 Residential and Welfare	其他用房 Rooms for Other Purposes	校舍面积中 of the Floor Space 危房面积 Floor Space of Dilapidated Buildings	当年新增 New Floor Space Added in Current Year
3894282	**831628**	**41342351**	**33958603**	**66899945**	**35614724**	**22292161**	**8964770**
35837	5931	200475	116846	234836	241028	3792	23508
20752	11077	107395	83623	49251	123864	744	18400
454002	118652	2253649	1957022	1249668	1882505	464561	288111
136895	30379	2274123	1995392	1394103	1223786	423981	401364
76810	18016	751919	661725	938633	433934	289086	134470
171330	33735	951500	685611	479184	979208	181424	176300
88452	15021	697034	540203	238228	472623	497501	72345
123616	20758	913927	762080	471884	713273	925606	109910
3072	1027	16395	9705	9723	26930		50
248957	45602	1361642	975780	1979565	1475799	2379	210781
92399	24339	561049	400158	1754880	851068	13837	136041
81752	16180	1910115	1641068	2352066	1072349	2086062	339756
121524	22799	870176	649551	3304321	1194641	309355	247537
84892	23567	1271403	1000590	2854147	1083504	497823	234608
305392	67474	2220247	1800374	1727345	1648825	434418	202578
297521	55101	5878160	5150026	2780605	2352826	1754423	814852
221595	28747	1802136	1379618	6063823	2199763	1131325	256864
114488	16719	2495963	2022452	4577348	2761990	988488	315497
202934	145753	2871319	2070528	7407920	5178012	1363308	757952
61407	12482	1317207	1120682	4562616	2125050	1910364	478189
15271	4287	229728	178340	840896	204336	211943	71612
130343	18029	727780	500028	2862891	877785	449245	117672
220475	22447	1580300	1227029	6284340	1790213	1390647	729968
147490	10076	841962	683876	1489337	824973	201755	493551
46869	9054	897074	675429	6553982	1335478	3433369	1077346
7406	1828	105461	88164	763342	116467	28829	131457
161189	24606	3348735	3036761	1606216	993946	1063594	340261
92856	8214	1771594	1664112	831945	542630	1495934	347901
16376	2443	141050	114814	381551	117014	144544	82688
36661	2899	236469	209595	206483	150481	126696	56187
75719	14386	736364	557421	648816	620423	467128	297014

小学办学条

Condition of School Buildings in

	体育运动场(馆)面积(平方米) Sports Areas (m^2)	计算机(台) PC (set)	图书藏量(册) Books & Magazines in Libraries (Volume)
合　计 Total	**855877342**	**3668667**	**1479450009**
北　京 Beijing	6524450	77126	21240816
天　津 Tianjin	5322165	42992	8645411
河　北 Hebei	64687449	255937	114134462
山　西 Shanxi	25909255	106953	43807815
内蒙古 Inner Mongolia	35398410	56742	21769457
辽　宁 Liaoning	44177395	136174	40006772
吉　林 Jilin	39048721	92654	30668024
黑龙江 Heilongjiang	63511074	110611	29421891
上　海 Shanghai	2451831	67387	14854950
江　苏 Jiangsu	37644027	260392	87076837
浙　江 Zhejiang	22435900	221533	63060447
安　徽 Anhui	37873197	94664	62261705
福　建 Fujian	21733047	153287	47786672
江　西 Jiangxi	24603287	71906	37303957
山　东 Shandong	58657974	282047	76703337
河　南 Henan	50099457	155887	141528359
湖　北 Hubei	38179038	113874	62473796
湖　南 Hunan	28603160	133242	76998431
广　东 Guangdong	59760808	461313	166852720
广　西 Guangxi	24731296	67933	50702979
海　南 Hainan	10167600	20528	9664690
重　庆 Chongqing	13441927	112805	25228623
四　川 Sichuan	31337976	197663	58690511
贵　州 Guizhou	15569452	72239	28366443
云　南 Yunnan	14459185	46046	39903554
西　藏 Tibet	1864627	7780	3347825
陕　西 Shaanxi	27706019	103110	56464253
甘　肃 Gansu	21305151	64635	28161008
青　海 Qinghai	3101119	14441	4979454
宁　夏 Ningxia	5028226	21471	7851367
新　疆 Xinjiang	20544119	45295	19493443

件(二)(总计)

Primary Schools (2) (Regional Aggregates)

电子图书藏量(片) Electronic Books & Magazines in Libraries (disk)	固定资产总值(万元) Total Value of Fixed Asset (in 10,000 yuan)			
	计 Total	其中:仪器设备总值(万元) of Which: Total Value of Equip & Instru. (in 10,000 yuan)		
		计 Subtotal	专业实验设备 For Prefession	专业实习设备 For Practice
54213642	**33757532.11**	**3489877.45**	**1924933.70**	**368721.55**
399233	466242.89	56961.60	23616.16	1755.64
2251986	225605.92	30529.04	15108.61	3457.49
3878319	1735852.91	172639.55	113521.26	20783.54
716987	1347011.58	272462.42	214064.35	37357.94
388203	488132.95	53219.22	32829.67	3004.39
541416	765097.00	98437.00	45393.00	8450.00
1033405	596279.05	97434.05	38390.52	7728.69
266250	655144.89	74487.44	46866.11	7683.14
259106	513652.77	102995.88	45180.56	4480.52
4264777	2184992.45	231601.01	116454.47	17489.92
1218895	1700115.61	163999.79	85909.49	
789547	1089726.07	70885.66	39409.99	7995.03
631955	1250912.00	77047.00	60388.00	16659.00
449253	1103505.34	81864.67	42010.57	6329.16
1017945	1834786.39	178673.64	91792.25	19713.64
2228859	1967423.05	168472.66	88616.16	27803.75
676266	1169303.19	123886.12	76840.92	13653.22
1413999	1316777.62	117400.23	60920.12	10782.21
23003378	5271986.54	580993.39	306723.21	83095.39
461840	1101400.65	106493.94	61945.09	8556.09
319852	383908.33	26779.69	12242.22	9650.80
1200567	762494.12	78319.56	37010.86	8226.04
951952	1545095.47	143284.31	76970.48	15024.06
810354	566602.83	49895.55	26741.57	5538.85
674466	1079892.10	58224.59	28324.97	3810.35
19747	180692.11	8475.45	3835.68	1312.11
2101654	894168.86	99449.84	57174.94	7956.23
1526695	669653.40	69694.09	24802.28	6404.34
277939	171990.49	10196.85	4875.18	928.12
84602	138754.54	15803.98	7648.16	1886.60
354195	580330.99	69269.23	39326.85	1205.29

小学办学条

Condition of School Buildings

	体育运动场(馆)面积(平方米) Sports Areas (m^2)	计算机(台) PC (set)	图书藏量(册) Books & Magazines in Libraries (Volume)
合 计 Total	**78545188**	**1180164**	**280419856**
北 京 Beijing	1450174	43055	10977562
天 津 Tianjin	882587	16894	3170662
河 北 Hebei	4618904	48054	15462410
山 西 Shanxi	2591883	27159	8129760
内蒙古 Inner Mongolia	3051194	19831	6349495
辽 宁 Liaoning	5597519	60143	16983955
吉 林 Jilin	2147958	29272	6694272
黑龙江 Heilongjiang	4098161	35886	6822678
上 海 Shanghai	1013498	40842	8912447
江 苏 Jiangsu	5330768	78516	19287230
浙 江 Zhejiang	4291148	73539	17619677
安 徽 Anhui	3228885	41493	10185885
福 建 Fujian	1812571	39934	9174183
江 西 Jiangxi	1399051	16401	3482133
山 东 Shandong	7931336	103738	18296096
河 南 Henan	3536640	46646	15897388
湖 北 Hubei	3296657	43206	11798674
湖 南 Hunan	2286639	33850	11090758
广 东 Guangdong	8113275	191385	39760522
广 西 Guangxi	1556411	22344	5004183
海 南 Hainan	450136	5992	1458227
重 庆 Chongqing	1013042	25632	3478727
四 川 Sichuan	1871035	36311	5708468
贵 州 Guizhou	931762	13749	2572509
云 南 Yunnan	745444	14321	3944727
西 藏 Tibet	82337	1250	260539
陕 西 Shaanxi	1602680	28928	7844917
甘 肃 Gansu	1147733	14914	3637541
青 海 Qinghai	396791	5169	909839
宁 夏 Ningxia	501277	7390	1574258
新 疆 Xinjiang	1567692	14320	3930134

件(二)(城市)

in Primary Schools (2) (Urban)

电子图书藏量(片) Electronic Books & Magazines in Libraries (disk)	固定资产总值(万元) Total Value of Fixed Asset (in 10,000 yuan)			
	计 Total	其中:仪器设备总值(万元) of Which: Total Value of Equip & Instru. (in 10,000 yuan)		
		计 Subtotal	专业实验设备 For Prefession	专业实习设备 For Practice
26392095	**8274910.58**	**1185458.91**	**578537.55**	**106899.28**
317726	278497.86	29663.61	14824.83	1292.37
2093838	66464.10	13168.51	5989.36	1586.46
2607714	338428.09	40938.57	25809.92	4123.91
212534	180688.77	24903.50	16263.34	3387.36
184560	131733.27	15219.99	7678.84	882.51
405484	297743.00	46889.00	20196.00	2770.00
602033	231411.97	53485.72	12907.18	1673.21
72381	182378.45	29262.19	18883.72	1913.29
149684	289337.63	66396.14	27275.19	1686.89
1333679	686017.39	79644.08	38556.45	4159.64
506809	595163.87	61160.70	32764.86	2417.65
281978	232981.44	28013.85	16912.69	2417.65
291222	220865.00	24080.00	17353.00	6727.00
185685	157363.38	19141.79	6483.60	1218.89
356673	668557.68	73542.05	33930.25	6132.23
792818	297573.27	39112.48	24037.97	5950.46
285441	266727.52	42854.87	26142.63	2912.07
988146	331617.59	37995.38	17116.79	2946.86
11326357	1494850.99	261711.61	117979.40	34966.01
99762	147143.92	41020.95	25370.57	1403.39
191748	70834.66	11108.13	3210.02	6275.54
458897	258789.56	31055.93	12585.32	3008.27
378231	291885.73	32972.60	16769.48	2522.89
368533	62256.20	10459.89	5113.64	1248.88
301547	114292.99	15588.45	7145.91	1243.98
1446	18810.45	1755.25	1248.91	358.20
1019555	140945.30	24162.20	12134.90	1370.22
145378	82050.08	12465.29	5948.21	1247.56
169885	18818.78	3382.58	1805.72	544.38
50107	31800.72	5034.30	2365.33	587.03
212244	88880.92	9269.30	3733.52	342.13

小学办学

Condition of School Buildings in

	体育运动场(馆)面积(平方米) Sports Areas (m^2)	计算机(台) PC (set)	图书藏量(册) Books & Magazines in Libraries (Volume)
合 计 Total	**119821754**	**955371**	**309150779**
北 京 Beijing	1370706	12375	3794355
天 津 Tianjin	2416748	16563	3371055
河 北 Hebei	9084081	52269	21080312
山 西 Shanxi	2214030	16740	6108149
内蒙古 Inner Mongolia	5236054	13002	5467836
辽 宁 Liaoning	2570835	13695	3794662
吉 林 Jilin	5478420	30857	8644910
黑龙江 Heilongjiang	5398671	27064	5816906
上 海 Shanghai	1275706	24918	5545954
江 苏 Jiangsu	7336355	80661	23074264
浙 江 Zhejiang	8650519	91736	27004983
安 徽 Anhui	4209760	26382	10215226
福 建 Fujian	4092002	40140	12433980
江 西 Jiangxi	3969870	25042	8591571
山 东 Shandong	9057849	61274	15459052
河 南 Henan	4503298	37404	17331916
湖 北 Hubei	2745123	22673	8106559
湖 南 Hunan	4722138	39134	17429792
广 东 Guangdong	13679344	134247	44287096
广 西 Guangxi	3566022	27090	11677423
海 南 Hainan	1447278	7489	2650123
重 庆 Chongqing	1099180	14526	3278793
四 川 Sichuan	4600355	53162	13955416
贵 州 Guizhou	2448762	22581	6580580
云 南 Yunnan	1670027	13873	7376166
西 藏 Tibet	308842	2256	855698
陕 西 Shaanxi	1613080	17113	5555905
甘 肃 Gansu	2138370	12975	4514228
青 海 Qinghai	637820	3674	923078
宁 夏 Ningxia	682057	5049	1150663
新 疆 Xinjiang	1598452	9407	3074128

条件(二)(县镇)

Primary Schools (2) (County City & Towns)

电子图书藏量(片) Electronic Books & Magazines in Libraries (disk)	固定资产总值(万元) Total Value of Fixed Asset (in 10,000 yuan)			
	计 Total	其中:仪器设备总值(万元) of Which: Total Value of Equip & Instru. (in 10,000 yuan)		
		计 Subtotal	专业实验设备 For Prefession	专业实习设备 For Practice
12683572	**7729163.32**	**976950.18**	**618185.62**	**117141.23**
54695	87312.47	11123.62	3607.15	183.68
145202	95450.13	10727.06	6552.01	974.91
867716	345292.41	33299.52	21935.53	4125.55
130565	549921.91	204186.02	174752.21	26324.14
27566	125098.19	15843.06	11452.07	697.33
20476	84941.00	8917.00	4267.00	1366.00
325407	157668.24	22805.64	13405.22	3003.37
59402	134791.79	17352.14	10058.85	2125.28
102017	211849.81	34961.33	16861.30	2671.19
1920665	727070.41	78736.13	43736.20	6751.87
583303	701605.47	68768.09	35633.23	
169959	196057.43	14845.92	8460.43	2847.33
179031	250854.00	20488.00	16550.00	3938.00
100217	180596.40	27633.00	11975.91	2395.17
397928	362997.88	35850.29	18400.73	4168.16
490614	274979.36	26808.31	14976.91	6349.51
121696	162705.36	21002.67	12539.26	2786.69
72010	279675.97	25835.11	14353.44	3220.64
5163467	1305240.97	146818.30	92383.18	23909.39
170029	225082.05	21934.30	12133.32	3806.89
66588	88074.14	7210.30	4448.43	1659.47
112373	84438.20	11461.98	5218.06	1544.96
268346	367226.27	42336.05	23661.57	5029.90
202403	117081.23	12625.03	6861.86	1716.17
171827	159641.15	10810.60	5726.81	1016.40
2537	49819.04	2222.72	935.78	308.54
241239	136868.22	23086.15	18619.12	1589.18
464617	131527.03	8187.04	4431.36	1701.84
21767	23974.18	2242.00	1087.64	227.02
6948	31178.75	2895.23	1617.48	394.94
22962	80143.86	5937.57	1543.56	307.71

小学办学条

Condition of School Buildings in

	体育运动场(馆)面积(平方米) Sports Areas (m^2)	计算机(台) PC (set)	图书藏量(册) Books & Magazines in Libraries (Volume)
合 计 Total	**657510400**	**1533132**	**889879374**
北 京 Beijing	3703570	21696	6468899
天 津 Tianjin	2022830	9535	2103694
河 北 Hebei	50984464	155614	77591740
山 西 Shanxi	21103342	63054	29569906
内蒙古 Inner Mongolia	27111162	23909	9952126
辽 宁 Liaoning	36009041	62336	19228155
吉 林 Jilin	31422343	32525	15328842
黑龙江 Heilongjiang	54014242	47661	16782307
上 海 Shanghai	162627	1627	396549
江 苏 Jiangsu	24976904	101215	44715343
浙 江 Zhejiang	9494233	56258	18435787
安 徽 Anhui	30434552	26789	41860594
福 建 Fujian	15828474	73213	26178509
江 西 Jiangxi	19234366	30463	25230253
山 东 Shandong	41668789	117035	42948189
河 南 Henan	42059519	71837	108299055
湖 北 Hubei	32137258	47995	42568563
湖 南 Hunan	21594383	60258	48477881
广 东 Guangdong	37968189	135681	82805102
广 西 Guangxi	19608863	18499	34021373
海 南 Hainan	8270186	7047	5556340
重 庆 Chongqing	11329705	72647	18471103
四 川 Sichuan	24866586	108190	39026627
贵 州 Guizhou	12188928	35909	19213354
云 南 Yunnan	12043714	17852	28582661
西 藏 Tibet	1473448	4274	2231588
陕 西 Shaanxi	24490259	57069	43063431
甘 肃 Gansu	18019048	36746	20009239
青 海 Qinghai	2066508	5598	3146537
宁 夏 Ningxia	3844892	9032	5126446
新 疆 Xinjiang	17377975	21568	12489181

件(二)(农村)
Primary Schools (2) (Rural)

电子图书藏量(片) Electronic Books & Magazines in Libraries (disk)	固定资产总值(万元) Total Value of Fixed Asset (in 10,000 yuan)			
	计 Total	其中:仪器设备总值(万元) of Which: Total Value of Equip & Instru. (in 10,000 yuan)		
		计 Subtotal	专业实验设备 For Prefession	专业实习设备 For Practice
15137975	**17753458.21**	**1327468.36**	**728210.53**	**144681.04**
26812	100432.56	16174.37	5184.18	279.59
12946	63691.69	6633.47	2567.24	896.12
402889	1052132.41	98401.46	65775.81	12534.08
373888	616400.90	43372.90	23048.80	7646.44
176077	231301.49	22156.17	13698.76	1424.55
115456	382413.00	42631.00	20930.00	4314.00
105965	207198.84	21142.69	12078.12	3052.11
134467	337974.65	27873.11	17923.54	3644.57
7405	12465.33	1638.41	1044.07	122.44
1010433	771904.65	73220.80	34161.82	6578.41
128783	403346.27	34071.00	17511.40	
337610	660687.20	28025.89	14036.87	2730.05
161702	779193.00	32479.00	26485.00	5994.00
163351	765545.56	35089.88	23551.06	2715.10
263344	803230.83	69281.30	39461.27	9413.25
945427	1394870.42	102551.87	49601.28	15503.78
269129	739870.31	60028.58	38159.03	7954.46
353843	705484.06	53569.74	29449.89	4614.71
6513554	2471894.58	172463.48	96360.63	24219.99
192049	729174.68	43538.69	24441.20	3345.81
61516	224999.53	8461.26	4583.77	1715.79
629297	419266.36	35801.65	19207.48	3672.81
305375	885983.47	67975.66	36539.43	7471.27
239418	387265.40	26810.63	14766.07	2573.80
201092	805957.96	31825.54	15452.25	1549.97
15764	112062.62	4497.48	1650.99	645.37
840860	616355.34	52201.49	26420.92	4996.83
916700	456076.29	49041.76	14422.71	3454.94
86287	129197.53	4572.27	1981.82	156.72
27547	75775.07	7874.45	3665.35	904.63
118989	411306.21	54062.36	34049.77	555.45

工读学校

Basic Statistics of Correctional

	学校数(所) Schools	班数(个) Classes	离校人数 School leavers
合 计 Total	**77**	**420**	**3514**
北 京 Beijing	6	52	421
天 津 Tianjin	3	2	62
河 北 Hebei			
山 西 Shanxi	2	6	11
内蒙古 Inner Mongolia			
辽宁 Liaoning	10	84	513
吉 林 Jilin	4	16	108
黑龙江 Heilongjiang	1	4	7
上 海 Shanghai	13	141	1179
江 苏 Jiangsu	4	14	185
浙 江 Zhejiang	2	8	48
安 徽 Anhui	3	3	6
福 建 Fujian			
江 西 Jiangxi	1		
山 东 Shandong			
河 南 Henan	3	11	63
湖 北 Hubei	3	10	185
湖 南 Hunan	1	5	200
广 东 Guangdong	2	12	132
广 西 Guangxi	3	4	40
海 南 Hainan			
重 庆 Chongqing	6	15	109
四 川 Sichuan	4	11	57
贵 州 Guizhou	4	8	98
云 南 Yunnan	1	9	90
西 藏 Tibet			
陕 西 Shaanxi	1	5	
甘 肃 Gansu			
青 海 Qinghai			
宁 夏 Ningxia			
新 疆 Xinjiang			

基本情况
Work-study Schools

单位：人
Unit：in Person

入校人数 No. of persons Entered	在校生数 Enrolment	教职工数 Teachers, Staff & Workers 计 Total	教职工数 其中专任教师 of Which：Full-time Teachers
3543	**8372**	**2584**	**1658**
573	1189	426	228
41	41	88	25
12	35	94	67
874	1917	368	237
173	456	111	80
6	56	25	21
846	2905	624	391
160	240	118	96
70	118	54	43
10	20	87	51
		5	
63	230	62	47
30	172	64	38
73	73	37	24
156	224	73	55
20	20	40	28
117	180	98	69
91	208	68	52
138	82	53	41
90	120	47	37
	86	42	28

特殊教育基本

Basic Statistics of Special Education

	学校数(所) Schools	班数(个) Classes	毕业生数 Graduates	招生数 Entrants	在校学生数		
					合计 Total	一年级 Grade 1	二年级 Grade 2
合　计 Total	**1593**	**13821**	**43214**	**49288**	**364409**	**46462**	**47965**
北　京 Beijing	25	287	1043	635	6353	383	532
天　津 Tianjin	24	170	397	182	2608	201	234
河　北 Hebei	117	829	911	1896	11411	2132	1641
山　西 Shanxi	40	373	483	743	5021	874	758
内蒙古 Inner Mongolia	28	265	219	483	2844	474	420
辽　宁 Liaoning	74	692	971	698	8296	914	863
吉　林 Jilin	47	431	568	630	5489	552	631
黑龙江 Heilongjiang	72	720	669	778	6679	820	912
上　海 Shanghai	28	472	2286	1114	9972	438	435
江　苏 Jiangsu	109	1155	4277	3998	30688	3411	3507
浙　江 Zhejiang	62	614	1782	1465	12889	1160	1342
安　徽 Anhui	67	504	2035	2394	17957	2163	2385
福　建 Fujian	67	642	6317	4596	35198	3202	4052
江　西 Jiangxi	59	313	1551	2876	18805	3143	3260
山　东 Shandong	139	1326	1589	1955	16126	1888	1951
河　南 Henan	123	990	1401	2624	20287	3462	2759
湖　北 Hubei	77	585	1498	1038	9444	1190	1133
湖　南 Hunan	53	417	766	1200	9372	1213	1539
广　东 Guangdong	67	599	3086	3363	25752	2989	3304
广　西 Guangxi	52	379	908	1607	12769	1982	2151
海　南 Hainan	4	51	124	228	1786	363	248
重　庆 Chongqing	43	275	1702	1840	12463	1459	1449
四　川 Sichuan	83	535	2160	3916	24788	3539	3724
贵　州 Guizhou	39	304	929	2096	14676	2336	2680
云　南 Yunnan	25	235	2884	3820	19417	3042	2742
西　藏 Tibet	1	10	2	23	208	32	27
陕　西 Shaanxi	29	243	1011	900	6627	836	879
甘　肃 Gansu	14	156	684	915	8339	1212	1358
青　海 Qinghai	9	76	195	335	2307	361	377
宁　夏 Ningxia	6	58	52	93	877	129	126
新　疆 Xinjiang	10	115	714	847	4961	562	546

情况(总计)

(Regional Aggregates)

单位:人

Unit:in Person

Enrolment

三年级 Grade 3	四年级 Grade 4	五年级 Grade 5	六年级 Grade 6	七年级 Grade 7	八年级 Grade 8	九年级 Grade 9	十年级及以上 Grade 10
48647	**49193**	**49701**	**42604**	**24598**	**24449**	**23591**	**7199**
635	772	868	928	497	663	690	385
297	396	465	441	167	159	210	38
1525	1469	1492	1401	589	523	376	263
793	770	619	443	298	230	191	45
407	340	355	253	198	178	166	53
955	845	1025	1045	763	744	723	419
594	639	692	700	529	469	479	204
779	755	798	865	639	501	414	196
758	1053	1296	481	973	1299	1605	1634
3982	4159	4535	4712	1990	1880	1933	579
1559	1772	1739	1820	1020	1109	1176	192
2635	2793	2779	1394	1079	1251	1200	278
4421	4763	5125	5438	2570	2822	2623	182
3107	2684	2432	820	1195	990	1039	135
1818	1876	1844	1692	1438	1352	1205	1062
2814	2984	2867	1776	1359	1145	871	250
1120	1146	1154	1085	529	1032	990	65
1175	1154	1016	986	641	707	749	192
3615	3510	3695	3769	1690	1480	1460	240
1942	2015	2035	1644	370	302	270	58
269	241	239	179	67	92	88	0
1477	1683	1748	1728	913	997	910	99
3438	3179	3166	2527	1929	1573	1449	264
2498	2318	1980	1620	449	393	345	57
2721	2576	2587	2427	1207	1047	1042	26
24	30	44	25	10	11	5	0
882	888	830	745	517	527	523	0
1408	1304	1188	794	400	372	295	8
346	356	326	139	133	131	98	40
92	121	155	114	33	46	61	0
561	602	607	613	406	424	405	235

特殊教育基本

Basic Statistics of Special

	学校数(所) Schools	班数(个) Classes	毕业生数 Graduates	招生数 Entrants	在校学生数		
					合 计 Total	一年级 Grade 1	二年级 Grade 2
合 计 Total	**730**	**7666**	**13086**	**14122**	**107818**	**12510**	**12178**
北 京 Beijing	15	192	578	407	3467	217	242
天 津 Tianjin	16	117	248	122	1537	131	122
河 北 Hebei	38	387	449	590	4338	746	537
山 西 Shanxi	23	247	306	484	3407	494	487
内蒙古 Inner Mongolia	17	173	93	271	1636	266	250
辽 宁 Liaoning	42	401	533	442	4787	480	412
吉 林 Jilin	24	226	234	259	2233	232	279
黑龙江 Heilongjiang	22	268	230	251	2578	300	313
上 海 Shanghai	21	361	1608	768	6620	309	296
江 苏 Jiangsu	44	488	1184	943	7907	752	745
浙 江 Zhejiang	45	454	710	789	6288	701	722
安 徽 Anhui	29	291	367	528	4289	484	560
福 建 Fujian	31	310	820	688	5409	544	551
江 西 Jiangxi	15	131	169	443	2186	363	327
山 东 Shandong	84	884	951	1263	9725	1138	1036
河 南 Henan	49	451	439	698	5762	754	677
湖 北 Hubei	37	328	468	500	3696	469	482
湖 南 Hunan	19	223	244	413	3084	402	447
广 东 Guangdong	25	420	1108	1097	7967	772	783
广 西 Guangxi	16	164	195	300	2186	275	429
海 南 Hainan	2	34	29	64	502	79	75
重 庆 Chongqing	10	97	318	217	1625	142	164
四 川 Sichuan	34	236	356	764	4493	691	632
贵 州 Guizhou	14	121	90	265	1714	314	288
云 南 Yunnan	16	185	301	465	3215	442	446
西 藏 Tibet	1	10		10	123	27	15
陕 西 Shaanxi	14	154	538	351	2506	314	283
甘 肃 Gansu	10	114	171	205	1653	228	230
青 海 Qinghai	2	33	47	59	566	69	67
宁 夏 Ningxia	6	58	39	85	710	112	105
新 疆 Xinjiang	9	108	263	381	1609	263	176

情况(城市)
Education (Urban)

单位:人
Unit: in Person

Enrolment							
三年级 Grade 3	四年级 Grade 4	五年级 Grade 5	六年级 Grade 6	七年级 Grade 7	八年级 Grade 8	九年级 Grade 9	十年级及以上 Grade 10
12208	**12366**	**12740**	**11928**	**9390**	**9069**	**8946**	**6483**
301	324	395	412	319	401	476	380
153	185	222	226	135	150	180	33
486	422	507	463	356	309	249	263
493	466	398	382	270	208	164	45
213	176	186	166	126	103	100	50
476	494	520	662	418	507	446	372
218	248	248	268	191	163	200	186
299	279	289	311	250	213	185	139
440	582	701	372	635	834	1185	1266
874	819	961	1025	748	722	730	531
777	842	719	736	539	536	539	177
536	609	589	413	320	292	225	261
679	670	670	801	457	431	439	167
277	283	276	96	231	91	107	135
1038	960	982	978	912	874	819	988
616	746	718	596	535	498	382	240
420	479	477	487	298	269	258	57
378	385	290	265	250	267	223	177
968	901	942	1094	834	732	701	240
284	298	274	242	133	89	104	58
78	65	57	49	37	32	30	
163	199	275	254	88	134	108	98
533	496	586	421	364	265	249	256
241	228	194	162	69	99	62	57
393	393	420	363	273	254	205	26
14	22	34	11				
301	310	297	252	251	231	267	
230	191	191	164	157	147	107	8
74	73	76	62	46	38	23	38
66	85	124	80	33	44	61	
189	136	122	115	115	136	122	235

特殊教育基本
Basic Statistics of Special

	学校数(所) Schools	班数(个) Classes	毕业生数 Graduates	招生数 Entrants	在校学生数		
					合计 Total	一年级 Grade 1	二年级 Grade 2
合计 Total	**788**	**5574**	**12356**	**14726**	**99651**	**13143**	**13132**
北京 Beijing	10	87	208	136	1558	114	175
天津 Tianjin	8	53	145	58	974	61	95
河北 Hebei	68	392	170	793	3840	885	646
山西 Shanxi	13	99	104	153	840	252	156
内蒙古 Inner Mongolia	10	75	98	160	825	134	112
辽宁 Liaoning	30	274	396	200	2780	336	351
吉林 Jilin	23	205	178	232	2369	240	269
黑龙江 Heilongjiang	50	451	350	424	3400	459	522
上海 Shanghai	7	105	634	320	3162	125	130
江苏 Jiangsu	58	607	1232	1232	10084	1128	1185
浙江 Zhejiang	15	144	852	514	4665	307	384
安徽 Anhui	34	198	522	753	4001	447	485
福建 Fujian	34	297	1962	1732	11180	1057	1462
江西 Jiangxi	42	179	501	671	3960	586	637
山东 Shandong	54	428	429	564	4831	623	693
河南 Henan	72	525	536	1017	6427	1203	887
湖北 Hubei	37	233	743	321	3434	374	371
湖南 Hunan	29	152	195	336	2361	356	334
广东 Guangdong	37	145	878	933	6070	757	785
广西 Guangxi	36	212	213	478	3060	546	548
海南 Hainan	2	17	63	68	589	142	59
重庆 Chongqing	22	132	227	306	2043	381	316
四川 Sichuan	47	256	594	1483	7188	1203	1069
贵州 Guizhou	24	136	208	562	3160	544	513
云南 Yunnan	6	46	481	736	2963	391	348
西藏 Tibet			1	9	43	1	4
陕西 Shaanxi	11	63	94	142	878	142	160
甘肃 Gansu	2	25	225	236	1906	215	278
青海 Qinghai	6	31	65	118	631	111	114
宁夏 Ningxia			2		35		5
新疆 Xinjiang	1	7	50	39	394	23	39

情况(县镇)

Education (County City & Towns)

单位:人

Unit:in Person

Enrolment

三年级 Grade 3	四年级 Grade 4	五年级 Grade 5	六年级 Grade 6	七年级 Grade 7	八年级 Grade 8	九年级 Grade 9	十年级及以上 Grade 10
12420	**12451**	**12687**	**11258**	**8240**	**8216**	**7519**	**585**
169	204	220	237	122	184	128	5
128	190	217	210	31	8	30	4
584	513	381	414	160	164	93	
154	122	88	33	19	10	6	
126	95	99	74	65	62	55	3
373	253	376	277	309	209	249	47
301	302	345	341	239	172	142	18
391	393	426	380	322	259	198	50
313	457	579	109	307	427	385	330
1220	1313	1403	1442	817	764	764	48
470	598	705	756	414	472	544	15
489	477	485	325	476	442	375	
1265	1340	1251	1385	1100	1197	1108	15
567	505	493	250	287	298	337	
511	633	577	509	482	448	340	15
834	829	848	608	565	409	234	10
342	318	328	251	146	663	641	
315	295	257	297	138	144	210	15
820	697	773	788	491	485	474	
454	402	432	321	130	126	101	
65	86	75	42	21	53	46	
291	270	243	264	91	95	92	
861	830	785	688	788	529	427	8
468	456	369	384	173	143	110	
365	306	351	376	369	231	226	
3	3	1	5	10	11	5	
110	131	129	126	17	39	24	
303	336	333	255	66	62	58	
87	63	72	56	39	53	34	2
6	6	10	8				
35	28	36	47	46	57	83	

特殊教育基本

Basic Statistics of Special

	学校数(所) Schools	班数(个) Classes	毕业生数 Graduates	招生数 Entrants	在校学生数		
					合 计 Total	一年级 Grade 1	二年级 Grade 2
合 计 Total	**75**	**581**	**17772**	**20440**	**156940**	**20809**	**22655**
北 京 Beijing		8	257	92	1328	52	115
天 津 Tianjin			4	2	97	9	17
河 北 Hebei	11	50	292	513	3233	501	458
山 西 Shanxi	4	27	73	106	774	128	115
内蒙古 Inner Mongolia	1	17	28	52	383	74	58
辽 宁 Liaoning	2	17	42	56	729	98	100
吉 林 Jilin			156	139	887	80	83
黑龙江 Heilongjiang		1	89	103	701	61	77
上 海 Shanghai		6	44	26	190	4	9
江 苏 Jiangsu	7	60	1861	1823	12697	1531	1577
浙 江 Zhejiang	2	16	220	162	1936	152	236
安 徽 Anhui	4	15	1146	1113	9667	1232	1340
福 建 Fujian	2	35	3535	2176	18609	1601	2039
江 西 Jiangxi	2	3	881	1762	12659	2194	2296
山 东 Shandong	1	14	209	128	1570	127	222
河 南 Henan	2	14	426	909	8098	1505	1195
湖 北 Hubei	3	24	287	217	2314	347	280
湖 南 Hunan	5	42	327	451	3927	455	758
广 东 Guangdong	5	34	1100	1333	11715	1460	1736
广 西 Guangxi		3	500	829	7523	1161	1174
海 南 Hainan			32	96	695	142	114
重 庆 Chongqing	11	46	1157	1317	8795	936	969
四 川 Sichuan	2	43	1210	1669	13107	1645	2023
贵 州 Guizhou	1	47	631	1269	9802	1478	1879
云 南 Yunnan	3	4	2102	2619	13239	2209	1948
西 藏 Tibet			1	4	42	4	8
陕 西 Shaanxi	4	26	379	407	3243	380	436
甘 肃 Gansu	2	17	288	474	4780	769	850
青 海 Qinghai	1	12	83	158	1110	181	196
宁 夏 Ningxia			11	8	132	17	16
新 疆 Xinjiang			401	427	2958	276	331

情况(农村)

Education (Rural)

单位:人

Unit: in Person

Enrolment

三年级 Grade 3	四年级 Grade 4	五年级 Grade 5	六年级 Grade 6	七年级 Grade 7	八年级 Grade 8	九年级 Grade 9	十年级及以上 Grade 10
24019	**24376**	**24274**	**19418**	**6968**	**7164**	**7126**	**131**
165	244	253	279	56	78	86	
16	21	26	5	1	1		1
455	534	604	524	73	50	34	
146	182	133	28	9	12	21	
68	69	70	13	7	13	11	
106	98	129	106	36	28	28	
75	89	99	91	99	134	137	
89	83	83	174	67	29	31	7
5	14	16		31	38	35	38
1888	2027	2171	2245	425	394	439	
312	332	315	328	67	101	93	
1610	1707	1705	656	283	517	600	17
2477	2753	3204	3252	1013	1194	1076	
2263	1896	1663	474	677	601	595	
269	283	285	205	44	30	46	59
1364	1409	1301	572	259	238	255	
358	349	349	347	85	100	91	8
482	474	469	424	253	296	316	
1827	1912	1980	1887	365	263	285	
1204	1315	1329	1081	107	87	65	
126	90	107	88	9	7	12	
1023	1214	1230	1210	734	768	710	1
2044	1853	1795	1418	777	779	773	
1789	1634	1417	1074	207	151	173	
1963	1877	1816	1688	565	562	611	
7	5	9	9				
471	447	404	367	249	257	232	
875	777	664	375	177	163	130	
185	220	178	21	48	40	41	
20	30	21	26		2		
337	438	449	451	245	231	200	

Number of Female Students

	毕业生数 Graduates	招生数 Entrants	在校学生数			
			合 计 Total	一年级 Grade 1	二年级 Grade 2	三年级 Grade 3
合 计 Total	**15144**	**17173**	**129475**	**16459**	**16855**	**17157**
北 京 Beijing	404	213	2459	144	211	245
天 津 Tianjin	178	56	918	59	90	74
河 北 Hebei	313	752	4209	808	628	533
山 西 Shanxi	178	331	2102	389	330	345
内蒙古 Inner Mongolia	63	151	1020	161	141	150
辽 宁 Liaoning	334	271	3382	374	335	381
吉 林 Jilin	195	259	2193	198	262	235
黑龙江 Heilongjiang	261	306	2639	350	363	343
上 海 Shanghai	864	422	3901	175	166	291
江 苏 Jiangsu	1478	1381	10616	1188	1149	1336
浙 江 Zhejiang	721	535	4950	416	521	598
安 徽 Anhui	768	883	6487	789	842	933
福 建 Fujian	2319	1648	12762	1132	1306	1593
江 西 Jiangxi	458	795	5493	883	986	934
山 东 Shandong	586	721	6057	746	750	713
河 南 Henan	481	929	6600	1154	902	890
湖 北 Hubei	613	358	3600	441	442	445
湖 南 Hunan	236	391	3208	431	567	402
广 东 Guangdong	1014	1032	8054	910	999	1145
广 西 Guangxi	312	515	4015	649	651	628
海 南 Hainan	33	51	494	109	72	70
重 庆 Chongqing	466	498	4951	638	583	575
四 川 Sichuan	744	1437	8865	1217	1344	1209
贵 州 Guizhou	311	765	5260	872	1021	907
云 南 Yunnan	960	1391	7202	1135	1048	1046
西 藏 Tibet	1	12	87	16	13	8
陕 西 Shaanxi	233	245	2071	272	301	267
甘 肃 Gansu	240	284	2725	379	425	460
青 海 Qinghai	62	127	779	131	125	129
宁 夏 Ningxia	24	50	358	56	58	40
新 疆 Xinjiang	294	364	2018	237	224	232

女学生数
in Special Education

单位:人
Unit:in Person

Enrolment

四年级 Grade 4	五年级 Grade 5	六年级 Grade 6	七年级 Grade 7	八年级 Grade 8	九年级 Grade 9	十年级及以上 Grade 10
16887	**17387**	**15018**	**9059**	**9061**	**8755**	**2837**
277	314	373	200	269	272	154
147	177	152	59	51	97	12
519	541	466	228	219	151	116
322	264	186	104	81	68	13
122	124	103	76	68	58	17
356	420	430	305	305	319	157
263	264	257	228	184	206	96
293	288	336	239	186	143	98
394	517	173	386	521	625	653
1437	1556	1604	732	675	696	243
664	692	735	381	416	455	72
927	997	512	406	507	483	91
1747	1914	2030	951	1052	968	69
734	671	257	362	326	307	33
647	688	585	555	493	472	408
890	878	623	472	402	300	89
413	406	382	210	424	408	29
406	361	315	207	223	233	63
1078	1155	1108	564	503	499	93
604	616	537	119	100	82	29
64	58	58	22	22	19	
646	667	639	370	405	384	44
1081	1150	849	754	580	572	109
815	671	538	154	150	96	36
920	912	888	435	413	392	13
14	17	13	4	1	1	
296	253	253	162	138	129	
428	403	284	132	123	91	
105	121	43	47	33	31	14
41	62	48	14	19	20	
237	230	241	181	172	178	86

特殊教育学校教职工数(总计)

Number of Teachers, Staff and Workers in Special Education Schools (Regional Aggregates)

单位:人

Unit:in Person

	教职工数 Teachers, Staff & Workers					代课教师 Substitute Teachers	兼任教师 Part-time Teachers
	合计 Total	专任教师 Full-time Teachers	行政人员 Adm. Personnel	教辅人员 Teaching Auxiliary	工勤人员 Workers		
合计 Total	**42256**	**31937**	**3768**	**2285**	**4266**	**816**	**370**
北京 Beijing	1000	738	109	66	87	13	2
天津 Tianjin	700	484	108	34	74		3
河北 Hebei	2482	1909	221	120	232	30	8
山西 Shanxi	1125	887	70	59	109	136	19
内蒙古 Inner Mongolia	842	667	75	52	48	3	
辽宁 Liaoning	2565	1903	354	114	194	43	40
吉林 Jilin	1771	1233	283	130	125	21	2
黑龙江 Heilongjiang	2290	1782	200	110	198		5
上海 Shanghai	1598	1002	215	147	234	2	13
江苏 Jiangsu	3390	2548	214	182	446	45	10
浙江 Zhejiang	1531	1233	106	43	149	15	12
安徽 Anhui	1230	952	88	76	114	48	6
福建 Fujian	1527	1290	80	39	118	74	8
江西 Jiangxi	681	548	56	25	52	26	2
山东 Shandong	5236	3719	491	415	611	18	22
河南 Henan	3125	2551	217	168	189	44	29
湖北 Hubei	1679	1317	134	88	140	20	9
湖南 Hunan	1243	948	95	67	133	15	7
广东 Guangdong	1782	1360	145	69	208	127	19
广西 Guangxi	915	572	95	70	178	26	15
海南 Hainan	112	74	12	12	14	11	
重庆 Chongqing	725	556	80	31	58	13	15
四川 Sichuan	1447	1174	101	46	126	25	18
贵州 Guizhou	749	603	63	25	58	7	70
云南 Yunnan	687	518	35	17	117		3
西藏 Tibet	23	19	2		2		
陕西 Shaanxi	676	519	59	14	84	44	25
甘肃 Gansu	438	303	25	41	69	1	4
青海 Qinghai	153	126	7	5	15	1	
宁夏 Ningxia	167	140	8	3	16	2	1
新疆 Xinjiang	367	262	20	17	68	6	3

特殊教育学校女教职工数

Number of Female Teachers, Staff and Workers in Special Education Schools

单位:人

Unit:in Person

	教职工数 Teachers, Staff & Workers					代课教师 Substitute Teachers	兼任教师 Part-time Teachers
	合　计 Total	专任教师 Full-time Teachers	行政人员 Adm. Personnel	教辅人员 Teaching Auxiliary	工勤人员 Workers		
合　计 Total	**28323**	**23076**	**1787**	**1448**	**2012**	**542**	**189**
北　京 Beijing	768	602	74	54	38	7	
天　津 Tianjin	495	377	60	27	31		
河　北 Hebei	1857	1545	108	88	116	29	5
山　西 Shanxi	813	685	36	39	53	95	12
内蒙古 Inner Mongolia	558	475	32	32	19	2	
辽　宁 Liaoning	1867	1500	220	78	69	29	29
吉　林 Jilin	1222	945	161	82	34	13	2
黑龙江 Heilongjiang	1470	1251	108	57	54		3
上　海 Shanghai	1176	810	148	105	113	2	10
江　苏 Jiangsu	2084	1703	78	95	208	37	8
浙　江 Zhejiang	1097	920	43	34	100	12	6
安　徽 Anhui	760	629	25	46	60	32	
福　建 Fujian	1127	978	35	30	84	28	4
江　西 Jiangxi	481	411	25	14	31	17	
山　东 Shandong	2969	2378	153	235	203	8	7
河　南 Henan	2172	1898	96	99	79	25	14
湖　北 Hubei	1014	863	40	52	59	16	7
湖　南 Hunan	787	652	26	37	72	8	5
广　东 Guangdong	1250	986	85	53	126	93	9
广　西 Guangxi	697	462	55	58	122	21	4
海　南 Hainan	69	44	7	10	8	10	
重　庆 Chongqing	499	426	33	14	26	11	7
四　川 Sichuan	897	770	45	27	55	9	16
贵　州 Guizhou	547	451	35	19	42	7	24
云　南 Yunnan	461	357	15	14	75		3
西　藏 Tibet	14	12	1		1		
陕　西 Shaanxi	441	372	22	6	41	24	8
甘　肃 Gansu	264	188	10	26	40		2
青　海 Qinghai	96	81	2	4	9	1	
宁　夏 Ningxia	112	105		2	5	2	1
新　疆 Xinjiang	259	200	9	11	39	4	3

特殊教育学校专任教师
Full-time Teachers in Special Education

	合　计 Total	其中女 of Which: Female	按学历分 Brokendown by Educational			
			研究生毕业 Graduate	本科毕业 Under-graduate	专科毕业 Associate Bachelor	高中阶段毕业 High School Graduate
合　计 Total	**31937**	**23076**	**60**	**6621**	**17041**	**7985**
北　京 Beijing	738	602	6	266	329	132
天　津 Tianjin	484	377	2	94	256	119
河　北 Hebei	1909	1545	11	437	1107	353
山　西 Shanxi	887	685		172	458	256
内蒙古 Inner Mongolia	667	475		164	304	195
辽　宁 Liaoning	1903	1500	3	435	1146	308
吉　林 Jilin	1233	945	8	412	542	268
黑龙江 Heilongjiang	1782	1251	2	320	992	457
上　海 Shanghai	1002	810	3	316	451	229
江　苏 Jiangsu	2548	1703	1	396	1399	738
浙　江 Zhejiang	1233	920		202	682	332
安　徽 Anhui	952	629	2	154	496	294
福　建 Fujian	1290	978	1	84	679	515
江　西 Jiangxi	548	411		74	285	189
山　东 Shandong	3719	2378	3	1074	1889	744
河　南 Henan	2551	1898		451	1380	707
湖　北 Hubei	1317	863	3	288	651	358
湖　南 Hunan	948	652		155	547	244
广　东 Guangdong	1360	986	3	346	725	258
广　西 Guangxi	572	462		39	347	183
海　南 Hainan	74	44		17	43	14
重　庆 Chongqing	556	426	1	76	343	135
四　川 Sichuan	1174	770	3	192	663	306
贵　州 Guizhou	603	451	1	52	317	219
云　南 Yunnan	518	357		128	289	95
西　藏 Tibet	19	12		4	10	5
陕　西 Shaanxi	519	372	1	95	280	139
甘　肃 Gansu	303	188		37	163	89
青　海 Qinghai	126	81	2	26	75	20
宁　夏 Ningxia	140	105		39	70	31
新　疆 Xinjiang	262	200	4	76	123	53

学历、职称情况

Schools Broken Down by Rank and Age

单位:人
Unit: in Person

Attainment	按职称分 Brokendown by Rank					
高中阶段毕业以下 Below High School Graduate	中学高级 Senior Secondary	小学高级 Senior Primary	小学一级 1st Grade Primary	小学二级 2nd Grade Primary	小学三级 3rd Grade Primary	未评职称 Rank Undecided
230	**972**	**14749**	**11819**	**2411**	**119**	**1867**
5	17	350	289	16		66
13	19	308	134	3		20
1	33	835	770	159	4	108
1	10	390	350	66		71
4	13	271	227	82	6	68
11	86	1218	462	78	1	58
3	39	672	428	69	2	23
11	93	926	562	122	5	74
3	6	529	397	11		59
14	63	1289	871	162	8	155
17	36	557	387	101	7	145
6	32	409	368	98	3	42
11	5	501	554	181	5	44
	29	200	186	67	4	62
9	207	1621	1524	237	7	123
13	103	1006	1058	213	11	160
17	45	668	459	96	3	46
2	27	459	363	47	10	42
28	7	493	501	140	36	183
3	7	235	200	80	1	49
	2	27	29	12		4
1	1	238	275	22		20
10	15	555	493	51		60
14	13	197	271	87	3	32
6	14	249	166	60		29
		2	11	3		3
4	11	188	195	65	3	57
14	3	130	121	37		12
3	14	60	43	7		2
	3	63	49	11		14
6	19	103	76	28		36

特殊教育学

Condition of School Buildings in

	学校占地面积 Areas Occupied	校舍建筑面积 Floor Space	教学及辅助用房 Teaching & Assistant Buildings					
			计 Total	其中 of Which				
				普通教室 classroom	实验室 Laboratory	图书室 Library	微机室 PC-room	专用教室
合　计 Total	**10512666**	**3997217**	**1729395**	**1067484**	**70015**	**64223**	**50184**	**283938**
北　京 Beijing	173763	92074	43389	23668	1276	1738	1543	6849
天　津 Tianjin	102545	49997	25402	15298	308	805	833	2507
河　北 Hebei	675955	199766	95265	56234	3380	3718	3040	18253
山　西 Shanxi	235985	107718	34237	19063	579	946	643	3739
内蒙古 Inner Mongolia	228175	63872	27714	20553	810	774	739	3871
辽　宁 Liaoning	611653	185891	86226	41710	3879	3666	2788	19974
吉　林 Jilin	492199	131521	67953	44373	2081	2098	1678	4891
黑龙江 Heilongjiang	577411	144537	72131	38569	3967	3680	2831	14186
上　海 Shanghai	208100	131316	56768	26429	1855	3051	2173	21666
江　苏 Jiangsu	787900	339182	133897	77734	4449	5155	4016	29712
浙　江 Zhejiang	390026	181718	80367	43295	3066	2955	2960	12313
安　徽 Anhui	460543	142418	68581	41833	2291	2971	2378	16280
福　建 Fujian	318277	161386	73132	58013	1746	1716	1687	9970
江　西 Jiangxi	124740	75263	39157	27521	1616	1316	903	4308
山　东 Shandong	1437655	453771	179914	100000	12175	7455	4811	27919
河　南 Henan	656493	218364	91230	66873	2727	3571	2039	11874
湖　北 Hubei	507915	209193	77601	56716	2653	3200	2327	8000
湖　南 Hunan	527332	162250	58466	42663	1572	1856	912	8137
广　东 Guangdong	479406	261677	121473	60797	10263	4599	3612	20507
广　西 Guangxi	140623	84899	41390	29188	1229	1440	916	5588
海　南 Hainan	56594	12614	3656	2260	50	182	160	350
重　庆 Chongqing	140785	77681	35999	22220	869	764	1059	5961
四　川 Sichuan	261006	150233	71605	48650	1994	1790	2212	7759
贵　州 Guizhou	123047	64520	28298	21877	836	1002	956	2431
云　南 Yunnan	207306	103396	35627	23788	1375	1284	755	8425
西　藏 Tibet	19904	3218	850	512		64	64	
陕　西 Shaanxi	173118	67433	33729	24387	1594	865	793	2967
甘　肃 Gansu	120025	34533	12997	9646	571	650	604	972
青　海 Qinghai	82908	19578	8449	6684	161	202	54	1346
宁　夏 Ningxia	71385	21377	7835	5181	351	354	332	531
新　疆 Xinjiang	119892	45821	16057	11749	292	356	366	2652

校办学条件

Special Education Schools

单位：平方米

Unit：m^2

行政办公用房 Administritive		生活用房 Residential and Welfare	其他用房 Rooms for Other Purposes	校舍面积中 of the Floor Space		图书(册) Books & Magazines in Libraries (Volume)	教学用录像录音带(盘) Tapes for Teaching
计 Total	其中教师办公室 of Which: for Teachers			危房面积 Floor Space of Dilapidated Buildings	当年新增 New Floor Space Added in Current Year		
470266	**281822**	**1161965**	**635591**	**92212**	**95087**	**6078318**	**74335**
9651	4777	21567	17467			107442	3697
10339	4936	6171	8085		1705	61174	1247
27452	17249	43752	33297	3062	2718	111217	1908
16491	8331	44103	12887	4401	360	61623	1923
8803	6556	21574	5781	5586	3964	22286	225
24614	13819	31323	43728	3373	871	189341	2336
16153	11087	27129	20286	12695	42	70791	505
29770	16229	29698	12938	6529	3572	67808	1069
16540	9010	21620	36388		280	184563	4735
37522	20457	109692	58071	2800	10939	347269	9393
18744	11326	61352	21255		482	144275	4145
14298	9491	43923	15616	5372	353	120015	1822
18944	9509	52660	16650	446	14273	88625	1305
6585	4184	22993	6528	168	1077	22431	2189
59309	32797	148334	66214	6588	2470	382035	8760
32820	23832	62662	31652	6065	13488	131104	3782
18248	12056	69291	44053	10542	1773	116545	1110
16755	8575	53673	33356	3259	881	3117251	2104
20357	12921	61995	57852	1680	4732	392935	10408
5552	4209	22073	15884	2935	406	40938	1741
655	415	5538	2765			6450	170
6996	4348	26740	7946	4306		26553	468
10821	7098	52323	15484	4156	6808	48495	1594
8684	6846	18390	9148	1214	3979	38388	788
7770	4350	41792	18207	4150	11439	52187	1903
148	127	2070	150			712	27
11191	7271	16105	6408	1400	96	54439	4176
5975	3458	8782	6779	55	720	29830	514
1978	1624	8154	997	626		11838	60
2908	2429	7307	3327	644	16	16894	111
4193	2505	19179	6392	160	7643	12864	120

幼儿园基本
Basic Statistics of Kindergartens

	园数(所) Kindergartens		班数(个) Classes	
	计 Total	其中少数民族幼儿园 of Which: Minorities	计 Total	其中学前班 of Which: Pre-School
合　计 Total	**124402**	**571**	**774859**	**303243**
北　京 Beijing	1358	9	8148	1250
天　津 Tianjin	1657	4	6761	672
河　北 Hebei	4034	14	43458	24176
山　西 Shanxi	4619	1	27289	9447
内蒙古 Inner Mongolia	1201	89	11801	6859
辽　宁 Liaoning	7069	106	30253	10094
吉　林 Jilin	2932	59	14191	4983
黑龙江 Heilongjiang	4156	8	17328	7510
上　海 Shanghai	1052	2	9519	
江　苏 Jiangsu	6467	1	43185	7671
浙　江 Zhejiang	11472	2	47153	770
安　徽 Anhui	2715	2	24939	12942
福　建 Fujian	7541	18	29572	6236
江　西 Jiangxi	4851		24336	9729
山　东 Shandong	15718	17	60636	13855
河　南 Henan	4142	19	49741	29272
湖　北 Hubei	2336	3	20119	9125
湖　南 Hunan	4359	84	30987	18107
广　东 Guangdong	10359	2	71702	23714
广　西 Guangxi	3152	3	32326	20326
海　南 Hainan	721	9	4778	2023
重　庆 Chongqing	3287	2	18144	7668
四　川 Sichuan	8875	35	50381	20658
贵　州 Guizhou	1587	11	18371	12280
云　南 Yunnan	2247	6	26468	15539
西　藏 Tibet	42	1	282	93
陕　西 Shaanxi	2433	2	22061	13238
甘　肃 Gansu	2451	6	14723	6746
青　海 Qinghai	284	14	3205	2092
宁　夏 Ningxia	208	9	3381	2084
新　疆 Xinjiang	1077	33	9621	4084

情况(总计)
(Regional Aggregates)

入园(班)人数(人) Enrolment		在园(班)人数(人) Retained		离园(班)人数(人) Leavers	
计 Total	其中学前班 of Which: Pre-School	计 Total	其中学前班 of Which: Pre-School	计 Total	其中学前班 of Which: Pre-School
13562405	**7136572**	**21790290**	**8554212**	**10253729**	**6535740**
83485	23085	202301	31822	71926	20986
88540	20115	204722	22349	79172	15398
776107	465558	1219654	646441	465623	351331
349812	132980	641470	189090	315601	152653
204839	137172	287674	156158	178548	145727
344990	166672	685587	245692	299493	203015
215977	88645	295862	106817	145683	84980
257770	134580	377242	167413	308513	269445
98227		288956		91900	
602697	107138	1385788	247675	556134	229369
500772	22945	1322245	26278	466346	19095
500170	296634	723841	344691	402446	268787
404515	88487	826654	136772	331985	108863
526960	278441	716760	317629	239218	148293
897663	306595	1655334	412410	714340	356420
1179673	836371	1535010	924196	789121	653865
396082	224441	594481	266668	240146	164190
687422	430734	821685	472151	355714	297311
1195189	625081	2139186	735436	1082389	647771
708557	536605	887810	573630	490387	425715
76462	43553	120178	53246	51222	38183
364025	187819	536266	239052	262306	188653
995470	501278	1526827	643413	847192	582955
583944	469463	691428	490771	372637	313680
603512	430099	772725	430099	437026	348174
4531	2068	9596	4097	2931	2452
347008	224806	493604	269359	261693	223662
233628	136939	349407	150811	176205	105019
68402	47802	82558	52126	49396	44177
75848	56238	102042	64236	54477	44084
190128	114228	293397	133684	113959	81487

幼儿园基本

Basic Statistics of

	园数(所) Kindergartens		班数(个) Classes	
	计 Total	其中少数民族幼儿园 of Which: Minorities	计 Total	其中学前班 of Which: Pre-School
合　计 Total	**33299**	**109**	**197797**	**28728**
北　京 Beijing	517	4	4538	388
天　津 Tianjin	338	3	2374	366
河　北 Hebei	908	6	6792	1386
山　西 Shanxi	741	1	5288	570
内蒙古 Inner Mongolia	488	20	3160	856
辽　宁 Liaoning	3161	18	13465	1967
吉　林 Jilin	1053	3	4303	914
黑龙江 Heilongjiang	1483	4	5934	1403
上　海 Shanghai	653	2	5475	
江　苏 Jiangsu	1740		11723	1611
浙　江 Zhejiang	2436		13654	82
安　徽 Anhui	844	1	5808	1112
福　建 Fujian	1484		7596	267
江　西 Jiangxi	802		4356	544
山　东 Shandong	3202	5	17890	1577
河　南 Henan	1286	8	9559	1381
湖　北 Hubei	1050		7092	1209
湖　南 Hunan	1234	1	6427	1550
广　东 Guangdong	3694		22507	2350
广　西 Guangxi	659		4902	1454
海　南 Hainan	274		1620	342
重　庆 Chongqing	799		4130	1128
四　川 Sichuan	1451		8680	2070
贵　州 Guizhou	512		3336	794
云　南 Yunnan	492	2	3718	562
西　藏 Tibet	27		189	53
陕　西 Shaanxi	717	2	4852	1188
甘　肃 Gansu	458	6	3001	402
青　海 Qinghai	154	4	862	268
宁　夏 Ningxia	96	2	832	159
新　疆 Xinjiang	546	17	3734	775

情况(城市)

Kindergartens (Urban)

入园(班)人数(人) Enrolment		在园(班)人数(人) Retained		离园(班)人数(人) Leavers	
计 Total	其中学前班 of Which: Pre-School	计 Total	其中学前班 of Which: Pre-School	计 Total	其中学前班 of Which: Pre-School
2617720	**704959**	**5691834**	**1012656**	**2059832**	**810428**
44111	8818	117888	11152	38649	7413
28953	12314	67861	12470	23882	8293
105074	38113	220090	52664	71109	30105
76295	13637	152194	20936	58730	15532
56661	28797	98911	34341	48856	31820
102294	23985	289486	51112	95365	49296
57841	17324	87911	24426	36566	18734
73942	21908	134344	35868	74250	59327
49053		156243		49569	
146731	16025	368516	55598	126858	48000
132081	3001	383424	3264	123579	2224
96677	29556	186199	38434	78801	32222
88042	4075	216241	8092	68993	3481
63029	13120	125392	19168	37182	10780
233620	39770	520115	59618	186412	63987
141593	38757	290909	52940	95528	34119
107028	34809	217927	44642	76668	29223
128542	45975	184066	53719	68664	41249
223336	38322	632788	77751	232448	66220
79070	45716	146955	53489	53742	36760
16524	4366	35527	8796	12024	5902
68895	29634	112389	37142	40249	23493
143161	56121	274278	81586	112346	60521
74089	34949	118399	38349	47340	27416
64118	22733	128043	22733	44165	20226
2767	1148	6741	2832	2284	2004
76073	26604	152762	43280	55968	36284
46064	13702	94805	17966	35360	10942
18848	7692	25894	9661	6687	5143
14623	6537	27034	7489	10864	5644
58585	27451	118502	33138	46694	24068

幼儿园基本

Basic Statistics of Kindergartens

	园数(所) Kindergartens		班数(个) Classes	
	计 Total	其中少数民族幼儿园 of Which: Minorities	计 Total	其中学前班 of Which: Pre-School
合　计 Total	**30882**	**266**	**182472**	**45990**
北　京 Beijing	491	3	1991	333
天　津 Tianjin	872	1	3140	264
河　北 Hebei	1207	2	7869	3494
山　西 Shanxi	723		4277	830
内蒙古 Inner Mongolia	529	53	3274	1391
辽　宁 Liaoning	1690	12	4656	1117
吉　林 Jilin	1326	43	5460	1472
黑龙江 Heilongjiang	1634	3	4775	1514
上　海 Shanghai	393		3824	
江　苏 Jiangsu	1453		11461	1905
浙　江 Zhejiang	3428		17978	277
安　徽 Anhui	987	1	5140	1374
福　建 Fujian	1658	1	7713	865
江　西 Jiangxi	1642		8142	1938
山　东 Shandong	2019	3	10161	2325
河　南 Henan	1228	6	8400	3023
湖　北 Hubei	804	1	3801	1324
湖　南 Hunan	1471	68	8713	3787
广　东 Guangdong	2903	1	17420	4554
广　西 Guangxi	1409	1	8392	2786
海　南 Hainan	291	9	1443	453
重　庆 Chongqing	619	1	3247	926
四　川 Sichuan	2058	25	11478	3432
贵　州 Guizhou	766	5	4458	1971
云　南 Yunnan	891	1	5955	1425
西　藏 Tibet	12	1	74	24
陕　西 Shaanxi	577		3310	1153
甘　肃 Gansu	480		2489	696
青　海 Qinghai	93	8	653	269
宁　夏 Ningxia	97	5	747	315
新　疆 Xinjiang	321	12	2031	753

情况(县镇)
(County City & Towns)

入园(班)人数(人) Enrolment		在园(班)人数(人) Retained		离园(班)人数(人) Leavers	
计 Total	其中学前班 of Which: Pre-School	计 Total	其中学前班 of Which: Pre-School	计 Total	其中学前班 of Which: Pre-School
3432106	**1343120**	**5929221**	**1733026**	**2508707**	**1360067**
22257	5928	52895	10116	19188	6731
45358	6642	103112	8570	41992	6316
156932	79383	254496	114746	95975	66877
71092	17908	143263	28085	59387	22712
66353	37295	94933	44174	55851	43810
56904	23498	113997	34016	46812	30161
90545	33214	130213	40321	62216	34311
82249	38640	117464	46941	89407	74311
46496		127359		40445	
171258	21871	417790	74793	159749	74525
199369	10130	537639	11325	189899	8364
107511	34777	176549	47115	84728	36590
111556	12043	245755	25959	90342	21970
173462	62223	252212	76094	72748	35497
184669	62677	327024	86278	138309	68693
205313	100132	308813	125896	123349	82293
87621	39165	138455	54455	50421	34881
215462	106563	265143	121616	102633	78709
316132	141808	569858	177312	265634	151551
186230	100547	268898	113592	120908	85561
27507	13480	45662	16967	17300	12067
67658	28381	115050	38617	47353	29256
256173	111019	422141	152806	208528	141903
152497	99321	194677	104933	97323	69035
128514	55613	205722	55613	88111	45816
1424	610	2515	955	600	401
67269	33417	97865	42718	50019	41454
51021	21535	82059	25040	35340	16032
16670	9440	22615	10957	13331	10215
19374	11261	27599	13550	15267	10693
47230	24599	67448	29466	25542	19332

幼儿园基本

Basic Statistics of

	园数(所) Kindergartens		班数(个) Classes	
	计 Total	其中少数民族幼儿园 of Which: Minorities	计 Total	其中学前班 of Which: Pre-School
合　计 Total	**60221**	**199**	**394590**	**228525**
北　京 Beijing	526	2	1619	529
天　津 Tianjin	463	0	1247	42
河　北 Hebei	2083	6	28797	19296
山　西 Shanxi	3345	0	17724	8047
内蒙古 Inner Mongolia	224	16	5367	4612
辽　宁 Liaoning	2564	79	12132	7010
吉　林 Jilin	618	13	4428	2597
黑龙江 Heilongjiang	1156	1	6619	4593
上　海 Shanghai	28	0	220	
江　苏 Jiangsu	3410	1	20001	4155
浙　江 Zhejiang	5716	2	15521	411
安　徽 Anhui	985	0	13991	10456
福　建 Fujian	4498	17	14263	5104
江　西 Jiangxi	2434	0	11838	7247
山　东 Shandong	10775	9	32585	9953
河　南 Henan	1856	5	31782	24868
湖　北 Hubei	674	2	9226	6592
湖　南 Hunan	1695	15	15847	12770
广　东 Guangdong	3881	1	31775	16810
广　西 Guangxi	1134	2	19032	16086
海　南 Hainan	164	0	1715	1228
重　庆 Chongqing	1957	1	10767	5614
四　川 Sichuan	5505	10	30223	15156
贵　州 Guizhou	364	6	10577	9515
云　南 Yunnan	869	3	16795	13552
西　藏 Tibet	0	0	19	16
陕　西 Shaanxi	1324	0	13899	10897
甘　肃 Gansu	1598	0	9233	5648
青　海 Qinghai	37	2	1690	1555
宁　夏 Ningxia	24	2	1802	1610
新　疆 Xinjiang	314	4	3856	2556

情况(农村)
Kindergartens (Rural)

入园(班)人数(人) Enrolment		在园(班)人数(人) Retained		离园(班)人数(人) Leavers	
计 Total	其中学前班 of Which: Pre-School	计 Total	其中学前班 of Which: Pre-School	计 Total	其中学前班 of Which: Pre-School
7512579	**5088493**	**10169235**	**5808530**	**5685190**	**4365245**
17117	8339	31518	10554	14089	6842
14229	1159	33749	1309	13298	789
514101	348062	745068	479031	298539	254349
202425	101435	346013	140069	197484	114409
81825	71080	93830	77643	73841	70097
185792	119189	282104	160564	157316	123558
67591	38107	77738	42070	46901	31935
101579	74032	125434	84604	144856	135807
2678		5354		1886	
284708	69242	599482	117284	269527	106844
169322	9814	401182	11689	152868	8507
295982	232301	361093	259142	238917	199975
204917	72369	364658	102721	172650	83412
290469	203098	339156	222367	129288	102016
479374	204148	808195	266514	389619	223740
832767	697482	935288	745360	570244	537453
201433	150467	238099	167571	113057	100086
343418	278196	372476	296816	184417	177353
655721	444951	936540	480373	584307	430000
443257	390342	471957	406549	315737	303394
32431	25707	38989	27483	21898	20214
227472	129804	308827	163293	174704	135904
596136	334138	830408	409021	526318	380531
357358	335193	378352	347489	227974	217229
410880	351753	438960	351753	304750	282132
340	310	340	310	47	47
203666	164785	242977	183361	155706	145924
136543	101702	172543	107805	105505	78045
32884	30670	34049	31508	29378	28819
41851	38440	47409	43197	28346	27747
84313	62178	107447	71080	41723	38087

幼儿教育中女儿童数
Number of Female Children in Kindergartens

	入园(班)人数(人) Enrolment		在园(班)人数(人) Retained		离园(班)人数(人) Leavers	
	计 Total	其中学前班 of Which: Pre-School	计 Total	其中学前班 of Which: Pre-School	计 Total	其中学前班 of Which: Pre-School
合　计 Total	**6064550**	**3195657**	**9825476**	**3835378**	**4610292**	**2936586**
北　京 Beijing	38062	10330	93994	14339	32308	9459
天　津 Tianjin	40363	8995	91419	10138	36192	6864
河　北 Hebei	346815	208371	547464	290599	209629	159013
山　西 Shanxi	157761	59288	292975	84514	143992	69413
内蒙古 Inner Mongolia	94765	63740	134706	72652	82514	67094
辽　宁 Liaoning	151738	73502	302186	108769	134310	90044
吉　林 Jilin	95260	39917	128977	47721	64038	36530
黑龙江 Heilongjiang	118835	63512	169441	78064	145131	126799
上　海 Shanghai	46422		137708		42966	
江　苏 Jiangsu	264574	45005	626291	109665	248902	101984
浙　江 Zhejiang	231167	10138	615945	11738	209201	8407
安　徽 Anhui	219078	128708	318286	149436	176400	117090
福　建 Fujian	179115	39311	369115	59862	144880	47320
江　西 Jiangxi	221553	118078	303999	134783	100530	62756
山　东 Shandong	403152	136528	757949	185092	323608	159325
河　南 Henan	526366	376470	687004	416168	355356	295662
湖　北 Hubei	172571	96746	263752	115237	105509	71579
湖　南 Hunan	303224	190999	364565	209699	157350	131819
广　东 Guangdong	533891	283024	957828	331545	488965	292879
广　西 Guangxi	313705	240404	394269	256715	219172	191267
海　南 Hainan	31207	17940	49045	21971	20888	15284
重　庆 Chongqing	162849	82416	243671	106133	117557	83991
四　川 Sichuan	449627	224862	697748	290762	383722	262234
贵　州 Guizhou	266662	214379	316636	224689	170941	144293
云　南 Yunnan	279658	198274	356887	198274	199854	159293
西　藏 Tibet	2137	1020	4490	1951	1393	1170
陕　西 Shaanxi	152841	99192	219721	119437	115393	98591
甘　肃 Gansu	105811	62639	157501	68544	78838	47578
青　海 Qinghai	32190	22317	38633	24415	22840	20557
宁　夏 Ningxia	34761	26049	46553	29817	25100	20469
新　疆 Xinjiang	88390	53503	136718	62649	52813	37822

幼儿园教职工数(总计)

Number of Teachers, Staff & Workers in Kindergarten (Regional Aggregates)

单位:人

Unit: in Person

	教职工数 Teachers, Staff & Workers					代课教师 Substitute Teachers	兼任教师 Part-time Teachers
	合计 Total	园长 Kindergarten Heads	专任教师 Full-time Teachers	保健员 Health Nurses	其他 Other		
合计 Total	**1152046**	**114511**	**721609**	**81396**	**234530**	**74222**	**13221**
北京 Beijing	28026	1513	14813	1337	10363	763	193
天津 Tianjin	15686	1215	10020	533	3918	458	82
河北 Hebei	42225	3844	28381	2974	7026	2992	562
山西 Shanxi	32666	2946	21711	1751	6258	6068	547
内蒙古 Inner Mongolia	16907	1404	10686	1027	3790	747	346
辽宁 Liaoning	48558	6877	28594	3141	9946	1120	481
吉林 Jilin	21930	2947	13645	1797	3541	892	212
黑龙江 Heilongjiang	25668	4348	14534	2317	4469	534	239
上海 Shanghai	28254	1493	17211	1368	8182	1127	234
江苏 Jiangsu	72884	6868	51584	3738	10694	11113	982
浙江 Zhejiang	98629	8823	62679	5136	21991		1306
安徽 Anhui	23653	2952	16516	1567	2618	2429	574
福建 Fujian	46454	4028	31228	2146	9052	6527	376
江西 Jiangxi	32367	4586	20742	2795	4244	907	409
山东 Shandong	98920	11121	70034	4439	13326	9113	677
河南 Henan	57347	4833	36380	5273	10861	3714	723
湖北 Hubei	33094	3008	20018	2918	7150	1805	303
湖南 Hunan	37864	4639	19727	6337	7161	1026	533
广东 Guangdong	158971	12923	91789	11292	42967	5713	877
广西 Guangxi	28494	3387	16572	2549	5986	2176	266
海南 Hainan	8672	926	4845	1066	1835	81	88
重庆 Chongqing	21157	2516	13220	1843	3578	1719	325
四川 Sichuan	59447	7196	36654	5823	9774	3437	860
贵州 Guizhou	16694	1646	10025	1576	3447	1133	228
云南 Yunnan	28284	2386	17987	2112	5799	1280	162
西藏 Tibet	672	72	378	84	138	11	13
陕西 Shaanxi	26184	2475	16302	1772	5635	3091	887
甘肃 Gansu	15502	1588	10221	799	2894	2603	467
青海 Qinghai	3978	346	2211	286	1135	132	10
宁夏 Ningxia	4236	278	2717	299	942	480	101
新疆 Xinjiang	18623	1327	10185	1301	5810	1031	158

幼儿园教职工数(城市)

Number of Teachers, Staff & Workers in Kindergarten(Urban)

单位:人

Unit: in Person

	教职工数 Teachers, Staff & Workers					代课教师 Substitute Teachers	兼任教师 Part-time Teachers
	合计 Total	园长 Kindergarten Heads	专任教师 Full-time Teachers	保健员 Health Nurses	其他 Other		
合 计 Total	**556975**	**45331**	**322052**	**40046**	**149546**	**20759**	**5765**
北 京 Beijing	19657	926	9935	922	7874	346	152
天 津 Tianjin	8738	578	4754	285	3121	78	28
河 北 Hebei	20188	1367	12291	1475	5055	862	161
山 西 Shanxi	15516	1018	9158	964	4376	1604	389
内蒙古 Inner Mongolia	9254	674	5390	581	2609	439	155
辽 宁 Liaoning	32493	4039	17903	2263	8288	609	362
吉 林 Jilin	10372	1190	5854	1123	2205	444	143
黑龙江 Heilongjiang	13788	1838	7494	1229	3227	393	139
上 海 Shanghai	17576	913	10118	903	5642	496	119
江 苏 Jiangsu	29461	2470	19018	1701	6272	1792	342
浙 江 Zhejiang	37265	2704	22405	1895	10261		264
安 徽 Anhui	12414	1214	8336	833	2031	1230	142
福 建 Fujian	19888	1655	11715	1005	5513	1280	174
江 西 Jiangxi	10703	1184	6430	1045	2044	185	108
山 东 Shandong	46935	4207	30188	2846	9694	1771	326
河 南 Henan	28461	1932	16786	2434	7309	1606	255
湖 北 Hubei	20982	1712	12096	1573	5601	829	165
湖 南 Hunan	18340	1671	8851	3167	4651	213	314
广 东 Guangdong	78712	5409	43398	5411	24494	2101	413
广 西 Guangxi	11366	966	6307	794	3299	322	82
海 南 Hainan	4242	389	2322	518	1013	38	45
重 庆 Chongqing	9299	960	5153	803	2383	120	95
四 川 Sichuan	22587	2006	12574	2147	5860	574	283
贵 州 Guizhou	8385	702	4474	872	2337	363	111
云 南 Yunnan	11012	757	6721	834	2700	159	43
西 藏 Tibet	511	58	269	69	115	3	13
陕 西 Shaanxi	13970	1016	8144	766	4044	1457	551
甘 肃 Gansu	8559	652	5129	469	2309	558	273
青 海 Qinghai	2547	206	1350	200	791	60	9
宁 夏 Ningxia	2442	158	1434	188	662	299	37
新 疆 Xinjiang	11312	760	6055	731	3766	528	72

幼儿园教职工数(县镇)

Number of Teachers, Staff & Workers in Kindergarten (County City & Towns)

单位:人

Unit:in Person

	教职工数 Teachers, Staff & Workers					代课教师 Substitute Teachers	兼任教师 Part-time Teachers
	合计 Total	园长 Kindergarten Heads	专任教师 Full-time Teachers	保健员 Health Nurses	其他 Other		
合计 Total	**345254**	**33457**	**230074**	**25748**	**55975**	**24314**	**4131**
北京 Beijing	5944	367	3486	311	1780	290	30
天津 Tianjin	5585	487	4098	219	781	314	49
河北 Hebei	11961	1070	8415	950	1526	807	119
山西 Shanxi	8703	644	6280	484	1295	1534	76
内蒙古 Inner Mongolia	6705	584	4639	413	1069	229	109
辽宁 Liaoning	8111	1391	5024	526	1170	105	31
吉林 Jilin	9047	1318	6017	538	1174	274	45
黑龙江 Heilongjiang	8250	1500	4962	834	954	78	62
上海 Shanghai	9980	525	6686	433	2336	621	115
江苏 Jiangsu	21874	1752	16195	1180	2747	3125	333
浙江 Zhejiang	38084	3210	24587	2100	8187		747
安徽 Anhui	7377	959	5493	477	448	785	380
福建 Fujian	14829	1390	10542	705	2192	2465	82
江西 Jiangxi	14431	1876	9663	1246	1646	504	161
山东 Shandong	18959	1909	13764	959	2327	2965	183
河南 Henan	15885	1218	11203	1466	1998	1071	256
湖北 Hubei	7489	670	5046	787	986	469	48
湖南 Hunan	13066	1560	7478	2206	1822	497	137
广东 Guangdong	40579	3494	24467	3173	9445	2072	256
广西 Guangxi	13593	1572	8351	1371	2299	1137	122
海南 Hainan	3143	365	1823	328	627	40	27
重庆 Chongqing	5252	587	3521	511	633	368	35
四川 Sichuan	18860	2010	12792	1773	2285	1328	231
贵州 Guizhou	6644	684	4458	600	902	504	75
云南 Yunnan	13232	930	8745	917	2640	674	66
西藏 Tibet	152	13	103	13	23	8	
陕西 Shaanxi	6474	489	4752	466	767	709	164
甘肃 Gansu	4298	399	3285	243	371	860	79
青海 Qinghai	1109	103	729	72	205	51	1
宁夏 Ningxia	1696	109	1223	103	261	174	54
新疆 Xinjiang	3942	272	2247	344	1079	256	58

幼儿园教职工数(农村)

Number of Teachers, Staff & Workers in Kindergarten (Rural)

单位:人

Unit: in Person

	教职工数 Teachers, Staff & Workers					代课教师 Substitute Teachers	兼任教师 Part-time Teachers
	合计 Total	园长 Kindergarten Heads	专任教师 Full-time Teachers	保健员 Health Nurses	其他 Other		
合计 Total	**249817**	**35723**	**169483**	**15602**	**29009**	**29149**	**3325**
北京 Beijing	2425	220	1392	104	709	127	11
天津 Tianjin	1363	150	1168	29	16	66	5
河北 Hebei	10076	1407	7675	549	445	1323	282
山西 Shanxi	8447	1284	6273	303	587	2930	82
内蒙古 Inner Mongolia	948	146	657	33	112	79	82
辽宁 Liaoning	7954	1447	5667	352	488	406	88
吉林 Jilin	2511	439	1774	136	162	174	24
黑龙江 Heilongjiang	3630	1010	2078	254	288	63	38
上海 Shanghai	698	55	407	32	204	10	
江苏 Jiangsu	21549	2646	16371	857	1675	6196	307
浙江 Zhejiang	23280	2909	15687	1141	3543		295
安徽 Anhui	3862	779	2687	257	139	414	52
福建 Fujian	11737	983	8971	436	1347	2782	120
江西 Jiangxi	7233	1526	4649	504	554	218	140
山东 Shandong	33026	5005	26082	634	1305	4377	168
河南 Henan	13001	1683	8391	1373	1554	1037	212
湖北 Hubei	4623	626	2876	558	563	507	90
湖南 Hunan	6458	1408	3398	964	688	316	82
广东 Guangdong	39680	4020	23924	2708	9028	1540	208
广西 Guangxi	3535	849	1914	384	388	717	62
海南 Hainan	1287	172	700	220	195	3	16
重庆 Chongqing	6606	969	4546	529	562	1231	195
四川 Sichuan	18000	3180	11288	1903	1629	1535	346
贵州 Guizhou	1665	260	1093	104	208	266	42
云南 Yunnan	4040	699	2521	361	459	447	53
西藏 Tibet	9	1	6	2			
陕西 Shaanxi	5740	970	3406	540	824	925	172
甘肃 Gansu	2645	537	1807	87	214	1185	115
青海 Qinghai	322	37	132	14	139	21	
宁夏 Ningxia	98	11	60	8	19	7	10
新疆 Xinjiang	3369	295	1883	226	965	247	28

幼儿园女教职工数

Number of Female Teachers, Staff & Workers in Kindergarten

单位：人

Unit: in Person

	教职工数 Teachers, Staff & Workers					代课教师 Substitute Teachers	兼任教师 Part-time Teachers
	合计 Total	园长 Kindergarten Heads	专任教师 Full-time Teachers	保健员 Health Nurses	其他 Other		
合计 Total	**1071883**	**106137**	**709131**	**76361**	**180254**	**67922**	**10015**
北京 Beijing	26033	1440	14597	1311	8685	711	150
天津 Tianjin	14515	1051	9670	504	3290	420	63
河北 Hebei	38231	2964	27358	2720	5189	2622	365
山西 Shanxi	30758	2697	21470	1669	4922	5528	473
内蒙古 Inner Mongolia	15641	1312	10445	975	2909	619	274
辽宁 Liaoning	45043	6330	28014	2800	7899	949	362
吉林 Jilin	20497	2742	13311	1703	2741	822	102
黑龙江 Heilongjiang	24113	4135	14234	2157	3587	424	178
上海 Shanghai	27205	1473	17047	1355	7330	1041	195
江苏 Jiangsu	69582	6525	50845	3569	8643	10704	840
浙江 Zhejiang	92707	8465	62291	4786	17165		1064
安徽 Anhui	22293	2760	16152	1440	1941	2095	306
福建 Fujian	44910	3971	31084	2083	7772	6331	256
江西 Jiangxi	29965	4248	20106	2546	3065	797	269
山东 Shandong	93057	10258	68833	4145	9821	8197	513
河南 Henan	51845	4130	35557	4867	7291	3295	550
湖北 Hubei	30413	2803	19612	2772	5226	1598	231
湖南 Hunan	34337	4276	19307	6021	4733	856	347
广东 Guangdong	146166	12454	90747	10760	32205	5275	628
广西 Guangxi	26840	3223	16310	2410	4897	2083	227
海南 Hainan	8053	883	4820	1026	1324	67	66
重庆 Chongqing	19629	2326	12973	1689	2641	1540	217
四川 Sichuan	54611	6721	35889	5294	6707	3167	614
贵州 Guizhou	15638	1528	9868	1523	2719	1064	183
云南 Yunnan	26257	2206	17574	1956	4521	1140	109
西藏 Tibet	573	55	355	83	80	9	9
陕西 Shaanxi	23852	2139	15908	1605	4200	2656	770
甘肃 Gansu	14350	1231	9953	759	2407	2392	424
青海 Qinghai	3630	305	2166	280	879	102	6
宁夏 Ningxia	3908	253	2635	294	726	460	91
新疆 Xinjiang	17231	1233	10000	1259	4739	958	133

幼儿园园长、专任教师

Breakdown of Kindergarten Heads and Teachers by

	合 计 Total	按学历分 Brokendown by Educational Attainment				
		研究生毕业 Graduate	本科毕业 Under-graduate	专科毕业 Associate Bachelor	高中阶段毕业 High School Graduate	高中阶段以下毕业 Below High School Graduate
合 计 Total	**836120**	**1175**	**50044**	**359773**	**389308**	**35820**
北 京 Beijing	16326	132	2083	8778	5070	263
天 津 Tianjin	11235	15	958	5169	4521	572
河 北 Hebei	32225	26	2718	17264	11540	677
山 西 Shanxi	24657	44	1970	12199	9454	990
内蒙古 Inner Mongolia	12090	7	1323	6283	4214	263
辽 宁 Liaoning	35471	124	2190	16733	14843	1581
吉 林 Jilin	16592	96	2552	8565	4849	530
黑龙江 Heilongjiang	18882	37	1585	9253	7463	544
上 海 Shanghai	18704	27	2939	12714	2787	237
江 苏 Jiangsu	58452	17	3517	27215	25828	1875
浙 江 Zhejiang	71502	25	2563	23451	42343	3120
安 徽 Anhui	19468	20	1017	9114	8694	623
福 建 Fujian	35256	4	932	12435	20048	1837
江 西 Jiangxi	25328	7	1001	8679	13392	2249
山 东 Shandong	81155	160	4610	26451	45853	4081
河 南 Henan	41213	42	2331	19628	17944	1268
湖 北 Hubei	23026	70	1859	10472	10101	524
湖 南 Hunan	24366	29	1421	10938	11334	644
广 东 Guangdong	104712	118	3250	40486	54352	6506
广 西 Guangxi	19959	9	624	7865	10585	876
海 南 Hainan	5771	2	288	2151	3191	139
重 庆 Chongqing	15736	14	1268	6456	7330	668
四 川 Sichuan	43850	62	1835	16110	23033	2810
贵 州 Guizhou	11671	7	549	5484	5045	586
云 南 Yunnan	20373		1284	8993	9179	917
西 藏 Tibet	450		10	152	223	65
陕 西 Shaanxi	18777	18	1060	10163	6982	554
甘 肃 Gansu	11809	26	726	6152	4448	457
青 海 Qinghai	2557	7	199	1419	852	80
宁 夏 Ningxia	2995	4	401	1817	727	46
新 疆 Xinjiang	11512	26	981	7184	3083	238

学历、职称情况(总计)

Educational Attainment and Rank (Regional Aggregates)

单位:人

Unit:in Person

按职称分 Brokendown by Rank					
中学高级 Senior Secondary	小学高级 Senior Primary	小学一级 1st Grade Primary	小学二级 2nd Grade Primary	小学三级 3rd Grade Primary	未评职称 Rank Undecided
5345	**129515**	**168361**	**66299**	**11607**	**454993**
91	3995	4981	1869	214	5176
100	4686	2207	251	14	3977
223	7896	10475	2849	304	10478
87	3988	7131	2855	330	10266
213	3508	3524	875	156	3814
652	6136	4696	1822	444	21721
305	4602	3941	1186	391	6167
343	3583	3470	1141	319	10026
145	8333	6059	1028	113	3026
199	9275	13249	4847	583	30299
188	4861	9720	5327	688	50718
46	4557	4700	1276	262	8627
148	3948	9109	2657	286	19108
223	2821	3052	1237	324	17671
604	8881	14544	4644	757	51725
271	6118	8258	4805	551	21210
167	5842	5701	2506	585	8225
219	2622	4129	1877	342	15177
248	7679	12799	9243	2471	72272
123	2955	3692	2402	521	10266
6	560	964	555	97	3589
73	2124	3509	1204	333	8493
224	6061	8188	2105	421	26851
34	1884	3234	1055	139	5325
133	4630	5047	1822	245	8496
	65	107	45	13	220
90	2500	4117	1925	324	9821
55	2081	3306	1408	164	4795
21	493	515	219	37	1272
18	782	929	217	31	1018
96	2049	3008	1047	148	5164

幼儿园园长、专任教师

Breakdown of Kindergarten Heads and Teachers

	合 计 Total	按学历分 Brokendown by Educational Attainment				
		研究生毕业 Graduate	本科毕业 Under-graduate	专科毕业 Associate Bachelor	高中阶段毕业 High School Graduate	高中阶段以下毕业 Below High School Graduate
合 计 Total	**367383**	**896**	**32011**	**187712**	**138504**	**8260**
北 京 Beijing	10861	119	1423	5999	3241	79
天 津 Tianjin	5332	10	738	3097	1364	123
河 北 Hebei	13658	21	1494	8224	3719	200
山 西 Shanxi	10176	30	1199	5582	3198	167
内蒙古 Inner Mongolia	6064	5	843	3348	1746	122
辽 宁 Liaoning	21942	107	1784	11884	7767	400
吉 林 Jilin	7044	55	1411	3641	1752	185
黑龙江 Heilongjiang	9332	28	1089	5071	2990	154
上 海 Shanghai	11031	19	1756	7575	1583	98
江 苏 Jiangsu	21488	13	1804	11884	7453	334
浙 江 Zhejiang	25109	20	1628	11106	11915	440
安 徽 Anhui	9550	19	611	5015	3722	183
福 建 Fujian	13370	3	583	5673	6815	296
江 西 Jiangxi	7614	3	480	3672	3226	233
山 东 Shandong	34395	129	3243	15327	14863	833
河 南 Henan	18718	21	1408	10299	6649	341
湖 北 Hubei	13808	37	1418	6737	5404	212
湖 南 Hunan	10522	27	998	5545	3826	126
广 东 Guangdong	48807	98	2362	22468	21744	2135
广 西 Guangxi	7273	8	336	3261	3511	157
海 南 Hainan	2711	2	150	1231	1290	38
重 庆 Chongqing	6113	9	724	2767	2454	159
四 川 Sichuan	14580	42	973	6807	6408	350
贵 州 Guizhou	5176	6	395	2636	1971	168
云 南 Yunnan	7478		787	3672	2760	259
西 藏 Tibet	327		8	114	149	56
陕 西 Shaanxi	9160	13	809	5458	2732	148
甘 肃 Gansu	5781	20	516	3430	1686	129
青 海 Qinghai	1556	4	114	875	534	29
宁 夏 Ningxia	1592	4	239	907	419	23
新 疆 Xinjiang	6815	24	688	4407	1613	83

学历、职称情况（城市）

by Educational Attainment and Rank (Urban)

单位：人

Unit: in Person

按职称分 Brokendown by Rank					
中学高级 Senior Secondary	小学高级 Senior Primary	小学一级 1st Grade Primary	小学二级 2nd Grade Primary	小学三级 3rd Grade Primary	未评职称 Rank Undecided
3330	**68026**	**79645**	**35235**	**6418**	**174729**
80	2906	3491	1529	164	2691
61	2932	1204	187	6	942
115	3158	3355	1307	182	5541
45	1828	2684	1260	197	4162
144	1574	1592	420	94	2240
465	4011	3444	1364	381	12277
187	1662	1516	601	161	2917
251	2129	1858	557	123	4414
87	5284	3539	603	83	1435
121	4511	6490	2253	280	7833
140	2922	5018	2703	346	13980
36	2323	2087	803	204	4097
122	1899	2751	1199	201	7198
68	1122	1335	631	127	4331
330	5106	7423	2712	388	18436
173	3417	3811	2230	347	8740
115	3850	3494	1656	308	4385
141	1386	2027	1301	203	5464
152	4427	7631	5084	1365	30148
65	1253	1483	975	194	3303
	287	416	186	35	1787
52	894	1238	613	148	3168
144	2284	2877	1196	193	7886
10	745	1141	429	88	2763
56	1784	1720	712	115	3091
	43	54	26	1	203
63	1375	2138	1172	191	4221
25	1025	1607	566	107	2451
12	215	222	140	30	937
14	372	411	95	30	670
56	1302	1588	725	126	3018

幼儿园园长、专任教师

Breakdown of Kindergarten Heads and Teachers by

	合 计 Total	按学历分 Brokendown by Educational Attainment				
		研究生毕业 Graduate	本科毕业 Under-graduate	专科毕业 Associate Bachelor	高中阶段毕业 High School Graduate	高中阶段以下毕业 Below High School Graduate
合 计 Total	**263538**	**210**	**13916**	**116413**	**123395**	**9604**
北 京 Beijing	3853	11	515	2182	1073	72
天 津 Tianjin	4585	5	187	1659	2414	320
河 北 Hebei	9485	5	822	4819	3578	261
山 西 Shanxi	6924	8	582	4066	2155	113
内蒙古 Inner Mongolia	5223	1	434	2556	2101	131
辽 宁 Liaoning	6415	7	241	2760	3147	260
吉 林 Jilin	7335	22	859	3793	2396	265
黑龙江 Heilongjiang	6462	9	390	2900	2914	249
上 海 Shanghai	7211	8	1153	4872	1070	108
江 苏 Jiangsu	17947	2	1291	9193	7019	442
浙 江 Zhejiang	27797	5	759	8985	17111	937
安 徽 Anhui	6452	1	355	2865	3034	197
福 建 Fujian	11932	1	281	4780	6488	382
江 西 Jiangxi	11539	4	468	4164	6083	820
山 东 Shandong	15673	29	994	5846	8276	528
河 南 Henan	12421	14	730	6035	5330	312
湖 北 Hubei	5716	32	331	2432	2785	136
湖 南 Hunan	9038	2	343	3865	4573	255
广 东 Guangdong	27961	11	550	10857	15017	1526
广 西 Guangxi	9923	1	269	3920	5259	474
海 南 Hainan	2188		115	728	1296	49
重 庆 Chongqing	4108	1	321	1792	1885	109
四 川 Sichuan	14802	17	657	6610	6893	625
贵 州 Guizhou	5142	1	116	2344	2374	307
云 南 Yunnan	9675		447	4515	4380	333
西 藏 Tibet	123		2	38	74	9
陕 西 Shaanxi	5241	4	189	3034	1864	150
甘 肃 Gansu	3684	4	132	1911	1517	120
青 海 Qinghai	832	3	78	451	265	35
宁 夏 Ningxia	1332		159	874	277	22
新 疆 Xinjiang	2519	2	146	1567	747	57

学历、职称情况(县镇)

Educational Attainment and Rank (County City & Towns)

单位:人
Unit: in Person

按职称分 Brokendown by Rank					
中学高级 Senior Secondary	小学高级 Senior Primary	小学一级 1st Grade Primary	小学二级 2nd Grade Primary	小学三级 3rd Grade Primary	未评职称 Rank Undecided
1555	**47291**	**59950**	**19005**	**3103**	**132634**
9	849	1222	272	40	1461
32	1296	745	49	8	2455
80	2672	2854	699	73	3107
26	1588	2622	861	39	1788
64	1679	1638	378	56	1408
114	1207	614	135	18	4327
106	2055	1813	391	214	2756
73	1028	1074	381	119	3787
58	2862	2382	406	29	1474
72	3602	4446	1632	220	7975
42	1604	3743	1747	207	20454
8	1729	1593	283	9	2830
23	1688	4136	687	41	5357
94	1491	1512	476	133	7833
232	2395	3436	873	124	8613
72	2119	3386	1397	85	5362
48	1422	1470	623	204	1949
74	957	1335	406	80	6186
32	2793	3666	2365	646	18459
55	1626	1950	1158	254	4880
5	221	382	229	37	1314
4	676	911	216	46	2255
57	3231	3832	542	99	7041
24	1007	1693	452	36	1930
76	2509	2764	852	117	3357
	22	53	19	12	17
12	952	1743	592	100	1842
21	777	1368	541	47	930
9	260	254	60	6	243
4	394	503	113	1	317
29	580	810	170	3	927

幼儿园园长、专任教师学历、

Breakdown of Kindergarten Heads and Teachers by

	合计 Total	按学历分 Brokendown by Educational Attainment				
		研究生毕业 Graduate	本科毕业 Undergraduate	专科毕业 Associate Bachelor	高中阶段毕业 High School Graduate	高中阶段以下毕业 Below High School Graduate
合　计 Total	**205199**	**69**	**4117**	**55648**	**127409**	**17956**
北　京 Beijing	1612	2	145	597	756	112
天　津 Tianjin	1318		33	413	743	129
河　北 Hebei	9082		402	4221	4243	216
山　西 Shanxi	7557	6	189	2551	4101	710
内蒙古 Inner Mongolia	803	1	46	379	367	10
辽　宁 Liaoning	7114	10	165	2089	3929	921
吉　林 Jilin	2213	19	282	1131	701	80
黑龙江 Heilongjiang	3088		106	1282	1559	141
上　海 Shanghai	462		30	267	134	31
江　苏 Jiangsu	19017	2	422	6138	11356	1099
浙　江 Zhejiang	18596		176	3360	13317	1743
安　徽 Anhui	3466		51	1234	1938	243
福　建 Fujian	9954		68	1982	6745	1159
江　西 Jiangxi	6175		53	843	4083	1196
山　东 Shandong	31087	2	373	5278	22714	2720
河　南 Henan	10074	7	193	3294	5965	615
湖　北 Hubei	3502	1	110	1303	1912	176
湖　南 Hunan	4806		80	1528	2935	263
广　东 Guangdong	27944	9	338	7161	17591	2845
广　西 Guangxi	2763		19	684	1815	245
海　南 Hainan	872		23	192	605	52
重　庆 Chongqing	5515	4	223	1897	2991	400
四　川 Sichuan	14468	3	205	2693	9732	1835
贵　州 Guizhou	1353		38	504	700	111
云　南 Yunnan	3220		50	806	2039	325
西　藏 Tibet						
陕　西 Shaanxi	4376	1	62	1671	2386	256
甘　肃 Gansu	2344	2	78	811	1245	208
青　海 Qinghai	169		7	93	53	16
宁　夏 Ningxia	71		3	36	31	1
新　疆 Xinjiang	2178		147	1210	723	98

职称情况(农村)

Educational Attainment and Rank (Rural)

单位:人

Unit: in Person

按职称分 Brokendown by Rank					
中学高级 Senior Secondary	小学高级 Senior Primary	小学一级 1st Grade Primary	小学二级 2nd Grade Primary	小学三级 3rd Grade Primary	未评职称 Rank Undecided
460	**14198**	**28766**	**12059**	**2086**	**147630**
2	240	268	68	10	1024
7	458	258	15		580
28	2066	4266	843	49	1830
16	572	1825	734	94	4316
5	255	294	77	6	166
73	918	638	323	45	5117
12	885	612	194	16	494
19	426	538	203	77	1825
	187	138	19	1	117
6	1162	2313	962	83	14491
6	335	959	877	135	16284
2	505	1020	190	49	1700
3	361	2222	771	44	6553
61	208	205	130	64	5507
42	1380	3685	1059	245	24676
26	582	1061	1178	119	7108
4	570	737	227	73	1891
4	279	767	170	59	3527
64	459	1502	1794	460	23665
3	76	259	269	73	2083
1	52	166	140	25	488
17	554	1360	375	139	3070
23	546	1479	367	129	11924
	132	400	174	15	632
1	337	563	258	13	2048
15	173	236	161	33	3758
9	279	331	301	10	1414
	18	39	19	1	92
	16	15	9		31
11	167	610	152	19	1219

幼儿园校舍及

Statistics of Kindergarten Buildings

	学校占地面积 Areas Occupied	校舍建筑面积 Floor Space	教学及辅助用房 Teaching & Assistant Buildings				
			计 Total	其中 of Which			
				活动室 Recreational	睡眠室 Bedroom	保健室 Health Care	图书室 Picture Books
合　计 Total	**171877623**	**86193209**	**56834363**	**33113710**	**14931889**	**1925658**	**2007483**
北　京 Beijing	3523279	1983576	1089776	583463	374287	28056	30276
天　津 Tianjin	1947135	860207	557362	356532	134233	19095	15846
河　北 Hebei	8200687	2768352	1849103	1082035	487263	81110	84327
山　西 Shanxi	5709699	2443232	1557375	974120	306972	73255	65701
内蒙古 Inner Mongolia	2823167	1010837	628601	350208	180179	18878	23603
辽　宁 Liaoning	6295629	2794221	1927608	1060723	568633	76511	68610
吉　林 Jilin	3250890	1296915	885831	441637	267351	36157	31662
黑龙江 Heilongjiang	3856777	1702724	1156841	623137	348291	52489	48362
上　海 Shanghai	4046218	2555523	1385647	867184	293630	34861	30439
江　苏 Jiangsu	15392887	6965077	4687114	2741333	1082491	129240	150249
浙　江 Zhejiang	12332069	7353335	4884545	2862130	1465444	123428	143458
安　徽 Anhui	3851225	1614040	1131991	695335	229787	45125	42540
福　建 Fujian	5282294	3383345	2259885	1495162	454031	57448	54901
江　西 Jiangxi	3631107	2260587	1606943	914217	428953	64750	65163
山　东 Shandong	26234824	7854464	5223881	3398427	1101057	151897	198533
河　南 Henan	8080323	3744622	2538292	1382197	714944	102397	100879
湖　北 Hubei	4597617	2669127	1752732	962814	536956	64258	61913
湖　南 Hunan	4904705	2876182	1970348	1011829	621334	112776	96304
广　东 Guangdong	17238786	13398126	8589988	5071973	2274007	258699	316573
广　西 Guangxi	3219978	2209509	1485558	844241	446989	56133	46027
海　南 Hainan	1140240	606525	386125	212541	112000	15870	17575
重　庆 Chongqing	2811785	1628408	1119094	629320	249887	47552	42191
四　川 Sichuan	7362001	4417420	3027608	1688488	764370	109587	104410
贵　州 Guizhou	1754149	1036868	714372	393609	207014	26011	25874
云　南 Yunnan	3558717	2109448	1352335	740626	416359	41754	40748
西　藏 Tibet	165096	69115	39685	17711	10609	1626	586
陕　西 Shaanxi	3165118	1620048	1105067	608107	317123	39504	40319
甘　肃 Gansu	3065825	1145164	775412	500522	156636	23785	27057
青　海 Qinghai	636932	232600	144702	79095	42605	3508	3241
宁　夏 Ningxia	586533	286920	192488	98873	64412	5517	4325
新　疆 Xinjiang	3211931	1296692	808054	426121	274042	24381	25791

其他情况(总计)
and Others (Regional Aggregates)

单位:平方米

Unit:m²

行政办公用房 Administritive		生活用房 Residential and Welfare	其他用房 For other Purposes	校舍面积中 of Floor Space:		幼儿园中户外活动场 Areas for Out-door Activities	图书(册) Picture Books	教学用录像录音带(盒) Tapes for Teaching
计 Total	其中教师办公室 of Which: Office			危房面积 Floor Space of Dilapidated Buildings	当年新增 New Floor Space Added in Current Year			
7195543	**4385145**	**9509042**	**12654261**	**253647**	**1793874**	**72844580**	**72257845**	**8939432**
185492	75695	276697	431611	2435	19160	1586636	1681143	253008
79878	46552	96358	126609		6437	1030851	544877	83886
300200	204458	241401	377648	18010	28131	3599286	2779875	228828
331400	231066	274742	279715	9863	64493	2475506	2837293	243063
113972	65018	117328	150936	16205	32191	1170046	618029	86388
204244	105054	289680	372689	3853	46125	3091509	2476096	351218
108280	65965	116206	186598	3267	21765	1329653	1148301	108429
145749	79983	163486	236648	2589	13616	1512042	933673	168888
206188	85971	338454	625234		140561	1204154	1589701	117582
553116	337029	682934	1041913	1423	159120	6207141	6882366	607744
553518	337806	831066	1084206	231	184959	5771068	10933642	894173
157542	102554	172935	151572	26538	19443	1472945	1262534	195287
255908	169077	365498	502054	12101	61523	2425785	1400207	275738
179177	113277	224053	250414	6735	32030	1287780	1140093	214818
793402	570596	648879	1188302	11227	94316	12937967	7301995	787476
402239	244868	344551	459540	7774	49639	3127582	2838400	398386
195608	110456	374735	346052	9225	30721	1793336	1709844	238230
238165	148910	323851	343818	3024	57215	1649543	2550461	325898
819306	454749	1524723	2464109	8273	127243	8001553	9599306	1672854
140367	84011	320581	263003	12593	113579	1291285	1082547	200100
46396	27348	91720	82284	3494	5869	436853	330095	70189
137739	84959	189108	182467	6208	12934	1085612	1167764	152919
319693	198358	574990	495129	14754	197509	3258785	3734961	452575
75742	47670	112097	134657	7122	37579	511798	688049	99677
161793	88202	324164	271156	19473	144618	1192554	1355091	211347
3442	2457	10089	15899		984	15805	16013	1953
185829	120857	166243	162909	4211	32417	985165	1435451	210853
131361	95491	103703	134688	21114	27313	661499	1184486	133827
19738	10055	33129	35031	5045	6085	235654	105900	17865
29150	16741	27783	37499	2698	6435	202789	235999	24636
120909	59912	147858	219871	14162	19864	1292398	693653	111597

幼儿园校舍及

Statistics of Kindergarten

	学校占地面积 Areas Occupied	校舍建筑面积 Floor Space	教学及辅助用房 Teaching & Assistant Buildings				
			计 Total	其中 of Which			
				活动室 Recreational	睡眠室 Bedroom	保健室 Health Care	图书室 Picture Books
合　计 Total	**61927904**	**38780595**	**24940942**	**14104406**	**7563766**	**702461**	**762759**
北　京 Beijing	2081250	1346245	729205	376418	263288	19118	19895
天　津 Tianjin	749756	472969	271305	159796	86436	5789	7067
河　北 Hebei	2474587	1283404	838332	457302	287389	24245	23937
山　西 Shanxi	1696320	997514	605869	326495	189817	20131	21706
内蒙古 Inner Mongolia	1250359	557821	335107	179420	113205	9114	12142
辽　宁 Liaoning	3391082	1859015	1211061	635574	379953	45090	38811
吉　林 Jilin	1349885	656326	420860	203147	138758	16202	16409
黑龙江 Heilongjiang	1767813	965367	601432	325084	191329	26275	20858
上　海 Shanghai	2106252	1477568	787808	499478	156616	20858	16365
江　苏 Jiangsu	4020339	2498063	1655857	974627	437881	38787	45002
浙　江 Zhejiang	3436480	2562214	1674165	984751	525628	34244	43664
安　徽 Anhui	1489038	838825	575808	338257	157793	21065	20633
福　建 Fujian	1910869	1489138	974791	608917	252771	21043	22237
江　西 Jiangxi	1026033	730652	517903	288355	165310	14813	18492
山　东 Shandong	7713477	3399488	2203616	1285354	648488	60240	78630
河　南 Henan	3211384	1881905	1243055	667524	430536	32683	36552
湖　北 Hubei	2296773	1528485	993139	559491	319886	27782	29140
湖　南 Hunan	2052873	1308785	896271	460978	307087	44679	41765
广　东 Guangdong	6807657	5844004	3738003	2246789	991245	94072	117182
广　西 Guangxi	1161647	815756	513815	291186	161673	11708	12063
海　南 Hainan	487381	294220	187943	99762	57282	5497	7219
重　庆 Chongqing	816020	566379	382411	204445	124614	11991	11666
四　川 Sichuan	2120828	1510113	1025113	550491	333679	29630	29669
贵　州 Guizhou	742308	510343	348633	190673	115133	11691	11707
云　南 Yunnan	1089864	806905	508831	290262	165602	11359	11473
西　藏 Tibet	101151	45621	24009	11639	7101	950	371
陕　西 Shaanxi	1447833	901891	629184	337865	203939	15757	18025
甘　肃 Gansu	1010026	554392	370243	202100	116077	9563	11070
青　海 Qinghai	293804	139191	90283	44406	29173	2318	1921
宁　夏 Ningxia	303014	152909	102372	53440	36507	3252	2162
新　疆 Xinjiang	1521801	785087	484518	250380	169570	12515	14926

其他情况(城市)
Buildings and Others(Urban)

单位:平方米

Unit:m^2

行政办公用房 Administritive		生活用房 Residential and Welfare	其他用房 For other Purposes	校舍面积中 of Floor Space:		幼儿园中户外活动场 Areas for Out-door Activities	图书(册) Picture Books	教学用录像录音带(盒) Tapes for Teaching
计 Total	其中教师办公室 of Which: Office			危房面积 Floor Space of Dilapidated Buildings	当年新增 New Floor Space Added in Current Year			
3032334	**1517452**	**4329458**	**6477861**	**68359**	**699919**	**26584843**	**30950925**	**4497626**
121709	45355	193396	301935	1270	6593	907855	1141474	188257
43987	19253	64989	92688		5499	315608	252676	50060
119379	64421	118820	206873	3600	7142	1111403	1011191	119278
111998	51608	144978	134669	1622	22227	698385	729823	100449
64098	30367	68872	89744	3311	17286	540357	372489	53692
137938	60004	210754	299262	2653	35129	1501311	1558079	239234
49501	24426	71386	114579	465	8567	492666	494589	49948
80943	37718	107343	175649	24	5739	755590	566526	98968
119365	48770	180373	390022		38442	676593	682625	64289
176792	91026	248676	416738	429	63083	1765453	2386351	265564
187538	102705	281148	419363	161	65904	1675404	3092965	295598
76993	39899	87379	98645	7362	8076	605035	710926	109189
100616	55845	158627	255104	3788	25213	902322	668721	154107
49419	26834	60406	102924	1763	9621	422775	449000	74314
284488	163340	311279	600105	2998	39623	3603691	3069137	420273
183421	86640	178728	276701	2833	22893	1404456	1474402	199132
113644	55931	203169	218533	3167	23417	1029130	930695	154189
103526	54787	130517	178471	1963	28674	716370	1392556	174761
357588	178395	624310	1124103	1167	40109	3211422	4396760	895017
52117	25195	132340	117484	4297	80163	532951	459397	86250
21631	13073	44331	40315	1874	2220	180125	177217	38198
42654	22910	61958	79356	3458	4099	295691	405971	64908
111295	57118	180948	192757	3380	37838	915190	1472243	172127
35974	20033	53241	72495	985	18149	262588	412898	58389
57618	27833	131205	109251	2689	44323	394574	625711	95697
2178	1463	5114	14320		90	14605	12288	1383
79950	40472	97503	95254	2913	16366	486265	811647	111612
48408	26629	52844	82897	1389	7691	288586	554726	65042
11772	5473	15429	21707	1883	4828	111396	85015	12590
15717	7875	16551	18269	2077	1195	104138	111916	15081
70077	32054	92844	137648	4838	9720	662908	440911	70030

幼儿园校舍及

Statistics of Kindergarten Buildings

	学校占地面积 Areas Occupied	校舍建筑面积 Floor Space	教学及辅助用房 Teaching & Assistant Buildings				
			计 Total	其中 of Which			
				活动室 Recreational	睡眠室 Bedroom	保健室 Health Care	图书室 Picture Books
合　计 Total	**50005848**	**26056566**	**17467155**	**10097256**	**4528174**	**601742**	**600385**
北　京 Beijing	928321	456087	254740	142549	84187	6412	6928
天　津 Tianjin	783034	296851	219292	143848	43488	9106	5733
河　北 Hebei	1934777	685961	460945	270238	120716	19732	20288
山　西 Shanxi	1059557	545629	349175	223133	56802	10923	12738
内蒙古 Inner Mongolia	1171406	375564	241500	137169	59212	7909	9044
辽　宁 Liaoning	939754	424115	326469	189312	92528	13966	12832
吉　林 Jilin	1210054	491731	359868	179894	99758	15092	10505
黑龙江 Heilongjiang	1092837	468188	349936	187510	101325	16822	17372
上　海 Shanghai	1795189	1024478	565053	348471	128314	12887	13073
江　苏 Jiangsu	4489269	2204391	1463019	841263	353821	38100	46046
浙　江 Zhejiang	5111333	2922592	1926067	1112109	591128	46494	54120
安　徽 Anhui	1332936	496206	361077	234079	51330	12558	13567
福　建 Fujian	1663244	1035286	691991	468816	118981	17386	15496
江　西 Jiangxi	1563534	986529	700649	397424	191868	29897	28067
山　东 Shandong	5489261	1575780	1038379	646014	224734	36175	44341
河　南 Henan	2179434	974122	708120	396662	164921	31915	29178
湖　北 Hubei	1190787	709630	475465	257858	143514	19898	17354
湖　南 Hunan	1721368	1034616	718366	367989	225660	41259	33337
广　东 Guangdong	4463768	3687783	2438139	1415233	661531	78950	89772
广　西 Guangxi	1525814	1075869	746569	424878	225293	30206	22699
海　南 Hainan	375937	207196	137497	80717	37887	6229	6252
重　庆 Chongqing	685809	429868	299817	158686	61733	13077	11102
四　川 Sichuan	2310596	1508082	1014787	563692	235584	35357	31917
贵　州 Guizhou	718912	394004	276273	150965	74395	10735	9824
云　南 Yunnan	1668856	954704	630130	334593	198302	17662	17816
西　藏 Tibet	63945	23494	15676	6072	3508	676	215
陕　西 Shaanxi	583253	327404	219510	122088	62263	8931	7646
甘　肃 Gansu	690620	289724	193973	140745	28187	5061	5106
青　海 Qinghai	285208	84847	48389	31039	11557	1007	1140
宁　夏 Ningxia	255373	125992	84543	41625	26545	2112	1911
新　疆 Xinjiang	721662	239843	151741	82585	49102	5208	4966

其他情况(县镇)

and Others (County City & Towns)

单位：平方米

Unit：m^2

行政办公用房 Administritive		生活用房 Residential and Welfare	其他用房 For other Purposes	校舍面积中 of Floor Space：		幼儿园中户外活动场 Areas for Out-door Activities	图书(册) Picture Books	教学用录像录音带(盒) Tapes for Teaching
计 Total	其中教师办公室 of Which：Office			危房面积 Floor Space of Dilapidated Buildings	当年新增 New Floor Space Added in Current Year			
2109454	**1324141**	**2974052**	**3505905**	**117531**	**679180**	**20075018**	**20695473**	**2386261**
46317	19655	61475	93555	621	9669	422006	413225	45861
23304	16890	27571	26684		716	452720	201944	25969
76446	52790	64804	83766	8961	16767	826331	665751	57270
74864	51697	54684	66906	3138	22917	442292	600024	59197
41099	28120	41047	51918	12289	12440	447664	196320	28106
27213	16577	38047	32386	235	7309	444415	325707	49533
44948	30027	34223	52692	2642	10552	508713	548253	43352
43784	27166	36626	37842	488	5799	424241	249884	48674
81529	34823	150817	227079		102027	482398	874246	48774
168484	99369	223320	349568		66717	1658531	2260327	188939
222747	131266	327705	446073		87541	2263546	3273069	348211
47788	35479	53011	34330	10393	7690	473207	344751	56909
79521	54463	116908	146866	6258	14476	817983	412861	68704
79903	49702	101211	104766	4349	15985	519700	476760	81267
162772	113076	141768	232861	3993	21382	2441730	1326774	130104
101757	72438	82418	81827	3255	14972	797578	726051	107399
45584	29523	108352	80229	4857	2899	388564	530817	55670
80153	55316	125766	110331	824	22684	577551	783269	97405
215908	124193	427495	606241	5301	31819	2081306	2645501	349482
64537	41531	150586	114177	6163	23660	585659	506681	86081
13551	8982	31845	24303	1068	2712	153298	108496	22838
35891	21226	53011	41149	1024	4629	258706	285153	38033
104959	62852	221376	166960	7049	69199	1115818	1284399	134415
28050	18656	44379	45302	5265	15270	179432	219856	32688
71982	38197	139600	112992	12538	57280	538848	530340	80920
1264	994	4975	1579		894	1200	3725	570
47624	35992	29594	30676	1058	3986	180025	337131	39247
36243	28333	26480	33028	5678	13120	145284	312552	30290
7138	3975	16707	12613	3162	991	103111	17773	4499
12659	8144	10193	18597	621	4840	90048	120231	9112
21435	12689	28058	38609	6301	8238	253113	113602	16742

幼儿园校舍及

Statistics of Kindergarten

	学校占地面积 Areas Occupied	校舍建筑面积 Floor Space	教学及辅助用房 Teaching & Assistant Buildings				
			计 Total	其中 of Which			
				活动室 Recreational	睡眠室 Bedroom	保健室 Health Care	图书室 Picture Books
合　计 Total	**59943871**	**21356048**	**14426266**	**8912048**	**2839949**	**621455**	**644339**
北　京 Beijing	513708	181244	105831	64496	26812	2526	3453
天　津 Tianjin	414345	90387	66765	52888	4309	4200	3046
河　北 Hebei	3791323	798987	549826	354495	79158	37133	40102
山　西 Shanxi	2953822	900089	602331	424492	60353	42201	31257
内蒙古 Inner Mongolia	401402	77452	51994	33619	7762	1855	2417
辽　宁 Liaoning	1964793	511091	390078	235837	96152	17455	16967
吉　林 Jilin	690951	148858	105103	58596	28835	4863	4748
黑龙江 Heilongjiang	996127	269169	205473	110543	55637	9392	10132
上　海 Shanghai	144777	53477	32786	19235	8700	1116	1001
江　苏 Jiangsu	6883279	2262623	1568238	925443	290789	52353	59201
浙　江 Zhejiang	3784256	1868529	1284313	765270	348688	42690	45674
安　徽 Anhui	1029251	279009	195106	122999	20664	11502	8340
福　建 Fujian	1708181	858921	593103	417429	82279	19019	17168
江　西 Jiangxi	1041540	543406	388391	228438	71775	20040	18604
山　东 Shandong	13032086	2879196	1981886	1467059	227835	55482	75562
河　南 Henan	2689505	888595	587117	318011	119487	37799	35149
湖　北 Hubei	1110057	431012	284128	145465	73556	16578	15419
湖　南 Hunan	1130464	532781	355711	182862	88587	26838	21202
广　东 Guangdong	5967361	3866339	2413846	1409951	621231	85677	109619
广　西 Guangxi	532517	317884	225174	128177	60023	14219	11265
海　南 Hainan	276922	105109	60685	32062	16831	4144	4104
重　庆 Chongqing	1309956	632161	436866	266189	63540	22484	19423
四　川 Sichuan	2930577	1399225	987708	574305	195107	44600	42824
贵　州 Guizhou	292929	132521	89466	51971	17486	3585	4343
云　南 Yunnan	799997	347839	213374	115771	52455	12733	11459
西　藏 Tibet							
陕　西 Shaanxi	1134032	390753	256373	148154	50921	14816	14648
甘　肃 Gansu	1365179	301048	211196	157677	12372	9161	10881
青　海 Qinghai	57920	8562	6030	3650	1875	183	180
宁　夏 Ningxia	28146	8019	5573	3808	1360	153	252
新　疆 Xinjiang	968468	271762	171795	93156	55370	6658	5899

其他情况(农村)

Buildings and Others (Rural)

单位:平方米

Unit: m^2

行政办公用房 Administritive 计 Total	其中教师办公室 of Which: Office	生活用房 Residential and Welfare	其他用房 For other Purposes	校舍面积中 of Floor Space: 危房面积 Floor Space of Dilapidated Buildings	当年新增 New Floor Space Added in Current Year	幼儿园中户外活动场 Areas for Out-door Activities	图书(册) Picture Books	教学用录像录音带(盒) Tapes for Teaching
2053755	**1543552**	**2205532**	**2670495**	**67757**	**414775**	**26184719**	**20611447**	**2055545**
17466	10685	21826	36121	544	2898	256775	126444	18890
12587	10409	3798	7237		222	262523	90257	7857
104375	87247	57777	87009	5449	4222	1661552	1102933	52280
144538	127761	75080	78140	5103	19349	1334829	1507446	83417
8775	6531	7409	9274	605	2465	182025	49220	4590
39093	28473	40879	41041	965	3687	1145783	592310	62451
13831	11512	10597	19327	160	2646	328274	105459	15129
21022	15099	19517	23157	2077	2078	332211	117263	21246
5294	2378	7264	8133		92	45163	32830	4519
207840	146634	210938	275607	994	29320	2783157	2235688	153241
143233	103835	222213	218770	70	31514	1832118	4567608	250364
32761	27176	32545	18597	8783	3677	394703	206857	29189
75771	58769	89963	100084	2055	21834	705480	318625	52927
49855	36741	62436	42724	623	6424	345305	214333	59237
346142	294180	195832	355336	4236	33311	6892546	2906084	237099
117061	85790	83405	101012	1686	11774	925548	637947	91855
36380	25002	63214	47290	1201	4405	375642	248332	28371
54486	38807	67568	55016	237	5857	355622	374636	53732
245810	152161	472918	733765	1805	55315	2708825	2557045	428355
23713	17285	37655	31342	2133	9756	172675	116469	27769
11214	5293	15544	17666	552	937	103430	44382	9153
59194	40823	74139	61962	1726	4206	531215	476640	49978
103439	78388	172666	135412	4325	90472	1227777	978319	146033
11718	8981	14477	16860	872	4160	69778	55295	8600
32193	22172	53359	48913	4246	43015	259132	199040	34730
58255	44393	39146	36979	240	12065	318875	286673	59994
46710	40529	24379	18763	14047	6502	227629	317208	38495
828	607	993	711		266	21147	3112	776
774	722	1039	633		400	8603	3852	443
29397	15169	26956	43614	3023	1906	376377	139140	24825

第二部分
Part Ⅱ

办 学 条 件
PHYSICAL FACILITIES

一、教育经费
Public Expenditure on Education

全国教育经费来源和支出情况

Sources of Educational Fund and Expenditure for Education

单位：万元

Unit：in 10,000 Yuan

年份 Year	合计 Total	国家财政性教育经费 Government Appropriation for Education	预算内教育经费 Budgetary	社会团体和公民个人办学经费 Funds of Social Organizations and Citizens for Running Schools	社会捐资和集资办学经费 Donations and Fund-Raising for Running Schools	学费和杂费 Tuition and Miscellanecous Fee	其他教育经费 Other Educational Funds
1991	7315028.2	6178286.0	4597308.1		628209.7	323475.6	185056.9
1992	8670490.5	7287505.8	5387381.7		696285.2	439319.3	247380.2
1993	10599374.4	8677618.3	6443914.0	33322.7	701856.1	871476.9	315100.4
1994	14887812.6	11747395.6	8839794.7	107795.2	974487.1	1469228.1	588906.6
1995	18779501.1	14115233.3	10283930.0	203671.5	1628414.0	2012422.5	819759.8
1996	22623393.5	16717045.5	12119133.6	261998.9	1884189.5	2610391.2	1149798.4
1997	25317325.7	18625416.3	13577262.1	301746.4	1706587.6	3260792.0	1422783.4
1998	29490592.0	20324526.0	15655917.0	480314.0	1418537.0	3697474.0	3569741.0
1999	33490416.4	22871756.1	18157597.3	628957.1	1258694.2	4636107.9	4094901.1
2000	38490805.8	25626055.7	20856792.0	858537.2	1139556.9	5948304.3	4918351.7
2001	46376626.2	30570099.5	25823761.9	1280895.2	1128851.8	7456013.5	5940766.2
2002	54800277.6	34914047.5	31142383.3	1725548.7	1272791.0	9227791.7	7660098.7
2003	62082653.0	38506236.6	34538582.6	2590147.8	1045926.9	11214984.7	8725357.0
2004	72425989.2	44658574.8	40278158.0	3478528.8	934203.8	13465517.3	9889164.5

各地区教育经费来

Sources of Educational Fund and Expenditure

年份 Year	合 计 Total	国家财政性教育经费 Government Appropriation for Education	预算内教育经费 Budgetary
北 京 Beijing	4492628.4	2983476.1	2769010.7
天 津 Tianjin	1239681.8	781629.6	700831.1
河 北 Hebei	2700904.1	1754771.2	1611233.6
山 西 Shanxi	1548847.8	1012934.1	887726.3
内蒙古 Inner Mongolia	1115216.2	855424.3	779271.5
辽 宁 Liaoning	2700789.4	1774299.7	1587349.9
吉 林 Jilin	1454419.1	985194.0	885564.0
黑龙江 Heilongjiang	2118830.8	1370091.6	1136687.0
上 海 Shanghai	3832690.6	2285942.5	1992391.3
江 苏 Jiangsu	5570009.3	3099409.2	2738972.7
浙 江 Zhejiang	5001700.0	2853665.1	2304294.2
安 徽 Anhui	2216290.6	1386903.9	1310319.1
福 建 Fujian	2224559.2	1391027.1	1296799.6
江 西 Jiangxi	1566029.1	831076.3	781880.7
山 东 Shandong	4267089.0	2561587.9	2237315.5
河 南 henan	2999488.5	1966366.2	1831162.2
湖 北 Hubei	2985501.9	1531661.1	1392406.7
湖 南 Hunan	2724014.0	1409498.3	1294561.9
广 东 Guangdong	7087101.0	4217378.9	3898843.8
广 西 Guangxi	1605769.3	1060559.5	987753.5
海 南 Hainan	389305.1	248164.2	207015.2
重 庆 Chongqing	1434395.3	826797.5	751434.6
四 川 Sichuan	3091286.6	1828023.3	1684852.1
贵 州 guizhou	1142161.9	816926.9	753752.1
云 南 Yunnan	1750840.6	1391479.8	1315972.3
西 藏 Tibet	234499.5	222773.7	221771.2
陕 西 Shaanxi	2047443.0	1144359.2	1074132.2
甘 肃 Gansu	1031445.1	727916.5	659016.7
青 海 Qinghai	225275.2	190741.6	184898.7
宁 夏 Ningxia	296236.7	223603.9	207277.8
新 疆 Xinjiang	1331540.1	924891.6	793659.8

源和支出情况(2004 年)

for Education by Region(2004)

单位：万元

Unit：in 10 thousand Yuan

社会团体和公民个人办学经费 Funds of Social Organizations and Citizens for Running Schools	社会捐资和集资办学经费 Donations and Fund-Raising for Running Schools	学费和杂费 Tuition and Miscellanecous Fee	其他教育经费 Other Educational Funds
37745.6	60087.9	556170.6	855148.2
54813.0	3724.8	200277.4	199237.0
85052.1	21228.6	628424.4	211427.8
69805.7	26754.8	320948.9	118404.3
13407.7	2827.8	161201.5	82354.9
127952.6	4743.2	497680.9	296113.0
15824.8	40669.6	225707.0	187023.7
56095.6	5651.8	408207.9	278783.9
256061.9	53493.6	632763.4	604429.2
251114.6	172793.2	954845.9	1091846.4
400106.7	131551.0	740998.3	875378.9
52513.0	22595.8	486145.1	268132.8
216790.8	33020.1	379481.7	204239.5
149345.1	5281.9	365917.9	214407.9
207910.2	53123.1	939728.6	504739.2
112167.3	16896.5	593433.3	310625.2
151144.5	16270.3	776666.3	509759.7
190728.7	28256.0	687792.5	407738.5
546894.4	88704.4	1547999.3	686124.0
31247.0	7319.9	315160.6	191482.3
18016.9	10576.3	70829.7	41718.0
29486.5	50415.3	233217.5	294478.5
94934.4	31839.7	569378.6	567110.6
35404.2	5430.9	168184.1	116215.8
42652.6	14156.7	169705.7	132845.8
0.0	581.7	6449.1	4695.0
184644.5	15007.7	450737.5	252694.1
21273.6	7037.4	179548.8	95668.8
1129.5	325.7	22727.0	10351.4
869.4	729.6	41653.4	29380.4
23395.9	3108.5	133534.4	246609.7

各类学校教育经费

Sources of Educational Fund and Expenditure

学校、类别 Type of schools	合 计 Total	国家财政性教育经费 Government Appropriation for Education	预算内教育经费 Budgetary
全国总计 National Total	**72425989.2**	**44658574.8**	**40278158.0**
中央 Gentral Government	8078627.5	4190227.4	3679481.7
地方 Local Government	64347361.7	40468347.4	36598676.3
按学校类别分组 Grouped by Type of Schools			
高等学校 Institutions of Higher Education	22576459.3	10098391.7	9658276.4
普通高等学校 Regular Institutions of Higher Education	21297613.2	9697908.7	9309881.9
成人高等学校 Institutions of Higher Education for Adults	1278846.1	400483.0	348394.5
中等专业学校 Specialized Secondary Schools	2650781.5	1412520.2	1314425.7
中等技术学校 Technical Schools	1878818.6	995488.0	927833.7
中等师范学校 Teacher Training Schools	317577.3	163560.0	156503.6
成人中专学校 Specialized Secondary Schools for Adults	454385.6	253472.2	230088.4
技工学校 Technical Schools	488899.0	233524.6	178255.7
中学 Secondary Schools	22265210.3	14001339.4	12120586.8
普通中学 Regular Secondary Schools	22230170.7	13988197.4	12111111.4
高级中学 Senior Secondary Schools	9083783.6	4614816.3	3844723.5
完全中学 Whole Secondary Schools	5781478.1	3116370.4	2591848.2
初级中学 Junior Secondary Schools	13146387.1	9373381.1	8266387.9
农村 Rural	5743898.7	4682905.9	4401381.5
成人中学 Secondary Schools for Adults	35039.6	13142.0	9475.4
职业中学 Vocational Schools	1987363.7	1140546.7	985943.5
小学 Primary Schools	18051062.0	14735197.7	13525941.6
普通小学 Regular Primary Schools	18045650.3	14731537.2	13522577.4
农村 Rular Areas	10703844.7	9253266.8	8857400.5
成人小学 Primary Schools for Adults	5411.7	3660.5	3364.2
特殊教育学校 Special Education Schools	193181.2	170527.6	150002.5
幼儿园 Kindergartens	875169.0	545001.4	519700.3
其他 Others	3337863.2	2321525.5	1825025.5

来源和支出情况(2004 年)

Education in Various School(2004)

单位：万元

Unit: in 10,000 Yuan

社会团体和公民个人办学经费 Funds of Social Organizations and Citizens for Running Schools	社会捐资和集资办学经费 Donations and Fund-Raising for Running Schools	学费和杂费 Tuition and Miscellanecous Fee	其他教育经费 Other Educational Funds
3478528.8	**934203.8**	**13465517.3**	**9889164.5**
	122790.9	1431607.2	2334002.0
3478528.8	811412.9	12033910.1	7555162.5
1309225.7	216321.3	6938658.0	4013862.6
1121981.7	215439.7	6476921.3	3785361.8
187244.0	881.6	461736.7	228500.8
54496.1	4812.0	860022.3	318930.9
24323.3	2904.3	648179.5	207923.5
	1027.0	123044.6	29945.7
30172.8	880.7	88798.2	81061.7
	313.3	134383.9	120677.2
1538898.2	401723.9	3427589.7	2895659.1
1529021.8	401680.5	3422032.1	2889238.9
651696.2	205344.8	1994407.3	1617519.0
630752.6	144521.9	956651.7	933181.5
877325.6	196335.7	1427624.8	1271719.9
	57604.3	625982.5	377406.0
9876.4	43.4	5557.6	6420.2
114603.4	15018.0	512748.5	204447.1
461305.4	254101.8	1450088.0	1150369.1
460080.7	254101.4	1449914.9	1150016.1
	113534.6	899873.9	437169.4
1224.7	0.4	173.1	353.0
	4778.7	3791.5	14083.4
	13665.3	138235.4	178266.9
	23469.5		992868.2

二、教育基本建设投资

Capital Construction Investment in the Educational Sector

教育基本建设

Data on the Completion of Capital Construction

学校类别 Type of School	投资合计 Total Investment Completed in the Curent year (in 10 Thousand Yuan)	本年完成投资按 Investment by source of			
		国家预算内 Budgetary Allocation			
		计 Sub-total	中　央 Central	省级 Local	计 Sub-total
总　计 Total	**16189112**	**2713003**	**1160188**	**1552816**	**11201901**
普通高等学校 Regular Institutions of Higher Education	. 9013684	798912	443562	355350	6684279
中等师范学校 Teacher Teaining Schools	37841	2638	1060	1578	27335
普通中学 Regular Secondary Schools	4398984	1064576	406524	658053	2869709
职业中学 Vocational Schools	330931	58392	19889	38503	221860
小学 primary Schools	2057217	742799	280180	462620	1156877
特殊教育学校 Special Education Schools	20867	6169	1229	4940	14156
幼儿园 Kindergartens	99945	6398	900	5498	51847
其他 Other	229643	33119	6844	26274	175838

投资完成情况

Investment in the Educational Sector(Regional Aggregates)

资金来源分(万元) Fund (in 10 Thousand Yuan)			本年竣工建筑面积(平方米) Building Floor Area Completed (in m^2)			
自筹资金 Self - raised Fund		其 他 Other Sources				
其中 of Which:						
学校自筹 Raised by School	个人集资 Individual Donations		合 计 Total	教学及辅助用房 Teaching & Administritive	行政办公用房 Adm. Building Rooms for other purposes	其他用房 Others
8254618	**530275**	**2274208**	**107115538**	**78052633**	**3669990**	**25392915**
6247085	237430	1530493	36069891	22735221	1290789	12043881
21583	2840	7868	262563	206989	1800	53774
1434220	176841	464699	42099436	31100055	1470613	9528768
116050	12259	50679	2788583	2136229	84972	567382
346423	49244	157541	23989076	20585441	721333	2682302
1976	482	542	144263	104159	5581	34523
25024	2824	41700	664340	587169	28733	48438
62257	48355	20686	1097386	597370	66169	433847

地方所属各级学校

Data on the Completion of Capital Construction

地区 Region	投资合计 Total Investment Completed in the Curent year (in 10 Thousand Yuan)	本年完成投资按 Investment by source of			
		国家预算内 Budgetary Allocation			
		计 Sub-total	中央 Central	省级 Local	计 Sub-total
合计 Total	**13863200**	**2358163**	**805348**	**1552816**	**9230829**
北京 Beijing	197825	50636	1395	49241	139297
天津 Tianjin	272529	0	0	0	208569
河北 Hebei	520154	69482	23406	46076	402679
山西 Shanxi	243289	9757	2395	7362	210372
内蒙古 Inner Mongolia	233157	83287	44455	38832	132058
辽宁 Liaoning	431795	48663	5274	43390	296506
大连 Dalian	29108	3957	0	3957	25081
吉林 Jilin	238219	25890	15697	10193	195672
黑龙江 Heilongjiang	220881	7548	4249	3299	205651
上海 Shanghai	355878	30611	4780	25831	216243
江苏 Jiangsu	1349811	64707	3456	61251	1021051
浙江 Zhejiang	967900	74903	905	73998	695742
宁波 Ningbo	103694	19529	0	19529	83762
安徽 Anhui	446018	49165	19090	30075	350553
福建 Fujian	247326	16691	3980	12711	199329
厦门 Xiamen	67972	31204	400	30804	13995
江西 Jiangxi	401821	44970	23220	21751	220333
山东 Shandong	948883	47328	7266	40062	823365
青岛 Qingdao	54306	52	0	52	54254
河南 henan	690993	132396	25976	106421	461079
湖北 Hubei	750488	43916	22738	21177	627341
湖南 Hunan	574715	77088	28586	48502	319351
广东 Guangdong	1364517	460640	1932	458708	685453
深圳 Shenzhen	148659	139968	0	139968	6698
广西 Guangxi	292015	114334	68543	45791	144305
海南 Hainan	103298	28973	14766	14207	47334
重庆 Chongqing	374772	40339	22137	18202	276840
四川 Sichuan	472737	81510	48903	32607	264528
贵州 guizhou	227686	66740	57278	9463	122187
云南 Yunnan	344147	116499	57586	58912	181463
西藏 Tibet	90327	69111	63111	6000	7838
陕西 Shaanxi	496930	61864	35410	26453	313344
甘肃 Gansu	280811	96762	82765	13997	132550
青海 Qinghai	47067	27747	27747	0	15183
宁夏 Ningxia	60910	28471	14661	13810	23069
新疆 Xinjiang	157857	56070	36886	19184	90451
新疆生产建设兵团 Xinjiang Constraction corps	54705	37355	36355	1000	17303

基本建设投资完成情况

Investment in the Educational Sector(Regional Aggregates)

资金来源分(万元) Fund (in 10 Thousand Yuan)			本年竣工建筑面积(平方米) Building Floor Area Completed (in m^2)			
自筹资金 Self - raised Fund		其他 Other Sources				
其中 of Which:			合计 Total	教学及辅助用房 Teaching & Administritive	行政办公用房 Adm. Building Rooms for other purposes	其他用房 Others
学校自筹 Raised by School	个人集资 Individual Donations					
6283546	**530275**	**2274208**	**102427624**	**76030266**	**3418170**	**22979188**
84551	0	7892	492951	341032	29671	122248
171997	0	63960	435193	401405	0	33788
322493	29120	47993	4241821	3187242	246776	807803
138484	14918	23160	2201466	1602523	125573	473370
83243	9783	17812	2046024	1754626	57387	234011
198097	17528	86626	3177429	2383689	61969	731771
15074	0	70	197171	188715	7156	1300
154336	10953	16657	1917817	1411410	45687	460720
176581	4350	7682	2023557	1705435	58161	259961
120883	0	109024	967101	826043	82026	59032
662526	38434	264053	8263988	5804970	301758	2157260
400902	6380	197255	5279150	3966935	339492	972723
8350	300	403	567846	434920	34242	98684
288765	15787	46300	4018123	2701182	192541	1124400
132440	1653	31306	1991000	1283151	33811	674038
10164	0	22773	322337	192005	12411	117921
171050	7207	136518	3895074	2687286	37119	1170669
573861	159041	78190	6669175	4711638	271935	1685602
22186	0	0	456067	367866	41640	46561
362628	32188	97518	7054988	6342448	224655	487885
572094	27903	79231	5413319	3087655	196529	2129135
235043	13068	178276	5078769	3696494	84848	1297427
403720	8428	218424	8793562	7344341	361745	1087476
1866	0	1993	465845	379803	52741	33301
99543	13628	33376	2837343	1692244	47531	1097568
20225	3072	26991	750115	607021	0	143094
156490	25936	57593	2573378	1177259	77794	1318325
151100	18642	126699	5032140	3500365	117872	1413903
49028	10073	38759	2945519	2231496	37940	676083
94428	8573	46185	2976509	2336823	44476	595210
1671	147	13378	591003	352263	15968	222772
249825	33164	121722	3509044	2828743	63268	617033
83052	13731	51499	2659623	2359688	72520	227415
7152	432	4137	553860	516137	70	37653
5875	194	9370	427992	427992	0	0
43198	5606	11336	1322410	1038046	35179	249185
10625	36	47	278915	159375	5679	113861

第三部分
Part Ⅲ

科学研究活动及其他
Scientific Research Activites & Other

一、自然科学与技术
Natural Science and Technology

	教学与科研人员 Personnel Engaged in S&T Activities		研究与发展人员 R & D Personnel	
	计 Total	其中：科学家和工程师 of Which: Scientists & Engineers	计 Total	其中：科学家和工程师 of Which: Scientists & Engineers
合　计：Total	**686195**	**647647**	**260049**	**252401**
按学校规格分 Breakdown by category of HEIs				
重点院校 Key HEIs	203980	191925	107462	103861
一般院校 Ordinary Degree Level HEIs	439400	415258	147172	143212
高等专科学校 Short-cycle HEIs	42815	40464	5415	5328
按学校隶属分 Breakdown by Control				
部委院校 HEIs under Other Central Ministries	26028	24627	15254	14580
教育部直属院校 HEIs Under Ministry of Education	186236	174855	92983	89555
地方院校 HEIs Under Local Govermments	473931	448165	151812	148266
按学校类型分 Breakdown by Type of HEIs				
综合大学 Comprehensive Universities	173324	163456	72467	70253
工科院校 Engineering	241541	229182	100519	97537
农林院校 Agriculture	39145	35732	17665	16920
医药院校 Medicine & Pharmacy	165569	155795	45325	44242
师范院校 Teachers Training	58934	56123	21733	21150
其他院校 Others	7682	7359	2340	2299

科技人力情况
in Regular HEIs

单位:人

Unit: in Person

研究与发展全时人员 R & D FTEs (Full-time Equivalents)		R&D成果应用及科技服务人员 R & D Personnel		R&D成果应用及科技服务全时人员 R & D FTEs(Full-time Equivalents)	
计 Total	其中:科学家和工程师 of Which: Scientists & Engineers	计 Total	其中:科学家和工程师 of Which: Scientists & Engineers	计 Total	其中:科学家和工程师 of Which: Scientists & Engineers
155982	**151392**	**42328**	**40800**	**25382**	**24467**
64470	62313	18731	18000	11237	10796
88270	85892	23006	22226	13793	13327
3242	3187	591	574	352	344
9155	8749	1819	1692	1090	1015
55780	53725	17125	16484	10276	9888
91047	88918	23384	22624	14016	13564
43468	42139	9217	8841	5530	5301
60299	58513	26728	25863	16026	15515
10598	10150	2828	2710	1695	1624
27183	26532	1715	1677	1027	1004
13029	12679	1713	1591	1029	953
1405	1379	127	118	75	70

	拨入 Revenues			
	合计 Total	政府资金 Government Funds	企事业单位委托 Contract Research Fund	其他 Others
合　计 Total	**40360356**	**20589931**	**16654838**	**3115587**
按学校规格分 Breakdown by category of HEIs				
重点院校 Key HEIs	26253065	13605431	11215161	1432473
一般院校 Ordinary Degree Level HEIs	13905091	6849646	5404056	1651389
高等专科学校 Short－cycle HEIs	202200	134854	35621	31725
按学校隶属分 Breakdown by Control				
部委院校 HEIs under Other Central Ministries	5089586	3160339	1786763	142484
教育部直属院校 HEIs Under Ministry of Education	21400491	10604986	9427636	1367869
地方院校 HEIs Under Local Govermments	13870279	6824606	5440439	1605234
按学校类型分 Breakdown by Type of HEIs				
综合大学 Comprehensive Universities	10597176	6072191	3888627	636358
工科院校 Engineering	23696846	10277272	11885679	1533895
农林院校 Agriculture	1958843	1462016	303517	193310
医药院校 Medicine & Pharmacy	2123718	1524953	228857	369908
师范院校 Teachers Training	1799503	1127395	317658	354450
其他院校 Others	184270	126104	30500	27666

科技经费情况

Regular HEIs

单位：千元

Unit: in 10,000 Yuan

支　出 Expenditures				
合　计 Total	劳 务 费 Personnel Costs	业 务 费 Non-Personnel Expenses	转拨外单位经费 Expenses on Extermal Services	其　他 Others
36533868	**6257189**	**17335962**	**2884200**	**10056517**
23825045	3863594	11805655	2293445	5862351
12536307	2339254	5483233	585276	4128544
172516	54341	47074	5479	65622
4781232	591154	2646684	276584	1266810
19228044	3355822	9210971	1998404	4662847
12524592	2310213	5478307	609212	4126860
9282201	1673498	4224717	598018	2785968
21769453	3525577	10799454	1919841	5524581
1900706	265630	962357	187986	484733
1724101	442850	646916	71525	562810
1683965	321943	650629	101393	610000
173442	27691	51889	5437	88425

普通高等学校研究与

Statistics of R & D Projects and

	科技课题 R&D Projects			出版科技专著(部) No. of Mono-graphs Published
	课题数(项) No. of projects	投入人数 No. of Input of S&T Manpower	实际支出 Actual Exp.	
合　计 Total	**220759**	**201472**	**24259517**	**8777**
按学校规格分 Breakdown by category of HEIs				
重点院校 Key HEIs	103443	84113	16582013	2631
一般院校 Ordinary Degree Level HEIs	114062	113374	7609211	5230
高等专科学校 Short-cycle HEIs	3254	3985	68293	916
按学校隶属分 Breakdown by Control				
部委院校 HEIs under Other Central Ministries	15214	11380	3133787	302
教育部直属院校 HEIs Under Ministry of Education	88293	73393	13488575	2317
地方院校 HEIs Under Local Govermments	117252	116699	7637155	6158
按学校类型分 Breakdown by Type of HEIs				
综合大学 Comprehensive Universities	59754	54433	6017040	1971
工科院校 Engineering	101771	84790	15774033	3675
农林院校 Agriculture	15026	13654	1077963	791
医药院校 Medicine & Pharmacy	25626	31335	684109	1552
师范院校 Teachers Training	16758	15619	648484	659
其他院校 Others	1824	1640	57888	129

发展课题、成果情况

Achievements in Regular HEIs

单位：千元

Unit: in 10,000 Yuan

发表学术论文（篇） No. of Papers Published	成果获奖 Achieverments Awards		技术转让 Technological Transfer		知识产权授权数 No. Of Awarded	专利出售 Income from License Arrangements	
	合　计 Total	其中：国家奖 of Which: National Awards	合同数 No. Of Contracts	收　入 Actual Revenues		项　数 No. Of Items	实现金额 Income
477756	**4523**	**213**	**7321**	**1259343**	**8843**	**842**	**294774**
204316	2116	164	3756	817685	5684	435	214376
257405	2350	48	3556	439128	3087	407	80398
16035	57	1	9	2530	72	0	0
24352	283	21	598	66466	472	25	5633
182881	1822	140	3179	754370	5400	398	201086
270523	2418	52	3544	438507	2971	419	88055
125074	1191	61	1163	237420	2617	155	69345
209761	1923	120	5232	917732	5117	637	202596
28928	378	21	201	38695	470	5	7480
63231	824	10	438	43400	255	9	9820
45693	173	1	262	20926	334	33	5352
5069	34	0	25	1170	50	3	181

二、社会科学

Social Science

普通高等学校人文、

Professional Manpower in Regular HEIs in the

		学校数（所） No. Of HEIs	社科活动人员（人） Personnel Engaged in Social Science Research (in Person)				
			合计 Total	高级 Senior	中级 Middle	初级 Junior	辅助人员 Auxiliary
按学校规格分 Breakdown by category of HEIs	合计：Total	812	340197	119508	122033	92079	6577
	本科院校 Regular HEIs	646	309275	111407	110620	81338	5910
	专科院校 Short-cycle HEIs	166	30922	8101	11413	10741	667
按学校隶属关系分 Breakdown by Control	教育部直属院校 HEIs Under Ministry of Education	73	54721	26437	18950	8517	817
	其他部委院校 HEIs under Other Central Ministries	29	11913	4843	4328	2499	243
	地方院校 HEIs Under Local Govermments	710	273563	88228	98755	81063	5517
按学校类型分 Breakdown by Type of HEIs	综合大学 Comprehensive Universities	139	90272	35909	32045	20737	1581
	理工农医院校 HEIs Science and Technology, Agriculture and Medicine	334	95136	29463	34476	29063	2134
	师范院校 Teachers Training	165	79361	26500	28315	23038	1508
	语文院校 Languages	15	8623	3178	3293	2039	113
	财经院校 Finance and Economics	71	36455	13289	13291	9241	634
	政法院校 Political Science & Law	32	10332	3785	3897	2444	206
	艺术院校 Art	29	8851	3306	2882	2467	196
	民族院校 Minorities	11	5499	2127	1852	1414	106
	体育院校 Physical Culture	16	5668	1951	1982	1636	99

社会科学人力情况
Fields of the Humanities and Social Science

研究与发展人员(人) R & D Personnel (in Person)					研究与发展全时人员(人年) R & D FTEs (Man/Year)				
合计 Total	高级 Senior	中级 Middle	初级 Junior	辅助人员 Auxiliary	合计 Total	高级 Senior	中级 Middle	初级 Junior	辅助人员 Auxiliary
126863	67990	40387	17928	558	45623	26960.05	13281.3	5215.3	166.1
119486	64881	37474	16614	517	43504	25977.9	12467	4900.5	158.3
7377	3109	2913	1314	41	2119.1	982.15	814.3	314.8	7.8
26087	17114	6629	2253	91	10752	7524.8	2451.1	739.5	36.9
4630	2677	1497	446	10	1767.9	1080.2	537.6	144.8	5.3
96146	48199	32261	15229	457	33103	18355.05	10292.6	4331	123.9
38183	22694	11011	4333	145	15223	9872.1	3973.8	1327.9	48.8
31619	15164	10905	5438	112	10545	5500.1	3436.5	1578.3	30.5
28709	15062	9509	4001	137	10333	5947.55	3095.2	1242.4	48
3223	1728	1097	380	18	986.3	629.6	275.3	76.3	5.1
16067	8270	5152	2519	126	5000.8	2849	1523.1	602.8	25.9
3608	1915	1213	475	5	1187.5	680.2	364.9	139	3.4
1780	1049	459	262	10	923.1	581.7	237.5	101.5	2.4
2007	1204	559	243	1	746.6	489	179.2	77.8	0.6
1667	904	482	277	4	677.3	410.8	195.8	69.3	1.4

普通高等学校人文、社会科

Humanities and Social Sciences R & D

		学校数（所）No. Of HEIs	拨　入 Revenues						
			合计 Total	科研事业费 Primary Research Funds	科研基金费 Grants by Research Funds	国家社科规划、基金项目经费 Funds Allocated to Projects Supported by NSSP Funds	中央其他部门社科专项经费 Earmarked SSRF Provided by Other Central Agencies	省市自治区社科专项经费 Earmarked SSRF Provided by Prov. Authorities	企事业单位委托项目经费 Contract Research Funds Provided by Ent. & Inst.
按学校规格分 Breakdown by category of HEIs	合计：Total	812	30946248	13565777	149606	1035366	1522921	2999904	6337479
	本科院校 Regular HEIs	646	30245838	13094691	141636	1030856	1518806	2940251	6300155
	专科院校 Short-cycle HEIs	166	700411	471086.2	7970	4510	4115	59653	37325
按学校隶属关系分 Breakdown by Control	教育部直属院校 HEIs Under Ministry of Education	73	12798733	3815030	0	405548	952158	1077873	3896608
	其他部委院校 HEIs under Other Central Ministries	29	1589384	784633.9	0	88421	238609	123183	187315
	地方院校 HEIs Under Local Govermments	710	16558132	8966113	149606	541397	332154	1798848	2253557
按学校类型分 Breakdown by Type of HEIs	综合大学 Comprehensive Universities	139	11136095	4397638	40000	463163	575888	973780	3074338
	理工农医院校 HEIs Science and Technology, Agriculture and Medicine	334	7075310	2452767	650	149805	490810	1010381	1594835
	师范院校 Teachers Training	165	5799840	3054253	31536	210620	118659	443122	808027
	语文院校 Languages	15	887559.1	304769.8	15000	11379	16755	25009	39676
	财经院校 Finance and Economics	71	3650565	1961238	10000	98987	129094	322892	719803
	政法院校 Political Science & Law	32	880225	495345	45920	46595	57498	41205	47612
	艺术院校 Art	29	709455	463550.3	6500	8663	6780	104777	10112
	民族院校 Minorities	11	406564	209055	0	35172	75980	26034	25560
	体育院校 Physical Culture	16	400636	227160.5	0	10982	51458	52704	17516

学研究与发展经费情况

Expenditure in Regular HEIs

单位：百元

Unit: in 100 Yuan

金融机构贷款 Loans Provided by Financial Inst.	自筹经费 Self-raised Funds	国外资金 International Funds	其他收入 Others Revenues	支　出 Expenditures									
				合计 Total	内部支出 Intramural Expenditures								转拨给外单位经费 Extra-mural Exp.
					小计 Subto-tal	科研人员费 Personnel Costs	业务费 Non-Personnel Expenses	科研基建费 Capital Construction Funds for R&D	仪器设备费 Instruments and Equipment	图书资料费 Books and Information	管理费 Management	其他 Others	
8540	2970807	712337	1643512	27328407	27001393	8912909	9729324	214597	2389253	2839487	695735	2220088	327014
8510	2877808	712337	1620789	26665084	26340759	8550014	9646273	205594	2273259	2789528	684695	2191396	324324
30	92999	712337	22723	663324	660634	362895	83051	9003	115993	49959	11040	28692	2690
0	957268	468543	1225707	10668376	10477652	2471110	4788599	50000	620662	1073999	350492	1122790	190724
0	104635	22727	39859	1485872	1481387	593977	466586	0	127048	208609	29536	55632	4484
8540	1908904	221067	377946	15174160	15042354	5847822	4474139	164597	1641542	1556880	315707	1041666	131806
5000	701686	313382	591220	9616073	9482914	3017429	3506161	43695	680612	997695	308006	929317	133159
0	524878	499026	665540	6219439	6137644	2085506	2387298	5471	417784	601869	202538	437179	81795
3540	873857	642836	112417	5180591	5098685	1774689	1526805	29313	640185	742587	88076	297029	81906
0	282218	658545	177044	767288	767288	244481	214199	50900	45291	50070	8883	153464	0
0	350841	673644	42612	3358655	3336120	1085758	1303032	38604	315285	285852	62220	245369	22534
0	75405	710282	34007	740564	737214	234751	181145	38370	91879	78698	10260	102111	3350
0	105633	711282	2440	666137	665437	185753	314528	8244	112154	29119	5772	9868	700
0	31517	712337	2191	383658	383658	102020	171631	0	57176	35830	3147	13853	0
0	24774	710282	16041	396003	392433	182522	124525	0	28887	17767	6834	31899	3570

普通高等学校人文、社会科学研

Basic Statistics of Humunities and Social Sciences

		课题数(项)No. of Projects	当年投入人数(人年) Input of Man-year	其中:研究生 of Which: Graduate Students	当年拨入经费(百元) Revenues (100 Yuan)	当年支出经费(百元) Expenditures (100 Yuan)
按学校规格分 Breakdown by category of HEIs	合计: Total	97994	51506	8258	16178907	12135743
	本科院校 Regular HEIs	94162	49533	8227	16010492	12014004
	专科院校 Short-cycle HEIs	3832	1973	30	168415	121738
按学校隶属关系分 Breakdown by Control	教育部直属院校 HEIs Under Ministry of Education	30059	14068	3708	8887453	6555001
	其他部委院校 HEIs under Other Central Ministries	3369	2349	774	808701.8	609396
	地方院校 HEIs Under Local Govermments	64566	35089	3776	6482752	4971346
按学校类型分 Breakdown by Type of HEIs	综合大学 Comprehensive Universities	34062	17278	3081	6639494	4826372
	理工农医院校 HEIs Science and Technology, Agriculture and Medicine	22711	12066	2208	4505520	3511802
	师范院校 Teachers Training	21612	11992	1702	2390236	1869662
	语文院校 Languages	2058	1036	89	246356.2	157067
	财经院校 Finance and Economics	11246	5222	497	1542833	1159696
	政法院校 Political Science & Law	2761	1191	46	327593.4	180845
	艺术院校 Art	1501	995	139	190341	163970
	民族院校 Minorities	1080	1015	385	195118.5	145256
	体育院校 Physical Culture	963	712	110	141414.9	121072

究与发展课题、成果情况

R & D and Achievements in Regular HEIs

出版专著(部) Monographs Published (Titles)	发表论文(篇) No. of Papers Published				应用成果(项) No. of Application-oriented Results (Items)	
	合 计 Total	国内学术刊物 In Domestic Journals		国外学术刊物 In International Journals	提交有关部门数 No. of Results Submitted to Relevant Agencies	鉴定成果数 No. of Results Appraised
		国内外公开发行 Published and Distributed at Home and Abroad	国内公开发行 Openly Distributed at Home			
9789	250326	152256	94763	3307	20679	3325
9570	236646	144701	88677	3268	19622	3161
219	13680	7555	6086	39	1057	164
3728	60850	35266	23985	1599	9301	1150
378	10634	5393	5033	208	1067	76
5683	178842	111597	65745	1500	10311	2099
3683	80273	52361	26539	1373	6545	1212
1555	58641	31042	26807	792	5923	632
2397	58708	35516	22688	504	1978	267
157	3937	2696	1180	61	253	18
964	29809	19963	9463	383	3968	1000
354	9046	5111	3833	102	1431	60
464	2893	1203	1668	22	285	53
175	4619	3195	1398	26	25	12
40	2400	1169	1187	44	271	71

普通高等学校

Applicants of Student for Regular

地区 Region	报名总数 Total	性别 Gender 男 Male	女 Female	政治面貌 Political Party 中共党员 Member of C.P.C	共青团员 Member of C.Y.L	25周岁以上 Over 25 years of age
总计 Total	**8768108**	**4755041**	**4013067**	**27108**	**8317758**	**9495**
比例 Percentage		54.84%	46.28%	0.31%	95.92%	0.11%
北京 Beijing	115072	53750	61322	122	105496	62
天津 Tianjin	87368	42564	44804	116	82775	59
河北 Hebei	491735	245532	246203	2758	460670	966
山西 Shanxi	338135	177546	160589	960	311202	468
内蒙古 Inner Mongolia	206846	105005	101841	657	199260	108
辽宁 Liaoning	249995	124946	125049	1211	243667	387
吉林 Jilin	173421	85813	87608	209	170200	151
黑龙江 Heilongjiang	218870	109773	109097	473	215673	532
上海 Shanghai	140092	67128	72964	166	122095	52
江苏 Jiangsu	505611	287006	218605	284	490528	93
浙江 Zhejiang	371913	191249	180664	1156	352342	94
安徽 Anhui	444999	261079	183920	933	418284	444
福建 Fujian	257286	142851	114435	265	240651	62
江西 Jiangxi	317223	194658	122565	242	288723	444
山东 Shandong	733213	400340	332873	1425	719340	582
河南 henan	692404	374384	318020	2843	666840	331
湖北 Hubei	461219	267229	193990	753	445580	252
湖南 Hunan	425075	234370	190705	1332	412528	415
广东 Guangdong	451468	255146	196322	1669	423951	119
广西 Guangxi	255329	134592	120737	656	240702	254
海南 Hainan	44916	27312	17604	233	40934	24
重庆 Chongqing	167794	88147	79647	644	160639	61
四川 Sichuan	477781	255612	222169	2922	456038	265
贵州 guizhou	187729	112218	75511	826	162546	1681
云南 Yunnan	172035	89388	82647	432	162591	90
西藏 Tibet	14161	7204	6957	280	12957	647
陕西 Shaanxi	346137	189418	156719	1782	321182	202
甘肃 Gansu	208582	128353	80229	819	194104	183
青海 Qinghai	32549	15979	16570	177	29268	224
宁夏 Ningxia	49958	26372	23586	435	46438	15
新疆 Xinjiang	129192	60077	69115	328	120554	228

招生报名情况
Higher Educational Institutions

单位：人
Unit: in Person

考试类型 Examinations Participated by Applicants			考生类别 Categories of Applicants					
			城市应届 Urban Sec. Schools Graduates in Current Year		农村应届 Rural Sec. Schools Graduates in Current Year			
全国统考 National Exam.	高职班 Class in Tertiary Vocational Education	其他非统考 Others Non National Exam	小计 Total	其中：普通高中应届生 of which: General Senion Sec. Schools Graduates	小计 Total	其中：普通高中应届生 of which: General Senion Sec. Schools Graduates	城市往届 Urban Sec. Schools Graduates in Previous Year	农村往届 Rural Sec. Schools Graduates in Previous Year
8109876	**524468**	**55742**	**3230894**	**2706654**	**3692956**	**3347906**	**707620**	**1136638**
93.53%	6.05%	0.64%	37.26%	31.21%	42.59%	38.61%	8.16%	13.11%
98753	15254	10	78168	64208	22514	21666	11579	2811
86820	0	96	54061	44521	20955	18508	8870	3482
450490	38402	1165	119191	101897	243695	221798	35199	93650
300755	0	5782	105783	78811	125059	105308	40145	67148
192137	13933	6	69481	61517	88092	79788	17875	31398
222241	24091	2092	134223	113562	86907	78913	16129	12736
156633	9739	33	102584	88000	36591	34912	22532	11714
201341	16179	167	118228	103586	57229	54282	24077	19336
114517	21069	3996	131056	103320	0	0	9036	0
504965	0	0	185099	167492	256227	234781	22344	41941
371482	0	0	112957	92669	221154	174013	12923	24879
416362	27463	14	165288	144260	146818	136961	64630	68263
239860	17200	0	70638	58281	140208	125523	12954	33486
302637	14030	91	133987	124953	105324	101460	46589	31323
667896	62776	2022	226765	159218	337980	335035	43294	125174
629105	59239	151	169395	127018	329165	250487	55737	138107
418926	41203	196	180430	150468	197449	184303	30659	52681
396512	27828	50	117529	105138	222323	207403	24562	60661
414181	36680	539	225684	199174	165308	154100	29140	31336
243195	7686	4375	85630	70792	118555	114408	20369	30775
44330	0	551	32369	31560	4672	4501	7093	782
148355	18479	0	64510	53665	77854	71036	9895	15535
424990	34890	241	154169	124263	230276	208368	32539	60797
168485	7226	11984	65156	50498	67164	64446	20220	35189
149937	22096	0	51948	40084	78841	69090	14442	26804
14159	0	0	6978	6855	2625	2453	4219	339
326016	0	20119	120702	104159	148763	138505	31368	45304
204495	0	4	48707	45946	91170	87932	19543	49162
30174	2375	0	14758	12830	12666	12336	2229	2896
47900	0	2058	17620	16627	17649	16658	5295	9394
122227	6630	0	67800	61282	39723	38932	12134	9535

普通高等学校

Applicants of Student for Regular

地 区 Region	统考科类 Categories of Major Fields									高中毕业 General Senior Sec. School Graduates
	文理综合 Comprehensive	文史 Literature and History	外语（文） Foreign Languages	艺术（文） Arts	体育（文） Physical Education	理工 Science and Engineering	外语（理） Foreign Languages	艺术（理） Arts	体育（理） Physical Education	
总 计 Total	**1025138**	**2258415**	**140698**	**383042**	**64868**	**3927212**	**229576**	**56440**	**79046**	**7774746**
比 例 Percentage	12.81%	28.22%	1.76%	4.79%	0.81%	49.08%	2.87%	0.71%	0.99%	89.66%
北 京 Beijing	0	35625	0	0	0	63672	0	0	0	96840
天 津 Tianjin	0	22654	0	2899	244	60550	0	344	265	72509
河 北 Hebei	0	178308	0	25672	3373	275083	0	2445	6830	443697
山 西 Shanxi	0	88702	0	20465	5673	178841	0	4386	8652	285220
内蒙古 Inner Mongolia	0	63894	0	11591	3172	111447	0	1099	1687	189705
辽 宁 Liaoning	196432	0	0	21291	4715	299	0	0	0	217213
吉 林 Jilin	0	48659	0	7707	797	104031	0	497	1959	155625
黑龙江 Heilongjiang	0	55383	0	14292	2004	124356	0	2323	4333	198903
上 海 Shanghai	2255	55096	0	0	0	82741	0	0	0	111798
江 苏 Jiangsu	412220	0	0	46952	0	0	0	0	11364	466160
浙 江 Zhejiang	0	100317	0	23390	3184	180308	0	3790	3374	301512
安 徽 Anhui	0	146453	0	23333	6723	233076	1	2918	4935	409271
福 建 Fujian	0	95577	0	1758	0	132013	0	6367	4371	227416
江 西 Jiangxi	0	109927	532	15675	5016	180296	0	2242	3056	300793
山 东 Shandong	0	174327	0	98679	12537	367754	0	15188	0	659502
河 南 henan	0	236222	0	0	0	392883	0	0	0	523234
湖 北 Hubei	0	163349	0	0	0	297239	0	0	0	417184
湖 南 Hunan	0	172750	0	0	0	224487	0	0	0	395878
广 东 Guangdong	414231	0	0	0	0	0	0	0	0	412506
广 西 Guangxi	0	89259	0	9574	0	135804	0	2184	6374	235487
海 南 Hainan	0	16687	0	534	0	26609	0	27	507	43788
重 庆 Chongqing	0	45939	0	5453	2084	92050	0	1894	1170	147170
四 川 Sichuan	0	10616	135657	20197	8132	11737	229575	5694	3764	419152
贵 州 guizhou	0	56953	0	4708	2194	101339	0	1222	2110	166865
云 南 Yunnan	0	48662	4509	5226	2115	86917	0	949	1562	148884
西 藏 Tibet	0	7193	0	0	0	6537	0	0	0	11674
陕 西 Shaanxi	0	107701	0	12292	0	197864	0	1356	6805	316640
甘 肃 Gansu	0	63106	0	7158	1298	133404	0	653	2923	201802
青 海 Qinghai	0	8259	0	306	46	21383	0	58	122	29657
宁 夏 Ningxia	0	15277	0	890	0	31012	0	0	721	47900
新 疆 Xinjiang	0	41520	0	3000	1561	73480	0	804	2162	120761

招生报名情况(续)

Higher Educational Institutions (Continue)

单位：人

Unit: in Person

毕业类别 Categories of Graduates					应试外语语种 Foreign Languages to be Tested						
中等师范毕业 Teachers Training School Graduates	其他中专毕业 Specialized Sec. School Graduates	职业高中毕业 Vacational Senior Sec. School Graduates	技工学校毕业 Skilled Worker School Graduates	其他中等学历教育毕业 Others	英语 English	俄语 Russian	日语 Japanese	德语 German	法语 France	西班牙语 Spanish	其他外语 Other Foreign Languages
104540	**256563**	**358825**	**18208**	**254747**	**8663785**	**19848**	**12126**	**66**	**97**	**2**	**2**
1.21%	2.96%	4.14%	0.21%	2.94%	99.91%	0.23%	0.14%	0.00%	0.00%	0.00%	0.00%
33	7387	9038	1128	646	114500	3	207	2	0	0	0
1530	999	6659	3899	1723	87228	1	136	3	0	0	0
2727	12539	23567	690	8515	491239	255	240	0	0	1	0
5402	15236	29191	1684	1402	338071	10	51	1	2	0	0
272	2820	13239	535	275	189996	1610	1281	0	0	0	0
363	16218	11854	2192	2067	244954	1667	3347	7	8	0	0
2653	8108	4705	400	1930	170222	154	3045	0	0	0	0
114	6521	11408	483	1441	208084	8642	2144	0	0	0	0
20	2048	1042	59	25125	139694	10	364	12	12	0	0
55	9332	28883	1170	11	505522	1	36	12	40	0	0
50391	8548	10939	85	435	371517	380	14	1	1	0	0
354	3978	15973	427	14974	444633	357	6	0	0	0	0
0	0	0	0	29870	257192	0	94	0	0	0	0
624	7687	7591	217	311	317183	2	38	0	0	0	0
147	4400	13125	1644	54393	726386	6039	780	5	3	0	0
1794	25043	42375	1116	98842	691369	5	63	1	3	0	0
782	26929	15743	281	63	460895	162	120	17	25	0	0
58	14726	14193	79	141	424767	220	86	1	1	0	0
1189	10340	26426	778	229	451360	0	35	0	0	0	0
5881	7267	4139	145	2410	255323	0	3	1	2	0	0
438	179	492	16	3	44912	2	2	0	0	0	0
2049	7920	7700	85	2845	167655	132	7	0	0	0	0
13114	17018	27020	217	1245	477609	166	3	2	0	1	0
681	15519	4005	193	466	187722	1	6	0	0	0	0
4208	7322	10870	278	456	172018	3	9	0	0	0	2
231	1922	85	10	239	14158	3	0	0	0	0	0
7704	7168	13264	221	1140	332150	9	8	1	0	0	0
1085	607	3849	89	1150	208044	1	0	0	0	0	0
99	2295	399	12	87	32548	0	1	0	0	0	0
0	0	0	0	2058	49949	9	0	0	0	0	0
542	6487	1051	75	255	86885	4	0	0	0	0	0

普通高等学校招生报名情况(续)

Applicants of Student for Regular Higher Educational Institutions (Continue)

单位：人

Unit: in Person

地区 Region	民族 Nationalities 汉族 Han	蒙古族 Mongol	藏族 Tibetan	维吾尔族 Uygur	朝鲜族 Korean	其他民族 Others
总计 Total	**8139600**	**64477**	**36426**	**19218**	**21696**	**486691**
比例 Percentage	93.87%	0.74%	0.42%	0.22%	0.25%	5.61%
北京 Beijing	107140	440	80	126	276	7010
天津 Tianjin	83869	109	33	49	119	3189
河北 Hebei	460091	1879	2	103	7	29653
山西 Shanxi	336653	73	4	14	82	1309
内蒙古 Inner Mongolia	147625	47646	3	297	7	11268
辽宁 Liaoning	203796	5785	66	2725	41	37582
吉林 Jilin	148732	1745	1	11080	3	11860
黑龙江 Heilongjiang	204081	1499	5	4488	2	8795
上海 Shanghai	138552	0	0	0	0	1540
江苏 Jiangsu	503285	78	163	32	94	1959
浙江 Zhejiang	370119	18	1	12	0	1763
安徽 Anhui	440228	4	0	1	6	4760
福建 Fujian	253265	36	0	8	10	3967
江西 Jiangxi	315849	69	2	11	13	1279
山东 Shandong	727930	108	1	87	2	5085
河南 henan	680657	916	29	15	22	10765
湖北 Hubei	441055	147	5	32	109	19871
湖南 Hunan	390425	32	42	4	119	34453
广东 Guangdong	448993	69	138	37	23	2208
广西 Guangxi	153973	0	0	0	0	101356
海南 Hainan	41264	90	0	7	0	3555
重庆 Chongqing	156110	44	7	5	82	11546
四川 Sichuan	464174	196	5	14	4609	8783
贵州 guizhou	111326	400	17	7	9	75970
云南 Yunnan	123940	170	1	12	721	47191
西藏 Tibet	4882	11	0	0	8944	324
陕西 Shaanxi	343931	82	2	18	19	2085
甘肃 Gansu	199486	123	3	10	2011	6949
青海 Qinghai	22524	751	0	1	4284	4989
宁夏 Ningxia	39428	127	1	6	11	10385
新疆 Xinjiang	76217	1830	35815	17	71	15242

附　表

Appendixes

国内生产总值

Gross Domestic Product

本表按当年价格计算　　　　　　　　　　　　单位:亿元

The data in Value terms in this table are calculated at current prices　　　　Unit: in 100 Million Yuan

年份 Year	国民生产总值 Gross National Product	国内生产总值 Gross Domestic Product								人均国内生产总值(元) Per Capita GDP (Yuan)
		合计 Total	第一产业 Primary Industry	第二产业 Secondary Industry			第三产业 Tertiary Industry			
				小计 Subtotal	工业 Industry	建筑业 Construction	小计 Subtotal	交通运输仓储邮电通信业 Transportation, Post and Telecommunications	批发和零售贸易餐饮业 Wholesale, Retail & Catering Trade	
1952	679.0	679.0	342.9	141.8	119.8	22.0	194.3	29.0	80.3	119
1953	824.0	824.0	378.0	192.5	163.5	29.0	253.5	35.0	115.5	142
1954	859.0	859.0	392.0	211.7	184.7	27.0	255.3	38.0	120.3	144
1955	910.0	910.0	421.0	222.2	191.2	31.0	266.8	39.0	119.8	150
1956	1028.0	1028.0	443.9	280.7	224.7	56.0	303.4	46.0	131.4	165
1957	1068.0	1068.0	430.0	317.0	271.0	46.0	321.0	49.0	133.0	168
1958	1307.0	1307.0	445.9	483.5	414.5	69.0	377.6	71.0	136.6	200
1959	1439.0	1439.0	383.8	615.5	538.5	77.0	439.7	94.0	145.7	216
1960	1457.0	1457.0	340.7	648.2	568.2	80.0	468.1	104.0	133.1	218
1961	1220.0	1220.0	441.1	388.9	362.1	26.8	390.0	69.2	110.8	185
1962	1149.3	1149.3	453.1	359.3	325.4	33.9	336.9	57.4	80.5	173
1963	1233.3	1233.3	497.5	407.6	365.6	42.0	328.2	55.0	76.1	181
1964	1454.0	1454.0	559.0	513.5	161.1	52.4	381.5	58.4	94.0	208
1965	1716.1	1716.1	651.1	602.2	546.5	55.7	462.8	77.4	118.3	240
1966	1868.0	1868.0	702.2	709.5	648.6	60.9	456.3	85.1	148.1	254
1967	1773.9	1773.9	714.2	602.8	544.9	57.9	456.9	72.3	153.5	235
1968	1723.1	1723.1	726.3	537.3	190.3	47.0	459.5	70.5	138.9	222
1969	1937.9	1937.9	736.2	689.1	626.1	63.0	512.6	84.9	163.6	243
1970	2252.7	2252.7	793.3	912.2	828.1	84.1	547.2	100.2	178.1	275
1971	2426.4	2426.4	826.3	1022.8	926.6	96.2	577.3	108.4	178.3	288
1972	2518.1	2518.1	827.4	1084.2	989.9	94.3	606.5	118.0	194.3	292
1973	2720.9	2720.9	907.5	1173.0	1072.5	100.5	640.4	125.5	211.0	309
1974	2789.9	2789.9	945.2	1192.0	1083.6	108.4	652.7	126.1	206.6	310
1975	2997.3	2997.3	971.1	1370.5	1244.9	125.6	655.7	141.6	175.8	327
1976	2943.7	2943.7	967.0	1337.2	1204.6	132.6	639.5	139.6	147.2	316
1977	3201.9	3201.9	942.1	1509.1	1372.4	136.7	750.7	156.9	213.8	339
1978	3624.1	3624.1	1018.4	1745.2	1607.0	138.2	860.5	172.8	265.5	379
1979	4038.2	4038.2	1258.9	1913.5	1769.7	143.8	865.8	184.2	220.2	417
1980	4517.8	4517.8	1359.4	2192.0	1996.5	195.5	966.4	205.0	213.6	460
1981	4860.3	4862.4	1545.6	2255.5	2048.4	207.1	1061.3	211.1	255.7	489
1982	5301.8	5294.7	1761.6	2383.0	2162.3	220.7	1150.1	236.7	198.6	525
1983	5957.4	5934.5	1960.8	2646.2	2375.6	270.6	1327.5	264.9	231.4	580
1984	7206.7	7171.0	2295.5	3105.7	2789.0	316.7	1769.8	327.1	412.4	692
1985	8989.1	8964.4	2541.6	3866.6	3448.7	417.9	2556.2	406.9	878.4	853
1986	10201.4	10202.2	2763.9	4492.7	3967.0	525.7	2945.6	475.6	943.2	956
1987	11954.5	11962.5	3204.3	5251.6	4585.8	665.8	3506.6	544.9	1159.3	1104
1988	14922.3	14928.3	3831.0	6587.2	5777.2	810.0	4510.1	661.0	1618.0	1355
1989	16917.8	16909.2	4228.0	7278.0	6484.0	794.0	5403.2	786.0	1687.0	1512
1990	18598.4	18547.9	5017.0	7717.4	6858.0	859.4	5813.5	1147.5	1419.7	1634
1991	21662.5	21617.8	5288.6	9102.2	8087.1	1015.1	7227.0	1409.7	2087.0	1879
1992	26651.9	26638.1	5800.0	11699.5	10284.5	1415.0	9138.6	1681.8	2735.0	2287
1993	34560.5	34634.4	6882.1	16428.5	14143.8	2284.7	11323.8	2123.2	3090.7	2939
1994	46670.0	46759.4	9457.2	22372.2	19359.6	3012.6	14930.0	2685.9	4050.4	3923
1995	57494.9	58478.1	11993.0	28537.9	24718.3	3819.6	17947.2	3054.7	4932.3	4854
1996	66850.5	67884.6	13844.2	33612.9	29082.6	4530.5	20427.5	3494.0	5560.3	5576
1997	73142.7	74462.6	14211.2	37222.7	32412.1	4810.6	23028.7	3797.2	6159.9	6053
1998	78017.8	79395.7	14599.6	38691.8	33429.8	5262.0	26104.3	5029.3	6609.6	6392
1999	80422.8	81910.9	14457.2	40417.9	34975.2	5442.7	27035.8	4459.5	6842.3	6534
2000	88189.6	89403.6	14212.0	45487.8	39570.3	5917.5	29703.8	4918.6	7306.9	7078
2001	94346.4	95933.3	14609.9	49069.1	42607.1	6462.0	32254.3	5222.1	7823.5	7543
2002	103553.6	104790.6	16117.3	53540.7	46535.7	7005.0	35132.6	6240.9	8215.3	8184
2003	116603.2	117251.9	17092.1	61274.1	53092.9	8181.3	38885.7	6715.6	9238.1	9101
2004	136584.28	136875.9	20768.1	72387.2	62815.1	9572.1	43720.6	7694.2	10098.5	10561

数据来源:摘自国家统计局《2004 中国统计年鉴》。

各地区国内生产总值(2004年)

Gross Domestic Product by Region (2004)

本表绝对数按当年价格计算,指数按可比价格计算

Absolute figures in this table are calculated at current prices while indices are calculated at comparable prices.

单位:亿元

Unit: in 100 Million Yuan

地 区 Region	国内生产总值 Gross Domestic Product						人均国内生产总值(元) Per Capita GDP (Yuan)
	合 计 Total	第一产业 Primary Industry	第二产业 Secondary Industry			第三产业 Tertiary Industry	
			小 计 Subtotal	工 业 Industry	建筑业 Construction		
北 京 Beijing	4283.31	102.90	1610.37	1290.16	320.21	2570.04	37058
天 津 Tianjin	2931.88	102.29	1560.16	1436.73	123.43	1269.43	31550
河 北 Hebei	8768.79	1370.40	4635.23	4086.43	548.80	2763.16	12918
山 西 Shanxi	3042.41	253.37	1810.08	1568.47	241.61	978.96	9150
内蒙古 Inner Mongolia	2712.08	506.07	1332.47	1015.66	316.81	873.53	11305
辽 宁 Liaoning	6872.65	769.90	3278.88	2832.99	445.90	2823.87	16297
吉 林 Jilin	2958.21	560.96	1379.31	1142.08	237.23	1017.94	10932
黑龙江 Heilongjiang	5303.00	587.76	3155.33	2814.42	340.92	1559.92	13897
上 海 Shanghai	7450.27	96.71	3788.22	3492.89	295.33	3565.34	55307
江 苏 Jiangsu	15403.16	1315.38	8716.11	7714.40	1001.71	5371.68	20705
浙 江 Zhejiang	11243.00	816.00	6045.00	5381.40	663.60	4382.00	23942
安 徽 Anhui	4812.68	932.42	2169.82	1735.99	433.83	1710.44	7768
福 建 Fujian	6053.14	777.87	2950.33	2532.68	417.65	2324.94	17218
江 西 Jiangxi	3495.94	711.70	1595.74	1110.74	485.00	1188.50	8189
山 东 Shandong	15490.73	1778.30	8724.52	7799.31	925.21	4987.91	16925
河 南 Henan	8815.09	1647.48	4515.35	3862.18	653.17	2652.26	9470
湖 北 Hubei	6309.92	1020.09	2994.67	2593.88	400.79	2295.16	10500
湖 南 Hunan	5612.26	1155.85	2214.41	1781.14	433.27	2242.00	9117
广 东 Guangdong	16039.46	1245.42	8890.29	8011.15	879.14	5903.75	19707
广 西 Guangxi	3320.10	811.38	1288.26	1044.83	243.43	1220.46	7196
海 南 Hainan	769.36	283.84	180.41	119.68	60.73	305.11	9450
重 庆 Chongqing	2665.39	431.32	1181.24	927.51	253.73	1052.83	9608
四 川 Sichuan	6556.01	1394.26	2690.00	2165.22	524.77	2471.76	8113
贵 州 Guizhou	1591.90	334.11	714.66	574.62	140.04	543.13	4215
云 南 Yunnan	2959.48	604.33	1314.19	1053.36	260.83	1040.96	6733
西 藏 Tibet	211.54	43.33	57.61	15.43	42.18	110.60	7779
陕 西 Shaanxi	2883.51	394.98	1416.82	1064.81	352.01	1071.71	7757
甘 肃 Gansu	1558.93	281.40	758.18	576.22	181.96	519.35	5970
青 海 Qinghai	465.73	57.81	227.06	158.64	68.42	180.86	8606
宁 夏 Ningxia	460.35	65.13	239.42	186.30	53.12	155.80	7880
新 疆 Xinjiang	2200.15	444.70	1010.07	745.00	265.07	745.38	11199

数据来源:摘自国家统计局《2004 中国统计年鉴》。

国家财政收支总额及增长速度

Total Government Revenue and Expenditures and Their Increase Rate

年份 Year	财政收入（亿元） Total Revenue (100 million Yuan)	财政支出（亿元） Total Expenditures (100 million Yuan)	收支差额（亿元） Balance (100 million Yuan)	增长速度 Increase Rate (%)	
				财政收入 Total Revenue	财政支出 Total Expenditures
1970	662.90	649.41	13.49	25.8	23.5
1971－1975	3919.71	3917.94	1.77	4.2	4.8
1971	744.73	732.17	12.56	12.3	12.7
1972	766.56	765.86	0.70	2.9	4.6
1973	809.67	808.78	0.89	5.6	5.6
1974	783.14	790.25	－7.11	－3.3	－2.3
1975	815.61	820.88	－5.27	4.1	3.8
1976－1980	5089.61	5282.44	－192.83	7.3	8.4
1976	776.58	806.20	－29.62	－4.8	－1.8
1977	874.46	843.53	30.93	12.6	4.6
1978	1132.26	1122.09	10.17	29.5	33.0
1979	1146.38	1281.79	－135.41	1.2	14.2
1980	1159.93	1228.83	－68.90	1.2	－4.1
1981－1985	7402.75	7483.18	－80.43	11.6	10.3
1981	1175.79	1138.41	37.38	1.4	－7.5
1982	1212.33	1229.98	－17.65	3.1	8.0
1983	1366.95	1409.52	－42.57	12.8	14.6
1984	1642.86	1701.02	－58.16	20.2	20.7
1985	2004.82	2004.25	0.57	22.0	17.8
1986－1990	12280.60	12865.67	－585.07	7.9	9.0
1986	2122.01	2204.91	－82.90	5.8	10.0
1987	2199.35	2262.18	－62.83	3.6	2.6
1988	2357.24	2491.21	－133.97	7.2	10.1
1989	2664.90	2823.78	－158.88	13.1	13.3
1990	2937.10	3083.59	－146.49	10.2	9.2
1991－1995	22442.10	24387.46	－1945.36	16.3	17.2
1991	3149.48	3386.62	－237.14	7.2	9.8
1992	3483.37	3742.20	－258.83	10.6	10.5
1993	4348.95	4642.30	－293.35	24.8	24.1
1994	5218.10	5792.62	－574.52	20.0	24.8
1995	6242.20	6823.72	－581.52	19.6	17.8
1996	7407.99	7937.55	－529.56	18.7	16.3
1997	8651.14	9233.56	－582.42	16.8	16.3
1998	9875.95	10798.18	－922.23	14.2	16.9
1999	11444.08	13187.67	－1743.59	15.9	22.1
2000	13395.23	15886.50	－2491.27	17.0	20.5
2001	16386.04	18902.58	－2516.54	22.3	19.0
2002	18903.64	22053.15	－3149.51	15.4	16.7
2003	21715.25	24649.95	－2934.70	14.9	11.8
2004	26396.47	28486.89	－2090.42	21.6	15.6

数据来源：摘自国家统计局《2005 中国统计年鉴》。

中央财政和地方财政收支总额

Total Revenue and Expenditures of Central and Local Governments

单位:亿元

Unit: in 100 million Yuan

年 份 Year	财政收入 Total Revenue			财政支出 Total Expenditures		
	合 计 Total	中 央 Central Government	地 方 Local Government	合 计 Total	中 央 Central Government	地 方 Local Government
1970	662.90	182.95	479.95	649.41	382.37	267.04
1971-1975	3919.71	576.43	3343.28	3919.44	2125.14	1794.30
1975	815.61	96.63	718.98	820.88	409.40	411.48
1976-1980	5089.61	904.32	4185.29	5282.44	2625.34	2657.10
1976	776.58	98.91	677.67	806.20	377.63	428.57
1977	874.46	113.85	760.61	843.53	393.70	449.83
1978	1132.26	175.77	956.49	1122.09	532.12	589.97
1979	1146.38	231.34	915.04	1281.79	655.08	626.71
1980	1159.93	284.45	875.48	1228.83	666.81	562.02
1981-1985	7402.75	2583.02	4819.73	7483.18	3725.64	3757.54
1981	1175.79	311.07	864.72	1138.41	625.65	512.76
1982	1212.33	346.84	865.49	1229.98	651.81	578.17
1983	1366.95	490.01	876.94	1409.52	759.60	649.92
1984	1642.86	665.47	977.39	1701.02	893.33	807.69
1985	2004.82	769.63	1235.19	2004.25	795.25	1209.00
1986-1990	12280.60	4104.41	8176.19	12865.67	4420.27	8445.40
1986	2122.01	778.42	1343.59	2204.91	836.36	1368.55
1987	2199.35	736.29	1463.06	2262.18	845.63	1416.55
1988	2357.24	774.76	1582.48	2491.21	845.04	1646.17
1989	2664.90	822.52	1842.38	2823.78	888.77	1935.01
1990	2937.10	992.42	1944.68	3083.59	1004.47	2079.12
1991-1995	22442.10	9038.39	13403.71	24387.46	7323.13	17064.33
1991	3149.48	938.25	2211.23	3386.62	1090.81	2295.81
1992	3483.37	979.51	2503.86	3742.20	1170.44	2571.76
1993	4348.95	957.51	3391.44	4642.30	1312.06	3330.24
1994	5218.10	2906.50	2311.60	5792.62	1754.43	4038.19
1995	6242.20	3256.62	2985.58	6823.72	1995.39	4828.33
1996	7407.99	3661.07	3746.92	7937.55	2151.27	5786.28
1997	8651.14	4226.92	4424.22	9233.56	2532.50	7672.58
1998	9875.95	4892.00	4983.95	10798.18	3125.60	7672.58
1999	11444.08	5849.21	5594.87	13187.67	4152.33	9035.34
2000	13395.23	6989.17	6406.06	15886.50	5519.85	10366.65
2001	16386.04	8582.74	7803.30	18902.58	5768.02	13134.56
2002	18903.64	10388.64	8515.00	22053.15	6771.70	15281.45
2003	21715.25	11865.27	9849.98	24649.95	7420.10	17229.85
2004	26396.47	14503.10	11893.37	28486.89	7894.08	20592.81

数据来源:摘自国家统计局《2005 中国统计年鉴》。

人口数及构成

Population and Composition

单位：万人

Unit: in 10,000 persons

年 份 Year	年底总人口 Total Population (year-end)	按性别分 By Sex				按城乡分 By Residence			
		男 Male		女 Female		城镇总人口 Urban		农村总人口 Rural	
		人口数 Population	比重(%) Proportion	人口数 Population	比重(%) Proportion	人口数 Population	比重(%) Proportion	人口数 Population	比重(%) Proportion
1978	96259	49567	51.49	46692	48.51	17245	17.92	79014	82.08
1979	97542	50192	51.46	47350	48.54	18495	18.96	79047	81.04
1980	98705	50785	51.45	47920	48.55	19140	19.39	79565	80.61
1981	100072	51519	51.48	48553	48.52	20171	20.16	79901	79.84
1982	101654	52352	51.50	49302	48.50	21480	21.13	80174	78.87
1983	103008	53152	51.60	49856	48.40	22274	21.62	80734	78.38
1984	104357	53848	51.60	50509	48.40	24017	23.01	80340	76.99
1985	105851	54725	51.70	51126	48.30	25094	23.71	80757	76.29
1986	107507	55581	51.70	51926	48.30	26366	24.52	81141	75.48
1987	109300	56290	51.50	53010	48.50	27674	25.32	81626	74.68
1988	111026	57201	51.52	53825	48.48	28661	25.81	82365	74.19
1989	112704	58099	51.55	54605	48.45	29540	26.21	83164	73.79
1990	114333	58904	51.52	55429	48.48	30191	26.41	84142	73.59
1991	115823	59466	51.34	56357	48.66	30543	26.37	85280	73.63
1992	117171	59811	51.05	57360	48.95	32372	27.63	84799	72.37
1993	118517	60472	51.02	58045	48.98	33351	28.14	85166	71.86
1994	119850	61246	51.10	58604	48.90	34301	28.62	85549	71.38
1995	121121	61808	51.03	59313	48.97	35174	29.04	85947	70.96
1996	122389	62200	50.82	60189	49.18	35950	29.37	86439	70.63
1997	123626	63131	51.07	60495	48.93	36989	29.92	86637	70.08
1998	124810	63629	50.98	61181	49.02	37942	30.40	86868	69.60
1999	125909	64189	50.98	61720	49.02	38892	30.89	87017	69.11
2000	126583	65355	51.63	61228	48.37	45844	36.22	80739	63.78
2001	127627	65672	51.46	61955	48.54	48064	37.66	79563	62.34
2002	128453	66115	51.47	62338	48.53	50212	39.09	78241	60.91
2003	129227	66556	51.50	62671	48.50	52376	40.53	76851	59.47
2004	129988	66976	51.52	63012	48.48	54283	41.76	75705	58.24

注：总人口和城镇人口中包括中国人民解放军现役军人。

Note: Urban Population include the military personnel of Chinese People's Liberation Army.

各地区分性别的15岁及15岁以上文盲半文盲人口

Illterate and Semi-Illterate Population Aged 15 and Over by Gender and Region

本表是2003年人口变动情况抽样调查样本数据，抽样比为0.982‰。

单位：人，%（person，%）

地　区 Region	15岁及15岁以上人口 Population Aged 15 & Over			文盲、半文盲人口 Illiterate and Semi-illiterate			文盲半文盲占15岁及以上人口比例 Percentage to total Population Aged 15 & Over（%）		
	合　计 Total	男 Male	女 Female	合　计 Total	男 Male	女 Female	合　计 Total	男 Male	女 Female
合　计 Total	**1011199**	**506724**	**504475**	**104324**	**29338**	**74986**	**10.32**	**5.79**	**14.86**
北　京 Beijing	12798	6542	6256	573	119	454	4.48	1.81	7.26
天　津 Tianjin	8575	4198	4377	462	103	359	5.39	2.45	8.21
河　北 Hebei	54547	27558	26989	3690	1061	2629	6.76	3.85	9.74
山　西 Shanxi	25501	13049	12451	1466	451	1015	5.75	3.46	8.15
内蒙古 Inner Mongolia	19256	9883	9373	2015	682	1332	10.46	6.90	14.22
辽　宁 Liaoning	35385	17649	17736	1543	372	1171	4.36	2.11	6.60
吉　林 Jilin	22730	11290	11440	874	300	575	3.85	2.65	5.02
黑龙江 Heilongjiang	31828	16057	15770	1529	492	1037	4.81	3.07	6.58
上　海 Shanghai	15233	7469	7764	996	170	826	6.54	2.28	10.63
江　苏 Jiangsu	60493	29353	31139	7955	1793	6162	13.15	6.11	19.79
浙　江 Zhejiang	38551	19389	19162	5166	1542	3624	13.40	7.95	18.91
安　徽 Anhui	49000	24669	24331	7390	2092	5298	15.08	8.48	21.77
福　建 Fujian	27488	13553	13935	4192	1017	3175	15.25	7.51	22.78
江　西 Jiangxi	32561	16367	16195	2949	742	2207	9.06	4.53	13.63
山　东 Shandong	73816	36477	37339	9274	2526	6748	12.56	6.93	18.07
河　南 Henan	74339	37263	37076	6006	1741	4265	8.08	4.67	11.50
湖　北 Hubei	47234	23554	23679	5419	1402	4017	11.47	5.95	16.96
湖　南 Hunan	52986	26849	26136	3945	1097	2847	7.44	4.09	10.89
广　东 Guangdong	58117	29133	28984	4020	826	3194	6.92	2.84	11.02
广　西 Guangxi	37473	19170	18302	3030	746	2284	8.09	3.89	12.48
海　南 Hainan	6024	3074	2951	443	89	354	7.35	2.91	11.98
重　庆 Chongqing	24176	11885	12292	2969	906	2063	12.28	7.62	16.78
四　川 Sichuan	68253	33996	34257	7873	2450	5423	11.53	7.21	15.83
贵　州 Guizhou	28140	14360	13780	4777	1444	3334	16.98	10.05	24.19
云　南 Yunnan	33119	16594	16525	5423	1699	3723	16.37	10.24	22.53
西　藏 Tibet	1982	963	1019	873	322	551	44.03	33.46	54.03
陕　西 Shaanxi	28886	14672	14215	3051	933	2118	10.56	6.36	14.90
甘　肃 Gansu	19797	10086	9711	3844	1323	2521	19.42	13.12	25.96
青　海 Qinghai	3997	2027	1971	883	275	608	22.08	13.55	30.86
宁　夏 Ningxia	4200	2106	2094	657	201	456	15.65	9.54	21.79
新　疆 Xinjiang	14714	7489	7225	1038	422	616	7.05	5.63	8.53

注：本表“文盲、半文盲人口”指15岁及15岁以上不识字及识字很少人口。

Note: Illiterate and semi-illiterate population in this table refers to the population aged 15 and over, who are unable or very difficult to read.

各地区按性别和受

Population by Gender, Educational

本表是2004年人口变动情况抽样调查样本数据，抽样比为0.982‰。

地　区 Region	6岁及6岁以上人口 Population Aged 6 and Over			不识字或识字很少 Illiterate		
	合计 Total	男 Male	女 Female	合计 Total	男 Male	女 Female
全　国 National Total	**1177817**	**595688**	**582128**	**107922**	**31281**	**76641**
北　京 Beijing	13767	7049	6718	582	123	459
天　津 Tianjin	9457	4677	4781	483	116	367
河　北 Hebei	62062	31531	30531	3764	1108	2656
山　西 Shanxi	30442	15615	14826	1524	487	1037
内蒙古 Inner Mongolia	22026	11321	10704	2078	715	1364
辽　宁 Liaoning	39348	19687	19661	1658	432	1227
吉　林 Jilin	25369	12656	12713	959	351	608
黑龙江 Heilongjiang	35621	18063	17558	1630	548	1082
上　海 Shanghai	16225	7968	8257	1008	176	832
江　苏 Jiangsu	68931	33986	34945	8050	1849	6200
浙　江 Zhejiang	43160	21799	21361	5319	1626	3692
安　徽 Anhui	58801	29889	28912	7466	2134	5332
福　建 Fujian	32035	15992	16044	4286	1081	3205
江　西 Jiangxi	38475	19629	18846	3003	780	2223
山　东 Shandong	83319	41578	41741	9516	2673	6843
河　南 Henan	87789	44732	43057	6099	1795	4304
湖　北 Hubei	55820	28124	27696	5491	1432	4059
湖　南 Hunan	60899	31055	29844	4064	1163	2901
广　东 Guangdong	72514	36847	35667	4428	1041	3386
广　西 Guangxi	44193	22806	21387	3227	854	2372
海　南 Hainan	7346	3801	3545	484	112	373
重　庆 Chongqing	28603	14214	14388	3083	975	2109
四　川 Sichuan	79919	40160	39758	8186	2568	5617
贵　州 Guizhou	34643	17870	16772	5056	1598	3458
云　南 Yunnan	39182	19778	19404	5690	1848	3843
西　藏 Tibet	2443	1193	1250	909	339	569
陕　西 Shaanxi	34131	17494	16637	3105	958	2148
甘　肃 Gansu	23826	12231	11595	3977	1395	2582
青　海 Qinghai	4793	2451	2341	950	308	642
宁　夏 Ningxia	5165	2598	2567	688	214	474
新　疆 Xinjiang	17515	8894	8621	1160	484	676

注：本表数据摘自《2005中国统计年鉴》。

教育程度分的人口

Level and Region

单位：人

Unit: in Person

小学 Primary School			初中 Junior Secondary School			高中 Senior Secondary School			大专以上 College and Higher Level		
合计 Total	男 Male	女 Female	合计 Total	男 Male	女 Female	合计 Total	男 Male	女 Female	合计 Total	男 Male	女 Female
381371	**185506**	**195865**	**462796**	**251281**	**211515**	**157783**	**88282**	**69501**	**67945**	**39339**	**28607**
2003	966	1037	4666	2566	2101	3227	1612	1615	3289	1783	1506
1916	899	1017	3468	1817	1651	2234	1127	1107	1356	719	639
18221	8669	9552	28259	15293	12966	8159	4479	3680	3658	1982	1677
8904	4197	4707	14918	8096	6822	3504	1928	1576	1592	909	685
6588	3223	3365	8581	4772	3809	3318	1806	1512	1461	806	654
10123	4823	5300	18936	9861	9075	5371	2821	2550	3261	1750	1509
7322	3507	3815	10903	5666	5237	4448	2192	2256	1737	940	797
9984	4743	5241	17387	9174	8213	4954	2665	2289	1666	933	731
2429	1091	1338	5323	2712	2611	4465	2295	2170	3001	1693	1306
20688	9893	10795	27275	14586	12689	9525	5604	3920	3393	2053	1341
12966	6514	6452	15349	8362	6988	6300	3433	2867	3226	1863	1363
19633	9566	10067	22792	12813	9979	6306	3712	2594	2604	1664	940
11322	5658	5664	10300	5841	4459	4666	2486	2180	1461	926	535
13694	6259	7436	14514	8113	6401	5466	3280	2186	1798	1197	600
22840	10700	12140	35005	18935	16070	11388	6545	4842	4571	2725	1846
25153	12018	13135	41109	22127	18983	11547	6612	4935	3881	2180	1700
16702	8044	8657	21577	11830	9747	8823	4963	3860	3228	1854	1373
20545	10073	10472	24909	13215	11694	8204	4751	3453	3179	1853	1325
26596	12489	14107	27653	14983	12670	10078	6083	3995	3760	2250	1510
15622	7610	8012	17594	9819	7775	5459	3090	2369	2291	1433	858
2136	1000	1136	3103	1671	1432	1240	765	475	383	254	128
12701	6367	6335	8972	4787	4184	2804	1499	1305	1042	587	455
31767	15994	15773	28665	15307	13358	8409	4631	3778	2891	1660	1232
14488	7455	7033	10817	6352	4465	2732	1556	1176	1550	909	641
17888	9202	8686	11176	6301	4875	2923	1559	1363	1504	868	637
1146	641	505	294	164	130	71	32	39	23	15	8
10222	5015	5206	12949	7042	5906	5387	3008	2379	2468	1470	997
8307	4159	4147	7116	4058	3058	3075	1833	1242	1351	786	565
1710	917	793	1369	800	569	547	299	248	216	127	89
1743	853	890	1650	931	719	713	382	330	370	216	154
6012	2961	3052	6168	3290	2879	2442	1232	1209	1733	928	806